易——变化哲学

薛德钧 著

知识产权出版社
全国百佳图书出版单位
—北京—

图书在版编目（CIP）数据

易：变化哲学/薛德钧著.—北京：知识产权出版社，2021.11
ISBN 978-7-5130-7779-8

Ⅰ. ①易… Ⅱ. ①薛… Ⅲ. ①《周易》—研究 Ⅳ. ①B221.5

中国版本图书馆CIP数据核字(2021)第208005号

责任编辑：赵 军　　**责任校对**：王 岩
封面设计：纵横华文　　**责任印制**：刘译文

易——变化哲学
薛德钧 著

出版发行：知识产权出版社有限责任公司		网　　址：http://www.ipph.cn	
社　　址：北京市海淀区气象路50号院		邮　　编：100081	
责编电话：010-82000860转8127		责编邮箱：zhaojun99668@126.com	
发行电话：010-82000860转8101/8102		发行传真：010-82000893/82005070/82000270	
印　　刷：天津嘉恒印务有限公司		经　　销：网上书店、新华书店及相关专业书店	
开　　本：720mm×1000mm 1/16		印　　张：37.5	
版　　次：2021年11月第1版		印　　次：2021年11月第1次印刷	
字　　数：651千字		定　　价：98.00元	

ISBN 978-7-5130-7779-8

代　序

十多年前一次浏览邮箱时，看到一封投稿函，书稿名为《道德经新解》，将附件下载阅读，发现是一本不同于以往出版的有关《道德经》解读的书稿，不论从体例、内容、举例，还是对原文原义的理解。我就将自己读后感及建议回复给作者，后来便杳无音信，直到一年半后，突然收到了作者的来信，在信中说，已经按照我的建议进行了全书的修改，又增补了一些案例以使全书一致，我大受触动，这是一个怎样谦虚而严谨的人？后来几经修改，定名为《现实中的道德经》（知识产权出版社，2011年版）得以出版，该书提出了既要根据历史现实理解老子原意，也要切合当今现实运用道德经中的哲学思想。这位作者便是薛德钧先生。先生是我所接触到的为数不多的真正读懂中国古代典籍的学者之一。也是当时学术浮躁常态下，为数不多的充满情怀、静笃的学者之一。

2015年作者又寄来新书稿《易——变化哲学》，从世界文化视角揭示出易的哲学内涵，用变化哲学的观点对六十四卦作了全新解读。由于传统文化在一百年来的新文化影响下，被误解、曲解得太深，已出现断层，特别是中国文化哲学的源头易更是甚之。书稿几经周折方得以出版。该书的出版对正在恢复的传统优秀文化的发展有积极的意义。作者用现代文化对古老的易进行哲学解读，依据考古资料和人类演化理论探索了阴阳、爻、八卦和六十四卦的起源与发展过程，厘清易的来龙去脉，摒弃前人对易的牵强附会，曲解厄传。有正本清源之功用，使人不再谈“易”色变，也对“八卦”进行拨乱反正。在本书的自序开篇写道：易经能够预测吗？不能。易经是中华民族特有的全世界唯一的变化哲学著作，演示出双方关系中可能出现的全部变化以及利害，并且具有实用性。

易被尊为五经之首，是中国传统思想根源性智慧与哲学，对后世的儒法道释，诸子百家无不产生影响，同时也是世界文化史上一颗璀璨的明珠，明确提出了世界上的一切都是变化的，事物中的阴阳趋向于和谐是变化的动力。

当下如何对博大的中华优秀传统文化结合现代文化进行正本清源的诠释，是当代学者所面对的一个艰巨的任务。薛先生对易的解读，做出了巨大的努力，也取得了丰硕的成果。《易——变化哲学》通俗易懂，即便读者对易一无所知，也不影响他读懂该书。读者一旦掌握了易里的哲学及其方法，便就多一双看世界的眼睛，多了一个解决问题的方法。看问题，解决问题，不但可以用唯物辩证法、矛盾对立法，更可以用易的变化哲学来解决之。掌握了它，如同在旅途中多了个罗盘，它不但使你明白问题的对立与统一，更使你快速掌握主客双方关系中可能出现的全部变化以及利害，使你不论在什么处境下都能断明大势，找到最佳的解决方法。

我们中国人，运用易的智慧，过去取得过傲视寰宇的辉煌文明，当下定能夺取民族伟大复兴的胜利。

薛先生请我写序，盛情难却，聊以兹为序。

赵　军

二〇二一年秋

自 序

易包括阴阳、八卦、易经与五行。易经指周易古经，包括六十四卦与卦爻辞。

有人问："易经能够预测吗？"

不能。

《左传》上有 22 个卜筮案例，其中一个用了易经的归妹卦。

初，晋献公筮嫁伯姬于秦，遇《归妹》之《睽》。史苏占之曰："不吉。其繇曰：'士刲羊，亦无衁也。女承筐，亦无贶也。西邻责言，不可偿也。《归妹》之《睽》，犹无相也。'《震》之《离》，亦《离》之《震》，为雷为火。为嬴败姬，车说其輹，火焚其旗，不利行师，败于宗丘。《归妹》、《睽》孤，寇张之弧，侄其从姑，六年其逋，逃归其国，而弃其家，明年其死于高梁之虚。"

公元前 655 年，晋献公筮嫁女儿伯姬于秦，史苏卜筮后说"不吉"。可是，公元前 651 年晋献公生病去世，既没有"败于宗丘"，也没有"死于高梁之虚"。事实上，晋献公嫁伯姬于秦不是不吉，而是大吉。后来，正是秦国派军队送晋献公的儿子重耳回晋国做了晋文公，才有晋文公于公元前 632 年成为春秋五霸中第二位霸主，开创了晋国长达百年的霸业。

有人问："易经有哲理吗？"

很少。易传有哲理，那是儒者在易经的骨架上创造出的哲理。

那么，易经到底是什么呢？

易经是变化哲学。

变化有常规变化、非常规变化和突发变化。水往下流，是常规变化，可以预测；而水形变化无常，是非常规变化，不可预测。孙子说：

夫兵形象水，水之行避高而趋下，兵之形避实而击虚；水因地而制流，兵因敌而制胜。故兵无常势，水无常形。能因敌变化而取胜者，谓之神。

这个“神”就是变化哲学。

易经是中华民族特有的全世界唯一的变化哲学著作，演示了在双方关系中可能出现的全部变化以及利害，并且具有实用性。

本书分五篇，各篇都可以独立选读。

第一篇，预览，只有 7500 字。这篇是两个例子，一个是商业经营的，一个是婚姻关系的。读完以后，仿照例子的做法，选出一个卦，再参考第三篇的解读，你就可以制定生活中的策略。

第二篇，考古探源。这篇综合大量考古资料，从 200 多万年前的巫山古人类活动到 3000 多年前的周文王演易，分析阴阳、八卦、易经和五行的发生、发展和成熟过程。其中包括对 28.2 万年前北京猿人说话能力的分析，对 1.3 万年前“许昌人”遗址的带孔鸵鸟蛋壳化石的解读和对 8000 多年前贾湖遗址 16 个契刻符号的考证。

第三篇，哲学解读。这篇是对六十四卦的全新解读，对每一个卦都有结构分析与卦爻辞的完整解析。与已经出版的任何关于易经（或者周易）的书都不同，这本书的解读没有主观臆断，没有神灵启示，没有超然的驾驭命运的力量，只有实事求是，谁用易经都一样，准确而实际。

第四篇，易经运用。这篇用日常生活中的例子，深入浅出说明易经理论。其中有职业变迁的例子说明常规变化，有已婚男上司与年轻女下属相处的例子说明非常规变化，有老年痴呆患者护理的例子综合说明易经卦爻辞。

第五篇，哲学内涵。这篇有从系统论角度对五行的详细介绍，有对马列主义中国化过程的探讨，有阴阳、八卦与辩证法的对比，还有易与过程哲学的对比。易与过程哲学的对比是以一碗饺子为例，这碗饺子，谁看都是饺子，但是，从变化哲学与过程哲学的角度看，它的变化过程却完全不一样。

本书是第一本以现代文化为基础厘清易的来龙去脉，从世界文化视角揭示出易的哲学内涵，用变化哲学的观点对六十四卦进行全新解读的书。

在这片美丽富饶的中华大地上，据考古发现，200 多万年前已经有人类活动。人生短暂，一代一代，来姗姗，去匆匆，但智慧转换成对世界变化的认识和应变的经验，积累在一起，凝聚在一起，世代传承和丰富，形成今日的易。

我已经八十七岁，人类文化滋育了我，我亦应当回馈人类文化。亲人们，我爱你们，但愿这本书能够像卫星导航那样帮助你驾驭人生，也但愿这本书能够抛砖引玉，推动易融入现代文化，融入世界文化。

薛德钧

二〇二一年秋

目　录

第一篇　预　览

阅读本篇的两个例子后，你将基本了解易。按照例子的做法，选择一个适合你的卦，再参考第三篇，得到你需要的答案。

第一章　海狸皮大衣

于桂兰和郝娜在友谊饭店吃饭的时候，于桂兰问道：“这周末你有啥安排？”

“开车去梅茜商店。”郝娜回答道。

“我准备去科尔服装店，”于桂兰回应，“那边的衣服便宜。”

“我曾常去科尔服装店购物，”郝娜说，“然而最近我常去梅茜商店。我们消费者就像风一样，随处飘荡。哪里质优价廉，服务又好，我们就到哪里。”

“我同意，”于桂兰回答道，“消费者就是飘荡的风。”

“那就是 3 卦。”郝娜回答道。

“啥？”

“易中的 3 卦，也就是巽卦。它的卦象是风。”

易包括阴阳、八卦、六十四卦、易经和五行。八八六十四卦，八卦像经纬交织成六十四卦，八卦叫经卦，六十四卦叫别卦。别卦反映事物之间的相互联系。

一个经卦有三条爻。爻分实线和断线；实线代表阳，叫阳爻；断线代表阴，叫阴爻。

“什么是爻呀？”于桂兰问。

“上古时代，为了定农时，先民们观察日影长度的变化，把观察结果用绳索记录下来，用了八根绳索，绳索挂着，后来就叫‘八卦’。一个绳索分三段，每段打结记事，于是叫‘爻’。你看‘爻’字像不像绳子上打结？”郝娜边说边比画。

阴阳是宇宙万物的属性。总的来说，阳表征天的性质，而阴表征地的性质。三条爻，二种性质，共有八种可能的组合。因而，三条爻的阴阳两种形式可以组成八卦。图 1-1-1 是一个八卦图。

图 1-1-1 八卦图

八个卦对应八个卦象。巽卦对应风，三条爻由阴爻、阳爻、阳爻组成。如果我们用 1 表示阳，0 表示阴，这个卦就是二进制数的三位数 011。二进制数 011 就是常用的十进制数的 3，3 是该卦的数值，在八卦中独一无二，是辨识这个卦的代号。这就是郝娜说的消费者的本质是 3 卦的原因所在。

“那么梅茜商店是怎样的卦呢？”于桂兰问道。

“梅茜商店生意发达。”郝娜回应。

“为什么生意发达呢？”于桂兰问道。

“因为梅茜商店是 4 卦，也就是震卦，它的卦象是雷。”郝娜回答道。

“为什么呢？”

为了公司经营策略更加完善，企业不得不很好地适应市场变化。我们选择了一个卦代表客户，我们也应选择一个代表公司的卦。从公司的角度来讲，公司是主方，而客户是客方。代表主方的是主卦，代表客方的是客卦。这两个卦，主卦位于客卦之下，形成了别卦。别卦的代号由两部分组成，两者之间用分隔号“:”隔开，如 4:3（注，这只是代号，而不是比率）。每一卦都有一个独特的卦名。

由于共有八个经卦，对应客卦是 3 卦，可以有八种别卦，它们的代号与卦名见表 1-1-1。

表 1-1-1　客卦是 3 卦的八种别卦

代号	卦名
0:3	观
1:3	渐
2:3	涣
3:3	巽
4:3	益
5:3	家人
6:3	中孚
7:3	小畜

从上面的几种别卦可以看出，4:3 卦是最佳选择。该卦的卦名是“益”，意味着公司将在与客户的交往中受益，见图 1-1-2。

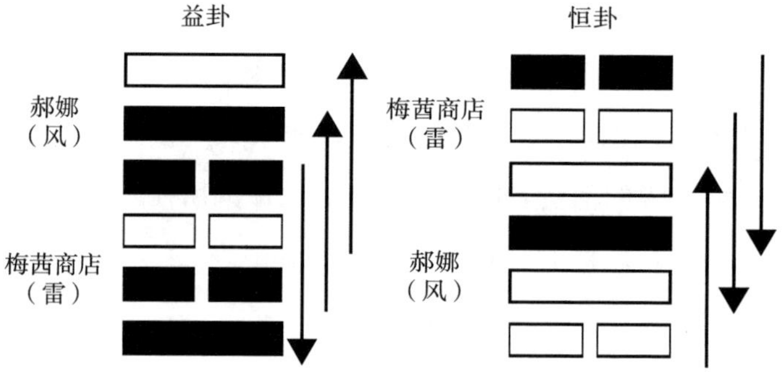

图 1-1-2　郝娜与梅茜商店

4 卦代表公司，它的三条爻是阳、阴、阴，而 3 卦（客户）的三条爻是阴、阳、阳。两者的爻都是阴与阳对应，或说阳与阴对应。也就是说，这个别卦中所有的爻都相互有应，是和谐的最佳状态。世界上一切事物都趋向于和谐，和谐可能对主方有利，反之可能不利。就像音符一样，和谐柔美的音乐让人赏心，反之则会有截然不同的效果。

易经是说明六十四卦的经文，是六十四卦的卦爻辞。卦辞解说卦，爻辞解释爻。下面是 4:3 卦的卦辞：

利有攸往，利涉大川。

下面是 4:3 卦的爻辞（卦中每一条爻都有代号。比如“一阳”或是“二阴”，指明爻的阴、阳，以及爻的位置。比如说这里“一”与“二”就指从底部向上数时的第一条爻和第二条爻）。

一阳，利用为大作，元吉，无咎。

二阴，或益之十朋之龟，弗克违，永贞吉；王用享于帝，吉。

三阴，益之用凶事，无咎；有孚中行，告公用圭。

四阴，中行告公从，利用为依迁国。

五阳，有孚惠心，勿问元吉；有孚惠我德。

六阳，莫益之，或击之；立心勿恒，凶。

为什么益卦代表的情形对主方是有益的呢？第三、第四爻辞建议公司为其客户提供最好的服务，就像古时皇宫的大臣们一样手持玉圭以示他们的忠诚和可信；大臣们慎言谨行，就像走在路中间的行人。客户就是听信于大臣们的皇帝，并且有权迁徙国家的首都。

第五爻爻辞强调了为公司服务过程中真诚的重要性。

第六爻爻辞建议公司如何对待那些虚假、粗鲁甚至是专横的客户。

“梅茜商店的行为像是雷吗？”于桂兰问道。

“是的，梅茜商店对客户影响巨大，就像是突然的响亮的雷声。”郝娜回答道。

“啥？”

“梅茜商店几乎每个月都会给我优惠券，”郝娜说，“有些券是 8 折，有的甚至是五折。我买了两件衬衫共计 45 美元，我再加一件价值为 5.25 美元的休闲裤，这样我总共只要付 30.25 美元加上税就可以了。每两周我会收到梅茜商店的广告，我会在上面找我需要的产品。最近我又买了一件海狸皮大衣。”

“海狸皮大衣肯定暖和吧。”于桂兰强调着。

“我相信是暖和的。我在德纳利峰旅游时看到漂浮在湖面上的海狸巢。因为海狸生活在那样寒冷的地方，所以它们的皮毛肯定很暖和。它们要在水里潜泳并穿越水域才能入巢，所以它们的皮毛肯定是比较结实的。我认为海狸皮是不错的皮，所以我就想买一件海狸皮大衣。”

“是的，但是你为什么不到阿拉斯加州买呢？”

“我也尝试过。我浏览了网站，里面有许多海狸皮衣外套的图片。然而当我点击我喜欢的品种时，居然要求我致电询价。我不知他们为什么不明码标价。后来我发邮件给他们，并告之我需要女士 44 英寸长的，戴帽子的海狸皮大衣，尺寸为 PL，同时向他们询价。当天没有收到任何回复，后一晚我就打电话确认，一位女士说他们确实收到我的邮件了。她问我‘你的心理价位是多少？’你也知道的，我不喜欢那样的问题。”

“我也是，”于桂兰插道，“为什么要把我们的隐私告诉他们呢？”

“我问，”郝娜继续说，“‘你要卖多少？’她告诉我，‘七千至八千美元’，我回答，‘好的，请将我要的几款图片发给我看看。’她承诺发图片，但是一周之后我没有收到图片，只接到了他们的电话。”

“这样的确不好。”于桂兰说。

“那天他们打电话给我说要为我定制一件长款带帽子的海狸皮大衣，价格是3，800美元，且免邮费。”

“他们降价了！”

“是的，”郝娜回答，“价格是不错的，然而他们的回复太迟了。我已经买了一件大衣了。你知道这家公司与什么卦象相符呢？”

“他们的表现可不像是雷。”

“是的，”郝娜回应，“他们就像是山。当我们这些风吹到那边的时候，他们丝毫不动，甚至会阻拦我们。”

“那你从梅茜商店那边买到你的大衣了吗？”

“不是在史密斯商场的梅茜商店买的，是在曼哈顿那家买的。”

“你是怎么知道曼哈顿那家有你想要的那件海狸皮大衣的呢？”

“当我开车去史密斯商场的时候，我十分失望。所有的皮衣都是貂皮衣。然而那边营业员的态度很好。她安慰我，并为我询问了几处。最后，她发现曼哈顿的梅茜商店有海狸皮衣，那边是他们最大的商店。她说能够为我订购一件，并免费发货到我家。但我想到实物店里试穿后再买。所以我开车去了曼哈顿的梅茜，你猜怎么着？”

“怎么了？”

“我发现有一件正合我身。长度至膝，并且肩部胸部和袖子都非常合身。兜帽放在我肩膀上就像是一个青果领。最有意思的是，还是我最喜欢的颜色。”

“这对你来说再好不过了。”

“价格也是很合理的。原价是5995美元，五折后，再使用优惠券八折，最终只要2398美元。”

“这甚至比阿拉斯加那家皮制品公司还要便宜。”

“梅茜商店那边有这么多的惊喜，它的表现就像是雷。并且那就是我坚信的：要想经营成功，公司就必须要形似雷。”

“这非常重要。”于桂兰赞同，“苹果电脑也是一个成功的案例，比如说

Mac、iPhone、iPad 都是苹果衍生出来的响雷般的奇迹。”

“世界上电脑厂家无数，他们都生产黑色笔记本电脑，然而只有苹果特立独行，”郝娜称道，“他们的 Mac 如此精致，甚至它的电源线都是磁性的，更便于用户接上电源。”

“我的儿子也是个商人，”于桂兰说，“我要告诉他，最佳的经营策略就是形似雷。”

“雷不是唯一的选择，同时还有其他七种选择。这些选择也未必都是差的，它们仍有改善的空间。”郝娜解释，“比如说，6:3 卦是另一种选择。它的卦名是中孚。这暗示了公司应该在与客户打交道时更加真诚。如果公司形似山，它对应的别卦的代号是 1:3，卦名是渐，该种情形对公司未必很糟糕。1:3 卦的卦辞为：女归吉，利贞。在卦辞中，‘女’指公司。也许在生意中对公司仍然有利，但进程缓慢，公司‘利贞’，利于坚持下去。”

“那样的话，”于桂兰说，“形似雷对公司来说是最佳选择，在服务客户时需要更具探索、发掘以及创新。”

“是的。”郝娜说，“的确是。然而有个前提是客户必须像风一样。”

“那怎么才能做到呢？”

“进行市场调研。调研人们需要什么，并确保客户像在雷雨时的一股强风一样购物，而不是弱风。”

“这也是很重要的。”于桂兰说，“然而我有个疑问。当用 3 卦代表客户，4 卦代表公司时他们可以组成两个卦。如果我们将卦 3 卦置于 4 卦下面，那就是 3:4 卦。这又是什么呢？”

郝娜：“这就是从客户角度考虑的情形。在此种情况下，客户是主方，公司是客方。该别卦表明客户应如何应对公司。”

“非常有意思。”

“3:4 卦的卦名是‘恒’。它表明如果公司形似雷时，他们会提供给我们优质的产品，上乘的服务，我们应该毫无疑问地跟他们达成交易。”

易可以作为生活策略的工具，铭记按照下面的步骤来做：

找一个与他人情形最适合的卦象的卦，为自己找一个适合的卦，将两个卦合并在一起，你的卦位于对方卦的下方。再参考本书第三篇中对该卦的卦名和卦爻辞的解说。

第二章　共享和谐婚姻

你可能知道，至少有一对夫妻像李慧和张立那样，结婚八年后开始不和。

李慧是一位音乐家，空闲时喜爱读小说；张立是一位勤奋的物理学家。婚后最初几年，他们下班经常一同出去吃晚饭、跳舞、看电影或参加音乐会。逐渐地，张立改变了他的生活方式，下班在家读杂志或写论文，很少抽出时间外出。他让李慧辞退工作，在家照料孩子和做饭。

起初，李慧能够适应这种变化，然而，几年下来她的不满渐增，觉得失去了自由和独立。她想象得出她的未来只是没完没了做饭和清洁洗涤，吃饭时除了孩子和丈夫的工作以外，没有别的可谈。

这时，李慧不知如何是好。由于他们不再一同外出，她觉得与张立的共同话题很少。她知道他的空闲时间很少，他专注于本职工作，不过她觉得，让她放弃自己的兴趣和快乐，对她来说是不公平的。

数月来，她努力做似乎是丈夫所期待的妻子，不过，这不能帮助她克服那种不安和被忽略的感觉。

她的不安引起了丈夫的注意。丈夫认为自己整天辛苦工作，应当在家中得到清静和愉快，他不明白到底是什么在破坏他们的家庭幸福。他与李慧共享的时间越来越少，而晚饭后，他急切回到书房里，这样就可以避免思考是什么东西使得他的妻子不安。

为了寻找出路，李慧求助于易。

八个卦象

独自在厨房洗碗的时候，李慧思索着，她做出那么大的牺牲，为什么看不到回报呢？她觉得就像是池子里的水，流动受到了限制。

水是八卦的一个卦象。

八卦中每一个卦都有一个卦名：震、离、兑、乾、巽、坎、艮和坤。每一个卦名都联系一个卦象，八个卦象是：雷、火、泽、天、风、水、山和地。

上章介绍了一幅八卦图，图中每一个卦都有一个代号。八个卦的代号是4、5、6、7、3、2、1和0。例如，震卦，代号是4。现在，我们对应八个卦的代号来讨论八个卦象。

4卦，雷

雷往往来得突然而震响。它惊吓人，它像是巨大的爆炸，有时暴风骤雨随之而来。即使是夏日远方晴空的低沉的闷雷也打破寂静，预示暴雨即将来临。雷冲击生物，但本身造成的危害很小，一般不立即导致严重后果。

雷可以代表一个人的下列情况：

初生婴儿，

新雇员，

双边关系中的第一次约会，

一个挑战者，

刚创业，

刚开始探险，

刚开始一个行动，

愤怒。

5卦，火

火明亮而炎热，其中心缺氧，温度较低而黯淡。火焰总是向上，然而依赖于可燃物和氧。

火可以代表一个人的下列情况：

少年人，

刚提升的雇员，

小商贩，

行动中稍有进展，

聪明的人，

美丽、时尚或性感的人，

业绩较好，

自夸，

相爱而想了解对方。

6卦，泽

泽指河湖地区，鱼米之乡。风景美丽而宜人。

泽可以代表一个人的下列情况：

青年人，

快乐，

富有，

成功，

情感成熟，

业绩良好，

健康，

幸福而安宁，

关系甜蜜。

7卦，天

天是奉献者，把光、热和雨露奉献给地球上的人。天的威力巨大，不可抗拒。在地面上看，天在一切之上，不可攀及。

天可以代表一个人的下列情况：

成熟的壮年人，

有权威，

统治者，

领导者，官员、董事长、经理、上司、警察，

垄断、控制或者成就杰出，

经营利润很高，

冠军，

企图控制、操纵或利用他人，

教师，

结婚（婚爱关系的顶峰）。

3卦，风

风到处吹。它可以穿过任何敞开的地方，即使是一个微小的孔，它也能够穿过。如果有什么东西挡着它的路，它会设法从其上边、下边或旁边绕过去。风行动时具有实实在在的威力，给人以凉爽、寒冷的感觉，甚至造成严重破坏。

风可以代表一个人的下列情况：

中年，

顺应、支持或迎合他人以获取自己的利益而不顾其对与错，

经营不成功，但企图用打折扣、借贷、广告促销等方式维持，

有权力而企图用欺诈性的方法或谎言掩盖错误言行，

艰苦工作以后非常疲倦，

辞退职务企图做别的事，

宴会后客人离开后的清理工作，

企图做比较容易而可行的事，寻找捷径。

2卦，水

水存在于全世界，存在于每一个生物体内。水总是往下流，没有外界帮助它从来不向上流。它能够被限制在湖泊中、挡在河堤外、保持在堤坝前甚至储存在小瓶子里。

水可以代表一个人的下列情况：

接近退休年龄，有效工作能力受到限制，

经营受损而又无法摆脱，

染病，

难于做出正确决定，

面对危险处境，

受到合同或条约的限制而缺少自由，

在战斗中无法解围，

处事过程中难于决策，

经济萧条、市场不景气，经营受损，

在与他人的交往中起了冲突。

1卦，山

山高，阻挡向它而来的一切。山稳定，从不改变自己的位置。山区往往风景秀丽而难于攀登。山看起来雄伟，然而，一般情况下并不显示出巨大威力来损害或威胁人们的生活，除非是火山喷发、泥石流或山体滑坡。

山可以代表一个人的下列情况：

退休，工作结束，

坚持工作岗位，或者拒绝协商，

拒绝与他人联系，

关系破裂，

一个独裁者，

坚守防御阵地，

自我隔绝，

顽固，

经营破产或资不抵债，

企图阻挠事物进展。

0卦，地

地是静止的。地接受天的光、热和雨露。地上万物适应于天的变化。地像母亲抚育子女一样提供生物的生长条件。地处于较低的位置。我们视天在上面，地在下面。

地可以代表一个人的下列情况：

学生或者其他具有潜能的状态（这种潜能将随外部条件的到来而得到发挥），

无业——无事可做，没有活动（静止），接受社会福利或照顾，

离婚——自由，摆脱了婚姻约束，

被拘捕——服从，

老年——安静，接受外来照顾，对他人的要求很少，

处于生疏地区、不明市场、不熟悉的国家或者不熟悉的集体，

力图镇静以等待时机，

休闲，享受安宁生活，

经营结束，

关系终止。

在这八个卦象中，水是唯一能够代表李慧当前状态的卦象。她选择了 2 卦代表她自己。

然后，她分析张立的情况。她想到，她的丈夫并没有采取任何积极措施来改善他们的关系。他像一座石头高山，静静地在那里，一点不考虑妻子的感受，使得妻子很难享受婚姻幸福。那个山的形象最适合她的丈夫，她选择了 1 卦代表她的丈夫。

主方与客方

她把 1 卦放在 2 卦的上面，得到了 2:1 卦，见下图。这是六画卦。六画卦叫别卦。

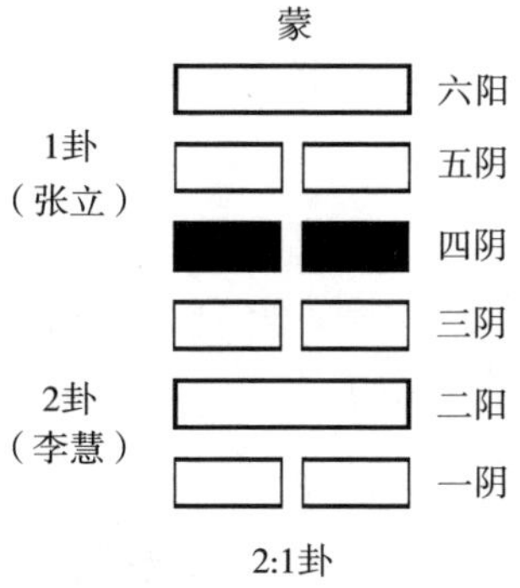

图 1-2-1 李慧与张立

2:1 是李慧做出的卦的代号。其中的 1 卦代表张立，2 卦代表李慧。由于从李慧的角度作情况分析，李慧是主方，张立是客方。这里代表主方的卦是主卦，代表客方的卦是客卦。

别卦中的爻，由下往上数。爻的代号是在爻的位置号数的前面加上爻的性质，阴或者阳。白色表示潜在的对主方不利因素，是不当位的爻；黑色表示潜在的对主方有利因素，是当位的爻（参阅第四篇，第二十章）。

卦爻辞

六十四卦的每一个别卦都有卦名、卦辞和爻辞。卦名，卦的名称，联系到卦象。卦辞，从总体上说明双方关系的当前状态。爻辞，说明每一条爻的意思。

2:1 卦的卦名是蒙。这个卦名直接让李慧联想到她与张立应当学习如何创造和谐关系。她阅读 2:1 卦的卦辞：

亨，匪我求童蒙，童蒙求我。初筮告。再三渎，渎则不告。利贞。

卦辞的意思是：顺利，不是我求学童，是学童求我。初次祈问时，告诉他。再三祈问就不恭敬，不恭敬则不告。有利于坚持。

这段卦辞告诉李慧，她应当保持与丈夫的关系，但是不应当太顺从了："初筮告，再三渎，渎则不告。"

接着她阅读了爻辞：

一阴，发蒙，利用刑人，用说桎梏；以往吝。

意思是：教师用榜样启发学童，学童由学习感受到自由，如同解脱了手铐脚镣。让学童学习太多就过分了。

李慧明白了，自己应当努力启发帮助丈夫，就像是"发蒙，利用刑人，用说桎梏"。然后就让丈夫自己意识到家庭中的问题，不能求之过急，不能对丈夫指望过多，"以往吝"。

二阳，包蒙，吉；纳妇，吉；子克家。

意思是：包容无知的学童，吉利。娶妻，吉利；儿子能够治家。

这条爻辞建议李慧包容自己的丈夫，这样做是吉利的。李慧应当增强对丈夫的爱，这也是吉利的。最终会有好的结果。

三阴，勿用取女，见金夫，不有躬，无攸利。

意思是：不要娶只爱金钱而不顾自尊的女人。没有一点好处。

这条爻辞建议李慧不要太迁就她的丈夫，"勿用取女，见金夫，不有躬"。如果她过于迁就丈夫，那就一点好处也没有，"无攸利"。

四阴，困蒙，吝。

意思是：受蒙昧困扰，太过分。

这条爻辞告诉李慧，她的丈夫像是一个疲倦的无知的学童，只想睡觉，或者离开教室。李慧应当适度对待，如果李慧试图克服他的懒散状态，就可能有些过分。

五阴，童蒙，吉。

意思是：教育蒙昧的学童，吉利。

这条爻辞告诉李慧，她的丈夫就像是一个蒙昧的学童，需要她的帮助。李慧帮助丈夫，她自己也受益，这是吉利的。

六阳，击蒙，不利为寇，利御寇。

意思是：教育粗暴好斗的蒙昧学童，不要作强寇，而要作抵御强寇的人。

这条爻辞告诉李慧，她的丈夫有可能态度粗暴，她应当帮助她的丈夫克服粗暴的态度，发扬他的好品格，“不利为寇，利御寇”。

根据他们夫妻双方的关系情况，李慧得到了 2:1 蒙卦，再仔细阅读蒙卦的卦爻辞，李慧意识到，首先应当与她的丈夫交谈，就像是一位教师教育一个无知的学童，通过交谈，让丈夫理解到她的心情，知道她常常在家中感到无聊和烦闷；其次，她意识到，应当照顾丈夫，就像是照顾一个蒙昧的学童，应当保持现在的夫妻关系。

李慧与她的丈夫商量以后，恢复了她原先的工作，并且雇一位保姆帮助打理家务、照顾孩子，她与丈夫便拥有更多的时间可以用在一同外出吃饭、跳舞、看电影或参加音乐会。他们幸运地找到了解决问题的办法，共享和谐婚姻。

照例子做

你可以按照上面的例子做，选择两个卦象，一个代表你自己，另一个代表他人，作一个别卦，再参阅本书第三篇的卦爻辞。

首先，你需要花一些时间熟悉上面所提到的八卦，进而了解评估相互关系状态，选择卦象。当你熟悉了这些以后，如何选择卦来代表一个人或者一种事物的状态就很容易了。

共享和谐婚姻，请记住，如果有问题，做以下几步：

选两个卦象代表你和你的配偶

作一个别卦，代表你的三画卦在下，代表你配偶的三画卦在上

参阅别卦的卦爻辞。

如果你想更多地了解易，请从下面的易源探索开始。

第二篇　考古探源

现在已经有大量考古资料、许多极重要的线索，可以帮助我们探寻阴阳、八卦、六十四卦和易经的产生、发展和成熟的过程。下面从阴阳开始分析。

第三章　阴阳是中华民族最早的语言

北京猿人会说话

1966 年考古工作者在北京猿人遗址发现了北京猿人头盖骨断片三块，经复原后，是一块比较完整的头盖骨。因为发掘地址紧靠 1934 年发现北京猿人化石的H地南首，与H地同在第三层位（1934 年在H地曾发现5号北京猿人头骨断片），经查对，这次发现的头盖骨断片与 5 号北京猿人头骨断片属同一个体，所以确认这次发现的头盖骨断片属于 5 号北京猿人。[1]

人的大脑中，运动语言区位于左侧额下面的下后方，通过对 5 号北京猿人头盖骨仔细观察分析，考古学家发现其脑模上语言区部位隆起，这表明 5 号北京猿人会说话。[2]

5 号北京猿人会说话不等于所有的北京猿人都会说话。那么，5 号北京猿人怎么说话呢？这可以从其大脑的发达程度开始分析。

北京猿人遗址内的堆积层达 40 米厚，共有 13 层，5 号北京猿人头盖骨发现在第三层，年代比较晚，据 1991 年的电子自旋共振测年分析，其年代约在 28.2 万年以前。在北京猿人遗址发现的第一个头盖骨的年代是距今 57.8 万年。[3]

北京猿人会说话，这是指晚期北京猿人，经过了 30 多万年的演化，才获得说话能力。但是，5 号北京猿人仍然是猿人，其大脑还不是很发达。按分析，2 号北京猿人的脑量是 1030 毫升，5 号北京猿人的脑量是 1140 毫升，而山顶洞人的脑量是1300～1500毫升。可见5号北京猿人的大脑相对于57.8万年前的北京猿人而言，有了很大进化，但是，与3万年前的山顶洞人比较，还有很大的发展空间。虽然5号北京猿人能够说话，但是，说的话可能非常简单，词汇极少。

人类演化到5号北京猿人，已经经过了一段漫长历程。据报道200多万年前在中华土地上已经有人类活动，[4] 在演化到人类的初期，猿人的发声器官和控制语言活动的大脑区域不发达，不具备说话能力，但是他们有用声音通信的强烈需要以弥补肢体语言的不足，这种强烈需要促使他们尝试用自己的口腔发出表达思想的声音。这是非常艰难的尝试，首先，发出的声音必须不同于自然界的声音，表达的思想必须一贯，自己必须记住在任何时候总是用某种声音表达同样的思想；其次，别人也能发出同样的声音，表达同样的思想；最后，自己发出的声音，必须让别人能够听懂，而且，自己能够听懂别人的声音。这种尝试是很难成功的，因此，人类最初的语言必定是从最容易发的音开始，必定是从最少的音开始，可能只有一两个音。这决不会是在人类演化过程的某个特定时期，由于某位智者的发明创造，一下子出现了语言，突然从无到有的。人类有了可以自由通信的语言必定是到了发声器官和大脑都发达的时候，比如在，3万多年前的山顶洞人时期，人类才有成熟的语言，即使5号北京猿人时期，语言仍然处于发展初期。那么，这最容易发的音可能是什么呢？

道生一

人类说的字由音节组成，汉语的字是单音节，说话时把声母、韵母急速连续拼合并加上声调而成为一个音节。发声母音的时候气流在口腔中要分别受到各种阻碍，是气流受阻和克服阻碍的过程，发音比较困难。因此可以推断，人类最初的语言没有声母。

没有声母的音节就是零声母音节，人类最初的语言很可能是零声母音节。

零声母音节以a、o、e、i、u开始。发a音的时候，舌位居中；发o和e的时候，舌位在后；发u的时候，实际上是发wu音，舌位也在后；发i音的时候，实际上是发yi音，舌位在前。这三种舌位中，相对说来，运动舌尖比较容易，所以猿人开始说话很可能是从发yi音开始。

最初发出的语音很可能是情绪激动时自然发出的，例如，看到的东西突然意外地出现或者消失了，可能发出“yí”声，意思是，“咦，怎么啦？”

意外的事情发生多了，逐渐地大家都习惯用“yí”表示惊奇了。在非常多的疑问之后，可能会有人知道事情发生了变化，偶尔地用“yì”回答“yí”这样的问题。时间长了，人们就习惯用“yì”表示变化的意思。

“yí”和“yì”这两个字都是零声母音节，不需改变嘴唇形状就能够发出音，嘴微张成扁平状，舌尖抵住下齿龈，舌面抬高，靠近上硬腭，声带颤动，发声。所以，“yí”和“yì”很可能是汉语的最早出现的两个字。后来有了文字，由“yí”有了字“咦”，由“yì”有了字“易”。易表示事物的变化，很可能这是从人类演化一开始就有的意思。

事物的量的变化是最容易感受到的，在用“yì”回答“yí”的问题时，可能自然而然地会用“yī”表示数量变化。“yī”也是零声母字节，与“yí”和“yì”的发声方法都一样，只是声调不同。一个，用“yī”；两个用“yīyī”；三个用“yīyīyī”。后来有了文字，由“yī”有了“一”。

在习惯用“yí”、“ yì”和“yī”的过程中，可能他们也发现了可以说“yǐ”，用“yǐ”表达一种感叹情绪，有了文字以后，这就是“矣”字。

这样，以最低限度的发音能力，发出一个零声母音节“yi”，再用四种声调表示四种意思，很可能这就是人类最早能够发出的音。

《道德经》第四十一章中老子说，“道生一，一生二，二生三，三生万物。”这个过程是“道生一”。

一生二

习惯了用“yī”表示数量以后，逐渐地发现可以用“yī”表示质的区别。

人们感受到事物的质的区别应当是从感受最深刻的事物开始的。在人类演化的最初阶段，人们感受最深的事物是什么呢？天和地。

一切生物都生活在天地之间，受天的光和热的照射和温暖，受地的滋养。在猿人的朦胧意识中，对外界的感受，首先是天和地。“天”是他们最初认识的事物，“天亮了”、“天晴了”、“天下雨了”、“天冷了”、“天黑了”，等等，天也是他们生活中最频繁涉及的事物，他们需要用“yī”向同伴表示“天”的意思。自然而然地，地也是他们最初认识的事物，“进地洞”、“桃子掉到地上了”、“地滑”、“地方远”，等等，他们需要用“yīyī”向同伴表示“地”的意思。天在上，地在下，天地相对。因此，他们很可能逐渐习惯用“yī”表示天，用“yīyī”

表示地。因为那个时候，他们只能发出“yí”、“yì”、“yī”和“yǐ”四种音，只好把“yī”重起来，用两个“yī”表示与一个“yī”相反的意思。

接着他们需要用“yī”表示他们活动的时间与空间。

在时间方面，他们需要分别表达白天和夜晚的意思。白天和夜晚也是性质相反，白天他们能够看到天空，他们就用“yī”表示白天；夜晚看不到天空，只能感受到地，他们就用“yīyī”表示“地”的意思。

在空间方面，他们需要分别表达南方和北方的意思。天上的太阳在南方，他们就用“yī”表示南方；北方与南方意思相反，他们就用“yīyī”表示“地”的意思。

后来逐渐地用“yī”表示一切与天的性质相近的事物，用“yīyī”表示一切与地的性质相近的事物，例如暑与寒、晴和雨、公与母、好与坏、是与非、我和他、虎与鹿、变与没变、来与去等。

暑与寒。夏天气温高，日照时间长；冬天气温低，日照时间短。于是暑是“yī”，寒是“yīyī”。

晴和雨。晴天有光有热，雨天光少热少。于是晴是“yī”，雨是“yīyī”。

公与母。雄性动物强壮有力，如同天有无穷威力；雌性动物孕育子女，如同大地哺育生灵。于是公是“yī”，母是“yīyī”。

好与坏。好是对人有益的事，如天发光发热，有益人生；坏是对人没有益的事，如地不发光不发热，对人益处少。于是，好是“yī”，坏是“yīyī”。

是与非。是，如同在天的阳光下能看清事物；非，如同没有阳光，事物模糊不清。于是，“是”是“yī”、“非”是“yīyī”。

我和他。我感受事物的存在，就如同天，有天有世界；他是被我感知的，就如同地，地被天照亮。于是，我是“yī”，他是“yīyī”。

虎与鹿。虎凶猛，威力大，如同威力无穷的天；鹿软弱，如地缺少光和热。于是虎是“yī”，鹿是“yīyī”。

来与去。来，如同天向地上发送光和热；去，如同夜晚，光亮消失。于是，来是“yī”，去是“yīyī”。

“yī”就是后来的“一”，“yīyī”就是后来的“一一”或者“二”。一是奇数，二是偶数。很可能，这就是后来奇数代表阳，偶数代表阴的由来。阳表示一切与天性质相近的事物的属性，阴表示一切与地性质相近的事物的属性，很可能这就是阴阳的定义。中国语言来自生活，不是先有某人或者某个机构给某个字下个定义然后再使用，而是在生活中创造出语言，在应用中逐渐丰富其含义。

在交流思想的时候，他们把表达具体事物的字以一定的语序连接起来。

由于从演化过程一开始，他们就生活在昼夜交替的自然环境中，自然而然地习惯于动静交替的语序，首先发出表示事件主体的声音，接着发出表示主体动作的声音，再发出表示客体的声音，这就是 SVO 语序。

这样，以最低限度的发音能力，发出一个零声母音节“yi”，再用四种声调表示四种基本意思，更用这普遍性的四种意思，表达各种各样的具体事物。

因此，可以相信，一个零声母音节、四种声调，以及 SVO 语序，这是中国语言的特点，也是人类最早语言的特点。人类最早语言只有一个零声母音节，四种音，是最简单最少最常用的字，是以一代表阳，以二代表阴的、抽象性的、普遍性的语言，结合 SVO 语序和上下文达到交流思想的效果。

在相互交往中，他们常常用肢体语言表达他们的意思，例如，点头表示是，摇头表示否；招手表示来，挥手表示去。不过在视线受阻时，肢体语言不能表达意思，他们就需要设法用声音传递信息。

例如，两个猿人分别隐身于两株树上，一个首先看到捕猎对象来了，就说“yī”，让对方做好准备。这个动物走开了，就说“yīyī”，告诉对方捕猎对象走了。

虎来了，他们会告诉对方，“yī”、“yī”；虎走了，他们会告诉地方“yī”、“yīyī”。

鹿来了，他们会说“yīyī”，“yī”。

很可能在很长一段时间，猿人用“yī”和“yīyī”的声音序列传递信息，随着语言的应用，他们的大脑也逐渐发展，理解能力逐渐加强。在他们当时的环境下，也许他们并不难理解这样的声音序列。

是不是猿人在演化初期用“yí”、“yì”、“yī”和“yǐ”这四种音传递信息协调行动呢？没有确切证据。不过，很有这种可能。因为这四种音都是零声母字节，是最容易发的音；并且能满足他们当时的需要。也许在他们以前就有猿人使用这四种音，也许在他们之后很久才有人使用这四种音，但总归这四种音很可能是人类最早的语言；而且，从语言出现的最初就有了明确的易与阴阳定义，易表示变化，阳表示一切与天的性质接近的事物属性，阴表示一切与地的性质接近的事物属性；并且，奇数表示阳，偶数表示阴。这些概念一直沿用至今。

人类大脑中控制发声的部分的进化以及各种发声器官的进化都需要很长时间，可能在很长一段时间里，人类就是用“yí”、“yì”、“yī”和“yǐ”这四种音交流信息。除此之外，他们不可能发出其他声音传递信息，协调行动。

随着演化进展中人类的发声器官的改善和大脑对发声器官的控制能力加强，很可能在某个时候，猿人突然发现张口与闭口可以发出“yí”、“yì”、“yī”和“yǐ”以外的音。无意之中，嘴一张，少许带点鼻音，发出了“yáng”的声音；嘴一闭拢，发出“yīn”的声音。“yáng”和“yīn”也都是零声母音节，非常容易发音，与“yí”、“yì”、“yī”和“yǐ”的不同仅在于张口和合口，以及带点鼻音。后来有了文字，由“yáng”有了“阳”，由“yīn”有了“阴”。

与“yī”和“yīyī”相比，“yáng”和“yīn”更清晰，更容易分辨。有了“yáng”和“yīn”这二种音，语言的发展飞跃了一步。逐渐地，“yáng”代替了“yī”，“yīn”代替了“yīyī”，而“yī”留着仅仅表示数量或者序数，表示“一个”或者“第一”。

于是，“yì”、“yī”、“yīn”和“yáng”这四个字逐渐被用于生活的各方面：

夜晚变成白天了，他们说“yīn yì yáng”；

雨后天晴了，他们也说“yīn yì yáng”；

好的食物变坏了，他们说“yáng yì yīn”。

在交往中他们用已经习惯的SVO语序，结合语序和上下文，可以用这四个字表示很多意思。

比如说，“我躲过了一只虎”，他们说：“yáng yīn yī yáng”。第一个音“yáng”指“我”。第二个音“yīn”指“躲过”，“躲”是被动的，因此，被动是阴。第三个音“yī”指一个。第四个音“yáng”指老虎。

再比如说，“他打了二只鹿”，他们说：“yīn yáng yī yī yīn”。第二个音“yáng”指“打了”。“打”是主动，如天运动不息，是阳。二个“yī”指二。

在漫长的演化过程中，语言逐渐发展，人们觉得仅仅用阴阳表达事物不够了，需要用更多的音更清楚地表达思想。不过那时虽然人的大脑和发声器官都有了很大进步，但是还很不发达，还不能发声母的音，只能发零声母音节。为了表达更详细的信息，他们创造了“yīn”和“yáng”的组合音。

在时间方面，除了白天和夜晚以外，他们需要分别表达早上、中午、黄昏和夜的意思。他们就用“yáng yáng”表示“中午”，用“yáng yīn”表示“早”，用“yīn yáng”表示“黄昏”，用“yīn yīn”表示“夜”的意思。

在空间方面，除了南方和北方以外，他们需要分别表达东、南、西和北的意思。他们就用“yáng yáng”表示“南”，用“yáng yīn”表示“东”，用“yīn yáng”表示“西”，用“yīn yīn”表示“北”的意思。

只表达好与坏不够，还要表达很好、好、坏、很坏四种状态；仅表达多少不够，还要表达很多、多、少和很少四种意思。

先是二音组合。由“yáng”、“yīn”两种状态发展为“yáng yáng”、“yáng yīn”、“yīn yáng”和“yīn yīn”四种状态，见表 2-3-1。

表 2-3-1 “yīn”和“yáng”的二音组合

二音组合	yáng yáng	yáng yīn	yīn yáng	yīn yīn
昼夜	中午	早	黄昏	夜
方向	南	东	西	北
多少	很多	多	少	很少
方向	南	东	西	北
季节	夏	春	秋	冬

比如说，“夏天中午我在南边躲过一只老虎”，他们说，“yáng yáng yáng yáng yáng yáng yáng yīn yī yáng。”第一个“yáng yáng”指夏天，第二个“yáng yáng”指中午，一个“yáng”指我，第三个“yáng yáng”指南边。其中的“yīn”指“躲过”、“yī”指一个，“yáng”指老虎。这就是《道德经》中的“一生二”。

二生三

再发展，可能出现了“yáng”、“yīn”的三音组合（见表 2-3-2，表内直接用“阴阳”以缩短字距）。

表 2-3-2 阴阳的三音组合

三音组合	阳阳阳	阳阳阴	阳阴阳	阳阴阴	阴阳阳	阴阳阴	阴阴阳	阴阴阴
世界	天	泽	火	雷	风	水	山	地
动物	虎	熊	豹	猎狗	象	鹿	龟	兔
方向	南	东南	东	东北	西南	西	西北	北
季节	夏	初夏	春	初春	初秋	秋	初冬	冬
昼夜	中午	上午	早晨	黎明	下午	黄昏	傍晚	午夜
数量	一	二	三	四	五	六	七	八

比如说，“秋天下午他在东北泽地打了五只鹿”，他们说，“yīn yáng yīn（秋天）yīn yáng yáng（下午）yīn（他）yáng yīn yīn（东北）yáng yáng yīn（泽

地）yáng（打了）yīn yáng yáng （五只）yīn yáng yīn（鹿）。”

很可能在很长一段时间内，先民们说的话就是阴阳序列。这有点像现代电子通信技术中的 1 和 0 序列。1 是奇数，表示阴；0 是偶数，表示阳。早期先民们的通信方式与现代的电子通信方式的区别只是通信介质不同而已。由于早期先民们的通信内容简单，加上逐渐定型的语序，再结合上下文，语言中的阴阳序列不会难以理解。

三生万物

经历了百万年或者几十万年的漫长演化过程，人的嘴与舌更加灵活，发声器官的各部分有效配合，能够发出越来越多的音，不仅能够发出各种韵母，而且也逐渐地发出越来越多的声母。这时很可能经历一个共同认可的过程，也就是说，发出了某个字的声音，怎么能够让大家共同认可这个字的意思。某个人说了这个字，怎么能够让别人都明白是什么意思，并且能够向后代传授。因此，最初大家都认可的字必定是比较容易发声的，比较容易理解的，运用频繁的，比较形象的。

运用频繁的，比较形象的字可能是与大家生活关系最密切的字，是有关共同生活的自然环境的字，这些字可能是“天”、“地”、“水”、“火”、“山”、“泽”、“风”、“雷”。

这八个字的发音是“tiān”、“dì”、“shuǐ”、“huǒ”、“shān”、“zé”、“fēng”、“léi”，这八个字的发音中，没有双唇音，不涉及嘴唇的形状，只用到舌与齿，比较容易发音。

这八个字的所指事物都比较形象，在已经习惯的阴阳序列基础上，很容易解释其意思：

“tiān”，仰头往上，手指上，发“yáng yáng yáng”作解释。

“dì”，俯首向下，手指下，发“yīn yīn yīn”作解释。

“shuǐ”，远望，手指河，发“yīn yáng yīn”作解释。

“huǒ”，近观火堆，手向上掀，发“yáng yīn yáng”作解释。

“shān”，远望向上，手向上指，发“yīn yīn yáng”作解释。

“zé”，远望向下，手指湖泊、平原，发“yáng yáng yīn”作解释。

“fēng”，摇头吹风，手摇晃，发“yīn yáng yáng”作解释。

“léi”，两手捂耳，发“yáng yīn yīn”作解释。

在能够发出双唇音以后，有了“东”（dōng）、“南”（nān）、“西”（xī）、“北”（běi）。

可能，也有了“我”、“你”、“他”。因为中国语言起始于旧石器时期，那时是母系社会，而且，词汇还不丰富，没有必要分“他”与“她”，所以中国语言中没有人称区别，也没有性区别。“我是”、“你是”、“他是”，都是“是”；而英语中，“I am”，“you are”，“he is”，“she is”中的主语不一样，“to be”也不一样。

如此，随着演化过程的进展，表示具体事物的字越来越多。本来，阴阳是抽象的普遍性的语言，借助语序和上下文表达具体的意思，逐渐地，阴阳为直接表达具体意思的字取代，阴阳从日常生活用语中淡化出去而成为抽象的哲学概念。到了旧石器时代末期，约 3 万年前的山顶洞人时代，中国语言完全发展成熟。

阴阳是人类最早的语言，是抽象性的普遍性的，对于后来的代表具体的世间万物的语言起到催生作用。这就是“三生万物”。

第四章　八卦来源于生产与生活

卦象是语言中出现最早的名词

八卦有八个卦象：天、地、火、水、山、泽、雷和风。与五行相比，卦象中没有金，说明卦象形成于石器时期；卦象中没有土和木，说明卦象形成于农耕和家畜畜养出现以前，并且，卦象中没有土而有山，说明卦象形成于旧石器时期的穴居时期。这八类事物构成猿人世世代代生存的环境，可以代表他们的世界。他们在使用这八个字的时候，自然而然地把世界万物归成八类，有了归类的思维方法。这八类事物形象清晰，各有鲜明的特性，这可能就是后来的八个卦象。

归类思维方法

在山顶洞人遗址出土了 125 件穿孔兽牙，包括狐狸的上下犬齿 29 枚，鹿的上下犬齿和门齿 29 枚，野狸上下犬齿 17 枚，鼬的犬齿 2 枚，虎的门齿 1 枚，还有 2 枚残牙可能是狐狸或鼬的；还有穿孔的海蚶壳 3 个，钻孔的青鱼眶上骨 1 件。

如果说只是作饰品，为什么有了那么多的狐狸齿、鹿齿和野狸齿，还要有虎齿呢？

如果说虎齿难得，有虎齿表示高贵，那么为什么还有钻孔的青鱼眶上骨？

山顶洞人制作了那么多种穿孔饰品，可能是为了全，为了表示他们征服了所有的动物，吃了它们的肉，还用它们的牙齿做了装饰品。这不仅使得他们有一种美感，更重要的是有成就感和胜利者的自豪感。

由此也可以推测他们已经有了一种归类思维方法，把系统中的成员归纳于若干类别。于是，他们认识到动物可以归类，从最凶猛的老虎，到水中的青鱼可以代表陆地和水中的全部动物。他们还用鸟骨制作了四只骨管。如果再加上鸟，这些饰物和骨管代表了水陆空全部动物，他们是与世界上全部动物搏斗的胜利者。

这种归类思维方法的来源是效法自然和他们的劳动实践。从世界上出现最早的人类起到山顶洞人时代的200多万年里，人类感受到的，认识到的世界就是天、地、火、水、山、泽、雷、风。这八个类别的事物构成了世界，世界上的一切事物可以归入这八个类别，进而这种归类思维方法运用到生产与生活的各个方面。这种归类思维方法就是八卦的一种特性。

螺旋形变化规律

在山顶洞人遗址出土了一根3万年前的骨针，针孔部位直径3.3毫米，针身保存完好，仅针孔残缺，残长82毫米，针身微弯，刮磨得很光滑。在此遗址，还出土了7个穿孔小石珠。

由此引出一个问题：山顶洞人是如何掌握钻孔和磨光技术的？

3万年前，那时一切都处于蒙昧状态，掌握这样的钻孔和磨光技术不会是一朝一夕的事，可能需要几百代、几千代，甚至几万代人的执着追求和经验积累。是什么驱使他们这种执着的追求呢？

68万年前的北京人已经用火，然而不会人工取火，只能利用天然火种。他们把天然火种引进洞穴，照明取暖、烧烤猎物。夜里轮流看火，不让火熄灭。灰烬多了，不用火的时候，把燃烧正旺的树段插入灰烬层，保持火种。用火的时候，把插入灰烬层的树段取出继续燃烧使用。结果，洞穴中的灰烬层厚达6米多。但是，一旦火种断绝了，如何再用火呢？只能等到下一次雷击或者森林火灾以后，或者其他偶然的机会发现天然火，点着火种，重新用火。

他们已经尝受到了用火的好处。有了火可以到达洞穴的更深处，吃烤熟的兽肉更有味，夜晚可以拿着火把照亮山路，可以用火驱赶凶恶的猛兽。为了避免丢失火种的严重后果，他们千方百计地探索人工取火的方法。

在那个时代，人工取火方法可能有两种，一是击石取火，一是钻木取火。击石取火似乎比较容易，用一些易燃物靠近火石，用火镰打击火石，发出火花，点燃易燃物，即得火种。火石就是坚硬的燧石，猿人常用它制作石器。如果用黄铁矿石或者赤铁矿石当火镰，效果也很好。

山顶洞人可能找到了击石取火的方法，因为在他们的洞穴中，除了制作石器的燧石以外，还发现了赤铁矿石，用燧石片打击赤铁矿石，可能发出火花，点燃枯树叶等易燃物，得到火种。

他们怎么知道打击石块取火呢？可能是效法自然。他们看到打雷，霹雳雷声伴随闪电，有时导致枯木起火。由这种天长日久的感受，产生出试探击石取火的想法。

在古代，钻木取火也用得比较普遍。在一块木头上钻一个凹窝，把一根木棍插在凹窝中，在凹窝上面盖上草叶等易燃物，用双手搓木棍，棍头的温度越来越高，最终把易燃物点燃。山顶洞人能够制作出那么精细的骨针，应当没有困难在木头上钻窝和制作木棍。关键是如何能够想出这种钻木取火的方法。

谁能够教会他们这种钻木取火的方法？没有人教，也是仿效自然。太阳东出西落，昼夜更迭的螺旋形运动，寒暑相间的变化，使他们从自然界感受到螺旋形变化规律，启发他们用螺旋性的运动逐渐增加摩擦产生的热量，从而使易燃物着火。山顶洞人遗址既出现了灰烬层，也出现了骨针和钻孔小石珠，这表明山顶洞人的取火方法可能与钻孔有关，因为人工取火的迹象与骨针以及钻孔小石珠是同时出现在山顶洞人的洞穴中的。

从山顶洞人遗址出土文物中，还有一件实例可以说明山顶洞人理解螺旋形变化规律。

2005 年，考古工作者在清理山顶洞人遗址标本的时候，发现了 12 个兔子头骨化石，每一件标本的骨块，包括上枕骨、外枕骨、基枕骨、听泡和耳孔，它们围绕枕大孔构成了一个厚 15 ～ 16 毫米的环状体[19]。显然，这些兔头骨环状体是精心磨制成的，在当时没有良好切割工具的情况下，制作这些环状体是很不容易的。为什么要把兔子头骨做成环状呢？为什么要做 12 个呢？这一定是出于某种需要，一定是为了某种特殊目的。

先民们采集果实、狩猎捕鱼以及去远方拾取海蚶和赤铁矿石，或者与远方的部族交换物品，都需要有妥善的安排与部署。因此他们需要年历。这 12 个兔头骨环状体可能就是作年历用的。

与石器相比，石头是不动的，野兽是活动的，用兽骨可能有表示运动的意思。与其他钻孔兽骨相比，例如与兽牙相比，兔头骨环状体更像是环，可以象征螺旋形的变化。而且，一个兔头骨环状体包含五个骨头，可以象征螺旋形变化的多个阶段。从环状体的一点开始，绕环状体一周，代表月亮绕地球一圈。一个环状体中又可以分为五个部分，就相当于一个月中又分五个星期。各个兔头骨环并不完全一样，12 个兔头骨环围成一圈，从一个兔头骨环状体开始，一个兔头骨环代表一个月，绕环一周，代表 12 个月，绕环状体一周就表示农历的一年。

用 12 个兔头骨环状体围成一圈作年历用，反映了先民们对螺旋形变化规律的认识。一个兔头骨环可以代表一种螺旋形变化，其中的五个部分代表变化的五个阶段；12 个兔头骨环状体围成一圈也代表一种螺旋形变化，12 个兔头骨环状代表变化的 12 个阶段。

反映螺旋形的运动变化规律是八卦的另一种特性。

归纳起来看，在 3 万年前的山顶洞人时代，很可能已经有了八个卦象，还有归类思维与对事物螺旋形变化规律的认识，这些构成了八卦的骨架。

三万年前的中华文化

八卦基于阴阳，从山顶洞人遗址也可以看出他们对阴阳的认识。

山顶洞中的下室是墓地，在墓地发现老年男性、中年女性和青年女性头骨各 1 具，在老年头骨的左侧发现穿孔的贝壳，穿孔的狐狸犬齿，在骨盆和股骨周围找到赤铁矿粉和赤铁矿石。下室深处是下窖，是一条南北长 3 米、东西宽约 1 米的裂隙，其中发现了许多完整的动物骨架，推测它们是在人类入居以前，偶然坠入这个天然“陷阱”之中的。

为什么山顶洞人不将死去的人的尸体抛入下窖呢？或者埋在洞外呢？又为什么放置穿孔的贝壳，穿孔的狐狸犬齿以及赤铁矿粉和赤铁矿石呢？如果说这是一种原始的宗教信仰，那么他们信仰什么？这宗教信仰是如何产生的？

他们这么做也是仿效自然。

他们一直生活在阴阳交迭的世界中，有暑必有寒，夏天感受到暑，而感受不到寒，实际上，寒在世界的另一侧；有昼必有夜，白天阳光普照，而感受不到黑夜，实际上，黑夜也隐藏在世界的另一面。由此，他们认为人生也必然有阴有阳，他们是生活在阳的世界里，死去的人，并没有消失，而是生活在阴的世界里。与他们朝夕相处的人，突然离开了他们，使他们悲伤，他们不愿意死去的人远走，希望还是伴随在他们身边，因此，把尸体保留在洞中，放在下室，可以时时瞻仰。也许那位老人曾经与他们共同捕猎，那些兽牙代表了死者往日的功绩，于是把兽牙放置在其头骨附近。也许那位老人曾经为他们天天击石取火，于是把取火用的赤铁矿石，和用燧石击打赤铁矿石留下的赤铁矿粉末撒在老人的骨盆和股骨周围。同样，怀着对那两位女人的爱和离别的悲思，把赤铁矿粉末撒在其尸骨周围，愿其在另一个世界里也有火可用。他们认为逝世的人还在，只是在另一个世界里。活人的世界是阳间，逝者的世界是阴间。这种对逝世者寄托哀思的传统一直延续至今，现在清明节扫墓时，人们往往烧些纸钱，还有烧纸元宝的，也是希望过世的人在阴间能够有钱用。

只有人类知道葬尸，其他动物不知道；只有人类会用火，其他动物不会；只有人类能做熟食，其他动物不能；只有人类能够制针缝衣，其他动物不能；只有人类能够说活，并且用各种方式表达爱与悲伤，其他动物不能。人类所特有的这一切融合在一起，构成了文化。

文化是人类所特有，其他动物没有。文化融合着人类全体的智慧和经验，为全人类分享，人们相互交流，相互补充，使其内涵广阔无疆。文化随着人类的演化不断发展，绵延不断，其起始早于山顶洞人时期，“迎而不见其首”；文化随着社会发展而发展，今日仍在发展中，永远没有止境，“随而不见其后”。文化“执今之道，以御今之有。”（《道德经》第十四章）

从山顶洞人的出土文物判断，中华文化实际上在山顶洞人时代已经具备初型。山顶洞人遗址出土文物石器、骨针、用火遗迹、穿孔兽牙等都是具体的、个别的现象；而把这些现象联系在一起的是山顶洞人对世界的认识，是普遍的、抽象的。这普遍的、抽象的认识中包括阴阳、事物变化循螺旋形的规律、以及事物归类的思维方法，这些就是易，是易的阴阳与八卦的基本内容。因此可以推测，在山顶洞人时代，易已经具备雏型。

八卦图雏形

据中新网报道，2010 年 11 月 21 日，在河南省灵井“许昌人”遗址发现一片 13000 年前带孔的鸵鸟蛋壳化石。这片鸵鸟蛋壳化石呈浅黄色，长方形，长 4 厘米、宽 3.3 厘米，保存完好，采用对钻方式，钻有两个一大一小的孔。由于是长方形，横向长，纵向短，上部两个孔，有孔的部分轻，无孔的部分重，其自然位置是有孔部分在上，无孔部分在下。

很明显，这片鸵鸟蛋壳化石上有两个孔，而且一大一小，不像是作装饰用的，而像是表示阴阳变化：小孔表示阳少，大孔表示阳多，无孔表示阴。

这片鸵鸟蛋壳化石还表明，从 3 万年前的山顶洞人时期到 13000 年前，人类对阴阳的认识逐渐深化了，他们认识到世界上不仅有性质完全相反的两种事物，而且有介于这两者之间的中间事物。大孔表示阳，无孔表示阴，小孔则表示阴阳之间的状态。他们认识到事物不仅有质的区别，还有量的区别，大孔表示阳的量多，小孔表示阳的量少。

如果把八卦图重叠在鸵鸟蛋壳化石照片上做比较，就可以看出这钻孔鸵鸟蛋壳化石所表示的意思与八卦图是一致的，见图 2-4-1（带孔鸵鸟蛋壳化石照片由许昌博物馆提供）。

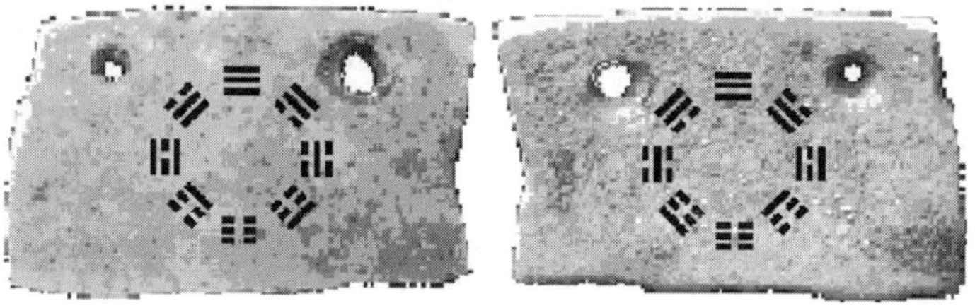

图 2-4-1　鸵鸟蛋壳化石的双面照片与八卦图

八卦中的线叫作爻，爻是要素的意思，实线叫阳爻，断线叫阴爻。八卦最外边的一圈，是八个卦的上爻，最里边的一圈是八个卦的下爻，中间的一圈是八个卦的中爻。看上面三个卦的中爻和上爻，左边的一个卦的中爻和上爻是一阳一阴，右边的一个卦的中爻和上爻是二个阳，左边阳少，右边阳多。对比鸵鸟蛋壳化石，一个小孔一个大孔，表示阳由少增多。八卦左边的四个卦的下爻都是阳爻，表示阳由少逐渐增多，与鸵鸟蛋壳化石左下部无孔、上面有孔一致；右边四个卦的下爻是阴爻，表示阳由多逐渐减少，与鸵鸟蛋壳化石右上部有孔右下部无孔一致。

从对比可以看出，鸵鸟蛋壳化石的形状与孔的位置和八卦图一致，都表示从全阴状态，到有阳，到阳增加至最大，然后阳衰减，回到全阴状态，完成螺旋形变化的一周。

不过，实际上这片有孔鸵鸟蛋壳化石的两边不对称，表示不对称螺旋形变化。现实世界上普遍的事物自身发展变化都是不对称螺旋形变化，例如，生物的生命变化，植物的生长收藏变化和动物的生长衰老变化。植物种子发芽，是从阴到阳；从芽到苗，直到成长为大树或成熟的植物，是阳由少增多；秋天以后，树木停止生长，然后落叶过冬，或者禾草结籽后枯死，是阳由多减少。这过程中，树木或者禾草并没有逐渐缩小到苗或芽的状态，而是沿不同的过程结束变化的一周。许昌有孔鸵鸟蛋壳化石正是表示这种不对称的螺旋形变化。

如果再仔细考虑一下那片有孔鸵鸟蛋壳化石，其下部没有孔，表示事物的性质是阴，这时，开始了阳的积聚，就如同一只受精鸵鸟卵受到鸵鸟母亲的孵化。当孵化到一定程度以后，小鸵鸟脱颖而出，产生了一个质变，在化石的上部有了一个小孔。然后，小鸵鸟逐渐长大，小孔成了大孔，这是一个量变过程。再以后，大鸵鸟老了，死了，由上部的大孔突变到下部的无孔，也是一个量变到质变。从这片有孔鸵鸟蛋壳化石推测，13000年前的许昌人可能已经认识到事物自身发展的螺旋形变化规律，并且认识到了量变到质变的规律。

不过，这片有孔鸵鸟蛋壳化石对螺旋形状态的表示有两点不足；一是过于笼统，没有细分为八个阶段；二是过于粗略，没有细分为三条爻。尽管有此不足，有孔鸵鸟蛋壳化石已经明显地表示出事物的螺旋形变化，可以看作八卦图的雏形。

山顶洞人遗址的12个兔头骨环状体围成的一圈具体地表示螺旋形变化，这片带孔鸵鸟蛋壳化石则抽象地表示螺旋形变化。

制陶中的螺旋形运动

自从山顶洞人时代先民们掌握了人工取火技术以后，中华文化发展加速，出现了制陶技术。

制陶始于万年之前，例如，湖南道县玉蟾岩遗址出土的早期陶器的年代距今17000~18000年，桂林庙岩遗址出土的早期陶片的年代距今15400~15920年。

玉蟾岩遗址出土的早期陶器中，有一件陶器可以被复原出来，属釜形器，圆口，口径31厘米，尖底，器高29厘米，内壁和器表都有印纹，可能是绳纹[6]。釜形陶器的制作反映了先民们对螺旋形规律的认识，并且把这种认识用于生产实践中制作出圆形陶器。

河南舞阳的贾湖遗址在1983～1987年的六次发掘中出土了陶片数千公斤，其中复原和大部分复原的陶器有2548件[7]。贾湖遗址年代从距今9000年到距今7500年，跨越1500年，分Ⅰ、Ⅱ、Ⅲ三期，每期500年。每期又分三段，共9段。从墓葬M110出土的罐形壶是早期陶器制品（M110是《舞阳贾湖》中墓葬的编号），属Ⅱ期段，距今约9000年。将玉蟾岩遗址出土的陶器与其比较，前者的烧成温度在400℃~500℃，后者的烧成温度高于1000℃；前者器壁最厚处达2厘米，后者胎厚0.5厘米，可见贾湖制陶技术有了明显进步。

贾湖遗址出土的罐形壶（M110）采用了泥片倒筑盘筑法制作坯料，用17块泥片由顶到底按螺旋形盘转堆筑成。

贾湖遗址早期陶器制作坯料的方法，反映了先民对螺旋形变化规律的认识。螺旋形变化是自然界的一种普遍性事物变化形式，事物自身的变化按螺旋形发展，八卦表示螺旋形变化的一周，螺旋形变化的一周可以近似地看作螺旋形的一圈。一天的变化呈螺旋形，这一天一夜的变化完成了，接着开始新的一天；一年的变化也是螺旋形，这一年的变化完成了，接着开始新的一年。人生也是螺旋形，一个人从生到死，完成一生的历程，同时新的一代又开始了新生活。先民们亲身感受到自然界的螺旋形变化，为了生存，为了有容器做炊事，盛储食物和水，自然而然地运用了螺旋形方式构筑容器。

三足鼎立

在贾湖文化时代里，制陶技术又有了明显进步。

罐形鼎（H331:1）的成型是泥条盘筑法筑成（H331 是《舞阳贾湖》中灰坑的编号），用手把黏土搓成条，再按螺旋形筑成[8]。由于泥条具有横向连续性，器壁不容易纵向开裂，泥条筑成法制出的陶器比泥片筑成法制出的陶器结实，从泥片筑成法到泥条筑成法的改变是制陶成型方法的进步。

罐形壶（M111:1）与罐形鼎（H331:1）不同的制坯工艺，都是用螺旋形的运动方式筑成坯料，长期的生产实践必然加深先民们对螺旋形运动规律的认识，促进八卦的发展成熟。

罐形鼎（H331:1）在造型上的显著特点是鼎下有三个鼎足，鼎足是用榫卯法接到鼎体上去的，鼎体底部开了卯眼，鼎足上端捏成榫头，插入卯眼。

罐形鼎是炊具，有了罐形鼎以后改善了先民们烧饭煮水的方式。鼎有了三个鼎足就可以放置平稳。贾湖时代的人认识到三点决定一个平面这个道理，把这个道理成功地运用于制作陶制容器上。这种方法一直沿用至今，如今的三脚架、高压线架都用这种方法。

三足鼎立这个道理很可能融入了八卦。就如同一个物体得到三点支撑可以放置平稳一样，一个卦有三条爻就可以明确给定该卦所代表的人或事物的性质；也许受到贾湖人实际生活经验的补益，从那时起，八卦的每一个卦有三条爻。

骨笛与声音归类

在 1987 年前的贾湖遗址六次发掘中，出土了骨笛 25 件，其中完整、基本完整或者可以大部分复原的有 17 件，见图 2-4-2。

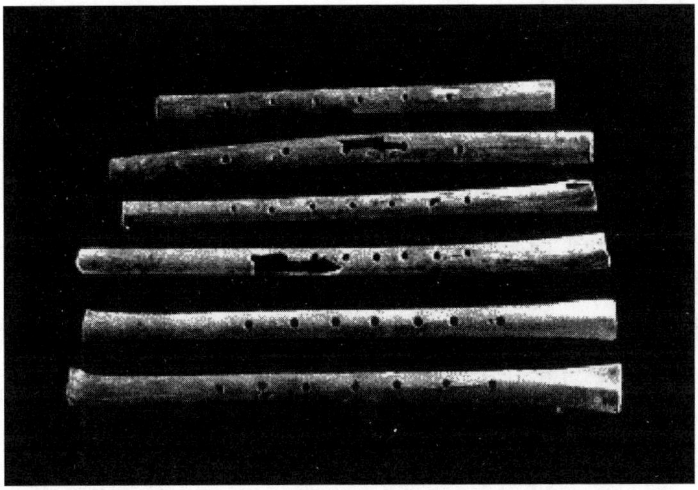

图 2-4-2 贾湖遗址发掘出的骨笛

五孔骨笛（M341:1）和六孔骨笛（M341:2）是墓葬 M341 的随葬品。墓葬 M341 的时代是Ⅱ期段，距今约 9000 年。这两支骨笛现在还能吹奏出四声音阶和完备的五声音阶。这两支骨笛都有轻度的石化迹象，一般凡有石化痕迹的骨器，它的产生年代都有万年以上的历史，这两支骨笛均非制作于贾湖，因为它产生的实际年代，要早于先民在贾湖定居的年代。并且，这两只骨笛不是制作于同一时期，五孔骨笛（M341:1）的制作年代可能比六孔骨笛（M341:2）早得多[9]。

人的发音器官发音的频率本来是可以连续变化的，可以发出无穷多的不同音调的声音。在旧石器时代早期，不会有音乐；到旧石器时代晚期，先民们在劳动中可能不自觉地发出呼喊声，逐渐形成劳动号子。用鹤翅膀上的尺骨，开五个孔，可以发出四种音阶（♯D），吹奏出劳动号子。这个过程中，人们不知不觉地从人的自然发音中归纳出四种音调。

世界万物是不是都可以归纳成有限的几大类呢？从音乐的发展看，很可能先民们会意识到，世界万物是可以归纳成几大类的。不过普遍规律与具体事物的规律还是有差别的，这里不是把声音归纳为八类，而是归纳为四类，但是，总是可以认为世间万物是可以归类的。这个过程促进了八卦的发展，逐渐地先民们认识到世界上的事物可以归类，就像是用四个音阶可以表达出劳动号子的声音一样，通过归类，可以更容易认识世间万物的本质。

六孔骨笛（M341:2）能够发出五个音阶（♯A）。在音乐发展史上地位重要，反映出音乐从劳动号子发展为更富感情的歌曲。同时，这也推动了八卦的发展，先民们认识到事物可以归纳为五类。

七孔骨笛（M282:20）的年代期段是Ⅱ5，距今约8250年，能发出六个音阶（D）。孔之间音距和音分数与今天十二平均律的音距和音分数完全相同。

八孔骨笛（M253:4）的年代期段是Ⅲ7，距今约8000年，能发出七个音阶（♯D）。

从六孔骨笛（M341:2）到八孔骨笛（M253:4），跨越了1000年，音乐从五个音阶发展为七个音阶，进步是明显的，但是，也是缓慢的。相应地，八卦的发展也可能很缓慢，先民们对世界认识逐渐加深，认识到世间万物可以归类，先认为可以归为五类，再认为可以归为七类。不过，这仍然与现在的八卦不同，现在的八卦有八个卦，认为世间万物可以归纳为八类，而不是七类。实际上，音乐的乐音永远没有分为八个音阶的时候。现代的音乐有十二律，就是说，有十二个音阶。为什么有此差别呢？因为八卦是普遍性的，音乐是个别的，普遍与个别之间往往存在差异。可以说，按照八卦的思维方法，世界万物都可以归类，这对于任何事物都是共同的。但是，不等于说世间万物都可以归为八类，也不是说，有了八就是八卦，没有八就不是八卦。八卦是一种认为世间万物可以归类的思维方法，在特殊运用场合，例如，对社会事物的分析，事物可以归为八类，但不是任何场合事物都可以归类为八类。

日影观察促进八卦发展

什么时候先民们有了把事物归类为八的认识呢？很可能是从对日影长度变化的观察开始。

玉蟾岩遗址在1993年和1995年的两次发掘中均发现有稻谷遗存，经专家鉴定为栽培种，尚保留野生稻、灿稻及粳稻的综合特征。

稻谷栽培有严格的季节要求，什么时候播种、什么时候插秧、什么时候施肥、什么时候进水、什么时候放水等都不能错过节气，只靠根据月亮运转制定的农历已经不能满足要求，需要观察日影变化，制定日历和节气。先民们很可能从1.7

万年前的玉蟾岩遗址时代就开始观察日影长度变化，把观察结果记录下来，再整理归纳出季节变化。

那时观察日影可能是用原始的“日冕”，在土堆上插一根竹竿，观察中午时候的日影长短。

记录日影观察结果的方法可能是用的结绳记事。玉蟾岩遗址出土的陶片上有绳索压纹，可见当时已经有绳索，有了结绳记事的可能。除了结绳记事以外，还可能在石头、兽骨或者蚌壳上钻孔记事。结绳记事要比钻孔记事方便多了，用结绳记事方法记录日影长度变化的可能性大。

为了在一个绳索上比较清楚地记录较多信息，他们可能是在绳索上分段打结。每根绳分三段，一段称作一个爻。爻是绳结的意思，这个字后来被用于八卦中，卦中的线叫“爻”，可能就是出于此。

绳的下段是下爻，中段是中爻，上段是上爻。

结有两种打法，一种表示阳，一种表示阴。可能是单结表示阳，双结表示阴，如图 2-4-3。

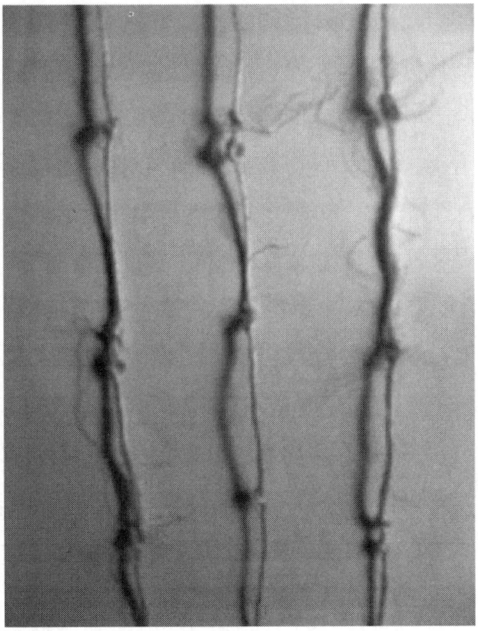

图 2-4-3 绳索记录日影变化

用了八条绳索记录一年的日影变化过程，一条绳索记录日影变化过程中的一个阶段。八条绳索得到结果，见表 2-4-1。

表 2-4-1 绳索表示日影长度变化

绳索	第一爻	第二爻	第三爻	日影增长或缩短	日影长短
第一条	单结	双结	双结	日影增长	日影最短
第二条			单结		日影短但不是最短
第三条		单结	双结		日影长但不是最长
第四条			单结		日影最长
第五条	双结	单结	单结	日影缩短	
第六条			双结		日影长但不是最长
第七条		双结	单结		日影短但不是最短
第八条			双结		日影最短

八条绳索分二组。第一组，四条绳索的下爻都是单结，表示阳，表示日影增长；第二组，四条绳索的下爻都是双结，表示阴，表示日影缩短。

第一组中，前二条绳索的中爻都是双结，都是阴，表示日影短；后二条绳索的中爻都是单结，都是阳，表示日影长。

第二组中，前二条绳索的中爻都是单结，都是阳，表示日影长；后二条绳索的中爻都是双结，都是阴，表示日影短。

八条绳索的上爻变化频繁，补充中爻信息。日影长时，阳表示日影最长，阴表示日影长但不是最长；日影短时，阳表示日影短但不是最短，阴表示日影最短。

这种观察方法显示出一年之中日影长度的变化是螺旋形的，一周的变化可以分为八个阶段，对应八个节气。每一个阶段可以用绳索的三爻表示。每爻有阳和阴两种状态。

如果用阳表示暑，阴表示寒，于是，一年的暑与寒的变化可以分为八个阶段，对应于一年的八个节气。每一个阶段可以用三条绳索的爻表示，爻有阳和阴两种状态，见表 2-4-2。

表 2-4-2 绳索表示季节变化

绳索	第一爻	第二爻	第三爻	节气
第一条	阳	阴	阴	立春
第二条			阳	春分
第三条		阳	阴	立夏
第四条			阳	夏至

续表

绳索	第一爻	第二爻	第三爻	节气
第五条	阴	阳	阳	立秋
第六条			阴	秋分
第七条		阴	阳	立冬
第八条			阴	冬至

利用八条绳索做出观察日影长度变化的记录实际上就是一幅八卦图，与后来的八卦图的不同在于没有用实线和断线表示阳爻和阴爻，并且没有把八个卦排列在一个圆周上。八卦曾经被称为“八索”，就是指八根记录日影长度变化的绳索。绳索是挂起来用的，八根记录日影变化的绳索，后来成了八卦，由“挂”字演变成“卦”。八卦的卦有三条爻，这个“爻”字可能是结绳记事时沿用下来的。

三条爻二种状态最大可以表示的类别是 8。少于 8 种类别不能充分利用八卦的表达能力，例如，曲调音阶只有 7 种，用八卦表示，必然有一卦缺少需要表达的对象。多于 8 类事物，八卦表达不了，必须每卦有 4 爻。例如，12 个月，用八卦表达不了。如果用 4 条爻，则最多可以表达 16 种类别，表达 12 个月，还剩 4 个卦空着。所以，三条爻二种状态的八卦，用于表达事物的普遍性归类是最佳选择。而且，三条爻如三足鼎立，可以既方便又充分地表达事物的特性。所以，从劳动实践中创造出的 8 卦是最佳归类方法。

为了栽培稻米，这种对日影的观察不仅必要，而且需要长期反复进行。一年又一年，一天又一天地反复观察，才能够确定日影的最大长度是多少，最小长度是多少。

不同的纬度，日影的变化情况不一样，因此，观察日影必须在同一地点重复。如果地点变了，必须从头开始重新观测。

结绳记载的只是日影长度的相对变化，多长才是最长，多短才是最短，必须由实际测量数值决定。确定和记载日影长度的实际数据，第一需要量具，第二需要记录工具。在旧石器晚期、新石器早期，没有这样的量具和记录工具，只能在地上划痕表示日影实际长度。但是地上的划痕不能保持多年。

由于受这些限制，日影观察的方法不完善，不能做出可供农作物栽培操作参考的日历，农作物栽培技术发展缓慢，经过了 8000 多年，稻米栽培还处于初始阶段。

贾湖遗址也出土了许多碳化稻粒，期段最早的是 I3 期段的房址 F7 的填土中淘洗出碳化稻粒。其他期段的填土和灰土中也淘洗出碳化稻粒，Ⅲ7期段的F16房址发现的碳化稻粒最多，完整米粒有536粒，还有400多粒碎米。经分析比较，F17的碳化稻米中，野生稻占25%；H16的碳化稻米中，野生稻占12.5%[7]。从期段I3到期段Ⅲ7，间隔约600多年，稻米人工栽培有了明显增长。

由于发掘工具的限制，贾湖遗址在发掘时没有发现碳化稻米。很可能在期段I3以前的房址、灰坑与墓葬中也有碳化稻米。就是说，从旧石器晚期到新石器早期，先民们一直在试种稻米，在贾湖遗址时代，人工栽培稻米取得更大进展。

出于栽培稻米等农作物的需要，很可能贾湖遗址时代的先民们在继续观察日影长度的变化以定农时。

贾湖遗址时代对日影的观察有两种新技术。

一是有了测量日影长度的量具，这就是用牛股骨做的叉形器[8]。这种叉形器，349座墓葬的随葬品中只有18件，可见非常珍贵，一件叉形器可能要传好多代，甚至几十代人。先民们用它的各个部分作为多用途测量标准，观察日影的时候，用它测量日影长度；制作骨笛的时候，用它测量孔间距离；捏制陶坯的时候，用它决定尺寸。贾湖先民们的生产生活离不开叉形器，有了叉形器就有了度量，从而制作更精细，效率更高。

由于不仅要测量日影长度以确定八个节气（估计那时还没有二十四节气），还要每天测量当天的日影长度。那个时代没有日历，先民们不知道当天是哪年哪月哪日，只有测量当天的日影，对照常年测量数据，才知道当天在一年的螺旋形循环中处于什么位置，从而安排适当的活动日程。

所以，叉形器用得很频繁，磨得圆润光滑，有的断了一股叉仍然继续使用，在两段之间的圆管上多有因破裂后为缀合而钻的圆孔。

测量得到的日影长度可能是用结绳记事法记载在绳索上，从贾湖遗址出土的孔位非常精确的骨笛判断，贾湖先民们有很精确的计数方法。

到贾湖遗址时代的Ⅱ期段，可能不是用八根绳索表示八个季节，而是用一个龟壳。查看一只龟壳比看八条绳索方便多了，而且，龟壳取于自然，容易得到，也能够较长期保存。利用龟甲，根据往日的测量结果，就可以知道当天测量得到的日影长度是在增长过程中，还是在减短过程中。如果在增长过程中，则在春分这一侧；如果在缩短过程中，则在秋分这一侧。再根据当天测得的日影长度，就可以知道当天在一年循环一周中的位置，从而可以决定为农作物栽培做些什么。

贾湖遗址发现了墓葬349座，其中的23座墓葬出土了89只龟甲。这23座墓葬的随葬品中有骨笛的占 9 座，可见往往龟壳与骨笛同时使用。骨笛是吹奏乐器，龟壳可能当龟铃用。吹奏音乐的时候，摇龟铃伴奏。有些墓葬中有八个龟壳，龟壳中装不同数量的石子，一个龟铃摇出的声音代表一个季节。平时用龟甲查对季节，安排日程，婚丧喜庆时用龟铃当乐器。

在 349 座墓葬中，只有 23 座墓葬的随葬品中有龟甲，可见龟甲的主人都不是一般人，而可能是部族首领，他们既要参加捕猎捞鱼、采集果实、驱赶猛兽等活动，又要制陶坯、烧陶器，又要制作鹤笛，还要测量和记载日影变化，并且主持婚丧喜庆等庆典和祭祀活动，他们各方面的实践经验自然地融合在一起，上升为对世界的抽象的普遍性的认识，丰富了八卦，用八卦表示世界万物自身发展变化的普遍规律（螺旋形变化规律）。

1987 年凌家滩遗址出土了一块玉片和一片玉龟甲，经测定距今约 5300 年至 5600 年。按 1989 年安徽省文物考古研究所的，《安徽含山凌家滩新石器时代墓地发掘简报》[20]，玉片长 11 厘米，宽 8.2 厘米，厚 0.2~0.4 厘米；龟甲长 9.4 厘米， 宽 7.5 厘米，高 4.6 厘米，厚 0.3 ～ 0.6 厘米。出土时长方形玉片（M4:30）夹在玉龟腹、背甲之间。

玉片表示什么意思呢？玉片本身可以说明。

玉片中间的圭形饰纹代表谷穗（稻穗或者麦穗），由此可见，玉片是用于指导农作物生产的。良渚文化时期，农业已进入犁耕稻作时代，迫切需要日历以定农时。那时还没有成熟的文字，只能以图形表示节气变化，可以说，玉片就是良渚文化时期的日历牌。玉片的四边表示春夏秋冬，四角表示季节交接的立春、立夏、立秋、立冬。圆外四个圭形饰纹所指向的四角表明季节交接点，引人特别注意。周边的孔表示阴阳变化，下面孔少，只有四个，并且分向两端，表示冬季阳少，天气寒冷。冬至进入最冷天，因此，底边中部无孔。两侧各五孔，表示春秋气候温和。上边九孔，表示气候炎热，其中央有孔，表示夏至最热。玉片所表示的意思与贾湖遗址时代的龟甲所表示的意思是一样的，都可以看作八卦图。从龟甲到玉片的演变体现出社会进步。玉片出土时在玉龟的腹甲和背甲之间，表示玉片的含义源自龟甲。

第五章　劳动创造了易经

折肩壶与贾湖契刻符号之间的联系

在贾湖遗址出土文物中有 7 件折肩壶。折肩壶是容器，盛水，也可能盛酒。据分析，那时贾湖先民已经可以酿酒。M344:1 折肩壶口径 8.1 厘米，肩宽 13.8 厘米，肩高 8 厘米，通高 16.6 厘米，底径 4 厘米，上下分开制坯，对接时以上扣下。M344:2 折肩壶口径 7.5 厘米，肩宽 13.4 厘米，肩高 7.4 厘米，通高 15 厘米，底径 5 厘米，对接时以下包上。墓葬主人在思考制作折肩壶的时候，可能想到天与地相合。在 M344 的 18 号龟腹甲上有个像横放的“目”的契刻符号，上部圆弧像天，下部圆弧像地，二者相合一起，形似眼，但是与眼不同，眼珠是圆的，那契刻符号中间刻的是接近半圆，而不是圆。该契刻符号线条流畅，起落准确，可见是故意刻的接近半圆形，用以象征天地之间的世界，像旭日东升，也像夕阳西下，象征阴阳循环往复变化。有可能这个契刻符号表示天地相合，从制作折肩壶得到启发，处理一切相互关系，都应当充分考虑双方的情况。

在随葬品中，按《舞阳贾湖》上卷第 446 页，叉形器的刀状面上有一个契刻符号[8]。它有些像“永”字，但不是“永”，它与“永”有很多区别。它已经具有书写的笔画顺序特点，但是，它还不是字，因为它是在这件叉形器上独立出现的，看不出与其他字可能构成的语法关系。这个契刻符号刻在叉形器上，它的意思应当与叉形器有关。就它本身推测它的含义，应当是“测控”的意思。上面的一横与中间的一竖表示高与宽的限度，右边口形部分带两条短斜线，表示手持把柄，最上面的一点表示使用者的头，监视测控情况。左下部分是测控对象，其高不能超过顶上的横线，其宽不能超过中间的竖线。这个契刻符号表明，叉形器是件量具。随葬的折肩壶可能是墓葬主人自己制作的，墓主人捏制陶坯的时候，用叉形器测量和控制尺寸，以保证折肩壶泥坯的上下两部分对接的时候尺寸适合。否则，对接不好，做不成折肩壶，即使硬凑合在一起，做成的折肩壶也盛不住水。

在贾湖遗址中有两块方形房址，F18 与 F40，可能是岗亭与岗楼，可能那时有与其他部族对立状态。

在贾湖遗址出土文物中有 16 个契刻符号，除了那个像横放的“目”的契刻符号以外，还有像“曰”、“二”和“八”的契刻符号，这些契刻符号可能是反映墓葬主人关于双方对立关系的思考，墓葬主人让自己和他周围的人都铭记，不能只考虑自己方面的情况，应当同时考虑对方的情况，适当处理与对方的关系，从八卦中选取一个卦代表一方，然后，再选取一个卦代表另一方，两个卦相重代表双方关系。这种考虑导致八八六十四卦的产生。

也就是说，在 8000 多年前，贾湖先民们受到制作折肩壶的启发，把对自然事物规律的普遍认识，推广到对社会现象的认识，考虑到各种社会关系，用两个卦分别代表关系双方。一个代表己方，也就是主卦；另一个代表客方，也就是客卦。主卦与客卦相重，得到六十四卦的卦。

六十四卦是完全抽象的，有了六十四卦以后，需要有对六十四卦的比较具体的说明，这就是易经。在贾湖时代，这种原始的易经可能凭靠记忆，口说言传，不一定有文字解读。即使有卦的文字解读，那也是很简要的，或者是片段。但是，尽管是原始而简朴的，很可能已经有了易经。

贾湖刻画中的无妄卦

在贾湖出土的 16 个契刻符号中，有四个是出现在同一个石制柄形器 M330:2 上的，按《舞阳贾湖》上卷第 401 页和下卷第 985 页，在柄形器顶面有契刻符号一行四个。这四个契刻符号可能不是同时刻的，但是它们贯串一行，很可能有一定含义。它们不仅仅是四个孤立的符号，而很可能是四个原始文字，因为它们按一定顺序组合，形成一个意思完整的句子。

云南省社会科学院楚雄彝族文化研究所副研究员朱琚元先生辨认出这四个贾

湖契刻符号的意思是“雷天门闭”，意译则为“天雷门莫开”[10]。

对照通行本易经，“雷天门闭”这四个字正好是无妄卦的卦象与爻辞的意思。无妄卦的主卦是震卦，卦象是雷；客卦是乾卦，卦象是天。无妄卦的第三条爻辞说，“无妄之灾；或系之牛，行人之得，邑人之灾”，贾湖柄形器顶部四个契刻符号中的后面两个正好概括了无妄卦爻辞的意思，“门闭”，行动小心，避免意想不到的灾祸。

如果说朱琚元先生的解读是正确的话，那么就可以推测，在距今 8000 多年以前已经有了初始的文字，也有了初始的易经。不过那时的易经非常简单，没有与六条爻一一对应的六条爻辞，而只有一条笼统概括的卦辞。

八卦与易经都产生于先民们生产和生活的实践，但是，二者产生的过程有所不同。

八卦的产生过程是效法自然，先民们从对自然的感受中认识到事物螺旋形变化规律和归类思维方法，把这些认识运用于生产生活实践中，反过来，生产和生活的实践再丰富和充实八卦。

而易经的产生则是先民们从生产活动中得到启发，创造出六十四卦，把六十四卦运用于生产和生活的各个方面，又逐渐地有了对六十四卦的说明，也就是有了易经。

易经是人的劳动创造的，不是效法自然的结果。只有人，才有思维，才能够自觉地考虑如何处理相互关系，其他任何动物都不可能自觉地考虑与其他动物的相互关系。就如何妥善处理相互关系而言，自然界没有可以效仿的对象，所以说，易经不是效法自然的结果。由此可以得到一个结论：劳动创造了易经。

树与藤

既不能完全肯定，也不能完全否定在贾湖遗址时代有没有卜筮。有几个墓葬出土的龟甲中带有石子，如果说是用石子预卜吉凶，不是没有这种可能。

不过，求问吉凶不一定是卜筮。卜是指用龟甲灼烧产生的裂纹判断吉凶，贾湖出土的龟甲上没有这样的灼烧裂纹，自然没有卜。

筮是用随机数选卦，再利用卦的卦辞和爻辞判断吉凶。这么做，首先要有卦。卦是怎么产生的呢？前面已经比较详细地说明了卦的产生过程，没有卦就不会有筮。因此，如果在距今 8000 多年前，刚刚产生了卦的时候，就有了筮，那么筮与易经的关系也就是藤与树的关系，先有了易经这株树，然后才有缠这株树的藤。而且，筮依靠随机数产生近乎无穷多的不可重复的答案，贾湖遗址即使有易经卦辞，卦辞也非常简要，一个卦只有一条，六十四卦只有六十四条，远远不足以产生可以让求问者相信的不可重复的答案，也就是说，在贾湖遗址时代不存在筮的条件。

至于有史以后，易经的卦爻辞丰富了，易经被用于筮，那也是树与藤的关系。现在有人说“易经是卜筮之书”，并不符合易经本身的性质。首先，六十四卦的基础是双方关系的实际状态，用随机数选卦，割断了卦与事实之间的联系，卦不能反映实际情况，也就失去了它的意义。其次，卦爻辞是说明卦的，其内容是围绕卦的主题的一个整体，筮者解读卦的时候，仅仅择卦爻辞中的一部分，卦爻辞被肢解。因此，筮者所用的易经并不是本来的易经，而是被肢解了的易经。并且，筮者在用易经回答求问的时候，往往加入一些本来易经中没有的内容。所以说，不能因为有人用易经卜筮，就说“易经是卜筮之书”。实际上易经是说明六十四卦，按事物自身发展变化的螺旋形规律、归类思维以及阴阳和谐方法，给予对双方关系的咨询意见，是制定策略的工具，是哲学，好比一株大树，而卜筮是缠绕在这株大树上的藤。抛弃卜筮，还原易经的本来面貌，易必将在推动人类社会发展中，特别是推动中国的社会和经济发展中起到更大作用。

第六章　易成熟于黄帝时代

指南车

1978年在甘肃省东乡县林家遗址出土了一把青铜刀，[11]刀长12.5厘米，1981年经北京钢铁学院冶金研究所检验，该刀材料为含锡青铜，其制作年代约公元前2740年。[12]

《史记·五帝本纪》说“黄帝者，少典之子，姓公孙，名曰轩辕”。据此历史学家们推算出黄帝生于公元前2717年，很接近林家遗址出土的青铜刀的年代。黄帝时代已经有了青铜冶炼技术，人类历史正在由新石器时代向青铜器时代过渡，中华文化进入了发展的新阶段。

《史记·五帝本纪》又说“获宝鼎，迎日推筴，举风后、力牧、常先、大鸿以治民”。“筴”指筷子，有“策”的意思。“迎日推筴”，每天早晨迎着太阳推动筷子，策划日程安排。就是说，黄帝每天根据季节和天气情况，考虑当天的客观形势，确定如何行动。“筴”不是“蓍”，在黄帝时代还没有“大衍之数”，易经还没有被用作卜筮之书。

为什么在黄帝时代，易经还没有被用作卜筮之书呢？因为虽然易经已经产生，但是还没有成熟。在黄帝时代，易经逐渐地成熟。

催促易经成熟的因素有两个，一是对阴阳趋于和谐的规律的认识，一是有了文字。

阴阳趋于和谐的规律是普遍存在的，例如，天冷了，生火取暖，冷与热呈现阴阳和谐状态，人就感觉舒服了；男人与女人相爱也是阴阳和谐的表现。尽管这个规律普遍存在，然而人们习以为常，并没有感觉到有这么一个普遍规律存在，没有自觉地运用这个规律作为生产活动与社会活动的策略。

对阴阳趋于和谐的规律的认识和指南车的发明有关。

一般提到的指南车是指黄帝发明的指南车，黄帝曾经在涿鹿之战中，在指南车上装置天然磁石，利用地磁场效应辨认方向，突破重雾困扰，取得战争胜利。

涿鹿之战发生在约公元前 2500 年，其主要战场在河北省北部的涿鹿县，而河北省南部邯郸市的磁山镇和武安县的磁山都是盛产磁石的地方。1933 年在武安县磁山发现了公元前 5400 至前 5100 年的文化遗址，出土了石磨盘、石磨棒、石斧、石铲及骨器、粟灰等上百件文物。在磁山文化以后的两千多年中，先民们很可能发现过磁石，注意到磁石在地磁场中定向的特性，在涿鹿之战时利用天然磁石定向，制作指南车，这个可能性很大。

而且，在涿鹿之战时期已经有青铜冶炼生产，在寻找铜矿石的过程中，也可能发现天然磁石，同时注意到其在地磁场中的定向效应，战争中在为重雾困惑的情况下，急中生智，就地取材，装置指南车。

《太平御览》中有“《志林》：黄帝与蚩尤战于涿鹿之野，蚩尤作大雾，弥三日，军人皆惑。黄帝乃令风后法斗机，作指南车以别四方，遂擒蚩尤”。对照《史记·五帝本纪》，可能确有风后其人；考虑涿鹿之战的时代背景与环境，可能确有制作指南车之事。

天然磁石在地磁场中的定向效应反映了磁场中同性相斥、异性相吸现象。地磁场的两极也是阴阳，由地磁场中同性相斥、异性相吸现象可以发现普遍存在的阴阳二极的同性相斥、异性相吸普遍规律。 这也可以说成阴阳趋于和谐的规律。

易经反映双方关系中可能出现的变化和利害，阴阳二极的同性相斥、异性相吸和阴阳趋于和谐的规律为易经奠定了理论基础。

据文献记载，黄帝以后出现了三种易经：《连山》、《归藏》和《周易》。它们的具体内容完全不一样，但都是说明六十四卦的，对于主方是否有利的判断应当基本一致。

卦名

黄帝时代起，有了文字，表达意思的字更丰富了，由八个卦象衍生出八个卦名。

由卦象雷衍生出了卦名震。雷的性质是震撼而实力弱。雷象征运动，不是持续的移动或变化，而是象征运动的趋势，象征新的开始。从这个卦象衍生出卦名：震。震指震动。

由卦象火衍生出了卦名离。火的性质是光明而依附。火是热的、光明的，然而，须离开火一点，太近了，会被烧伤，或者，把光明挡住了。从卦象火衍生出卦名：离。离是相距、隔开的意思。

由卦象泽衍生成了卦名兑。泽的意思是河泽地区，泽的性质是富饶而充满生机。从这个卦象衍生出卦名：兑。兑是交换的意思，常说：兑点热水。猿人在泽地给自己兑点食品。

由卦象天衍生出了卦名乾。天的性质是威力强大运动不息。从这个卦象衍生出卦名：乾。乾是抽象的天，具有天的威力强大与运动不息的性质，而文字的“天”则比较具体。可以说“天上”，而不能说“乾上”，可以说“一年三百六十五天”，而不能说“一年三百六十乾”。

由卦象风衍生出了卦名巽。风的性质是顺势而实力强。风象征顺应形势，也象征衰落的开始。从这个卦象衍生出卦名：巽。巽是顺从的意思：巽顺，巽词，巽与。

由卦象水衍生出了卦名坎。水的性质是重要而有危险。从这个卦象衍生出卦名：坎。坎指低陷不平的地方，坑穴。

由卦象山衍生出了卦名艮。山的性质是坚硬而静止。从这个卦象衍生出卦名：艮。艮的意思是坚硬而静止，概括出山的性质。

由卦象地衍生出了卦名坤。地的性质是滋养、温顺与静止。从这个卦象衍生出卦名：坤。坤是抽象的地，具有地的滋养、温顺与静止的性质，而文字上的“地”则比较具体。可以说“挖地”，而不能说“挖坤”。正是因为“坤”是抽象的地，具有滋养、温顺与静止的性质，才被用于象征女性，如坤车、坤表。

有了六十四卦的卦名，每一个卦又有了卦辞和爻辞，可以说，随着人类200多万年的演化，易逐渐产生和发展，到了黄帝时代，易发展成熟了。

第七章　周文王演易

八卦

司马迁在《史记·周本纪》中记载：文王“其囚羑里，盖益易之八卦为六十四卦”，从这句话来分析，周文王在羑里时已经有了八卦，那么周文王的八卦是什么样子的呢？

从文献记载查不出周文王用的八卦。后来有伏羲八卦和文王八卦，那是宋代的易学家画的，文王八卦不一定是文王所画，而是卜筮者为了卜筮需要而自行创造的，并不是文王所做。八卦有两个基本特性，一是反映事物自身发展的螺旋形变化规律；一是归类思维方法，文王八卦反映不出螺旋形变化规律，是不科学的。如果周文王用的是文王八卦，他只能做卜筮，不可能制定出兴周灭商的伟大方略，不符合他当时所处的严峻形势和政治家的品格。可以肯定伏羲八卦就是周文王被囚羑里时所用的八卦，其基本性质就是前面从考古的万年文物中探寻的八卦。

文王“其囚羑里，盖益易之八卦为六十四卦”，这句话里，“易”是交换和变化的意思，这句话具体地说明了当时周文王交换变化八卦，使得交换变化的八卦成为六十四卦。

司马迁在《史记·太史公自序》中说：“昔西伯拘羑里，演《周易》”，“大抵贤圣发愤之所为作也”。“西伯”就是周文王，周文王演《周易》是在被商纣王拘于羑里的厄难环境下，为了自己的安全和自由，为了家庭和国家的安全和兴旺而发奋求变。“演”就是演习，就是演练，就是用抽象的易，演习如何对付凶残的商纣王，如何兴周灭商。

主方与客方

周文王是如何演易的呢？历史资料只有周文王演易的记载，并没有关于如何演易的详细记述。我们不妨从当时周文王的处境做些推测。据《史记·殷本记》，“以西伯昌、九侯、鄂侯为三公。九侯有好女，入之纣。九侯女不喜淫，纣怒，杀之，而醢（hǎi）九侯。辨之疾，并脯鄂侯。西伯昌闻之，窃叹。崇侯虎知之，以告纣，纣囚西伯羑里。”三公之中，九侯被杀并剁成肉酱，鄂侯被害并被做成肉脯，周文王被囚，可见，当时周文王处境非常险恶。为了自身和家庭的安危以及周国的未来，如何对付商纣王，如何兴周灭商，这是周文王在被拘七年里不得不反复思考的问题，演易就是为了演练与商纣王对峙可能出现的各种各样的形势，考虑应对策略。

这种演练可能有点像我们下象棋，棋盘的一边代表自己，棋盘的另一方代表对方。必须一边代表自己，一边代表对方，才能够演练，否则就乱套了。同样道理，周文王在演易的时候，必须以一套八卦代表自己，另一套八卦代表商纣王，这样就可以用两套八卦演练周文王与商纣王相互关系中可能出现的各种各样的形势，如图 2-7-1 所示。

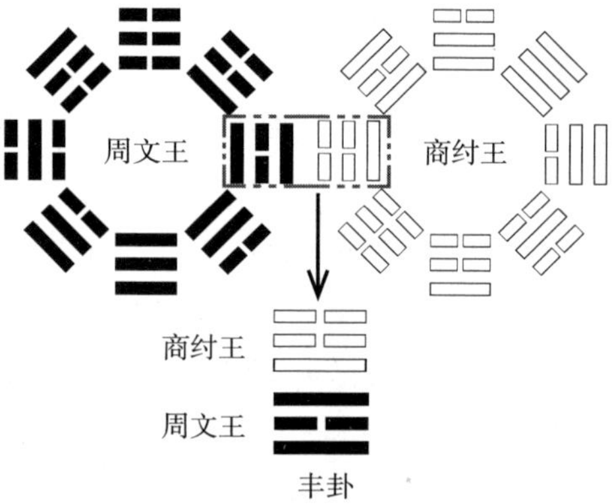

图 2-7-1 周文王与商纣王

上图中，左上部的八卦代表周文王，右上部的八卦代表商纣王。两个八卦各有八个卦，可能产生六十四种不同的组合，每一种组合产生一个六画卦，这个六画卦是六十四个类别中的一个，称为别卦。图中的白色方框内，是周文王的离卦（二进制数是 101）和商纣王的震卦（二进制数是 100）组合成的丰卦（二进制数是 101100）。箭头所指的是重新画出的丰卦。因为在左右两个八卦图中，离卦与震卦是头对头，在重新画出的丰卦中，震卦重在离卦之上，因此，白框中离卦和震卦对头排列的顺序与重新画出的丰卦中的顺序不一样。

两套八卦如经纬交织成六十四个别卦，八卦的卦称为经卦。经卦有三条爻（三条线），两个三条爻的卦合在一起是六条爻的卦。别卦有六条爻，爻的顺序是由下往上数，最下面的是第一爻，最上面的是第六爻。爻的代号是爻的序号加阴阳属性，例如，“一阳”表示第一条爻，属性是阳；“六阴”，表示第六条爻，属性是阴。

两个经卦合成一个别卦，必定是一个在下，一个在上。卦中爻的顺序是从下到上，如同从地往上长的树，说话的顺序是主先客后，如同说“我看见他”，“我”先“他”后。由此，我们可以推测当时周文王演易的时候，是把代表自己的卦放在下面，把代表商纣王的卦放在上面。别卦下面的经卦叫主卦，代表主方；上面的经卦叫客卦，代表客方。丰卦中，下面的离卦代表周文王，是主卦；上面的震卦代表商纣王，是客卦。

别卦的代号是主卦的代号与客卦的代号在一起，中间加一个冒号。经卦离卦的代号是 5（经卦的代号是卦的二进制数值），震卦的代号是 4，由此，丰卦的代号是“5:4”。这个代号既反映出卦的组成，也反映出主卦与客卦之间的阳数（经卦的阳数就是经卦的代号，是卦的阳的相对数量）的对比（有时，是实力之比）。

至于当时周文王是如何画出六十四个别卦？没有资料可查。不过，从当时条件看，周文王不大可能在地上画卦，天天画，天天擦，那样容易引起商纣王怀疑。估计，可能是用手表示卦，例如，左手代表他周文王自己，右手代表商纣王，拇指代表经卦的下爻，食指代表经卦的中爻，中指代表经卦的上爻，伸为阳，屈为阴。于是，丰卦可以用图 2-7-2 表示。左手的拇指与中指伸，食指屈，表示离卦，代表周文王。右手拇指伸，食指与中指屈，表示震卦，代表商纣王。

图 2-7-2　双手表示别卦

卦是完全抽象的，一个卦内含很多因素，显示事物发展变化的多种可能性。

周文王在演练易的时候，不仅仅思考，并且对每一个卦，对卦的每一条爻都做出了文字说明。当时没有纸墨和笔，只能刻竹简，估计在被囚的环境下，很难办到。很可能是想着一个卦，打出对该卦的说明的腹稿，再扳着一根一根手指打出对每一条爻的说明的腹稿。说明卦的腹稿，就是卦辞；说明爻的腹稿就是爻辞。出囚牢以后，再把腹稿刻制出来，这就是当时的周易。

不妨试探从卦的卦辞和爻辞的内容，推测当时周文王是如何做出卦辞和爻辞的。下面以丰卦为例，丰卦有些特殊，其特殊在于卦名和爻辞。丰卦的卦名和爻辞是基于对日全食的记载，这可能是世界上最古老而又最具体的日全食记载，研究起来可能更有意思。

丰卦的代号是 5:4，卦名是丰。丰的繁体字是“豐”，按甲骨文字形，上面像一器物盛有玉形，下面是“豆”（古代盛器）。故“豐”本是盛有贵重物品的礼器。按《说文》，丰的本义：古代盛酒器的托盘。现在，“丰”多用于丰盛、丰厚等，表示多的意思。不过在这个卦中，看不出有用“丰”表示多的意思。我们可以从卦的结构和卦的爻辞研究一下丰的含义。

丰卦的主卦是离卦，卦象是火，可以象征太阳。客卦是震卦，震卦与离卦相比，下爻相同，中爻也相同，只是上爻不同。离卦的上爻是阳爻，震卦的上爻是阴爻。如果把代表周文王的离卦想象成天上发光的太阳，那么代表商纣王的震卦则可以想象成天上不发光的月亮。太阳像个大盘子，当月亮逐渐覆盖太阳的时候，像是一点一点地向盘中放东西，最终把盘子完全放满，形成全日食。全日食是短暂的，阳光被遮盖是暂时的，日食过后，太阳又重显光辉。当时周文王被囚，就如同太阳完全被月亮挡住了，失去了光辉，这形势就如同日食。说明一下，丰卦可以代表当时周文王被拘的形势，但是，不限于代表周文王被拘这个具体事件。丰卦是别卦，它代表双方关系形势的全部六十四种类别中的一个类别，周文王被拘的情况属于丰卦所代表的这个类别中的一种具体事件。丰卦的深层意思是，尽管当前面临困难，但是困难会很快过去，困难过后形势将更好，这是战胜对方的良机，不要错过良机。

丰卦的卦辞是：

亨，王假之；勿忧，宜日中。

这条卦辞是对丰卦所象征的形势的概括性判断。这一判断是根据丰卦的结构做出的。丰卦的主卦是离卦，客卦是震卦。经卦的下爻代表行动，周文王积极发展自己的力量，行动积极；商纣王积极维护自己的统治地位，行动也积极，所以主卦和客卦的两条下爻都是阳；中爻代表素质，周文王处于新生发展阶段，实力薄弱，素质不佳；商纣王统治腐败，素质也不佳，所以两条中爻都是阴爻。上爻代表态度，周文王的兴周灭商的态度明确而坚定，上爻是阳；商纣王对周文王的态度游移不定，一会怀疑和迫害，一会又信任和重用，态度是阴。

“亨”是顺利的意思，由于周文王态度明确而坚定，而商纣王态度游移不定，周文王的事业可以顺利进展，尽管成功的机会很少，毕竟有成功的机会，就像是日全食，日与月亮也会偶然在天空与地球的同一条直线上相遇。“王假之”，说明日食是一个重大的罕见现象，王来观看了。“勿忧”，不要担心。“宜日中”，既说明了日食发生于大白天，也强调了“宜”，宜于抓住机遇。

丰卦的卦辞已经隐隐约约提到日食。如果说，还没有明确描述日食，丰卦的爻辞对日食的描述就很清楚了。

下面我们来逐条说明丰卦的爻辞。

一阳，遇其配主，虽旬无咎，往有尚。

“主”，指太阳。“配”是匹配、配对的意思。“遇其配主”，月亮来到太阳的旁边，一明一暗，与太阳在天空中配对，这是日食即将发生时的情况。见图 2-7-3。

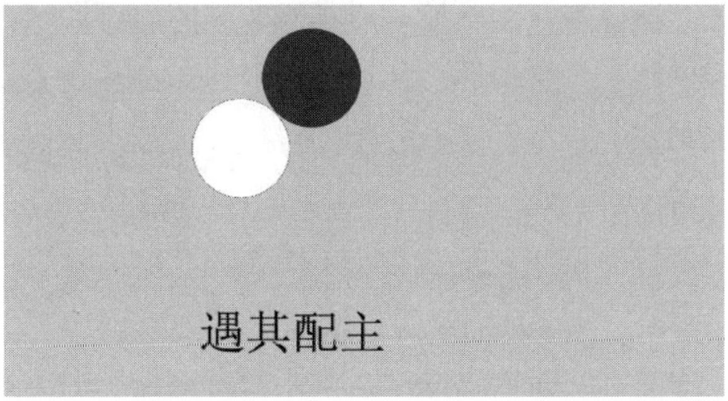

图 2-7-3 遇其配主

“虽旬无咎，往有尚”是判断词，意思是，虽然已经等了十多天，无所怪罪，往前去就有高尚的事情发生。第一爻是主卦下爻，代表主方的行动，“往”是积极主动的行动，这些判断词肯定了主方积极谋取自身利益的行动，并指出发展趋势是好的。

二阴，丰其蔀，日中见斗，往得疑疾；有孚发若，吉。

“丰其蔀”，月亮像个大草席，向太阳盖过来了；“日中见斗”，大白天看到北斗星；“往得疑疾”，进展得想象不到的快。这是日食的开始，天很快地暗下来，天空出现了星星，见图 2-7-4。

图 2-7-4 往得疑疾

“有孚发若，吉。”这是判断词，意思是，有诚信就会有发展，吉利。第二爻是主卦中爻，代表主方素质，阴，代表周文王的力量还很薄弱，但是，同时，商纣王的统治也在衰弱，要看到发展趋势是有希望的，就如同太阳的光辉开始被月亮挡住了，不要慌张，不要茫然，认真地面对现实，“有孚”。太阳将会重放光辉，形势就会吉利。

三阳，丰其沛，日中见沫，折其右肱，无咎。

“丰其沛，日中见沫，折其右肱”，太阳被月亮盖了很多，中午看到微暗的天空，太阳的右胳膊被折断了，日食比较深了，见图 2-7-5。

图 2-7-5　折其右肱

“无咎”是判断词。第三爻是主卦上爻，代表主方态度，阳，表示主方态度坚定。太阳虽然被覆盖了一大部分，这是自然发生的，不是太阳自己的过错。这判断词，肯定了主方的正确态度。

四阳，丰其蔀，日中见斗，遇其夷主，吉。

“丰其蔀，日中见斗，遇其夷主”，月亮像个大草席，向太阳盖过来了，大白天看到北斗星。月亮来到太阳的前面，把太阳完全夷平了，日全食发生了，见图2-7-6。

图 2-7-6　遇其夷主

“吉”是判断词。第四爻是客卦下爻，代表客方的行动，阳，表示客方行动积极。商纣王积极地维护自己的统治，拘了周文王，但是，从总体来看，这将如同日食一样地短暂，对于周文王来说，形势仍然吉利。

五阴，来章，有庆誉，吉。

“来章，有庆誉”，美丽的时刻到来了，有美好的声誉。“章”（zhāng），在绘画或刺绣上，赤与白相间的花纹。“庆誉”，美好的声誉。在日食过程中，全食以后的瞬间，太阳刚刚微露出一点点，一股极强的光环显现在天空，像是一枚灿烂无比的巨大钻石戒指，“来章，有庆誉”，图 2-7-7。

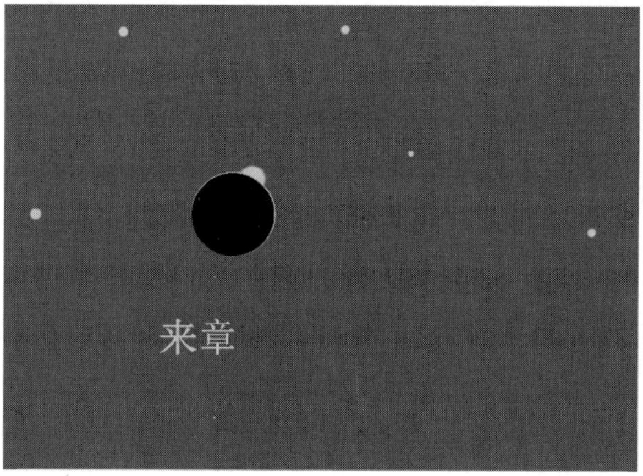

图 2-7-7　来章

“吉”是判断词。第五爻是客卦中爻，代表客方素质，阴，表示客方素质不佳，表示商纣王的统治正在衰弱。就主客双方关系来说，客方素质不佳，这是主方发展的好机会，对于主方来说，“吉”。周文王像日食现象中的太阳，在全日食以后，开始重现光辉，更加灿烂艳丽，在与商纣王博弈中的形势显得更好。

六阴，丰其屋，蔀其家，闚其户，阒其无人，三岁不觌，凶。

“丰其屋，蔀其家，闚其户，阒其无人，三岁不觌”，月光盖过了房屋，大草席覆盖了家，窥视这户人家，家中寂静无人，三年看不到人。这一条爻辞仍然以“丰”开头，好像是在继续讲述日食。不过日食已过，太阳重显光辉，这是可以想象的，不需要多说。要说，也只需要说“丰”完成了，日在中天，这显然没有意义。这条爻辞巧妙地转到“丰其屋，蔀其家”。“屋”或“家”既不像太阳那样运转不息，也没有太阳的光辉，被大草席覆盖以后，只能是一座被废弃的房屋，所以“闚其户，阒其无人，三岁不觌”。

“凶”是判断词。第六爻是客卦上爻，代表客方态度，这里指商纣王游移不定的态度。一方面，这是商纣王的一个弱点；另一方面，由于商纣王的游移不定，很难预料他下一步会做些什么，对于周文王来说是凶险的。“凶”是由于“阒其无人，三岁不觌”，放过了当前的罕见的良机，以后可能是“阒其无人，三岁不觌”，很难再有这样显示自己力量的好机会。

从丰卦的爻辞可以推测，周文王当时是把已经有过的日食记载，或者他自己观察日食的记忆，作为一个整体记录，按日食过程和爻的顺序，贴合在六条爻上，然后，再巧妙地加上判断词。由此可见，六条爻辞是一个不可分割的整体，不能孤立地挑出一条或几条爻辞来解读。孤立地解读个别爻辞不符合周文王演易中制作爻辞的原意。

阴阳定义

周文王演易过程中，他给每一个别卦都加了卦辞和六条爻辞，不过，有二个别卦是例外。一个是乾卦，一个是坤卦。

除了卦辞与六条爻辞以外，周文王给乾卦加了一条“用阳”，给坤卦加了一条“用阴”。不难理解，“用阳”是说明如何用阳爻，“用阴”是说明如何用阴爻。

既然有“用阳”与“用阴”，在说明如何用阳和如何用阴以前，就必然先说明什么是阳，什么是阴。因此我们可以推测，乾卦的卦名和在“用阳”之前的六条爻辞是说明什么是阳，也就是给出阳的定义；坤卦的卦名和在“用阴”之前的六条爻辞是说明什么是阴，也就是给出阴的定义。可以认为，周易中把乾卦放在第一，把坤卦放在第二，就是为了在说明其他六十二个别卦之前，先用乾卦和坤卦说明阳和阴的定义。

乾卦是纯阳卦，它的六条爻全部是阳爻，没有阴爻。乾的意思是天，乾卦给定了阳的意思，阳代表天的性质，凡是性质与天的性质接近的都是阳。

下面是乾卦的爻辞：

一阳，潜龙，勿用。

二阳，见龙在田，利见大人。

三阳，君子终日乾乾，夕惕若，厉无咎。

四阳，或跃在渊，无咎。

五阳，飞龙在天，利见大人。

六阳，亢龙，有悔。

爻辞描述了一条龙，从“潜龙”，到“见龙在田”，“或跃在渊”到“飞龙在天”，龙是运动的，向上的，并且有飞翔在天空的能力，然而有“亢”的缺点。爻辞中还给出“君子”的形象，“君子终日乾乾，夕惕若”，“君子”在白天总是像天一样充满活力，运转不息，到晚间还保持警惕，准备战斗。“龙”和“君子”给阳的定义加了很形象的说明。

乾卦的用阳中说：

见群龙无首，吉。

主客双方关系中，如果主方具有龙的威力而又运动的特点，又克服了“亢”的缺点，能够与客方在一起共处；如果客方也如此，就出现“群龙无首”的局面。这种局面对于主方来说是吉利的。用阳的时候，要注意“亢”的缺点，努力避免“亢”。

就是说，阳具有天的性质，可以体现出运动、向上、有力量、充满活力、富于斗争精神等特征，同时也有高傲的弱点。

除了给出阳的定义以外，乾卦本身也是六十四卦中的一个别卦，代表主客双方关系形势的一个类别，关于乾卦的卦辞和爻辞中的判断词，将在以后的六十四卦说明中再详细解释。

坤卦是全阴卦，它的六条爻全是阴爻，没有阳爻。坤的意思是地，坤卦给定了阴的含义，阴代表地的性质，凡是性质与地相近的就是阴。

坤卦的卦辞：

元亨，利牝马之贞。君子有攸往，先迷后得主，利；西南得朋，东北丧朋，安贞吉。

坤卦的卦辞用“牝马”形象地说明阴的温顺的性质。马本是温顺的家畜，“牝马”是母马，比雄马更温顺。

下面是坤卦的六条爻辞：

一阴，履霜，坚冰至。

二阴，直方大，不习无不利。

三阴，含章可贞，或从王事，无成有终。

四阴，括囊，无咎无誉。

五阴，黄裳，元吉。

六阴，龙战于野，其血玄黄。

这六条爻辞从多方面描述了阴的性质，“履霜，坚冰至”，对外界是冷淡的；“直方大，不习无不利”，地是直、方且广大，行动消极；“含章可贞，或从王事，无成有终”，把华丽包含在内部，内向，对外界顺从；“括囊”，态度封闭，不开放；“黄裳”，黄裳是皇帝赐予大臣的朝服，这里表明阴代表受惠者；“龙战于野，其血玄黄”，龙战留下凄惨的战场，这说明阴代表不争斗。

用阴，利永贞。

“利永贞”意思是“利于永远坚持下去”。在不利于前进，而有利于永远坚持现有状态的情况下，用阴爻。

也就是说，阴具有地的性质，体现在温顺、蕴藏潜能但行动消极、内向、外表冷淡、受惠、不喜争斗等特征上。

坤卦也是六十四个别卦中的一个，代表主客双方关系形势的一个类别，关于坤卦卦辞与爻辞中的判断词等内容，将在后面的六十四卦说明中详细解释。

有应与当位

吉凶不是命运注定。吉凶如同十字路口红绿灯，绿灯表示吉，红灯表示凶。如果驱车闯红灯，出车祸的可能性大，凶。绿灯行车，畅通无阻，出车祸的可能性小，吉。对比红绿灯，可以理解卦的吉凶。红绿灯按路况决定，卦的吉凶按主客双方的具体情况决定。

周文王在整理六十四卦的卦爻辞过程中，把既济卦与未济卦放在最后。既济的意思是渡河成功，未济的意思是渡河没有成功。一个成功，一个没有成功，二者的意思相反；成功吉利，不成功不吉利。我们理解，周文王把这两个卦放在最后是想归纳出判断吉凶的基本原则。

既济卦的结构如图 2-7-8：

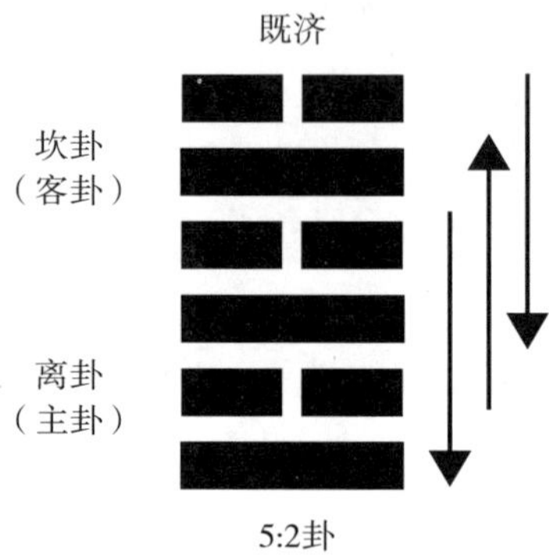

图 2-7-8　既济卦

图中，既济是卦名。5:2 是既济卦的代号，表示既济卦的主卦是 5 卦离卦，客卦是 2 卦坎卦。

既济卦中，第一爻是主卦下爻，代表主方的行动，阳表示主方行动积极，如“见龙在田”，龙在田野积极行动谋求自己的利益；第四爻是客卦下爻，代表客方的行动，阴，表示客方的行动消极，如“直方大，不习无不利”，客方虽然直、方而且大，但是不学习，消极应付主方。如此，主方的行动和客方的行动是一阴一阳，阴阳和谐，有利于主方发展，主方有机会“利见大人”，有利于表现得像大人物。**这种主卦与客卦中对应的一对爻呈阴阳和谐状态，称为有应。图中的箭头表示有应。**

第二爻是主卦中爻，代表主方素质，阴，表示主方素质不佳；第五爻是客卦中爻，代表客方素质，阳，表示客方素质良好。客方如“飞龙在天”，高高在上而有威力，犹如君主，具有至高无上的权威。素质不佳的主方，受惠于君主赐予的“黄裳”。这两条中爻也是一阴一阳，阴阳和谐，这种阴阳和谐有利于主方，对于主方来说，很吉利，“黄裳，元吉”，这也是有应。

第三爻是主卦上爻，阳，表示主方态度强硬。与第三爻相对应的客卦上爻是第六爻，阴，表示客方态度随和。这两条上爻也是一阴一阳，也是一种阴阳和谐的关系，也是有应。客方像“牝马”一样温顺地对待主方，这温顺的态度正好有利于“君子终日乾乾，夕惕若”的主方发展自己的利益，这种有应关系也是有利于主方。

综合起来，既济卦的三对爻都有应，如图2-7-8，右边的三个箭头所示，因此，从卦的结构看，既济卦对于主方来说是吉利的。归纳起来说，卦中的有应关系，往往对主方有利，是吉的因素。

卦中的有应关系，往往对主方有利。换句话说，有应关系不是绝对有利于主方，有时也不利于主方。仔细分析既济卦中三对爻的有应关系：

代表行动的一对爻（见图2-7-9），主方是阳，客方是阴：

图 2-7-9　一阳和四阴代表行动和谐

代表素质的一对爻（见图2-7-10），主方是阴，客方是阳：

图 2-7-10　二阴和五阳代表素质和谐

代表态度的一对爻（见图2-7-11），主方是阳，客方是阴：

图 2-7-11　三阳和六阴代表态度和谐

从上面的解释已经可以看出，主卦和客卦相对应的两条爻有应是否对主方有利，既取决于阴和阳的性质，也取决于经卦中三条爻的含义。在有应的情况下，对于代表行动的爻和代表态度的爻而言，必须是主方为阳，客方为阴，才对主方有利；而对于代表素质的爻而言，情况则完全相反，必须是主方为阴，客方为阳，才对主方有利。

代表素质的爻为阴，表示素质不佳，为什么素质不佳反而对主方有利呢？因为阳代表天的性质，天发光发热，阴代表地的性质，地不发光发热，地接受天惠于的光和热，地上万物可以繁荣生长。也就是说，在有应的情况下，如果主方素质不佳，而客方素质良好，主方可以受惠于客方，所以对主方有利。坤卦的爻辞中说，“黄裳，元吉”，客方像君主，主方像臣子，臣子是阴，臣子受到君主惠赠的朝服，对臣子非常有利。

不过往往主方素质不佳而客方素质良好的时候，主方受惠于客方，也容易受控于客方而对主方不利，所以，这种情况仅仅是判断吉凶的一个方面，不能孤立起来看，还要结合其他方面，综合起来看。在既济卦中，由于代表行动和态度的爻中，主方都是阳，所以，主方受惠于客方而不受控于客方，形势对主方来说，吉利。

就好比一个公司，用创新开拓的积极行动和对顾客的良好服务态度，把市场都占领了，再把顾客手里的钱赚过来，这是既济。又比如一名雇员，靠努力进取、刻苦工作的积极行动，和对上司与同事的良好态度，挣到很多钱，这也是既济。

既济卦不仅显示出三对爻的有应关系，也显示了这六条爻最有利的位置，这样，就可以归纳出另一个判断吉凶的原则：当位。当位就是位置适当，第一爻是阳，第四爻是阴，位置适当；第二爻是阴，第五爻是阳，位置适当；第三爻是阳，第六爻是阴，也是位置适当。图中，黑色表示当位的爻。

再归纳一下，换句话说，在别卦中，卦的一、三和五爻是阳位，二、四和六爻是阴位。阳爻在阳位，或者阴爻在阴位，当位；不然，不当位。既济卦的六条爻全部当位。

既济卦的六条爻，既有应也当位，所以，既济卦所代表的双方关系形势对于主方来说是吉利的。

综合起来，有应与当位是判断卦中吉凶的基本原则，这两个原则的基础是阴阳和谐规律与爻的含义。

阴阳和谐规律是世界上所有一切事物都遵守的自然规律，在自然界，这种规律表现为同性相斥、异性相吸，在社会事物中，则表现为事物趋向和谐。事物双方趋向和谐，往往并不是对双方都有利，而是对其中的一方有利，对另一方不一定不有利。

比如说，阳性的 HO 离子与阴性的 H 离子处于阴阳和谐状态，对于 HO 来说，不再孤立，发挥了水的功能，吉；对于 H 来说，则失去了游离的自由，凶。

比如说，警察抓住了小偷，小偷服从警察，警察是阳，小偷是阴，阴阳和谐。对于警察来说，完成了维护社会治安的使命，吉；对于小偷来说，要坐牢，凶。如果小偷不服从警察，那就是拘捕，那就不是阴阳和谐状态，而是矛盾对立状态，在矛盾对立的情况下，警察也能完成维护社会治安的使命，不过警察要付出更多代价，而小偷的结局则更糟糕，甚至可能被击毙。

再看未济卦，图 2-7-12 是未济卦的结构图：

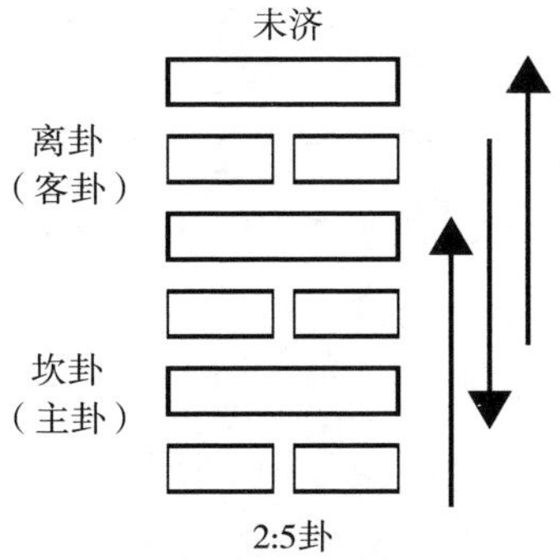

图 2-7-12　未济卦

图右的箭头表示未济卦的三对爻全部有应。

卦中用白色表示不当位的爻，六条爻全是白色，表示六条爻全部不当位。未济卦虽然有三对有应关系，然而，全部爻不当位，所以，对于主方不利。

未济卦中，第一爻是阴爻，第四爻是阳爻，主方消极被动，客方积极主动，客方利用主方消极被动的机会，获得利益，使主方受到损失，对主方不利；第二爻是阳爻，表示主方素质良好，然而，由于第二爻的位置是阴位，这条爻是阳爻在阴位，不当位，主方的良好素质只得被客方掠夺而去，对客方有利，而不能对主方有利；第三爻是阴爻，表示主方态度随和，第六爻是阳爻，表示客方态度强硬，态度随和的主方受到态度强硬的客方制约，也对主方不利。所以，尽管未济卦的三对爻都有应，然而，由于六条爻全部是不当位的爻，这六种因素都对主方不利。

既济卦与未济卦显示出决定吉凶的因素有两个，一个是当位，一个是有应。

当位决定于爻的含义，第一爻代表主方的行动，阳代表主方积极主动，第一爻是阳位；第二爻代表主方素质，阴爻表示主方有可能受惠于客方，对主方有利，所以是阴位；第三爻代表主方态度，阳表示主方态度强硬，有可能制约客方，对主方有利，所以，第三爻是阳位。第四、第五、第六爻代表客方的行动、素质和态度，由于客方的利益与主方的利益相反，对客方有利则对主方不利，对客方不利则对主方有利，所以，客卦的三条爻的当位情况与主卦的三条爻的当位情况相反，即第四爻是阴位，第五爻是阳位，第六爻是阴位。归纳起来说，别卦的一、三、五爻是阳位，二、四、六爻是阴位。

阳爻在阳位，阴爻在阴位，都是当位，都是潜在的对主方有利因素，是否真正地对主方有利，还要看有应情况。

阳爻在阴位，或者阴爻在阳位，都是不当位，都是潜在的对主方不利因素，是否真正地对主方不利，也还要看有应情况。

有应表示主卦和客卦的相应的一对爻是一阴一阳，阴阳和谐。这和谐状态是否对主方有利，要看当位情况。和谐使得对主方有利或者不利的潜在因素成为真实的对主方有利或者不利因素。当位而有应，是真实的对主方有利因素，主方应当极力维持和强化这种有利因素。不当位而有应，是真实的对主方不利因素，主方应当努力避免和化解这种不利因素。由于阴阳和谐是比较稳定的状态，改变这种状态很难，主方应当灵活应对，能够化解就化解，不能化解就正视现实，接受现实，耐心等待变化的机会。

不有应状态下，主卦与客卦的相应的一对爻是阴对阴，或者阳对阳，这是比较不稳定的状态，主方应当设法促使当位的情况变为既当位又有应，成为真实的对主方有利因素，应当阴中有阳，阳中有阴，灵活应对，抓住机遇，让形势朝有利于主方的方向发展。同时主方应当设法避免不当位的情况变为既不当位又有应，应当避免成为真实的对主方不利因素，也应当阴中有阳，阳中有阴，灵活应对，抓住机遇，避免形势朝不利于主方的方向发展。

周易的卦序

前面介绍过，八卦反映螺旋形的变化，有一定的顺序，按运动变化过程，八卦的顺序是震、离、兑、乾、巽、坎、艮和坤，代号是 4、5、6、7、3、2、1 和 0。

然而，别卦没有固定的顺序。

别卦由主卦和客卦组成。客卦代表客方的状态，主方可以观察与评估客方状态，确定客卦，但是，客方的状态取决于客方，主方不能改变它，所以，客卦的变化是不可预测的。主卦代表主方的状态，主方应当根据客方情况，随时调整自己的状态，从而使形势有利于自己，所以，主卦变化基本上也是不可预测的。如此，客卦与主卦的变化基本上都是不可预计的，别卦的变化自然也是不可预测的，不存在别卦的固定的卦序。

有人说周易的卦序反映了螺旋形的规律，在未济卦以后，将开始新的一个轮回，回到乾卦。实际情况并非如此，乾卦的主卦和客卦的阳数都是 7，要从未济卦变到乾卦，主卦的阳数必须增加 5，客卦的阳数必须增加 2，这种可能性很小。

既然别卦不存在固定的卦序，为什么周文王给六十四卦排了个卦序呢？

仔细看看周易卦序，可以理解，周易的卦序反映了周文王兴周灭商的意图。

周易中，六十四卦是“二二相偶，非反即覆”，例如，乾卦（用二进制数表示比较方便）的二进制数是 111111，坤卦的二进制数是 000000，二者相反；既济卦是 101010，未济卦是 010101，二者颠倒。

在乾卦与坤卦之后，把单数的卦名联在一起，按从“屯”到“既济”的顺序，就可以看出，这个顺序表示周文王领导的周国从困难开始到最后灭纣成功的过程。这个过程包括五个阶段。

第一个阶段：周易的第三、第五、第七、第九卦，卦名是：屯、需、师和小畜。

屯卦讲述开始时的困难，要装出对商纣王亲善的样子，“乘马班如，求婚媾”，还要忍受委屈和刁难，“乘马班如，泣血涟如。”（屯卦爻辞）

需卦讲述等待时机，“入于穴，有不速之客三人来，敬之，终吉。”（需卦爻辞）进入洞穴，有三位没有意料到的客人来了，尊敬他们，终了吉利。要耐心地等待这“三位不速之客”的到来。

师卦讲述整顿和协调内部机构，“师出以律，否臧凶。”（师卦爻辞）出师一开始就强调纪律，否则隐藏凶险。在开始灭纣的行动之前，必须先整顿好内部。

小畜卦讲述积蓄力量，“亨，密云不雨，自我西郊。”（小畜卦卦辞）顺利，来自我方西郊的密云，集结而不下雨。当前应当做的是积蓄力量，而不是采取灭纣的具体行动。

综合起来，这一阶段的策略是：在困难处开始，等待时机，整顿和协调内部机构，逐渐积蓄力量。

第二个阶段：周易的第十一、第十三、第十五、第十七卦，卦名是：泰、同人、谦和随。

泰卦讲述和平环境下，要善待周围的诸侯，“翩翩，不富以其邻，不戒以孚。”（泰卦爻辞）创造出轻松的周边环境，不以取得邻近诸侯的利益而富裕，以诚意取得诸侯的信任，使得不相互戒备。

同人卦讲述要广泛联系诸侯，“同人于野，亨，利涉大川，利君子贞。”（同人卦卦辞），建立与诸侯的广泛联盟，事业进展就会顺利，有利于涉越大江大河这样的风险，有利于君子坚持斗争。

谦卦讲述要谦虚待人，做“谦谦君子。”（谦卦爻辞）谦虚地对待周边诸侯。

随卦讲述要跟随诸侯共同行动。也就“随有求得”，“随有获。”（随卦爻辞）

综合起来看，这一阶段的策略是，在和平的环境下，广泛联系诸侯，谦虚待人，随同诸侯共同行动。

第三个阶段：周易的第十九、第二十一、第二十三、第二十五、第二十七、第二十九、第三十一、第三十三卦，卦名是：临、噬嗑、剥、无妄、颐、坎、咸和遁。

临卦讲述面临挑战，“至于八月有凶。”（临卦卦辞）做好应对挑战的准备。

噬嗑卦讲述顽强斗争，“噬乾胏，得金矢。”（噬嗑卦爻辞）咬嚼带骨头的干肉，得到金箭。

剥卦讲述逐步削弱敌人的力量，“剥之，无咎。”（剥卦爻辞）削弱他，无所怪罪。

无妄卦讲述甘受无妄之灾，“无妄之疾，勿药有喜。”（无妄卦爻辞）意想不到的疾病，不用吃药，有喜事。

颐卦讲述通过自己的努力取得发展，“自求口实。”（颐卦卦辞）自己寻找口中实惠。

坎卦讲述慎对风险，“来之坎坎，险且枕。”（坎卦爻辞）来到坎坑接坎坑的地方，危险，不要轻举妄动。

咸卦讲述要全面感知敌人实情，“咸其脢。”（咸卦爻辞）感知他脊背的肉。

遁卦讲述避免不利形势，“嘉遯，贞吉。”（遁卦爻辞）值得嘉奖的撤退，坚持下去吉利。

综合起来，这个阶段的策略是：面临挑战，顽强斗争，逐步削弱敌人的力量，甘受无妄之灾，通过自己的努力取得发展，感知实情，不敌则逃。

第四个阶段：周易的第三十五、三十七、三十九、四十一、四十三、四十七、四十九卦，卦名是：晋、家人、蹇、损、夬（guǎi）、萃、困和革。

晋卦讲述受到商纣王的信任而被晋升，“晋其角，维用伐邑”（晋卦爻辞），晋升到角的尖锐顶端，留着用于攻打城邑。

家人卦讲述家长式的管理，“家人嗃嗃，悔厉，吉；妇子嘻嘻，终吝。”（家人卦爻辞）家长态度强硬，悔恨严厉的态度，吉利；女人嘻嘻哈哈，最终难办。

蹇卦讲述克服困难前进，“往蹇，来硕；吉，利见大人。”（蹇卦爻辞）往前困难，回来硕大；吉利，利于表现为大人物。

损卦讲述甘做适当牺牲，“曷之用？二簋（guǐ）可用享。”（损卦卦辞）怎么作享祀？用二簋食物即可作享祀。

夬卦讲述行为果断，不要犹豫，“君子夬（guài）夬。”（夬卦爻辞）聪明的人做事果断。

萃卦讲述萃聚诸侯，“萃有位，无咎。”（萃卦爻辞）会聚有位置，无可怪罪。

困卦讲述摆脱困境，“困于葛藟（lěi），于臲（niè）卼（wù）；曰动悔有悔，征吉。”（困卦爻辞）受困于草丛之中，感受到不安，危险凸出；这时开始认识是否应当悔恨，征伐吉利。

革卦讲述进行改革，“巳日乃革之，征吉，无咎。”（革卦爻辞）过些日子就改变了，往前进吉利，无所怪罪。

综合起来，这个阶段的策略是：有了进展的时候，加强管理，尽力求进，甘作牺牲，行为果断，汇聚各方力量，在困难的时候，改革。

第五个阶段：周易的第五十一、五十三、五十五、五十七、五十九、六十一、六十三卦，卦名是：震、渐、丰、巽、涣、中孚和既济。

震卦讲述雷厉风行的行动，“亨，震来虩（xì）虩，笑言哑哑；震惊百里，不丧匕鬯（chàng）。”（震卦卦辞）意思是：进展顺利，尽管雷声震撼，仍然笑声四起，百里都受到震动，没有人丢失筷子或汤勺。

渐卦以鸿雁飞移为景，通过夫妇离合的故事，讲述事情逐渐发展的过程，从“鸿渐于干”、“鸿渐于磐”、“鸿渐于陆”、“鸿渐于木”，到“鸿渐于陵”，又“鸿渐于陆”。

丰卦描述一个日全食的过程，阐述要抓住难得一遇的时机，否则“闚其户，阒其无人，三岁不觌，凶。”（丰卦爻辞）从缝隙看他家，家中寂静无人，三年看不到人，有凶险。

巽卦讲述要顺应形势，“进退，利武人之贞。”（巽卦爻辞）前进后退，利于刚武者坚持的做法。

涣卦描述洪水泛滥，说明形势如洪水汹涌，“涣汗其大号，涣王居，无咎。”（涣卦爻辞）洪水中发出强大的呼喊声，洪水泛滥到王所居住的地方，无所怪罪。

中孚卦说明要诚恳地对待参与灭纣的诸侯，“鸣鹤在阴，其子和之；我有好爵，吾与尔靡之。”（中孚卦爻辞）鹤在树荫下鸣叫，另一只鹤附和：我有好酒，我与你共享。

既济卦讲述联合诸侯，灭纣成功。“东邻杀牛，不如西邻之禴（yuè）祭，实受其福。”（既济卦爻辞）东邻杀牛的祭祀，不如西邻俭朴的祭祀，实实在在地受到福佑。

综合起来，这个阶段的策略是：雷厉风行，逐步推进，抓住时机，顺应形势，汹涌如洪水，诚恳互信，取得成功。

兴周灭商谋略的始终

下面以开始时的屯卦和成功时的既济卦为例，具体说明周文王兴周灭商的谋略。

这是屯卦，见图 2-7-13：

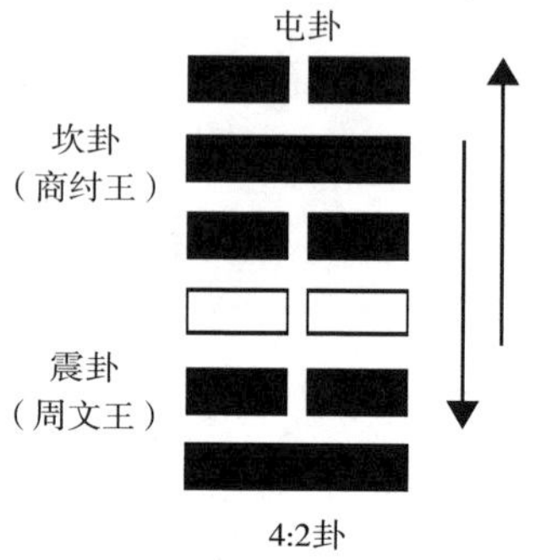

图 2-7-13　屯卦

“屯”，屯聚。屯卦表示当前的形势是主方在屯聚自己的力量。屯卦的主卦是震卦，客卦是坎卦。主卦代表周文王，客卦代表商纣王。震卦的卦象是雷，“春雷一声惊万物”，震卦代表新生，代表新的起点，在八卦图中，震卦标志阳开始上升。一方面，一阵雷鸣以后一般不造成什么实际损失，雷声大而短暂，实力薄弱，这也是新生事物幼嫩的特点。坎卦的卦象是水，水总是往下流，在八卦图中，从乾卦，经过巽卦到坎卦，坎卦表示事物处于衰落阶段；另一方面，水可以淹死人，水可以浮起大船，水可以冲走巨石，水可以泛滥成灾，水有巨大的力量。屯卦表示商朝日益衰落的状态是周兴起的良机，同时显示周又有很大的困难。

图 2-7-13 中，箭头表示爻之间的有应关系，黑色的爻表示当位的爻，白色的爻表示不当位的爻。屯卦中，有二对爻有应，有五条爻当位，形势对主方有利。问题出在第三爻上，第三爻既没有有应关系，又不当位，这是对主方的潜在不利因素，这是由于主方的力量太薄弱。屯卦的卦辞一般性地说明了当前形势。爻辞则不是完全按卦的结构逐条陈述对主方的建议，而是根据主方力量薄弱的特点，建议主方在发展自己力量的同时，要伪装成对客方满怀善意，取得客方信任，从而保护自己薄弱的力量得以存在和发展。

下面是屯卦的卦爻辞，“一阳”和“二阴”等是爻的顺序号和其阴阳属性。

卦辞

元亨，利贞，勿用有攸往。利建侯。

意思是：很顺利，有利于坚持下去，不要往前走。利于建全内部机构。

爻辞

一阳，磐桓，利居贞，利建侯。

意思是：像磐石和桓表那样坚定不移，利于安定坚持下去，利于建立内部机构（力量薄弱，不要采取进攻性行动）。

二阴，屯如，邅（zhān）如，乘马班如。匪寇，婚媾。女子贞不字，十年乃字。

意思是：有时驻守，有时难行不进，有时又乘马调动。（让对方相信）我方不是来掠夺的盗匪，而是来求婚。（对方像女子，开始时不相信我方）女子坚持不嫁，（以后就相信了）到十年就嫁。

三阴，即鹿无虞，惟入于林中；君子几不如舍。往吝。

意思是：追鹿没有准备，进入林中；你不如放弃，往前进就太过分。

四阴，乘马班如，求婚媾；往吉，无不利。

意思是：有时又乘马调动。（让对方相信）我方是来求婚。（如果对方相信我方是来求婚）往前进就是吉利的，没有不利的事。

五阳，屯其膏，小贞吉，大贞凶。

意思是：屯聚油脂（积蓄力量），短期坚持是吉利的，长期坚持下去，（对方可能发现我方的真正意图，）有凶险。

六阴，乘马班如，泣血涟如。

意思是：往复调动军马，流泪出血，痛哭不止。（既要建立军队，又要让客方相信我方是出于善意，不得不痛苦地忍受屈辱和刁难。）

历史事实表明，当时周文王表面上恭敬地臣属于商纣王，同时，极力发展壮大自己，成功地运用了屯卦的策略。

再来看既济卦。既济卦的六条爻全部当位，全部有应，是六十四卦中对主方最有利的卦。照理说，既济卦的卦爻辞中应当有不少“元吉”、“吉”、“利涉大川”这样非常有利于主方的判断词，然而，并不是如此，只是在卦辞中有个“初吉终乱”，并且，在最后一条爻辞中还加了个“厉”。卦爻辞的作用本来是说明卦的含义，其基本内容应当与卦的含义一致，然而，并不限于此。既济卦的卦爻辞更突出对主方有利的策略性建议。

既济卦的主卦是离卦，离卦的卦象是火，火总是往上的，炎热而光亮，然而，火有不足之处，其内部暗淡而低温，并且依附于氧气和可燃性材料。主卦代表周文王，火的不足之处体现在对诸侯国的依赖。凭周国自己的力量，不足以灭商，周必须联合诸侯，率领诸侯共同灭商，灭商才能成功。所以，既济卦的卦爻辞不是阐述对于主方来说当前形势如何大好，而是阐述联合诸侯的策略。下面是既济卦的卦爻辞。

卦辞

亨，小利贞；初吉终乱。

意思是：顺利。坚持下去利益小（应当行动起来）；初始吉利终了乱（不能错过良机）。

爻辞

一阳，曳其轮，濡其尾，无咎。

意思是：（用小狐狸拉车做比喻，小狐狸比喻周文王自己，大车比喻数百诸侯。联合并率领诸侯很艰难，如同小狐狸）拉那个车轮子，（有些损失，如同小狐狸）沾湿了尾巴，无所怪罪。

二阴，妇丧其茀，勿逐，七日得。

意思是：一位妇女丢了车门的门帘，不用找，七日就重新得到了（耐心，顺其自然）。

三阳，高宗伐鬼方，三年克之；小人勿用。

意思是：（像商）高宗讨伐鬼方国，（任用贤臣傅说为相）三年征服了鬼方国；不要任用不称职的人。

四阴，繻有衣袽，终日戒。

意思是：船有渗漏时，用破布一类的东西塞，终日戒备（要准备各种应急措施）。

五阳，东邻杀牛，不如西邻之禴祭，实受其福。

意思是：（做实事以联系诸侯）东邻杀牛的祭祀，不如西邻俭朴的祭祀，实实在在地受到福佑（得到诸侯的支持）。

六阴，濡其首，厉。

意思是：把它的头弄湿了（领导者失去方向），（形势将变得）严厉。

历史证明了周文王联合诸侯的策略的成功，周文王结好诸侯，创造了良好环境，为一举灭纣打下了基础。公元前 1056 年周文王逝世，大约于公元前 1046 年，周武王在牧野会合数百诸侯，一举大败商朝军队，商纣王自焚，商朝灭亡。

从周文王被拘羑里而演易，以及周兴起商朝灭亡的历史过程，可以看出易是变自己以适应环境之变的思维工具，周文王演易是用易的典范。

周文王以后，六十四卦的卦辞和爻辞有了一些修改，我们不准备花太多时间考证。下面将详细说明六十四卦，说明中采用现在通行的周易卦爻辞，但是卦序不同。对六十四卦的说明是以普遍性的应用为目的，没有必要保留当时周文王演易的具有特定含义的卦序。

第三篇　哲学解读

本篇是对六十四卦的全新解读，有三点创新：

第一，知己知彼。六十四卦的卦称为别卦。一个别卦包括两个经卦。别卦下部的经卦是主卦，代表主方，也就是自己；上部的经卦是客卦，代表客方。首先，你需要实事求是地评估对方和自己的情况，选一个合适的卦。

第二，要素分析。一个经卦三条爻，代表三个要素，下爻代表行动，中爻代表素质，上爻代表态度，按对方和你的实际情况，分析每一个要素的阴阳。

第三，阴阳和谐规律。一个别卦六条爻，阴阳相互作用，表现为当位（一、三、五爻为阳，二、四、六爻为阴）和有应（主客方对应爻阴阳互补，一—四、二—五、三—六）。当位是潜在因素，有利或者不利；有应使潜在因素成为真实的有利或者不利因素。这决定变化的可能性与利害。

这一篇分八章，每一章有八个别卦，它们的客卦都相同，而主卦不同。

章的顺序按客卦排，客卦代号是 4、5、6、7、3、2、1 和 0，卦名是震、离、兑、乾、巽、坎、艮和坤。这种安排便于你考虑客方的发展趋势。

每章有八个别卦，卦的顺序按主卦排，主卦代号也是 4、5、6、7、3、2、1 和 0，卦名也是震、离、兑、乾、巽、坎、艮和坤。这种安排便于你考虑如何调整自己的状态，以适应客方变化，让形势朝更有利于自己的方向发展。

以下说明中，易经原文采用目前的周易通行版本（爻的代号是爻的位置与阴阳属性的结合，与周易通行版本不同）。

第八章　震

这一章包括八个别卦，它们的代号是4:4、5:4、6:4、7:4、3:4、2:4、1:4和0:4。它们的客卦都是 4 卦震卦，卦象是雷，特性是运动。这不是指跑、跳、飞等具体的运动，而是指事物运动中引起的冲击和震动，象征新生事物，象征创业，象征新一轮螺旋形变化的开始，象征着初春的到来，见图 3-8-1。

客卦

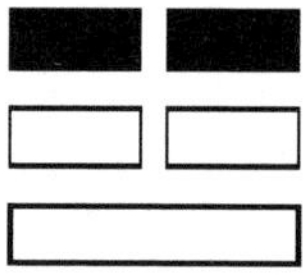

图 3-8-1　客卦是震卦

从客卦的当位情况看，客卦下爻和中爻不当位，这是两个潜在的对主方不利因素；客卦上爻当位，是潜在的对主方有利因素。

客卦下爻是阳爻，表示客方积极主动谋求发展，这有可能与主方发展有冲突，有可能使主方利益遭受损失。主方不宜被动，如果主方被动，将被客方利用，对客方有利，对主方不利。

客卦中爻是阴爻，表示客方素质不佳，也是潜在的对主方不利因素，客方可能用其主动行动，掠取主方利益。不过，如果主方也积极主动地发展和维护自己的利益，而且素质良好，有可能依靠主方的良好素质，迫使客方依赖主方。

客卦上爻是阴爻，表示客方态度随和，是潜在的对主方有利因素。主方可以采取强硬态度，制约客方。但是，这需要有实力作基础。

4:4 卦，震卦（在周易中，第 51 卦）

震卦展示“震”形势下各种变化的可能性，“震”指震动。震卦的代号是 4:4，主卦和客卦都是震卦，卦象是雷，阳数是 4。主方应当保持积极主动，越积极主动越好，在竞争中取胜。震卦在周易中是第 51 卦。

结构和卦爻辞

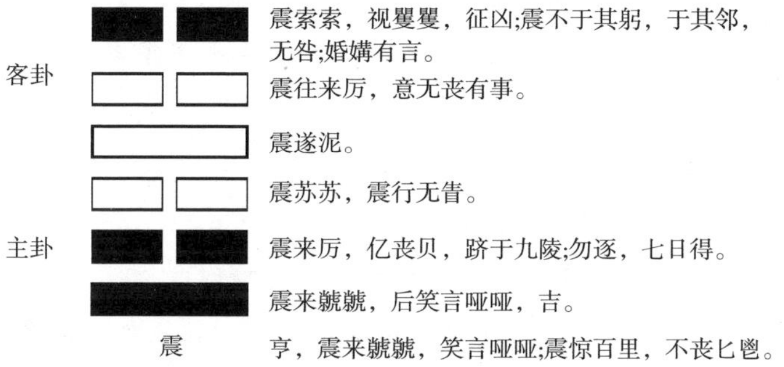

图 3-8-2　震卦的结构与卦爻辞

阴阳趋于和谐是变化的基本规律，根据这个规律，分析卦的结构有两个基本原则：当位和有应。上图的左边是震卦的结构图，右边是其卦爻辞。爻的顺序由下往上，按此顺序，卦辞对应卦名，爻辞对应各条爻。震卦下部的三条爻是主卦，代表主方；上部的三条爻是客卦，代表客方。黑色的爻是当位的爻，可能对主方有利；白色的爻是不当位的爻，可能对主方不利。震卦中，三条爻，一阳、二阴和六阴当位，另三条爻不当位。由于主卦和客卦的爻全部相同，只有对立，没有有应，没有和谐。

从主卦方面来看，下爻与中爻是当位的爻，都是潜在的对主方有利因素，主方应当坚持积极主动，寻求开拓发展，继续改善素质。上爻不当位表明主方态度随和，有可能受到客方制约，是潜在的对主方不利因素。由于上爻是对中爻的补充，随着主方素质的改善，首先会在态度上变得强硬起来，这潜在的不利因素将变成潜在的有利因素，所以主方的首要事项是尽可能地积极主动，尽可能快速地改善素质，这样态度也能迅速强硬起来，可能制约客方。

从客卦方面来看，客卦下爻和中爻不当位，可能对主方不利。由于客卦状态决定于客方，主方决定不了，但是主方要有应对客方变化的准备。

综合来看，当前主方应当保持积极主动，越积极主动越好，在竞争中取胜。

卦辞以雷为喻从总体上说明主客双方关系处于激烈震荡状态，但是没有明显的实质性结果，“震惊百里，不丧匕鬯。”

就像六条爻是一个整体一样，六条爻辞也是一个不可分割的整体。爻辞巧妙地与爻结合在一起，对完全抽象的爻作比较具体的说明，并且根据爻在卦中的状态，加了判断词。删去判断词，就可以看出六条爻辞是一首围绕主题“震”的散文诗：

（一阵）雷声震撼，引来笑声四起。

（一阵）雷声猛烈，登上高地去躲避，有人丢失了很多钱，不用去寻找，7天之内就能够得到丢失的钱。

（又一阵）雷鸣，人们从熟睡中惊醒，雷声过后，没有损失。

（又一阵）雷鸣，震下了墙上泥。

阵雷往来猛烈，大家都没有损失，事务照常进行。

雷鸣使人颤抖，惊惧四顾。震雷不伤及自己，却伤及邻居，多像婚姻交好之事中的争执。

下面逐条说明卦爻辞。

卦辞

亨，震来虩虩，笑言哑哑；震惊百里，不丧匕鬯。

〔译文〕进展顺利，尽管雷声震撼，仍然笑声四起，百里都受到震动，没有人丢失筷子或汤勺。

〔解说〕这是震卦的卦辞。“亨”（hēng），顺利。“虩”（xì），恐惧的样子。“哑哑”（yāyā），象声词，形容笑声。“匕”（bǐ），古代指勺、匙之类的取食用具。“鬯”（chàng），古代祭祀用的酒，用郁金草酿黑黍而成。匕鬯，泛指饮食用具。主方和客方相互了解很少，态度都很随和，所以事情进展顺利。有时主客之间可能发生冲突，然而他们都没有想严重损害对方，就如同惊雷阵阵，仍然喜笑颜开，“笑言哑哑”。他们可能在很广泛的领域都不一致，然而，双方都没有受到严重损失，“震惊百里，不丧匕鬯”。

爻辞

一阳，震来虩虩，后笑言哑哑，吉。

〔译文〕雷声震撼，引来笑声四起，吉利。

〔解说〕这是第一爻爻辞，阳，表示主方积极主动地谋取和扩大自己的利益，比如说，创新、创业、投资、进攻、求职、示爱，等等。与卦辞比较，在“笑言哑哑”之前多了一个“后”，这表明“笑言哑哑”是“震来虩虩”的后果。主方采取积极主动，客方也采取了积极主动，双方可能有冲突，如“震来虩虩”。然而，双方都很随和，这些冲突只是促使相互了解，没有损害，所以“后笑言哑哑”。这有利于主方发展，吉。

〔结构分析〕这条爻是主卦下爻，阳爻在阳位，当位，然而与四阳不有应。当位表明主方积极主动，可能利于主方开拓发展，是潜在的对主方有利因素；不有应表明客方也积极主动，与主方有冲突，这潜在因素没有成为真实的对主方有利因素。由于这种潜在因素的存在，主方应当更积极主动，迫使客方被动，对主方很有利，所以爻辞说“吉”。

二阴，震来厉，亿丧贝，跻于九陵；勿逐，七日得。

〔译文〕雷声来得很猛烈，丢失了很多钱，登到高地上去躲避；不用去寻找，丢失的钱，7 天之内就能够得到。

〔解说〕这是第二爻爻辞，阴，表示主方素质不佳。“厉”（lì），猛烈，如“严厉”。“贝”（bèi），古代用贝壳做的货币。“跻”（jī），登，上升：跻于世界先进之列。“陵”（líng），大土山：山陵。“逐”（zhú），追赶，“逐鹿”。主方素质不佳，在客方主动行动的冲击下，主方紧张，唯恐遭受损失，“亿丧贝，跻于九陵”。由于客方素质也不佳，而且态度随和，实际上，主方不至于受到损失，“勿逐，七日得”。

〔结构分析〕这条爻是主卦中爻，阴爻在阴位，当位，然而与五阴不有应。当位表明主方素质不佳，促使主方积极主动地谋取发展，向客方寻求利益，是潜在的对主方有利因素；不有应表明客方素质也不佳，主方不能从客方取得利益，这潜在因素没有成为真实的对主方有利因素，所以爻辞中没有判断词，只是说“亿丧贝”，“勿逐，七日得。”

三阴，震苏苏，震行无眚。

〔译文〕雷声震动以后都苏醒了，雷声震动已经过去，没有损失。

〔解说〕这是第三爻爻辞，阴，表示主方态度随和。“苏”（sū），昏迷中醒过来，苏醒。“眚”（shěng），眼睛长白翳；灾祸。主方随和地对待客方的积极主动，受到冲击以后，恢复平静，保持清醒思维，在主客双方的激烈活动中，主方没有受到损失。“震行无眚”是在“苏苏”的条件下出现的，主方必须思维清醒，态度不能过于随和。

〔结构分析〕这条爻是主卦上爻，阴爻在阳位，不当位，和六阴不有应。不当位表明主方态度随和有可能受到客方制约，是潜在的对主方不利因素；不有应表明客方也是态度随和，不求制约主方，这潜在因素没有成为真实的对主方不利因素。所以爻辞中没有判断词。

四阳，震遂泥。

〔译文〕泥被雷声震动下来了。

〔解说〕这是第四爻爻辞，阳，表示客方积极主动地谋取和扩大自己的利益，比如说，创新、创业、投资、进攻、求职、示爱，等等。由于主方素质不佳，在客方积极主动的冲击下，难免受到一些影响。不过，这影响很轻微，仅仅像是墙上的泥被震动下来了。

〔结构分析〕这条爻是客卦下爻，阳爻在阴位，不当位，和一阳不有应。不当位表明客方积极主动，有可能损害主方利益，这是潜在的对主方不利因素；不有应表明主方也是积极主动，主方保护自己的利益免受损失，这潜在因素没有成为真实的对主方不利因素。所以爻辞中没有判断词。

五阴，震往来厉，意无丧有事。

〔译文〕猛烈的雷声一阵又一阵，大家都没有损失，有正常进行的事务。

〔解说〕这是第五爻爻辞，阴，表示客方素质不佳。主客双方都积极主动，造成“震往来厉”，由于客方素质不佳，对主客双方都没有造成损失，主方和客方的事务正常进行。

〔结构分析〕这条爻是客卦中爻，阴爻在阳位，不当位，和二阴不有应。不当位表明素质不佳的客方有可能向主方索取利益，是潜在的对主方不利因素；不有应表明主方素质也不佳，客方不可能从主方获得利益，这潜在因素没有成为真实的对主方不利因素。所以爻辞中没有判断词。

六阴，震索索，视矍矍，征凶；震不于其躬，于其邻，无咎；婚媾有言。

〔译文〕雷鸣使人颤抖，惊惧四顾，探索有凶险；震雷不伤及自己，伤及这些邻居，无所怪罪；婚姻交好之事有争执。

〔解说〕这是第六爻爻辞，阴，表示客方态度随和。“索索”，恐惧貌，颤抖貌。“矍”（jué），惊慌地看着：矍然（惊视的样子）。“矍矍”，惊惧四顾貌。“躬”（gōng），自身，亲自：反躬自问。主客双方都积极主动，相互之间有冲突，客方态度随和，主方不应当过于冒失，“征凶”。由于双方素质都不佳，有些冲突并不造成主方损失，而可能给客方带来损失，主方不应当受到怪罪。主客双方态度都随和，似乎可以和谐相处，如同婚姻交好，然而，由于各有自己的利益考虑，并且都积极主动，可能相互之间有争执。

〔结构分析〕这条爻是客卦上爻，阴爻在阴位，当位，然而与三阴不有应。当位表明客方态度随和，有可能受主方制约，是潜在的对主方有利因素；不有应表明主方态度也随和，不能制约客方，这潜在因素没有成为真实的对主方有利因素。由于这只是潜在因素，主方不能指望过高，如果主方勉强制约客方，可能对主方有损失，所以爻辞说“征凶”。主方之所以不能利用这潜在的有利因素制约客方，是由于主方态度也随和，而主方态度随和是素质不佳的表现，这是当前的客观存在，主方不应当受到怪罪，所以爻辞说“无咎”。

5:4 卦，丰卦（在周易中，第 55 卦）

丰卦展示“丰”形势下各种变化的可能性。丰指丰满。丰卦的代号是 5:4，主卦是离卦，卦象是火，光明而依附，阳数是 5；客卦是震卦，卦象是雷，运动而乏力，阳数是 4。离卦和震卦的下爻和中爻都相同，区别在上爻：离卦上爻阳，震卦上爻阴。丰卦的爻辞中，主方被比喻为日食时的太阳，客方被比喻为日食时的月亮。日全食时，太阳被月亮完全挡住。卦爻辞用日全食过程做比喻，说明主方在客方激烈挑战前，应当抓住机遇，依靠素质方面的优势，创造更有利的新局面。丰卦在周易中是第 55 卦。

结构和卦爻辞

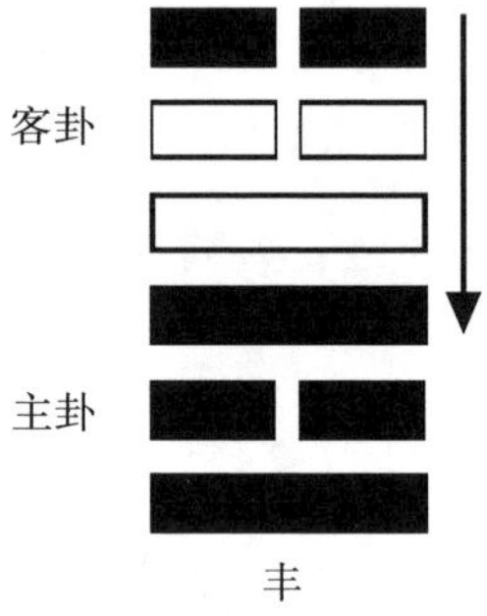

丰其屋，蔀其家，闚其户，阒其无人，三岁不觌，凶。

来章，有庆誉，吉。

丰其蔀，日中见斗，遇其夷主，吉。

丰其沛，日中见沬，折其右肱，无咎。

丰其蔀，日中见斗，往得疑疾;有孚发若，吉。

遇其配主，虽旬无咎，往有尚。

亨，王假之;勿忧，宜日中。

图 3-8-3　丰卦的结构与卦爻辞

上图左边是丰卦结构，右边是其卦爻辞。爻的顺序由下往上，按此顺序，卦辞对应卦名，爻辞与爻一一对应。丰卦下部三条爻是主卦，代表主方；上部三条爻是客卦，代表客方。黑色的爻是当位的爻，是潜在的对主方有利因素；白色的爻是不当位的爻，是潜在的对主方不利因素。箭头表示主卦和客卦中相应的一对爻处于阴阳和谐状态，有应，箭头方向是从阴爻到阳爻。当位而有应，是对主方有利因素；不当位而有应，是对主方不利因素。

主卦三条爻全当位，表示主方状态是恰当的，主方应当维持：积极主动地谋取发展，继续改善素质，以强硬态度制约客方。

客卦中四阳和五阴不当位，表示客方的积极行动与主方的积极行动有冲突，并且客方素质不佳，不能让主方获益。

卦的上爻是对中爻的补充。主卦中爻是阴，上爻是阳，表示主方素质虽差，但不是很差，力量弱，但不是很弱；客卦中爻和上爻都是阴，表示客方素质很差，力量很弱。由此可见，主方素质优于客方，主方力量强于客方。

综合起来看，主方面临客方激烈竞争，主方应当抓住机遇，依靠素质方面的优势，创造更多利益，夺取胜利。

丰卦的卦爻辞用日和月形象地比喻主方和客方。主方在运动中，带着光明，如同太阳；客方也在运动中，但不发光，如同月亮。主客关系如同太阳和月亮在天空中偶尔相遇在与地球的同一条直线上，出现日食。卦辞结合卦的总体结构，说明当前形势，给予主方策略性的建议。爻辞巧妙地与爻结合，并且根据爻的状态，加了判断词。

如果删去丰卦卦爻辞中的判断词，就可以看出，丰卦卦爻辞实际上是一篇很古老的关于日全食的记载。下面是其译文：

国王来（观看日食）了，（日食）一般都发生在太阳当中的时候。

月亮来到太阳的旁边，一明一暗，与太阳在天空中配对。虽然已经等了十多天，再等一会儿就可以看到罕见的现象。

月亮像个大草席,向太阳盖过来了,大白天看到了北斗星,天黑得想象不到的快。

太阳被月亮盖了很多,中午看到微暗的天空,太阳的右胳膊(像是)被折断了。

月亮像个大草席，向太阳盖过来了，大白天看到了北斗星。月亮来到太阳的前面，把太阳完全夷平了。

最美丽的时刻到来了，一片美好的赞誉。（全食以后的瞬间，太阳刚刚微露出一点点，一股极强的光环显现在太空，像是一枚灿烂无比的巨大钻石戒指）。

月光盖过了房屋，像大草席覆盖了家，窥视这户人家，家中寂静无人，三年看不到人。（爻辞巧妙地从日食转移到了现实中的生活）。

从丰卦的爻辞可以推测，周文王当时是把已经有过的日食记载，或者他自己观察日食的记忆，按日食过程和爻的顺序，贴合在六条爻上，然后再加上判断词。

下面逐条说明卦爻辞。

卦辞

亨，王假之；勿忧，宜日中。

〔译文〕顺利，王来了，不要忧虑，宜于在日中天的时候。

〔解说〕这是丰卦的卦辞。“假”（jiǎ），照规定或请求暂时离开工作、学习场所，如暑假，休假。主客双方都积极主动，双方的素质都不佳，主方不能指望从客方获益。主方态度强硬，客方态度随和，主方的事情可以进行得顺利。尽管成功的机会很少，毕竟有成功的机会，就像是日全食，日与月亮也会偶尔在天空与地球的同一条直线上相遇。日食是罕见的自然现象，王也来观看了，这种自然现象都在大白天发生。

与日食现象相似，成功的机会也是少有的，需要发现机遇，抓住机遇。

爻辞

一阳，遇其配主，虽旬无咎，往有尚。

〔译文〕 遇到它与主人相配，虽然已有十日，无所怪罪，往前有高尚的事。

〔解说〕 这是第一爻的爻辞，阳，表示主方积极主动地谋取和扩大自己的利益，比如说，创新、创业、投资、进攻、求职、示爱，等等。“旬”（xún），十日为一旬。“尚”（shàng）是尊崇，高尚。“配”（pèi），两性结合：配偶，配种。在当前主客双方关系中，主方与客方都在为自己的利益而积极主动地行动，双方在竞争中，如同太阳和月亮在天空中相配成对。这种日全食现象在初十以后才会发生，耐心等待。主方也需要耐心地对待客方的挑战，主方无所怪罪。“遇其配主”只是日食刚刚开始，往前发展，景观更壮丽。对于主方来说，客方的挑战刚刚开始，主方需要准备应对更严重的挑战。

〔结构分析〕 这条爻是阳爻在阳位，当位，然而与四阳不有应。当位表明主方积极主动，有可能取得更多利益，是潜在的对主方有利因素；不有应表明客方也积极主动，主方遇到强烈的竞争，这潜在因素没有成为真实的对主方有利因素。所以爻辞只是说“无咎”，“往有尚”。主方应当坚持积极主动，继续努力。

二阴，丰其蔀，日中见斗，往得疑疾；有孚发若，吉。

〔译文〕 大部分被盖了，中午看到了北斗星，往前快得想象不到；有诚信就好发展，吉利。

〔解说〕 这是第二爻的爻辞，阴，表示主方素质不佳。“蔀”（bù），覆盖于棚架上如同遮蔽阳光的草席。“疾”（jí），快，迅速：疾步。“发”（fā），开展，张大，扩大：发展。若（ruò）好像：旁若无人。爻辞的意思是：太阳被月亮如同大草席般地覆盖，日在中天的时候看到了北斗星，进展得想象不到地快；有诚信就会有发展，吉利。主方在谋求发展，由于素质不佳，一时遏制不住客方的进攻，如同太阳在日食时失去光辉，这种趋势的发展非常快，意想不到地快。在这种情况下，须要有诚信，有诚信就会有发展，对主方吉利。

〔结构分析〕这条爻是阴爻在阴位，当位，然而与五阴不有应。当位表明主方素质不佳是谋求发展的动力，是潜在的对主方有利因素；不有应表明客方素质也不佳，也在积极谋求利益，这潜在因素没有成为真实的对主方有利因素。由于存在这种潜在的对主方有利因素，如果主方诚恳地对待客方，取得客方信任，做到互动互利，这对主方有好处，所以爻辞说“吉”。“吉”是有条件的，必须是“有孚发若”。

三阳，丰其沛，日中见沫，折其右肱，无咎。

〔译文〕它被覆盖了很多，中午看到了微暗的天空，它的右胳膊被折断了，无所怪罪。

〔解说〕这是第三爻的爻辞，阳，表示主方态度坚定。“沛”（pèi），充盛的样子：充沛。“沫”（mèi），古同“昧”，微暗。“肱”（gōng），胳膊由肘到肩的部分：肱骨。主客双方激烈竞争，“丰其沛，日中见沫”。主方态度强硬，坚定地与客方抗衡，如同日全食前，太阳留下牙形光亮区域，“折其右肱”。主方的强硬态度是正确的，无所怪罪。

〔结构分析〕这条爻是阳爻在阳位，当位，又与六阴有应。当位表明主方的强硬态度有可能制约客方，维护和扩大主方利益，是潜在的对主方有利因素；有应表明客方态度随和，接受主方制约，这潜在因素成了真实的对主方有利因素。第三爻是对第二爻的补充，由于第二爻是阴爻，主方素质不佳，主方的强硬态度缺少强力支持，主方需要注意，不可强硬过分，所以，爻辞只是说“无咎”，没有说“吉”。

四阳，丰其蔀，日中见斗，遇其夷主，吉。

〔译文〕它被盖住了很多，中午看到了北斗星，遇到它夷平了主人，吉利。

〔解说〕这是第四爻的爻辞，阳，表示客方积极主动地谋取和扩大自己的利益，比如说，创新、创业、投资、进攻、求职、示爱，等等。“夷”（yí），平，平坦，平安：化险为夷；弄平：夷为平地；消灭：夷灭。客方积极主动，在双方关系范围内，与主方的积极主动全面冲突，如同日全食的瞬间，太阳完全被月亮遮盖了，天空不同于寻常，“日中见斗，遇其夷主”。由于主客双方的素质都不佳，主方态度强硬，客方态度随和，这种情况已经到了冲突最严重的时候，很快主方就会重新占优势，形势对主方有利。

〔结构分析〕这条爻是阳爻在阴位，不当位，和一阳不有应。不当位表明客方积极主动，有可能损害主方利益，是潜在的对主方不利因素；不有应表明主方也是积极主动，主方积极地维护和发展自己的利益，这潜在因素没有成为真实的对主方不利因素。由于主卦上爻是阳爻，客卦上爻是阴爻，主方素质稍优于客方，主方的力量稍强于客方，主方有可能在竞争中获胜，所以爻辞说“吉”。

五阴，来章，有庆誉，吉。

〔译文〕美丽的时刻到来了，有美好的声誉，吉利。

〔解说〕这是第五爻的爻辞，阴，表示客方素质不佳。“章”（zhāng），在绘画或刺绣上，赤与白相间的花纹。“庆誉”，美好的声誉。在日食过程中，达到全食以后的瞬间，太阳刚刚微露出一点点，一股极强的光环显现在太空，像是一枚灿烂无比的巨大钻石戒指，“来章，有庆誉”。就主客双方关系来说，客方素质不佳，这是主方发展的好机会，对于主方来说，“吉”。

〔结构分析〕这条爻是阴爻在阳位，不当位，和二阴不有应。不当位表明客方素质不佳，有可能窃取主方利益，是潜在的对主方不利因素；不有应表明主方素质也不佳，并且主方积极主动，态度强硬，保护自己的利益，这潜在因素没有成为真实的对主方不利因素。相反，由于主方素质优于客方，主方的力量强于客方，主方有可能利用客方的需要，加强对客方的制约，从而可以取得更多利益，所以爻辞说“吉”。

六阴，丰其屋，蔀其家，闚其户，阒其无人，三岁不觌，凶。

〔译文〕遮盖了他的房屋，让他的家盖上大草席，从缝隙看他家，家中寂静无人，三年看不到人，有凶险。

〔解说〕这是第六爻的爻辞，阴，表示客方态度随和。“闚”（kuī），同“窥”，从小孔、缝隙或隐蔽处偷看：窥探。“阒”（qù），形容寂静：阒无一人。“觌”（dí），相见：觌面（见面或当面）。前面五条爻辞都是谈日食，到这条爻辞，话题一下子从日食转到房屋上，表明日食已经过去。房屋被遮盖了，盖上了大草席，这房屋被遗弃，所以“闚其户，阒其无人，三岁不觌，凶。”因为日食是罕见的自然现象，这个“凶”可以理解为错过机会则凶。从爻辞的字面意思理解，“其”指客方，“闚其户，阒其无人，三岁不觌”，客方长期得不到发展。客方态度随和，态度强硬的主方可能制约客方，使得客方得不到发展，这么做，由于客方本来素质就不佳，再得不到发展，对主方没有益处，有凶险。主方不应当对态度随和的客方过于粗暴，过于傲慢，过于霸道。

〔结构分析〕这条爻是阴爻在阴位，当位，又与三阳有应。当位表明客方态度随和，有可能接受主方制约，是潜在的对主方有利因素；有应表明主方态度强硬，可以制约客方，这潜在因素成了真实的对主方有利因素。尽管这种有利因素存在，但是由于客方力量过于薄弱，可能对主方过分随和，而主方的力量强于客方，有可能态度强硬过度，这样不利于取得客方信任，不利于互动互利，结果不利于主方发展，所以爻辞说“凶”。这个判断词并不是说客方的随和态度对于主方有凶险，而是说主方不能对客方强硬过度，不能失去客方信任。

6:4 卦，归妹（在周易中，第 54 卦）

归妹是 6:4 卦的卦名，6:4 是归妹卦的代号。“归”（guī），古代称女子出嫁为归：“之子于归，宜其室家”。6:4 卦的主卦是 6 卦兑卦，卦象是河泽，特性是愉快，表示主方发展已经获得很大成功，日子过得很愉快。客卦是 4 卦震卦，卦象是雷，特性是运动。客方是新兴力量，谋求发展。面对这样一个急于发展而现状不佳的客方，为了自己的利益，主方需要给予客方一些好处，以获得良好的发展环境，就如同以自己亲爱的妹妹嫁给客方，如卦名“归妹”所表达的意思。不过，即使如此，双方关系也不一定没有问题。

结构和卦爻辞

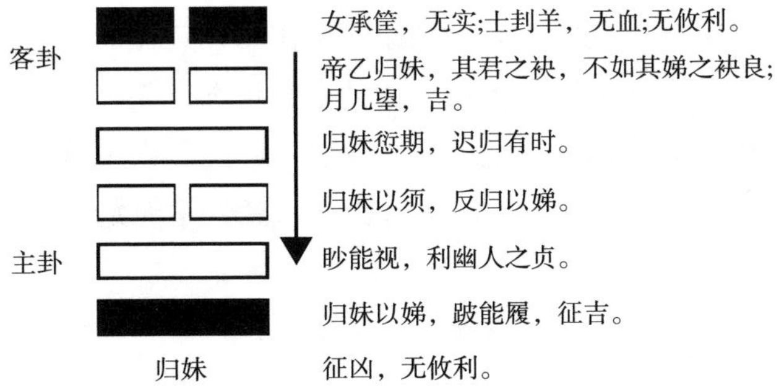

图 3-8-4 归妹卦的结构与卦爻辞

归妹卦下部的三条爻是主卦，代表主方；上部的三条爻是客卦，代表客方。主卦与客卦的形成基于对主方和客方状态的分析，归妹卦代表从主方的角度看当前的形势。阴阳趋于和谐是变化的基本规律，根据这个规律，分析卦的结构有两个基本原则。

一个原则是当位。比较主卦和客卦下爻和上爻，下爻完全相同，上爻也完全相同。尽管下爻都是阳爻，然而表示的颜色不同，主卦下爻是黑色，客卦下爻是白色，这是因为对主方的利害不同。主卦下爻是阳爻，表示主方积极主动，有利于主方发展，可能对主方有利，这种状态叫作当位；客卦下爻也是阳爻，表示客方积极主动，是对主方的挑战，增加主方发展的困难，可能对主方不利，这叫作不当位。主卦和客卦上爻都是阴爻，然而表示的颜色也不一样：主卦上爻是阴爻，表示主方态度随和，有可能受客方制约而对主方不利，这是不当位，以白色表示；客卦上爻也是阴爻，表示客方态度随和而有可能接受主方制约，可能对主方有利，这是当位，以黑色表示。

另一个原则是有应。主卦与客卦中爻是一阴一阳，处于阴阳和谐状态，这叫有应。图中的箭头表示有应，从阴爻指向阳爻。有应不一定对主方有利，这需要看有应的爻的性质和阴阳状态。归妹卦的主卦中爻是阳爻，表示主方素质良好；客卦中爻是阴爻，表示客方素质不佳。在这种和谐状态下，主方施惠于客方，客方直接受益，主方直接受损，对主方不利。因此，尽管这两条爻是一阴一阳，但是仍然都是不当位，以白色表示。换一个角度考虑，结合主方积极主动来看，主方可以利用客方对主方的依赖取得更大发展，这种情况对主方非常有利。

由以上对归妹卦的结构分析可以知道，在当前形势下，主方应当利用客方对主方的依赖，积极主动地大力发展开拓；同时要意识到客方的激烈竞争，各为自己的利益，缺少诚意，即使主方为客方做出贡献，也不能指望得到恰当回报。

上图的右边是爻辞。爻辞对完全抽象的爻作比较具体的比较形象的说明，爻辞与爻一一对应，从下往上数。根据爻在卦中的状态，爻辞中加了判断词。如果删去判断词，就可以看出六条爻辞是一首围绕“归妹”为主题的散文诗，描述主方试图嫁女给客方表示亲善，然而双方都没有诚意。下面是其译文。

嫁出的女子当了妾，（忍耐点吧）一条腿也能走路。

一只眼也能看，应当隐蔽些。

嫁出女子去当补缺的妻子，反而出嫁后当了妾。

出嫁的日期推迟了。（忍耐点吧）推迟出嫁的日期更合适。

帝乙出嫁女子，其服饰还不如妾的服饰好，（也好）月亮差不多满圆了。

（都没有诚意啊，就像那）女士托着筐子，没有果实；男士刺羊，没有血。

下面逐条说明卦爻辞。

卦辞

征凶，无攸利。

〔译文〕 往前发展有凶险，没有什么有利之处。

〔解说〕 这是6:4卦的卦辞，说明当前双方关系一般情况。“攸”（yōu）助词，相当于“所”：性命攸关。主方素质良好，客方素质不佳，主方愿意奉献给客方一些客方所需要的东西，然而，主客双方都是积极主动地谋求发展，双方利益难免冲突，因此，即使主方对客方友好，也不一定会得到善报。这种情况下，主方不应当在发展主客双方关系方面走到过快，“征凶”。往前发展对自己没有好处，“无攸利”。

爻辞

一阳，归妹以娣，跛能履，征吉。

〔译文〕 嫁女为妾，跛脚也能够行走，征伐吉利。

〔解说〕 这是第一爻的爻辞，阳，表示主方积极主动地谋取和扩大自己的利益。“娣”（dì），古代诸妾中的年幼者。“跛”（bǒ），腿或脚有病，走路时身体不平衡，瘸：跛脚，跛子。主客双方都在积极主动地谋取发展，主方为客方作了奉献，但是客方并没有完全满意，只是把嫁来的女子作了妾，“归妹以娣”。尽管如此，主客双方关系可能有所改善，“跛能履”。主方继续这样做是吉利的，“征吉”。这里的“征吉”仅仅是对主方的主动行动而言，肯定主方应当继续积极主动，并没有指当前整个双方关系的状态对主方是吉利的。

〔结构分析〕 这条爻是阳爻在阳位，当位，与四阳不有应。当位表明主方积极主动，有可能维护和增长自己的利益，是潜在的对主方有利因素；不有应表明客方也积极主动，主方面临竞争，这潜在因素没有成为真实的对主方有利因素。由于这种潜在因素的存在，加之主方素质优于客方，主方应当继续积极主动，依靠素质上的优势，取得竞争中的胜利，所以爻辞说“征吉”。

二阳，眇能视，利幽人之贞。

〔译文〕一只眼也能够看东西，利于隐士的坚持。

〔解说〕这是第二爻爻辞，阳，表示主方素质是阳，素质良好。“眇”（miǎo），瞎了一只眼。“幽人”（yōurén），幽隐之人，隐士。主方素质良好，有可能对客方做贡献，不过，由于客方也在积极主动求发展，主方没有必要全部奉献给客方，只要奉献一部分就可以了。利于把自己的实力隐藏起来，像隐士一样，并且坚持隐藏下去。

〔结构分析〕这条爻是阳爻在阴位，不当位，与五阴有应。不当位表明主方的良好素质有可能受到客方损害，是潜在的对主方不利因素；有应表明客方素质不佳，需要从主方得到补益，这潜在因素成了真实的对主方不利因素。因此，主方应当把良好的素质隐藏起来，保护自己的利益，“利幽人之贞”。

三阴，归妹以须，反归以娣。

〔译文〕嫁女为补妻，反嫁作为妾。

〔解说〕这是第三爻的爻辞，阴，表示主方态度是阴，主方态度随和。“须”（xū），必得，应当，须次（官吏依次候补官缺）。结合爻辞的上下文，这里的须指男人缺少的女人，妻。主方态度随和，不计较尊畀，“归妹以须”，又“反归以娣”。爻辞本身并没有说主方阴的态度对于主方来说是有利，或者不利。

〔结构分析〕这条爻阴爻在阳位，不当位，与六阴不有应。不当位表明主方态度随和，有可能受到客方制约，是潜在的对主方不利因素；不有应表明客方态度也随和，不求制约主方，这潜在因素没有成为真实的对主方不利因素，所以爻辞中没有判断词。

四阳，归妹愆期，迟归有时。

〔译文〕嫁女的时间误了期，推迟出嫁有了合适时间。

〔解说〕这是第四爻爻辞，阳，表示客方的行动是阳，客方积极主动地谋取和扩大自己的利益，比如说，创新、创业、投资、进攻、求职、示爱，等等。“愆期”，误期，失期。由于客方的主动行动可能与主方的主动行动冲突，主方嫁女给客方的时间误期了，不过，嫁出的时间推迟了以后，时间对主方更合适。

〔结构分析〕这条爻是阳爻在阴位，不当位，和一阳不有应。不当位表明客方积极主动，有可能损害主方利益，是潜在的对主方不利因素；不有应表明主方也是积极主动地维护和增加自己的利益，主方利益不会受到客方损害，这潜在因素没有成为真实的对主方不利因素。所以爻辞中没有判断词。

五阴，帝乙归妹，其君之袂，不如其娣之袂良；月几望，吉。

〔译文〕帝乙嫁女，她的服饰不如其妾的服饰好；月亮几乎是满月了，吉利。

〔解说〕这是第五爻爻辞，阴，表示客方素质是阴，客方素质不佳。“帝乙”，商朝第30代国王，在位时期为公元前1101—公元前1076年。“袂”（mèi），衣袖，袖口：张袂（张开衣袖）。帝乙指主方。由于客方素质不佳，主方帮助客方，“帝乙归妹”。而客方依靠自己的努力，对主方的帮助并不重视，“其君之袂，不如其娣之袂良”。主方能够帮助客方，已经算不错了，“月几望”。继续帮助客方，对主方有好处，“吉”。

〔结构分析〕这条爻是阴爻在阳位，不当位，与二阳有应。不当位表明客方素质不佳，有可能从主方寻求利益，是潜在的对主方不利因素；有应表明主方素质良好，可以给予客方所需，这潜在因素成了真实的对主方不利因素。换一个角度考虑，由于客方素质不佳以及主方素质良好，客方依赖主方，主方可以利用客方对主方的依赖，积极主动地取得更大发展，这对主方很有利，所以爻辞说“吉”。

六阴，女承筐，无实；士刲羊，无血；无攸利。

〔译文〕女士托着筐子，没有果实；男士刺羊，没有血；没有什么好处。

〔解说〕这是第六爻爻辞，阴，表示客方态度是阴，客方态度随和。“承”（chéng），在下面接受，托着：承重。“刲”（kuī），刺杀。客方态度随和，同时，主方态度也是如此，双方相互周旋，没有诚意，“女承筐，无实；士刲羊，无血”，对于主方没有什么好处。主方态度不宜太随和，应当比较明确而肯定。

〔结构分析〕这条爻是阴爻在阴位，当位，与三阴不有应。当位表明客方态度随和，有可能接受主方制约，是潜在的对主方有利因素；不有应表明主方态度也随和，主方不能制约客方，这潜在因素没有成为真实的对主方有利因素。因此爻辞说“无攸利”。

7:4 卦，大壮（在周易中，第 34 卦）

大壮是 7:4 卦的卦名，7:4 是大壮卦的代号。“壮”（zhuàng），大，有力，强盛，强壮。大壮卦的主卦是 7 卦乾卦，卦象是天，特性是强健，像天一样具有无穷威力；客卦是 4 卦震卦，卦象是雷，特性是运动，代表新生事物。威力强大的主方，面对刚刚出现的新生力量，无疑可以轻易摆布客方，但是，也可能滥用自己的力量，给自己带来麻烦，“大壮”有过于强壮之意，告诫主方不要过分滥用权力。

结构和卦爻辞

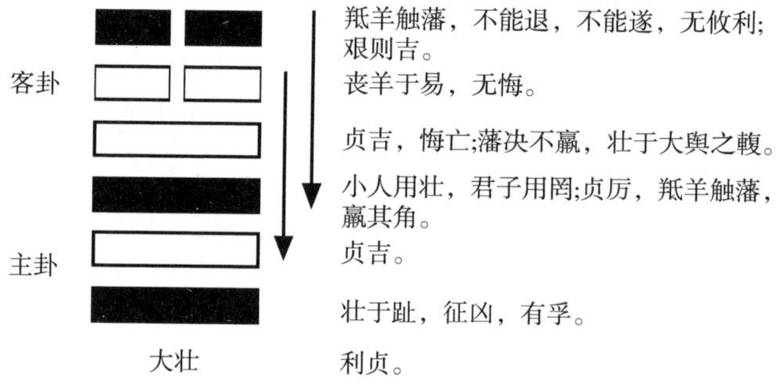

图 3-8-5　大壮卦的结构与卦爻辞

大壮卦下部的三条爻是主卦，代表主方；上部的三条爻是客卦，代表客方。主卦与客卦的构成决定于对主方的情况分析和对客方的情况分析。主卦方面可能发生的变化决定于主方；客卦方面可能发生的变化决定于客方，主方可以期待和作应对准备，但是不能改变客卦的状态。

在主卦方面，主卦下爻和上爻都是当位的爻，以黑色表示；中爻是不当位的爻，以白色表示。当位表示对主方可能有利。下爻代表主方的行动，主方积极主动地开拓和发展，有可能取得利益，是潜在的对主方有利因素。上爻代表主方态度，主方态度强硬，有可能制约客方，逼使客方按主方的意图办事，也是潜在的对主方有利因素。中爻不当位，表示主方素质良好，有可能受到客方损害，是潜在的对主方不利因素，然而由于主方积极主动，态度强硬，主方可以依靠自己的良好素质制约客方，在竞争中获得更大胜利，这良好的素质不仅不是对主方不利，而是对主方非常有利。这样看来，主卦中的三条爻都对主方有利，主方不需要作任何改变，而是应当全部坚持，既坚持积极主动，也坚持态度强硬，并且以积极主动和态度强硬促使素质更优秀，实力更强大。

在客卦方面，下爻和中爻不当位，以白色表示；上爻当位，以黑色表示。下爻表示客方也是积极主动，与主方激烈竞争，是潜在的对主方不利因素。中爻表示客方素质不佳，实力薄弱，正好可以从主方取得补益，对客方有利，对主方不利。图中有一个箭头，从客卦中爻指向主卦中爻，表示这种客方受益的关系。上爻表示客方态度随和，而主方态度强硬，正好主方可以制约客方，这是对主方有利因素，图中有一个箭头从客卦上爻指向主卦上爻，表示这种对主方有利的关系。由于主方积极主动，并且制约客方，主方可以利用客方对主方的依赖，促进主方发展，实际上对主方非常有利。于是，在客卦方面，主方应当认真应对客方的竞争。

以上提到的在主卦方面和客卦方面的各个因素中可能发生的变化，这些都是非常规变化，不能预测哪一种变化一定发生，不过，基本上可以认为主方的变化不会很大，而客方有可能在态度方面有所变化，如果客方态度变得强硬，则对主方不利。

除了非常规变化以外，还有常规变化，这是主方必须考虑的。主方的常规变化是从乾卦变到巽卦，主方由积极主动变成消极被动，从表面看变化并不显著，但是这是从上升到衰落的质的变化，越过了量变到质变的关键点，因此主方必须注意行为有度，切不可傲慢自大，更不可滥用权力，尽量维持当前这种极盛状态，避免任何衰落迹象发生，即使是极其微细的衰落，例如滥用职权，微小贪污行贿等，都必须完全杜绝。

客卦方面的常规变化是从震卦到离卦的变化，这是阳数的量变，其结果是客方态度变得强硬，主方将难以继续制约客方，这也对主方不利。主方行为失度可能促使这种常规变化发生。

所以当前对于主方来说最重要的是防止行为失度，这就是这个卦的卦名“大壮”的用意。

图的右下部是卦名和卦辞，卦辞从总体上阐明当前形势。

图的右边是爻辞，与爻一一对应，比较具体而形象地说明完全抽象的爻。

如果删去判断词，就可以看出爻辞实际上是一首以“壮”为主题的散文诗。下面是其译文：

连脚趾都显得强壮有力。

小人才用那强壮的力量，君子不用；（看哪）那公羊用角去抵触篱藩，它的角被缠住了。

篱藩快破开吧，不要再缠羊角了，大车下面那个结实的车伏兔才是正确显示强壮有力的地方。

（记住）丧羊于易（的教训）。

那公羊用角去抵触篱藩，既不能退后，也不能如意往前。

下面逐条说明卦爻辞。

卦辞

利贞。

〔译文〕利于坚持下去。

〔解说〕主客双方都积极主动，主方与客方剧烈地竞争着。主方素质良好，态度强硬，而客方素质不佳，态度随和，主方占有绝对优势，然而，主方的强硬态度，可能表现出傲慢、粗暴和自满，可能滥用权力，导致不良结果。卦辞指出当前的状态利于坚持下去，不需要大的变化，防止行为失度。

爻辞

一阳，壮于趾，征凶，有孚。

〔译文〕足趾强健，征伐有凶险，有诚信。

〔解说〕第一爻是主卦下爻，代表主方的行动，阳，表示主方积极主动地谋取和扩大自己的利益，比如，创新、创业、投资、进攻、求职、示爱，等等。第二爻是阳爻，表示主方素质良好。有良好的素质支持，积极主动的行动是有力的，“壮于趾”。主方态度是阳，态度强硬，有可能滥用权力。主方不宜对客方施压，如果过度主动，可能犯错误，违法，或者不道德，“征凶”。如果主方注意到“征”的凶险，对客方不征，则可以取得客方信任，从而处理好双方关系，“有孚”。

〔结构分析〕这条爻是阳爻在阳位，当位，与四阳不有应。当位表明主方积极主动，有可能利于发展，是潜在的对主方有利因素；不有应表明客方也积极主动，主方遇到强力反抗与竞争，这潜在因素没有成为真实的对主方有利因素。由于存在客方的反抗和竞争，爻辞说，“征凶”，为了化解矛盾，在竞争中取得收益，主方应当与客方诚恳相待，取得客方信任，所以爻辞又说“有孚”。

二阳，贞吉。

〔译文〕坚持下去吉利。

〔解说〕第二爻是主卦中爻，代表主方素质，阳，表示主方素质良好，有钱，有地位，有技术，或者非常强壮；而第五爻是阴爻，表示客方素质不佳，没钱，地位低，技术不强，或者虚弱。然而，客方也在积极主动地改善素质，在这种情况下，主方应当保持现在的状态，而不是改变现在的状态，“贞吉”。

〔结构分析〕这条爻是阳爻在阴位，不当位，和五阴有应。不当位表明主方的良好素质有可能受到客方损害，是潜在的对主方不利因素；有应表明客方素质不佳，正好需要从主方取得补益，这潜在因素成了真实的对主方不利因素。然而，由于主方积极主动，并且态度强硬，可以利用主方在素质方面的优势制约客方，这良好的素质对主方非常有利，所以爻辞说“贞吉”。

三阳，小人用壮，君子用罔；贞厉，羝羊触藩，羸其角。

〔译文〕没有本领的人用强壮的身体，有本领的人用网；坚持下去困难，公羊触篱笆，角钩在篱笆上。

〔解说〕第三爻是主卦上爻，代表主方态度，阳，主方态度强硬。爻辞建议主方不要用强力，要用智慧，“小人用壮，君子用罔”。“罔”（wǎng），古同“网”，用绳线等结成的捕鱼捉鸟器具。如果主方坚持用强硬的态度，则可能很难处理好与客方的关系，“贞厉”，主方有可能过分施用强力，滥用权力，结果会缠在困境之中难于摆脱，“羝羊触藩，羸其角”。“羝”（dī），公羊。“藩”（fān），篱笆：藩篱。“羸”（léi），瘦弱：羸瘦。这里，公羊和篱笆都是形象比喻，公羊代表主方，积极主动，有力量，而且狂妄；篱笆代表客方，没有自卫力量，对主方态度柔和。这只狂妄的公羊，轻视态度柔和的篱笆，轻举妄动，角被缠着了。

〔结构分析〕这条爻是阳爻在阳位，当位，与六阴有应。当位表明主方态度强硬，有可能制约客方，是潜在的对主方有利因素；有应表明客方态度随和，正好可以接受主方的制约，这潜在因素成了真实的对主方有利因素。上爻是对中爻的补充，主卦上爻和中爻都是阳爻，表示主方素质非常好，实力极强，在这有利形势下，很可能态度强硬过度，表现出傲慢和粗暴，使得主方的进展遇到严重困难，所以爻辞说“贞厉”。

四阳，贞吉，悔亡；藩决不羸，壮于大舆之輹。

〔译文〕坚持下去吉利，悔恨消亡；篱笆断裂，羊角不再被缠着，大车下面有了结实的车伏兔。

〔解说〕第四爻是客卦下爻，代表客方的行动，阳，表示客方积极主动地谋取和扩大自己的利益，比如，创新、创业、投资、进攻、求职、示爱，等等。三阳爻辞中的“羝羊触藩，羸其角”是由于主方过于强大，客方过于软弱造成的，如果主方坚持行为不失度，则客方可以充分发挥积极主动性，改善自己的素质，这对于主方是吉利的，“贞吉”，主方就没有悔恨，“悔亡”；客方的积极主动，将使得主方从纠缠中解脱出来，“藩决不羸”。这样，主方就可能真正地壮大自己，“壮于大舆之輹”。这一切都是以“贞”为先决条件，主方坚持不过分行动，让客方积极主动，才能“壮于大舆之輹”。“舆”（yú）车中装载东西的部分，后泛指车。“輹”（fù），车伏兔，即垫在车厢和车轴之间的木块，上面承载车厢，下面呈弧形，架在轴上。这里仍然用了公羊和篱笆的比喻。

〔结构分析〕这条爻是阳爻在阴位，不当位，和一阳不有应。不当位表明客方积极主动，有可能使主方利益受到损失，是潜在的对主方不利因素；不有应表明主方也积极主动，可以保护主方的利益，并且，客方素质不佳，依赖于主方，加之客方态度随和，主方态度强硬，可以制约客方，所以当前状态坚持下去，对主方很有利，爻辞说“贞吉，悔亡”。

五阴，丧羊于易，无悔。

〔译文〕羊在平坦的原野上丧失了，没有悔恨。

〔解说〕第五爻是客卦中爻，代表客方素质，阴，表示客方素质不佳，主方素质良好，主方可能帮助客方。对于主方来说，在帮助客方的时候，如果不节制自己的举动，可能造成损失，“丧羊于易”。这里的羊仍然是比喻主方，对照上下文，“易”指平易的原野，代表平常环境，在这平常环境里，出现了篱笆，这就是客方。主方这只公羊，横冲直撞，触到篱笆了，角被缠着了，“不能退，不能遂”，这只羊在平易的原野上失去了。如果主方意识到“丧羊于易”，不借客方素质不佳之机轻举妄动，则没有悔恨。

〔结构分析〕这条爻是阴爻在阳位，不当位，与二阳有应。不当位表明客方素质不佳，有可能向主方寻求补益，损害主方利益，是潜在的对主方不利因素；有应表明主方素质良好，可以满足客方需要，这潜在因素成了真实的对主方不利因素。然而主方积极主动，可以利用客方对主方的依赖，控制客方，所以爻辞说“无悔”。

六阴，羝羊触藩，不能退，不能遂，无攸利；艰则吉。

〔译文〕公羊触篱笆，不能退后，不能如意往前走，没有什么利益，艰难坚持则吉利。

〔解说〕第六爻是客卦上爻，代表客方态度，阴，客方态度随和。同时，第六爻是对第五条的补充，第五条是阴，第六条也是阴，这表示客方素质很差。主方态度强硬，有力量，积极主动，像一只公羊，客方像一条竖立不动，没有自卫能力，任人触闯的篱笆。由于主方不顾客方的情况，任意触犯客方，形成“不能退，不能遂”的局面，这对于主方来说没有任何好处。如果主方严格约束自己，则对于主方来说很吉利，“艰则吉”。“遂”（suì），顺，如意：遂心。

〔结构分析〕这条爻是阴爻在阴位，当位，并且和三阳有应。当位表明客方态度随和，有可能接受主方制约，是潜在的对主方有利因素；有应表明主方态度强硬，恰好可以制约客方，这潜在因素成了真实的对主方有利因素。另一方面，上爻是对中爻的补充，主方的中爻和上爻都是阳爻，表示主方素质非常好，实力极强，而客卦中爻和上爻都是阴爻，表示客方素质极差，实力极弱，在这极端反差下，主方很可能傲慢，过于粗暴，反而对主方发展不利，所以爻辞说“无攸利”。如果主方严格控制自己避免失度，形势还是对主方非常有利的，所以爻辞又说，“艰则吉”。

3:4 卦，恒（在周易中，第 32 卦）

恒是 3:4 卦的卦名，3:4 是恒卦的代号。“恒”（héng），持久，固定不变的：

永恒，恒温。3:4 卦的主卦是 3 卦巽卦，卦象是风，特性是有力而顺从；客卦是 4 卦震卦，卦象是雷，特性是运动而力弱。狂风暴雨，雷借风势，风助雷威。然而，震雷短暂，风则比较恒久，即使天晴，也有微风，白天有风，夜晚也有风。恒卦以风和雷的对比，建议主方努力保持当前状态恒久不变。

结构和卦爻辞

在恒卦的结构和卦爻辞图中有三个箭头，表示卦中的爻全部有应，都是一阴一阳成对，处于完全和谐状态。阴阳趋于和谐是变化的基本规律，完全和谐状态是一个稳定状态，不容易发生变化。

不过，从主方角度来看，这三种和谐的利害是不一样的。第一个箭头，从主卦下爻指向客卦下爻，表示主方消极被动，客方积极主动，主方屈从客方，对主方不利，图中，这一对爻以白色表示，是不当位的爻；第二个箭头从客卦中爻指向主卦中爻，表示客方素质不佳，主方素质良好，客方从主方受益，对主方不利，这一对爻也是以白色表示，是不当位的爻；第三个箭头从客卦上爻指向主卦上爻，表示客方态度随和，主方态度强硬，主方制约客方，对主方有利，这一对爻是当位的爻。总起来说，如果这种和谐状态长期存在下去，主方素质，例如资金、权力、精力等被客方消耗，对主方不利。

结构和卦爻辞

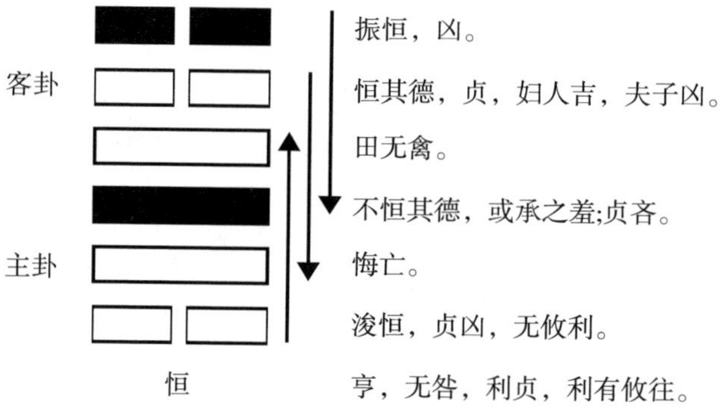

图 3-8-6 恒卦的结构与卦爻辞

这种和谐状态是过去的变化造成的。变化有常规变化与非常规变化两种：事物自身的变化是常规变化，事物之间相互影响而发生的变化是非常规变化。

首先看主方，目前主方处于巽卦所代表的状态，巽卦之前是乾卦，乾卦的阳数是 7，巽卦的阳数是 3，从乾卦到巽卦越过了一个量变到质变的关键点，阳数减少了 3，主方发生了从上升到衰落的质变。这种变化的发生并不是实力削弱，而是失去了积极主动的动力，变成消极被动，例如滥用权力、贪污行贿、谋求私利，等等，都会失去前进的动力。

再看客方，目前客方处于震卦所代表的状态，震卦之前是坤卦，坤卦的阳数是 0，震卦的阳数是 4，从坤卦到震卦也越过了一个量变到质变的关键点，阳数增加了 4，客方发生了从衰落到上升的质变。这种变化的发生并不是由于素质的改善。客方素质仍然不佳，例如缺少经验、资金贫乏、体格软弱，等等，但是生命力极强，如初生婴儿。

常规变化继续下去，主方将从巽卦变到坎卦，情况对主方更不利，而返回到乾卦的状态已经不可能，所以现在主方应当做的就是尽力保持目前形势恒久，这就是恒卦的中心思想。

从恒卦的结构看，主方首先应当做的是变化第一爻，从阴爻变到阳爻，由消极被动变成积极主动。完全变成像乾卦那样的积极主动是不可能的，但是，可以做到阴中有阳，在一定程度上积极主动。这积极主动包含两个方面：一是增强主方内部的发展动力，例如，整顿纪律、改革管理、学习培训，等等；二是积极竞争、进攻、占领市场，等等，是对客方的。就对客方而言，客方也是阳中有阴，主方不宜盲目行动，要伺机而行，也就是要注意第四爻，这是不当位的阳爻，如果客方有消极被动的迹象，立即主动应对。主方应当做的是针对第二爻，这也是不当位的爻，要尽量保护自己的素质，避免过多消耗，例如勤俭节约、压缩开支，对外低姿态，等等。同时注意第五爻，这也是不当位的爻，如果客方暴露出良好素质，就设法获取。

图的下部，在卦名之后是卦辞，简要阐述对当前形势的分析。图的右边是爻辞，与爻一一对应，比较形象具体地说明完全抽象的爻的含义。

如果删去判断词，就可以看出，爻辞是一首完整的围绕主题“恒”的散文诗：

疏通河道，保证恒久畅通。

没有保持恒久的品德，就要承受羞耻。

（没有保持恒久的品德）田里就没有了野禽。

保持恒久的品德，像夫人那样爱守忠贞，不要像男人见异思迁。

（小心啊，不要让）恒久的品德振荡不定。

下面逐条说明卦爻辞。

卦辞

亨，无咎，利贞，利有攸往。

〔译文〕顺利，无所怪罪，利于坚持，利于有所前进。

〔解说〕这是恒卦的卦辞。“亨”（hēng），通达，顺利；万事亨通。恒卦的三对爻全部有应，二条爻当位，卦辞说“亨”。然而有四条爻不当位，因此卦辞没有说“元亨”。主方消极被动，而客方积极主动；客方没有足够的力量，主方有力量；主方强而有力，客方尊重主方。主方和客方在各方面都相互补充，“亨”。主方出力量帮助客方，同时也受惠于客方，主方“无咎”。主方应当保持目前状态，“利贞”。如果主方主动而不是被动地对客方做出反应，可能对主方更有利，“利有攸往”。

爻辞

一阴，浚恒，贞凶，无攸利。

〔译文〕疏通恒久状态，坚持有凶险，没有什么利益。

〔解说〕“浚”（jùn），疏通，挖深；浚河。第一爻是主卦下爻，代表主方的行动，阴爻，表示主方消极被动。爻辞告诉主方被动是不利的，应当经常检查和纠正消极被动的状态和不适当的行为，疏通自己。如果不疏通，任消极被动状态保持下去，有凶险，没有什么利益。

〔结构分析〕这条爻是阴爻在阳位，不当位，与四阳有应。不当位表明主方消极被动，不利于主方发展，是潜在的对主方不利因素；有应表明客方积极主动，正好利用主方的消极被动取得发展，对客方有利，对主方不利，这潜在因素成了真实的对主方不利因素。所以爻辞说“贞凶，无攸利”。

二阳，悔亡。

〔译文〕悔恨消亡。

〔解说〕这是恒卦第二爻的爻辞，表示主方素质是阳，比如说资金充足，有权力，身体健壮，等等。这是主方的利益所在，有此良好素质，“悔亡”。

〔结构分析〕这条爻是阳爻在阴位，不当位，与五阴有应。不当位表明主方素质良好，有可能受到客方损害，是潜在的对主方不利因素；有应表明客方素质不佳，正好可以从素质良好的主方取得补益，这潜在因素成了真实的对主方不利因素。同时，由于客方对主方的依赖，主方可以保持比较安定的环境，所以爻辞说“悔亡”。

三阳，不恒其德，或承之羞；贞吝。

〔译文〕不保持恒久的品德，也许会承受羞辱；坚持下去很难。

〔解说〕这是恒卦第三爻的爻辞。第三爻是主卦上爻，代表主方态度，阳爻，表示主方对客方态度强硬。“其”指主方；“恒”是动词，使保持恒久，“不恒其德”。如果不在思想意识上保持恒久，“或承之羞”，也许会蒙受羞辱。

〔结构分析〕这条爻是阳爻在阳位，当位，并且与六阴有应。当位表明主方态度强硬，有可能制约客方，是潜在的对主方有利因素；有应表明客方态度随和，接受主方制约，这潜在因素成了真实的对主方有利因素。另一方面，主卦上爻是对中爻的补充，这两条爻都是阳爻，表示主方素质非常好，实力极强，但主方很可能因此而自满、傲慢、粗暴，从而造成衰落，对主方不利，所以爻辞说“贞吝”。

四阳，田无禽。

〔译文〕田野没有野禽。

〔解说〕从字面理解，由于没有恒久地施肥和清理，连野禽都不到田里来了。这是恒卦第四爻的爻辞，代表客方的行动，阳，表示客方积极主动地谋取和扩大自己的利益，比如说，创新、创业、投资、进攻、求职、示爱，等等。“田”指主客双方关系，“禽”指双方关系中对主方有益的事项。“田无禽”，由于客方积极主动，而主方消极被动，双方关系中的有益的事项都被客方获取了，没有什么可以为主方所有。

〔结构分析〕这条爻是阳爻在阴位，不当位，与一阴有应。不当位表明客方积极主动，有可能损害主方利益，是潜在的对主方不利因素；有应表明主方消极被动，正好是客方发展的好机会，对主方不利，这潜在因素成了真实的对主方不利因素。爻辞中没有判断词，不过“田无禽”描述了这种对主方不利的状态。

五阴，恒其德，贞，妇人吉，夫子凶。

〔译文〕使他有恒久的品德，坚持，妇人吉利，男子有凶险。

〔解说〕这是恒卦第五爻的爻辞，代表客方素质，阴，表示客方需要主方的关怀和支持。“其”指主方。“恒其德”，使主方具有持恒的品德。“贞”，坚持，主方应当坚持恒久的品德。“妇人吉，夫子凶”：像妇女坚守忠贞就吉利；像男子见异思迁就有凶险。

〔结构分析〕这条爻是阴爻在阳位，不当位，与二阳有应。不当位表明客方素质不佳，有可能向主方寻求帮助，是潜在的对主方不利因素；有应表明主方素质良好，正好可以满足客方需要，这潜在因素成了真实的对主方不利因素。另一方面，由于客方对主方的依赖，主方可以有比较安定的环境。所以爻辞中没有判断词。

六阴，振恒，凶。

〔译文〕恒久的状态振荡不定，有凶险。

〔解说〕这是恒卦第六爻的爻辞，表示客方态度阴，态度随和。“振恒”指在客方态度随和的情况下，主方的恒久状态振荡不定。这对于主方有凶险。

〔结构分析〕这条爻是阴爻在阴位，当位，与三阳有应。当位表明客方态度随和，有可能接受主方制约，是潜在的对主方有利因素；有应表明主方态度强硬，正好可以制约客方，这潜在因素成了真实的对主方有利因素。另一方面，客卦上爻是对其中爻的补充，这两条爻都是阴爻，表示客方素质极差，实力极弱，而主方素质极好，实力极强，在此极端反差下，主方很容易自满、傲慢、粗暴，以致更趋衰落，所以爻辞说“凶”。

2:4 卦，解（在周易中，第 40 卦）

解是 2:4 卦的卦名，2:4 是解卦的代号。“解”（jiě），把束缚着、系着的东西打开：解开。2:4 卦的主卦是 2 卦坎卦，卦象是水，特性是危险与困难。客卦是 4 卦震卦，卦象是雷，特性是运动而乏力。处于困境的主方，在客方冲击下，困难处境得以解脱。

结构和卦爻辞

解卦下部的三条爻是主卦，代表主方。这三条爻都是不当位的爻，以白色表示。不当位指爻的阴阳属性的位置不恰当，对主方可能不利。这三条爻都对主方可能不利，说明主方目前的困难是主方自己造成的。

造成主方困难主要是历史原因，按事物自身变化规律，主方已经从巽卦衰落到坎卦，经历了一段量变过程，阳数从 3 减少到 2，素质减弱，实力减弱，态度由强硬变到随和。目前的困境是衰老的表现，就如同人到中年以后，要恢复青春活力是不可能的，但是，仍然可以做许多保健活动，延缓衰老。

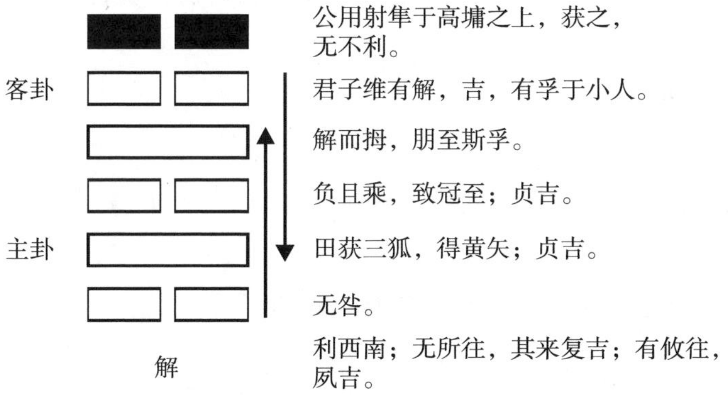

图 3-8-7 解卦的结构与卦爻辞

主方首先能够做的是变化第一爻，就是变消极被动为积极主动。从图中看，有一个箭头从第四爻指向第一爻，表示主方消极被动，客方积极主动，这一对爻处于和谐状态。阴阳趋于和谐是事物变化的基本规律，和谐是稳定状态，主方要改变这种状态很难。不过阴中有阳，阳中有阴，主方应当关注客方动向，能进则进，该退则退。其次，主方应当考虑第二爻，这里也有一个箭头，从第五爻指向第二爻，这一对爻也处于和谐状态，表示素质不佳的客方从主方的良好素质受益，同时，客方依赖主方，主方应当利用客方的依赖，化解自己的困难。再次，主方可以考虑变化第三爻，这条爻与第六爻不有应，没有约束，变化比较容易。不过，第三爻是对第二条的补充，态度随和是力量不足的表现，没有实力支持，维持强硬态度很难，也只能是灵活应对，能硬则硬，不能硬就软。

解卦上部的三条爻是客卦，代表客方。这是主方所处的外部环境。客卦下爻和中爻都是不当位的爻，是造成主方困难的外部因素，这两个因素决定于客方，主方不能改变，只能恰当应对。

图的底部是卦名和卦辞，卦辞简要地阐明了主方应当采取的策略。

图的右边是爻辞，与爻一一对应，从下往上数。爻辞比较形象具体地说明爻的含义。删去判断词，爻辞实际上是一首完整的围绕主题“解”的散文诗，下面是其译文：

（先生在）田野获得三只狐狸，得到一支黄色的箭，
（先生）骑在马上背着包，引来了强盗。
（先生）试图用拇指解开捆绑，来了可以信任的朋友，
诚恳地对待这帮小人（强盗），捆绑先生的绳索解开了。
（回到家）先生用那支黄色的箭射落在高墙上的鸟，获得了那只鸟。

下面逐条说明卦爻辞。

卦辞

利西南；无所往，其来复吉；有攸往，夙吉。

〔译文〕对西南方向有利；无路可走的时候，沿着来的路返回吉利；有路可走的时候，早到吉利。

〔解说〕周文王的时候，周国在西南方，“西南”指主方，“利西南”，形势对主方有利。主方有素质上的优势，比如说，有资金、有地位、有权力、有实力、有技术，等等；客方需要主方的帮助，整个形势对主方有利。主方处于消极被动状态，而客方积极主动地谋取和扩大自己的利益，主方不宜盲目跟随客方，而应当见机而

行。如果往前走没有希望，就退回去，从哪里来，回到哪里去，吉利；如果往前走显然是有利的，就快点走，早点到达，吉利。“夙”（sù），早：夙夜。“夙吉”，早到吉利。

爻辞

一阴，无咎。

〔译文〕无所怪罪。

〔解说〕第一爻是主卦下爻，代表主方行动，阴，表示主方消极被动，比如说，防守、退却、不想冒险、不想探索或开辟新的发展领域、只求保持现状，等等。主方素质良好，而客方素质不佳，客方积极图谋从主方获取利益。主方谨慎行动，为了防止自己的利益受到损失，采取消极被动是适当的，无所怪罪。

〔结构分析〕第一爻的位置是阳位，这条爻是阴爻，阴爻在阳位，不当位，与四阳有应。不当位表明主方消极被动，有可能让自己的利益受到损失，是潜在的对主方不利因素；有应表明客方积极主动，正好可以利用主方的消极被动，窃取主方利益，这潜在因素成了真实的对主方不利因素。这种不利因素是主方长期衰落造成的，现实如此，不应当怪罪主方，所以爻辞说“无咎”。

二阳，田获三狐，得黄矢；贞吉。

〔译文〕在田野捕获三只狐狸，得到黄色的箭；坚持下去吉利。

〔解说〕第二爻是主卦中爻，代表主方素质，阳，表示主方素质良好，比如说，有资金、有地位、有权力、有实力、有技术，等等。广阔的田野象征主客双方关系，三只狐狸象征主方从双方关系中获得的利益。主方依靠素质优势从积极行动的客方获得方便，“得黄矢”，从而获得三只狐狸。以这样的方式对待客方是正确的，坚持下去对主方吉利。

〔结构分析〕第二爻的位置是阴位，这条爻是阳爻，阳爻在阴位，不当位，与五阴有应。不当位表明主方素质良好，有可能受到客方损害，是潜在的对主方不利因素；有应表明客方素质不佳，正好可以从主方的良好素质取得补益，这潜在因素成了真实的对主方不利因素。从另一角度看，主方可以依靠自己的良好素质，让客方依赖主方，保持安定环境，所以爻辞说“贞吉”。

三阴，负且乘，致寇至；贞吝。

〔译文〕背负着包袱乘马，招致强盗来；坚持下去有困难。

〔解说〕第三爻是主卦上爻，代表主方态度，阴，表示主方态度随和。主方像是背负着包袱乘马，结果招致像客方这样行动积极的强盗来；坚持下去主方会吃亏的。

〔结构分析〕第三爻的位置是阳位，这条爻是阴爻，阴爻在阳位，不当位，不过和六阴不有应。不当位表明主方态度随和，有可能受到客方制约，是潜在的对主方不利因素；不有应表明客方态度也随和，不求制约主方，这潜在因素没有成为真实的对主方不利因素。由于这种不利的潜在因素存在，如果继续下去，有可能对主方真的不利，所以爻辞说“贞吝”。

四阳，解而拇，朋至斯孚。

〔译文〕用拇指解开，朋友来了，感受到他的真诚。

〔解说〕第四爻代表客方行动，阳，表示客方积极主动地谋取和扩大自己的利益，比如说，创新、创业、投资、进攻、求职、示爱，等等。朋友指客方。“斯孚”指客方信任。客方的积极主动化解了主方的困难，客方帮助主方是出于对主方的信任。主方需要保持对客方诚恳，以取得客方信任。

〔结构分析〕第四爻的位置是阴位，这条爻是阳爻，阳爻在阴位，不当位，并且与一阴有应。不当位表明客方积极主动谋求发展，有可能损害主方利益，是潜在的对主方不利因素；有应表明主方消极被动，是客方发展的好机会，这潜在因素成了真实的对主方不利因素。另一方面，客方的积极主动有可能帮助主方化解困难，所以爻辞中没有判断词。

五阴，君子维有解，吉，有孚于小人。

〔译文〕先生的困难被化解，吉利，受到普通人的信任。

〔解说〕第五爻是客卦中爻，代表客方素质，阴，表示客方素质不佳，比如说，资金缺乏、地位低下、实力薄弱、教育程度低，等等。主方素质良好，君子指主方。

客方素质不佳，小人指客方。主方以良好的素质帮助客方，取得了客方信任。从而，客方帮助主方，化解了主方的困境。“维”（wéi），拴，系：絷之维之，以永今朝。

〔结构分析〕第五爻的位置是阳位，这条爻是阴爻，阴爻在阳位，不当位，与二阳有应。不当位表明客方素质不佳，有可能寻求从主方得到补益，是潜在的对主方不利因素；有应表明客方正好可以从素质良好的主方取得补益，这潜在不利因素成了真实的对主方不利因素。换一个角度考虑，由于主方给予客方所需要的补益，主方得到客方信任，客方帮助主方渡过目前的困难时期，对主方非常有利，所以爻辞说“吉”。

六阴，公用射隼于高墉之上，获之，无不利。

〔译文〕先生射中在高墙上的鸟，获取它，没有不利的。

〔解说〕第六爻是客卦上爻，代表客方态度，阴，表示客方态度随和。同时，第六爻是对第五条的补充，第五条是阴，第六条也是阴，这表示客方素质很差。客方阴的态度给了主方机会，主方应当抓住机会取利。主方素质良好，公指主方。客方积极主动，如飞鸟。如果主方态度强硬起来，趁客方态度随和之机，客方就如同落在高墙上的鸟，给了主方获利的机会。机会来了，主方要积极主动、态度强硬地抓住机会。“隼”（sǔn），鸟类的一科，翅膀窄而尖，上喙呈钩曲状，背青黑色，尾尖白色，腹部黄色。饲养驯熟后，可以帮助打猎，亦称“鹘”。“墉”（yōng），城墙：墉垣。

〔结构分析〕第六爻的位置是阴位，这条爻是阴爻，阴爻在阴位，当位，然而与三阴不有应。当位表明客方态度随和，有可能被主方制约，是潜在的对主方有利因素；不有应表明主方态度也随和，主方不求制约客方，这潜在因素没有成为真实的对主方有利因素。由于这个潜在的有利因素存在，如果主方利用此机会制约客方，没有什么不利，所以爻辞说“无不利”。

1:4 卦，小过（在周易中，第 62 卦）

小过是 1:4 卦的卦名，1:4 是小过卦的代号。“过”（guò），从这儿到那儿，从此时到彼时：过江。1:4 卦的主卦是 1 卦艮卦，卦象是山，特性是被动和阻止；客卦是 4 卦震卦，卦象是雷，特性是运动而乏力。客方像一阵阵响雷，主方像山一样屹立不动。山挡住了一些雷声，雷还是从山顶传出去了。“过”指经过，过去。“小”指小部分。小过，小部分过去了。

小过卦下部的三条爻是主卦，代表主方；上部的三条爻是客卦，代表客方。黑色的爻是当位的爻，白色的爻是不当位的爻。

结构和卦爻辞

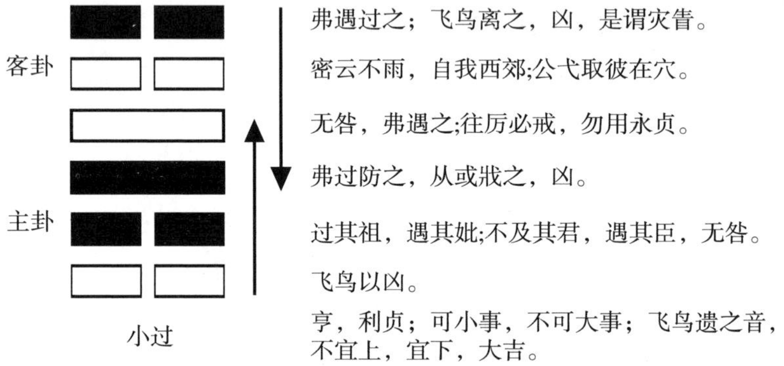

图 3-8-8 小过卦的结构与卦爻辞

在主卦中，下爻不当位，中爻和上爻当位。不当位指阴阳属性位置不恰当，对主方可能不利；当位指阴阳属性位置恰当，对主方可能有利。主方应当变化主卦下爻，保持中爻和上爻不变。下爻代表主方的行动，阴爻表示消极被动，主方感到疲乏，不求发展，多保守，多防卫，甚至甘心落后，愿意接受衰落、老化的现实，这样在客方攻势前，就可能遭受损失。主方应当振作起来，扭转被动局面，维护自己的利益。中爻是阴爻，表示主方素质不佳，是促使主方积极进取的动力。上爻是阳爻，表示主方态度强硬，有利于制约客方，也可能对主方有利。因此，在主卦方面，可能发生变化的是下爻，而中爻与上爻将维持不变。

在客卦中，下爻表示客方积极主动，有可能损伤主方利益，对主方可能不利;中爻表示客方素质不佳，不可能给予主方有益的东西，对主方可能不利；上爻表示客方态度随和，主方可以制约客方，对主方可能有利。客方的状态决定于客方，主方不能改变客卦的爻，但是可以期待客卦中可能发生的变化，希望客卦下爻与中爻发生变化，希望上爻不变。

上面提到的变化都是非常规变化，无法预测，只能分析各种变化的可能性；此外，还必须考虑常规变化。事物自身的发展变化是常规变化。用阳数表示，常规变化的规律是 4、5、6、7、3、2、1 和 0。

主卦的阳数是 1，已经接近衰落的终点，就如同人到老年，激烈的活动做不了了，只能有限地做些舒缓柔和的运动，同时，应当意识到，进一步衰落就是这一圈螺旋形循环的终点。所以，主方应当变化主卦第一爻的状态，采取主动，阻止客方更强地发展，但是能够做得非常有限，只能尽量少地不让客方通过，阻挡不了的只好算了，这就是小过卦的中心思想。

图的底部是卦名和卦辞，卦辞简要地说明当前主方应当采取的策略。图右是爻辞，按从下到上的顺序，与爻一一对应，形象地比较具体地说明爻的含义。

如果删去判断词，爻辞就是一首完整的围绕“小过”这个主题的散文诗。诗中用飞鸟比喻爱动的客方。下面是其译文：

不好了，鸟飞过来了。

（挡住它！）祖父过去了，挡住祖母；黄帝过去了，挡住大臣。

没有过去，防止它过去。听任它飞过，或者杀死它，都不好。

没有过去，上去拦住它。注意啊，一旦它飞走，就不好办了。

密密的云层，天不下雨，这是我们西部的郊野。随时准备好，先生用带绳的箭射下了鸟，在凹地里取得了它。

没有遇上，鸟飞过去了。飞鸟离开了。啊，这将是一场灾难。

下面逐条说明卦爻辞。

卦辞

亨，利贞；可小事，不可大事；飞鸟遗之音，不宜上，宜下，大吉。

〔译文〕顺利，利于坚持；可以做小事，不可以做大事；飞鸟遗留的声音，不宜上，宜下，大吉。

〔解说〕主方消极被动，素质不佳，而态度强硬；客方积极主动，素质也不佳，但态度随和。主方可以趁客方积极主动态度随和的机会发展自己，“亨”。应当坚持下去，“利贞”。主方应当明白自己素质不佳，“可小事，不可大事”。飞鸟飞上天，了解天空情况，“飞鸟遗之音”是对形势的客观估计，卦辞建议主方“不宜上，宜下”，主方不应当只求向上发展，只求扩充自己的利益，而应当向下观察、分析和解决现实中的问题。如果主方取下而不取上， 做小事，而不做大事，则对主方非常吉利。

爻辞

一阴，飞鸟以凶。

〔译文〕鸟飞走了，有凶险

〔解说〕第一爻是主卦下爻，代表主方行动，阴，表示主方消极被动，比如说，防守、退却、不想冒险、不想探索或开辟新的发展领域、只求保持现状，等等。鸟飞走了，主方太消极被动，没有积极地阻挡鸟，所以，这是凶险的。爻辞指明，消极被动是主方最严重的问题。

〔结构分析〕第一爻的位置是阳位，这条爻是阴爻，阴爻在阳位，不当位，并且与四阳有应。不当位表明主方消极被动，有可能让主方利益受到损失，是潜在的对主方不利因素；有应表明客方积极主动，正好可以利用主方消极被动的机会取得发展，这潜在因素成了真实的对主方不利因素，所以爻辞说“凶”。

二阴，过其祖，遇其妣；不及其君，遇其臣，无咎。

〔译文〕祖父过去了，遇到他的母亲；没有赶上他的君主，遇到他的臣子，无所怪罪。

〔解说〕第二爻是主卦中爻，代表主方素质，阴，表示主方素质不佳，比如说，资金缺乏、地位低下、实力薄弱、教育程度低，等等。由于素质不佳，主方尽力而为，“过其祖，遇其妣；不及其君，遇其臣”。主方不应当受到怪罪，“无咎”。“祖”（zǔ），父亲的上一辈：祖父。“妣”（bǐ），原指母亲，后称已经死去的母亲：先妣。

〔结构分析〕第二爻的位置是阴位，这条爻是阴爻，阴爻在阴位，当位，然而与五阴不有应。当位表明主方素质不佳，促使主方寻求发展，是潜在的对主方有利因素；不有应表明客方素质也不佳，主方不可能从客方获得利益。这潜在因素没有成为真实的对主方有利因素。由于这种潜在的有利的因素存在，所以爻辞说“无咎”。

三阳，弗过防之，从或戕之，凶。

〔译文〕没有过去的，防止它过去，听从它过去或者杀掉它，有凶险。

〔解说〕第三爻是主卦上爻，代表主方态度，阳，表示主方态度强硬。主方态度强硬应当适当，“弗过防之”是适当的。“从”是软弱的态度，“戕”是过分强硬的粗暴态度，都不对，都有凶险，“从或戕之，凶。”“戕”（qiāng），杀害：戕害。

〔结构分析〕第三爻的位置是阳位，这条爻是阳爻，阳爻在阳位，当位，并且与六阴有应。当位表明主方态度强硬，有可能制约客方，是潜在的对主方有利因素；有应表明客方态度随和，可以接受主方制约，这潜在因素成了真实的对主方有利因素。然而，主方素质不佳，力量薄弱，强硬态度没有足够的力量支撑，所以爻辞说“凶”。

四阳，无咎，弗过遇之；往厉必戒，勿用永贞。

〔译文〕无所怪罪，没有过去就去遇它；它飞走了就很难捕获，必须戒备。不要永久坚持不变。

〔解说〕第四爻是客卦下爻，代表客方行动，阳，表示客方积极主动地谋取和扩大自己的利益，比如说，创新、创业、投资、进攻、求职、示爱，等等。鸟比拟客方，鸟总想飞走，这不是主方所能决定的，主方不应当受到怪罪，“无咎”。鸟还没有飞走，主方可以去遇上它，设法阻挡它，“弗过遇之”。应当警惕，鸟一旦飞走了，再捕获就难了，“往厉必戒”。主方应当改变消极被动，不能永久不变，“勿用永贞”。

〔结构分析〕第四爻的位置是阴位。这条爻是阳爻，阳爻在阴位，不当位，并且与一阴有应。不当位表明客方积极主动，有可能损害主方利益，是潜在的对主方不利因素；有应表明主方消极被动，正好是客方发展的好机会，这潜在因素成了真实的对主方不利因素。不过，这种情况是现实，不能怪罪主方，所以爻辞说“无咎”。同时，主方应当努力改变这种不利状态，所以爻辞说“勿用永贞”。

五阴，密云不雨，自我西郊；公弋取彼在穴。

〔译文〕乌云密布而不下雨，乌云来自我方的西郊；公用带绳子的箭射鸟，在坑穴中取得鸟。

〔解说〕第五爻是客卦中爻，代表客方素质，阴，表示客方素质不佳，比如说，资金缺乏、地位低下、实力薄弱、教育程度低，等等。而与此同时，主方素质也不佳，主方并不能从客方获利。主方需要等待时机，乘机发展自己，目前只能“密云不雨，自我西郊”。在周文王的时候，周国在西边，所以说，“自我西郊”。如果机会到来，那时，客方就像是落在地坑边上的小鸟，主方就应当乘机获利，就像是用带绳的箭射中小鸟，再从地坑中取出小鸟。“弋”（yì），用带绳子的箭射鸟：弋获。

〔结构分析〕第五爻的位置是阳位，这条爻是阴爻，阴爻在阳位，不当位，与二阴不有应。不当位表明客方素质不佳，有可能向主方要求补益，是潜在的对主方不利因素；不有应表明主方素质也不佳，不可能满足客方需要，这潜在因素没有成为真实的对主方不利因素。所以爻辞中没有判断词。

六阴，弗遇过之；飞鸟离之，凶，是谓灾眚。

〔译文〕没有遇到鸟，鸟飞过去了；飞鸟离去，凶险，这是灾祸。

〔解说〕第六爻是客卦上爻，代表客方态度，阴，表示客方态度随和。客方可能用随和态度，绕过主方监视，主方没有遇到客方，客方就离开了，“弗遇过之；飞鸟离之”。一旦客方飞走了，客方将获得发展空间，对于主方来说，是凶险，“凶，是谓灾眚”。“灾眚”（zāishěng），灾殃，祸患。

〔结构分析〕第六爻的位置是阴位。这条爻是阴爻，阴爻在阴位，当位，又与三阳有应。当位表明客方态度随和，便于主方制约客方，是潜在的对主方有利因素；有应表明主方态度强硬，正好可以制约客方，这潜在因素成了真实的对主方有利因素。这是主方维护自己利益的好机会。然而，主方素质不佳，实力薄弱，强硬态度没有足够的力量支持；与此相反，客方在积极主动地谋求发展，其结果是客方素质得到改善，素质改善首先表现在态度上，态度将变得强硬，情况将反过来，对主方很不利，所以爻辞说“凶”。

0:4 卦，豫卦（在周易中，第 17 卦）

豫卦展示“豫”形势下各种变化的可能性。豫指安闲。豫卦的代号是 0:4，主卦是坤卦，卦象是地，阳数是 0；客卦是震卦，卦象是雷，阳数是 4。此卦建议主方不要贪图安闲，应当努力改善素质。豫卦在周易中是第 17 卦。

结构和卦爻辞

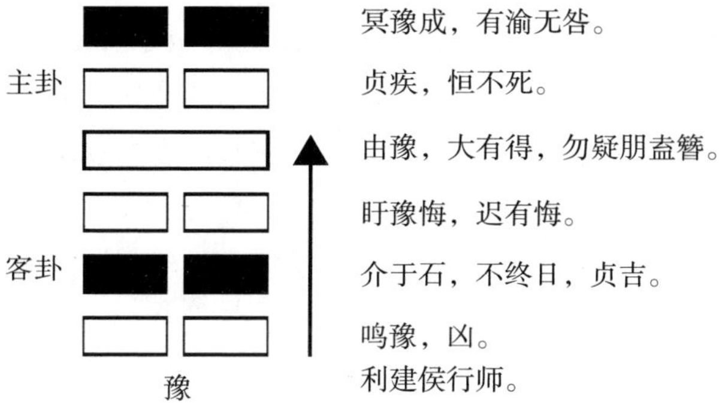

图 3-8-9　豫卦的结构与卦爻辞

豫卦上部三条爻是客卦，代表客方。下爻与中爻不当位，对主方可能不利。下爻是阳爻，表示客方积极主动，正好可以利用主方的消极被动取得发展，有可能使主方遭受损失。中爻是阴爻，表示客方素质也不佳，客方不可能给主方实惠。主方不可改变这两条爻的状态，只有客方才能改变。从客方利益考虑，客方不需要改变这两条爻。上爻是阴爻，表示客方态度随和，对主方宽容，主方希望保持这条爻的状态，但是，客方希望改变它，变随和为态度强硬，这样可以利用主方的随和态度制约主方。因此，客卦中比较可能产生的变化是上爻的变化，从阴爻变为阳爻。

以上变化只是可能性，难以预测，属非常规变化。除此之外，还需要考虑常规变化。

常规变化是事物自身的发展变化，循螺旋线规律，用阳数表示，变化的一圈是 4、5、6、7、3、2、1 和 0。主卦的阳数是 0，是一圈的终点，主方目前的状态是长期衰落的结果。由于常规变化规律的存在，主方要完全扭转消极被动很困难，只能是阴中有阳，在一定范围内采取主动。主方的随和态度是素质极差的表现，也不可能有明显变化。

客卦的阳数是 4，是常规变化一圈的起点，具有很强生命力，但是实力很弱，态度随和是素质不佳的表现。不佳的素质和随和的态度留给了主方一个安闲环境，让主方能够维持当前状态，享受安闲。

客卦的阳数从 4 增加到 5，是一个量变，发生的可能性很大。结果，客卦从震卦变成离卦，上爻从阴爻变成阳爻，那时，主方将受到客方制约，主方的处境更差。主方需要有此准备，不断改善自己的素质，为从坤卦跃变到震卦做准备。

图的底部是卦名和卦辞，卦辞从总体上说明主方应当加强自身建设。

图的右边是爻辞，从下到上，与爻一一对应，形象具体地说明爻的含义。第一爻、第三爻、第四爻与第六爻都提到了“豫”，分析了安闲环境下的各种情况。首先，安闲的时候，不应当一边说，一边贪图安闲；其次，应当为自己贪图安闲而后悔，后悔得越早越好；应当跟随别人行动起来；贪图安闲是愚昧的，应当改变贪图安闲的状态。

如果删去判断词，可以看出，六条爻辞是一首围绕主题“豫”的散文诗。下面是其译文：

安闲，只说不做，
在光秃的岩石之间，挨不到日终。
安闲，回顾往事有悔，行动迟缓更有悔。
安闲，由别人作主，大有得益，不要怀疑，朋友怎不给插上发簪。
有疾病长期坚持，就是总死不了。
安闲，成为黑暗愚昧，（应当）有变。

下面逐条说明卦爻辞。

卦辞

利建侯行师。

〔译文〕利于建立诸侯国和出兵打仗。

〔解说〕这是豫卦卦辞。“利建侯行师”的字面意思是“利于建立诸侯国和出兵打仗”。“建侯行师”是个用例，或者比喻。“建侯”指主方自身的建设。“行师”指主方对客方以及外界的交往。“利于”的事情是适合做的事情，在这里“利于”可以理解为“应当”。就是说，“利建侯行师”的意思是主方应当从自身建设和对外交往二方面积极行动。这五个字的卦辞，突出建议主方的行动方向，不是说整个形势对主方有利，而是说在当前安闲舒适的状态下，主方应当积极行动起来。对于主方来说，“建侯”可以理解为增强自己的素质，例如学习技术，丰富经验，增强工作能力，等等。“行师”指出兵打仗，这也是比喻。对于主方来说，“出师”可以理解为主动与客方联系，增进相互了解。综合起来，“利建侯行师”意思是：主方应当从自身建设和对外交往二方面积极行动。这样，才有可能维持安闲舒适的环境。

爻辞

一阴，鸣豫，凶。

〔译文〕鸣叫而安闲，有凶险。

〔解说〕这是豫卦第一爻爻辞。第一爻表示主方行动。这是一条阴爻，表示主方消极被动，比如说，防守、退却、不想冒险、不想探索或开辟新的发展领域、只求保持现状，等等。“鸣”是发出声音，鸟兽叫为鸣，“豫”是安闲舒适的意思，“凶”是不幸。这条爻辞是对主方的警告：只说而不行动，满足于安闲舒适，是不幸的。

〔结构分析〕第一爻是主卦下爻，其位置是阳位。这条爻是阴爻，阴爻在阳位，不当位，并且与四阳有应。不当位表明主方消极被动，有可能被客方攻击而遭受损失，是潜在的对主方不利因素；有应表明客方积极主动，正好可以利用主方消极被动的机会取得发展，这潜在因素成了真实的对主方不利因素，所以爻辞说“凶”。

二阴，介于石，不终日，贞吉。

〔译文〕在石头中间，难于维持到一日的终了，坚持下去吉利。

〔解说〕这是豫卦第二爻爻辞，阴，表示客方素质不佳，比如说，资金缺乏、地位低下、实力薄弱、教育程度低，等等。“介于石”形容主方的安闲状态，在石头中间，狂风巨浪冲不走，野兽侵害不着。“不终日”形容安闲的状态很难维持，在石头中间，无饮无食，维持不了一天。“贞吉”中的“贞”是坚持的意思，在这里，是指坚持主客双方关系的现有状态，而不是说主方应当坚持消极被动。主方应当改变消极被动状态，如果主方改变消极被动，响应客方的积极行动，对主方说来是吉利的。综合起来，这条爻辞的意思是，客方提供了安全环境，使主方能够安闲，像介于石头中间。但是，安闲状态不能长久，不终日。主方应当响应客方的积极行动，维持与客方关系，如果这样，是吉利的。

〔结构分析〕第二爻是主卦中爻，其位置是阴位。这条爻是阴爻，阴爻在阴位，当位，然而与五阴不有应。当位表明主方素质不佳，是积极寻求发展的动力，是潜在的对主方有利因素；不有应表明客方素质也不佳，主方不可能从客方获得利益，这潜在因素没有成为真实的对主方有利因素。由于这种潜在因素的存在，如果主方坚持下去，也可能发现得利的机会，所以爻辞说“贞吉”。

三阴，盱豫悔，迟有悔。

〔译文〕回顾安闲悔恨，迟缓有悔恨。

〔解说〕这是豫卦第三爻爻辞，第三爻代表主方态度，阴，表示主方态度随和。“盱豫悔”中的“盱”的意思是“睁开眼向上看”。如果理解为“回顾”，则“盱豫悔”的意思是“回顾安闲的生活，有所悔恨”。“迟有悔”中的“迟”指行动迟缓，这句话的意思是“行动迟缓将有悔恨”。客方在积极行动，主方应当意识到自己的素质太差，应当迅速响应客方而积极行动起来。如果主方跟不上步伐，可能会有悔恨。这条爻辞中，二个“悔”字的意思不一样，前一个“悔”指过去和现在的悔恨，后一个“悔”指未来可能有的悔恨。

〔结构分析〕第三爻是主卦上爻，其位置是阳位。这条爻是阴爻，阴爻在阳位，不当位，和六阴不有应。不当位表明主方态度随和，有可能受客方制约，是潜在的对主方不利因素；不有应表明客方态度也随和，客方不求制约主方，这潜在因素没有成为真实的对主方不利因素。所以爻辞中没有判断词。

四阳，由豫，大有得；勿疑，朋盍簪。

〔译文〕顺从安闲，很有收益；不用怀疑，朋友何不插戴。

〔解说〕这是豫卦第四爻爻辞，代表客方的行动，阳，表示客方积极主动地谋取和扩大自己的利益，比如说，创新、创业、投资、进攻、求职、示爱，等等。“由豫，大有得”中的“由”是顺随，听从的意思。客方的行动是阳，主方的行动是阴，主方听从客方。这五个字的意思是：主方听从客方，安闲舒适，大有所得。“勿疑，朋盍簪”中的“朋”指朋友，这里指客方，“盍”是疑问副词，相当于“何不”的意思。“簪”是（在头上）插戴的意思。这五个字的意思是：不用怀疑，客方何不在主方的头上插戴（一朵花）？综合起来，这条爻辞的意思是“主方听从客方，安闲舒适，大有所得；不用怀疑，客方何不在主方头上插戴（一朵花）”。前五个字建议主方听从客方，从现在被动的安闲舒适状态，积极行动起来，这样做会大有所得。后五个字是警告主方，客方肯定会促使主方积极行动起来。自觉或不自觉，主方都必须顺从客方，积极行动起来。

〔结构分析〕第四爻是客卦下爻，其位置是阴位。这条爻是阳爻，阳爻在阴位，不当位，并且与一阴有应。不当位表明客方积极主动有可能损害主方利益，是潜在的对主方不利因素；有应表明主方消极被动是客方发展的好机会，这潜在因素成了真实的对主方不利因素。

五阴，贞疾，恒不死。

〔译文〕坚持下去痛苦，持久而不得死。

〔解说〕这是豫卦第五爻爻辞，阴，表示客方素质不佳，比如说，资金缺乏、地位低下、实力薄弱、教育程度低，等等。“贞疾”中的“贞”是“坚持”的意思。“疾”是“痛苦”，如“关系群众的疾苦”中的“疾”。这条爻辞不是鼓励主方享受安闲生活，而是突出警告主方：客方已经着手积极行动夺取利益，如果主方继续消极被动，可能遭受痛苦。“恒不死”中的“恒”是“持久”的意思，“死”可以理解为“失去生命”。这条爻辞的意思是：坚持下去会有痛苦，持久而没有终结。

〔结构分析〕第五爻是客卦中爻，其位置是阳位。这条爻是阴爻，阴爻在阳位，不当位，不过和二阴不有应。不当位表明客方素质不佳，有可能向主方索取利益，是潜在的对主方不利因素；不有应表明主方素质也不佳，不可能满足客方需要，这潜在因素没有成为真实的对主方不利因素。所以爻辞中没有判断词。

六阴，冥豫成，有渝无咎。

〔译文〕安闲而成愚昧，有变化无所怪罪。

〔解说〕这是豫卦第六爻爻辞，阴，表示客方态度随和。“冥豫成”中的“冥”是“昏暗”的意思，引申的意思是“愚昧”，如“冥顽不灵”。“成”是“做好了”，“办好了”的意思，如“成事”。合起来，“冥豫成”这三个字描述主方贪图安逸，变得愚昧。“有渝无咎”中的“渝”是“变化”的意思。“咎”是“怪罪”的意思，如“既往不咎”。“无咎”是判断词，意思是“不怪罪主方”。“有渝”是限定“无咎”的。合在一起，“有渝无咎”的意思是“有所变化，不怪罪主方”。客方素质极差，已经开始积极着手夺取主方利益，主方不应当再贪图安逸，必须改变现况。如果主方有所变化，主方不应当受到怪罪；反之，如果主方没有相应的变化，主方应当受到怪罪。

〔结构分析〕第六爻是客卦上爻，其位置是阴位。这条爻是阴爻，阴爻在阴位，当位，然而与三阴不有应。当位表明客方态度随和，有可能受主方制约，是潜在的对主方有利因素；不有应表明主方态度也随和，主方不求制约客方，这潜在因素没有成为真实的对主方有利因素。主方态度随和是由于素质不佳，实力薄弱，所以爻辞说“无咎”。

第九章　离

这一章包括八个别卦，它们的代号是4:5、5:5、6:5、7:5、3:5、2:5、1:5和0:5。它们的客卦都是5卦离卦，卦象是火，特性是光明而依附。它们代表正在发展中的事物，闪闪发光，而本身内部还有很多不足之处，并且依赖于许多客观条件。

客卦

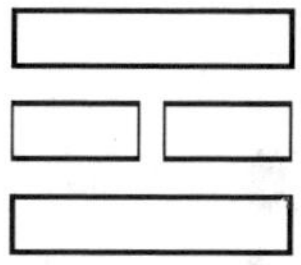

图 3-9-1　客卦是离卦

客卦的三条爻全是白色，表示客卦的三条爻都不当位，都是潜在的对主方不利因素。客方的情况决定于客方，主方无法改变客方情况，只能随机应对。

客卦下爻是阳爻，客方积极主动谋求发展。主方不宜消极被动，不然，正好提供了客方发展的机会。主方应当坚持积极主动，不惧怕冲突，但是在冲突发生的时候，需要阳中有阴，巧妙地化解矛盾，保存自己，消耗客方，从中获利。

客卦中爻是阴爻，表示客方素质不佳，需要主方帮助，依赖主方。主方应当充分利用客方的弱点，利用客方对自己的依赖，维护自己的利益，发展自己，但是须要谨慎，避免遭受损失。

客卦上爻是阳爻，表示客方态度强硬。在客方的强硬态度面前，不宜示弱。由客卦中爻是阴可以看出，客方的强硬态度缺乏良好素质支持，如果主方妥善地阴中有阳，有可能摆脱客方制约，反过来制约客方。

4:5 卦，噬嗑（在周易中，第 21 卦）

噬嗑是 4:5 卦的卦名。4:5 是噬嗑卦的代号，表示主卦是 4 卦震卦，客卦是 5 卦离卦。“噬”（shì）咬，吞：吞噬。“嗑”（kè）用上下门牙咬有壳的或硬的东西：嗑瓜子儿。噬嗑这个卦名表示当前的主客双方关系就如同咬食硬果那样，主方艰难地挑战客方。震卦的卦象是雷，特性是运动；离卦的卦象是火，特性是光明而依附。主客双方都积极主动，难免相互冲突。客方态度强硬，主方态度随和，主方不得不与客方妥协。主卦的阳数是 4，客卦的阳数是 5，客方稍强于主方，所以，主方处境不易，卦名为噬嗑。

结构和卦爻辞

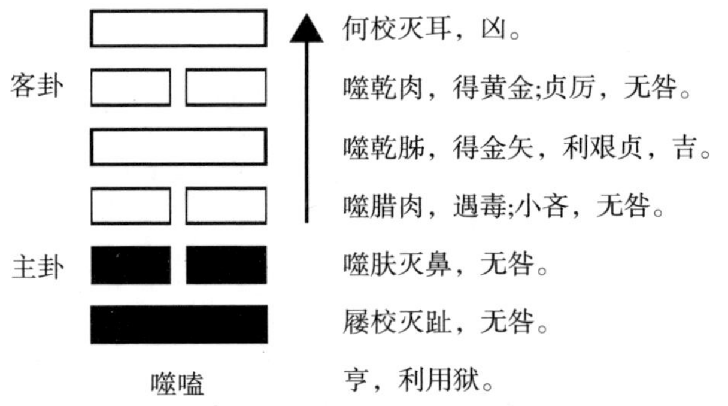

图 3-9-2 噬嗑卦的结构与卦爻辞

噬嗑卦下部是主卦，代表主方；上部是客卦，代表客方。比较主卦与客卦，下爻和中爻都相同，只有上爻不一样。下爻都是阳，表明双方都积极主动谋求发展，相互竞争激烈。中爻都是阴，表明双方的素质都不佳，处于发展初期。上爻不同，主卦的上爻是阴，客卦的上爻是阳，处于阴阳和谐状态，然而，态度随和的主方受客方制约，对客方有利，对主方不利。客卦的三条爻全部是白色，表示都不当位，表明目前主方的困难主要在于客方。然而，客卦的状态决定于客方，主方不能改变，主方只能期望其改变。主卦的上爻也是白色，是不当位的爻，有一个箭头从主卦的上爻指向客卦的上爻，表明态度随和的主方受到客方制约。主方应当变化上爻，从阴变到阳，从态度随和变到态度强硬，以摆脱客方制约。但是，上爻是对中爻的补充，主方态度随和是实力薄弱的反映，只有随着素质的改善，态度才能有所改变。在目前受制于客方的情况下，主方很难改善素质，因此，也很难摆脱客方制约。如果在这困难环境中主方坚持下去，主卦会发生常规变化，从震卦变到离卦，不过，由于受到客方制约，这个变化过程可能很慢。主方还需要注意客方情况变化，阴中有阳，阳中有阴，及时采取灵活措施，改善自己的处境。总之，目前主方处于非常困难的状态，而且很难摆脱。

卦辞以在监狱的困境为比喻，建议主方“利用狱”，借助法律手段保护自己。爻辞从“屦校”到“何校”，描述犯人受刑和在监狱中的困境，“噬肤”、“噬腊肉”、“噬乾胏”、“噬乾肉”。

如果删去爻辞中的判断词，可以看出六条爻是一首完整的围绕主题“噬嗑”的散文诗。下面是其译文：

脚镣削去了囚犯的脚趾，
刑具咬嚼囚犯的皮肤，削去了囚犯的鼻子。
刑具咬嚼囚犯的熏烤的肉，囚犯遇到了毒。
刑具咬嚼囚犯的带骨的肉，囚犯得到了金箭。
刑具咬嚼囚犯的干瘪的肉，囚犯得到了黄金。
枷锁削掉了囚犯的耳朵。

下面逐条说明卦爻辞。

卦辞

亨，利用狱。

〔译文〕通顺，宜于运用监狱做比喻。

〔解说〕这是噬嗑卦的卦辞，主方积极主动谋求发展，“亨”。客方也是积极主动，主方与客方都积极主动，难免有冲突。主方态度随和，而客方态度强硬，主方受客方制约，处境困难，可以比喻为在狱中。

爻辞

一阳，屦校灭趾，无咎。

〔译文〕脚镣伤了足趾，不用怪罪。

〔解说〕这是第一爻爻辞，阳，表示主方积极主动地谋取和扩大自己的利益，比如说，创新、创业、投资、进攻、求职、示爱，等等。“屦”（jù），古代用麻葛制成的一种鞋。“屦校”，带上脚镣。“校”，铐足的刑具。主方积极主动，客方也积极主动，主客双方有冲突，主方的行动受到阻碍。主方积极主动是应当的，不应当受到怪罪。

〔结构分析〕第一爻的位置是阳位。这条爻是阳爻，阳爻在阳位，当位，然而与四阳不有应。当位表明主方积极主动，有可能取得发展，改善素质，是潜在的对主方有利因素；不有应表明客方也积极主动，主方遇到强烈竞争，这潜在因素没有成为真实的对主方有利因素。由于这种潜在因素存在，爻辞说“无咎”。

二阴，噬肤灭鼻，无咎。

〔译文〕咬皮肤削了鼻子，不用怪罪。

〔解说〕这是第二爻的爻辞，阴，表示主方素质不佳，比如说，资金缺乏、地位低下、实力薄弱、教育程度低，等等。主方的素质不佳，然而在积极行动，努力改善自己的素质，在此过程中，可能与客方有冲突，受到刺激，“噬肤灭鼻”，不应当受到怪罪。联系上条爻辞中的“屦校灭趾”可见，这里的“噬”的主语应当是刑具。

〔结构分析〕第二爻的位置是阴位。这条爻是阴爻，阴爻在阴位，当位，然而与五阴不有应。当位表明主方素质不佳，是寻求发展的动力，有可能从客方取得收益，是潜在的对主方有利因素；不有应表明客方素质也不佳，不可能让主方有收益，这潜在因素没有成为真实的对主方有利因素。由于这种潜在的有利因素存在，爻辞说“无咎”。

三阴，噬腊肉，遇毒；小吝，无咎。

〔译文〕 咬嚼干肉，遇到有毒；少许过分，无所怪罪。

〔解说〕 这是第三爻爻辞，阴，表示主方态度随和。“腊”（xī），晾干。“腊肉”，干肉。“吝”（lìn），过分爱惜：吝啬鬼。主方态度随和，客方态度强硬，主方受到客方制约，如同“噬腊肉，遇毒”。客方有些过分，然而，主方态度随和，忍受了，不应当受到怪罪。联系上条爻辞中的“噬肤灭鼻”可见，这里的“噬”的主语应当是刑具。

〔结构分析〕 第三爻的位置是阳位。这条爻是阴爻，阴爻在阳位，不当位，并且与六阳有应。不当位表明主方态度随和，有可能受客方制约，是潜在的对主方不利因素；有应表明客方态度强硬，正好可以制约态度随和的主方，这潜在因素成了真实的对主方不利因素。所以爻辞说“小吝”。第三爻是对第二爻的补充，这两条爻都是阴爻，表示主方素质很差，实力极弱，随和态度是实力极弱的表现，主方不应当受到怪罪，所以爻辞说“无咎”。

四阳，噬乾胏，得金矢，利艰贞，吉。

〔译文〕 咬嚼带骨头的干肉，得到金箭，有利于艰苦坚持，吉利。

〔解说〕 这是第四爻爻辞，阳，表示客方积极主动地谋取和扩大自己的利益，比如说，创新、创业、投资、进攻、求职、示爱，等等。“胏”（zǐ）干肉，亦特指连骨的干肉。客方积极主动，有可能与主方的积极主动冲突，使主方处境艰难，就如同“噬乾胏”。然而，由于双方的素质都很差，都处于发展之中，在客方的积极主动中，主方可能发现有用的宝贵经验，如同“得金矢”。“吉”是有条件的，只有在“艰贞”以后，才可能“吉”，才可能有“得金矢”这样的好事。

〔结构分析〕 第四爻的位置是阴位。这条爻是阳爻，阳爻在阴位，不当位，并且和一阳不有应。不当位表明客方积极主动，有可能损害主方利益，是潜在的对主方不利因素；不有应表明主方也积极主动，主方维护自己的利益免受损害，这潜在因素没有成为真实的对主方不利因素。如果主方坚持积极主动，有可能发现从客方获益的机会，所以爻辞说“利艰贞，吉”。

五阴，噬乾肉，得黄金；贞厉，无咎。

〔译文〕 咬嚼干肉，得到黄金；在严厉的环境下坚持，无所怪罪。

〔解说〕这是第五爻爻辞，阴，表示客方素质不佳，比如说，资金缺乏、地位低下、实力薄弱、教育程度低，等等。爻辞的意思是：客方积极主动，使得主方处境困难，如同“噬乾肉”。由于客方素质不佳，可能让主方得到发展机会，如同“得黄金”。主方在严厉的环境下坚持，不应当受到怪罪。

〔结构分析〕第五爻的位置是阳位。这条爻是阴爻，阴爻在阳位，不当位，不过和二阴不有应。不当位表明客方素质不佳，有可能谋求从主方得益，是潜在的对主方不利因素；不有应表明主方的素质也不佳，客方不可能从主方得益，这潜在因素没有成为真实的对主方不利因素。由于这种潜在的对主方不利因素存在，主方坚持下去有困难，所以爻辞说“贞厉”。由于客方的阴的素质是客观存在，主方不应当受到怪罪，所以爻辞说“无咎”。

六阳，何校灭耳，凶。

〔译文〕枷械伤了耳朵，有凶险。

〔解说〕这是第六爻爻辞，阳，表示客方态度强硬。“校”（jiào），古代刑具。“何校”戴枷。客方态度强硬，而主方态度随和，在双方冲突中，主方受到客方制约，“何校灭耳”。如果主方牺牲自己的利益，迁就客方，这情况发展下去，对主方不利，“凶”。

〔结构分析〕第六爻的位置是阴位。这条爻是阳爻，阳爻在阴位，不当位，与三阴有应。不当位表明客方态度强硬，有可能制约主方，是潜在的对主方不利的因素；有应表明主方态度随和，正好客方可以制约主方，这潜在因素成了真实的对主方不利因素，所以爻辞说“凶”。

5:5 卦，离（在周易中，第 30 卦）

离是 5:5 卦的卦名，5:5 是离卦的代号。“离”（lí），通“丽”，附丽，附着，依附。卦名的意思是：主方依附于客方，客方也依附主方。主卦和客卦都是离卦，卦象是火，特性是光明而依赖，双方都很积极主动，素质又都不佳，并且相互依赖。主客双方如同两团燃烧的火，它们互相之间帮不了多少忙，也损害不了多少。主方企图依赖客方获取利益，而实际上，客方素质不佳，是无法依赖的，主方必须立足于改善自己的素质，像熊熊燃烧的火焰，发出自己的光。

结构和卦爻辞

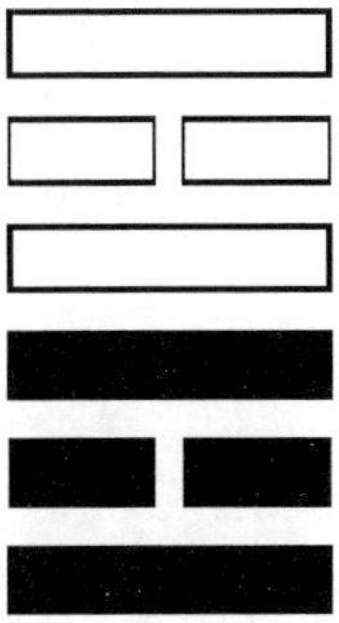

客卦　主卦　离

王用出征，有嘉折首，获匪其丑，无咎。

出涕其来如，焚如，死如，弃如。

突如其来如，焚如，死如，弃如。

日昃之离，不鼓缶而歌，则大耋之嗟，凶。

黄离，元吉。

履错然，敬之，无咎。

利贞，亨；畜牝牛吉。

图 3-9-3　离卦的结构与卦爻辞

离卦下部三条爻是主卦，代表主方；上部三条爻是客卦，代表客方。主卦与客卦完全一样，对应的爻都相同，要么都是阳爻，要么都是阴爻，没有一阴一阳的和谐状态，都是对立。两条阳爻对立而有冲突，两条阴爻对立而无冲突。由于阴阳趋向于和谐是事物变化的基本规律，和谐状态是比较稳定的状态，不和谐状态是比较不稳定的状态，因此离卦的六条爻所代表的因素都不稳定，对于主方来说，都是潜在因素，潜在的有利因素，或者潜在的不利因素。黑色的爻是潜在的有利因素，是当位的爻；白色的爻是潜在的不利因素，是不当位的爻。

主卦的三条爻全部当位，都是潜在的对主方有利因素，主方应当极力保持不变。下爻是阳爻，表示主方积极主动谋求发展，有可能改善主方素质，是潜在的对主方有利因素，应当继续坚持。中爻代表主方素质，表示素质不佳，是寻求发展的动力，是潜在的对主方有利因素，应当坚持继续保持低姿态，即使素质得到改善，也不要满足。上爻代表主方的态度，阳爻表示态度强硬，有利于制约客方，是潜在的对主方有利因素，也应当继续保持。客卦的三条爻全部不当位，由于对主客双方利害不同，卦是从主方角度考虑的，如果从客方角度考虑，这三条爻代表的状态都有利，都应当继续保持，但是，从主方角度来说，则都是对主方不利，所以都是不当位的爻，主方希望它们发生变化。然而，客卦的状态决定于客方，主方不能改变客卦的爻，但是，可以关注这三条爻所代表的情况，及时应对其变化。

如果这种状态持续下去，主客双方都继续保持目前状态不变，久而久之，可能发生常规变化。按阳数，常规变化的规律是 4、5、6、7、3、2、1 和 0，现在双方的阳数都是 5，会自然而然地从 5 增加到 6，从 5 卦离卦变到 6 卦兑卦。不大可能主客双方同时变到兑卦，总有一方先变。一旦有一方变了，整个形势将改变。主方应当积极主动地争取先变，赢得这场竞争。

总之，主方应当继续保持积极主动和强硬的态度，并且密切注意客方动态，采取应对措施，不可怠慢，不可错过时机，争取在与客方的竞争中取胜。

图的底部是卦名和卦辞，卦辞从总体上对主方提出建议。图右是爻辞，与爻一一对应，从下往上数。

如果删去判断词，就可以看出六条爻辞是一首完整的围绕主题“离”的散文诗。下面是其译文：

小心地踏步前进，尊敬对方，
像熊熊的火焰，发射出黄色光辉，
（切不要）像日落时的晚霞，如果不击鼓而歌，则留下衰老的叹惜。
（客方）突如其来，像燃烧，像死亡，又像消失了，
泪水滂沱而下，空空悲叹。
（这是）国王用兵出征，奖励杀死敌人的将士，俘虏很多土匪。

下面逐条说明卦爻辞。

卦辞

利贞，亨；畜牝牛吉。

〔译文〕利于坚持，顺利；畜养牝牛吉利。

〔解说〕这是5:5卦的卦辞。“牝”（pìn），雌性的鸟或兽，与“牡”相对：牝牛。“牝牛”，这里指客方。主方积极主动，态度坚定地改善自己的素质，应当坚持如此，“利贞”。客方的素质不佳，尽管也积极主动，并且态度强硬，然而，不至于对主方有碍，主方的事务仍然可以顺利进行，“亨”。要注意妥善处理和客方的关系，不要对客方过于粗暴，如果能够让客方像温顺的牝牛一样，畜养着这样的牝牛，对于主方来说是吉利的。反之，如果态度过于粗暴，激怒客方，客方成了一头凶猛的公牛，对于主方来说，就不吉利了。

爻辞

一阳，履错然，敬之，无咎。

〔译文〕 谨慎小心地走，尊敬他，无所怪罪。

〔解说〕 这是第一爻爻辞，阳，表示主方积极主动地谋取和扩大自己的利益，比如说，创新、创业、投资、进攻、求职、示爱，等等。“履”（lǚ），鞋：削足适履。“错然”，谨慎小心貌。“敬之”的“之”，指他，这里，指客方。爻辞建议主方，行动时要谨慎小心，“履错然”；要尊敬客方，“敬之”；主方如果能够谨慎小心地行动，又尊敬客方，就无所怪罪。反之，就应当受到怪罪。

〔结构分析〕 第一爻的位置是阳位。这条爻是阳爻，阳爻在阳位，当位，与四阳不有应。当位表明主方积极主动，谋求发展开拓，有可能改善主方素质，是潜在的对主方有利因素；不有应表明客方也是积极主动，主方遇到了阻力，这潜在因素没有成为真实的对主方有利因素。由于这潜在的有利因素存在，主方可以伺机行事，所以爻辞说“无咎”。

二阴，黄离，元吉。

〔译文〕 黄色的火焰，很吉利。

〔解说〕 这是第二爻的爻辞，阴，表示主方素质不佳，比如说，资金缺乏、地位低下、实力薄弱、教育程度低，等等。“离”，在这里是取卦象，火的意思。黄色的火焰是燃烧正旺的火焰，温度高（黑色的火焰温度低）。主方积极主动地行动，态度坚定，不佳的素质使得主方要求改善素质的愿望很强烈，如同燃烧正旺的火焰，这种状态对于主方来说，非常有利。

〔结构分析〕 第二爻的位置是阴位。这条爻是阴爻，阴爻在阴位，当位，与五阴不有应。当位表明主方素质不佳，促使主方积极发展，是主方主动行为的动力，是潜在的对主方有利因素；不有应表明客方素质也不佳，主方很难从客方获益，这潜在因素没有成为真实的对主方有利因素。由于这种潜在因素存在，一旦有合适机会，主方可以抓住机遇，改善素质，对主方很有利，所以爻辞说“元吉”。

三阳，日昃之离，不鼓缶而歌，则大耋之嗟，凶。

〔译文〕太阳偏西时的光亮，如果不敲打酒缶大声疾呼，则将有过分衰老的叹惜，有凶险。

〔解说〕这是第三爻爻辞，阴，表示主方态度强硬。“昃”（zè），太阳偏西的时间。“缶”（fǒu），古代一种大肚子小口儿的盛酒瓦器。“耋”（dié），年老，七八十岁的年纪：耄耋之年。“嗟”（jiē），文言叹词：嗟乎。面对状态非常相似的客方，主方必须抓紧时间，迅速发展自己，不然，时间就会过去，留下的只有“大耋之嗟”。爻辞提醒主方要抓紧机遇，态度坚定地迅速行动。

〔结构分析〕第三爻的位置是阳位。这条爻是阳爻，阳爻在阳位，当位，与六阳不有应。当位表明主方态度强硬，有可能制约客方，保护主方利益，是潜在的对主方有利因素；不有应表明客方态度也强硬，不接受主方制约，这潜在因素没有成为真实的对主方有利因素。由于第三爻是对第二爻的补充，第二爻是阴爻，第三爻是阳爻，表示主方的素质虽不是极差，也是不佳。素质不佳，实力薄弱，强硬的态度没有支持力量，不仅不能制约客方，反而有可能受客方制约，所以爻辞说“凶”。主方应当刚中有柔，不宜僵硬。

四阳，突如其来如，焚如，死如，弃如。

〔译文〕出现得突然，突然来了，突然燃烧了，突然死了，突然消失了。

〔解说〕这是第四爻的爻辞，阳，表示客方积极主动地谋取和扩大自己的利益，比如说，创新、创业、投资、进攻、求职、示爱，等等。“如”（rú），助词，用于语末，相当于“乎”。“突如其来如，焚如，死如，弃如”，这些都是指客方的行动。客方的行动决定于客方，主方不可能预知，“突如其来如”；客方的行动会突然对主方有很强的影响，如同突然燃烧的火焰，“焚如”；客方的行动又突然会察觉不到，“死如”；客方又会突然地远远离开主方，“弃如”。而客方这些无法预知的行动，对主方的影响不明显，爻辞没有说客方的积极主动行动有利或不利于主方。

〔结构分析〕第四爻的位置是阴位。这条爻是阳爻，阳爻在阴位，不当位，并且和一阳不有应。不当位表明客方积极主动，有可能损害主方利益，是潜在的对主方不利因素；不有应表明主方也积极主动，保护自己的利益免受损害，这潜在因素没有成为真实的对主方不利因素。所以爻辞中没有判断词。

五阴，出涕沱若，戚嗟若，吉。

〔译文〕泪如雨下，悲哀而叹惜，吉利。

〔解说〕这是第五爻爻辞，阴，表示客方素质不佳，比如说，资金缺乏、地位低下、实力薄弱、教育程度低，等等。“沱”（tuó），恸哭的，泪如雨下的。“戚”（qī），忧愁，悲哀，戚然。“出涕沱若，戚嗟若”是针对客方说的，由于素质不佳，客方“出涕沱若，戚嗟若”。“吉”是针对主方说的，客方素质不佳的状态对主方有利，是主方发展的机会。

〔结构分析〕第五爻的位置是阳位。这条爻是阴爻，阴爻在阳位，不当位，不过和二阴不有应。不当位表明客方素质不佳，有可能谋求从主方获益，是潜在的对主方不利因素；不有应表明主方素质也不佳，主方不可能满足客方需要，这潜在因素没有成为真实的对主方不利因素。另一方面，由于客方素质不佳，依赖主方，主方可以利用客方对主方的依赖取得更大发展，所以爻辞说“吉”。

六阳，王用出征，有嘉折首，获匪其丑，无咎。

〔译文〕王用部队出征，奖励杀死敌人的将士，俘虏很多土匪，无所怪罪。

〔解说〕这是第六爻的爻辞，阳，表示客方的态度强硬。“丑”（chǒu），众多。这里，“王”指主方，“匪”，土匪。由于主客双方的态度都强硬，又都积极主动，冲突很难避免。主方应当正面应对冲突，谋取胜利，而不要回避冲突。这样，主方不应当受到怪罪。

〔结构分析〕第六爻的位置是阴位。这条爻是阳爻，阳爻在阴位，不当位，不过与三阳不有应。不当位表明客方态度强硬，有可能制约主方，是潜在的对主方不利因素；不有应表明主方态度也强硬，客方不能制约主方，这潜在因素没有成为真实的对主方不利因素。所以爻辞说“无咎”。

6:5 卦，睽（在周易中，第 38 卦）

睽是 6:5 卦的卦名，6:5 是睽卦的代号。“睽”（kuí），不顺，乖离，睽孤（乖离而独处）。6:5 卦的主卦是 6 卦兑卦，卦象是泽，特性是愉快；客卦是 5 卦离卦，卦象是火，特性是光明而依赖。茂盛的河泽地带，燃起了一堆火，斜视一眼，挺别扭。主客双方关系很别扭，这是睽卦对当前形势的描述。

结构和卦爻辞

睽卦的结构与卦爻辞，见图 3-9-4。

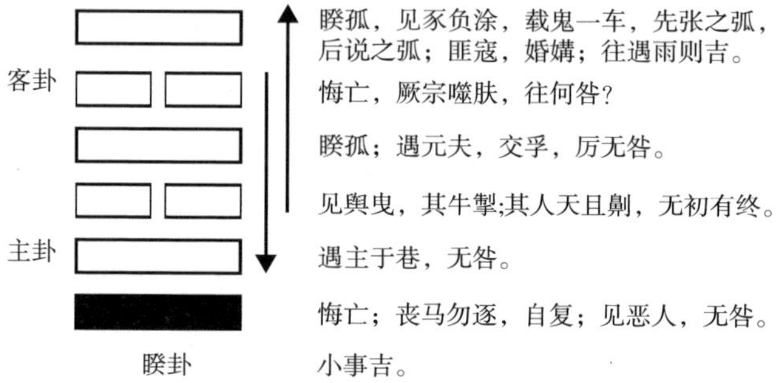

图 3-9-4　睽卦的结构与卦爻辞

睽卦下部三条爻是主卦，代表主方；上部三条爻是客卦，代表客方。黑色的爻是当位的爻，对主方可能有利；白色的爻是不当位的爻，对主方可能不利。

客卦三条爻全不当位，表明主方的困难主要来自客方。客卦下爻，也就是第四爻，是阳爻，表示客方积极主动，与其对应的主卦下爻也是阳爻，主方也是积极主动，客方与主方激烈竞争，是潜在的对主方不利因素。因为主方也在积极主动地谋求发展，主方在维护和扩充自己的利益，客方不一定能赢主方，所以这种不利因素只是潜在的。客卦中爻是阴爻，表示客方素质不佳，图中一个箭头从客卦中爻指向主卦中爻，主卦中爻是阳爻，表示主方素质良好，素质不佳的客方依赖主方，从主方取得补益，是真实的对主方不利因素。客卦上爻是阳爻，表示客方态度强硬，图中有一个箭头从主卦上爻指向客卦上爻，主卦上爻是阴爻，表示主方态度随和，态度强硬的客方制约态度随和的主方，是真实的对主方不利因素。尽管客卦的行动、素质和态度三方面都对主方不利，但是主方不能改变它，只能期望它发生变化，并且及时恰当应对。

主卦下爻是阳爻，表示主方积极主动，主方积极发展开拓，有利于维护和增加自己的利益，应当坚持下去。主卦中爻是阳爻，表示主方素质良好，虽然在与客方交往中可能遭受损失，但是，主方可以利用客方对主方的依赖，获取更多利益，实际上还是对主方有利，这是主方的实力，主方应当坚持维护和加强。主卦上爻是阴爻，表示主方态度随和，受到态度强硬的客方制约，对主方不利。可是，上爻是对中爻的补充，主方态度随和是由于主方素质还不是非常好，实力还不是非常强。主方应当更积极主动，争取在竞争中获胜。

根据当前情况，主方或者客方有任何变化，都是非常规变化，不可预测。同时，也需要考虑常规变化，常规变化是事物自身的发展变化，按阳数，其规律是4、5、6、7、3、2、1和0。主方可能发生的变化是从兑卦变到乾卦，这与上述增强积极主动争取胜利是一致的。客方可能发生的变化是从离卦变到兑卦，如果这种变化发生，对主方不一定不利。

总之，面对这样一个看起来别扭的竞争者，主方应当更积极主动，争取在竞争中取胜。

图底是卦名和卦辞。卦辞是从总体上对主方的建议。图右是爻辞，和爻一一对应，从下往上数。

如果删去爻辞中的判断词，六条爻辞就是一首完整的围绕主题“睽”的散文诗，下面是其译文：

丢了马不要去找，马会自己回来；见到了恶人；

（他们）在小巷中遇到了主人。

见到牛拉着的车，赶车人的额头上刺了字；

别扭，（他们）遇到了善良的人，诚恳相交。

见到了宗派的人，亲密如同互咬皮肤。

别扭，见到了涂满泥土的猪，车辆载了一车鬼，先欲张弓射鬼，后来放下了弓；不是强盗，而是求婚的。

下面逐条说明卦爻辞。

卦辞

小事吉。

〔译文〕 作小事吉利。

〔解说〕 睽卦的主卦是兑卦，主方已经取得成功，仍然可以继续发展；客方素质不佳，依赖主方的帮助。同时，客方在积极主动地谋求发展，对主方表现出强硬的态度，粗暴或者傲慢。客方很难取得主方的信任，主方担心客方过于贪婪，也担心客方的挑战，所以，主方谨慎小心，只能做些小事，保护自己的利益，避免与客方发生冲突，“小事吉”。卦辞暗示，做大事不一定吉利。

爻辞

一阳，悔亡；丧马勿逐，自复；见恶人，无咎。

〔译文〕 悔恨消失；丢了马不要去找，马会自己回来；见到恶人，无所怪罪。

〔解说〕 第一爻是主卦下爻，代表主方的行动，阳，表示主方积极主动地谋取和扩大自己的利益，比如说，创新、创业、投资、进攻、求职、示爱，等等。主方积极主动取得了成功，“悔亡”；在与客方的关系中受到了损失，“丧马”；主方态度随和，不去寻求挽回损失，“勿逐”；采取灵活态度，等待丢失的马自己回来，“自复”。“恶人”指客方。客方的行为由不得主方，“见恶人”不能怪罪主方，“无咎”。爻辞的重点是“悔亡”，“勿逐”和“无咎”，主方应当随其自然，“丧马”，“自复”和“见恶人”都是客观存在。

〔结构分析〕 第一爻的位置是阳位，这条爻是阳爻，阳爻在阳位，当位，然而与四阳不有应。当位表明主方积极主动谋求发展，有可能维护和扩充自己的利益，是潜在的对主方有利因素，所以爻辞说“悔亡”；不有应表明客方也是积极主动，是主方发展的障碍，这潜在因素没有成为真实的对主方有利因素。由于这种潜在因素的存在，主方有可能伺机采取恰当行动，爻辞说“无咎”。

二阳，遇主于巷，无咎。

〔译文〕 在小巷中遇到主人，无所怪罪。

〔解说〕 这里的“主”指主方，“巷”指当前主客双方关系。第二爻是主卦中爻，代表主方素质，阳，表示主方素质良好，比如说，主方有资金、有地位、有权力、有实力、有技术，等等。主方素质良好，而客方素质不佳，主方正好可以满足客方的需要，“遇主于巷”，这情况不是主方故意造成的，而是现实就是如此，主方不应当受到怪罪。

〔结构分析〕第二爻的位置是阴位。这条爻是阳爻，阳爻在阴位，不当位，和五阴有应。不当位表明主方素质良好，有可能受到客方侵害，是潜在的对主方不利因素；有应表明客方素质不佳，正好可以从主方的良好素质受益，这潜在因素成了真实的对主方不利因素。不过，主方可以利用客方对主方的依赖取得更大发展，所以爻辞说“无咎”。

三阴，见舆曳，其牛掣；其人天且劓，无初有终。

〔译文〕看到牛拉着的车，赶车人的额头上刺了字，没有起初有终了。

〔解说〕这是第三爻的爻辞，阴，表示主方态度是阴，主方态度随和。“掣”(chè)，拉，拽：掣肘。“天”（tiān），古代在额头上刺字的刑罚。“劓”（yì），古代割掉鼻子的一种酷刑。车和赶车的人，指积极主动、素质不佳，而态度强硬的客方，描绘了一幅悲惨的形象。由于主方和客方相遇突然，所以“无初”。主方能够灵活妥善处理，“有终”，由于主方态度随和，灵活应对客方的挑衅，使得形势有所好转。

〔结构分析〕第三爻的位置是阳位。这条爻是阴爻，阴爻在阳位，不当位，并且与六阳有应。不当位表明主方态度随和，有可能受到客方制约，是潜在的对主方不利因素；有应表明客方态度强硬，正好制约态度随和的主方，这潜在因素成了真实的对主方不利因素。由于主卦上爻是对中爻的补充，态度随和是素质不是非常好的表现，主方正在积极主动地谋求发展，随着素质的改善，态度会变得强硬起来，从而不再受客方制约，所以爻辞说“无初有终”。

四阳，睽孤；遇元夫，交孚，厉无咎。

〔译文〕乖离而孤独；遇到善良的人，诚恳相交，严厉，无所怪罪。

〔解说〕“睽孤”，乖离而孤独。“元夫”（yuán fū），犹善士。第四爻是客卦下爻，代表客方的行动，阳，表示客方积极主动谋取和扩大自己的利益，比如说，创新、创业、投资、进攻、求职、示爱，等等。同时，主方也积极主动谋取自己的利益，客方与主方冲突，“睽孤”。“元夫”指主方。主方素质良好，客方遇到主方，“遇元夫”。“交”指主方的交往行动，主方诚恳地对待客方，“交孚”。客方态度强硬，对于主方来说，“厉”。尽管情况严厉，主方努力而为，“无咎”。

〔结构分析〕第四爻的位置是阴位。这条爻是阳爻，阳爻在阴位，不当位，和一阳不有应。不当位表明客方积极主动谋求发展，有可能损害主方利益，是潜在的对主方不利因素；不有应表明主方也积极主动，主方维护自己的利益，这潜在因素没有成为真实的对主方不利因素。所以爻辞说“厉无咎”。

五阴，悔亡，厥宗噬肤，往何咎？

〔译文〕悔恨消亡，他的宗派亲密接近，往前发展，有何可以怪罪？

〔解说〕“厥”（jué），其，他的，她的。“噬肤”（shìfū），比喻关系亲近。第五爻是客卦中爻，代表客方素质，阴，表示客方素质不佳，比如说，资金缺乏、地位低下、实力薄弱、教育程度低，等等。主方没有悔恨地帮助客方，与客方亲密相处，不应当受到怪罪。

〔结构分析〕第五爻的位置是阳位。这条爻是阴爻，阴爻在阳位，不当位，并且和二阳有应。不当位表明客方素质不佳，有可能谋求从主方获益，是潜在的对主方不利因素；有应表明主方素质良好，正好可以满足客方需要，这潜在因素成了真实的对主方不利因素。换一个角度考虑，由于客方依赖主方，主方可以利用客方的依赖取得更多利益，所以爻辞说“悔亡”，“往何咎”。

六阳，睽孤，见豕负涂，载鬼一车，先张之弧，后说之弧；匪寇，婚媾；往遇雨则吉。

〔译文〕乖离而孤独，看到涂满泥土的猪，车辆载了一车鬼，先欲张弓射鬼，后来放下了弓；不是强盗，而是求婚的；往前走遇到雨则吉利。

〔解说〕第六爻是客卦上爻，代表客方态度，阳，表示客方态度强硬。由于主客双方都是积极主动，双方有冲突，“睽孤”。客方素质不佳，而且态度强硬，主方看客方，是“见豕负涂，载鬼一车”。起初，由于不了解客方，主方准备攻击客方，“先张之弧”；后来主方对客方有所了解，放弃攻击客方，“后说之弧”。客方对主方并无恶意，“匪寇，婚媾”。误会消除了，对主方有益，“往遇雨则吉”。

〔结构分析〕第六爻的位置是阴位。这条爻是阳爻，阳爻在阴位，不当位，并且与三阴有应。不当位表明客方态度强硬，有可能制约主方，是潜在的对主方不利因素；有应表明主方态度随和，正好客方可以制约主方，这潜在因素成了真实的对主方不利因素。由于客方素质不佳，实力薄弱，强硬的态度没有实力支持，而主方素质良好，实力雄厚，主方可以柔中有刚，利用客方僵硬的态度取得有利效果，所以爻辞说“往遇雨则吉”。

7:5 卦，大有（在周易中，第 14 卦）

大有是 7:5 卦的卦名，7:5 是大有卦的代号。“有”（yǒu），表示所属：他有一本书。7:5 卦的主卦是 7 卦乾卦，卦象是天，特性是强健；客卦是 5 卦离卦，卦象是火，特性是光明而依赖。客方素质不佳，依赖主方，主方利用客方的依赖而获益，大有。主方大有，有很多利益，例如，主方是一个强有力的领导者，获得一个聪明人的辅佐，得益很多。

结构和卦爻辞

大有卦的结构与卦爻辞，见图 3-9-5。

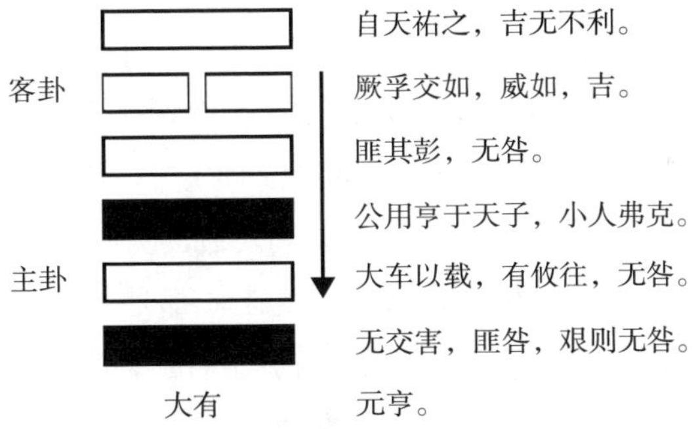

图 3-9-5　大有卦的结构与卦爻辞

图的左边是大有卦的结构图，大有卦代表从主方看主客双方关系的形势。卦的下部是主卦，代表主方；上部是客卦，代表客方。主卦是经卦乾卦，客卦是经卦离卦。经卦的下爻代表行动，中爻代表素质，上爻代表态度，上爻是对中爻的补充。黑色的爻是当位的爻，对主方可能有利。白色的爻是不当位的爻，对主方可能不利。

客卦三条爻全不当位，表明主方的困难主要来自客方。客卦下爻，也就是第四爻，是阳爻，表示客方积极主动，与其对应的主卦下爻也是阳爻，主方也是积极主动，客方与主方激烈竞争，是潜在的对主方不利因素。因为主方也在积极主动地谋求发展，主方在维护和扩充自己的利益，客方不一定能赢主方，所以这种不利因素只是潜在的。客卦中爻是阴爻，表示客方素质不佳，图中一个箭头从客卦中爻指向主卦中爻，主卦中爻是阳爻，表示主方素质良好，素质不佳的客方依赖主方，从主方取得补益，是真实的对主方不利因素。客卦上爻是阳爻，表示客方态度强硬，客方企图制约主方，与其对应的主卦上爻也是阳爻，主方态度也强硬，客方难于制约主方，这是一个潜在的对主方不利因素。尽管客卦的行动、素质和态度三方面都可能对主方不利，但是主方不能改变它，只能期望它发生变化，并且及时恰当应对。

主卦下爻是阳爻，表示主方积极主动，主方积极发展开拓，有利于维护和增加自己的利益，应当坚持下去。主卦中爻是阳爻，表示主方素质良好，虽然在与客方交往中可能遭受损失，但是，主方可以利用客方对主方的依赖，获取更多利益，实际上还是对主方有利，主方应当坚持维护和加强。主卦上爻是阳爻，表示主方态度强硬，上爻是对中爻的补充，主方态度强硬是由于主方素质良好，实力非常强，强硬态度有强大的实力支持，可以压制客方，对主方有利。主方应当做的是更积极主动，争取在竞争中获胜。

对比主卦与客卦，下爻相同，上爻也相同，差别在中爻。主方的中爻是阳爻，客方的是阴爻，双方处于阴阳和谐状态，图中有一个箭头表示这种和谐状态，这是有应。这种有应表明主方实力大于客方，客方依赖主方，因此，主方与客方的关系不仅是竞争关系，而且是客方依附于主方，共同发展的关系，主方拥有客方的辅佐。

根据当前情况，主方或者客方做出任何变化，都是非常规变化，不可预测。同时，也需要考虑常规变化，常规变化是事物自身的发展变化，按阳数，其规律是 4、5、6、7、3、2、1 和 0。主卦的阳数是 7，已经达到了发展的顶峰，再继续下去，可能产生质变，从上升跃变到衰落，阳数从 7 下降到 3。其变化主要是行动上，由积极主动变成消极被动。主方必须极力避免这种变化发生，保持积极主动的活力。客方可能发生的变化是从离卦变到兑卦，如果这种变化发生，对主方不利。

总之，主方应当保持积极主动的活力，利用客方对自己的依附，与客方共同发展，相互补益。“大有”意味主方拥有客方。

图底是卦名和卦辞。卦辞是从总体上对主方的建议。图右是爻辞，和爻一一对应，从下往上数。

如果删去爻辞中的判断词，六条爻辞就是一首完整的围绕主题“大有”的散文诗，下面是其译文：

与（他）交往没有害处。
用大车载（他以表尊敬）。
公为天子主持祭祀，平庸之人不能胜任。
（他）不是一般的人。
与他以诚信相交，如同施加威力。
（有他辅佐）是上天保佑。

下面逐条说明卦爻辞。

卦辞

元亨。

〔译文〕 很顺利。

〔解说〕 主方强而有力，客方素质不佳，尽管双方都积极主动，态度强硬，在双方关系中有矛盾，然而客方依赖于主方。客方聪明而依赖于主方，可以协助主方，所以，主方的事业发展很顺利。

爻辞

一阳，无交害，匪咎，艰则无咎。

〔译文〕 与他方交往没有害处，没有怪罪，艰难维持则无所怪罪。

〔解说〕 第一爻是主卦下爻，代表主方的行动，阳，表示主方积极主动地谋取和扩大自己的利益，比如说，创新、创业、投资、进攻、求职、示爱，等等。同时，第四爻也是阳爻，客方也积极主动，主客双方可以相互交往，这种交往对主方没有害处，主方不受怪罪。不过，由于客方有自己的利益需求，要让客方愿意协助主方，并不是容易的事，主方艰难地寻求客方的协助，无所怪罪。

〔结构分析〕第一爻的位置是阳位。这条爻是阳爻，阳爻在阳位，当位，然而与四阳不有应。当位表明主方积极主动谋求发展，维护和扩大自己的利益，是潜在的对主方有利因素；不有应表明客方也积极主动，与主方竞争，主方遇到困难，这潜在因素没有成为真实的对主方有利因素。由于这种潜在因素存在，以及主方实力大于客方，经过艰苦努力，主方仍然可以获益，所以爻辞说“匪咎，艰则无咎”。

二阳，大车以载，有攸往，无咎。

〔译文〕用大车乘载，有所前进，无所怪罪。

〔解说〕第二爻是主卦中爻，代表主方素质，阳，表示主方素质良好，例如，主方有权力和财富。同时，第五爻是阴爻，表示客方素质不佳，例如，贫穷，或者地位低下。承载大车的人是聪明的客方，主方聘请客方协助，让客方乘大车以示尊敬礼遇，这向着取得客方的协助，迈前了一步，“大车以载，有攸往”。这么做是为了主方的利益，“无咎”。

〔结构分析〕第二爻的位置是阴位。这条爻是阳爻，阳爻在阴位，不当位，并且和五阴有应。不当位表明主方素质良好，有可能在与客方交往中受到损失，是潜在的对主方不利因素；有应表明客方素质不佳，谋求从主方的良好素质受益，这潜在因素成了真实的对主方不利因素。换个角度考虑，由于客方需要从主方的良好素质获益，客方依赖主方，主方利用客方的依赖，可以取得更多利益，所以爻辞说“有攸往，无咎”。

三阳，公用亨于天子，小人弗克。

〔译文〕公为天子主持祭祀，平庸的人不能胜任。

〔解说〕第三爻是主卦上爻，代表主方态度，阳，表示主方态度强硬。同时，第三爻是对第二爻的补充，第二爻是阳，第三爻也是阳，这表示主方素质很好，实力极强，强硬的态度有强大的实力支撑。“公”（gōng），敬辞，尊称男子：包公。这里，公比喻客方，天子比喻主方。主方重用客方，“公用亨于天子”。客方聪明，平庸的人担负不了这样的重任，“小人弗克”。

〔结构分析〕第三爻的位置是阳位。这条爻是阳爻，阳爻在阳位，当位，然而与六阳不有应。当位表明主方态度强硬，有可能制约客方，是潜在的对主方有利因素；不有应表明客方态度也强硬，客方不接受主方制约，这潜在因素没有成为真实的对主方有利因素，所以爻辞中没有判断词。

四阳，匪其彭，无咎。

〔译文〕与大多数人不一样，无所怪罪。

〔解说〕第四爻是客卦下爻，代表客方的行动，阳，表示客方积极主动地谋取和扩大自己的利益。“彭”（bāng），众多的样子，如“行人彭彭”。客方不是一般的人，“匪其彭”。主方重用客方，无所怪罪。

〔结构分析〕第四爻的位置是阴位。这条爻是阳爻，阳爻在阴位，不当位，与一阳不有应。不当位表明客方积极主动谋求发展，有可能损害主方利益，是潜在的对主方不利因素；不有应表明主方也是积极主动，主方维护和扩大自己的利益，这潜在因素没有成为真实的对主方不利因素，所以爻辞说“无咎”。

五阴，厥孚交如，威如，吉。

〔译文〕以诚信交往，好像很有威力，吉利。

〔解说〕第五爻是客卦中爻，代表客方素质，阴，表示客方素质不佳，比如说，资金缺乏、地位低下、实力薄弱、教育程度低，等等。而主方素质良好，主方诚恳地对待客方，客方也会以诚恳回复，“厥孚交如”。客方依赖主方，主方好像很有权威，“威如”。这种情况对主方吉利。“厥”（jué），其他的，那个的：厥父。

〔结构分析〕第五爻的位置是阳位。这条爻是阴爻，阴爻在阳位，不当位，并且和二阳有应。不当位表明客方素质不佳，有可能谋求从主方获益，是潜在的对主方不利因素；有应表明主方素质良好，正好可以满足客方需要，这潜在因素成了真实的对主方不利因素。换一个角度考虑，素质不佳的客方谋求从主方的良好素质获益，客方依赖主方，主方可以利用客方的依赖取得更多利益，这种状态对主方很有利，所以爻辞说“吉”。

六阳，自天祐之，吉无不利。

〔译文〕从天上来保佑，吉利，没有不利的事。

〔解说〕第六爻是客卦上爻，代表客方态度，阳，客方态度强硬。客卦是离卦，卦象是火，光明而依赖，可以代表一个聪明的人。客方以坚定而明确的态度支持主方，主方得到一个聪明人的支持，就如同从天上降的保佑主方的力量，这对于主方来说是吉利的，没有不利的事。

〔结构分析〕第六爻的位置是阴位。这条爻是阳爻，阳爻在阴位，不当位，和三阳不有应。不当位表明客方态度强硬，有可能制约主方，是潜在的对主方不利因素；不有应表明主方态度也强硬，客方不能制约主方，这潜在因素没有成为真实的对主方不利因素。客方素质不佳，强硬的态度没有实力支持；主方素质良好，强硬态度有强大的实力支持。所以，客方受到主方制约，按主方的意图行事，爻辞说“吉无不利”。

3:5 卦，鼎（在周易中，第 50 卦）

鼎是 3:5 卦的卦名，是一个代表双方关系状态的形象。3:5 是鼎卦的代号，表示其主卦是 3 卦巽卦，卦象是风，特性是顺从；客卦是 5 卦离卦，卦象是火，特性是光明而依赖。客方积极主动，光芒四射，主方顺从客方，向光明的地方前进。“鼎”（dǐng），古代烹煮用的器物，一般是三足两耳：铜鼎。这里，“鼎”是一个形象比喻，象征当前的双方关系。鼎，烹饪食物供主客双方享用，当前形势对双方都有利。主客双方的态度都强硬，在双方之间也有矛盾。

结构与卦爻辞

鼎卦的结构与卦爻辞，如图 3-9-6 所示。

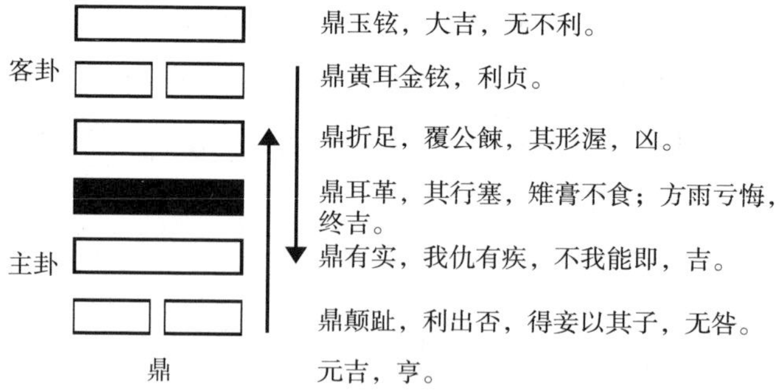

图 3-9-6 鼎卦的结构与卦爻辞

图的左边是鼎卦的结构图，右边是其卦爻辞。爻的顺序由下往上，按此顺序，卦辞对应卦名，爻辞对应各条爻。鼎卦下部三条爻是主卦，代表主方。上部三条爻是客卦，代表客方。黑色的爻是当位的爻，是潜在的对主方有利因素。白色的爻是不当位的爻，是潜在的对主方不利因素。箭头表示主卦和客卦中相应的一对爻是处于阴阳和谐状态，有应。箭头方向是从阴爻到阳爻。有应时，对主方有利的潜在因素成为真实的对主方有利因素，对主方不利的潜在因素成为真实的对主方不利因素，状态比较稳定；不有应时，潜在因素只是潜在因素，比较容易发生变化。

先看主卦。下爻是阴爻，表示主方消极被动，不利于保护和扩充主方利益，是潜在的对主方不利因素，并且与客卦下爻有应，受客方控制，对主方不利。中爻是阳，表示主方素质良好，有可能被客方利用，对主方不利。上爻是阳，表示主方态度强硬，可以制约客方，保护自己的良好素质，可能对主方有利。

再看客卦。下爻是阳爻，表示客方积极主动，有可能损害主方利益，对主方不利。中爻是阴爻，表示客方素质不佳，促使客方侵害主方利益，对主方不利。上爻是阳爻，表示客方态度强硬，制约主方，对主方可能不利。

综合双方情况，由于客卦决定于客方，主方不能改变，主卦中爻和上爻不需改变，主方能够改变的只是主卦下爻，变阴爻为阳爻。但是，主方的现况是由历史造成的，按事物自身发展规律，主方经历了从乾卦到巽卦的质变，阳数从 7 坠落到 3，从上升过程转变到衰落过程，要返回昔日的极盛时期，几乎不可能。不过，可以阴中有阳，在一定程度上采取主动措施，保持活力，防止进一步衰落。目前比较现实的做法，不是与客方对立斗争，而是与客方合作，顺从客方，依靠自己素质上的优势，利用客方积极进取的精神和智慧，共同发展，共同受益。鼎卦把这种关系形象地比喻为鼎。

卦辞从总体上说明当前形势。如果删去爻辞中的判断词，六条爻辞就是一首完整的围绕主题“鼎”的散文诗。下面是其译文：

鼎的脚歪了，颠倒下来，这有利于把渣滓清除掉，（好像是）得到妾的孩子。
鼎中有食物，我的仇人有病，不能到我这里来（我自己享用）。
鼎耳正在更换，其行为受阻塞，没有鸡肉和油脂可以食用。
鼎的脚折断了，把先生的美食弄翻了，其形状很难看。
鼎有了提黄色鼎耳的金钩。
鼎又有了玉钩。

下面逐条说明卦爻辞。

卦辞

元吉，亨。

〔译文〕很吉利，顺利。

〔解说〕由于主方随从客方行动，同时，客方很聪明，并且依赖主方，所以，形势对主方非常有利，一切都会进行得很顺利。

爻辞

一阴，鼎颠趾，利出否，得妾以其子，无咎。

〔译文〕鼎的脚歪了，颠倒下来，这有利于把渣滓清除掉，得到妾和妾的孩子，无所怪罪。

〔解说〕这是第一爻爻辞，阴，表示主方的行动消极被动，比如说，防守、退却、不想冒险、不想探索或开辟新的发展领域、只求保持现状，等等。主方消极被动，如同“鼎颠趾”。鼎的脚歪了，颠倒下来，鼎里的东西都倒出来了，主客双方关系中的问题都暴露出来了。暴露出来，便于解决。结果，主方得到客方的理解和支持，“得妾以其子”。“妾”指客方，“其子”指与客方合作取得的成果。“无咎”，如果主方把问题都摆出来，从而得到解决，主方不应当受到怪罪。反之，如果主方不把问题摆出来解决，则主方应当受到怪罪。

〔结构分析〕第一爻的位置是阳位。这条爻是阴爻，阴爻在阳位，不当位，并且与四阳有应。不当位表明主方消极被动，主方的利益有可能受到损失，是潜在的对主方不利因素；有应表明客方积极主动，正好可以利用主方的消极被动取得发展，这潜在因素成了真实的对主方不利因素。由于主方的消极被动是历史形成的现实，不能怪罪主方，所以爻辞说“无咎”。

二阳，鼎有实，我仇有疾，不我能即，吉。

〔译文〕 鼎中有食物，我的仇人有病，不能到我这里来，吉利。

〔解说〕 这是第二爻爻辞，阳，表示主方素质良好，比如说，主方有资金、有地位、有权力、有实力、有技术，等等。"鼎有实"，鼎中有食物，这食物指主方的良好素质。"仇"指客方。第五爻是阴爻，表示客方素质不佳，比如说，资金缺乏、地位低下、实力薄弱、教育程度低，等等。"疾"，疾病，指客方的不佳素质。因为客方素质不佳，力量薄弱，不可能与主方对抗，"我仇有疾，不我能即"，这对于主方是吉利的。

〔结构分析〕 第二爻的位置是阴位。这条爻是阳爻，阳爻在阴位，不当位，并且与五阴有应。不当位表明主方素质良好，有可能在与客方交往中受到损失，是潜在的对主方不利因素；有应表明客方素质不佳，正好需要主方的良好素质弥补自己的不足，这潜在因素成了真实的对主方不利因素。然而，由于客方需要从主方弥补自己素质的不足，客方依赖主方，主方可以利用客方的依赖，取得更多利益，所以爻辞说"吉"。

三阳，鼎耳革，其行塞，雉膏不食；方雨亏悔，终吉。

〔译文〕 鼎耳正在更换，其行为受阻塞，没有鸡肉和油脂可以食用；刚刚下过雨，受到亏损而悔恨，最终吉利。

〔解说〕 这是第三爻的爻辞，阳，表示主方态度强硬。同时，第三爻是对第二爻的补充，第二爻是阳，第三爻也是阳，这表示主方素质很好。另一方面，第六爻也是阳爻，客方态度也强硬，主方与客方有冲突。"鼎耳"，象征主方态度，为了主方利益，主方需要改变态度，避免过于傲慢，避免过于粗暴，"鼎耳革"。主方的强硬态度，受到客方对抗，影响到双方关系，造成主方行动困难，"其行塞"。在双方关系中主方很难获益，"雉膏不食"。如果主方改变强硬的态度，表现得比较灵活，比较柔和，会后悔所遭受的损失，"方雨亏悔"。这样，由于主方改变了态度，最终，双方关系对于主方来说是吉利的，"终吉"。"终吉"的前提条件是，"鼎耳革"，是改变主方态度；如果主方不改变态度，则没有"鼎耳革"，也就没有"终吉"。

〔结构分析〕 第三爻的位置是阳位。这条爻是阳爻，阳爻在阳位，当位，不过与六阳不有应。当位表明主方态度强硬，有助于维护主方利益，是潜在的对主方有利因素；不有应表明客方态度也强硬，抵制主方的强硬态度，这潜在因素没有成为真实的对主方有利因素。由于主方素质良好，强硬态度有强大的实力支撑，而客方素质不佳，强硬态度没有实力支撑，最终是主方压制住客方，维护主方利益，所以爻辞说“方雨亏悔，终吉”。

四阳，鼎折足，覆公餗，其形渥，凶。

〔译文〕鼎的脚折断了，把先生的美食弄翻了，其形状很难看，有凶险。

〔解说〕这是第四爻的爻辞，阳，表示客方的行动，客方积极主动地谋取和扩大自己的利益，比如说，创新、创业、投资、进攻、求职、示爱，等等。客方的积极主动行动，冲击了消极被动的主方，打乱了主客双方关系的格局，使得关系的状态显得很混乱，在混乱形势下，主方的利益受到损害，“鼎折足，覆公餗，其形渥”。“覆公餗”中的“公”指主方。这种状态对于主方来说有凶险，“凶”。主方应当迅速行动，适应新环境，与客方共同建立新的关系。

〔结构分析〕第四爻的位置是阴位。这条爻是阳爻，阳爻在阴位，不当位，并且与一阴有应。不当位表明客方积极主动谋求发展，有可能损害主方利益，是潜在的对主方不利因素；有应表明主方消极被动，正好是客方发展的好机会，这潜在因素成了真实的对主方不利因素。所以爻辞说“凶”。

五阴，鼎黄耳金铉，利贞。

〔译文〕鼎有了提黄色鼎耳的金钩，利于坚持下去。

〔解说〕这是第五爻爻辞，阴，表示客方素质不佳，比如说，资金缺乏、地位低下、实力薄弱、教育程度低，等等。“铉”（xuàn），古代举鼎器具，状如钩，铜制，用以提鼎的两耳。客方受益于主方的良好素质，主方又受惠于双方关系，主客双方关系有良好发展，如同鼎有了提黄色鼎耳的金钩。这种状态应当保持下去，“利贞”。

〔结构分析〕第五爻的位置是阳位。这条爻是阴爻，阴爻在阳位，不当位，并且与二阳有应。不当位表明客方素质不佳，有可能谋求从主方得到补益，是潜在的对主方不利因素；有应表明主方素质良好，正好可以满足客方需要，这潜在因素成了真实的对主方不利因素。然而，由于客方依赖主方，主方可以获得更多利益，所以爻辞说“利贞”。

六阳，鼎玉铉，大吉，无不利。

〔译文〕鼎有了玉钧，很吉利，没有不利的地方。

〔解说〕这是第六爻爻辞，阳，表示客方态度强硬。同时，主方态度也强硬，主客双方有矛盾。由于主方实力远大于客方，客方不得不表现得比较柔和。玉比金光滑，比金柔和，“鼎玉铉”象征主客关系有了改善，结果双方关系中有了提鼎耳的“玉铉”。这样的变化对主方非常有利，“大吉”，“无不利”。

〔结构分析〕第六爻的位置是阴位。这条爻是阳爻，阳爻在阴位，不当位，与三阳不有应。不当位表明客方态度强硬，有可能制约主方，是潜在的对主方不利因素；不有应表明主方态度也强硬，这潜在因素没有成为真实的对主方不利因素。再考虑主方和客方素质，主方素质良好，客方素质不佳，主方的强硬态度有强大的实力支撑，客方的强硬态度缺乏有力支持，在这阳对阳的冲突中，相对地说，客方弱于主方，客方被主方制约，按主方的意图行事，所以爻辞说“大吉，无不利”。

2:5 卦，未济（在周易中，第 64 卦）

未济是 2:5 卦的卦名，2:5 是未济卦的代号。2:5 卦的主卦是 2 卦坎卦，卦象是水，特性是危险和困难；客卦是 5 卦离卦，卦象是火，特性是明亮和依赖。主方自己处于困境，并且受到聪慧的客方的制约，又为客方所依赖，形势对主方不利，主方不能达到自己的目标，没有成功。

结构和卦爻辞

未济卦的结构与卦爻辞，如图 3-9-7。

客卦

主卦

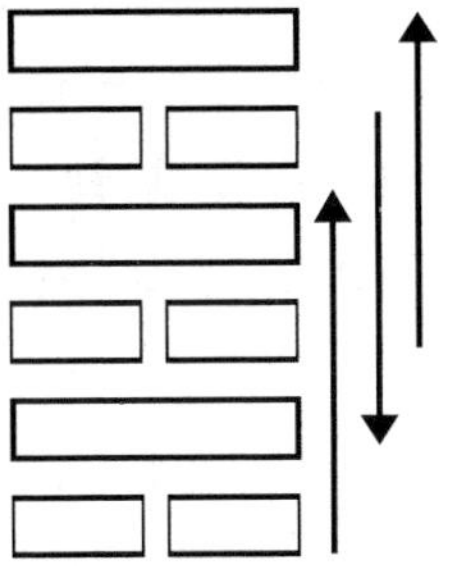

未济

有孚于饮酒，无咎;濡其首，有孚失是。

贞吉，无悔；君子之光，有孚吉。

贞吉，悔亡；震用伐鬼方，三年有赏于大国。

未济，征凶，利涉大川。

曳其轮，贞吉。

濡其尾，吝。

亨；小狐汔济，濡其尾，无攸利。

图 3-9-7　未济卦的结构与卦爻辞

未济卦下部三条爻是主卦，代表主方；上部三条爻是客卦，代表客方。箭头从阴爻指向阳爻，表示这一对爻是一阴一阳，有应，处于和谐状态。一共有三个箭头，表示六条爻全部有应。图下是卦名和卦辞，卦辞从总体上说明当前主方的处境。图右是爻辞，与爻一一对应，从下到上排列，比较形象地具体地说明完全抽象的爻的含义。

第一个箭头，从主卦下爻指向客卦下爻。下爻代表行动，主卦下爻阴，表示主方消极被动；客卦下爻阳，表示客方积极主动。积极主动的客方利用主方消极被动的机会取得发展，对客方有利，对主方不利。图中这两条爻都是白色，表示不当位，就是说阴阳属性的位置不恰当。从主方利益考虑，应当是主方积极主动，客方消极被动，然而现在的情况相反，所以说不当位。不当位而又有应，对主方不利。从这点说主方应当极力扭转消极被动状态，但是，主方已经历了一段衰落过程，从乾卦衰落到巽卦，再从巽卦衰落到如今的坎卦，这是事物自身变化的规律，很难逆转。不过主方可以阴中有阳，在情况允许的情况下，采取积极行动，维护和改善自己的素质，保护自己的利益。

第二个箭头，从客卦中爻指向主卦中爻。中爻代表素质，比如说，资金、教育程度、健康状况、实力，等等。客卦中爻阴，表示客方素质不佳；主卦中爻阳，表示主方素质良好。在这种和谐状态下，尽管主方是阳，然而并不是对主方有利，而是对客方有利，因为素质不佳的客方可以从素质良好的主方获取补益。不过，由于素质是实力所在、是利益所在，主方应当尽力维持现在的状态，而不是改变现在的状态。

第三个箭头，从主卦上爻指向客卦上爻。上爻代表态度，主方阴，表示态度随和；客方阳，表示态度强硬。态度强硬的客方可以制约态度随和的主方，这种和谐关系对客方有利，对主方不利。尽管对主方不利，不过主方很难改变它，因为上爻是对下爻的补充，主方阴，是因为实力虽然强大，但还不是非常强，没有足够的力量支持强硬态度，只好态度随和。另一方面，客方态度强硬，尽管没有实力支持，但是由于客方积极主动而素质得到改善，态度显得强硬。所以主方也很难改变目前状态，只得阴中有阳，在不触犯客方的情况下，采取适当的强硬态度维护自己的权益。

这三种和谐状态都对主方不利，这三对爻都不当位，因此未济卦的爻全部示以白色。在目前形势下，主方只能以自己的良好素质为客方做贡献，维护自己的权益，维持稳定环境，避免情况进一步恶化。

如果删去爻辞中的判断词，就可以看出六条爻辞是一首完整的围绕主题“未济”的散文诗。下面是其译文：

（像小狐狸一样）弄湿了尾巴，
拖曳着车的轮子（过河），
没有渡过河。
（被大国的国王）派用征伐鬼方国，三年之后得到了国王奖赏，
依靠他的才能和力量，取得了（国王的）信任。
受到信任饮些酒，无所怪罪；（像小狐狸）弄湿了头，（忘记了自己的危险处境），有了信任也没用。

下面逐条说明卦爻辞。

卦辞

亨；小狐汔济，濡其尾，无攸利。

〔译文〕顺利；小狐狸将涉越过干涸的小河，尾巴弄湿了，没有一点利益。

〔解说〕2:5卦的六条爻全部有应，所以“亨”。主方顺从客方，把利益让于客方，像“小狐汔济，濡其尾”，这对主方没有好处，“无攸利”。“亨”是顺利的意思，事情虽然进展顺利，但是，这并不对主方有利，而是“无攸利”。“汔”（qì），接近，庶几，水涸。

爻辞

一阴，濡其尾，吝。

〔译文〕弄湿了尾巴，难受。

〔解说〕第一爻是主卦下爻，代表主方的行动，阴，表示主方消极被动，比如说，防守、退却、不想冒险、不想探索或开辟新的发展领域、只求保持现状，等等。同时，客方积极主动，主方受制于客方，“濡其尾”。主方有困难，“吝”。

〔结构分析〕第一爻的位置是阳位。这条爻是阴爻，阴爻在阳位，不当位，并且与四阳有应。不当位表明主方消极被动，有可能受到客方攻击，是潜在的对主方不利因素；有应表明客方积极主动，正好可以利用主方的消极被动取得发展，这潜在因素成了真实的对主方不利的因素，所以爻辞说“吝”。

二阳，曳其轮，贞吉

〔译文〕拉着车轮，坚持下去吉利。

〔解说〕第二爻是主卦的中爻，代表主方的素质，阳，表示主方素质良好，比如说，主方有资金、有地位、有权力、有实力、有技术，等等。主方用自己的良好素质拉动客方，“曳其轮”。坚持以自己的良好素质拉动客方，最终会有利于主方，“贞吉”。

〔结构分析〕第二爻的位置是阴位。这条爻是阳爻，阳爻在阴位，不当位，并且与五阴有应。这种有应关系，反映在主客双方的素质方面是和谐协调的，通过这种和谐协调关系，客方得益，主方受到损失，对于主方不利。另一方面，由于素质不佳的客方从主方的良好素质获益，客方依赖主方，主方可以利用客方的依赖，保护和扩充自己的利益，对主方有利，所以爻辞说“贞吉”。

三阴，未济，征凶，利涉大川。

〔译文〕没有渡过，征伐有凶险，利于涉越大江大河。

〔解说〕第三爻是主卦上爻，代表主方态度，阴，表示主方态度随和。而客方态度强硬，主方受客方制约，难于达到自己的目的，“未济”。如果采取强硬态度，则与客方的强硬态度冲突，“征凶”。主方应当多与客方沟通，避免矛盾，改善自己的处境，“利涉大川”。

〔结构分析〕第三爻的位置是阳位。这条爻是阴爻，阴爻在阳位，不当位，并且与六阳有应，在这种有应的和谐关系中，主方受客方制约，有利于客方，不利于主方，所以爻辞说“征凶”。由于主方素质良好，客方依赖主方，主方对客方随和，可以保持比较安定的环境，所以爻辞说“利涉大川”。

四阳，贞吉，悔亡；震用伐鬼方，三年有赏于大国。

〔译文〕 坚持下去吉利，悔恨消失；震惊地被用于讨伐鬼方国，三年内受到大国奖赏。

〔解说〕 第四爻是客卦下爻，代表客方的行动，阳，表示客方积极主动地谋取和扩大自己的利益，比如说，创新、创业、投资、进攻、求职、示爱，等等。客方积极主动地利用消极被动的主方为自己的利益服务，在这种情况下，如果主方坚持适当地顺从客方的做法，对主方是吉利的，主方的悔恨将消失。就像古时候周文王被纣王释放以后，突然被任用征伐西部的鬼方国，三年后受到纣王的奖赏。

〔结构分析〕 第四爻的位置是阴位。这条爻是阳爻，阳爻在阴位，不当位，并且与一阴有应。不当位表明客方积极主动，有可能损害主方利益，是潜在的对主方不利因素；有应表明主方消极被动，正好是客方积极主动发展的好机会，这潜在因素成了真实的对主方不利因素。由于素质不佳的客方依赖素质良好的主方，主方可以利用客方的依赖，顺从客方，维持安定的环境，所以爻辞说“贞吉，悔亡”。

五阴，贞吉，无悔；君子之光，有孚吉。

〔译文〕 坚持下去吉利，没有悔恨；依靠先生的光辉，取得信任就吉利。

〔解说〕 第五爻是客卦中爻，代表客方素质，阴，表示客方素质不佳，比如说，资金缺乏、地位低下、实力薄弱、教育程度低，等等，客方需要主方帮助。主方坚持发挥自己素质上的优势，就吉利，没有悔恨。“君子”指主方，主方素质上的优势是主方的光辉，坚持发挥素质上的优势，取得客方信任，形势就对主方吉利。

〔结构分析〕 第五爻的位置是阳位。这条爻是阴爻，阴爻在阳位，不当位，并且与二阳有应。不当位表明客方素质不佳，需要从主方的良好素质获取利益，是潜在的对主方不利因素；有应表明主方素质良好，正好可以满足客方需要，这潜在因素成了真实的对主方不利因素。由于客方依赖主方，主方为客方做贡献，受到客方信任，可能维持比较安定的环境，所以爻辞说“贞吉，无悔”，又说“吉”。

六阳，有孚于饮酒，无咎；濡其首，有孚失是。

〔译文〕 信任体现在饮酒上，无所怪罪；弄湿了头，信任就体现错了。

〔解说〕 第六爻是客卦上爻，代表客方态度，阳，表示客方态度强硬。同时，主方态度随和，主方以谦让的态度，取得了客方信任。如果只是在一定范围内谦让，吃吃喝喝，主方不一定受到怪罪；如果主方谦让过度，以致牺牲自己的首要利益，弄湿了头，就不对了。

〔结构分析〕第六爻的位置是阴位。这条爻是阳爻，阳爻在阴位，不当位，并且与三阴有应。不当位表明客方态度强硬，有可能制约主方，是潜在的对主方不利因素；有应表明主方态度随和，受到客方制约，这潜在因素成了真实的对主方不利因素。这种状态是主方衰落的现实，不应当受到怪罪，所以爻辞说“无咎”。主方的素质优于客方，实力强于客方，主方不需要对客方过于随和，所以爻辞说“濡其首，有孚失是”。

1:5 卦，旅（在周易中，第 57 卦）

旅是 1:5 卦的卦名，1:5 是旅卦的代号。“旅”（lǚ），出行的，在外作客的：旅行。1:5 卦的主卦是 1 卦艮卦，卦象是山，特性是被动和阻止；客卦是 5 卦离卦，卦象是火，特性是明亮和依赖。主方像山一样静止不动，比喻为旅店；聪敏爱动的客方比喻为旅客。此卦以旅店和旅客的关系比拟当前的主客双方关系。

结构和卦爻辞

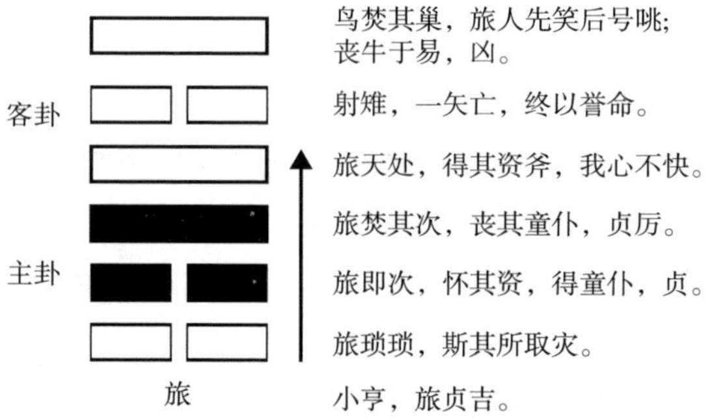

图 3-9-8　旅卦的结构与卦爻辞

旅卦是六十四卦的一个别卦。别卦代表类别的卦，从主方的角度看主客双方关系的形势。别卦中的线叫爻，爻的位置从下往上数。按阴阳趋于和谐的规律，第一、三、五爻的位置叫阳位，第二、四、六爻的位置叫阴位，阳爻在阳位，位置适当，叫当位。阴爻在阴位也是当位，否则不当位。当位对主方可能有利，在结构图中以黑色表示。不当位的爻以白色表示，对主方可能不利。在这个别卦中，只有二阴和三阳当位，其他爻不当位。主卦指别卦下部三条爻组成的经卦，代表主方。别卦上部三条爻组成的经卦是客卦，代表客方。主卦与客卦相应的爻，如果是一阴一阳，叫有应。当位而有应是对主方有利因素，不当位而有应是对主方不利因素，不有应是潜在因素。别卦的结构图中，用箭头表示有应，箭头的方向是从阴爻到阳爻。这个别卦中，只有两条下爻有应，而且不当位，主方被动，客方主动，主方受客方控制，是对主方不利因素。客卦的三条爻全部不当位，主客双方关系中的问题主要来自客方，然而客卦决定于客方，主方不能改变，只能期待和应对。主卦只有下爻不当位而有应，主方应当着力改变它，尽力扭转消极被动为主动。

在分析卦的结构的时候，还要考虑常规变化。用阳数表示，其变化规律是4、5、6、7、3、2、1和0。现在主卦的阳数是1，主方经历了从乾卦到艮卦的衰落过程，阳数从7下降到了1，很难逆转。因此，主方很难完全扭转消极被动，只能是阴中有阳，顺从客方，在适当的时候采取主动，维护自己的利益，避免进一步衰落。

旅卦的卦辞和四条爻辞中都有“旅”。“旅”是主题，形象地比拟当前双方关系，主方是旅店，客方是旅客。第一爻说明旅行是麻烦琐碎的事，是旅行者自己寻来的灾难；第二爻说，旅行者付了钱，在旅馆住下了；第三爻说，旅客烧了旅馆，失去了旅馆服务的童仆；第四爻说，旅行者住在野外；第五爻说，射野鸡，丢了箭；第六爻说，旅行者先喜后悲。卦辞则讲述在类似旅行的状态下主方应当做的事。

如果从爻辞中删去判断词，这六条爻辞就是一首完整的围绕主题“旅”的散文诗。下面是其译文。

旅行是琐碎麻烦的事，是旅行者自己所寻取的灾难。
旅行者在旅馆住下了，用怀中的钱，得到了童仆，
旅行者烧了他的住处，丧失了他的童仆，
旅行者住到荒野去了，省了旅费，我心中不愉快。
（我）射野鸡，反丢了一支箭，（不过）终于以此取得欢乐。
（像是）焚烧了鸟巢，旅行者先笑后大哭；
（又像是王亥）在易国丢失了牛。

下面逐条说明卦爻辞。

卦辞

小亨，旅贞吉。

〔译文〕 少许顺利，在旅行中坚持下去吉利。

〔解说〕 主客双方的素质都不佳，而态度又都强硬，互相有冲突。不过，主方的消极被动可以适应客方的积极主动，客方可以推动主方，使得主方有所发展。所以，主方的事情进展少许顺利。这种状态类似于旅店接待旅客，旅店满足旅客的要求，可以挣到钱，坚持下去对于主方吉利。

爻辞

一阴，旅琐琐，斯其所取灾。

〔译文〕 旅行是琐碎麻烦的事，是旅行者自己所寻取的灾难。

〔解说〕 第一爻是主卦下爻，代表主方的行动，阴，表示主方消极被动，比如说，防守、退却、不想冒险、不想探索或开辟新的发展领域、只求保持现状，等等。消极被动的主方静静地待在家中，麻烦是客方招来的。“琐”（suǒ），细小，零碎：琐事。“斯”（sī），这，这个，这里：斯人。

〔结构分析〕 第一爻的位置是阳位。这条爻是阴爻，不当位，并且与四阳有应。主方的消极被动与客方的积极主动是和谐协调的，但是，主方受客方控制，对主方不利，主方应当着力扭转被动状态。

二阴，旅即次，怀其资，得童仆，贞。

〔译文〕 旅行者在旅馆住下，用怀中的钱，得到了童仆，坚持下去。

〔解说〕 第二爻是主卦中爻，代表主方素质，阴，表示主方素质不佳，比如说，资金缺乏、地位低下、实力薄弱、教育程度低，等等。主方需要客方的帮助。客方素质也不佳，双方只能平等交换。客方在旅馆住下，主方得到了钱，客方得到了服务。这是正常的，坚持下去。“即”（jí），到，开始从事：即位。“次”（cì），旅行所居止之处所：旅次。

〔结构分析〕第二爻的位置是阴位。这条爻是阴爻，当位，然而与五阴不有应。主方素质不佳，客方素质也不佳，主方不能直接从客方获益，不过，可以通过相互交往，达到与客方互利。

三阳，旅焚其次，丧其童仆，贞厉。

〔译文〕旅行者烧了他的住处，丧失了他的童仆，坚持下去困难。

〔解说〕第三爻是主卦上爻，代表主方态度，阳，表示主方态度强硬。同时，客方态度也强硬，双方有冲突，“旅焚其次，丧其童仆”。在这种冲突状态下，坚持下去有困难。

〔结构分析〕第三爻的位置是阳位。这条爻是阳爻，当位，然而与六阳不有应。主方对客方态度强硬，这是正确的。改善主方处境，关键在于改变消极被动局面。

四阳，旅于处，得其资斧，我心不快。

〔译文〕旅行者住于荒野，省了旅费，我心中不愉快。

〔解说〕第四爻是客卦下爻，代表客方的行动，阳，表示客方积极主动地谋取和扩大自己的利益，比如说，创新、创业、投资、进攻、求职、示爱，等等。烧了旅店以后，积极活动的旅行者住到荒野去了，旅行者省下了钱。我，主方，得不到钱了，心中不愉快。“处”（chǔ），居住：穴居野处。“资斧”，旅费：赴京资斧。

〔结构分析〕第四爻的位置是阴位。这条爻是阳爻，不当位，并且与一阴有应。客方的积极行动对于主方不利，使得消极被动的主方受到控制与威胁。然而，客方的行动决定于客方，主方不可能改变客方的行动，主方能够做的，是扭转自己的消极被动状态，努力改善素质，以摆脱客方控制。

五阴，射雉，一矢亡，终以誉命。

〔译文〕射野鸡，一支箭丢了，终于以此取得欢乐。

〔解说〕第五爻是客卦中爻，代表客方素质，阴，表示客方素质不佳，比如说，资金缺乏、地位低下、实力薄弱、教育程度低，等等。同时，主方素质也不佳，主客双方有利益冲突。“雉”，比喻运动中的客方。射箭的人，比喻行动消极的主方。

客方像飞来的野鸡，主方想从客方获得利益，用箭射野鸡，结果，主方丢了一支箭。不过终究生活得快乐，“射雉，一矢亡，终以誉命。”“誉”（yù），古同“豫”，欢乐。

〔结构分析〕第五爻的位置是阳位。这条爻是阴爻，不当位，和二阴不有应。由于客方素质不佳，主方不能指望直接从客方获得利益，主方应当着力改善自己的素质。

六阳，鸟焚其巢，旅人先笑后号咷；丧牛于易，凶。

〔译文〕焚烧了鸟巢，旅行者先笑后大哭；在有易国丢失了牛，凶险。

〔解说〕第六爻是客卦上爻，代表客方态度，阳，表示客方态度强硬。同时，主方态度也强硬，双方的态度有冲突，情况对于主方来说是凶险的。“咷”（táo），放声痛哭。“旅人”指客方。“鸟焚其巢，旅人先笑后号咷”中，“鸟”指旅客，客方。“巢”指旅店，主方。“鸟焚其巢”指旅客烧了旅店。“鸟焚其巢”形象地比喻主客双方关系，客方“先笑后号咷”，主方也遭受凶险。“丧牛于易”指王亥在有易国丢失牛的故事，王亥是商民族的第七代领袖，谥号“商高祖”，驯服牛马，发明牛车，曾受邀与子恒访问有易国，受到有易国君绵臣的热情款待，绵臣的妻子看上了王亥，而招惹子恒的嫉妒，子恒联合一位卫士，暗杀了王亥。绵臣知道后，没收了王亥带来的牛，赶走了子恒。“丧牛于易”，这段历史典故也是比喻主客双方关系，有易国君绵臣比喻主方，王亥比喻客方。客方给主方带来了麻烦，结果自己遭殃，同时，对于主方来说，也是凶险的。这里的“凶”是针对主方说的。别卦是从主方角度看主客双方关系，卦爻辞中的判断词都是针对主方说的。

〔结构分析〕第六爻的位置是阴位。这条爻是阳爻，不当位，与三阳不有应。客方的阳的态度与主方的强硬态度发生矛盾，对于主方可能不利，主方应当坚持自己的强硬态度，保护自己的利益，不能对客方过于随和。客方素质不佳，不一定能够对主方有多大损害。

0:5 卦，晋（在周易中，第 35 卦）

晋是 0:5 卦的卦名，5:0 是晋卦的代号。晋卦是由经卦坤卦和经卦离卦组成，坤卦是主卦，阳数是 0，特性是静止而广大；离卦是客卦，阳数是 5，特性是明亮而依附。主方的力量远远小于客方，主方必须顺从客方，同时，客方又依附于主方。晋的意思是提拔、升级。如晋级，晋升，加官晋爵。主卦的卦象是地，客方的卦象是火，太阳像火焰，照亮、温暖了大地。沉寂的大地，在阳光下充满生机。大地是被动的，主方是被动的，主方的晋是被动的，不是自己要晋升就晋升，而是由客方来晋升。晋是好事，但又不一定是好事。

结构和卦爻辞

晋卦的结构与卦爻辞，如图 3-9-9 所示。

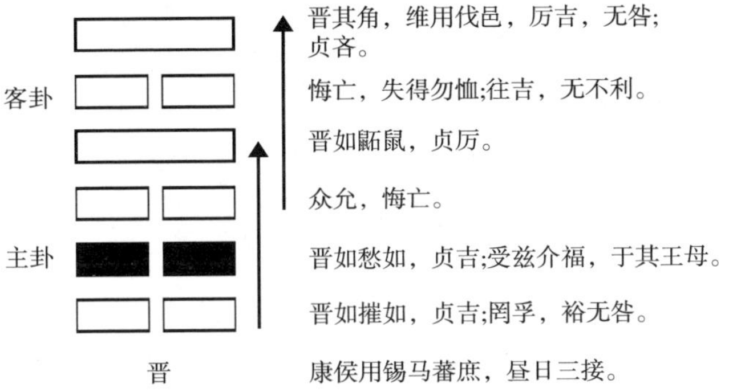

图 3-9-9　晋卦的结构与卦爻辞

上图左边是晋卦的结构，白色表示不当位的爻，黑色表示当位的爻。箭头表示有应关系，箭头方向是从阴爻到阳爻。晋卦的主卦下爻和客卦下爻有应，主卦上爻和客卦上爻也有应，这两对有应关系的爻都是不当位的爻，这两对爻有应而不当位，说明主方的消极被动和随和的态度都不利于主方，受客方控制。还可以看到，主卦的第二爻与第三爻都是阴爻，第三爻是对第二爻的补充，第二爻是阴，表示主方素质不佳，第三爻也是阴，表示主方素质很差。因为主方素质很差，没有对抗客方的实力，主方与其对抗客方的控制，不如顺应自然，接受客方的控制，与客方协调一致，这倒可能有利于主方改善自己的素质。

晋是 1:4 卦卦爻辞的主题，爻辞中有四次提到了晋。在当前双方关系形势中，主方顺从客方而行动，以柔和的态度服从客方，主方被“晋”了。而实际上双方的素质都不佳，主方从客方得不到实际好处，“晋如摧如”，“晋如愁如”。晋升了，主方力不从心，“晋如鼫鼠”；又被客方利用，没有回旋空间，“晋其角”。爻辞中的判断词是根据爻在卦中的状态插入的，如果删除判断词，可以看出六条爻辞是一首完整的围绕主题“晋”的散文诗，下面是其译文：

晋升了，如同受摧残，没有诚信。

晋升了，更是发愁，受到这个福分，来自王的母亲。

（晋升了，得到）众人允许，

晋升了，如同鼫鼠。

不必考虑失和得。

晋升到了角尖，留着去攻打城邑。

卦辞以“康侯用锡马蕃庶”为比喻，说明客方对主方的依附情况，并没有加判断词。

下面逐条说明卦爻辞。

卦辞

康侯用锡马蕃庶，昼日三接。

〔译文〕康侯受赐很多车马，一日被接见三次。

〔解说〕这是晋卦的卦辞。“康侯”，指周武王之弟卫康叔，“锡”是“赐”，“蕃”是“繁多”，“庶”是“众多”，“接”是“接见”。“用”的例子有“作用”、“功用”、“效用”、“利用”、“用于”等。古时候没有标点符号，如果加逗号于“用”后，则成“康侯用，锡马蕃庶，昼日三接”。意思是，“为了让康侯发挥作用，赐了很多车马，一日接见三次”。如果逗号在“用”前，则成“为了让康侯发挥作用，用了赐予很多车马，一日接见三次的方法”。不论逗号在前或在后，这个“用”字表明“康侯”受晋是被动的。“三”，为什么一日之内要接见三次？说明接见一次不行，接见二次不够，非得接见三次不可。有求于康侯，依附于康侯，一次又一次加赐车马，一日之内赐了三次车马，赐的车马已经很多，康侯是否同意发挥作用呢？不知道，卦辞没有说。康侯是个形象，用这个形象代表主方。谁赐康侯车马？是王，在这里，指客方。客方依附主方，给了主方很多好处，希望主方起更好的作用。主方被客方所晋。晋对主方不一定是好事，晋卦有五个爻不当位，表明形势不是很有利于主方。从字面解释，卦辞的意思很简单：康侯受赐很多车马，一日被接见三次。但是，结合卦的结构，深入分析，就可以看出深一层的意思，主方既要顺从客方，也要审时度势（一般，别卦的卦辞以判断词为主。晋卦的卦辞中引用了历史典故，没有判断词。与其他卦的卦辞风格相比，很不一般，可能在周文王以后，有所修改）。

爻辞

一阴，晋如摧如，贞吉；罔孚，裕无咎。

〔译文〕晋升如同受摧残，坚持下去吉利；没有诚信，富裕无咎。

〔解说〕这是晋卦第一爻爻辞，这个爻代表主方的行动，主方消极被动，行动是阴，比如说，防守、退却、不想冒险、不想探索或开辟新的发展领域、只求保持现状，等等。“摧”是破坏，折断的意思，“摧残”。“罔”是无，没有的意思，“置若罔闻”。“孚”是信用，是为人所信赖的意思，“深孚众望”。“裕”是丰富，宽绰的意思，“生活富裕”。客方晋升了主方，要求主方积极主动，这对于主方来说，不是愉快的事，“晋升像是摧残”。但是，如果主方积极改善素质，“坚持下去吉利”。客方必须依赖主方才能获益，主方顺从客方也可以得到利益，为了各自的目的，互相利用，没有诚信。尽管没有诚信，主方为了得到利益，为了生活得到改善，积极努力，不应当受到怪罪，“罔孚，裕无咎”。

〔结构分析〕第一爻位置是阳位。这条爻是阴爻，不当位，并且与四阳有应。有应而不当位，表明主方受客方控制。尽管受客方控制，由于主方素质很差，并且缺乏积极主动的动力与前进的力量，接受客方控制，按客方意图去做，可能是比较现实的做法。

二阴，晋如愁如，贞吉；受兹介福，于其王母。

〔译文〕晋升像是发愁，坚持下去吉利；受到这个福分，来自王的母亲。

〔解说〕这是晋卦第二爻爻辞，第二爻是主卦中爻，代表主方素质，阴，表示主方素质不佳，比如说，资金缺乏、地位低下、实力薄弱、教育程度低，等等。“兹”是“这里”，“这个”。“介”是量词，用于人，相当于“个”，“一介武夫”。“福”是“幸福”、“福气”，如“享福”。“于”是介词。“其”是代词，在这里表示指示，“那”，“那个”，“那样”，“那些”等。“王母”是个形象，这里是指客方，尽管客方素质也不佳，由于客方积极主动、态度强硬，主方受控于客方，像是被晋升了，受到福佑，而实际上主方并没有得到什么。所以，被晋升了，反而发愁。

〔结构分析〕 第二爻位置是阴位。这条爻是阴爻，当位，与五阴不有应。当位而不有应，说明主方需要客方的帮助而得不到客方的帮助。自己的素质不佳，这是现实，财富靠积累，力量靠积蓄，大树起于幼芽，主方应当鼓起精神，扭转消极被动状态，积极行动起来，改善自己的素质。

三阴，众允，悔亡。

〔译文〕 众人允许，悔恨消失。

〔解说〕 这是晋卦第三爻爻辞。第三爻是主卦上爻，代表主方态度，阴，表示主方态度随和。同时，第三爻是对第二条的补充，第二条是阴，第三条也是阴，表示主方素质很差。“众”是“许多人”，“大家”。在此指主客双方。“允”是“认可”，“答应”，如“允许”、“应允”、“允诺”等。“众允”，主客双方都认可。“悔亡”是“悔恨消亡”。主方态度随和，接受客方的晋升，主客双方相互认可，悔恨消亡。

〔结构分析〕 第三爻位置是阳位。这条爻是阴爻，不当位。这条爻与六阳有应。有应而不当位，说明主方屈从于客方。主方对客方的态度随和，出于很差的素质，不得不如此。不过，主方不宜过于随和，应当维护自己的利益。

四阳，晋如鼫鼠，贞厉。

〔译文〕 晋升了以后像鼫鼠，坚持下去形势严厉。

〔解说〕 这是晋卦第四爻爻辞。这条爻是阳爻，表明客方积极主动地谋取和扩大自己的利益，比如说，创新、创业、投资、进攻、求职、示爱，等等。客方的积极主动行动，推动主方前进，使得主方被晋升了。但是，主方素质不佳，被晋升以后，工作能力不足，“晋如鼫鼠”。“鼫（shí）鼠”，又名“五技鼠”，按黄寿祺和张善文合撰的《周易译注》引证，这种鼫鼠“能飞不能过屋，能缘不能穷木，能游不能度谷，能穴不能掩身，能走不能先人。”“鼫鼠”形容主方能力不胜任晋升后的工作。“贞厉”中的“贞”是“坚持下去”。“厉”是“严格”、“切实”，如“厉行节约”；是“严肃”、“猛烈”，如“严厉”。综合起来，这条爻辞的意思是：晋升以后像身无专技的鼫鼠，坚持下去，形势严厉。

〔结构分析〕 第四爻的位置是阴位。这条爻是阳爻，不当位，并且与一阴有应。不当位而有应，表示客方以积极主动控制了消极被动的主方，对主方不利，但是，在主方当前的状态下，主方顺从客方控制，不一定是坏事。主方应当利用当前机会改善素质，比如，学习技术、摸索经验、积累资本、结交朋友，等等。

五阴，悔亡，失得勿恤；往吉，无不利。

〔译文〕悔恨消失，不必考虑失和得；前进吉利，没有不利的事。

〔解说〕这是晋卦第五爻爻辞。这是条阴爻，表示客方素质不佳，比如说，资金缺乏、地位低下、实力薄弱、教育程度低，等等。尽管客方开始积极主动，然而素质仍然不佳，对主方还没有形成压力，主方没有悔恨，“悔亡”。“失得勿恤”，对照上下文可见，“失得”是针对晋升说的，“得”指得到晋升，“失”指失去晋升机会。没有晋升机会而维持现状，主方没有压力；有晋升机会，主方可能受益。有失有得，主方不必为失得忧虑。“往吉”中的“往”指前往，前进，指响应客方而积极行动起来。如果这么做，主方素质将有所改善，“往吉”。同时这两个字也暗示，如果不积极行动起来而维持现状，则没有吉利的事发生，但是也不等于有坏事。“无不利”，没有不利的事，但是并不是说一定有有利的事。否定了不利，并没有肯定有利。联系前面的“往吉”、“往吉，无不利”的意思是说前进是吉利的，前进或不前进都不是不利的。

〔结构分析〕第五爻的位置是阳位。这条爻是阴爻，不当位，和二阴不有应。既不当位又不有应，说明客方的不佳素质对主方没有多少影响。爻辞提到“往吉”，同时又说“无不利”，就是说往或不往都可以。虽然从字面上“往吉，无不利”也可以理解为“前进吉利，前进中没有不利的事”，不过，如果这样理解，那么既然前进中吉利，前进中也就当然没有不利的事，“无不利”这三个字就成了多余的，而且，这条爻既不当位又不有应，也表示并不是只有吉利一个方面，而没有平常的方面。所以，结合爻的结构分析可以看出，“往吉，无不利”理解为“前进吉利，不前进也不是不利的坏事”比较恰当，这与“失得勿恤”的思想一致，也与整个卦爻辞的思想一致。

六阳，晋其角，维用伐邑；厉吉，无咎；贞吝。

〔译文〕晋升到角的尖锐顶端，留着用于攻打城邑；严厉吉利，无所怪罪，坚持下去过分。

〔解说〕这是晋卦第六爻爻辞。第六爻是客卦上爻，代表客方态度，阳，客方态度强硬。“晋其角”，被晋升到像兽角那样的尖锐顶端，感到位置高得不能再高，没有一点回旋余地，只好听候别人使用。“维”是“保持”、“保全”，如“维护”、“维持”、“维修”等。“伐”是“攻打”、“声讨”，如“北伐战争”、“讨伐”等。“邑”是“城市”、“都城”，如“城邑”。“厉”是“严格”、“切实”，如“厉行节约”；是“严肃”、“猛烈”，如“严厉”。“咎”是“怪罪”。“贞”是“坚持下去”。“吝”是“过分爱惜”、“舍不得”，如“吝啬鬼”。这条爻辞的意思是：主方被晋升到像兽角那样的尖锐顶端，感到位置高得不能再高，没有一点回旋余地，只好听候客方使用。客方留着主方，用于攻打他国城邑。主方处于严厉的控制下，不过吉利。这是被迫如此，不应怪罪主方。坚持下去，客方是吝啬的。

〔结构分析〕第六爻的位置是阴位。这条爻是阳爻，不当位，并且与三阴有应。有应而不当位，表明主方屈从于客方，这对主方不利。不过，主方不可能改变客方态度，而且，主方没有足够的力量可以支持自己的态度强硬起来。所以，主方只能以柔克刚，巧妙应对，以维护自己的利益。

第十章　兑

这一章包括八个别卦，它们的代号是4:6、5:6、6:6、7:6、3:6、2:6、1:6和0:6，它们的客卦都是6卦兑卦，卦象是河泽，特性是愉快。客卦下爻是阳爻，表示客方积极主动，谋求发展；中爻是阳爻，客方的行动很成功，取得了良好素质；客卦上爻是阴爻，客方态度随和。客方能够以丰盛的势态，谋求持续发展。从八卦图来看，兑卦处于高度发展的位置，但是还没有达到发展顶峰，还有继续发展余地。

但是，客方的好事不一定是主方的好事，客方的成功不一定是主方的成功，在利益博弈中，如何从主方角度来看客方呢？这八个别卦的客卦。如图3-10-1。

客卦

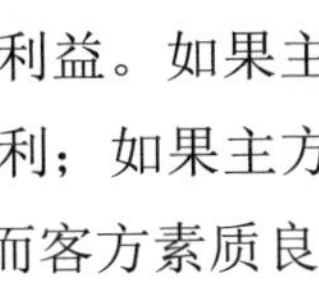

图 3-10-1　客卦是兑卦

客卦下爻是阳爻，不当位，以白色表示，这是潜在的对主方不利因素。客方积极主动地谋求发展，可能损伤主方利益。如果主方的行动是阴，消极被动，客方正好可以控制主方，形势对主方不利；如果主方行动是阳，积极主动，则与客方冲突，形成剧烈的竞争或者拼搏，而客方素质良好，实力雄厚，加之态度随和，机动灵活，主方很难取胜。

客卦中爻是阳爻，当位，以黑色表示，是潜在的对主方有利因素。如果主方素质不佳，正好可以从客方获得补益，形势对主方有利，但是，客方的利益是不会白白让给主方的，主方可能被客方控制和利用，从而客方得到更多利益。如果主方素质也良好，则不能利用客方的良好素质，客方的良好素质只是客方在博弈中的支撑，对主方没有好处。

客卦上爻是阴爻，态度随和，是潜在的对主方有利因素。如果主方态度强硬，并且素质极好，可以制约客方，对主方有利；如果主方态度强硬而素质不佳，强硬的态度没有实力支撑，制约不了客方，反而为客方机动灵活的态度左右。如果主方态度也随和，那么，客方的随和态度对主方没有多少实际好处。

下面八个别卦所表示的形势是主方可能有的八种选择。

4:6 卦，随（在周易中，第 17 卦）

随是 6:4 卦的卦名。随是跟随的意思，用于“随便”、“随从”、“跟随”、“随后”、“随意”等。6:4 卦的主卦是 4 卦震卦，卦象是雷，特性是运动。客卦是 6 卦兑卦，卦象是泽。主方跟随客方在这生机盎然的河泽地区积极主动地探索。

结构和卦爻辞

随卦的结构与卦爻辞，如图 3-10-2 所示。

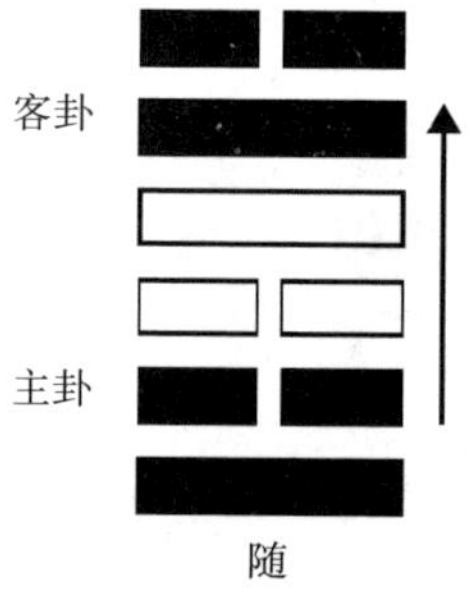

拘系之，乃从维之，王用亨于西山。
孚于嘉，吉。
随有获，贞凶;有孚在道，以明何咎?
系丈夫，失小子;随有求得，利居贞。
系小子，失丈夫。
官有渝，贞吉：出门交有功。
元亨，利贞，无咎。

图 3-10-2　随卦的结构与卦爻辞

图左是随卦的结构，右边是随卦的卦爻辞。别卦中，爻的顺序从下而上，爻辞与爻一一对应，从下而上。

图中有一个箭头，表示爻之间有应，箭头的方向，由阴爻到阳爻。这有应的一对爻是主卦中爻和客卦中爻，中爻代表素质。这一对爻都是黑色，黑色表示当位，即位置适当。这一对爻既有应又当位，说明主方有可能从客方受益，是对主方有利因素，应当努力保持下去。第一爻和第四爻代表主方和客方的行动，都是阳，表示双方都是积极主动，然而，相互之间没有应，二者处于矛盾之中。第三爻是阴爻，第六爻也是阴爻，表明主客双方的态度都随和。第一爻当位，表明主方的积极主动是正确的，是潜在的对主方有利因素，应当保持。第三爻不当位，表明主方随和态度是不适当的，是潜在的对主方不利因素，应当改变。主方在处理与客方的矛盾中，应当随而不从。因为客方素质良好，跟随客方，客方到哪里，主方也到哪里，然而，主方应当态度坚定而明朗，谋取和扩大自己的利益，而不是盲从客方，对客方过于随和。

随卦的第三爻爻辞和第四爻爻辞都有“随”，第二爻爻辞和第三爻爻辞都有“系”，第六爻爻辞有“维”，说明主方不仅仅要跟随客方，而且要与客方维系在一起。第一爻爻辞指出，这种维系在一起的关系，首先要靠交往，“出门交”，在交往过程中要诚恳，要诚恳维持着这种跟随关系，“孚于嘉”。爻辞中的判断词是根据爻在卦中的状态加进去的，如果删除判断词，就可以看出六条爻辞是一首完整的围绕主题“随”的散文诗：

官长的行动有变化，出门（与他）交往有功劳。

（交往中）只注重弱者，就可能忽略强者，

应当充分注意强者，把弱者放在次要地位；跟随强者，可以获得所希望有的东西。

跟随有收获，坚持不变有凶险，以诚信（交往）合乎情理，以此明确行动，何以怪罪？

诚信给予最佳效果，

（与官长）紧密联系，继续跟随，（如同）周王在岐山祭祀祖先。

下面逐条说明卦爻辞。

卦辞

元亨，利贞，无咎。

〔译文〕如果跟随客方，事情进展会很顺利，应当坚持下去，无所怪罪。

〔解说〕“元亨，利贞，无咎”是卦辞，综合说明卦所代表的情况。“元”（yuán）是第一。“亨”（hēng），顺利。“贞”（zhēn）是坚持下去。“咎”（jiù）是怪罪。卦辞的前提是“随”，强调主方应当跟随客方。如果不“随”，不跟随客方，孤独行动，进展就不一定顺利；主方就不一定不受怪罪。

爻辞

一阳，官有渝，贞吉；出门交有功。

〔译文〕官长的行动有变化，坚持变化是吉利的，出门交往有功劳。

〔解说〕这是随卦第一爻爻辞，这是阳爻，表示主方积极主动地谋取和扩大自己的利益，比如说，创新、创业、投资、进攻、求职、示爱，等等。“官”指客方。“渝”（yú），变化的意思。客方变了，主方应当适应形势而随之变化，并且要坚持变化。用灵活变化的策略对外交往，有可能取得成功。

〔结构分析〕第一爻位置是阳位。这条爻是阳爻，当位，与四阳不有应，与客方的积极行动有冲突。主方的积极主动是正确的，应当坚持，不需要回避矛盾，应当积极与客方交往，跟随客方，客方到哪里，主方也到哪里，如果有冲突，就积极应对，奉陪到底。

二阴，系小子，失丈夫。

〔译文〕如果只注重弱者，就可能忽略强者。

〔解说〕这是随卦第二爻爻辞。第二爻是阴爻，表示主方素质不佳，比如说，资金缺乏、地位低下、实力薄弱、教育程度低，等等。“小子”和“丈夫”都是形象，都是比喻，不能狭义地理解为具体的小子和丈夫。在这个例子中，“小子”是指相对弱小的一方，“丈夫”指相对强大的一方。也就是说，“小子”是指主方，它的阳数是4；“丈夫”是指客方，其阳数是6。这条爻辞提醒主方，不应当只考虑自己的状态，而忽略客方的状态。

〔结构分析〕第二爻位置是阴位。这条爻是阴爻，当位，又与五阳有应。主方的阴的素质对于主方有利，主方有可能从客方的良好素质获益，利用客方素质上的优势，补自己的不足。

三阴，系丈夫，失小子；随有求得，利居贞。

〔译文〕应当充分注意强者，把弱者放在次要地位；跟随强者而行动，则可以获得所希望有的东西。应当保持现在主客双方关系的状态。

〔解说〕这是随卦第三爻爻辞，第三爻是阴爻，表示主方态度随和。同时，第三爻是对第二条的补充，第二条是阴，第三条也是阴，这表示主方素质很差。“利居贞”中“居”（jū），居住、安居、居心叵测。“丈夫”指客方，“小子”指主方。主方应当充分注意客方情况，把主方现况放在次要地位；跟随客方行动，则可以获得所希望有的东西，应当坚持安于跟随客方的现状。

〔结构分析〕第三爻位置是阳位。这条爻是阴爻，不当位，又与六阴不有应。不当位表明主方的随和态度是不对的，主方应当态度坚定而明朗，在跟随客方的过程中，注意寻取自己的利益。

四阳，随有获，贞凶；有孚在道，以明何咎。

〔译文〕跟随有收获，坚持不变有凶险，有诚信合乎情理，以此明确行动，何以怪罪？

〔解说〕这是随卦第四爻爻辞，阳爻，表示客方积极主动地谋取和扩大自己的利益，比如说，创新、创业、投资、进攻、求职、示爱，等等。“随有获，贞凶；有孚在道，以明何咎”，其中，“孚”（fú），诚信。客方在积极谋取自己的利益，主方怎么办？“随有获，贞凶”，主方也应当跟随客方谋取自己的利益，如果坚持不变，是有凶险的。以诚信对待客方，合乎情理，以此明确行动，有何可以怪罪？

〔结构分析〕第四爻位置是阴位。这条爻是阳爻，不当位，与一阳不有应。客方的阳的行动有可能不利于主方，然而，主方不能改变客方行动，只能跟随客方，客方到哪里，主方也到哪里，不回避矛盾，如果有冲突，主方应当积极应对。

五阳，孚于嘉，吉。

〔译文〕诚信于最佳效果，吉利。

〔解说〕这是随卦第五爻爻辞，阳表示客方素质良好，比如说，客方有资金、有地位、有权力、有实力、有技术，等等。这条爻辞的意思是：以诚信致力于最佳效果，吉利。言外之意是，如果不是以诚信致力于最佳效果，就不一定吉利。什么是最佳效果呢？在其他爻的爻辞中已经清楚地说明：要充分重视客方良好的素质，认真地跟随客方以获得所希望的东西，以诚信对待客方。

〔结构分析〕第五爻的位置是阳位。这条爻是阳爻，当位，并且与二阴有应。客方的阳的素质对主方有利，主方应当争取利用客方的良好素质获取利益。

六阴，拘系之，乃从维之，王用亨于西山。

〔译文〕紧密联系起来，以致维持跟随状态，周王在岐山祭祖。

〔解说〕这是随卦第六爻爻辞，阴表示客方态度随和。“拘系之，乃从维之，王用亨于西山”，其中，“拘”（jū），拘留，拘束。“系”（xì），联系，关系。“维”（wéi），维系，维护，维持。“王用亨于西山”，指周文王等周时的王在周的西部的岐山祭其祖先，是历史典故。这条爻辞的意思是：与客方的行动紧密联系起来，以致维持跟随状态，像周王在岐山祭祖那样，跟随祖先的发展路线。

〔结构分析〕第六爻的位置是阴位。这条爻是阴爻，当位，与三阴不有应。主方应当利用客方的随和态度，坚定而明朗地保持与客方联系，从中维护自己的权益。

5:6 卦，革（在周易中，第 49 卦）

革是 5:6 卦的卦名，5:6 是革卦的代号。“革”（gé），皮革，改变；革新。卦名“革”的主要含义是改革，附加含义是像皮革一样牢固，牢固地坚持改革。革卦的主卦是 5 卦离卦，卦象是火，特性是光明而依赖；革卦的客卦是 6 卦兑卦，卦象是泽，特性是愉快。主方像是一名改革者，以火样的热情，来到客方。客方像富饶的鱼米之乡，愉快地欢迎主方，给予主方所需要的资源。主方可以从客方受益，改善自己不佳的素质，完成自己本身状态的改革。

图 3-10-3 左是革卦的结构，右边是卦爻辞。爻的顺序从下到上，爻辞按爻的顺序，与爻一一对应。图中有二个箭头，表示爻之间的有应关系，箭头的方向是从阴爻到阳爻。爻有黑有白，黑色表示当位，白色表示不当位。主卦和客卦中爻有应，而且当位，中爻代表素质，这二条爻，既有应又当位，表明主方有从客方的良好素

质获益的可能性，这是对主方有利因素。主卦和客卦上爻代表主方和客方态度，这二条爻也是既有应又当位，表明存在客方顺从主方的可能性，这也是对主方有利因素。这些有利因素能否实际上起作用，还取决于主方与客方的行动，即第一爻和第四爻。可惜，这对爻不有应，它们都是阳爻，主方与客方都是积极主动地谋求自己的利益，双方可能有矛盾。因此，主方是否能够从双方关系得到益处，关键在于能否处理好与客方的矛盾。第一爻当位，表明主方积极主动是正确的，对主方可能有利，主方应当保持积极主动。第四爻不当位，表明客方积极主动对主方可能不利。由于客方行动决定于客方，主方不能改变客方行动，主方应当耐心地等待客方行动变得少许有利于主方，主方需要既有耐心，又善于抓住时机，还要善于影响客方，在这之中，需要努力取得客方信任，并且维持与客方的良好联系。

结构和卦爻辞

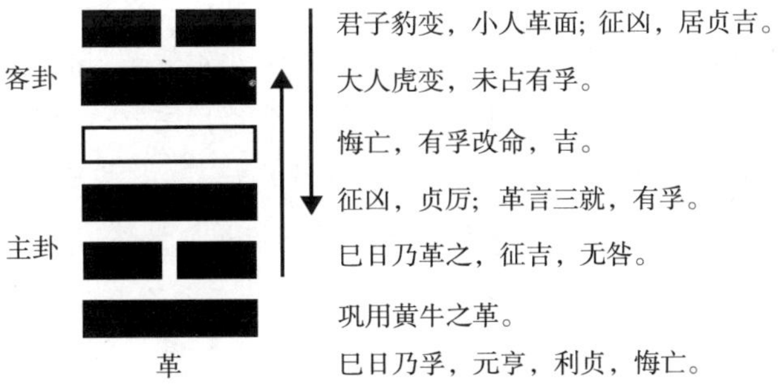

图 3-10-3　革卦的结构与卦爻辞

在主卦的三条爻辞中，都有“革”。“巩用黄牛之革”，首先要巩固与客方的良好关系。“巳日乃革之”，开始改革。“革言三就”，反复向客方说明改革的主张。后三条爻辞则强调取得客方信任，“有孚改命”，“未占有孚”，“小人革面”。根据爻在卦中的状态，爻辞中加入了判断词。如果删去爻辞中的判断词，六条爻辞就是一首完整的围绕主题“革”的散文诗，下面是其译文：

用黄牛的皮革巩固起（与客方的关系），
过些日子就着手改革。
再三说明改革的思想以取得（客方）信任，
有信任就能改变命运。

（客方已经）迅猛变化如虎，
道德高尚的人，如豹变化全身斑纹，道德低下的人只是改头换面。

卦辞从总体上指出要迅速取得客方信任“巳日乃孚”。
下面逐条说明卦爻辞。

卦辞

巳日乃孚，元亨，利贞，悔亡。

〔译文〕几天以后就有了信任，很顺利，利于坚持下去，悔恨消失。

〔解说〕这是5:6卦的卦辞。“巳”（sì），地支的第六位，用于计时：巳时（上午九点至十一点）。“孚”（fú）叫人信任：深孚众望。主方与客方都积极主动地谋取自己的利益，主方素质不佳，客方素质良好，主方必须取得客方信任，才能得到客方帮助，取得信任是处好关系的关键。刚开始接触时，双方没有信任，过了一段时间以后，就有了信任，“巳日乃孚”，于是，主方的行动就很顺利，“元亨”。主方应当坚持如此下去，“利贞”。这样做就对了，“悔亡。”主方态度强硬，客方态度随和。如果主方对客方过于强硬，表现出粗暴、傲慢，或者对客方不尊敬，都可能损害客方对主方的信任，主方必须注意避免对客方不尊敬。

爻辞

一阳，巩用黄牛之革。

〔译文〕用黄牛的皮革巩固起来。

〔解说〕这是第一爻爻辞，阳，表示主方积极主动地谋取和扩大自己的利益，比如说，创新、创业、投资、进攻、求职、示爱，等等。就这一条爻来说，“用黄牛之革”巩固的应当是主方的积极主动的行动，也就是说，爻辞充分肯定主方的积极主动是正确的，应当坚持下去。这条爻辞的另一层含义，是巩固与客方的关系，由于主客双方都积极主动，双方容易发生冲突，主方要努力巩固双方的关系，避免关系在冲突中受到破坏。

〔结构分析〕第一爻位置是阳位。这条爻是阳爻，当位，与四阳不有应。这条爻当位，表明主方积极主动是正确的，应当继续下去。不有应，表明与客方的行动有矛盾，不协调。不过，主方不可能改变客方的行动，主方需要妥善处理与客方的矛盾，既要维护自己的利益，也要保持与客方的联系。

二阴，巳日乃革之，征吉，无咎。

〔译文〕过些日子就改变了，往前进吉利，无所怪罪。

〔解说〕这是第二爻爻辞，阴，表示主方素质不佳，比如说，资金缺乏、地位低下、实力薄弱、教育程度低，等等。由于客方素质良好，主方有可能在双方关系中受益。在与客方接触中，经过一些日子，主方的不佳素质就改变了，主方应当继续前进，情况对主方非常有利。主方积极改善素质，是正确的，不应当受到怪罪。

〔结构分析〕第二爻位置是阴位。这条爻是阴爻，当位，又与五阳有应。当位表明，主方素质不佳，这是现实，这个现实并不是立即可以改变的，只能逐渐改善。有应，表明主方有可能从客方的良好素质得到益处。主方应当利用和扩大这种对主方有利的可能性，加速自身素质改善的过程。

三阳，征凶，贞厉；革言三就，有孚。

〔译文〕征伐有凶险，坚持不容易；改革的意思说三次就能够成功，有信任。

〔解说〕这是第三爻爻辞，阳，表示主方态度强硬。“就”（jiù），完成；成功。如果主方以粗暴的态度对待客方，像征伐敌人一样，那么，就很危险，双方关系再继续下去很难。耐心地与客方沟通，把自己关于改革的想法向客方反复说明，就可能得到客方的理解，“革言三就”，从而取得客方信任，“有孚”。

〔结构分析〕第三爻位置是阳位。这条爻是阳爻，当位，并且和六阴有应。主方的强硬态度，有利于从客方得到帮助，从而改善自己的素质，这是正确的，应当保持。客方对主方态度随和，能够与主方协调配合，对于主方来说，这是一个好机会，主方应当抓住这个机会。主方需要注意对客方不可以傲慢，不可以粗暴，应当刚中有柔。

四阳，悔亡，有孚改命，吉。

〔译文〕悔恨消失，有信任改变了命运，吉利。

〔解说〕这是第四爻爻辞，阳，表示客方的行动是阳，客方积极主动地谋取和扩大自己的利益，比如说，创新、创业、投资、进攻、求职、示爱，等等。同时，主方也在积极主动地谋取自己的利益，为了避免矛盾，主方应当尊重客方，努力取得客方信任。由于主客双方的行动都是阳，免不了冲突，如果主方处理不当，就会有悔恨。主方尊重客方维护自己利益的权利，就能够避免悔恨，有了客方对主方的信任，就改变了主方的命运，所以，对主方来说是吉利的。这里的“吉”不是说客方主动对于主方来说是吉利的，而是说有了客方信任是吉利的。关键是“有孚”，“有孚”就“悔亡”，就“改命”，就“吉”。

〔结构分析〕第四爻位置是阴位。这条爻是阳爻，阳爻在阴位，不当位，和一阳不有应。这条爻既不有应又不当位，表明客方的积极主动与主方有矛盾。在这矛盾中，主方不可能改变客方的行动，并且，由于自己的素质不佳，战胜客方的可能性也比较小，所以，主方应当做的是，理解客方、尊重客方，取得客方信任，从而能够在双方关系中获益。

五阳，大人虎变，未占有孚。

〔译文〕大人像老虎一样地变化，不占卜，有了信任。

〔解说〕这是第五爻爻辞，阳，表示客方素质良好，比如说，客方有资金、有地位、有权力、有实力、有技术，等等。“大人”指客方，因为客方素质良好，力量强大。尽管主客双方都各为自己的利益而积极主动地行动，如果主方取得客方信任，客方就有可能愿意帮助主方，客方态度会有明显的变化，“大人虎变”。如果客方对主方态度有了明显变化，开始帮助主方，这肯定客方有了对主方的信任，“未占有孚”。

〔结构分析〕第五爻位置是阳位。这条爻是阳爻，阳爻在阳位，当位，并且与二阴有应。既有应又当位，表明主方有从客方的良好素质获益的可能性，主方应当尽力利用和扩大这种有利的可能性。

六阴，君子豹变，小人革面；征凶，居贞吉。

〔译文〕道德高尚的人，变化如豹，道德低下的人改变面孔；征伐有凶险，安定坚持吉利。

〔解说〕 这是第六爻爻辞，阴，表示客方态度阴，对主方随和。客方素质良好，态度随和，是位君子，改变迅猛而明确，如豹。豹的动作迅猛，直接显示出身上的斑纹。主方素质不佳，力量弱，比喻为小人。小人的改变在面孔上，变化不彻底。另一层含义，“小人革面”是指主方对客方态度的改变，态度的改变是表面上的改变，但是对双方关系却影响很大。客方态度是随和的，如果主方对客方态度粗暴，像个征讨者，则是凶险的。主方如果坚持安静地等待客方的帮助，就吉利。

〔结构分析〕 第六爻位置是阴位。这条爻是阴爻，阴爻在阴位，当位，又与三阳有应。既有应又当位，这是对主方有利因素，主方应当利用这个好机会，取得客方的帮助。同时，主方也需要注意，不要傲慢，不要粗暴，要充分尊重客方。

6:6 卦，兑（在周易中，第 58 卦）

兑是 6:6 卦的卦名，6:6 是兑卦的代号。“兑”（duì），交换：兑换（用一种货币换另一种货币）。兑又有另一层意思：“兑”（yuè），古同“悦”，喜悦。6:6 卦的主卦和客卦都是 6 卦兑卦，卦象是泽，特性是愉快。主客双方都积极主动，素质良好，态度随和，都取得了成功，享受成功的喜悦。双方在相互关系中，相互交换，互利双赢。

结构和卦爻辞

兑卦的结构与卦爻辞，如图 3-10-4 所示。

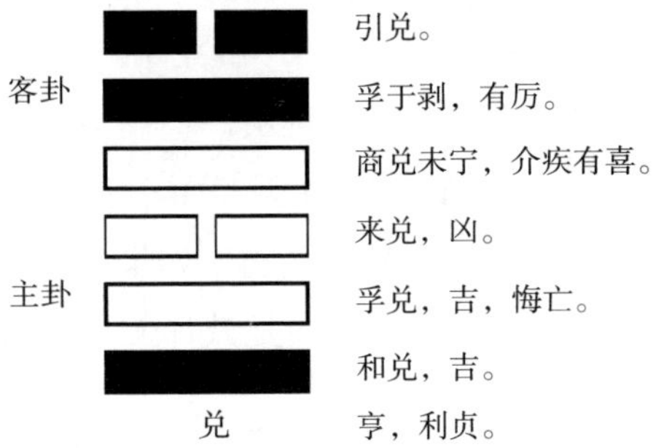

图 3-10-4　兑卦的结构与卦爻辞

上图左边是兑卦的结构，右边是兑卦的卦爻辞，爻辞与爻一一对应，按爻的顺序，由下而上。与六十四卦中其他卦的结构图相比，这里没有用箭头表示有应关系，就是说，主卦与客卦的各对爻之间没有阴阳和谐关系，处处都是矛盾。主客双方都是素质良好，积极主动，而又态度随和，可以说，双双都是成功的、成熟的竞争者，恰恰是将遇良才，棋逢对手，事实上是矛盾重重，而表面上是欢乐愉快。然而，从主方的角度来看，主客双方的各种因素之中，有利有弊。黑色的爻是当位的爻，对主方可能有利，白色的爻是不当位的爻，对主方可能不利，但是，这些都是潜在因素，是否有利，或者有弊，还要看事态发展。从主方来说，第一爻当位，表明主方的积极主动是正确的，有利于主方的开拓发展，但是，与第四爻没有有应关系，主方在积极主动谋求自身利益的时候，不能不处理好与客方的关系。第二爻和第三爻都不当位，表明主方需要注意维护自己的利益，并且应当有明确目标，果断处理事务。在客方，第四爻不当位，客方的积极主动对主方不利，然而，主方不能改变客方的行动，只能是尊重客方，争取互利双赢。第五爻和第六爻当位，表明客方良好的素质和随和的态度是对主方有利的潜在因素，如果主方处理好与客方的矛盾，取得客方信任，然后，就有从客方的良好素质与随和的态度获得益处的可能。

还要考虑常规变化，用阳数表示，常规变化规律是 4、5、6、7、3、2、1 和 0，震卦与客卦都是 6 卦兑卦，进一步发展是 7 卦乾卦，随着素质改善，逐渐向 7 卦转变，谁的状态先进入乾卦，对另一方都不利，所以当前主客双方关系中既有合作又有竞争，主方在诚恳与客方合作，争取互利双赢，同时，要尽可能地发挥积极主动性，取得尽可能快的发展。

卦辞从总体上指出当前主方应当做的事。

兑卦的六条爻的爻辞中，有五条含有“兑”，这说明当前的双方关系中，需要保持和悦。为了保持当前的良好关系，并且从中受益，主方应当创造与客方和谐相处的环境，“和兑”；诚恳对待客方，“孚兑”；要主动而不要等待客方来，不要“来兑”；遇到问题与客方充分协商解决，“商兑”；总之，要引导双方关系走向和谐，“引兑”。双方的信任只能加强，而不能削弱，“孚于剥，有厉”。爻辞中的判断词是根据爻在卦中的状态加入的，如果删除判断词，六条爻辞就是一首完整的围绕主题“兑”的散文诗，下面是其译文。

交换，维护和平。

交换，保持诚信。

交换，欢迎客方来。

交换，不停息地商讨，化解争执，喜事临门。
（一旦）诚信削弱，严厉的局面就会出现，
交换，向正确方向引导（客方）。

下面逐条说明卦爻辞。

卦辞

亨，利贞。

〔译文〕顺利，利于坚持下去。

〔解说〕主客双方都有良好的素质，都积极主动寻求发展，而态度又都随和，主客双方关系对于主方来说是一个好的环境，“亨”，利于继续坚持下去。

爻辞

一阳，和兑，吉。

〔译文〕和平交换，吉利。

〔解说〕第一爻是主卦下爻，代表主方的行动，阳，表示主方积极主动地谋取和扩大自己的利益，比如说，创新、创业、投资、进攻、求职、示爱，等等。主方积极主动地谋求发展，在发展中与客方相互交换，由于双方的态度随和，交换在和平的环境中进行。主方的积极主动行动有利于主方。“吉”有个前提，必须创造和维持和平交换的环境，如果没有和平交换的环境，则不一定吉利。

〔结构分析〕第一爻位置是阳位。这条爻是阳爻，当位，然而与四阳不有应。当位表明主方的积极的行动是正确的，而不有应则表明主方与客方有矛盾，主方要避免与客方直接冲突，应当努力保持和谐气氛。

二阳，孚兑，吉，悔亡。

〔译文〕保持诚信进行交换，吉利，悔恨消失。

〔解说〕第二爻是主卦中爻，代表主方素质，阳，表示主方素质良好，比如说，主方有资金、有地位、有权力、有实力、有技术，等等。客方素质也良好，主客双方相互不需要占对方便宜，而应当保持诚信，进行交换。这种情况有利于主方，主方没有悔恨。“吉”是以“孚兑”为前提，保持诚信进行交换，才吉利。如果交换之中不诚信，则不一定吉利。

〔结构分析〕第二爻位置是阴位。这条爻是阳爻，阳爻在阴位，不当位，和五阳不有应。不当位并不是说主方素质良好是不正确的，而是说，由于主方素质良好，有可能让客方受益；不有应则说明客方不一定能够从主方的良好素质受益。因此，主方不需要担心，可以诚恳对待客方，与客方互利双赢。

三阴，来兑，凶。

〔译文〕来交换，有凶险。

〔解说〕第三爻是主卦上爻，代表主方态度，阴，表示主方态度随和。同时，客方态度也随和，双方都很随和，这种情况下，如果主方不是坚定地与客方交换，而是等待客方来交换，可能交换不成功，对于交换来说有凶险。也就是说，主方阴的态度对于主方来说有凶险。主方应当态度明确，坚定地寻求与客方交换的机会。

〔结构分析〕第三爻位置是阳位。这条爻是阴爻，阴爻在阳位，不当位，和六阴不有应。不当位表明主方过于随和的态度是不适当的，可能在交换中失利；不有应表明客方态度也随和，难以摸清客方意图，所以爻辞说“凶”。一方面，主方应当态度明确而坚定，以比较强硬的态度对待客方。另一方面，第三爻是对第二爻的补充，表明主方素质虽然良好，但不是很好，主方应当继续努力，进一步改善自己的素质，进一步增强与客方竞争的实力。

四阳，商兑未宁，介疾有喜。

〔译文〕商讨交换没有停息，在疾病之间有喜事。

〔解说〕第四爻是客卦下爻，代表客方的行动，阳，表示客方的行动是阳，客方积极主动地谋取和扩大自己的利益，比如说，创新、创业、投资、进攻、求职、示爱，等等。“介”（jiè），在两者中间：介于两者之间。由于客方积极主动地谋取自己的利益，客方与主方在交换中有争执，“商兑未宁”。争执的问题是交换中的“疾”，在争执之中，有些问题得到妥善解决，对于主方有益，“介疾有喜”。

〔结构分析〕第四爻位置是阴位。这条爻是阳爻，阳爻在阴位，不当位，和一阳不有应。既不当位又不有应，表明客方的阳的行动与主方的阳的行动有矛盾，可能不利于主方。主方应当妥善处理与客方的争执，在解决问题的过程中，为自己获取利益。

五阳，孚于剥，有厉。

〔译文〕诚信在削弱中，有严厉的局面出现。

〔解说〕第五爻是客卦中爻，代表客方素质，阳，表示客方素质良好，比如说，客方有资金、有地位、有权力、有实力、有技术，等等。“剥”（bāo），去掉外面的皮或其他东西：剥皮。主客双方在交换过程中，为了各自的利益，一旦诚信削弱，对于主方来说，可能出现很难处理的局面。

〔结构分析〕第五爻位置是阳位。这条爻是阳爻，阳爻在阳位，当位，与二阳不有应。当位表明客方的阳的素质对于主方来说，是潜在的有利因素，主方有从客方的良好素质受益的可能；然而，这条爻与第二爻不有应，这种潜在的有利因素实际上对主方起不了作用。因为主方素质也良好，不需要直接从客方的良好素质获益。相反地，客方的良好素质是客方与主方竞争的实力，其良好素质，增加了主方与客方竞争的难度，对主方可能不利。并且，为各自利益的竞争，有可能损伤双方的诚信。

六阴，引兑。

〔译文〕吸引交换。

〔解说〕第六爻是客卦上爻，代表客方态度，阴，表示客方态度随和。同时，主方态度也随和，双方都很灵活，缺少明确坚定的态度，不利于交换，主方应当以坚定而明确的态度引导客方来交换。

〔结构分析〕第六爻位置是阴位。这条爻是阴爻，阴爻在阴位，当位，然而和三阴不有应。当位表明态度随和的客方有可能顺应主方，便于主方谋取利益，这是潜在的对主方有利因素。然而，不有应，就是说，主方态度也随和，主方没有要求客方顺从的需要，这种可能性不是现实。客方态度决定于客方，主方不能改变客方态度，何况，客方的阴的态度当位，本来就是对主方潜在的有利因素，因此，主方应当改变自己的态度，变得更坚定、更明朗、更强硬，让客方顺从自己的需要，从而，主方可以获得利益。不过主方不可傲慢，不可粗暴。

7:6 卦，夬（在周易中，第 43 卦）

夬是 7:6 卦的卦名，7:6 是夬卦的代号。“夬”（guài），分决，决断。7:6 卦的主卦是 7 卦乾卦，卦象是天，特性是强健；客卦是 6 卦兑卦，卦象是泽，特性是愉快。强健的主方遇到愉快的客方，双方的素质都良好，都积极主动，主方态度强硬，客方态度随和。主方是应当视客方为友好的伙伴，依靠客方呢，还是视客方为竞争对手，打击客方呢？尤其客方态度不明朗，不容易对客方做出判断，主方必须果断，不再犹豫。

结构和卦爻辞

夬卦的结构与卦爻辞，如图 3-10-5 所示。

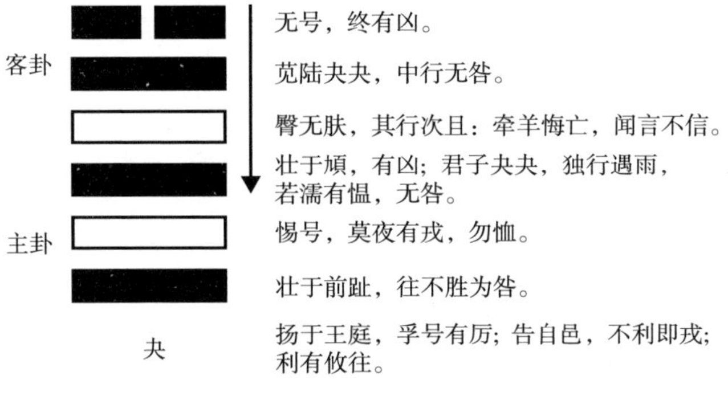

图 3-10-5 夬卦的结构与卦爻辞

在夬卦中，一阳、三阳、五阳和六阴当位，以黑色表示；其他两条爻不当位，以白色表示。当位是潜在的对主方有利因素，一阳当位，表示主方的积极主动行动可能有利于开拓和维护自己的利益；三阳当位，表示主方态度强硬，可能制约客方，有利于主方发展；五阳当位，表示客方的良好素质可能让主方得益；六阴当位，表示客方随和的态度可能有利于主方制约客方。不当位是潜在的对主方不利因素，二阳不当位，表示主方的良好素质可能削弱主方进一步发展的动力；四阳当位，表示客方积极主动的行动可能是主方发展的阻力。这些都是潜在因素，是否真正对主方有利或者不利，还要看有应情况。

有应指主卦与客卦相应的爻是一阴一阳，处于阴阳和谐状态，图中用箭头表示有应，箭头的方向是从阴爻到阳爻。夬卦中两条上爻相互有应，表示主方的强硬态度与客方的随和态度正好处于和谐状态，这两条爻都是当位的爻，它们所表示的潜在的对主方有利因素是真正对主方的有利因素，状态稳定。其他两对爻不有应，它们只是潜在因素，状态不稳定。

主方能够变化的是主卦三条爻，不能改变客卦的三条爻。一阳与三阳是当位的爻，说明主方积极主动、态度强硬是正确的，应当努力保持下去，不需要改变。二阳虽然不当位，但是素质是主方的核心利益，宜强不宜弱，也不应当改变。如此看来，主方应当努力维持目前状态，不用做任何改变。尤其是一对有应的爻显示，主方应当利用可以制约客方的有利条件，当机立断。

再从常规变化规律来看，乾卦是发展的顶峰，主方一不小心，当前情况就可能产生质变，主方可能不知不觉地由发展转为衰落；而客方可以继续发展，由兑卦上升到乾卦。这种常规变化很难发现和控制，这也是另一个理由，主方必须“夬”，不可优柔寡断。

夬卦卦爻辞中有三个“号”：“孚号”、“惕号”、“无号”，可见“号”是号令的意思。有二个“夬夬”：“君子夬夬”和“苋陆夬夬”，可见“夬夬”是果断貌。主卦的爻辞中有“壮”，“壮于前趾”，“壮于頄”；客卦的爻辞中无“壮”，只有“臀无肤”，显出在主客双方的冲突中，如果主方过分施用力量，过“壮”，则可能遭受损失，必须适可而止。卦爻辞以中央朝廷与地方诸侯比喻主方和客方的关系。主方果断地决定战与和，表现出权威，即使有不妥，也“若濡有愠，无咎”。如果不果断，就会像是“臀无肤”，不知坐哪里好。爻辞还以商陆做比喻，要独自生长，不依不靠。并且警告主方，如果不果断，发布不出号令，终了有凶险。根据爻在卦中的状态，爻辞中插入了判断词。如果删去少数判断词，就可以看出卦爻辞是一首完整的围绕状态“夬”的散文诗。其译文如下：

朝廷（果断）发出诚恳交往号令，诸侯国来了详细报告，不利于打仗，利于做一些事，强壮表现在前足趾上，如果往前进不能取胜，就应当怪罪。

朝廷（果断）发出警戒号令，夜间没有战斗，不要忧虑。

强壮表现在面颊上，有凶险；聪明人做事果断，独行遇雨，淋湿了有些恼怒，无所怪罪，行为犹豫不定时，就像臀部没有皮肤，牵了羊悔恨消亡，听到言语也不要相信。

（应当像）商陆独自生长，中间行走无所怪罪。

若不再（果断地向诸侯国）发布号令，终了有凶险。

下面逐条说明卦爻辞。

卦辞

扬于王庭，孚号，有厉告自邑，不利即戎；利有攸往。

〔译文〕从朝廷发出诚恳的号令，自城邑有严厉的报告，不利于打仗；利于做一些事。

〔解说〕主卦和客卦的阳数比是 7:6，这表示主方威力强大，客方力量稍弱。威力强大的主方，比喻为君主，控制着朝廷；力量稍弱的客方，比喻为占据着城邑的官员，或者诸侯国。主方果断地发出诚恳的号令，说明自城邑有严厉的报告，情况不利于发生冲突，而利于双方合在一起做些对双方都有利的事。“邑”（yì），城市，都城：城邑，古时也指诸侯国。“即戎”（jí róng），用兵，作战。就是说，主方应当呼吁客方，双方诚恳相处，不相互攻击，而做到互利共赢。

爻辞

一阳，壮于前趾，往不胜为咎。

〔译文〕强壮表现在前足趾上，往前进不胜，应当怪罪。

〔解说〕第一爻是主卦下爻，代表主方的行动，阳，表示主方积极主动地谋取和扩大自己的利益，比如说，创新、创业、投资、进攻、求职、示爱，等等。积极主动是主方最基本的优点，从此出发会有什么后果？这取决于主方的决断。如果往前进得不到胜利，那是决断不佳，应当怪罪主方。

〔结构分析〕第一爻位置是阳位。这条爻是阳爻，当位，然而与四阳不有应。当位表明主方积极主动是正确的，可能有利于主方的开拓与发展；不有应表明主方与客方的行动有冲突。在这种情况下，主方采取什么行动，则须根据具体情况作决断，能胜则进，不能胜，则停，或者退，不能盲目前进。

二阳，惕号，莫夜有戎，勿恤。

〔译文〕警惕的号令，夜间没有战斗，不要忧虑。

〔解说〕第二爻是主卦中爻，代表主方素质，阳，表示主方素质良好，比如说，主方有资金、有地位、有权力、有实力、有技术，等等。根据主客双方情况，作为警惕的号令表明，“莫夜有戎，勿恤”，当前双方关系的状态一般，不是很坏。“恤”（xù），忧虑：恤恤。

〔结构分析〕第二爻的位置是阴位。这条爻是阳爻，阳爻在阴位，不当位，与五阳不有应。不当位并不是说主方不应当有良好的素质，而是说主方的良好素质有可能为客方所利用，这就可能对主方不利，不有应，因为客方素质也良好，不需要利用主方的良好素质，这种对于主方不利的可能性减少了。正如爻辞所说，“莫夜有戎，勿恤。”

三阳，壮于頄，有凶；君子夬夬，独行遇雨，若濡有愠，无咎。

〔译文〕强壮于面颊上，有凶险；聪明的人做事果断，独行遇雨，淋湿了有些恼怒，无所怪罪。

〔解说〕第三爻是主卦上爻，代表主方态度，阳，表示主方态度强硬。同时，第三爻是对第二条的补充，第二条是阳，第三条也是阳，表示主方素质非常好。态度强硬过分，表现在表面上，这对于主方是很不利的，“壮于頄，有凶”。“君子”指主方，由于主方态度强硬，做事果断，这些果断的决定有时得到不愉快的结果，如同“君子夬夬，独行遇雨，若濡有愠”。这是主方的特性，无所怪罪。“頄”（qiú），泛指面颊。“夬夬”，果决貌。“愠”（yùn），怒，怨恨：愠色。主方态度过热了，需要冷下来，遇到雨，浇一浇，冷却一些有好处，这是“独行遇雨，若濡有愠，无咎”的另一层意思。

〔结构分析〕第三爻位置是阳位。这条爻是阳爻，阳爻在阳位，当位，并且与六阴有应。当位表明主方的强硬态度是正确的，应当保持下去；有应表明客方有可能顺从主方的强硬态度，对主方有利。另一方面，态度过于强硬了，则可能傲慢，粗暴，这是对主方不利的，主方需要警惕和避免傲慢与粗暴，如爻辞所说“壮于頄，有凶”。

四阳，臀无肤，其行次且；牵羊悔亡，闻言不信。

〔译文〕臀部没有皮肤，其行为犹豫不定；牵了羊悔恨消亡，不要相信闻言。

〔解说〕第四爻是客卦下爻，代表客方的行动，阳，表示客方积极主动地谋取和扩大自己的利益，比如说，创新、创业、投资、进攻、求职、示爱，等等。客方的积极主动与主方的积极主动有冲突，可能使主方受到损失，“臀无肤”。主方受到损失以后，行动犹豫不决，“其行次且”。主方应当果断地摆脱这种状态，能够有一定收获即可，“牵羊悔亡”。主方应当果断地行动，不要听信客方如何说，“闻言不信”。“臀”（tún），屁股：臀部。“次且”，犹豫不进貌。

〔结构分析〕第四爻位置是阴位。这条爻是阳爻，阳爻在阴位，不当位，与四阳不有应。不当位表示客方积极主动，不有应表明客方的积极主动与主方有矛盾，在此情况下，主方在发展中可能遇到困难，主方不要企图一下获得很多利益，应当现实一点，有利即取，“牵羊悔亡”。

五阳，苋陆夬夬，中行无咎。

〔译文〕商陆独自生长，中间行走无所怪罪。

〔解说〕第五爻是客卦中爻，代表客方素质，阳，表示客方素质良好。同时，主方素质也良好，客方良好的素质不能为主方增加利益，主方应当果断地避免客方干扰，不左不右地走自己的路，这样，就无所怪罪。“苋陆”，即商陆，多年生草本，春初发苗，叶卵形而大；夏季开红紫或白色小花；入秋结实，实多肉，赤黑色；嫩叶可食，其根有毒，可供药用。这里用苋陆做比喻，建议主方要果断，不要因客方的良好素质而犹豫不决。

〔结构分析〕第五爻位置是阳位。这条爻是阳爻，阳爻在阳位，当位，然而与二阳不有应。当位表明客方良好素质是对主方有利的潜在因素，有可能主方会利用客方的良好素质；不有应表明主方不需要利用客方的良好素质，因为主方自己的素质也良好。在这种情况下，主方不需要依赖客方，应当果断地按自己的意图前进，避免客方干扰。

六阴，无号，终有凶。

〔译文〕没有号令，终了有凶险。

〔解说〕第六爻是客卦上爻，代表客方态度，阴，表示客方态度随和。本来，主方可以利用客方的随和态度，从合作中取得利益，然而，爻辞所说的情况是主方果断地断绝了与客方的联系，不再向客方发号令，双方的关系终了了，这种终了对于主方来说是凶险的。爻辞从反面警告主方，不要持过分强硬的态度，不要果断地断绝与客方的关系。如果主方不果断结束与客方的关系，就不至于有凶险。

〔结构分析〕第六爻的位置是阴位。这条爻是阴爻，阴爻在阴位，当位，又与三阳有应。客方的阴的态度有利于主方，主方有可能制约客方，让事态朝对主方有利的方向发展。这对于主方是一个有利因素。不过，如何利用这个有利因素，在于主方。与第六爻相应的爻是第三爻，第三爻是阳爻，除了表明主方态度强硬以外，还表明主方素质很好，实力很强，正是因为实力很强，主方可能过分自信，撇下客方，独断孤行，如果是这样，对于主方来说，很危险。因此爻辞强调，如果“无号”，则“终有凶”。

3:6 卦，大过（在周易中，第 28 卦）

大过是 3:6 卦的卦名，3:6 是大过卦的代号。过，是过分的意思。“大过”，太过分。卦名“大过”，说明当前形势对于主方来说是一个太过分的负担，主方不容易对付，但也不是灾难，只是需要谨慎处理。3:6 卦的主卦是 3 卦巽卦，卦象是风，特性是顺从；客卦是 6 卦兑卦，卦象是泽，特性是愉快。主方只想顺从客方，而客方正享受成功的愉快，如何在与客方的关系中维护主方利益，主方需要认真考虑。双方素质都良好，主方态度强硬，而客方态度随和，客方积极主动，而主方消极被动，主方不想有过分激烈的行为，而又不得不做些有效的活动以维护自己的利益。

图 3-10-6 左是大过卦的结构，其右是其卦爻辞，爻辞与爻，按由下而上的顺序，一一对应。图中，有二个箭头，表示主卦和客卦的爻之间有应关系，箭头方向是由阴爻到阳爻。第一个箭头表示主方与客方的行动有应，主方消极被动，客方积极主动，处于和谐状态，然而，这种和谐是主方受客方控制，不利于主方。

第一爻以白色表示，不当位，表明主方消极被动不适当，主方应当设法扭转。另一个箭头表示主方态度和客方态度处于和谐状态，客方接受主方制约，这对主方有利，第三爻是黑色，表示主方态度正确，主方应当坚持强硬态度。不有应的一对爻是主卦和客卦中爻，而且第二爻不当位，不过，第二爻代表主方素质，这条爻既不有应也不当位，不一定对主方不利，这仅仅表示主方直接从客方素质受益的可能性小，而主方素质良好，是主方实力所在，主方应当维护和加强。总体来看，当前问题主要出在主方的消极被动上，主方应当极力改变消极被动的态度。

结构和卦爻辞

大过卦的结构与卦爻辞。

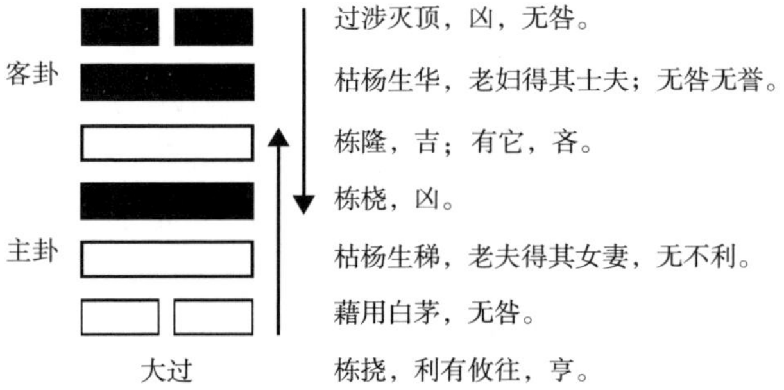

图 3-10-6　大过卦的结构与卦爻辞

不过，主方状态是已经开始衰落的表现，已经经过了量变到质变的关键点，从乾卦衰落到巽卦，阳数减少了 3，要返回到乾卦状态很难。所以比较现实的办法是阴中有阳，在可能的情况下采取主动。

大过卦的卦辞中的“栋”象征主方，“栋挠”，栋梁超载弯曲，主方负担太重。爻辞形象地描述主方所处状态，在超载过重的形势下，首先须要谨慎，“藉用白茅”；不要紧张，过载不一定是坏事，“枯杨生稊”；要警惕过载的严重程度，“栋桡”；要采取积极行动顶住压力，“栋隆”；避免做无意义的事，“枯杨生华”，要充分意识到过载的危险，“过涉灭顶”。如果删去少量判断词，卦爻辞就是一首围绕主题“大过”的散文诗，下面是其译文。

（尽管形势像）栋梁弯曲，还可以有所前进，

用白茅草铺垫，（谨慎小心）无所怪罪，
（就像是）枯杨树生芽，老翁得到少妻，没有不利。
栋梁弯曲了，有凶险，
（让）栋梁隆起，吉利；（回避问题，）有其他关系，太不适宜，
（就像是）枯杨树开花，老妇得到少夫；没有怪罪，没有赞誉。
（如果行动过度）涉过淹没头顶的深水，有凶险。

下面逐条说明卦爻辞。

卦辞

栋挠，利有攸往，亨。

〔译文〕 栋梁弯曲，利于有所前进，顺利。

〔解说〕 消极被动的主方顺从客方，而客方积极主动，使得主方感受巨大压力，“栋挠”，在客方压力下，主方应当有所作为，进展会顺利，“利有攸往，亨”。虽然利有攸往，并且亨通，然而栋梁弯曲，很难支撑长久。

爻辞

一阴，藉用白茅，无咎。

〔译文〕 用白茅草铺垫，无所怪罪。

〔解说〕 第一爻是主卦下爻，代表主方的行动，阴，表示主方消极被动，比如说，防守、退却、不想冒险、不想探索或开辟新的发展领域、只求保持现状，等等。主方不想积极行动，在客方推动下，勉强行动起来，不过很慎重，行动缓慢，行动之前做充分准备，“藉用白茅”，如此，应当不受怪罪。否则，不“藉用白茅”，行动仓促，则受怪罪。

〔结构分析〕 第一爻的位置是阳位。这条爻是阴爻，阴爻在阳位，不当位，并且与四阳有应。不当位表明主方消极被动不适当，是对主方不利的潜在因素；有应说明这种不利的潜在因素可能被客方利用，对主方产生实际的不利效果，主

方应当极力扭转消极被动局面。但是，也不能仓促，爻辞提醒主方，“藉用白茅”。

二阳，枯杨生稊，老夫得其女妻，无不利。

〔译文〕 枯杨树生芽，老翁得到妻子，没有不利。

〔解说〕 第二爻是主卦中爻，代表主方素质，阳，表示主方素质良好，比如说，主方有资金、有地位、有权力、有实力、有技术，等等。在客方推动下，基于主方的良好素质，主方意外地获益，“枯杨生稊，老夫得其女妻”，这对于主方来说，没有不利的。“枯杨”与“老夫”象征主方，“稊”与“女妻”象征客方。有了“稊”可能生新枝，有了“女妻”可能生子女，主方与客方的结合，为主方进一步发展带来了希望。这一条爻辞是与上条联系的，主方先“藉用白茅”，才有“枯杨生稊，老夫得其女妻”。

〔结构分析〕 第二爻的位置是阴位。这条爻是阳爻，阳爻在阴位，不当位，和五阳不有应。不有应并不是对主方的不利因素，只是说明客方从主方良好素质获益的可能性小。这种不有应不仅对主方无害，而且对主方有益，主方的良好素质被保存，主方又可以用自己的良好素质获取利益，爻辞形象地用“枯杨生稊，老夫得其女妻”做比喻。

三阳，栋桡，凶。

〔译文〕 栋梁弯曲，有凶险。

〔解说〕 第三爻是主卦上爻，代表主方态度，阳，表示主方态度强硬。同时，第三爻是对第二爻的补充，第二爻是阳，第三爻也是阳，这表示主方素质很好。主方也许很坚定，很明朗，也许很粗暴，很傲慢，而客方态度随和，主方很难对付客方，形成“栋桡”状态，如果主方不改变过分强硬态度，栋梁可能折断，所以说，“栋桡，凶”。要避免凶险，就要改变主方过于强硬的态度，切不可粗暴，切不可傲慢。

〔结构分析〕 第三爻的位置是阳位。这条爻是阳爻，阳爻在阳位，当位，又与六阴有应。当位表明主方的强硬态度是正确的，应当保持。不过这种强硬态度是以良好素质为基础，由于实力强大，可能自满、傲慢，或者粗暴。而客方并不反对主方的强硬态度，反而顺从，这可能又助长主方的傲慢和粗暴，其结果很危险。

四阳，栋隆，吉；有它，吝。

〔译文〕 栋梁隆起，吉利；有其他关系，太不适宜。

〔解说〕 第四爻是客卦下爻，代表客方行动，阳，表示客方积极主动地谋取和扩大自己的利益，比如说，创新、创业、投资、进攻、求职、示爱，等等。“栋”象征主方，客方积极主动促进主方行动起来，弯曲的栋梁窿了起来，主方开始行动起来了，这对主方是吉利的。如果主方不顺从客方，有其他行为，主方就太不适宜了。

〔结构分析〕 第四爻的位置是阴位。这条爻是阳爻，阳爻在阴位，不当位，与一阴有应。不当位表明主方可能受到积极主动的客方操纵，对主方不利；有应表明客方确实操纵主方，形势对于主方来说并不好。从另一方面说，主方消极被动本来就是主方的严重缺点，如果，主方能够由此而振作起来，那就成了好事。所以，主方不应当回避恶劣环境而找其他出路。

五阳，枯杨生华，老妇得其士夫；无咎无誉。

〔译文〕 枯杨树开花，老妇人得到年轻丈夫；没有怪罪，没有赞誉。

〔解说〕 第五爻是客卦中爻，代表客方素质，阳，表示客方素质良好。在主客双方关系中，客方良好的素质，给双方关系带来了光彩，好像是枯杨树开了花，只开花而不结子；也好像老妇人得到了年轻丈夫，有了年轻丈夫仍然不能生孩子，这些都没有实际效果。主方已经有了良好素质，客方的良好素质对主方没有实际作用，所以，对于主方来说，“无咎无誉”。

〔结构分析〕 第五爻的位置是阳位。这条爻是阳爻，阳爻在阳位，当位，然而与二阳不有应。当位表明客方的良好素质是对主方有利的潜在因素，主方有可能利用客方的良好素质获益；不有应表明这种潜在的有利因素不成事实，由于主方素质很好，比客方素质更好，比客方实力更强大，主方不需要依靠客方的良好素质得益。主方真正应当做的是着力扭转被动状态，依靠自己的良好素质，开拓发展。

六阴，过涉灭顶，凶，无咎。

〔译文〕 涉过淹没头顶的深水，凶险，无所怪罪。

〔解说〕第六爻是客卦上爻，代表客方态度，阴，表示客方态度随和。主方以强硬态度对待随和的客方，可能陷入客方圈套，如同“过涉灭顶”，主方有凶险。如果主方认识到这种凶险，改变过分强硬的态度，则无所怪罪。

〔结构分析〕第六爻的位置是阴位。这条爻是阴爻，阴爻在阴位，当位，又与三阳有应。既当位又有应，是对主方有利因素。本来，客方能够随和地对待主方的强硬态度，尊重主方意见，对于主方来说，这是好事，主方可以让双方关系朝对自己有利的方向发展。问题是与第六爻对应的第三爻是对第二爻的补充，第二爻和第三爻都是阳爻，表明主方实力非常强，这就可能使得主方自满、傲慢和粗暴，从而态度强硬过度，“过涉灭顶，凶”。主方应当以此为戒，态度强硬是正确的，但是，切不可过分强硬。

2:6 卦，困（在周易中，第 47 卦）

困是 2:6 卦的卦名，2:6 是困卦的代号。2:6 卦的主卦是 2 卦坎卦，卦象是水，特性是危险和困难；客卦是 6 卦兑卦，卦象是泽，特性是愉快。水在江河中，从上游流向下游，到了湖泽中，水流就减缓了，甚至停止流动，水遇到了困境。“困”（kùn），陷在艰难痛苦或无法摆脱的环境中：困厄（处境困苦危险）。

结构和卦爻辞

困卦的结构与卦爻辞，如图 3-10-7 所示。

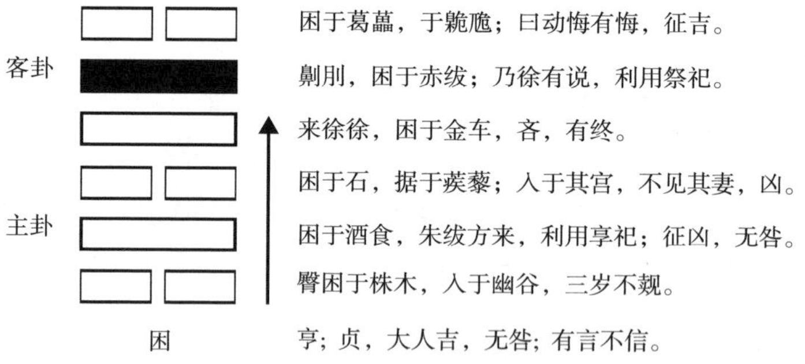

图 3-10-7　困卦的结构与卦爻辞

上图中，左边是困卦的结构，右边是其卦爻辞，爻辞与爻一一对应，由下而上。结构图中，白色表示不当位的爻，是对主方的潜在不利因素；黑色表示当位的爻，是对主方的潜在有利因素。困卦中，不当位的爻有五条，当位的爻只有一条。五条不当位的爻之中，主卦的三条爻全部不当位，这说明主方情况不妥当，主方的困难是主方自己造成的，解决困难需要从主方本身着手。客卦中不当位的爻是代表客方行动的第四爻和代表客方态度的第六爻，这两条爻不当位，说明客方的积极主动和强硬态度，加重了主方困难。实际上，就客方行动和态度而言，主方做不了什么，这些决定于客方自己。在结构图的右边有一个箭头，表示第一爻与第四爻有应，处于阴阳和谐状态。然而，阴阳和谐不一定对双方都有利，在当前情况下，阴阳和谐只对客方有利，对主方并不有利，因为，主方行动不当位，这阴阳和谐是主方在客方控制下的阴阳和谐。

主方应当极力改变第一爻和第三爻的状态，变被动为主动，变态度随和为态度强硬。不过，这些变化很难，因为事物本身是按螺旋形规律发展的，主方已经从乾卦衰落到巽卦，又从巽卦衰落到坎卦，要逆转这种变化趋势，不是不可能，但是很难，要有很大的决心和付出。比较现实的做法是在可能的范围内，阴中有阳，采取一些主动。至于态度随和，那是实力不足的表现，没有很强的实力支撑，强硬态度很难维持，所以也只能在适当场合，态度少许强硬些，以维护自己的利益。

困卦的6条爻辞，条条有“困”，描述了困境。主卦的三条爻辞中的“困”，表示困难来自于主方，起居困难，“臀困于株木”；饮食有困难，“困于酒食”；行动也有困难，“困于石”。客卦中的三条爻辞表示困难来自客方制约，受客方驱使，“来徐徐，困于金车”；受到客方迫害，“劓刖，困于赤绂”；被客方置于险恶境地，“困于葛藟，于臲卼”。主方自身的困难是最危险的，“征凶”；来自客方的困难是有希望解脱的，“征吉”。爻辞中的判断词是根据爻在卦中状态加入的，如果删去判断词，六条爻辞就是一首完整的围绕主题“困”的散文诗。

（他的）臀部受困于树木之中，进入幽深的山谷，三年见不到人，

（他）困于酒食交往中，当官的来了，利用酒与食物作祭祀，

（他）像是困于石头之间，缠于有刺的草丛之中；并且，回到自己家中，见不到自己的妻子。

（他）受困于囚车中，慢慢地到来，

（他）受困于黑色的官印下；割了鼻断了足，慢慢地被释放，应当作祭祀。

（他）受困于草丛之中，感受到不安；（他）开始检讨是否有应当悔恨的地方。

卦辞中没有“困”，强调如何摆脱困境。下面逐条说明卦爻辞。

卦辞

亨；贞，大人吉，无咎；有言不信。

〔译文〕 顺利；表现像大人物吉利，无所怪罪；不要听信流言蜚语。

〔解说〕 “亨”，由于主方素质良好，尽管处境艰难，还可以维持。“贞”，坚持下去。“大人吉”，像伟大人物那样高瞻远瞩，就吉利，否则不一定吉利。如果高瞻远瞩，尽力而为，无所怪罪。坚定信心，不要相信流言蜚语。困卦的卦名和卦的结构都表明主方面临困境，然而卦辞中没有提困难，反而有“亨”、“吉”等正面判断词，这表明卦辞在说明卦名和卦的结构的意思的同时，更着重指出摆脱困境的方向，“大人吉”、“有言不信”，高瞻远瞩，坚定信心，困境是可以摆脱的。

爻辞

一阴，臀困于株木，入于幽谷，三岁不觌。

〔译文〕 臀部受困于树木之中，进入幽深山谷，三年见不到人。

〔解说〕 第一爻是主卦下爻，代表主方行动，阴，表示主方消极被动，比如说，防守、退却、不想冒险、不想探索或开辟新发展领域、只求保持现状，等等。消极被动的主方受到积极主动的客方控制。爻辞形象地描述主方受到客方控制的困难境界。“觌”（dí），相见：觌面（见面或当面）。

〔结构分析〕 第一爻的位置是阳位。这条爻是阴爻，阴爻在阳位，不当位，并且与四阳有应。不当位表明主方消极被动是不正确的，可能存在对主方不利因素；有应表明这种对主方不利的潜在因素，已经被客方利用，成为真实的对主方不利因素，主方受客方操纵，就如同“臀困于株木，入于幽谷”，困难很不容易解脱，“三岁不觌”。

二阳，困于酒食，朱绂方来，利用享祀；征凶，无咎。

〔译文〕酒与食物有困难，当官的来了，利用酒与食物作祭祀；征伐有凶险，无所怪罪。

〔解说〕第二爻是主卦中爻，代表主方素质，阳，表示主方素质良好，比如说，主方有资金、有地位、有权力、有实力、有技术，等等。同时，客方素质也良好，主方与客方冲突。由于主方受到客方控制，主方的优势发挥不出来，以致，没有酒饮，没有饭吃。而客方则可以用酒食作享祀。主方不可以冒犯客方，“征凶”。主方只能消极被动地忍受，“无咎”。“朱绂”（zhū fú），古代礼服上的黑色蔽膝。后多借指官服。

〔结构分析〕第二爻的位置是阴位。这条爻是阳爻，阳爻在阴位，不当位，和五阳不有应。不当位这不是说主方素质不应当良好，而是说，由于主方素质良好，没有利用客方良好素质的需要，相反地，主方的良好素质可能被客方利用，以致主方受损失；不有应由于客方素质也良好，客方用不着利用主方的良好素质，主方因此避免了损失。在当前形势下，主方良好素质发挥不了作用，“困于酒食”，这是由主方消极被动造成的。相比之下，客方积极主动，良好素质发挥作用，“朱绂方来，利用享祀”。由于不有应，主方不能利用客方的良好素质，“征凶”。

三阴，困于石，据于蒺藜；入于其宫，不见其妻，凶。

〔译文〕像是困于石头之间，缠于有刺的草丛之中；并且，回到自己家中，见不到自己的妻子，有凶险。

〔解说〕这条爻代表主方态度，阴，表示主方态度随和。而同时，客方态度也随和。爻辞形象地描述主方受到客方控制的困境。“蒺藜”（jí lí），一年生草本植物，茎横生在地面上，开小黄花，果实也叫蒺藜，有刺，可以入药。

〔结构分析〕第三爻的位置是阳位。这条爻是阴爻，阴爻在阳位，不当位，和六阴不有应。不当位表示主方过于随和的态度使得自己处境困难，“困于石，据于蒺藜”。主方不能保护自己的利益，“入于其宫，不见其妻”。主方的随和态度对主方可能不利，“凶”。不有应表明客方态度也随和，客方并没有制约主方，主方仍然有改善困境的希望。

四阳，来徐徐，困于金车，吝，有终。

〔译文〕慢慢地到来，受困于囚车中，难受，有终了。

〔解说〕第四爻是客卦下爻，代表客方行动，阳，表示客方积极主动地谋取和扩大自己的利益，比如说，创新、创业、投资、进攻、求职、示爱，等等。消极被动的主方受到客方控制，如同“来徐徐，困于金车”。主方很难忍受这种情况，“吝”。由于主方有良好素质，只要耐心等待，这困难情况会有终了的时候。“金车”，用铜作装饰的车子。

〔结构分析〕第四爻的位置是阴位。这条爻是阳爻，不当位，并且与一阴有应。客方积极行动对于主方来说不利，客方积极主动使主方受到控制，如同“来徐徐，困于金车”。

五阳，劓刖，困于赤绂；乃徐有说，利用祭祀。

〔译文〕割鼻断足，困于黑色的官印下；慢慢地被释放，有利于作祭祀。

〔解说〕第五爻是客卦中爻，代表客方素质，阳，表示客方素质良好，比如说，客方有资金、有地位、有权力、有实力、有技术，等等。客方良好素质与主方良好素质冲突。由于客方可以积极主动地让良好素质发挥作用，使得主方受控制，置主方于困境，“劓刖，困于赤绂”。主方的良好素质有可能对客方有好处，客方逐渐放松对主方的控制，主方“乃徐有说”。客方是否放松对主方的控制，取决于客方，主方只能作祭祀，祈求鬼神保佑。“劓刖”（yì yuè），割鼻断足。“绂”（fú），古代系印纽的丝绳，亦指官印：印绂。

〔结构分析〕第五爻的位置是阳位。这条爻是阳爻，阳爻在阳位，当位，不过和二阳不有应。当位表明主方有可能利用客方良好素质，这是对主方有利的潜在因素；不有应表明这种对主方有利的潜在因素，没能变成现实，因为主方素质也良好，不需要利用客方的良好素质。可是，积极主动谋取自己利益的客方，却用自己的良好素质，比如说权力，加强对主方的控制，使得主方“劓刖，困于赤绂”。在利用主方的良好素质谋取利益过程中，客方也可能放松对主方的控制，“乃徐有说”，不过，这取决于客方的需要，主方不能指望于此，只得“利用祭祀”。

六阴，困于葛藟，于臲卼；曰动悔有悔，征吉。

〔译文〕受困于草丛之中，感受到不安；这时开始认识是否应当悔恨的地方，征伐吉利。

〔解说〕第六爻是客卦上爻，代表客方态度，阴，表示客方态度随和。客方的灵活态度，使得主方难以摆脱受控制的状态，“困于葛藟”。主方在困境中，在感受到不安与危险的时候，如果能够吸取教训，改变自己处理不妥的地方，继续前进则吉利。“葛藟”（gé lěi），植物名，又称“千岁藟”。“臲”（niè），不安。“卼”（wù），惶惶不安。

〔结构分析〕第六爻的位置是阴位。这条爻是阴爻，阴爻在阴位，当位，不过和三阴不有应。当位表明客方随和态度是对主方有利的潜在因素，主方有可能制约客方，改善自己的处境；不有应表明这种对主方有利的潜在因素并没有变为现实，因为主方态度也随和，主方没有能够趁客方随和的机会维护自己的利益，以致不能摆脱困境，“困于葛藟，于臲卼”。如果主方认识到困难来自自己的消极被动和态度随和，有所悔改，则希望还是有的，“曰动悔有悔，征吉”。

1:6 卦，咸（在周易中，卦 31）

“咸”是 1:6 卦的卦名，1:6 是咸卦的代号。“咸”（xián）是盐的味道，如：咸菜、咸鱼、不咸不淡等。在临卦的爻辞中，有“咸临”和“甘临”，说明在易经的用词中，“咸”与“甘”指二种味道。这种用法，从几千年前易经出现的时候开始，到现在的我国人民日常生活用语，都没有改变。解释咸卦的时候，“咸”应当理解为盐的味道。有人把“咸”解释成“感”或“交感”，其实，按“咸”的原意理解就可以了，用不着作其他解读。就主客双方关系而言，“咸”的意思是加一点“咸味”，加了一点咸味就有味道，可以妥善处理双方关系。本质上别卦展示主客双方利益博弈，主卦与客卦的阳数比是 1:6，主弱客强，主方不是“感受”客方的身体，而是伺机消耗客方实力，依靠仅有的一点微薄力量，维护自己的利益和生存。

结构和卦爻辞

咸卦的结构与卦爻辞，如图 3-10-8 所示。

咸卦的结构图中有二种颜色，三个箭头。黑色表示当位的爻，是潜在的对主方有利因素，白色是不当位的爻，是潜在的对主方不利因素。箭头表示有应关系，主卦与客卦中对应的一对爻是一阴一阳，处于阴阳和谐状态，比较稳定，使潜在因素成为真实的对主方有利或者不利的因素。

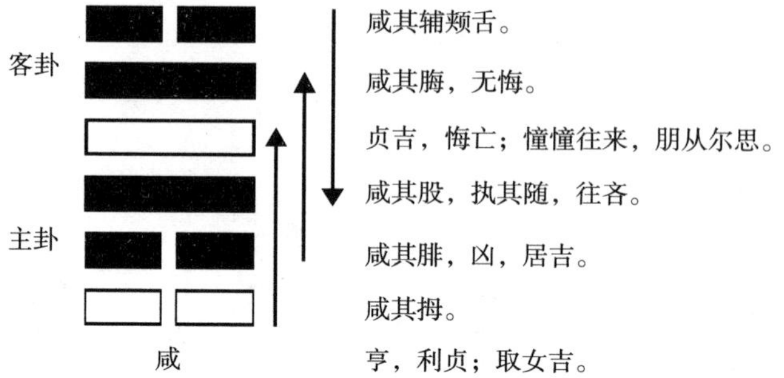

图 3-10-8 咸卦的结构与卦爻辞

第一个箭头两端的一对爻都是不当位的爻，表明这是两个对主方不利因素，消极被动的主方受到积极主动的客方控制。第二个箭头的两端都是当位的爻，表明这是两个对主方有利因素，主方可以从客方的良好素质中补足自己素质的不足。第三个箭头的两端也是当位的爻，也表明这是两个对主方有利因素，主方可以制约客方让客方做对主方有益的事。

主方已经很衰弱，只有一点微薄的力量，表现在强硬的态度上。为了维护自己的利益以求得生存，主方需要细心观察可以从客方获益的机会，在可以获益的这个时间点和活动范围内，采取适当行动，加一点“咸”味，吃掉这一块，获取利益。

咸卦是一种以弱胜强、以被动胜主动的很好的策略，关键是要保持在态度上制约客方。主卦的三个爻是可以由主方控制的，即使主方的实际情况与艮卦不一样，但为了战胜强大的、积极主动的客方，主方可以隐匿自己的良好素质，采取被动，寻找可以一点一点吃掉客方利益的机会，战胜客方。

咸卦的六条爻辞中，五条有“咸”和身体部位。对于客方的各个身体部位，需要结合具体情况解释。例如，对于敌我关系来说，可以解释为各个部队；对于商业竞争关系来说，可以解释为各个市场环节；对于雇佣关系来说，可以解释为各个行政部门等。“咸”，并不是真的加一点味道把对方吃掉，而是说要关注具体问题，采取获取利益的措施。爻辞表明当前形势有利主方，主方应当伺机一块一块地“吃掉”客方，消耗客方实力以维持生存。如果删除爻辞中的判断词，可以看出六条爻辞就是一首完整的围绕主题“咸”的散文诗。下面是其译文：

他的大拇指伸过来了，
他的腿肚子伸过来了，耐心等待。
他的大腿伸过来了，牵着他，往前走要保重自己。
朋友摇曳不定，他正顺从你的意愿，
给他的脊背推一把，
再给他的脸上一个大巴掌。

卦辞阐述在当前形势下主方应当做的事。“取女”不能狭义地理解为“娶妻”，而应当理解为适当抓住机遇而获利。下面逐条说明卦爻辞。

卦辞

亨，利贞；取女吉。

〔译文〕 顺利，利于坚持下去，娶女吉利。

〔解说〕 这是咸卦的卦辞，综合说明当前主客双方关系的形势。“亨”（hēng），通达，顺利；如，万事亨通。通达和顺利都可以表示事物发展和变化的状态。“贞”（zhēn），坚持，如，坚贞不屈。“取女”是形象比喻，只有在婚姻关系中才可以直接作“娶妻”解释，在主客双方关系中，可以理解为吸取客方资源以壮大自己。从卦的结构图可以看出，六条爻中有三条爻当位，并且，六条爻全部有应，形势对主方有利，有利于坚持下去，爻辞说“亨，利贞”。第一爻和第二爻的有应都是主方的阴适应客方的阳，表示主方被动，客方主动，在客方主动的时候，抓住机遇，利用客方资源丰富自己，如果这样，就吉利，爻辞说“取女吉”。如果不采用“取女”战术，而是与客方完全对抗，那就不一定吉利。

爻辞

一阴，咸其拇。

〔译文〕 给他的大拇指加一点咸味。

〔解说〕 这是咸卦第一爻爻辞，第一爻代表主方行动。这是阴爻，表示主方行动被动，处防守状态。“其”指客方。“拇”指手或脚的大指。直接说，给客方的大拇指加一点咸味，就是说，客方刚开始行动时，就设法利用其优势资源。

〔结构分析〕第一爻位置是阳位。这条爻是阴爻，阴爻在阳位，不当位，并且与四阳有应。不当位就是说主方的消极被动不适当，是个潜在的不利因素；有应表明这种不利的潜在因素被客方利用，主方不得不顺从客方，这潜在的不利因素成了真实的不利因素。但是，从整体上来看，主方素质不佳，而客方素质良好，主方在顺从客方的过程中，没有什么可以损失，反而可能从客方的良好素质得益。

二阴，咸其腓，凶，居吉。

〔译文〕给他的腿肚子加一点咸味，有凶险，安居吉利。

〔解说〕这是咸卦第二爻爻辞，阴爻，表示主方素质不佳，比如说，资金缺乏、地位低下、实力薄弱、教育程度低，等等。“腓”（féi），腓肠肌，胫骨后的肉，俗称“腿肚子”。如果单从爻的当位和有应的有利状态来看，当前应当是主方从客方得利的良机，客方已经把腿肚子伸过来了，主方应当吃掉它。然而，爻辞说“凶”，不能吃。因为从全局看，客强主弱，主方没有那么大的肚子能吃掉客方的腿肚子。所以，爻辞说“居”，不要动。吃掉客方的腿肚子，有凶险。隐蔽不动，吉利。

〔结构分析〕第二爻的位置是阴位。这条爻是阴爻，阴爻在阴位，当位，又与五阳有应。当位表明主方素质不佳是适当的，这不是说，主方素质不佳对于主方是好事，而是说，素质不佳已经是现实，这种现实情况有利于主方从客方的良好素质得益，这是对主方有利的潜在因素；有应，由于客方素质良好，这种有利的潜在因素成了事实，主方有可能从客方的良好素质得益。不过，考虑到主方顺从客方的状态，主方不宜直接地采取措施从客方谋取利益，而是应当耐心地等待适当时机。

三阳，咸其股，执其随，往吝。

〔译文〕给他的大腿加一点咸味，牵着他，往前爱惜自己。

〔解说〕这是咸卦第三爻爻辞，阳，表示主方态度强硬。“股”（gǔ），大腿。“执”（zhí），拿着，掌握；执笔，执政。“其”（qí），他，他的。“随”（suí），跟着，顺从。“吝”（lìn）过分爱惜：吝啬。“咸其股”，从字面解释，给大腿加一些盐，也就是说客方的大部队来了，给他一点利害。如果只从爻的当位和有应考虑，应当把客方的大部队吃掉。然而，从整体来看，主方素质不佳，不具备吃下客方大部队的条件，所以，爻辞说“执其随”，牵着客方的鼻子走。在打击客方的时候，应当尽量避免损失，非常爱惜地使用自己的力量，爻辞说，“往吝”。

〔结构分析〕第三爻的位置是阳位。这条爻是阳爻，阳爻在阳位，当位，又与六阴有应。当位表明主方强硬态度是正确的，这是对主方有利的潜在因素；有应表明客方能够接受主方的强硬态度，这个对主方有利的潜在因素成了事实。主方应当利用这个机会，控制客方，“执其随”。但是，由于客方强大，主方的力量薄弱，主方在从客方那里谋取利益的时候一定要小心谨慎。

四阳，贞吉，悔亡；憧憧往来，朋从尔思。

〔译文〕坚持下去吉利，悔恨消失；朋友摇曳不定，顺从你的意愿。

〔解说〕这是咸卦第四爻爻辞。第四爻是客卦下爻，代表客方行动，阳，表示客方积极主动地谋取和扩大自己的利益，比如说，创新、创业、投资、进攻、求职、示爱，等等。“贞吉”，坚持下去吉利，面对客强主弱的形势，主方应当坚持消极被动和强硬的态度。如果这样，就是应当做的，没有悔恨，爻辞说“悔亡”。“憧憧”（chōng chōng），往来不定，摇曳不定，人影憧憧。“朋”指客方。“尔”指主方。“憧憧往来，朋从尔思”指客方摇曳不定，只得顺从主方的意思而转移。

〔结构分析〕第四爻位置是阴位。这条爻是阳爻，阳爻在阴位，不当位，并且与一阴有应。不当位表明客方积极主动，这可能损伤主方利益，是对主方的潜在的不利因素；有应说明主方顺从客方，对客方的积极主动没有反抗，不利的潜在因素成了事实，客方可以控制主方。但是，由于主方素质不佳，比如说，很贫穷，主方顺从客方，没有什么可以损失，相反地，客方要求主方顺从，为客方服务，主方可以取得酬金，这实际上是对主方有利。这种情况下，主方应当顺从客方，“贞吉，悔亡”。主方可以利用被动局面，迷惑客方，使客方“憧憧往来”。再冷静地观察和了解客方，发现可以获利的机会，让客方听从主方的意愿，“朋从尔思”。

五阳，咸其脢，无悔。

〔译文〕给他的里脊加一点盐，没有悔恨。

〔解说〕这是咸卦第五爻爻辞。第五爻是客卦中爻，代表客方素质，阳，表示客方素质良好。“脢”（méi），猪、牛等脊椎两旁的条状瘦肉，即“里脊”。“咸其脢”，从字面解释是“给客方的里脊加一点盐”，意思是出其不意地从客方的后面予以打击。这样巧妙地打击客方，没有悔恨，爻辞说“无悔”。

〔结构分析〕第五爻的位置是阳位。这条爻是阳爻，阳爻在阳位，当位，又与二阴有应。当位表明客方的良好素质是对主方有利的潜在因素；有应表明主方素质不佳，可以利用客方的良好素质，这种有利的潜在因素成了事实。客方的良好素质，就像是一块里脊肉，主方应当加上一点咸味，吃掉。这样做顺其自然，“无悔”。

六阴，咸其辅颊舌。

〔译文〕给他的脸上和舌头上加一点盐。

〔解说〕这是咸卦第六爻爻辞。第六爻是客卦上爻，代表客方态度，阴爻，表示客方态度随和。“辅”（fǔ），指面颊，人的颊骨部位。“颊”（jiá），人的面部两侧从眼到下颌的部分。“辅颊舌”反映客方态度，从字面上看，这条爻辞的意思是，注意客方态度，利用客方的随和态度。

〔结构分析〕第六爻位置是阴位。这条爻是阴爻，阴爻在阴位，当位，又与三阳有应。当位表明客方的随和态度是对主方有利的潜在因素；有应表明主方的强硬态度正好适应于客方的随和态度，这种对主方有利的潜在因素成为真正对主方有利，客方能够接受主方的强硬态度，按主方意图，以其良好素质做对主方有益的事。

0:6 卦，萃（在周易中，第 45 卦）

萃是0:6卦的卦名。0:6是萃卦的代号，表示它由0卦和6卦组成，0卦是主卦，6卦是客卦。萃（cuì），①草丛生的样子；②聚集，会集，荟萃；③聚在一起的人或物：出类拔萃。萃卦代号0:6表示聚在一起的双方是一个弱，一个强，他们的力量对比是0和6。主方是0，客方是6，主方必须顺从客方，接受客方的给予。0:6卦的主卦是坤卦，坤卦的卦象是地，主要性质是静止而广大。静止反映主方对现况的满足，广大反映主方对客方的尊重和谦让。0:6 卦的客卦是兑卦，兑卦的卦象是泽，泽是河泽地带，鱼米之乡，兑卦的主要性质是愉快而和顺。愉快反映客方素质良好，和顺反映对主方宽容。

结构和卦爻辞

萃卦的结构与卦爻辞，如图 3-10-9 所示。

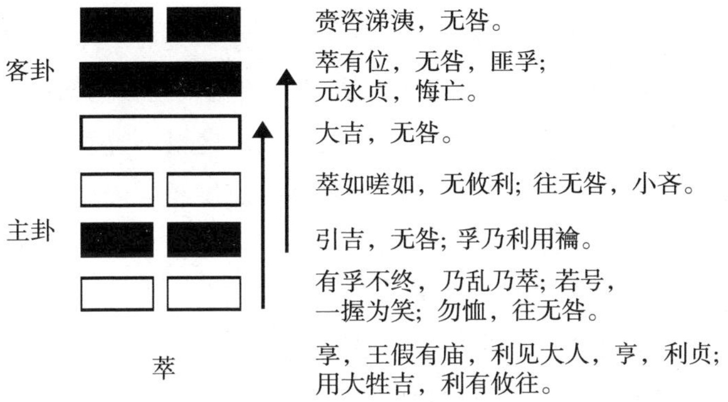

图 3-10-9 萃卦的结构与卦爻辞

上图中有两个箭头，都是由下而上。左边一个箭头的起点，对应主卦下爻。主卦代表主方，下爻代表主方行动，阴爻，表示主方消极被动。白色，表示这条爻不当位，也就是说，对于主方来说，消极被动是一个潜在不利因素。其右边是对应的爻辞。箭头的终点，对应客卦下爻，客卦代表客方。客卦下爻是阳爻，表示客方积极主动。这条爻也是白色，表示这是一个对主方不利的潜在因素。其右是对应的爻辞。箭头表示主卦和客卦下爻有应，这个有应关系，表示主方的消极被动正好适应客方的积极主动，从而，主方受客方控制，主方消极被动和客方积极主动，这两个对主方不利的潜在因素成了真实的对主方不利因素。第二个箭头的起点，其左是主卦中爻，代表主方素质，阴，表示主方素质不佳，比如说，缺乏资金。黑色，表示当位，是对主方有利的潜在因素，就是说，主方有可能从客方的良好素质中弥补自己的不足。其右是对应的爻辞。箭头的终点，其左是客卦中爻，黑色表示当位，阳爻表示客方素质良好，比如说，资金充足。其右是对应的爻辞。这个箭头，表示主方的不佳素质有可能从客方的良好素质中得到补充，使得主方素质不佳和客方素质良好这两个对主方的潜在有利因素，成了真实的对主方的有利因素。注意，主卦上爻和客卦上爻之间没有箭头，也就是说，没有有应关系。主卦上爻，即萃卦第三爻，是阴爻，白色，就是说，主方的随和态度是不适当的；另一方面，客卦上爻，即萃卦第六爻，也是阴爻，黑色，这表示客方的随和态度是对主方有利的潜在因素。问题出在主方态度上，由于主方态度随和，不能有效地利用客方对主方随和的有利机会。所以，尽管存在主方利用客方的良好素质的有利因素，以及客方对主方随和的好机会，然而，由于主方消极被动和态度随和，不一定能够利用这有利因素，反而受制于客方。主方需要着力改变消极被动状态和过分随和的态度，要积极行动起来，坚定而明确地谋取和维护自己的利益。

事物自身按螺旋形规律发展变化，按阳数其规律是 4、5、6、7、3、2、1 和 0。主卦的阳数是 0，已经进入发展变化的终点，要完全扭转消极被动为积极主动，阳数必须增加 4，作质的跃变，从坤卦变到震卦，这很不容易。目前比较现实的做法是阴中有阳，在可能的范围内采取一些主动，态度稍强硬些，以维护安闲状态。

在当前的主客双方关系中，客方是一位在事业中或者生活中的成功者，享受着成功的愉快，主方在客方的带动下，与客方相聚在一起，萃，这是卦爻辞的主题。聚会在一起，主方是被动的，“引吉”；然而主方可以从中受益，“大吉”。不过，对于主方来说，并不是很愉快的事，“乃乱乃萃”、“萃如嗟如”及“赍咨涕洟”。相聚在一起，只是为了各自利益，“萃有位”，没有什么真正的诚意可言，“匪孚”、“有孚不终”，主方倒是应当为双方关系做些实事，“孚乃利用禴”。如果删去爻辞中的部分判断词，就可以看出六条爻辞是一首以“萃”为主题的散文诗。下面是其译文：

有诚信不终久，有时散乱有时会聚，若大喊一声，一握转为欢笑，

（会聚）引导向吉祥；利用祭祀表达诚意。

会聚的时候带着叹惜，叹惜没有好处，

（顺从会聚）大为吉利。

会聚中各有其位，没有诚意，

（会聚中）只得流眼泪鼻涕悲叹。

卦辞明确地指出，重要的是主方自己要主动积极地行动起来，改善自己的素质，“利见大人”。下面逐条说明卦爻辞。

卦辞

亨，王假有庙，利见大人，亨，利贞；用大牲吉，利有攸往。

〔译文〕顺利，王来到庙里，利于表现像个大人物，顺利，利于坚持下去；用大牲畜祭祀，利于有所前进。

〔解说〕这是萃卦的卦辞。“亨”（hēng），顺利；通达；顺达：万事亨通。“亨”是对当前形势的概括，指当前的关系良好。“假”（jiǎ），借：假道，久假不归。“王假有庙”是比喻，反映周时代的社会风俗，王到庙里祭祖先或神灵，求赐好收成或其他保佑。王是尊贵的人物，但是在祖先或神灵面前是低畀的，首先必须跪拜以表虔诚，然后祭祀，再祈求赐予。王指主方，祖先或神灵指客方，主方向客方表示尊重以求得客方赐予。“见”(xiàn),显现,展现:图穷匕见,风吹草低见牛羊。“攸”(yōu),助词，相当于“所”：性命攸关。主方行动和素质都是阴，既被动又软弱；态度也是阴，谦让随和。但是只乞求是不够的,还需要像个光明正大的人物,积极主动做好工作,“利见大人”。“亨”，如果主方能够像个光明正大的人物，积极主动做好工作，那么由于客方素质良好，一切会进展顺利。贞，（zhēn），坚持下去：坚贞不屈。“利贞”，情况有利于坚持下去。“用大牲吉”也是比喻,用大牲畜祭祀是对祖先或神灵作大贡献,指主方应当为双方关系做出成绩。“利有攸往”，利于有所前进。

爻辞

一阴，有孚不终，乃乱乃萃；若号，一握为笑；勿恤，往无咎。

〔译文〕有诚信不终久，有时散乱有时会聚；若大喊一声，一握转为欢笑；不必忧虑，往前进无所怪罪。

〔解说〕这是萃卦第一爻爻辞，反映主方行动，阴，表示主方消极被动，比如说，防守、退却、不想冒险、不想探索或开辟新发展领域、只求保持现状，等等。“孚”（fú）是诚信，叫人信任，佩服：深孚众望。“若”（ruò）是假如。“号”（hào）是高声喊：呼号。“恤”（xù）是忧虑。“咎”（jiù）是怪罪。主方必须克服消极被动状态，“若号，一握为笑”，努力改善自己的素质，往前进才能无所怪罪；不然，则是主方过错。

〔结构分析〕第一爻的位置是阳位。这条爻是阴爻，阳爻在阴位，不当位，并且与四阳有应。不当位表明主方消极被动是不适当的，是对主方不利的潜在因素；有应表明主方的消极被动正好被客方利用，从而，受控于客方，对主方不利。

二阴，引吉，无咎；孚乃利用禴。

〔译文〕 引导吉祥，无所怪罪；诚意就是使利用祭祀。

〔解说〕 这条爻代表主方素质，阴，表示主方素质不佳，比如说，资金缺乏、地位低下、实力薄弱、教育程度低，等等。“引”（yǐn）是带领：引路。“孚”（fú）诚信。“乃”（nǎi）就是。“禴”（yuè）是古代四时祭祀之一，较微薄的祭祀，在这里是个比喻。这条爻辞的后一部分是对主方的建议，主方应当实事求是地对待客方。对于素质良好的客方，应当像“用大牲畜祭祀”祖先或神灵一样，表示尊敬，不过主方能力有限，不能“用大牲畜祭祀”，只要主方对客方诚心诚意，尽力而为，即使是“简单的祭祀”也行。要实事求是，既不能脱离现实强行做作，也不无所作为。暗示的意思是，不可以对客方不诚心诚意，也不可以不尽力而为。

〔结构分析〕 第二爻位置是阴位。这条爻是阴爻，阴爻在阴位，当位，并且和五阳有应。当位表明由于主方素质不佳，主方有可能向客方索取弥补，这是对主方有利的潜在因素；有应表明客方素质良好，存在主方从客方获益的可能，这种有应关系，使得对主方有利的潜在因素成为真实的有利因素。主方应当充分利用这个有利因素，以顺从的行动吸引客方，对主方有益，“引吉”。

三阴，萃如嗟如，无攸利；往无咎，小吝。

〔译文〕 又会聚又叹惜，没有好处；往前进无所怪罪，有点吝啬。

〔解说〕 这条爻代表主方态度，阴，表示主方态度随和。同时，第三爻是对第二条的补充，由于第二条是阴，第三条也是阴，这表示主方素质很差。“如”是像。“嗟”是叹惜。“攸”是所。“吝”是吝啬。主方素质很差，随和是不得已，不是心甘情愿，因此会聚以后，勉强服从客方，心里不舒畅，带着叹惜。这条爻辞的后面一部分是对主方的建议，主方应当积极改善自己的状态，爻辞说：往前进无所怪罪。同时也不要指望客方太大方，“小吝”。

〔结构分析〕 第三爻位置是阳位。这条爻是阴爻，阴爻在阳位，不当位，与六阴不有应。不当位表明主方的随和态度是对主方不利的潜在因素；不有应表明客方态度也随和。客方对主方随和，这是主方向客方明确提出要求，获取利益的好机会，然而，由于主方也随和，主方不能有效利用这样的好机会，只好叹息，“萃如嗟如”。

四阳，大吉，无咎。

〔译文〕大为吉利，无所怪罪。

〔解说〕这是萃卦第四爻，表示客方行动，阳，表示客方积极主动谋取和扩大自己的利益，比如说，创新、创业、投资、进攻、求职、示爱，等等。这条爻辞的前两个字“大吉”，说明客方的行动对主方的影响。主方安于现状，客方积极前进，对主方来说不是舒服的事，但是，从主方的切身利益来看，安于现状并不是可靠的生活方式，积极奋发，努力改善素质，才是真正对主方有利的事。要如此，主方必须行动起来，客方的积极主动，促使主方摆脱消极被动，这对主方最有好处，所以爻辞不仅说“吉”，而且说“大吉”。这条爻辞的后两个字“无咎”是对主方的建议。如果主方摆脱消极被动状态而积极起来，则无所怪罪。

〔结构分析〕第四爻位置是阴位。这条爻是阳爻，阳爻在阴位，不当位，并且与一阴有应。不当位表明客方的积极行动对于主方来说是个不利的潜在因素；有应表明主方的消极被动正好被客方利用，这潜在因素成了真实的对主方不利因素。但是，主方适应客方，从而能够利用客方的良好素质弥补自己的不足，实际上对主方非常有利，“大吉”。顺从客方，对主方有好处，主方“无咎”。

五阳，萃有位，无咎；匪孚，元永贞，悔亡。

〔译文〕会聚有位置，无可怪罪；不是诚意，长久坚持下去，悔恨消亡。

〔解说〕这是萃卦第五爻爻辞，阳，表示客方素质良好。“位”是位置。“咎”（jiù）是怪罪。“匪”（fěi）非。“孚”（fú）是诚信。“元”是第一。“永”是长久。“贞”是坚持下去。“悔”是悔恨。“亡”是灭。爻辞中的“萃有位，无咎”是对客方素质的影响的说明。主方和客方会聚在一起，各为自己利益，“萃有位”。尽管主方喜欢安闲舒适，但是能够顺从客方，尽力而为，所以爻辞说“无咎”。爻辞的后部“匪孚，元永贞，悔亡”是对主方的建议。“匪孚”重复强调双方各为己利，不是诚心诚意地为了对方。主方为了自己的利益，首先应当坚持下去，努力改善素质。

如果这样，主方就不致失去当前有利时机，不至于悔恨。

〔结构分析〕第五爻的位置是阳位。这条爻是阳爻，阳爻在阳位，当位，又与二阴有应。当位而有应，表明客方良好素质是对主方有利因素，主方有可能从客方良好素质获益。

六阴，赍咨涕洟，无咎。

〔译文〕流眼泪鼻涕悲叹，无可怪罪。

〔解说〕这是萃卦第六爻爻辞，阴，表示客方态度随和。“赍”（jī），赍咨是悲叹声。“涕”（tì）是眼泪。“洟”（yí）是鼻涕。“咎”（jiù）是怪罪。在主方与客方双方中,客方没有悲叹,只有主方才会悲叹。悲叹的是主方,主方消极被动，素质不佳，客方不一定满足主方要求，以至于主方赍咨涕洟。这条爻辞的最后两个字“无咎”是对主方的建议。如果主方不再麻木地满足现状，而是为周围环境的变化有所触动，从而悲叹，从而开始行动，则无所怪罪。再麻木不仁，就该怪罪他自己了。

〔结构分析〕第六爻的位置是阴位。这条爻是阴爻，阴爻在阴位，当位，与三阴不有应。当位表明客方的随和态度是对主方有利的潜在因素；不有应表明主方也随和，主方不能以坚定而明朗的态度有效地利用对主方有利的好机会，主方只得“赍咨涕洟”。不过这是由于主方素质太差，无可奈何，不要怪罪主方，“无咎”。

第十一章　乾

孙子说，“知己知彼，百战不殆”，己是主方，彼是客方。在这风云变幻的环境中，如果客方威力强大，称王称霸，专横跋扈，你可以参考下面的八个卦应对。这八个卦的代号是 4:7、5:7、6:7、7:7、3:7、2:7、1:7 和 0:7，它们的客卦都是 7 卦乾卦，卦象是天。天的特性是强健，这不仅仅是指力量强大，而且指创造、前瞻、进取、扩展和进攻性，也指躁动、粗暴和傲慢的态度。天是奉献者，它奉献能量、光、热和雨水给地。天威力无穷而不可控制。天高于一切，在上部，不可攀及，不可触摸。乾卦又表示发展到了顶峰，稍不小心，将要走下坡路。如果客方的情况可以用乾卦代表，那么，你可以从下面的八个卦中，选择一个对你最有利的，又比较容易做到的。然后，你就可以参考该卦，以其主卦代表你，制定你的策略。

图 3-11-1　客卦是乾卦

上图 3-11-1 是这八个卦的客卦，黑色表示当位，白色表示不当位。当位与不当位都是从主方角度看的，当位是潜在的对主方有利因素，不当位是潜在的对主方不利因素。是否真正地对主方有利或者不利，还要看主卦的情况，看主卦相应的爻是否有应。如果有应，则潜在因素成为真实因素，真正地对主方有利或者不利，状态比较稳定；如果不有应，潜在因素只是潜在因素，不是现实，状态不稳定，比较容易变化。

客卦下爻代表客方行动，阳爻，表示客方积极主动地谋求发展。不当位意味着客方的积极主动可能阻碍主方发展，或者损伤主方利益。如果主方采取消极行动，则与客方的积极主动呈现和谐状态，主方受到客方控制。这也不一定完全是坏事，因为主方仍然可以从客方的良好素质中受益，但是失去了自己的尊严与自由。如果主方也积极主动，对抗客方，这有一定困难，因为客方太强大了。

客卦中爻代表客方素质，阳爻，表示素质良好。从主方角度看，这是当位的爻，主方可能从客方的良好素质中获益。然而，客方是不会白白地把自己的利益奉送给主方的，必定是客方从双方关系中获得更多利益。

客卦上爻代表客方态度，阳爻，表示态度强硬，这是潜在的对主方不利因素。如果主方态度随和，正好受客方制约，难于按自己的愿望行事；如果主方态度也强硬，则与客方矛盾，使主方处境困难。而且，上爻是对中爻的补充，客卦的上爻与中爻都是阳爻，表示客卦素质非常好，力量极强，主方很难取胜。

不过客方有一个严重弱点。按常规变化规律，客方已经处于发展顶峰，稍不注意，容易自然而然地开始衰落。如果客方衰落，从乾卦变到巽卦，主客双方形势将发生根本变化，主方可以耐心静观客方悄悄地发生的常规变化。

4:7 卦，无妄（在周易中，第 25 卦）

无妄是 4:7 卦的卦名，4:7 是无妄卦的代号。“妄”（wàng） 胡乱，荒诞不合理：轻举妄动。“无妄”，不测，意外。4:7 卦的主卦是 4 卦震卦，卦象是雷，特性是运动，表明主方在积极主动地探索前进。客卦是 7 卦乾卦，卦象是天，特性是强健。由于客方力量强大，可能会不适当地使用权威，给主方造成意想不到的麻烦。

结构和卦爻辞

无妄卦的结构与卦爻辞，如图 3-11-2 所示。

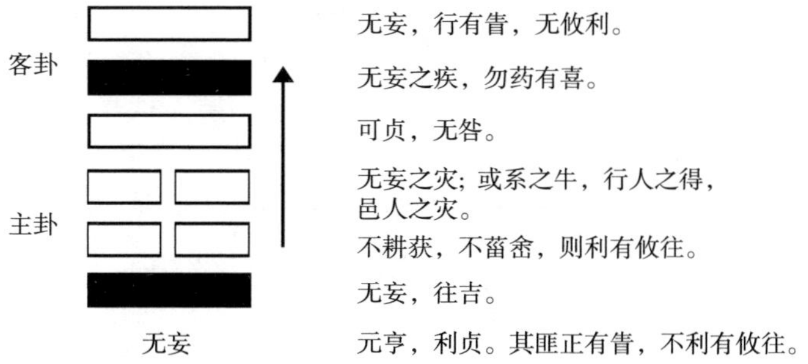

图 3-11-2　无妄卦的结构与卦爻辞

上图有两个箭头。第一个箭头，从第二爻指向第五爻，这两条爻是主卦和客卦中爻，代表主方素质和客方素质，比如说，第二条阴，代表主方缺乏工作经验，第五条阳，代表客方经验丰富。这一对爻都是黑色，表示当位，就是说位置适当，缺少经验的主方，正好可以得到经验丰富的客方的帮助，这是对主方有利因素。第二个箭头，从第三爻指向第六爻，这两条爻代表主方态度和客方态度，主方态度是阴，表示主方对客方随和，客方态度阳，表示客方态度强硬，这个箭头，表示这二者之间和谐共处，主方对待态度强硬的客方随和。这两条爻都是白色，白色表示不当位，就是说，位置不适当，也就是说，主方态度不应当随和，客方态度不应当强硬，现实情况下，有可能客方滥用权威，误导主方犯错误，受无妄之灾。第一爻与第四爻之间没有箭头，第一爻代表主方行动，第四爻代表客方行动。第一爻是阳爻，黑色，表示主方行动是积极主动，例如，力图把工作做得很出色。这是主方应当做的，所以当位，主方应当坚持如此。第四爻也是阳爻，白色，表示客方行动也是积极主动，比如说，极力想控制主方，这并不是主方所希望的，与主方有矛盾，对主方可能不利，所以不当位。然而主方不能决定客方的行动，只得在现实中妥善处理这方面的矛盾。

事物自身是按螺旋形规律变化的，按阳数，其规律是 4、5、6、7、3、2、1 和 0。主方处于发展起点，是新生事物，具有强大生命力，随着时间推移，主方状态将从 4 卦震卦变为 5 卦离卦，情况将有改善。所以主方应当维持现状，尽量利用良好机会从客方吸取收益，同时避免对客方过于随和，警惕客方过分行为。

卦爻辞以“无妄”为主题，分析了当前形势。第一、三、五和六爻中都有“无妄”，第二爻说明“无妄”的状态是可以利用的，第四爻说明“无妄”状态是可以坚持的。“无妄”，它是吉利的，也有灾难和疾病。如果删去爻辞中的判断词，可以看出六条爻辞就是一首完整的围绕主题“无妄”的散文诗，下面是其译文。

意想不到啊，

不耕种而有收获，不开荒而可种地。

意想不到的灾祸；就像是一条系着的牛，被行路人牵走了，对于村里人来说，是一场灾祸。

（尽管意想不到，还是）可以坚持下去，

意想不到的疾病，不用吃药就有喜事，

（如若）意想不到，进行中有灾祸，没有什么有利之处。

卦辞说明在“无妄”状态下主方应有的作为。下面逐条说明卦爻辞。

卦辞

元亨，利贞。其匪正有眚，不利有攸往。

〔译文〕很顺利，利于坚持下去。不正当的行为会带来灾祸，不利于向前发展。

〔解说〕这是无妄卦的卦辞。“匪”（fěi）非。“眚”（shěng）眼睛长白翳；灾祸。“元亨”是在坚持现有状态下才有的“元亨”，并且“不利有攸往”。主方必须十分注意，不要有不适当的行为，不然可能受到客方伤害，“其匪正有眚”。

爻辞

一阳，无妄，往吉。

〔译文〕意想不到，往前进吉利。

〔解说〕这是第一爻爻辞，阳，表示主方积极主动地谋取和扩大自己的利益，比如说，创新、创业、投资、进攻、求职、示爱，等等。这里的“无妄”有“本来没有错”的意思，主方的积极主动是对的，积极主动，可以改善自己的素质，可以得到客方帮助。“往吉”，只是指主方的积极主动而言，不是指与客方关系的发展。在对待客方态度上，主方要注意卦辞的“其匪正有眚”。

〔结构分析〕 第一爻位置是阳位。这条爻是阳爻，阳爻在阳位，当位，然而与四阳不有应。当位表明主方积极进取，努力改善自己的素质，这是正确的；不有应表明主方的积极主动与客方有冲突，是对主方不利的潜在因素，这不利的潜在因素来自客方，对于主方来说是“无妄”，主方应当妥善处理这“无妄”的麻烦，继续保持积极主动，“往吉”。

二阴，不耕获，不菑畬，则利有攸往。

〔译文〕 不耕种而有收获，不开荒而可种地，利用这样的机会就有所发展。

〔解说〕 这是第二爻爻辞。阴，表示主方素质不佳，比如说，资金缺乏、地位低下、实力薄弱、教育程度低，等等。“菑”（zī）开荒。“畬”（shē）火耕地，指粗放耕种的田地。主方素质不佳，客方素质良好，主方积极主动争取客方帮助，以弥补自己的不足，“不耕获，不菑畬”。不过，可能取得的发展是有限的，仅仅是“攸往”而已。

〔结构分析〕 第二爻位置是阴位。这条爻是阴爻，阴爻在阴位，当位，又与五阳有应。当位表明主方素质不佳，有从客方接受帮助的可能，是对主方有利的潜在因素；有应表明客方良好素质正好可以满足主方需要，这有利的潜在因素成了真实的有利因素，“不耕获，不菑畬”。尽管从客方得到的收益是有限的，主方还是应当利用，“则利有攸往”。

三阴，无妄之灾；或系之牛，行人之得，邑人之灾。

〔译文〕 意想不到的灾祸；就像是一条系着的牛，被行路人牵走了，对于村里人来说，是一场灾祸。

〔解说〕 这是第三爻爻辞，阴，表示主方态度随和。同时，第三爻是对第二条的补充，第二条是阴，第三条也是阴，这表示主方素质很差。“邑”（yì），古时候对县的别称：郡邑制。这里的牛，指客方，因为客方被系在与主方的关系中；“邑人”是主方，是系牛的人；“行人”指主方与客方之外的第三者，这第三者利用这牛被系的机会，把牛牵走了，得到了益处，而主方遭受了意想不到的灾祸。这也具体说明了卦辞中“其匪正有眚，不利有攸往”的意思。由于主方态度随和，过分迁就客方，以致于“匪正”，从而“有眚”。

〔结构分析〕第三爻位置是阳位。这条爻是阴爻，阴爻在阳位，不当位，并且与六阳有应。主方对客方的随和态度，有可能被客方利用，从而受到客方制约，所以，这条爻不当位，是对主方不利的潜在因素。与第三爻对应的第六爻是阳爻，客方以强硬的态度制约主方，这种有应关系是对主方的不利因素，是“无妄之灾”。由于客方的强硬态度是素质过强的表现，遇到态度随和的主方，可能行为过分，不仅对主方不利，也可能使客方自己受到损失，“或系之牛，行人之得，邑人之灾”。

四阳，可贞，无咎。

〔译文〕可以坚持下去，无可怪罪。

〔解说〕这是第四爻爻辞，阳，表示客方积极主动地谋取和扩大自己的利益，比如说，创新、创业、投资、进攻、求职、示爱，等等。客方积极主动，可以让主方容易接近客方，容易得到客方帮助，主方应当维持当前状态，主方不应当受到怪罪。

〔结构分析〕第四爻位置是阴位。这条爻是阳爻，阳爻在阴位，不当位，和一阳不有应。不当位表明客方积极主动是对主方不利的潜在因素；不有应表明尽管客方积极主动地谋求从主方得益，由于主方也是积极主动地谋取和扩充自己的利益，主方没有完全被客方利用。主方的积极主动是正确的，“可贞”。主客双方的矛盾不一定归咎于主方，“无咎”。

五阳，无妄之疾，勿药有喜。

〔译文〕意想不到的疾病，不用吃药，有喜事。

〔解说〕这是第五爻爻辞，阳，表示客方素质良好。“疾”（jí）：疾病。在与客方相处过程中，主方可能遇到意想不到的麻烦，“无妄之疾”。由于客方素质良好，主方可能得到客方及时帮助，主方的麻烦将可以消除，“勿药有喜”。

〔结构分析〕第五爻位置是阳位。这条爻是阳爻，阳爻在阳位，当位，又与二阴有应。当位表明客方的良好素质是对主方有利的潜在因素；有应表明素质不佳的主方正好利用客方的良好素质。由于主客双方都积极主动，有矛盾，而且，主方态度随和，客方态度强硬，在矛盾冲突中，主方可能遇到来自客方的麻烦，有“无妄之疾”。主方素质不佳，客方素质良好，主方从客方的良好素质获益，这是自然而然的，是“勿药有喜”。

六阳，无妄，行有眚，无攸利。

〔译文〕意想不到，进行过程中有灾祸，没有什么有利之处。

〔解说〕这是第六爻爻辞，阳，表示客方态度强硬。“眚”眼睛长白翳；灾祸。客方态度强硬，主方态度随和，主方受客方制约，加之主方素质不佳，而客方素质良好，客方强，主方弱，主方可能被客方利用。所以，“行有眚，无攸利”。主方既不应当过于屈从客方，也不能不改善自己的素质。

〔结构分析〕第六爻位置是阴位。这条爻是阳爻，阳爻在阴位，不当位，并且与三阴有应。不当位表明客方强硬态度是对主方不利的潜在因素；有应表明客方态度强硬，主方受客方制约，这种不利的潜在因素，是真实的对主方不利因素。而且，客卦中爻，第五爻，也是阳爻，第六爻是对第五爻的补充，第六爻是阳爻，表明客方素质不仅良好，而且很好，实力超强，可能忘乎所以，做出过分举动，使得在其控制下的主方“无妄，行有眚”，这对主方不利，“无攸利”。主方必须注意客方态度可能过分强硬，不能对客方过分随和。

5:7 卦，同人（在周易中，第 13 卦）

同人是卦名，意思是会同他人。5:7 是同人卦的代号，表示其主卦是 5 卦离卦，客卦是 7 卦乾卦。离卦的卦象是火，特性是光明而依附；乾卦的卦象是天，特性是强健。主方在积极主动行动的时候，由于本身素质不佳，不得不会同他人，取得他人支持和帮助，特别是谋求客方支持和帮助。

结构和卦爻辞

下图 3-11-3 中，主卦的三条爻全是黑色，黑色表示当位，表明主方当前的状态是正常的。积极主动是正确的，主方应当积极谋求和扩大自己的利益，无可非议；素质不佳是现实，缺乏经验可以逐渐积累，资金不足可以设法筹措，健康不佳可以加强锻炼、补养或治疗，这些都是现实；态度强硬也是正常的，主方需要保护和获取利益，应当有坚定而明朗的态度。问题来自客方，客卦中有两条爻不当位，以白色表示。客卦下爻不当位，这是阳爻，表示客方也积极主动，客方可能阻挠主方谋求利益，与主方有矛盾。客卦上爻也是白色，阳爻，不当位，表明客方态度也强硬，可能与态度强硬的主方互不相让，发生争执。而且，客卦上爻是对中爻的补充，上爻与中爻都是阳，表明客方素质非常好，比如说，实力非常强大，由此，主方必须慎重地处理与客方的矛盾。只有处理好与客方的矛盾，主方才可能从客方的良好素质获益。

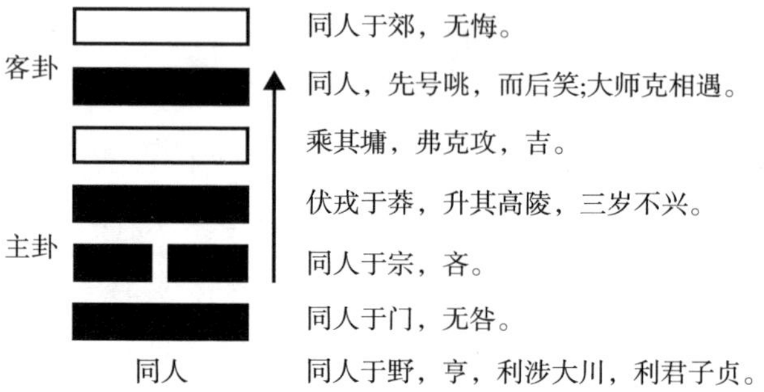

图 3-11-3　同人卦的结构与卦爻辞

同人卦的卦爻辞指出在当前形势下，主方应当与他人联合，“同人于门”，“同人于宗”，“同人”，“大师克相遇”以及“同人于郊”；与他人联合的时候要有耐心，“三岁不兴”；还要留给他人空间，“乘其墉，弗克攻”。

如果删去爻辞中的判断词，就可以看出六条爻辞是一首围绕主题“同人”的散文诗，下面是其译文。

与他人在门前会同，
不要仅仅会同宗派内的人。
部队埋伏于丛林中，登上高处，等待三年不进攻，
登上了城墙而不占领它，
会同他人，先是痛哭，而后嬉笑；克服了敌方抵抗，与他人大军会师。
会同他人于郊野。

卦辞则强调建立广泛的联合，“同人于野”，这样就“利涉大川”。下面逐条说明卦爻辞。

卦辞

同人于野，亨，利涉大川，利君子贞。

〔译文〕 与他人在野外会同，顺利，有利于涉越大江大河，有利于君子坚持。

〔解说〕 同人卦的主卦是离卦，离卦的卦象是火；客卦是乾卦，卦象是天，火光冲天，照亮四方，象征对主方有利的形势。离卦特点是光明而依附，依附于可燃物和氧气，其中心暗淡而温度较低，表明主方素质不佳，主方依附于客方的良好素质，以维持燃烧和发射光亮。火焰总是往上的，表明主方积极主动的热烈追求，这追求像是熊熊燃烧的火焰。然而，主方需要客方帮助，需要与客方联合，所以“同人于野”。“同人于野”是“亨，利涉大川，利君子贞”的前提，由于主方素质不佳，如果不与周围的人结合一起，就不一定“亨”，不一定“利涉大川”，不一定“利君子贞”。

爻辞

一阳，同人于门，无咎。

〔译文〕 与他人在门前会同，无所怪罪。

〔解说〕 这是第一爻爻辞，阳，主方积极主动地谋取和扩大自己的利益，比如说，创新、创业、投资、进攻、求职、示爱，等等。主方采取主动行动是应当的，但是，由于客方强大，行动不容易，尽力而为，无所怪罪。

〔结构分析〕 第一爻位置是阳位。这条爻是阳爻，阳爻在阳位，当位，不过与四阳不有应。当位表明主方积极主动是正确的，只有积极主动，才能获取和扩大自己的利益，应当坚持下去。主方由于素质不佳，积极主动地与他人联系，争取获得帮助，不应当受到怪罪，“无咎”。不有应表明在行动上与客方不和谐，有矛盾，主方应当注意妥善处理与客方的矛盾。

二阴，同人于宗，吝。

〔译文〕 在宗派内会同他人，吝啬。

〔解说〕 这是第二爻爻辞，阴，表示主方素质差。主方素质差，应当联系更广泛的人，争取得到更广泛的支持和帮助，如果只联系宗派内的人，就很不够了，显得吝啬。

〔结构分析〕第二爻位置是阴位。这条爻是阴爻，阴爻在阴位，当位，又与五阳有应。当位表明主方素质不佳是现实，是正常的；有应表明素质不佳的主方有可能从客方得到补益，是对主方有利因素。然而，如何才能利用这个有利因素，则取决于如何妥善处理与客方的矛盾，要能够广泛联系他人，包括联系客方。如果只联系宗派，则不容易得到客方帮助，“同人于宗，吝”。

三阳，伏戎于莽，升其高陵，三岁不兴。

〔译文〕部队埋伏于丛林中，登上高处，三年不能兴起。

〔解说〕这是第三爻爻辞，阳，表示主方态度强硬。主方的强硬态度是对的，不过要耐心等待时机，“三岁不兴”，不可过于急躁。

〔结构分析〕第三爻位置是阳位。这条爻是阳爻，阳爻在阳位，当位，不过与六阳不有应。当位表明主方的强硬态度是正确的，持坚定而明朗的态度，便于寻取和维护自己的利益，“伏戎于莽，升其高陵”；不有应表明主方的强硬态度与客方的强硬态度有冲突，主方需要有耐心，避免冲突，“三岁不兴”。

四阳，乘其墉，弗克攻，吉。

〔译文〕登上了城墙，不占领它，吉利。

〔解说〕这是第四爻爻辞，阳，表示客方积极主动地谋取和扩大自己的利益，比如说，创新、创业、投资、进攻、求职、示爱，等等。客方素质良好，力量强大，当客方积极主动行动的时候，主方登上了城墙，不过，主方素质不佳，力量薄弱，主方很难守住。主方留下城墙让客方去占领，给客方留下胜利机会，以便于保持与客方的联盟，“乘其墉”而“弗克攻”，对主方才吉利。如果不这样，就可能与客方有冲突，就不一定吉利。这里，战斗只是比喻，说主方在发展自己并取得实际利益的时候，应当给积极主动的客方留下发展空间。

〔结构分析〕第四爻位置是阴位。这条爻是阳爻，阳爻在阴位，不当位，和一阳不有应。不当位表明客方的积极主动行为是对主方不利的潜在因素；不有应表明这种对主方不利的潜在因素没有成真实的对主方不利因素。主方积极主动，

“乘其墉”，由于存在这潜在的不利因素，主方“弗克攻”，这样，主方就可能避免与客方冲突，就吉利，“吉”。不然，如果主方既“乘其墉”，又“克攻”，则可能与客方冲突，而客方的实力远强于主方，对主方将不“吉”。

五阳，同人，先号咷，而后笑；大师克相遇。

〔译文〕会同他人，先是痛哭，而后嬉笑；与他人会同的大军在克服了敌方的抵抗后会师。

〔解说〕这是第五爻爻辞，阳，表示客方素质良好。这里的同人指与客方结合。由于客方素质良好，主方素质不佳，开始时，客方不与主方联合，主方行动很困难，“先号咷”；而后，客方与主方联合了，“而后笑”。“大师”指主客双方联合在一起的力量，“克”的对象是主客双方共同的敌人。这里的“师”是比喻，是指主客双方的联盟，例如商业联盟、外交联盟、朋友之间的结盟，等等，不宜狭义地解读为作战部队。

〔结构分析〕第五爻位置是阳位。这条爻是阳爻，阳爻在阳位，当位，又与二阴有应。当位表明客方素质良好，这是对主方有利的潜在因素，这良好的素质可能让主方受益；有应表明这对主方有利的潜在因素真正成了对主方有利因素，主方素质不佳，可能得到客方帮助。这里的有应是一种阴阳和谐状态，这和谐状态是以主方为阴，客方为阳，主方需要客方的帮助，而正好客方可以满足主方的需要。对于客方来说，对于阳的方面来说，这种和谐不一定有利，客方需要用自己的良好素质帮助主方，可能客方有损失。一般情况下，和谐有利于阳的方面，而对于素质来说，和谐则有利于阴的方面。所以，除了考虑和谐以外，还要考虑当位，在既和谐又当位的情况下，有利的潜在因素才能够成为真实的对主方有利因素。由于客方在行动上和态度上都与主方有矛盾，客方并不乐意帮助主方，主方“先号咷”。如果主方妥善处理好与客方的矛盾，与客方建立好联系，主方就“而后笑”。主方与客方的力量合在一起，就能够战胜共同敌人，“大师克相遇”。

六阳，同人于郊，无悔。

〔译文〕会同他人于郊野，没有悔恨。

〔解说〕这是第六爻爻辞，阳，表示客方态度强硬。客方态度强硬，可能有些傲慢或粗暴；主方态度也强硬，不过，为了自己的利益，对客方宽容，与客方联合在一起，没有悔恨。

〔结构分析〕第六爻位置是阴位。这条爻是阳爻，阳爻在阴位，不当位，和三阳不有应。不当位表明客方的强硬态度可能迫使主方让步，使主方利益受伤害，这是对主方不利的潜在因素；不有应表明主方并不是以随和的态度向客方让步，客方不一定能够伤害主方，所以，客方的强硬态度不一定对主方不利。不过，主方强硬态度，可能与客方冲突，不利于同客方的联合，而主方由于素质不佳，需要与客方保持联合。因此，主方需要妥善处理好与客方的冲突。如果主方能够宽容客方的傲慢而粗暴的态度，与客方联合起来，“同人于郊”，主方就可能受益，“无悔”。

6:7 卦，履（在周易中，第 10 卦）

履是 6:7 卦的卦名，6:7 是履卦的代号。“履”，践踩，走过。6:7 卦的主卦是 6 卦离卦，卦象是泽，特性是愉快；客卦是 7 卦乾卦，卦象是天，特性是强健。主方愉快地享受成功的喜悦，然而，面对威力强大的客方，不得不小心翼翼地行动，就像是一步一步地踩踏着往前走。

结构和卦爻辞

履卦的结构与卦爻辞，如图 3-11-4 所示。

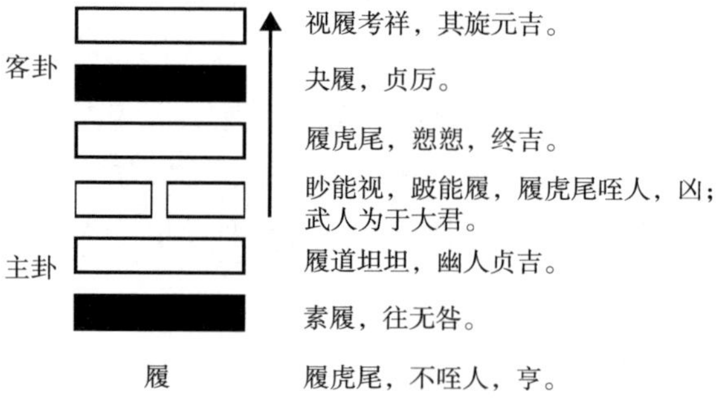

图 3-11-4　履卦的结构与卦爻辞

履卦的结构图中，六条爻有两种颜色，黑色和白色。黑色爻是当位的爻，是对主方有利的潜在因素。第一爻是当位的爻，这条爻表示主方的行动是积极主动，这是正确的，只有积极主动才能获得和扩充自己的利益，这是对主方有利的潜在因素。第五爻也是黑色，那是客卦中爻，代表客方素质，是阳爻，表示客方素质良好，比如说，客方很富有，这也是对主方有利的潜在因素，主方有可能从客方的良好素质得益。

白色爻是不当位的爻。第二爻是白色，这是主卦中爻，代表主方素质，这条爻不当位，表明主方素质良好，主方不需要直接从客方素质获益，于是利用客方的良好素质充实自己的可能性小，不大可能利用客方素质良好的有利的潜在因素。第三爻是白色，而且第六爻也是白色，从第三爻到第六爻还有一个箭头，这表示主方态度随和，客方态度强硬，在态度方面，主方与客方处于阴阳和谐，但是，这种和谐对主方并不有利，主方受到客方制约。第六爻是对第五爻的补充，第五爻和第六爻都是阳爻，表示客方素质非常好，客方实力比主方强大，在对待客方态度上，主方不得不随和，不得不接受客方制约。第四爻也是白色，表示客方也积极主动，与主方有矛盾，第一爻所表现出的对主方有利的潜在因素并没有能够成为真实的对主方有利因素，因此，主方不能盲动，必须小心谨慎，伺机而动。

履卦的卦辞与爻辞中，条条有“履”，而且，三次提到“履虎尾”，这说明在当前双方关系中，主方必须谨慎行事。人都习惯走平坦路，“素履”、“履道坦坦”，然而现在是走在老虎尾巴上，这种情况下，要走自己的路，不要指望从客方得到什么，不要在老虎尾巴上踩踏，“夬履”，还要仔细观察客方的行为，“视履考祥”。如果删除爻辞中的判断词，六条爻辞就是一首完整的围绕主题“履”的散文诗，下面是其译文：

自然地走，

走的道路很平坦，像隐士一样坚持下去，

瞎了一只眼仍然能够看东西，瘸子仍然可以走路；踩老虎尾巴，老虎会咬人，这是将帅对君主的做法，

踩老虎尾巴，很恐惧啊。

走自己的路，

详细考察其行为，（与其）周旋很吉利。

卦辞强调当前主方的处境是“履虎尾”，主方要设法做到老虎“不咥人”，如果能够这样，主方的进展就会顺利。下面逐条解说卦爻辞。

卦辞

履虎尾，不咥人，亨。

〔译文〕踩老虎尾巴，老虎不咬人，顺利。

〔解说〕“咥”（dié）咬。这条卦辞从双方总体关系上说明现在形势。主方和客方都在积极主动地行动，可能有冲突。客方具有强大的力量，主方对付不了客方，可能很危险。客方像是老虎，主方像是踩在老虎尾巴上，必须非常小心，以免被老虎咬伤。而实际上，客方素质良好，不需要从主方获取利益，只要主方谨慎处事就可以做到这只老虎不咬人，这样，主方就可以顺利地发展自己的事务。

爻辞

一阳，素履，往无咎。

〔译文〕自然地走，往前走无所怪罪。

〔解说〕“素”（sù），本来的，质朴、不加修饰的。第一爻是主卦下爻，代表主方行动，阳，表示主方行动是阳，积极主动地谋取和扩大自己的利益。主方按自己的步伐，自然地往前走，无所怪罪。

〔结构分析〕第一爻位置是阳位。这条爻是阳爻，阳爻在阳位，当位，然而与四阳不有应。当位表明主方积极主动是正确的，主方应当坚持积极主动地谋求和扩展自己的利益；不有应表明客方与主方有矛盾。主方需要妥善处理与客方的矛盾，避免客方干扰，走自己的路，“素履”。能进则进，不能进则耐心等待时机，前进而不受怪罪，“往无咎”。

二阳，履道坦坦，幽人贞吉。

〔译文〕走的道路很平坦，像隐士一样坚持下去，吉利。

〔解说〕“幽人”（yōurén），幽隐之人；隐士。第二爻是主卦中爻，代表主方素质，阳，表示主方素质是阳，主方素质良好，比如说，主方有资金、有地位、有权力、有实力、有技术，等等。不要炫耀自己，平平常常地做自己的事，像隐士一样地坚持下去，对于主方有利。不然，如果企图走一条不平常的路，想轰轰烈烈地大干一场，则不一定吉利。

〔结构分析〕第二爻位置是阴位。这条爻是阳爻，阳爻在阴位，不当位，和五阳不有应。不当位并不是说主方素质不应当良好，而是说，主方不需要直接从客方获益；不有应表明客方素质也良好，但是，其良好素质对于主方来说没有直接益处，客方有可能依靠其良好素质制约或打击主方。主方应当依靠自己的良好素质，平平稳稳地发展自己，不要张扬，避免客方攻击。坚持这么做，对主方吉利。

三阴，眇能视，跛能履，履虎尾咥人，凶；武人为于大君。

〔译文〕瞎了一只眼仍然能够看东西，瘸子仍然可以走路；踩老虎尾巴，老虎咬人，有凶险；这是将帅对君主的做法。

〔解说〕“眇”（miǎo），瞎了一只眼。“跛”（bǒ），腿或脚有病，走路时身体不平衡，瘸：跛脚。“武人”，指将帅军人。“大君”，天子。第三爻是主卦上爻，代表主方态度，阴表示主方态度随和。主方像走路人，像将帅；客方力量强大，像老虎，像君主。主方采取了随和态度，一般情况都可以处理，“眇能视，跛能履”；然而，对待客方则必须非常谨慎，踩老虎尾巴，老虎是要咬人的，对于主方来说，情况是危险的。这就像是将帅对待君主，必须非常谨慎，稍有不慎，可能被君主杀了。

〔结构分析〕第三爻位置是阳位。这条爻是阴爻，阴爻在阳位，不当位，并且与六阳有应。不当位表明主方对客方态度随和，有可能受客方制约而损伤自己的利益，是对主方不利的潜在因素。而且第三爻是对第二爻的补充，第二爻是阳爻，第三爻是阴爻，表示主方素质良好但不是很好，与客方相比，实力弱于客方，因此难以与客方抗衡，不得不采取随和态度，“眇能视，跛能履”；有应表明客方态度强硬，可以制约主方，潜在的对主方不利因素成了真实的对主方不利因素。而且第六爻是对第五爻的补充，表明客方素质非常好，与主方相比，实力在主方之上，如同老虎，在客方感觉到威胁的时候，会严重伤害主方，“履虎尾咥人，凶；”。主方积极主动，想谋取和扩大自己的利益，像个“武夫”，客方威力强大，如同“君主”，主方与客方相处，如同“武人为于大君”，主方必须十分小心谨慎。

四阳，履虎尾，愬愬，终吉。

〔译文〕踩老虎尾巴，很恐惧，最终吉利。

〔解说〕“愬愬”（sù sù），恐惧貌。第四爻是客卦下爻，代表客方行动，阳，客方积极主动地谋取和扩大自己的利益，比如说，创新、创业、投资、进攻、求职、示爱，等等。主方也是积极主动，主方可能与客方有冲突，主方像是踩在老虎尾巴上，很恐惧。主方态度随和，能够妥善处理与客方的冲突，“终吉”。

〔结构分析〕第四爻位置是阴位。这条爻是阳爻，阳爻在阴位，不当位，和一阳不有应。不当位表明客方积极主动是对主方不利的潜在因素，有可能客方损害主方利益，使主方受损失，主方像踩在老虎尾巴上，感到很恐惧，“履虎尾，愬愬”；不有应表明主方也积极主动，主方采取积极主动的行动，维护和扩充自己的利益，不让客方损害自己的利益，主方积极主动是正确的，最终主方有可能使自己免受损失，甚至使自己的利益得到扩张，“终吉”。主方应当不惧怕客方，坚持积极主动。

五阳，夬履，贞厉。

〔译文〕走自己的路，坚持下去很困难。

〔解说〕“夬”（guài），分决。第五爻是客卦中爻，代表客方素质，阳表示客方素质良好。主方素质也良好，主方不需要客方帮助，也不需要帮助客方，主方应当果断地走自己的路。如果坚持与客方纠缠在一起，由于客方力量强大，态度强硬，主方将很困难。

〔结构分析〕第五爻的位置是阳位。这条爻是阳爻，阳爻在阳位，当位，然而与二阳不有应。当位表明客方的良好素质是对主方有利的潜在因素，主方有可能从客方的良好素质获益；不有应表明主方不需要从客方的良好素质获益。主方素质也良好，主方应当依靠自己的力量，走自己的路，避免受客方控制，“夬履”。不过，主方应当有思想准备，客方实力强于主方，走下去会有困难，“贞厉”。

六阳，视履考祥，其旋元吉。

〔译文〕详细考察其行为，周旋很吉利。

〔解说〕“视履”，观察其行为。“旋”（xuán），表示与各方来往或来往于各方之间：周旋。第六爻是客卦上爻，代表客方态度，阳表示客方态度强硬。主方详细观察客方行为，由于主方态度随和，与客方周旋很吉利。“旋”指主方与客方周旋，“元吉”是指“其旋”而言，不是直接指整个形势对主方很吉利。不过，间接地也是对主方有利。

〔结构分析〕第六爻位置是阴位。这条爻是阳爻，阳爻在阴位，不当位，并且与三阴有应。不当位表明客方以强硬态度制约主方，是对主方不利的潜在因素；有应表明主客双方的态度处于和谐状态，主方对客方的强硬态度随和，以致客方制约主方，是对主方的真实的不利因素。从总体看，第六爻是对第五爻的补充，第五爻是阳爻，表示客方素质良好，第六爻也是阳爻，表示客方素质不仅良好，而且非常好，客方实力非常强大，其强硬态度是实力强大的表现。另一方面，第二爻是阳爻，表明主方素质良好。第三爻是阴爻，表示主方素质虽然良好，但不是非常好，主方实力比客方弱，主方的随和态度是出于不是很强的实力，不得不如此。如果主方清醒地看到这个现实，不是简单地接受客方制约，而是认真仔细地观察客方行动，“视履考祥”，以柔克刚，灵活地与客方周旋，于是主方就可以避免客方的控制和制约，维护和扩张自己的利益，这样对主方很有利，“其旋元吉”。

7:7 卦，乾（在周易中，第 1 卦）

乾是 7:7 卦的卦名，7:7 是乾卦的代号。“乾”，代表天。7:7 卦的主卦和客卦都是 7 卦乾卦，卦象是天，天的特性是强健，主方和客方都很强健，主卦和客卦的阳数比是 7:7，是二个最大阳数的比，主客双方势均力敌，双方都有强大的力量，也都有同样的高亢缺点，可以是强健的竞争着，也可能是双赢的合作者，关键在于主方如何巧妙地处理。

图 3-11-5 中，有三条黑色的爻，有三条白色的爻。黑色的爻在第一、三和五的位置上，这三个位置叫阳位，阳爻在阳位，称作当位，这三条爻都是当位，这是三个对主方有利的潜在因素。卦中，第二、四和六的位置，叫阴位，阴爻在阴位，称作当位，阳爻在阴位，称作不当位，这三个位置上的爻都是阳爻，都不

当位，这是三个对主方不利的潜在因素。前面很多卦的结构图中有箭头，表示阴阳和谐关系，那叫有应，可是这里没有有应的爻，这表明主方与客方当前关系中，没有和谐，只有矛盾。换句话说，乾卦中，六条爻所表示出的对主方有利或者不利因素，都是潜在的，没有真正的，关键在于主方如何处理，利用有利的潜在因素，避免不利因素。还要注意，主方不能改变客方的情况，只能使主方自己的情况发生变化。

结构和卦爻辞

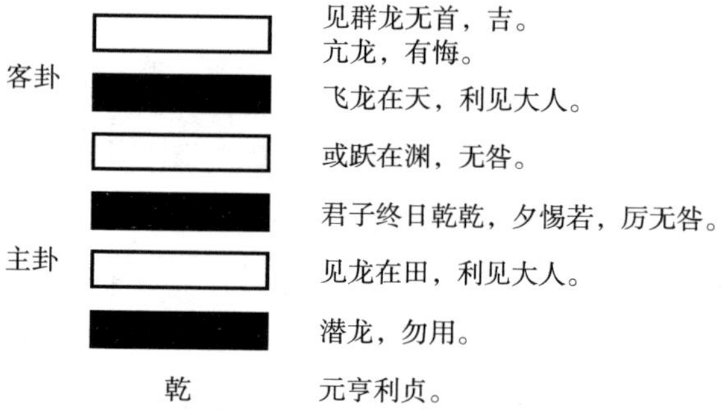

图 3-11-5　乾卦的结构与卦爻辞

现在来看主卦的三条爻。

主卦下爻代表主方的行动，当位，这是对主方有利的潜在因素，主方不需要改变自己的积极主动行动，但是，需要耐心地等待客方发生变化，一旦客方有消极被动表现，就是好机会，捕捉这样的良机。

主卦中爻代表主方素质，不当位，表示在与客方相处中，主方的良好素质可能受损失，这是对主方不利的潜在因素。为了避免这种不利的潜在因素成为真实的对主方不利因素，一方面，主方不能自满，要努力找出自己的不足之处，找到可以从客方的良好素质取得补益的地方；另一方面，要用自己的积极行动和坚定的态度保护自己的良好素质。

主卦上爻代表主方态度，当位，表示这是一个对主方有利的潜在因素，主方可以用强硬态度，不让客方伤害自己的素质。不过，客方态度也强硬，主方应当耐心地从客方态度发现可以利用的机会，从而抑制客方，保护自己的素质，或者从客方的良好素质获益。这里要注意，上爻是对中爻的补充，中爻与上爻都是阳爻，表示素质非常好，实力非常强大，这就存在傲慢和粗暴的可能，所以，主方在保持强硬态度的同时，要避免强硬过度，避免傲慢，避免粗暴。

乾卦的爻辞描述了龙。在生物进化史中，有过庞大的恐龙。不过，龙不是恐龙，而是一种中华民族塑造出的虚拟动物。爻辞中的龙，能潜于深水，能出现于田野，能跳跃在深渊，又能飞舞在天，君子像龙一样兢兢业业，“终日乾乾”，又高度警惕外来侵犯，“夕惕若”。然而，龙有一个缺点：亢。“亢龙，有悔”。在事物的螺旋线发展规律中，乾卦是发展的顶峰，再往前就将衰落，龙的强健的优点和亢的缺点全面地反映了乾卦在螺旋线发展规律中的位置。如果删去判断词，六条爻辞就是一首围绕以“乾”为主题的散文诗，下面是其译文。

（机会不到时像）潜藏的龙，不要施展威力，
（像）龙出现在田野里，表现得像个大人物。
他终日兢兢业业，晚间保持警惕，
（他像）龙有时在深渊中跳跃，（随时准备跃出去），
（一旦机会到来，他就像）龙在天上飞舞，表现得（真正）像大人物。
（注意啊）高傲的龙，（会）有悔恨。

与别的卦不同，乾卦有一条用阳，用阳突出了克服缺点亢的重要性，没有亢，就“见群龙无首”，就吉。

正是由于乾卦的强健性质和亢的缺点，7:7 卦乾卦，并不是特别对主方有利的卦，在整个卦爻辞中，没有一个“吉”字，只有“亨”、“利”、“悔”和“咎”等比较一般的判断词，仅仅是在用阳中，在“见群龙无首”的情况下，才有“吉”。

下面逐条说明卦爻辞。

卦辞

元亨，利贞。

〔译文〕很顺利，利于坚持下去。

〔解说〕卦辞反映从主方的角度考虑主客关系的现状及发展变化。“亨”，通达，顺利；如，万事亨通。“通达”和“顺利”都可以表示事物发展和变化的状态。“贞”，坚持。“元亨”，事情进展很顺利。主方能否面对挑战取得胜利取决于如何发挥自

己的优势，克服客方造成的困难。主方应当努力将当前状态坚持下去，既不宜在挑战前退却，也不宜不考虑客方状态而盲动。

爻辞

一阳，潜龙，勿用。

〔译文〕潜藏的龙，不要施展威力。

〔解说〕这是乾卦第一爻爻辞，第一爻是主卦下爻，代表主方的行动，这条爻是阳爻，象征主方积极主动地谋取和扩大自己的利益，比如说，创新、创业、投资、进攻、求职、示爱，等等。龙是富有活力和强健的象征，常言“龙腾虎跃”。在这里，龙代表主方。主方积极主动，努力进取，是正确的行动。但是这种行动与客方有抵触。“潜龙”，把活力和才能适当地潜藏起来；“勿用”，不要用。但是，不是说完全不要用，而是说在“潜藏”意义上的不要用，而是说要适当地用，避免和客方抵触，遇有抵触，就要设法避让。只要注意避让抵触，主动积极的行动是正确的。主方应当尽量做好客方希望和要求做的，避免做客方不希望，或者没有要求做的事。如果不“潜”，不“勿用”，则可能遇到麻烦，情况可能会变得不利于主方。

〔结构分析〕第一爻位置是阳位。这条爻是阳爻，阳爻在阳位，当位，然而与四阳不有应。当位表明主方的积极主动是对主方有利的潜在因素；不有应表明这种有利的潜在因素并不是真实的对主方有利因素。主方不可盲目行动，应当耐心地等待时机，“潜龙，勿用”，在发现有机可乘的时候，立即行动。

二阳，见龙在田，利见大人。

〔译文〕龙在田野里出现了，利于表现为大人物。

〔解说〕第二爻是主卦中爻，代表主方素质。这条爻是阳爻，象征主方素质良好，比如说，主方有资金、有地位、有权力、有实力、有技术，等等。龙是力量的象征，中国人被称为龙的传人。在这里，龙代表主方。“见龙在田”，爻辞中的“见”有“现”的意思。主方应当充分显示自己的能力，把自己表现为一个对客方有重要作用的“大人”、“利见大人”。如果主方不能把自己的才华和能力充分展显出来，不“见龙在田”，不把自己表现为一个对客方有重要作用的“大人”，情况就不一定对主方有利。

〔结构分析〕 第二爻位置是阴位。这条爻是阳爻，阳爻在阴位，不当位，与五阳不有应。不当位表明这是对主方不利的潜在因素，一方面，主方可能为自己的良好素质而自满，缺乏从客方吸取补益的要求；另一方面，主方的良好素质可能被客方窃取，遭受损失。不有应表明客方素质也良好，客方没有窃取主方利益的要求，这主方的良好素质还不是真实的对主方不利因素。不过，主方还是应当保护自己的利益，避免不利因素发生。“见龙在田”，田是出庄稼的地方，龙不驻守海底龙宫，也不上天造雨，而在田野守卫庄稼，并且守卫庄稼时展示出巨大的威力，“利见大人”，这些都强调保护主方自己利益的重要。

三阳，君子终日乾乾，夕惕若，厉无咎。

〔译文〕 他终日兢兢业业，晚间保持警惕，严厉，无所怪罪。

〔解说〕 第三爻是主卦上爻，代表主方态度，阳表示主方态度强硬。同时，第三爻是对第二爻的补充，第二爻是阳，第三爻也是阳，这表示主方素质很好，在强硬态度中，可能表现出傲慢、粗暴等缺点。“君子”指品性好的人，传统上“君子”多指男性。这里，“君子”指主方。主方应当克服自己的缺点，勤勤恳恳地工作，“君子终日乾乾”、“夕惕若”。在客方挑战前，如果主方不虚心听取客方意见，过于表现自己，对主方自己来说是危险的，“厉”。如果主方注意克服自己的缺点，只要尽力而为，虚心谨慎，努力工作，即可“无咎”。

〔结构分析〕 第三爻位置是阳位。这条爻是阳爻，阳爻在阳位，当位，然而与六阳不有应。当位表明主方强硬态度是正确的，主方需要强硬态度以保护自己的利益，并且在与客方的较量中取得优势，这是对主方有利的潜在因素。然而，客方态度也强硬，客方并不接受主方制约，这潜在的有利因素没有成为现实。由此，主方需要继续努力增强自己的素质，“君子终日乾乾”，切不可盲目自满，要保持对客方的警惕，“夕惕若，厉无咎”。

四阳，或跃在渊，无咎。

〔译文〕 龙有时在深渊中跳跃，无所怪罪。

〔解说〕 第四爻是客卦下爻，代表客方行动，阳，表示客方积极主动地谋取和扩大自己的利益，比如说，创新、创业、投资、进攻、求职、示爱，等等。爻辞中暗示的“龙”指主方。虽然，代表客方的经卦也是乾卦，但是由于这是从主方的角度看双方关系，在“或跃在渊”中的主语是“龙”，与第一、二爻中的“龙”的意思是一致的，代表主方，不代表客方。这个爻辞中的“渊”象征客方的行动，主方只能在客方限定的范围内行动，“或跃在渊”。如果主方按客方要求行动，则无所怪罪，“或跃在渊，无咎”。如果主方行动超越了客方限定的范围，就可能受到怪罪。

〔结构分析〕第四爻位置是阴位。这条爻是阳爻，不当位，并且和一阳不有应。不当位表明客方的积极主动可能损害主方利益，是对主方不利的潜在因素；不有应表明客方的积极主动与主方的积极主动有矛盾，由于这矛盾的存在，这潜在因素不能成为事实。因此，主方必须谨慎行动，“或跃在渊”，这是客观形势的需要，不要怪罪主方，“无咎”。

五阳，飞龙在天，利见大人。

〔译文〕龙在天上飞舞，利于表现得像大人物。

〔解说〕这是乾卦第五爻爻辞，代表客方素质。这条爻是阳爻，象征客方素质良好。这里的“龙”指主方。这条爻辞深刻地表达了客方的良好素质有利于主方，开辟了任主方这条“蛟龙”腾飞的广阔“天空”，主方应当利用良好的机遇，充分发挥自己的聪明才智，“飞龙在天，利见大人”。

〔结构分析〕第五爻位置是阳位。这条爻是阳爻，阳爻在阳位，当位，然而与二阳不有应。当位表明客方的良好素质是对主方有利的潜在因素；不有应表明在素质方面不存在主方和客方的阴阳和谐关系，不存在主方自然从客方素质得益的可能，主方应当积极主动地从客方的良好素质夺取利益，“飞龙在天”，并且展现出自己的全部威力，“利见大人”。

六阳，亢龙有悔。

〔译文〕高傲的龙，有悔恨。

〔解说〕这是乾卦第六爻爻辞，代表客方态度。这条爻是阳爻，象征客方态度强硬。主方为了显示自己的能力和成绩，又不大爱听别人意见，就有可能一意孤行，从而可能招致由态度强硬的客方带来的麻烦，使自己受到损失，为自己的高傲态度后悔，正如爻辞告诫“亢龙有悔”。所以，“亢龙有悔”这句话不是针对客方说的，而是针对主方说的。客方态度是客观存在的条件，主方需要适应这个条件约束自己的行为。如果主方谨慎从事，为龙而不亢，则不致有悔。“亢”（kàng），高，高傲：高亢。

〔结构分析〕第六爻位置是阴位。这条爻是阳爻，阳爻在阴位，不当位，和三阳不有应。不当位表明客方态度强硬，是对主方不利的潜在因素，主方有可能受到客方制约；不有应表明主方态度也强硬，不接受客方制约，这不利的潜在因素并没有成为真实的对主方不利因素。然而，第六爻是对第五爻的补充，第五爻和第六爻都是阳爻，表示客方素质非常好，实力非常强大，因此，客方可能强硬过分，显得傲慢与粗暴；另一方面，第三爻是对第二爻的补充，主方态度也可能强硬过度，也表现得傲慢和粗暴。主方和客方都是“亢龙”，主方的傲慢与粗暴有可能激励傲慢的客方更粗暴，从而使主方受到损失，主方为之悔恨，“有悔”。

用阳，见群龙无首，吉。

〔译文〕出现龙群，没有首领，吉利。

〔解说〕用阳为乾卦所特有，说明如何使用阳的概念。阳代表天的性质，龙是阳的鲜明形象，乾卦的六条爻辞具体描述了龙的特性，潜、惕、跃、飞，都表现出了龙的强健，然而，龙也有“亢”的缺点，这个缺点使得龙爱争霸。主客双方关系中，如果主方具有龙的优点，又克服了“亢”的缺点，就能够与客方一起；如果客方也如此，双方都不争霸，就出现“群龙无首”的局面，这局面对于主方来说是吉利的。在此，“吉”，仍然是针对主方说的，因为别卦是以主方为观察情况的基点。乾卦加了这条用阳，特别强调运用阳的强健性质的时候，不要忽略其“亢”缺点。

3:7 卦，姤（在周易中，第 44 卦）

姤是 3:7 卦的卦名，3:7 是姤卦的代号。“姤”（gòu），相遇。3:7 卦的主卦是 3 卦巽卦，卦象是风，特性是顺从；客卦是 7 卦乾卦，卦象是天，特性是强健。主方想避免与强大的客方相遇，但又不得不相遇。

图 3-11-6 中，有一个箭头，从第一爻指向第四爻，表示第一爻和第四爻处于阴阳和谐状态，相互有应。这一对爻是主卦和客卦下爻，代表主方与客方的行动，主方是阴，客方是阳，一阴一阳，正好呈和谐状态。这一对爻都是白色，白

色表示不当位，就是说，主方的消极被动是对主方不利的潜在因素，客方的积极主动也是对主方不利的潜在因素，这和谐关系，使得这两个对主方不利的潜在因素，成了真实的对主方的不利因素，在当前形势下，主方已经处于客方控制下，主方不得不听任客方摆布。

结构和卦爻辞

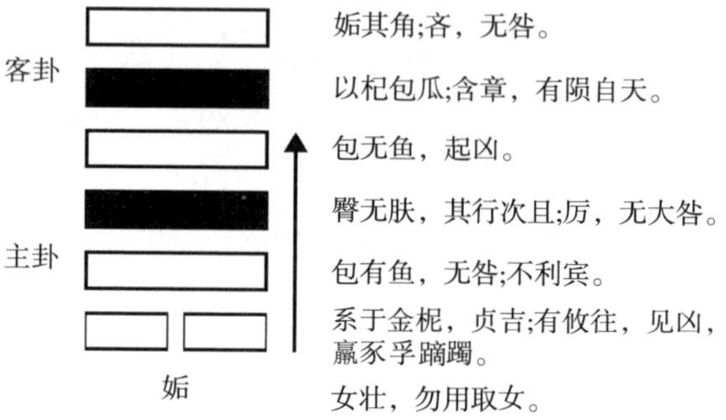

图 3-11-6　姤卦的结构与卦爻辞

至于其他四条爻，有黑色的，有白色的；有当位的，有不当位的；当位的爻表示对主方有利的潜在因素，不当位的爻表示对主方不利的潜在因素。不管当位或不当位，只要不存在有应关系，就都是潜在因素，是否对主方有利，决定于主方如何处理。所以，目前真实的不利因素只有主方行动和客方行动。而客方行动不是主方所能决定的，因此，主方所能够改变的不利因素只有一个，这就是主方的消极被动。第二爻和第三爻都是阳爻，表示主方实力极强，这消极被动，是主方实力达到极强以后出现的消极被动，是走向衰落的开始。主卦是 3 卦巽卦，巽卦表示在事物自身变化过程中，越过了顶峰，开始走向衰落。如果主方想扭转当前不利形势，主方必须振作起来，恢复昔日威风，积极主动地去创造新的成就。

姤卦卦辞中的“女”指客方，客方很强壮，主方应当避免与客方建立亲密关系。姤卦的头三条爻辞说明主方状态，主方被迫与客方联系在一起，“系于金柅”；主方应当保护自己的利益，“包有鱼”；主方受到损害，“臀无肤”。后三条爻辞说明客方情况，客方积极主动地把掠取到的利益归于自有，“包无鱼”；客方巧妙地让主方利益落入客方手中，“以杞包瓜”；客方与主方相遇很难避免，“姤其角”。如果删去爻辞中的判断词。六条爻辞就是一首完整的围绕主题“姤”的散文诗。下面是其译文。

（像是被他）系于金色柅木上的母猪，浮躁不安地来回走动，

包里有鱼，不利于招待（他这样的）宾客。

（被他折磨得）臀部没有皮肤，行动犹豫不决。

（他的）包里没有鱼，

（他）用构杞把瓜包藏起来了；（他）含有纹理，（像是）自天上降落的陨石（没有用处）。

（偏偏与他）相遇在拐角处。

下面逐条说明卦爻辞。

卦辞

女壮，勿用取女。

〔译文〕 此女强壮，不要娶她。

〔解说〕 主方以 3 卦巽卦表征，客方以 7 卦乾卦表征，主卦与客卦的阳数比是 3:7，客方强于主方，并且是最强者。如果主方与客方结合紧密，主方必受制于客方。卦辞中的“女”指客方，“女壮”，意思是客方强大。“取女”，意是娶该女为妻，“勿用取女”，不要娶该女为妻，就是建议主方不要与客方结合太紧密。

爻辞

一阴，系于金柅，贞吉；有攸往，见凶，羸豕孚蹢躅。

〔译文〕 系于金色的柅木上，坚持下去吉利；有所前进，呈现凶险，母猪浮躁不安地来回活动。

〔解说〕 第一爻是主卦下爻，代表主方行动，阴，表示主方消极被动，比如说，防守、退却、不想冒险、不想探索或开辟新的发展领域、只求保持现状等。主方被积极主动的客方所推动，不得不顺从客方。“羸豕”，母猪，象征主方，主方强壮而顺从。“蹢躅”，徘徊不进貌。主方被牢固地系在与客方的关系中，就像是这头“羸豕”被系于金色的柅木上。保持现状，保持主方利益不受损失，也不想损伤客方利益，这样，

对于主方来说是吉利的。如果主方企图损害客方利益，主方会有凶险，“有攸往，见凶”。主方消极被动，没有明确行动目标，像是“羸豕孚蹢躅”。

〔结构分析〕第一爻位置是阳位。这条爻是阴爻，阴爻在阳位，不当位，并且与四阳有应。与第一爻对应的是第四爻，第四爻是阳爻，表示客方积极主动，在行动方面，主客双方阴阳和谐，阴的主方被阳的客方束缚着，如同“系于金柅”。由于这种和谐关系，主方避免了与客方的冲突，“贞吉”。主方的被动反映了衰落趋势，主卦与客卦的阳数之比是3:7，如果主方对抗客方，对主方不利，这是“有攸往，见凶”。目前，主方素质仍然非常好，然而消极被动，像一头母猪，失去了前进方向，“羸豕孚蹢躅”。

二阳，包有鱼，无咎；不利宾。

〔译文〕包里有鱼，无所怪罪；不利于招待宾客。

〔解说〕第二爻是主卦中爻，代表主方素质，阳，表示主方素质良好，比如说，主方有资金、有地位、有权力、有实力、有技术，等等。主方的良好素质是主方应当有的，无所怪罪。“宾”（bīn），服从，归服：诸侯咸来宾从。主方应当保护自己的利益，不利于把自己的良好素质听任客方处理。

〔结构分析〕第二爻位置是阴位。这条爻是阳爻，阳爻在阴位，不当位，和五阳不有应。阳爻表示主方素质良好，如同“包有鱼”。这良好素质有可能被客方窃取，是对主方不利的潜在因素，不过，由于和第五爻不有应，这种不利的潜在因素并没有成为真实的对主方不利因素。主方保护自己的良好素质是应当的，“无咎”，要防止自己的利益被客方窃取，“不利宾”。

三阳，臀无肤，其行次且；厉，无大咎。

〔译文〕臀部没有皮肤，其行动犹豫不决；严厉，没有大怪罪。

〔解说〕第三爻是主卦上爻，代表主方态度，阳，表示主方态度强硬。主方的强硬态度与客方的强硬态度有冲突，使主方受到损失，“臀无肤”。主方受到损失以后，行动犹豫不决，“其行次且”。这种情况是严重的，没有大的怪罪。“臀”（tún），屁股：臀部。“次且”，犹豫不进貌。

〔结构分析〕第三爻位置是阳位。这条爻是阳爻，阳爻在阳位，当位，然而与六阳不有应。由于主方的强硬态度与客方的强硬态度冲突，主方受到伤害，迷失方向，“臀无肤，其行次且；厉”。第三爻是对第二爻的补充，这两条爻都是阳爻，表示主方素质非常好，实力非常强大，依仗自己强大的实力，持强硬态度，保护自己的利益，这是应当的，“无大咎”。

四阳，包无鱼，起凶。

〔译文〕 包里没有鱼，引起凶险。

〔解说〕 第四爻是客卦下爻，代表客方行动，阳，表示客方积极主动地谋取和扩大自己的利益，比如说，创新、创业、投资、进攻、求职、示爱，等等。客方有空包，包里面没有鱼，客方积极主动地捕鱼往包里装，有可能把主方的鱼装到客方包里，使得主方受凶险。

〔结构分析〕 第四爻位置是阴位。这条爻是阳爻，阳爻在阴位，不当位，并且与一阴有应。不当位表明客方积极主动，是对主方不利的潜在因素，客方企图窃取主方利益，“包无鱼”；有应表明客方的积极主动与主方的消极被动呈和谐状态，这对客方有利，对主方不利，对于主方来说，“起凶”。

五阳，以杞包瓜；含章，有陨自天。

〔译文〕 用枸杞把瓜包藏起来了；含有纹理，有陨石自天上降落。

〔解说〕 第五爻是客卦中爻，代表客方素质，阳，表示客方素质良好。客方积极主动地扩展自己的利益，把自己的良好素质隐藏起来，让主方的利益自然地落入客方手中。“杞”（qǐ），木名，枸杞，茄科，落叶小灌木。“章”（zhāng），歌曲诗文的段落：章节，顺理成章。“含章”指客方素质很好。由于客方素质良好，似乎，主方可以得益，而实际上，主方得不到收益，像是得到从天上掉落的石头，没有实际用处。

〔结构分析〕 第五爻位置是阳位。这条爻是阳爻，阳爻在阳位，当位，然而与二阳不有应。当位表明客方的良好素质有可能让主方获益，这是对主方有利的潜在因素；不有应表示在素质方面主客双方不是和谐的，这个对主方有利的潜在因素，并没有成为真实的对主方有利因素，对于客方来说，是“以杞包瓜”，而对于主方来说，是“有陨自天”，从天上落下来的只不过是无用的石头而已。

六阳，姤其角；吝，无咎。

〔译文〕相遇在拐角处；过分，无所怪罪。

〔解说〕第六爻是客卦上爻，代表客方态度，阳表示客方态度强硬。主客双方的态度都同样强硬，有冲突，就像是二人在拐角处相遇；这太巧合了，对于主方来说，无所怪罪。

〔结构分析〕第六爻位置是阴位。这条爻是阳爻，阳爻在阴位，不当位，和三阳不有应。不当位表明客方的强硬态度是对主方不利的潜在因素，尽管主方不愿意，也不得不与这态度强硬的客方相处，“姤其角；吝”；不有应表明在态度方面，主客双方不和谐，主方以强硬态度回应客方，这个对主方不利的潜在因素，并没有成为真实的不利因素，对于主方来说，“无咎”。

2:7 卦，讼（在周易中，第 7 卦）

讼是 2:7 卦的卦名，2:7 是讼卦的代号。“讼”（sòng），在法庭上争辩是非曲直，打官司：讼事。2:7 卦的主卦是 2 卦坎卦，卦象是水，特性是危险和困难；客卦是 7 卦乾卦，卦象是天，特性是强健。处境困难的主方在威力强大的客方面前，受到客方的强力限制和压迫，不得已只好求之于诉讼，寻求法律保护。

图 3-11-7 中，主卦的三条爻全是白色，表示这三条爻都不当位，表示主方的行动、素质和态度都是对主方不利的潜在因素，主方的困难和危险来自主方本身。图中，有两个从阴爻指向阳爻的箭头，表示在行动方面和态度方面都存在主方与客方之间的和谐关系，不过，由于箭头的起点都在主方，这两种和谐关系使得在行动上和态度上对主方不利的潜在因素成了真实的对主方不利因素。卦的结构图中，有一条黑色的爻，这是唯一的一条当位的爻，是第五爻，代表客方素质，是对主方有利的潜在因素，然而这条爻不有应，对应的第二爻是不当位的阳爻，这个对主方有利的潜在因素没有能够成为真实的对主方有利因素。因此可以说，当前形势对于主方来说，是不利的，主方应当努力扭转被动局面，并且，采取对客方比较强硬的态度。

结构和卦爻辞

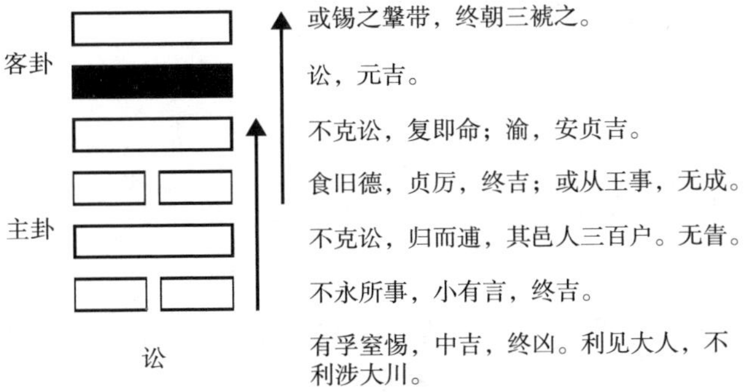

图 3-11-7 讼卦的结构与卦爻辞

不过，主方的消极被动是衰落的表现。按阳数，事物自身发展规律是4、5、6、7、3、2、1和0，主卦的阳数是2，已经从乾卦，越过一个量变到质变的关键点，衰落到巽卦，再衰落到坎卦，现在要扭转被动局面很难，需要很大的决心和付出，比较现实的办法是阴中有阳，在可能情况下，采取主动，维护自己的利益。同时，采取比较强硬的态度，不过这也是有限的，因为态度随和是素质不是很好的表现，没有很强的素质支持，强硬态度难维持，所以，也只能是灵活应对，态度能够强硬一些，就强硬一些，不行就继续随和。

讼卦的六条爻辞中有三条包含“讼”字，第二爻的“讼”，指主方被客方所讼；第四爻和第五爻的“讼”，是主方对客方的讼。前三条爻辞，建议主方尽量避免被诉讼，“不永所事”；不能赢得诉讼时，应当给予客方适当赔偿，“不克讼，归而逋”；困境中坚持下去，“食旧德”。后三条爻辞建议主方应当对客方采用诉讼手段，不能赢，则退，“不克讼，复即命”；能赢则吉，“讼，元吉”；不要过于相信客方，“终朝三褫之”。如果删去一些判断词，六条爻辞就是一首完整的围绕主题“讼”的散文诗。

不要纠缠于诉讼之事，即使有流言蜚语，最终还是有利。
诉讼中不赢，归来后隐藏起来，给以城镇里三百户人口的税收，避免灾难。
依靠过去的成就过日子，坚持不下去；如果从事于政府事务，不会成功。
诉讼不赢，返回遵从王命，改变一些（态度），维持安定生活。
（不得已）诉讼，很吉利。
有时（他）赐给佩玉皮带，又一天之内三次夺了回去，（忍耐些吧）。

卦辞则提出在当前的双方关系中主方应当采取的做法。下面逐条说明卦爻辞。

卦辞

有孚窒惕，中吉，终凶。利见大人，不利涉大川。

〔译文〕有诚信，恐惧，中期吉利，终了凶险。利于表现为大人物，不利涉越大河大川。

〔解说〕主方消极被动，顺从客方，诚恳地对待客方，这是“有孚”。主方惧怕客方的巨大威力，“窒惕”。由于主方顺从客方，在中期，与强大的客方协作，对于主方吉利，然而客方总是寻求自己的利益，主方在终了时有凶险。主方不应当过分谦虚，应当依靠自己的良好素质，表现得像个大人物，不过毕竟客方比主方强大得多，主方不宜冒险，“不利涉大川”。“窒”，通“恎”。“恎”（dié），凶狠。“窒惕”（zhì tì），恐惧。

爻辞

一阴，不永所事，小有言，终吉。

〔译文〕不要纠缠于诉讼之事，有些流言蜚语，终了吉利。

〔解说〕第一爻是主卦下爻，代表主方行动，阴表示主方消极被动，比如说，防守、退却、不想冒险、不想探索或开辟新的发展领域、只求保持现状，等等。在与客方有冲突的时候，不要纠缠于诉讼之事，即使有流言蜚语，最终对主方有利。

〔结构分析〕第一爻位置是阳位。这条爻是阴爻，阴爻在阳位，不当位，并且与四阳有应。不当位表明主方没有积极主动地保护自己的利益，这是对主方不利的潜在因素；有应表示主方的消极被动正好适应了客方的积极主动，这不利的潜在因素成了真实的对主方不利因素。在这明显不利形势下，主方应当有所变化。如果直接变为主动，此爻将由阴爻变成阳爻，不当位变成当位，这只是创造了潜在的有利因素，由于和第四爻不有应，这种有利的潜在因素并不是真实的有利因素。主方应当冷静观察事态发展，不要理会流言蜚语，在客方表现出被动状态时，再采取主动，那么，此爻将是既当位又有应，将出现对主方真正有利因素，于是，“终吉”。

二阳，不克讼，归而逋，其邑人三百户。无眚。

〔译文〕 诉讼中不赢，归来而隐藏，给以其城镇里三百户人口的税收。没有灾难。

〔解说〕 第二爻是主卦中爻，代表主方素质，阳，表示主方素质良好，比如说，主方有资金、有地位、有权力、有实力、有技术，等等。然而客方素质也良好，客方远比主方更强有力，主方不能赢客方，只得躲避客方攻击，“不克讼，归而逋”。为了保护自己，主方不得不与客方妥协，就如同古时候周文王与纣王妥协。那时，周文王被纣王关押七年，为了保存自己的力量，献了大量礼物给纣王，周文王被释放，而后周文王回到周国，给予纣王三百户人家的税收。主方与客方作适当妥协，主方就没有灾难。“逋”（bū），逃亡，逋逃。“眚”（shěng），灾难，疾苦：灾眚。

〔结构分析〕 第二爻位置是阴位。这条爻是阳爻，阳爻在阴位，不当位，与五阳不有应。不当位表示主方的良好素质可能受到客方损害，是对主方不利的潜在因素；不有应，这种对主方不利的潜在因素并没有成为真实的对主方不利因素。主方可以用自己的良好素质，维持自己的利益，在对自己不利情况下，做出适当牺牲，以保护自己，“不克讼，归而逋，其邑人三百户”，使自己免受伤害，“无眚”。

三阴，食旧德，贞厉，终吉；或从王事，无成。

〔译文〕 依靠过去的成就过日子，坚持下去很难，终了吉利；如果从事于政府事务，不成功。

〔解说〕 第三爻是主卦上爻，代表主方态度，阴，表示主方态度随和。而同时，客方态度强硬，当主方受控于客方的时候，尽管主方对客方谦让，客方仍然要求主方多做贡献，主方“食旧德，贞厉”。如果主方结束依靠过去的成就过日子，主方的情况会好转，“终吉”。当前，如果主方为客方服务，不会有成功。“王”指客方，客方以 7 卦乾卦代表。

〔结构分析〕 第三爻位置是阳位。这条爻是阴爻，阴爻在阳位，不当位，并且与六阳有应。不当位表示主方对客方随和的态度是对主方不利的潜在因素；

有应表明这种潜在因素已经成了真正对主方不利因素，主方受客方制约。在这种情况下，如果主方改变态度，强硬起来，这第三爻就变成阳爻，是对主方潜在的有利因素，然而第六爻仍然是阳爻，第三爻与第六爻不有应，这潜在的有利因素不能成为真实的对主方的有利因素，因此依仗自己的素质良好吃老本，很难，“食旧德，贞厉”。主方应当冷静地观察客方的变化，经过一段时间，客方一旦表现软弱，就立即采取强硬态度，那么第三爻将是既当位又有应，成为真正对主方有利因素，“终吉”。第三爻不当位而有应是此卦的一般情况，主方不能指望依靠客方，“或从王事，无成”。

四阳，不克讼，复即命；渝，安贞吉。

〔译文〕诉讼不赢，返回遵从王命；做出改变，坚持安定的生活吉利。

〔解说〕第四爻是客卦下爻，代表客方行动，阳，表示客方积极主动地谋取和扩大自己的利益，比如说，创新、创业、投资、进攻、求职、示爱，等等。积极主动的客方加紧对主方控制，主方忍受不了而诉讼，诉讼不能赢，主方只得回复原状，遵从客方的命令。如果主方改变自己的做法，不再诉讼，而是坚持安定的生活，情况对于主方来说是吉利的。“即命”（jí mìng），顺从正理；遵从王命。“渝”（yú），改变，违背（多指感情或态度）：忠贞不渝。

〔结构分析〕第四爻位置是阴位。这条爻是阳爻，阳爻在阴位，不当位，并且与一阴有应。不当位表明客方的积极主动是对主方的潜在不利因素；不当位而有应，表明这种潜在因素成了真实的对主方不利因素，因此诉讼中主方不赢，只得“复即命”。主方已经受客方控制，改变现状很难，最好还是维持现状，柔中有刚，阴中有阳，冷静地观察客方变化，一旦客方有被动迹象，立即采取行动，改变此爻为既当位又有应，情况将对于主方吉利，“安贞吉”。

五阳，讼，元吉。

〔译文〕诉讼，很吉利。

〔解说〕第五爻是客卦中爻，代表客方素质，阳，表示客方素质良好，比如说，很富有、很健康、很有权力，等等。同时，主方素质也是良好，主方与客方有矛盾。如果主方与客方斗争，主方将失败。主方不能直接与客方斗争，主方可以提出对客方的诉讼，用法律保护自己，这对于主方很有利。与以上各爻的“讼”相比，这里的“讼”有避免与客方的直接斗争，而用法律手段保护自己的意思。

〔结构分析〕第五爻位置是阳位。这条爻是阳爻，阳爻在阳位，当位，然而与二阳不有应。当位表明客方良好素质是对主方有利的潜在因素；当位而不有应，表明这种对主方有利的潜在因素只是潜在因素而已，并没有成为真实的对主方的有利因素。如果主方不显示自己的良好素质，而表现为受害者，诉讼客方，这样，第二爻表现为阴爻，第五爻既当位又有应，对于主方吉利，所以爻辞说，“讼，元吉”。

六阳，或锡之鞶带，终朝三褫之。

〔译文〕**有时赐给佩玉的皮带，一天之内三次夺回去。**

〔解说〕第六爻是客卦上爻，代表客方态度，阳，表示客方态度强硬。而主方态度随和。由于主方对客方谦让，客方高兴而赐给主方佩玉的皮带，不过客方很傲慢、很霸道，一天三次把赐给主方的佩玉的皮带又要了回去。“锡”（xī），给予；赐给。“鞶”（pán），古人佩玉的皮带。“褫”（chǐ），剥夺；褫夺（依法剥夺）。

〔结构分析〕第六爻位置是阴位。这条爻是阳爻，阳爻在阴位，不当位，并且与三阴有应。不当位表明客方的强硬态度是对主方不利的潜在因素；不当位而有应，表明这个潜在因素已经成了真实的对主方不利因素。主方受客方制约，不得不顺从客方，由于顺从，客方奖励主方，“或锡之鞶带”。第六爻是对第五爻的补充，这两条爻都是阳爻，表示客方素质非常好，实力非常强大，以致态度过分强硬，表现得傲慢而粗暴，如爻辞所说，“终朝三褫之”。

1:7 卦，遯（在周易中，第 33 卦）

遯卦是易的六十四卦之一，代号是 1:7。“遯”（dùn），逃避，躲闪；遁去。遯卦的主卦是 1 卦艮卦，卦象是山，特性是静止和阻止，阳数是 1；客卦是 7 卦乾卦，卦象是天，特性是有力和运动，阳数是 7。在强大客方的压力下，主方应当逃遁，在逃循中与客方灵活周旋，伺机夺取利益。

结构和卦爻辞

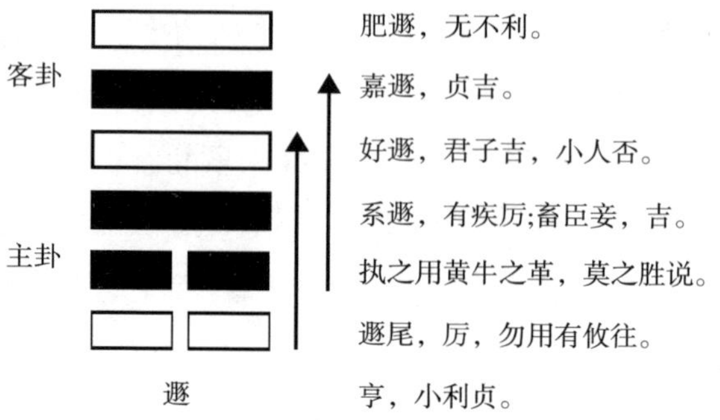

图 3-11-8　遯卦的结构与卦爻辞

从上图 3-11-8 可以看到，遯卦中有两个箭头，表示主卦与客卦之间有两对有应关系。

一个有应关系是主客双方的行动，又可以看到，箭头两端的爻都是白色的爻，表示这两条爻都不当位。有应而不当位，表示这是真实的对主方不利的因素，主方失去了主动，应当逃遁。

另一个有应关系是主客双方的素质，又可以看到，箭头两端的爻都是黑色，表示这两条爻都当位。有应而又当位，这是对主方真实的有利因素。

综合说来，主方应当在逃遁过程中，以灵活的策略，从客方的良好素质获利。

剩下的一对爻，第三爻和第六爻，没有有应关系，很难说对主方有利还是不利，关键在于主方如何处理。再进一步分析这两条爻。

第三爻是主卦的上爻，是对主卦的中爻的补充。主卦的中爻是阴爻，这第三爻是阳爻，表示，虽然主方素质不佳，但不是很差，就是说，主方还有一点力量，尽管力量很小，也还是有一点。主方应当用这一点微小的力量与客方周旋，在逃遁中获益。

第六爻是客卦上爻，是对客卦中爻的补充，阳爻，表示客方的素质不仅良好，而且很好，客方的实力不仅很大，而且极大。在这种情况下，主方不宜与客方硬拼，而应当在逃遁中与客方灵活周旋，伺机夺取利益。

遁卦的六条爻辞阐述了逃遁时多方面考虑。逃遁并不是一走了事，而是有许多方面必须考虑。第一爻指出了逃遁必须抓紧时间，“遯尾，厉”；第二爻指出，逃遁不能把客方丢了，“执之用黄牛之革”；第三爻指出，逃遁时需要保持各部门之间的联系，“系遯”；第四爻指出，逃遁时需要有能干的指挥，“好遯”；

第五爻指出，逃遁是应当赞许的，“嘉遯”；第六爻指出，逃遁时不能丢三落四，“肥遯”。如果删去部分判断词，可以看出六条爻辞就是一首完整的围绕主题“遯”的散文诗。下面是其译文。

逃遁迟了成了尾巴，形势将很困难，不要做其他事情。
（逃遁的时候）用黄牛之革捆住对方牵着走，不要丢了他。
逃遁的时候，要维持内部联系，有错误就难办；保留臣子与妾有好处。
逃遁得好，形势有利于英明、勇敢的人，而不利于愚昧、怯弱的人。
逃遁值得嘉奖，坚持下去吉利。
逃遁得肥肥的，没有不利。

卦辞则阐述在当前形势下主方应有的做法。下面逐条说明卦爻辞。

卦辞

亨，小利贞。

〔译文〕顺利，少许有利于坚持下去。

〔解说〕这是遁卦卦辞，概括地分析当前主客双方关系形势。“遯”（dùn）与遁是一个字，逃避。“亨”（hēng），通达，顺利；如，万事亨通。“贞”（zhēn），坚定，有节操；忠贞，坚贞不屈。从卦的结构看，第二、三、五爻当位，第一爻和第四爻，以及第二爻和第五爻有应，这象征着当前的形势对主方不是很坏，主方能够顺从客方的进攻，有机会把客方的实力转化为自己所有，并且，主方能够以强硬的态度维护自己的独立和尊严，因此卦爻辞说“亨”。由于客方力量强大，进攻紧逼，并且态度蛮横，如果主方坚定不移，则益处不大，因此卦辞说“小利贞”，还是逃遁为好。

爻辞

一阴，遯尾，厉，勿用有攸往。

〔译文〕逃迟成了尾巴，形势将很困难，不要做其他事情。

〔解说〕这是遯卦第一爻爻辞，代表主方的行动，阴，表示主方消极被动，比如说，防守、退却、不想冒险、不想探索或开辟新的发展领域、只求保持现状，等等。“厉”(lì)，凶猛、厉害、严格、切实，如厉行节约；严厉。这条爻辞告诫主方应当迅速撤离，如果退迟了，成了尾巴，形势将很困难，“厉”。应当一致行动，不要做其他事情，“勿用有攸往”。

〔结构分析〕第一爻的位置是阳位。这条爻是阴爻，阴爻在阳位，不当位，并且与四阳有应。不当位表示主方的消极被动是对主方潜在的不利因素，有应表示这种对主方潜在的不利因素成了真实的对主方不利因素，客方以积极主动控制了主方。为了摆脱客方控制，主方应当逃遁，因此，“遯尾，厉，勿用有攸往”。

二阴，执之用黄牛之革，莫之胜说。

〔译文〕用黄牛之革捆住他牵着走，使他逃脱不了。

〔解说〕这是遯卦第二爻爻辞，代表主方素质。阴，表示主方素质不佳，比如说，资金缺乏、地位低下、实力薄弱、教育程度低，等等。这条爻辞是直接对主方的逃遁提出建议，建议主方在逃遁过程中密切注意客方动向，不要把客方丢了。爻辞中有三个“之”。第一个“之”表示主方是“执”的主体，是主方把客方捆住，再牵着走，而不是客方把主方捆住。第二个“之”是“的”的意思，指“革”是“黄牛”的“革”。第三个“之”指“执之用黄牛之革”这件事。“说”是“脱”的意思。爻辞的意思是，把客方用黄牛之革捆住牵着走，使客方逃脱不了。在牵着客方走的时候，主方应当特别注意客方的动向，避免自己受到打击。

〔结构分析〕第二爻的位置是阴位。这条爻是阴爻，阴爻在阴位，当位，又与五阳有应。当位表示主方的素质不佳是对主方潜在的有利因素，主方有可能从客方的良好素质获益；有应表示这种对主方潜在的有利因素，成了对主方真正有利的因素，主方应当利用此良机，保持与客方联系，从客方获利，如爻辞所说，“执之用黄牛之革，莫之胜说”。

三阳，系遯，有疾厉；畜臣妾，吉。

〔译文〕在逃遁的时候，要维持联系，有错误就难办；保留臣子与妾，吉利。

〔解说〕“畜”（xù），养禽兽：畜产，畜牧业。“臣”，君主时代官吏的通称，有时又指平民百姓。“妾”，旧社会男子除正妻之外又娶的女子。这是遯卦第三爻爻辞，代表主方态度。阳表示主方态度强硬。爻辞建议主方，在逃遁的时候，要维持各方面联系，“系遯”。要妥善处理各种事项，避免错误，“有疾厉”。爻辞一再强调逃遁时要保护和积蓄自己的力量，“畜臣妾”。保护和积蓄自己的力量对主方有利，“吉”。

〔结构分析〕第三爻的位置是阳位。这条爻是阳爻，阳爻在阳位，当位，然而与六阳不有应。当位表示主方的强硬态度是潜在的对主方有利因素，不有应表示这种潜在因素并没有成为真实的对主方有利因素。主方应当保持强硬态度，但是，要有耐心，在逃遁的时候，保持与各方面联系，避免失误，“系遯，有疾厉”。并且，保护和积蓄自己的力量，“畜臣妾”。这样，一旦客方出现随和态度，主方就逃遁成功，“吉”。

四阳，好遯，君子吉，小人否。

〔译文〕好的逃遁，形势有利于英明、勇敢的人，而不利于愚昧、怯弱的人。

〔解说〕这是遯卦第四爻爻辞。第四爻是客卦下爻，代表客方的行动，阳爻表示客方积极主动地谋取和扩大自己的利益，比如说，创新、创业、投资、进攻、求职、示爱，等等。面对客方的强力进攻，主方主动逃遁，避开客方锋芒，爻辞说这是“好遯”。尽管是“好遯”，如何将自己的损失降到最低，使客方的损失达到最大，取决于策略，取决于制定策略的人。“君子”指英明、勇敢的人，“小人”指愚昧、怯弱的人。形势有利于英明、勇敢的人，“君子吉”，而不利于愚昧、怯弱的人，“小人否”。

〔结构分析〕第四爻的位置是阴位。这条爻是阳爻，阳爻在阴位，不当位，而且与一阴有应。不当位表示客方的积极主动是潜在的对主方不利因素，有应表示这种潜在因素成了真实的对主方不利因素。在这不利形势下，主方需要逃遁，然而，既要成功地逃遁，又要避免损失，主方不应当对客方仅仅是消极被动，而是应当巧妙地与客方周旋，阴中有阳，以柔克刚，这样就对主方吉利，“好遯，君子吉”。如果失误，只是消极逃遁，绝对的阴，或者，盲目反抗，绝对的阳，形势将会很困难，“小人否”。

五阳，嘉遯，贞吉。

〔译文〕 值得嘉奖的逃遁，坚持下去吉利。

〔解说〕 这是遯卦第五爻爻辞。这条爻代表客方素质，阳爻，表示客方实力雄厚。在主客双方关系中，如果处理恰当，客方的实力有可能转化为主方所用，坏事变好事。爻辞也是从积极方面给主方作参谋。“嘉”，赞美。嘉许，精神可嘉。“嘉遯”，值得嘉奖的逃遁。坚持下去吉利，“贞吉”。

〔结构分析〕 第五爻的位置是阳位。这条爻是阳爻，阳爻在阳位，当位，又与二阴有应。当位而又有应，是对主方真实的有利因素。按常理，在主客双方力量相差悬殊，客方步步紧逼情况下，形势对主方很危险，主方的处境很困难，但是，第五爻既当位又有应，表示客方的强大却是一个有利因素，为什么呢？因为，客方是阳，阳代表天的特性，天发热放光，天是给予；主方是阴，阴代表地的特性，地受惠于天的光和热，地是受惠。这当位而有应的关系表示主方受惠于客方。主方有可能在逃遁过程中，消耗客方实力，这种逃遁值得赞许，“嘉遯”。坚持下去，等客方疲倦了，就是对主方吉利的时候，“贞吉”。

六阳，肥遯，无不利。

〔译文〕 肥胖地逃遁，没有不利。

〔解说〕 这是遯卦第六爻爻辞。第六爻是客卦上爻，代表客方态度，阳爻表示客方态度强硬。由于客方态度强硬，主方逃遁的时候，应当尽量把所需要的东西都带走，“肥遯”。主方“肥遯”，避免了损失，把不利形势留在后面，开辟新的有利形势，爻辞说，“无不利。”

〔结构分析〕 第六爻位置是阴位。这条爻是阳爻，阳爻在阴位，不当位，与三阳不有应。不当位表明客方的强硬态度是潜在的对主方不利因素，不有应表示在态度方面主客双方不和谐，主方并没有以随和态度接受客方的制约，因此，这潜在因素并没有成为真实的对主方不利因素。第六爻是对第五爻的补充，第六、第五爻都是阳爻，表示客方素质非常好，实力非常强大，有可能自满，有可能粗暴，有可能强硬过度，主方趁机保存实力逃遁，“肥遯”，对主方没有不利，“无不利”。

0:7 卦，否（在周易中，第 12 卦）

否卦的代号是 0:7。“否”（fǒu），不是，否定。否定不一定是坏事，坏的东西被否定了是好事。否卦的主卦是 0 卦坤卦，其客卦是 7 卦乾卦。坤卦的卦象是地，乾卦的卦象是天。地接受天上的光和热，抚育万物生长，这不是坏事；不过，地上的一切必须顺从天的变化，受控于天，地自己的个性被否定了。在主客双方关系的例子中，地象征主方，天象征客方，主方必须顺应客方而变化。否卦的“否”是否定主方的自由选择，而不得不适当地应付客方，相对于主方的付出来说，主方的收益少。

结构和卦爻辞

否卦的结构与卦爻辞，如图 3-11-9 所示。

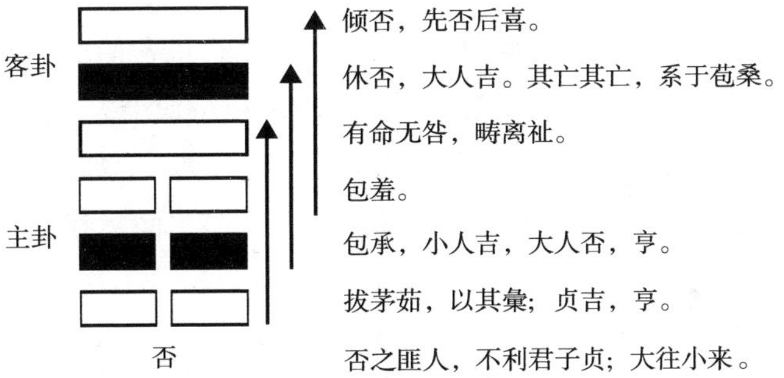

图 3-11-9 否卦的结构与卦爻辞

否卦中有三种阴阳和谐关系，如图中箭头所示。这三种和谐关系都是主方阴，客方阳，但是，并不是都对主方不利，也不是都对主方有利。

第一种阴阳和谐关系是第一爻与第四爻之间的和谐，这两条爻代表主方和客方的行动，主方消极被动，客方积极主动，主方被客方控制，对主方不利。这两条爻在图中都是白色，白色表示不当位，就是说，爻的位置不适当。这是第一爻与第四爻，如果双方的阴阳状态反过来，主方阳，客方阴，主方积极，客方消极，就对主方有利了。因此，作为推理，第一爻的位置叫作阳位，第四爻的位置叫作阴位，现在是阴爻在阳位，阳爻在阴位，都不当位，不当位而有应，对主方不利。

第二种阴阳和谐关系是第二爻与第五爻之间的和谐，这两条爻代表主客双方的素质，主方素质不佳，客方素质良好，主方有可能从客方的良好素质弥补不足，这种和谐对主方有利，因此，作为推理，第二爻的位置叫作阴位，第五爻的位置叫作阳位，图中以黑色表示，阴爻在阴位，当位；阳爻在阳位，也当位。当位而有应，对主方有利。

第三种阴阳和谐关系发生在第三爻与第六爻之间，这是代表主客双方态度的爻，随和的主方受到强硬的客方的制约，对主方不利。这也是不当位而有应，对主方不利。

按常规变化规律，主方已衰落到终点，客方已发展到顶峰，随着时间推移，主方将有一个新的开始，而客方将开始衰落，主方被否定的状态将过去，主方应当耐心等待。

总体来说，否卦表示主方受到客方控制和制约，不过，主客双方处于完全和谐状态，比较稳定，很难改变现状，何况主方仍然可以从客方得到一些益处，所以主方应当服从客方，尊重客方，维持比较安闲的现状，从中收益，情况将逐渐改善。

爻辞中用了三次“否”。第二爻的“大人否”，意思是主方应当否定自以为了不起的态度；第四爻说明经过了执行命令和分享福祉，情况逐渐好转；第五爻的“休否，大人吉”，意思是不要否定了，应当表现得像个大人物。第六爻的“倾否”则是说被否定的状态完全颠倒过来了，“先否后喜”。如果删去部分判断词，六条爻辞就是一首完整的以“否”为主题的散文诗，下面是其译文。

如同拔柔软小草，草叶被汇聚在一起；
承受下一切，当小人物吉利，不要充当大人物，
忍受全部羞辱，
执行命令，分享一份福祉。
停止否定，以大人物自居吉利。否定在终止，否定在终止，紧紧系在桑树丛中。
否定倾倒过来了，先否定后欢喜。

卦辞综合说明在当前形势下主方应当做的事。

卦辞

否之匪人，不利君子贞；大往小来。

〔译文〕被强人否定，你不宜再坚持下去；付出大回收少。

〔解说〕这是否卦的卦辞。“否”，不是。“匪”，抢劫财物、危害他人的人，这里指威力强大的人。“君子”，尊称，你。“贞”，坚持下去。“不利君子贞”，是“不利于坚持你本来的状态”。这个别卦中的四个不当位而有应的爻，显示了对主方的不利因素，所以说“否之匪人，不利君子贞”。这个别卦中的一对中爻既当位又有应，这是有利因素。不过在这些有应的关系中都是客方阳，主方阴，主方受制于客方，所以说“大往小来”。“大往小来”，不是“大往无来”，而是少来；不是远远脱离客方的逃避，而是避免自己受损失，巧妙地消耗客方力量，伺机取利。比如说，你在一个公司打工，你必须放弃自己支配时间的自由，听从公司老总安排，“否之匪人，不利君子贞”。你出大力，拿工资，老总拿大钱，你拿小钱，你只能是“大往小来”。

爻辞

一阴，拔茅茹，以其彙；贞吉，亨。

〔译文〕拔柔软的小草的时候，将草叶会合在一起拔；坚持下去吉利，顺利。

〔解说〕这是否卦第一爻爻辞。“茅”（máo），草本植物。“茹”（rú），柔软：柔茹而寡断。“彙”（huì），会合。“贞”，坚持下去。“亨”（hēng），顺利。爻辞用拔茅草做比喻，说明主客双方的利益是紧密缠绕在一起的，主方应当以大局为重，避免独立行动。客方在积极行动，迫使主方适应客方。坚持下去对主方有利，所以说，“贞吉，亨”。

〔结构分析〕第一爻的位置是阳位。这条爻是阴爻，阴爻在阳位，不当位，并且与四阳有应。不当位表示主方的消极被动是潜在的对主方不利因素，主方没有积极地保护或者谋取自己的利益，有可能在与客方的关系中受到损失；有应表示在行动上存在主方与客方之间的和谐关系，由于客方的行动是阳，主方的行动是阴，这种和谐关系有利于客方，不利于主方，前面说的潜在因素成了真实的对主方不利因素。在这不利形势下，主方顺从客方，能够从客方得到一些利益，所以爻辞说，“贞吉，亨”。“吉”与“亨”前有个“贞”，贞是条件，必须保持现状，顺从客方，才能“吉”，才能“亨”。

二阴，包承，小人吉，大人否，亨。

〔译文〕承受下一切，当小人物吉利；不当大人物，事情顺利。

〔解说〕这是否卦第二爻爻辞，阴，表示主方素质不佳，比如说，资金缺乏、地位低下、实力薄弱、教育程度低，等等。“包”（bāo），总揽。“承”（chéng），接受。“包承”表达了第二爻对主方有利的意思。客方的良好素质让主方受益，主方不应当躲避，而是应当承受下来，所以说“包承”。“小人吉，大人否”说明主方应当怎样对待客方：主方应当隐蔽保护自己，采取低姿态，“小人吉”；如果轻举妄动，那样会有风险，“大人否”。“亨”的意思是顺利。如果主方正确地认识自己和适当地对待客方，主方就能够顺利地从客方良好素质得到益处。

〔结构分析〕第二爻位置是阴位。这条爻是阴爻，阴爻在阴位，当位，又与五阳有应。当位表示主方素质不佳是潜在的对主方有利因素；有应表示客方素质良好正好弥补主方素质上的需要，这潜在因素成了真实的对主方有利因素。由于存在这种有利因素，主方应当把客方的给予全部接受下来，“包承”。应当低姿态，不隐讳自己素质不佳，这有利于吸取客方利益，“小人吉”。反之，强装富有，则不利于从客方良好素质取利，“大人否”。在这有利形势下，主方的行动可以顺利，“亨”。

三阴，包羞。

〔译文〕忍受全部羞辱。

〔解说〕这是否卦第三爻爻辞，阴，表示主方态度随和。“包”，总揽。“羞”，感到耻辱。这条爻辞只有两个字，既没有说有利也没有说不利，只是说忍受全部羞辱。这可以理解为对当前情况的描述，也可以理解为对主方的建议。

〔结构分析〕第三爻位置是阳位。这条爻是阴爻，阴爻在阳位，不当位，并且与六阳有应。不当位表示主方对客方的随和态度是潜在的对主方不利因素，可能不利于保护主方利益；有应表示正好客方的强硬态度与主方的随和态度呈阴阳和谐，主方接受客方制约，没有反抗。实际上，第三爻是对第二条的补充，第二条是阴，第三条也是阴，这表示主方素质很差，因此，主方没有力量反抗客方制约，只得忍受羞辱。

四阳，有命无咎，畴离祉。

〔译文〕执行命令无所怪罪，分离受益。

〔解说〕这是否卦第四爻爻辞，阳，表示客方积极主动地谋取和扩大自己的利益，比如说，创新、创业、投资、进攻、求职、示爱，等等。“命”，命令。“畴”（chóu），田地，种类。“离”，分开。“祉”（zhǐ），福。这条爻辞的意思是：主方执行客方命令无所怪罪，从客方分离出主方的利益。“有命”是指客方压力。主方顺应客方压力以保护自己，少受损失，不应当受到怪罪，所以说“有命无咎”。在客方的强大压力下，如果能够顺从客方，从总的利益中主方能够分享一些。

〔结构分析〕第四爻位置是阴位。这条爻是阳爻，阳爻在阴位，不当位，并且与一阴有应。不当位说明这条阳爻在不适当的位置上，表示客方的积极主动是潜在的对主方不利因素；有应，与相应的第一爻和谐，消极被动的主方受到客方控制，这潜在因素成了真实的对主方不利因素，主方只好服从客方，执行客方的命令，“有命无咎”。由于主客双方利益是紧密缠绕在一起的，主方顺从客方，能够分享一些利益，所以爻辞说，“畴离祉”。

五阳，休否，大人吉。其亡其亡，系于苞桑。

〔译文〕停止否定，以大人物自居对主方吉利。否定将终止，否定将终止，系在桑树丛中。

〔解说〕这是否卦第五爻爻辞，阳，表示客方素质良好。“休”（xiū），停止。“其”（qí），他、她或它。“亡”，死亡，灭亡。对照爻辞上下文，前有“休否”，后有“倾否”、“其亡”中的“其”指“否”，“其亡”的意思是：否定状态将“终止”。桑树丛是密集的小树，象征复杂的双方关系，“系于苞桑”中的“系”指主方保持与客方联系。“苞”（bāo），茂密丛生。“桑”，桑树。

〔结构分析〕第五爻的位置是阳位。这条爻是阳爻，阳爻在阳位，当位，又与二阴有应。当位表示这条阳爻在适当的位置上，代表客方素质良好，是潜在的对主方有利因素。承认客方素质良好，像个大人物，“休否，大人吉”。有应表明与第二爻有阴阳相应的和谐关系，那个潜在因素成了真实的对主方有利因素，主方应当充分利用这个有利因素，改善素质。形势逐渐对主方有利，“否定”状态即将终止，“其亡其亡”。要保持与客方联系，等待形势进一步好转，“系于苞桑”。

六阳，倾否，先否后喜。

〔译文〕否定倾倒过来了，先否定后欢喜。

〔解说〕这是否卦第六爻爻辞，阳，表示客方态度强硬。“倾否，先否后喜”中的“倾”（qīng），歪，斜，倒塌。客方的强硬态度是素质非常好的表现，客方可能自满而粗暴，开始走向衰落，对于主方是“先否后喜”。

〔结构分析〕第六爻的位置是阴位。这条爻是阳爻，阳爻在阴位，不当位，并且与三阴有应。不当位表示这条阳爻在不适当的位置上，客方的强硬态度是潜在的对主方不利因素。有应表示这条爻与第三爻阴阳相应，主方对客方随和，接受客方制约，这潜在因素成了真实的对主方不利因素。不过，第六爻是对第五爻的补充，这两条爻都是阳，表示客方素质非常好，实力极强，而主方素质非常差，实力极弱，在此强烈反差下，客方态度很可能过于强硬，傲慢和粗暴，开始走向衰落。所以爻辞说主方“先否后喜”。

第十二章　巽

这一章包括八个别卦，它们的代号是4:3、5:3、6:3、7:3、3:3、2:3、1:3和0:3。它们的客卦都是3卦巽卦，卦象是风，特性是顺从。3卦的中爻和上爻都是阳爻，与7卦乾卦相同，只是下爻不一样。7卦乾卦象征发展的顶峰，3卦巽卦所代表的状态，从表面上看，看不出变化，而在不知不觉之中，其行动从积极主动变成消极被动，象征着衰落的开始。从主方角度看，这八个卦的共同客卦如下图：

客卦

图 3-12-1　客卦是巽卦

图中，黑色表示当位的爻，客卦下爻是阴爻，表示客方消极被动，总是防守，不想进攻，这给了主方发展的机会。客卦中爻是阳爻，表示客方素质良好，给了主方从客方获益的资源，是潜在的对主方有利因素。

白色表示不当位的爻，客卦上爻不当位。这是阳爻，表示客方态度强硬，总想制约主方，是潜在的对主方不利因素。

只要主方积极主动努力发展，保持低状态，寻求从客方的良好素质中得到收益的方法，这二个潜在的对主方有利因素就成了真实的对主方有利因素，就可能获得利益。

但是要注意，客卦上爻是对中爻的补充，这两条爻都是阳爻，表示客方素质非常好，威力极强，而且，态度强硬，气势汹汹，主方要想在利益博弈中获胜，困难很大，不仅要有足够的实力，而且要有足够的勇气和灵活的策略。可不要被他威吓住，他貌似强大，实质走向衰落。

4:3 卦，益（在周易中，第 42 卦）

益卦是别卦，其代号是 4:3，主卦是 4 卦震卦，客卦是 3 卦巽卦。震卦的卦象是雷，雷的特点是运动，这不是指跑、跳等运动，而是指震动。可以想象，暴风雨时闪电雷鸣，是很惊人的，即使夏日傍晚遥远天边的闷雷，也是响若巨鼓，但是，雷的实力并不强，不像地震那样造成山崩地裂的后果。雷象征主方积极主动，雷厉风行。巽卦的卦象是风，一片挡风墙就能把风挡住，但是，风有巨大威力，有狂风巨浪，也有和风细雨，风顺从而有力。由于客方顺从主方，主方有可能利用客方的力量而得到益处。“益”意味这个卦所代表的状态对主方有益。

结构和卦爻辞

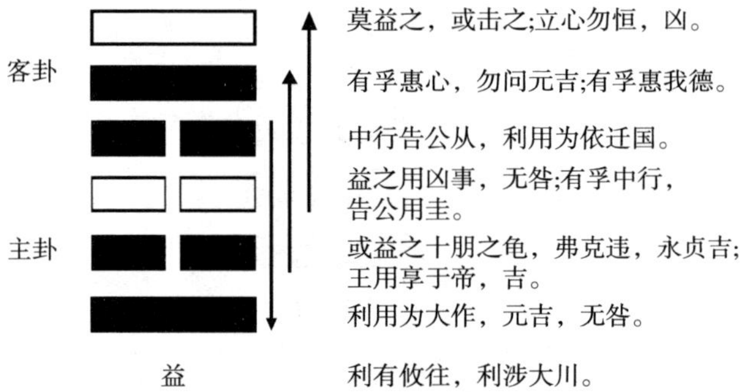

图 3-12-2 益卦的结构与卦爻辞

上图中，黑色表示当位的爻，白色表示不当位的爻，箭头表示有应。图中有三个箭头，表示三种主客之间的和谐关系，主客双方中某一个要素之间的和谐状态，称为有应。

第一种是行动之间的和谐，主方是阳，客方是阴，主方夺取客方的利益遇不到阻抗，对主方有利。这一对爻，第一爻和第四爻，当位，以黑色表示。

第二种是素质之间的和谐，客方的良好素质恰好可以弥补主方的不足，是对主方有利因素。这里，主客双方素质的阴阳属性与上一种和谐状态相反，主方是阴，客方是阳，这种相反情况是由爻的含义决定的。可见，和谐是否对主方有利，要视阴阳所代表的具体事物而定。当阴阳代表行动时，主方阳，客方阴，对主方有利；当阴阳代表素质时，主方阴，客方阳对主方有利。代表素质的第二爻是阴，第五爻是阳，和谐对主方有利，都是当位，图中以黑色表示。

第三种是态度之间的和谐，代表态度的第三爻和第六爻都是以白色表示，因为它们不当位，在主方随和而客方强硬的和谐下，主方受客方制约，对主方不利。客方的强硬态度是以极强的实力为支撑的，主方必须十分谨慎。

总体上说，双方关系完全和谐，形势比较稳定，主方应当保持积极主动，利用客方良好素质获益。不过，在态度上主方受到制约，主方必须非常谨慎。

“益”在爻辞中出现了三次，都是动词的形式，“益之”，有“或益之十朋之龟”，“益之用凶事”和“莫益之，或击之”。“吉”也出现了三次，在第一、二和五爻，表明主方的积极主动行动和双方素质上的阴阳和谐对主方有利。但是，主方必须对客方诚恳，第五爻指出要“有孚惠心”，第六爻强调，“立心勿恒，凶”。第五爻和第六爻的爻辞强调“有孚惠心”，正是由于主客双方的态度不当位而和谐，这是对主方不利因素，由此可见爻辞与卦的结构之间紧密结合。

如果删去判断词，六条爻辞就是一首完整的围绕主题“益”的散文诗。下面是其译文。

形势好，做些大事业，
送来了十朋之龟，不能拒绝，（像是）王来祭祀祖先。
把受益用于凶恶事件，诚恳地中间行走，怀抱玉圭向公报告。
告诉公在中间行走，公顺从，以此为据迁移了国都。
用诚信让（他的）心里感动，不用问很吉利；诚信也让我的品德受惠。
（他又）不让得益，甚至要打击（我）。（他的）心意不定，有凶险。

卦辞综合说明在当前形势下主方应当向前发展，勇于探索。下面逐条说明卦爻辞。

卦辞

利有攸往，利涉大川。

〔译文〕利于有所前进，利于涉越大的河川。

〔解说〕这是益卦卦辞，说明主客双方总的情况。“攸”(yōu)，助词，相当于“所”：性命攸关。“川”(chuān)，河川，在这里，“川”是个形象，不宜狭义地解释为河川。这个卦辞的意思是：主方应当发挥积极主动的优点，寻求发展，勇于探索和进取。

爻辞

一阳，利用为大作，元吉，无咎。

〔译文〕应当利用形势做大事业，非常吉利，无所怪罪。

〔解说〕这是益卦第一爻爻辞。这是阳爻，表示主方积极主动地谋取和扩大自己的利益，比如说，创新、创业、投资、进攻、求职、示爱，等等。如果主方积极主动，能够利用当前大好形势而取得丰硕效果，无所怪罪。

〔结构分析〕第一爻位置是阳位。这条爻是阳爻，阳爻在阳位，当位，又与四阴有应。当位表示主方积极主动是潜在的对主方有利因素；有应表示客方以消极被动响应主方的积极主动，那潜在的有利因素成了真实的对主方有利因素，主方应当大力利用此有利因素，“利用为大作”。这对主方非常有利，“元吉，无咎”。

二阴，或益之十朋之龟，弗克违，永贞吉；王用享于帝，吉。

〔译文〕有时使受益价值十朋的龟，不能拒绝，永远坚持下去吉利；王祭祀先祖，吉利。

〔解说〕这是益卦第二爻爻辞。这是条阴爻，表示主方素质不佳，比如说，资金缺乏、地位低下、实力薄弱、教育程度低，等等。“朋”(péng)指古时货币。“龟”，古时用于占卜。“十朋之龟”表示非常珍贵的礼物。“王用享于帝”是比喻。“王”指客方，“帝”指主方，“王用享于帝”比喻客方向主方贡献。这条爻辞的意思是，有人赠送非常珍贵的礼物，没有办法拒绝；永远坚持这种情况，就会像祖先那样得到王的贡献，吉利。

〔结构分析〕第二爻位置是阴位。这条爻是阴爻，阴爻在阴位，当位，又与五阳有应。当位表示主方素质不佳是潜在的对主方有利因素，如果主方有机会得利，就不要错过机会，要耐心地等待机会，“或益之十朋之龟，弗克违，永贞吉”；有应表明主客双方在素质方面和谐，客方有良好素质，正好可以满足主方需要，这潜在因素成了真实的对主方有利因素，“王用享于帝，吉”。

三阴，益之用凶事，无咎；有孚中行，告公用圭。

〔译文〕 使受益用于凶恶事件，无所怪罪；诚恳地中间行走，用玉圭告诉公。

〔解说〕 这是益卦第三爻爻辞，阴性，表示主方态度随和。“凶事”指艰难处境。“孚”（fú）是信用，是为人所信赖的意思，如“深孚众望”。“中行”，行于中间，指行为适当。“告公”中的告者，是主方，“公”指客方。“圭”（guī），玉器，古代大臣拿着它朝见皇上。这条爻辞的意思是：在相互关系中受益，无所怪罪。诚恳地适当行动，以尊重的态度向客方说明建议。

〔结构分析〕 第三爻位置是阳位。这条爻是阴爻，阴爻在阳位，不当位，并且与六阳有应。不当位表示主方对客方的随和态度是潜在的对主方不利因素；有应表示主客双方之间在态度上和谐，主方态度随和正好适应客方的强硬态度，这潜在因素成了真实的不利因素，主方受到客方制约，对于主方来说是“凶事”。由于主方是受益方，在制约下从客方受益，“益之用凶事”。同时，第三爻是对第二条的补充，第二条是阴，第三条也是阴，则表示主方素质很差。主方对客方随和是由于素质太差，不得不如此，无可怪罪，“无咎”。主方对客方随和，需要对客方诚恳，并且尊敬客方，“有孚中行，告公用圭”。

四阴，中行告公从，利用为依迁国。

〔译文〕 告诉公中间行走，公顺从，利用为依据迁移国都。

〔解说〕 这是益卦第四爻爻辞，阴性，表示客方消极被动。“从”指顺从，听从，随从。“迁”指迁移，变迁。这条爻辞的意思是：由于主方行动适当，客方顺从主方意图，做出重大改变。

〔结构分析〕 第四爻位置是阴位。这条爻是阴爻，阴爻在阴位，当位，并且与一阳有应。当位表示客方消极被动是潜在的对主方有利因素，客方顺从主方，“中行告公从”；有应表示主客双方行动和谐，客方消极被动正好适应主方的积极主动，这潜在因素成了真实的对主方有利因素，主方主动地向客方提出要求，客方按主方意见办，“利用为依迁国”。

五阳，有孚惠心，勿问元吉；有孚惠我德。

〔译文〕有诚信使心受惠，不用问，很吉利；有诚信使我的品德受惠。

〔解说〕这是益卦第五爻爻辞，阳性，表示客方素质良好。“惠”指优惠，互惠，惠赠。这条爻辞的意思是：诚恳地对待客方，使客方从心里感恩，不用问，非常吉利；主方诚恳地对待客方，表现出我方的品德高尚。

〔结构分析〕第五爻位置是阳位。这条爻是阳爻，阳爻在阳位，当位，并且与二阴有应。当位表示客方的良好素质是潜在的对主方有利因素；有应表示这潜在因素成了真实的对主方有利因素。尽管存在这种对主方有利因素，由于客方态度强硬，主方需要对客方诚恳。主方对客方诚恳，则主方可以从客方的良好素质得益，“有孚惠心，勿问元吉”。主方应当用诚恳表现自己的高贵品德，“有孚惠我德”。

六阳，莫益之，或击之；立心勿恒，凶。

〔译文〕不要使他得益，要打击他。下的决心不坚定，有凶险。

〔解说〕这是益卦第六爻爻辞，这条爻是阳爻，表示客方态度强硬。“莫益之，或击之；立心勿恒，凶”，这条爻辞的意思是：态度强硬的客方不愿意让主方受益，甚至打击主方；如果下的决心不坚定，则凶险。

〔结构分析〕第六爻的位置是阴位，这条爻是阳爻，阳爻在阴位，不当位，并且与三阴有应。不当位表示客方的强硬态度是潜在的对主方不利因素；当位表示这潜在因素成了真实的对主方不利因素，客方制约主方，“莫益之，或击之”。第六爻是对第五爻的补充，表示客方实力非常强大，如果主方不能坚定地表现出对客方的诚恳，则主方可能受到可怕的打击，“立心勿恒，凶”。这里的“心”指第五爻爻辞“有孚惠心”中的“心”。

5:3 卦，家人（在周易中，第 37 卦）

家人卦是别卦，其代号是 5:3。家人卦的主卦是 5 卦离卦，客卦是 3 卦巽卦，主卦和客卦的阳数比是 5:3。离卦的卦象是火，特点是光明而依附。巽卦的卦象是风，特点是顺从而力量巨大。家人，按字面解释是家里的人，如果结合卦的组成来看，就可以看出家人指家长。主卦是离卦，像是家长操劳家务而依赖全家人员配合；客卦是巽卦，像是家庭成员顺从家长。卦名家人提醒主方要关心和善待客方，争取客方支持。

结构和卦爻辞

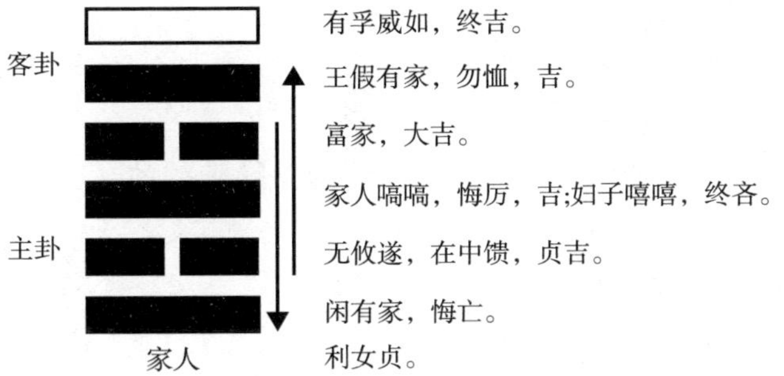

图 3-12-3 家人卦的结构与卦爻辞

在家人卦的结构图中，第六爻特别显眼，这是唯一的一条以白色表示的爻。白色表示不当位，也就是说这一条阳爻在这个位置上是不适当的，因为这条爻是客卦上爻，代表客方态度，客方态度强硬，对主方可能不利。反之，如果这条爻是阴爻，表示客方对主方态度随和，对主方可能有利，是位置适当，是当位。不过，不当位这仅仅是一个潜在的对主方不利因素，是否真正产生对主方不利效果，还得看主方态度如何。代表主方态度的爻是主卦上爻，也就是第三爻。第三爻是阳爻，以黑色表示，这表示主方态度强硬，主方的强硬态度是潜在的对主方有利因素。主方强硬态度与客方强硬态度冲突，是矛盾而不是和谐。主方不接受客方的强硬态度，客方强硬态度并没有成为真实的对主方不利因素。对主方不利还是有利，决定于主方如何处理，如果主方处理好了，避免了这个不利因素，从结构图看，再没有对主方不利的潜在因素，形势将有利于主方。

主方应当如何处理与客方的矛盾呢？客卦上爻是对其中爻的补充，这两条爻都是阳爻，表示客方素质非常好，实力非常强大。另一方面，由于主卦中爻是阴爻，尽管其上爻是阳爻，这只能说明主方素质不是非常差，但是仍然差，实力不是非常弱，但是仍然弱。与客方非常强大的实力相比，主方的实力仍然很小，因此，主方不能与客方硬拼，只能以柔克刚，以诚恳的态度取得客方信任，软化客方态度，化解矛盾。如此主方才能从双方关系中获益。

家人卦的卦爻辞指出当前形势对主方有利，主方需要做的是像一家之长为双方关系创造宽松而和谐的环境，“闲有家”，“王假有家”。主方不宜要求客方太多，只要求客方作适当奉献，“在中馈”。不能太严厉，“悔厉”。主方可以从客方受益，“富家”。最关键的是取得客方信任，“有孚威如”。如果删去一些判断词，就可以看出，六条爻辞是一首完整的围绕主题“家人”的散文诗。下面是其译文。

有家可以休闲，就没有悔恨，
不指望有什么成就，能得到中等的馈赠就行；
家长悔恨过于严厉的态度，女人嘻嘻哈哈，很难对付。
努力使自家富裕，
（像是）王在家中休假，不用忧虑，
有了信任就像有了权威，最终吉利。

卦辞归纳出主方的策略是“利女贞”。下面逐条说明卦爻辞。

卦辞

利女贞。

〔译文〕利于像女人一样地坚持下去。

〔解说〕这是家人卦卦辞，概括说明当前主客关系形势。按家人卦的结构，六条爻有五条当位，只有第六爻不当位，三对爻中二对有应，只有一对上爻无应，形势对主方很有利。这种有利形势是在客强主弱的情况下出现的，有利只是一种可能性，而不是必然性，只有主方恰当地处理主客关系，这种可能性才能变成现实，所以，卦辞中没有“吉”，而只有“贞”，并且必须是“女贞”才有利。“贞”（zhēn）是坚持的意思，如坚贞不屈。卦辞强调“女贞”，这不是说只有妇女才能用这个卦，才能坚持，而是用“女”作形象，表示婉转、冷静、耐心、细致地处理主客关系。所以，卦辞说“利女贞”。

爻辞

一阳，闲有家，悔亡。

〔译文〕有家可以休闲，悔恨消失。

〔解说〕这是家人卦第一爻爻辞，代表主方行动，阳表示主方积极主动地谋取和扩大自己的利益，比如说，创新、创业、投资、进攻、求职、示爱，等等。“闲”（xián）的意思是没有事情做，休闲。闲有家，在家中得到休闲，出去工作就会有更多精力，就没有悔恨，所以，爻辞说“闲有家，悔亡”。

〔结构分析〕第一爻位置是阳位。这条爻是阳爻，阳爻在阳位，当位，又与四阴有应。当位表明主方积极主动是潜在的对主方有利因素，主方有可能积极主动地开拓和发展自己的利益；有应表明客方以消极被动回应主方，与主方处于和谐状态，这潜在因素成了真实的对主方有利因素。问题是如何才能保持这种和谐？这种和谐状态应当是宽松的，主方与客方都可以像在家中一样的休闲，爻辞说应当“闲有家”。如果能够这样，就不会有悔恨，“悔亡”。

二阴，无攸遂，在中馈，贞吉。

〔译文〕没有什么成就，成就在于中等的赠送，坚持下去吉利。

〔解说〕这是家人卦第二爻爻辞，代表主方素质，阴，表示主方素质不佳，比如说，资金缺乏、地位低下、实力薄弱、教育程度低，等等。“遂”是成功，实现的意思，如，未遂。“馈”是赠送的意思，如馈赠。爻辞的意思是，不要采取大的行动，只作一般的事，耐心等待机会，只要如此，就能够在主客双方关系中受益。

〔结构分析〕第二爻位置是阴位。这条爻是阴爻，阴爻在阴位，当位，并且与五阳有应。当位表明主方的不佳素质是潜在的对主方有利因素；有应表明主客双方在素质方面和谐，客方的良好素质正好可以满足主方需要，这潜在因素成了真实的对主方有利因素。有利因素也只是一种主方获益的可能性，而不是必然性，只有客方馈赠主方，主方才能真正得益，所以，不能一下指望太多，“无攸遂”。主方只指望客方能够馈赠主方一些，“在中馈”。坚持这么做对主方吉利，“贞吉”。

三阳，家人嗃嗃，悔厉，吉；妇子嘻嘻，终吝。

〔译文〕 家长态度强硬，悔恨严厉的态度，吉利；女人嘻嘻哈哈，最终难办。

〔解说〕 这是家人卦第三爻爻辞，代表主方态度，阳爻，表示主方态度强硬。“嗃”（hè），嗃嗃，严厉的样子。“嘻”（xī），嬉笑的样子，如笑嘻嘻。家人是主方的形象比喻，妇子是客方的形象比喻。主方态度强硬，显出严厉的样子，如果认识到这种严厉态度是危险的，悔恨这种表现，则吉利，也就是说，“家人嗃嗃，悔厉，吉”。如果表现如此，客方会狡猾地躲开主方的攻击，“妇子嘻嘻”，而最终，主方很难办，“终吝”。

〔结构分析〕 第三爻位置是阳位。这条爻是阳爻，阳爻在阳位，当位，然而与六阳不有应。当位表明主方的强硬态度是潜在的对主方有利因素，主方有可能以强硬态度管理好与客方关系，如“家人嗃嗃”；不有应表明那种潜在因素没有成为真实的对主方有利因素，客方态度也强硬，与主方有矛盾，客方不接受“家人嗃嗃”的样子。如果主方悔恨这种严厉态度，就可能解决与客方的矛盾，对于主方“吉”。不过，客方态度强硬，处理好与客方的关系并不是容易的事，“妇子嘻嘻，终吝”。

四阴，富家，大吉。

〔译文〕 使自家富裕，很吉利。

〔解说〕 这是家人卦第四爻爻辞，代表客方行动。阴爻表示客方消极被动，比如说，防守、退却、不想冒险、不想探索或开辟新的发展领域、只求保持现状，等等。爻辞建议主方趁此客方消极被动机会，用客方资源使自己富裕，这对主方非常吉利，“富家，大吉。”

〔结构分析〕 第四爻位置是阴位。这条爻是阴爻，阴爻在阴位，当位，并且与一阳有应。当位表明客方消极被动是潜在的对主方有利因素；有应表明主方积极主动正好适应客方消极被动，主方可以从客方获取利益，使自己不佳素质得到弥补，“富家”。这对主方非常吉利，“富家，大吉”。

五阳，王假有家，勿恤，吉。

〔译文〕王可以在家中休假，不用忧虑，吉利。

〔解说〕这是家人卦第五爻爻辞，代表客方素质。阳爻表示客方素质良好。“假”，照规定或请求暂时离开工作或学习场所，如暑假、休假。“恤”(xù)是忧虑的意思。“假有家”和“闲有家”是一个意思。“王”指主方。王可以轻松地在自己的国土上休闲。因为客方实力仍然强大于主方，爻辞告诉主方不要忧虑，尽管当前仍然是客强主弱，但是客方消极被动，主方可以从客方良好素质得益，最终结果吉利。这种对结果的判断是基于对形势的全面估计。所以，爻辞说“王假有家，勿恤，吉。”

〔结构分析〕第五爻位置是阳位。这条爻是阳爻，阳爻在阳位，当位，并且与二阴有应。当位表明客方良好素质是潜在的对主方有利因素；有应表明素质不佳的主方正好可以利用客方的良好素质，像是王在家中休息，“王假有家”，这潜在因素成了真实的对主方有利因素。由于主客双方在行动上和谐，主方不必担忧失去这有利状态，“勿恤，吉”。

六阳，有孚威如，终吉。

〔译文〕有了信任就像有了权威，最终吉利。

〔解说〕这是家人卦第六爻爻辞，代表客方态度。阳爻表示客方态度强硬。由于这是客方态度，主方不能改变它，只能妥善对待它。“孚”是诚信的意思。“有孚”可以解释成谨慎对待，取得客方信任。“有孚威如”，有了客方信任就增加了主方成功的可能性，好像主方的威力增强了，最终结局是吉利的，“终吉”。

〔结构分析〕第六爻位置是阴位。这条爻是阳爻，阳爻在阴位，不当位，和三阳不有应。不当位表明客方强硬态度是潜在的对主方不利因素，客方有可能对主方很粗暴；不有应表明主方态度也强硬，并不为客方强硬态度所屈服，这潜在因素并没有成为真实的对主方不利因素。不过，主方需要适当处理与客方的矛盾，必须遵循阴阳趋向和谐的规律处理客方关系，诚恳地对待客方，谋取客方信任。有了客方对主方的信任，主方就能以柔克刚，如同具有了威力，使形势朝对主方吉利的方向发展，“有孚威如，终吉”。

6:3 卦，中孚（在周易中，第 61 卦）

中孚卦是别卦，其代号是 6:3。“孚”是信用，是为人所信赖的意思，“深孚众望”。“中孚”的意思是说双方应当诚恳相待。中孚卦的主卦是 6 卦兑卦（6 是主卦的代号，兑是其卦名），卦象是泽，特性是愉快；客卦是 3 卦巽卦（3 是客卦代号，巽是其卦名），卦象是风，特性是顺从。主方愉快地享受成功的喜悦，客方具有良好素质，顺从主方，可以和谐合作。双方都不需要损害对方，诚恳地相互支持，互利共赢。

结构与卦爻辞

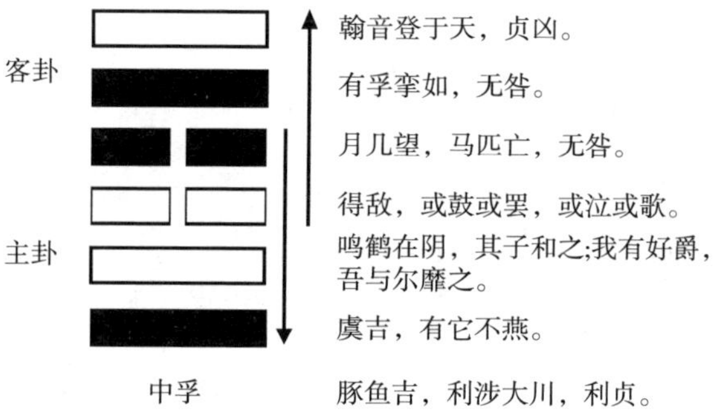

图 3-12-4　中孚卦的结构与卦爻辞

中孚卦的结构与卦爻辞图中，有两个箭头，表示两种有应，除此之外，第二爻与第五爻之间不有应。

第二爻与第五爻是主卦和客卦中爻，代表主方和客方素质，都是阳爻，表示双方素质都良好，比如说，双方资本都充裕。如果相互攻击，则可能两败俱伤；如果互相协作，则可能互利共赢。是相互攻击还是相互协作呢？客卦上爻与中爻都是阳，表明客方力量非常强大，而主卦中爻是阳，上爻是阴，表明主方力量强但不是很强，因此，如果互相攻击，主方将受损失。所以，主方应当力求互利共赢，避免相互攻击。同时，主卦与客卦下爻既当位又有应，是对主方有利因素，做到互利共赢的可能性很大。不过，图中也显示出对主方不利因素，主卦与客卦上爻既不当位而又有应，是对主方不利因素，客方有可能过于傲慢与粗暴。主方应当谨慎，诚恳地对待客方，取得客方信任，避免冲突。如果主客双方能够相互信任，做到“中孚”，则形势对主方有利。

第五爻爻辞中有“有孚挛如”，意思是有了信任就如同孪生兄弟，“中孚”卦指出在当前双方关系形势下，需要相互信任。为了做到相互信任，需要有安定环境，“虞吉”；需要利益共享，“吾与尔靡之”；需要协调配合，“或泣或歌”；需要持久，“月几望，马匹亡”。注意，客方的傲慢态度对主方有凶险，“翰音登于天，贞凶”。把六条爻辞作为一个整体，可以看出，这实际上是一首围绕主题“中孚”的散文诗。下面是其译文。

安乐则吉利，要求过多就不安乐。
鹤在树荫下鸣叫，另一只鹤附和；我有好酒，我与你共享。
相互交往，一会儿打，一会儿停，一会儿哭泣，一会儿欢歌。
（久会不散）月亮几乎圆了，甚至马匹也累死了，无所怪罪。
有了信任相互结合，无所怪罪。
（要是）如高空洪亮的声音，相处下去有凶险。

卦辞形象地用“豚鱼”比喻当前双方关系，鼓励主方，“利涉大川，利贞”。下面逐条说明卦爻辞。

卦辞

豚鱼吉，利涉大川，利贞。

〔译文〕豚和鱼都吉利，利于涉越大河大川，利于坚持下去。

〔解说〕这是中孚卦卦辞，说明当前主客双方关系的状况。“豚”指猪。主客双方像生活在陆地的猪和生活在水中的鱼，互不侵犯，都吉利；不过，应当互相交流，“利涉大川”。“贞”，应当解释为“坚持”。“利贞”指利于坚持当前状态。这卦辞明确地指出了主方应当与客方和谐共处。

爻辞

一阳， 虞吉，有它不燕。

〔译文〕 安乐则吉利，有其他就不安乐。

〔解说〕 “虞”（yú），古同“娱”，安乐。“燕”（yàn），古同“宴”，安闲，安乐。第一爻是主卦下爻，代表主方行动，阳，表示主方积极主动地谋取和扩大自己的利益，比如说，创新、创业、投资、进攻、求职、示爱，等等。客方行动是阴，消极被动。积极主动的主方和消极被动的客方正好相互配合，形成安乐环境，这种安乐环境对于主方是吉利的。如果主方的积极主动行动，超越了客方可以接受的程度，则可能破坏当前安乐环境而不安乐。这爻辞虽然有个“吉”字，实际上否定了主方过分主动的行动。

〔结构分析〕 第一爻位置是阳位。这条爻是阳爻，阳爻在阳位，当位，并且与四阴有应。当位表明主方积极主动是潜在的对主方有利因素，由于主方积极进取，主方有机会从双方关系中获益；有应表明主方积极主动没有遇到客方阻挠，双方和谐相处，这潜在因素成为真实的对主方有利因素，“虞吉”。从全局看，由于存在第三爻与第六爻之间不当位而有应的不利因素，主方的积极主动应当有度，不能过分，过分了就难以保持当前的安定环境，“有它不燕”。

二阳，鸣鹤在阴，其子和之；我有好爵，吾与尔靡之。

〔译文〕 鹤在树荫下鸣叫，另一只鹤附和；我有好酒，我与你共享。

〔解说〕 “爵”指古代的酒器。“靡”是浪费的意思。“吾与尔靡之”，我与你共享。这是第二爻爻辞，这是条阳爻，表示主方素质良好，比如说，主方有资金、有地位、有权力、有实力、有技术，等等。而对应的第五爻表示客方素质也良好。这条爻爻辞建议双方互利双赢。

〔结构分析〕 第二爻位置是阴位。这条爻是阳爻，阳爻在阴位，不当位，与五阳不有应。不当位表明主方素质良好，有可能受到损失，是潜在的对主方不利因素；不有应表示客方素质也良好，不需要使主方受损失，这潜在因素没有成为真实的对主方不利因素。双方素质都良好，谁都不需要使对方受到损失，需要相互协作，互利共赢，“我有好爵，吾与尔靡之”。

三阴，得敌，或鼓或罢，或泣或歌。

〔译文〕 双方交往，一会儿打，一会儿停，一会儿哭泣，一会儿欢歌。

〔解说〕 这是第三爻爻辞，是阴爻，表示主方态度随和，而第六爻表示客方态度强硬，主客双方可能相互配合，共同应对面临的问题。然而，双方素质都良好，为了各自的利益，有时也可能有冲突。

〔结构分析〕 第三爻位置是阳位。这条爻是阴爻，阴爻在阳位，不当位，并且与六阳有应。不当位表明主方态度随和，可能受到客方制约，是潜在的对主方不利因素；有应表明客方态度强硬，主方接受客方制约，这潜在因素成了真实的对主方不利因素。主方有积极的行动控制客方，有“鼓”有“歌”，主方又受客方制约，有“罢”有“泣”。双方素质都良好，共同对敌。于是如爻辞所说，“得敌，或鼓或罢，或泣或歌”。

四阴，月几望，马匹亡，无咎。

〔译文〕 月亮几乎圆了，甚至马匹也累死了，无所怪罪。

〔解说〕 这条爻是阴爻，表示客方行动被动，而第一爻表示主方行动积极主动，客方能够与主方和谐相处。尽管客方消极被动，不过由于双方素质都良好，主方需要长期与客方保持联系，这样才能受益。交往时间拖得很长，月亮几乎圆了，甚至马匹也累死了，主方尽力保持正常关系，无所怪罪。

〔结构分析〕 第四爻位置是阴位。这条爻是阴爻，阴爻在阴位，当位，并且与一阳有应。当位表明客方消极被动是潜在的对主方有利因素，主方有可能控制客方；有应表明客方消极被动正好适应了主方的积极主动，这潜在因素成了真实的对主方有利因素。不过由于客方具有强大的实力，并不是可以轻易受主方控制的，可能需要很长时间，以致“月几望，马匹亡”。客方消极被动是客方现实情况，不必怪罪主方，“无咎”。

五阳，有孚挛如，无咎。

〔译文〕 有了信任相互结合，无所怪罪。

〔解说〕 “挛”（luán），互相牵系。这是第五爻爻辞，这条爻是阳性，表示客方素质良好。由于客方和主方素质都好，而且客方态度比主方强硬，主方应当诚恳对待客方。有了相互信任，就能亲如孪生兄弟，“有孚挛如”。主客双方互相配合，对主方就无所怪罪。换句话说，如果不能取得客方信任，不能与客方紧密结合，主方就应当受到怪罪。

〔结构分析〕第五爻位置是阳位。这条爻是阳爻，阳爻在阳位，当位，然而与二阳不有应。当位表明客方良好素质有可能对主方有益；不有应表明主方不需要从客方良好素质受益，这潜在因素没有成为真实的对主方有利因素。主方与客方素质都很好，都不需要损伤对方，双方应当互相信任，互相协作，共同发展，“有孚挛如”。客方良好素质决定于客方自己，主方不应当受到怪罪，“无咎”。

六阳，翰音登于天，贞凶。

〔译文〕如高空洪亮的声音，坚持下去有凶险。

〔解说〕这是第六爻爻辞，阳爻，表示客方态度强硬，如高空宏亮的声音，而主方态度随和。这种情况下，坚持下去有凶险。也就是说，主方的随和态度要适当，如果客方过分强硬了，主方就得设法改变现在的状态。

〔结构分析〕第六爻位置是阴位。这条爻是阳爻，阳爻在阴位，不当位，并且与三阴有应。不当位表明客方强硬态度是潜在的对主方不利因素，客方可能制约主方；有应表明客方强硬态度迫使主方随和地接受，这潜在因素成了真实的对主方不利因素。第六爻是客卦上爻，是对中爻的补充，表示客方素质非常好，实力非常强大，以致其态度过分强硬，表现得傲慢和粗暴，如同“翰音登于天”。如果这种状态持续下去，主方受到客方制约，主方发展有凶险，“贞凶”。因此，主方应当谨慎而诚恳地对待客方，及时诚恳地指出客方傲慢与粗暴的不当态度，维护相互信任的良好形势。

7:3 卦，小畜（在周易中，第 9 卦）

小畜是 7:3 卦的卦名，7:3 是小畜卦的代号。7:3 卦的主卦是 7 卦乾卦，卦象是天，天的特性是强健。客卦是 3 卦巽卦，卦象是风，风的特性是顺从。这并不意味强健的主方可以让客方顺从主方，因为，风仍然有强大的能量，只是顺从在前进方向上可以通过的路，并不顺从在与前进方向不通，或者没有开通的路。巽卦的中爻和上爻是阳爻，表示客方仍然有很强的力量，只有下爻是阴爻，消极被动，这并不意味着主方可以让客方无条件地顺从。所以，在当前双方关系中，主方应当积蓄力量，伺机而动。“畜”（xù），养禽兽：畜产；后作“蓄”：蓄积收藏于秋冬。此卦中，“小畜”的意思是：少许积蓄。

结构和卦爻辞

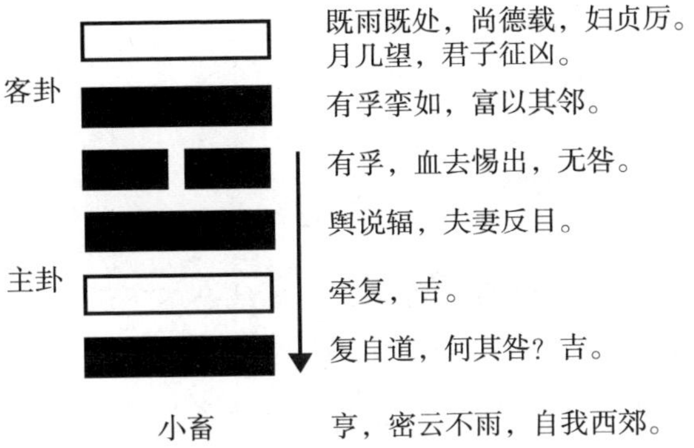

图 3-12-5　小畜卦的结构与卦爻辞

在小畜卦的结构与卦爻辞图中有一个箭头，从第四爻指向第一爻，表示客方消极被动，使主方积极主动的行为不受阻挠，是对主方有利因素。主方应当充分利用这有利因素，控制客方，让形势朝有利于主方的方向发展。除此之外，其他四条爻之间没有有应关系，对于主方来说都是潜在因素，关键在于主方如何处理，由于客方仍然有很强的实力，主方应当避免冲突，减少损失，一点一点地积蓄力量，“小畜”。

“密云不雨”说明了“小畜”的意思是少许积蓄，爻辞中的“复”是“小畜”的行为，要“复自道”，要“牵复”。如果不“小畜”，即使是夫妻，也会“舆说辐”而“夫妻反目”。“小畜”需要以诚信作基础，“有孚”，有了相互信任，就能够“富以其邻”。然而，仍然需要谨慎对待客方，因为情况总是会“既雨既处”。如果删去判断词，六条爻辞就是一首围绕主题“小畜”的散文诗。下面是其译文。

（遇到困难就）回复到自己的道路，
牵引着（他）来回反复。
（有时就像）车辆的车辐脱开了，（也像）夫妻不和睦，
有了信任，（就）没有流血，（就）没有恐惧，
有了信任，相互牵系，依靠邻居富裕。

一会儿下雨，一会儿停，保持高尚的道德，（像）妇女般地坚持克服困难；（如果像）男子出征，总希望圆满成功，月亮几乎满圆了，有凶险。

下面逐条说明卦爻辞。

卦辞

亨，密云不雨，自我西郊。

〔译文〕顺利，来自我方西郊的密云，集结而不下雨。

〔解说〕客方消极被动，为主方的积极主动提供了机会，在不触犯客方利益情况下，主方可以顺利地发展，“亨”。然而，客方素质良好，并且态度强硬，主方必须有所节制，积蓄力量，不要贸然侵犯客方利益，“密云不雨，自我西郊”。卦爻辞是周文王编写的，当时，周在西部，卦辞说“自我西郊”。

爻辞

一阳，复自道，何其咎？吉。

〔译文〕回复到自己的道路，有何可以怪罪？吉利。

〔解说〕第一爻是阳爻，表示主方行动是阳，积极主动地谋取和扩大自己的利益，比如说，创新、创业、投资、进攻、求职、示爱，等等。主方让自己的行动回复到自己的道路上，不触犯客方利益，这样就没有怪罪了，就对主方吉利。“吉”是以回复到自己的道路为条件的，如果不是回复到自己的道路上，就不一定吉利。

〔结构分析〕第一爻位置是阳位。这条爻是阳爻，阳爻在阳位，当位，并且和四阴有应。当位表明主方积极主动谋取和扩大自己的利益，有可能成功，是潜在的对主方有利因素；有应表明主方积极主动正好与客方消极被动呈阴阳和谐状态，这潜在因素成了真实的对主方有利因素。然而，从全局看，由于主客双方力量都很强大，主方在积极行动的时候不能不谨慎，在获取利益以前，要反复试探，“复自道，何其咎？”这样可以避免损失，确保获益成功，“吉”。

二阳，牵复，吉。

〔译文〕牵引着回复，吉利。

〔解说〕第二爻是主卦中爻，代表主方素质，阳，表示主方素质良好，比如说，主方有资金、有地位、有权力、有实力、有技术，等等。主方积极主动，而客方消极被动，主方牵引着客方回复到对双方都有利的道路上，这样，主方可以得到客方合作，对主方吉利。“吉”的前提条件是“牵复”，不“牵”，或者不“复”，不与客方合作，都不是吉利。

〔结构分析〕第二爻位置是阴位。这条爻是阳爻，阳爻在阴位，不当位，和五阳不有应。不当位表明主方良好素质可能受到损失，是潜在的对主方不利因素；不有应表明客方素质也是良好，客方没有必要使主方受损失，这潜在因素并没有成为真实的对主方不利因素。由于双方素质都良好，主方应当争取做到互利共赢。由于客方消极被动，可能客方对互利共赢没有兴趣，主方应当以积极主动牵动客方共同反复探索，“牵复”，这样对主方就吉利，“吉”。

三阳，舆说辐，夫妻反目。

〔译文〕车辆的车辐脱开了，夫妻不和睦。

〔解说〕第三爻是主卦上爻，代表主方态度，阳，表示主方态度强硬。另一方面，客方态度也强硬。主方与客方发生冲突，如同车辆的车辐脱开了，如同夫妻不和睦了，这就不是“小畜”应当有的结果。“说”（tuō），解脱，说履《荀子·乐论》。“辐”（fú），连接车辋和车毂的直条：车辐。“反目”，不和睦（多指夫妻）：反目成仇。

〔结构分析〕第三爻位置是阳位。这条爻是阳爻，阳爻在阳位，当位，然而与六阳不有应。当位表明主方的强硬态度有可能迫使客方接受主方意图，是潜在的对主方有利因素；不有应表明客方态度与主方冲突，这潜在因素并没有成为真实的对主方有利因素。而且，第三爻是对第二爻的补充，第二爻是阳，第三爻也是阳，这表示主方素质很好，实力非常强，有可能自满、傲慢和粗暴，客方也是如此，这样很可能双方合作关系破裂，“舆说辐，夫妻反目”。

四阴，有孚，血去惕出，无咎。

〔译文〕 有了信任，没有流血，没有恐惧，无所怪罪。

〔解说〕 第四爻是客卦下爻，代表客方行动，阴，表示客方消极被动，比如说，防守、退却、不想冒险、不想探索或开辟新的发展领域、只求保持现状，等等。主方在积极主动的时候，需要“小畜”，有所节制，不损伤客方利益。取得了客方信任，没有冲突，没有恐惧，主方不应当受到怪罪。“血”，指双方冲突造成损失，

〔结构分析〕 第四爻位置是阴位。这条爻是阴爻，阴爻在阴位，当位，又与一阳有应。当位表明客方消极被动，不至于使主方利益受损失，是潜在的对主方有利因素；有应表明客方消极被动正好使主方积极主动不受阻挠，这潜在因素成了真实的对主方有利因素。尽管有此有利因素，由于主客双方在素质方面和态度方面都有矛盾，冲突可能使双方都受损失，因此，主方应当诚恳对待客方，取得客方信任，“有孚”。有了信任，就能够避免损失，避免对冲突恐惧，主方可以无所怪罪，“有孚，血去惕出，无咎”。

五阳，有孚挛如，富以其邻。

〔译文〕 有了信任，相互牵系，依靠邻居富裕。

〔解说〕 第五爻是客卦中爻，代表客方素质，阳，表示客方素质良好。由于主方“小畜”，节制自己的行为，不损伤客方利益，得到客方信任，客方与主方牵系在一起。依靠客方协助，主方得到富裕。“挛”（luán），互相牵系。

〔结构分析〕 第五爻位置是阳位。这条爻是阳爻，阳爻在阳位，当位，然而与二阳不有应。当位表明客方良好素质有可能使主方获益，是潜在的对主方有利因素；不有应表明主方素质与客方素质有矛盾，存在双方之间的利益冲突。主方应当避免冲突，诚恳地对待客方，取得客方信任，有了信任，就能够相处如弟兄，“有孚挛如”，主方有可能以客方良好素质帮助自己富裕，“富以其邻”。

六阳，既雨既处，尚德载，妇贞厉；月几望，君子征凶。

〔译文〕 一会儿下雨，一会儿停，保持高尚的道德，妇女般地坚持克服困难；月亮几乎满圆了，男子出征有凶险。

〔解说〕 第六爻是客卦上爻，代表客方态度，阳，表示客方态度强硬。同时，主方态度也强硬，主方与客方有些时候有冲突；由于客方消极被动，方便主方的积

极主动，有些时候合作，“既雨既处”。双方关系应当建立在高尚的道德基础上，“尚德载”。像妇女一般耐心地、柔和地坚持下去有困难，而像粗暴男子一般地出征，想获取最大利益，如同“月几望”，由于侵犯客方的利益，有凶险。

〔结构分析〕 第六爻位置是阴位。这条爻是阳爻，阳爻在阴位，不当位，与三阳不有应。不当位表明客方强硬态度可能使主方遇到困难，是潜在的对主方不利因素；不当位，由于主方态度也强硬，主方保护自己利益，那潜在的不利因素没有成为真实的对主方不利因素。在行动方面，主方积极主动，客方消极被动，呈和谐状态，所以，双方关系中有时有冲突，有时又和谐，“既雨既处”。为了避免冲突，主方应当对客方诚恳，“尚德载”。像妇女那样耐心地坚持下去，“妇贞厉”，尽管不容易，也还是应当如此。如果像男子那样急于求成，尽管有行动和谐的有利因素，似乎可以圆满成功，“月几望”，而实际上有很大风险，“君子征凶”。

3:3 卦，巽（在周易中，第 57 卦）

巽是 3:3 卦的卦名，3:3 是巽卦的代号。“巽”（xùn），古同“逊”，谦让恭顺。3:3 卦的主卦和客卦都是 3 卦巽卦，卦象是风，特性是顺从。主方和客方都顺从，谁顺从谁呢？主方该如何行动呢？主方应当保护好自己的利益，对客方谦让恭顺，能进则进，能退则退。

结构和卦爻辞

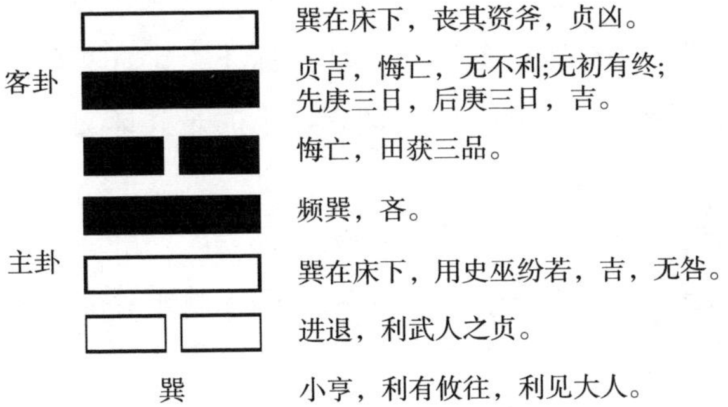

图 3-12-6 巽卦的结构与卦爻辞

巽卦的结构图中的爻有白色和黑色两种。白色是不当位的爻，是潜在的对主方不利因素。黑色的爻是当位的爻，是潜在的对主方有利因素。主方应当利用潜在的有利因素，改变潜在的不利因素。不当位的爻有两条在主卦中，有一条在客卦中。主卦中的爻决定于主方，主方可以改变；客卦中的爻决定于客方，主方不能改变，然而可以观察，等待其变化。

主卦中的不当位的爻是第一爻和第二爻，代表主方的行动和素质。

第一条是阴爻，表示主方消极被动。由于消极被动，主方很难开拓进取，很难维护和扩张自己的利益，主方应当改变消极被动为积极主动。

第二条是阳爻，表示主方素质良好。在与客方交往中，有可能受到损失。主方应当低姿态，把良好素质隐藏起来，避免蒙受损失。

另一条不当位的爻是第六爻。这是客卦上爻，代表客方态度，阳，表示客方态度强硬；而且，上爻是对中爻的补充，中爻和上爻都是阳，表示素质非常好，实力非常大。一方面，客方非常强大的实力给主方的扩张可能带来困难，另一方面，由于过分强大，有可能自满、傲慢和粗暴，客方的缺点暴露，有利于主方。主方应当耐心观察和等待，一旦客方缺点暴露，就可以积极主动地一举夺取最后胜利。

综合说来，主方应当转被动为主动，但不可盲动。应当隐藏自己的实力，冷静观察客方变化，能进则进，能退则退。

巽卦的爻辞详细说明了在主客双方实力相当情况下，主方应当采取的策略。主方应当保护好自己的利益，对客方谦让恭顺。谦让也不可完全被动，应当有进有退，“进退”；在谦让的时候，要把自己的利益保护好，隐藏起来，“巽在床下”；态度不要过于强硬，需要时时谦让，“频巽”；充分利用客方消极被动的机会，“悔亡”；坚持从客方的良好素质中获益，“贞吉”，不要抢先制造事端，但要着手从事件的结果中获益，“无初有终”；在遇到客方态度强硬的时候，要表现得谦让，把自己的利益隐藏起来，“巽在床下”。如果删去判断词，六条爻辞就是一首完整的围绕主题“巽”的散文诗，下面是其译文：

能进则进，能退则退，坚持刚武者的做法。
（有时）谦让地隐藏在床下，（像）祝史和巫觋那样顺从自然，
频繁地谦让，
（机会来了）在田野里获得多种猎物。
不要作事物的初始，但要作其终结；先变更三天，再变更三天。
谦让恭顺（过度了），隐藏在床下，丢失了财货，继续下去有凶险。

卦辞则指出在当前形势下，主方应当有所作为。下面逐条说明卦爻辞。

卦辞

小亨，利有攸往，利见大人。

〔译文〕 少许顺利，利于有所前进，利于表现为大人物。

〔解说〕 主客双方的阳数比是 3:3，都不强，如果主方想有所作为，阻力不大，“小亨，利有攸往”。主方应当趁客方消极被动之机，积极主动地发展自己，不要对客方过于谦让，“利见大人”。

爻辞

一阴，进退，利武人之贞。

〔译文〕 前进后退，利于坚持刚武者的做法。

〔解说〕 第一爻是主卦下爻，代表主方的行动，阴，表示主方消极被动，比如说，防守、退却、不想冒险、不想探索或开辟新的发展领域、只求保持现状，等等。同时，客方也是消极被动，爻辞建议主方不要太消极被动了，应当趁客方消极被动之机，或者前进，或者后退，像位刚武者，积极主动地行动。“武人”，刚武的人。

〔结构分析〕 第一爻的位置是阳位。这条爻是阴爻，阴爻在阳位，不当位，并且和四阴不有应。不当位表明主方消极被动，可能不利于主方发展，具体如何，还有视客方的情况而定，这是潜在的对主方不利因素；不有应表明客方也消极被动，与主方不存在阴阳和谐关系。由于阴阳趋向和谐是事物变化的动力，主方应当注意观察形势变化，能进则进，能退则退，“进退”。为了维护和发展自己的利益，主方应当积极主动，像刚强的武人，“利武人之贞”。

二阳，巽在床下，用史巫纷若，吉，无咎。

〔译文〕 谦让地隐藏在床下，用祝史和巫觋顺从天命的方式顺从，吉利，无所怪罪。

〔解说〕第二爻是主卦中爻，代表主方素质，阳，表示主方素质良好，比如说，有资金、有地位、有权力、有实力、有技术，等等。由第五爻是阳爻可以知道，客方素质也是良好。主方在与客方相互谦让恭顺的时候，如何依靠自己良好素质获得更多利益呢？需要把自己的良好素质隐藏起来，“巽在床下”，像祝史和巫觋们顺从天命一般地顺从自然，这样就吉利，无所怪罪。“史巫”，祝史和巫觋；古代司祭祀、事鬼神的人。“纷若”，盛多貌。“吉”和“无咎”都是以顺其自然为前提，不顺其自然就不一定吉利，不一定无所怪罪。

〔结构分析〕第二爻位置是阴位。这条爻是阳爻，阳爻在阴位，不当位，和五阳不有应。不当位表明主方素质良好，有可能遭受损失，主方应当低姿态，把良好的素质隐藏起来，“巽在床下”；不有应表明客方素质也良好，不一定需要损害主方利益，这潜在因素没有成为真实的对主方不利因素。如果主方能够顺从自然，“用史巫纷若”，主方就可能保护甚至扩大自己的利益，“吉，无咎”。

三阳，频巽，吝。

〔译文〕频繁地顺从，有些不容易。

〔解说〕第三爻是主卦上爻，代表主方态度，阳，表示主方态度强硬。同时，客方态度也强硬，双方有冲突。频繁有冲突，又要相互顺从，很不容易。主方应当适当让自己的态度灵活些，柔和些。

〔结构分析〕第三爻位置是阳位。这条爻是阳爻，阳爻在阳位，当位，然而与六阳不有应。当位表明主方的强硬态度有可能镇住客方，对主方有利，这是潜在的对主方有利因素，具体是否有利，还有看客方的情况；不有应表明客方态度也强硬，这潜在因素没有能够成为真实的对主方有利因素。同时，第三爻和第二爻都是阳，表示主方素质非常好，实力非常强大，主方态度有可能强硬过度。主方态度需要灵活些，不要一直强硬，而是应当时时谦让，“频巽”。这么做很不容易，“吝”。

四阴，悔亡，田获三品。

〔译文〕悔恨消亡，田野里获得多种猎物。

〔解说〕 第四爻是客卦下爻，代表客方的行动，阴，表示客方消极被动，比如说，防守、退却、不想冒险、不想探索或开辟新的发展领域、只求保持现状，等等。主方趁客方消极被动之机，发展自己的利益，“悔亡”。“田”指双方关系，主方在双方关系中获得各种各样的利益，“田获三品”。“三品”，上、中、下三等。

〔结构分析〕 第四爻位置是阴位。这条爻是阴爻，阴爻在阴位，当位，然而与一阴不有应。当位表明客方消极被动，有可能是主方发展的好机会，这是潜在的对主方有利因素；不有应表明主方也消极被动，这潜在因素没有成为真实的对主方有利因素。主方应当积极行动起来，这样就能够利用客方消极被动的良机，没有悔恨，“悔亡”，从而获取利益，“田获三品”。

五阳，贞吉，悔亡，无不利；无初有终；先庚三日，后庚三日，吉。

〔译文〕 坚持下去吉利，悔恨消亡，没有不利的事；不要作初始，要作终结；先变更三天，再变更三天，吉利。

〔解说〕 第五爻是客卦中爻，代表客方素质，阳，表示客方素质良好。主方应当坚持发展双方关系，从双方关系中获益，“贞吉，悔亡，无不利”。不要主动开创事物的初始，消极被动地让客方去开创；要积极主动地控制事物的进展，让事物在最有利于主方的时刻终结；要不断地变更策略，每三天改变一次，吉利。“庚”(gēng)变更，更换。

〔结构分析〕 第五爻位置是阳位。这条爻是阳爻，阳爻在阳位，当位，然而与二阳不有应。当位表明客方的良好素质有可能对主方有益，这是潜在的对主方有利因素；不有应表明主方素质也良好，没有从客方良好素质获益的兴趣，这潜在因素没有成为真实的对主方有利因素。形势是否有利主方，取决于主方的决策，主方应当坚持变被动为主动，同时随和应对，隐藏自己的实力，这样对主方吉利，“贞吉，悔亡，无不利”。主方应当不要挑起事端，但要从事件牟利，“无初有终”。冷静观察客方变化，灵活应对，“先庚三日，后庚三日”，这样对主方吉利，“吉”。

六阳，巽在床下，丧其资斧，贞凶。

〔译文〕 谦让恭顺地隐藏在床下，丢失财货，坚持下去有凶险。

〔解说〕 第六爻是客卦上爻，代表客方态度，阳，表示客方态度强硬；同时，由三阳可知，主方态度也强硬。主方谦让恭顺地隐藏在床下，并不能避免损失，反而会遭受损失，“丧其资斧”，坚持下去，会有更多损失，“贞凶”。主方不可对客方过于谦让。“资斧”，财货：竭尽资斧。

〔结构分析〕 第六爻位置是阴位。这条爻是阳爻，阳爻在阴位，不当位，与三阳不有应。不当位表明客方强硬态度有可能损伤主方利益，是潜在的对主方不利因素；不有应表明主方态度也强硬，对抗客方的强硬态度，这潜在因素并没有成为真实的对主方不利因素。这条爻是客卦中唯一的一条不当位的爻，而第三爻是主卦中唯一的一条当位的爻，虽然此卦的卦名是“巽”，建议主方顺从形势，但是，主方不宜过于谦让，“巽在床下”。那样会损害主方的利益，“丧其资斧”。坚持下去对主方有凶险，“贞凶”。

2:3 卦，涣（在周易中，第 59 卦）

涣是 2:3 卦的卦名，2:3 是涣卦的代号。“涣”（huàn），散开：涣散。2:3 卦的主卦是 2 卦坎卦，卦象是水，水有力可以浮舟，水柔软，水总是往下流，特性是危险和困难；客卦是 3 卦巽卦，卦象是风，风力巨大，可以倒树、驱帆，风可挡可避，特性是顺从。客方顺从主方，让水到处流，从而，水到处泛滥。

结构和卦爻辞

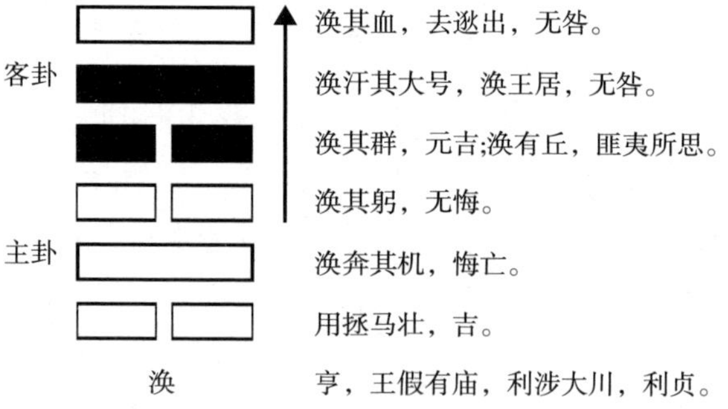

图 3-12-7 涣卦的结构与卦爻辞

上图中，主卦的三条爻全是白色，表示这三条爻全部不当位，都是潜在的对主方不利因素。客卦中有两条爻当位，以黑色表示，是潜在的对主方有利因素。还有一个箭头，从第三爻到第六爻，表示有一种和谐关系存在于主卦和客卦的态度之间，这两条爻不当位而有应，是真实的对主方不利因素。为了摆脱当前困境，主方首先应当从潜在的不利因素着手，扭转被动局面，并且隐藏和保护自己的良好素质，在此基础上灵活应对客方的强硬态度，不宜过分随和，有机会打击客方，就给他一点厉害看看；不得机会，就只能随和，与客方保持互不侵犯，避免冲突，互利共处。

涣卦的六条爻中五条都有“涣”。卦爻辞以大水泛滥形象地比拟当前的双方关系。如果删去判断词，就可以看出爻辞的核心是一首以“涣”为主题的散文诗，下面是其译文：

强壮的马啊，快来救我。
洪水来了，人都爬上了大树。
洪水快要淹了我。
洪水冲散人群，幸亏有一座山丘。
洪水呼啸，淹了王府。
洪水冲刷了血迹，冲向遥远的地方。

卦辞阐述在“涣”这样的形势下，主方应当做的事。下面逐条说明卦爻辞。

卦辞

亨，王假有庙，利涉大川，利贞。

〔译文〕顺利，王在度假的时候到庙宇来了，利于涉越大江大河，利于坚持下去。

〔解说〕主方有良好的素质，比如说，富有、健康或者地位高，并且客方消极被动，给予了主方发展机会，“亨”。王指客方，因为客方比主方强。王到庙宇中来是拜佛的，有所祈求，主方应当利用当前机会发展自己，“利涉大川”。“利贞”紧接在“利涉大川”之后，强调坚持“涉大川”的开拓精神。

爻辞

一阴，用拯马壮，吉。

〔译文〕用以拯救的马强壮，吉利。

〔解说〕第一爻是主卦下爻，代表主方的行动，阴，表示主方消极被动，比如说，防守、退却、不想冒险、不想探索或开辟新的发展领域、只求保持现状，等等。主方消极被动以致陷入困境，主方应当扭转被动状态，采取主动。有了积极主动，就如同有一匹强壮的马来拯救主方，对主方吉利。“拯”（zhěng），援救，救助：拯救。

〔结构分析〕第一爻位置是阳位。这条爻是阴爻，阴爻在阳位，不当位，和四阴不有应。不当位表明主方消极被动，有可能难以保护和发展自己的利益，是潜在的对主方不利因素；不有应表明客方也消极被动，主方不一定受到侵犯，这潜在因素没有成为真实的对主方不利因素。尽管如此，消极被动仍然是阻碍主方发展的主要因素，是造成主方陷入困境的主要原因，如果主方能够扭转被动状态，就能够利用客方消极被动的机会取得发展，所以爻辞说，“吉”。

二阳，涣奔其机，悔亡。

〔译文〕大水泛滥的时候往树奔，悔恨消失。

〔解说〕第二爻是主卦中爻，代表主方素质，阳，表示主方素质良好，比如说，有资金、有地位、有权力、有实力、有技术，等等。在困境中，主方应当不失机遇，发挥素质良好的优势，这样就没有悔恨。“机”（jī），木名，桤木树。

〔结构分析〕第二爻位置是阴位。这条爻是阳爻，阳爻在阴位，不当位，与五阳不有应。不当位表明主方素质良好，有可能被客方掠取，是潜在的对主方不利因素；不有应表明客方素质也良好，不需要伤害主方，这潜在因素没有成为真实的对主方不利因素。在这困难时候，主方应当依靠自己的良好素质，积极主动地谋取利益，如同“涣奔其机”。

三阴，涣其躬，无悔。

〔译文〕大水泛滥到自己身边，没有悔恨。

〔解说〕第三爻是主卦上爻，代表主方态度，阴，表示主方态度随和。当前像大水泛滥的形势是客观形成的，自己没有悔恨。“躬”（gōng），自身，亲自：反躬自问。

〔结构分析〕第三爻位置是阳位。这条爻是阴爻，阴爻在阳位，不当位，并且与六阳有应。不当位表明主方的随和态度有可能被客方利用，是潜在的对主方不利因素；有应表明客方态度强硬，客方利用主方的随和态度，制约主方，这潜在因素成了真实的对主方不利因素，如同“涣其躬”，洪水淹到自己。第三爻是对第二爻的补充，表示主方有力量，但不是很强，弱于客方，主方不得不对客方随和。主方应当随机应变，以柔克刚，“无悔”。

四阴，涣其群。元吉，涣有丘，匪夷所思。

〔译文〕大水泛滥到众人聚集在一起的地方。很吉利，大水泛滥的地方有山丘，这真是难以想象的。

〔解说〕第四爻是客卦下爻，代表客方的行动，阴，表示客方的行动是消极被动。主客双方都消极被动，使得当前双方关系很涣散，如同大水泛滥到群众居住区，这种情况促使各方有所行动来共同解决问题，对主方很有利，就像是在洪水中有座山丘，真正是难以想象的。“匪夷所思”指言谈行动离奇古怪，不是一般人根据常情所能想象的。

〔结构分析〕第四爻位置是阴位。这条爻是阴爻，阴爻在阴位，当位，然而与一阴不有应。当位表明客方消极被动，是主方发展的良机，是潜在的对主方有利因素，爻辞说，“元吉”；不有应表明主方也是消极被动，不能利用这良机，这潜在因素没有能够成为真实的对主方有利因素。主方应当变被动为主动，如果主方能够扭转被动，采取主动，则如同“涣有丘，匪夷所思”。

五阳，涣汗其大号，涣王居，无咎。

〔译文〕洪水中发出强大的呼喊声，洪水泛滥到王所居住的地方，无所怪罪。

〔解说〕第五爻是客卦中爻，代表客方素质，阳，表示客方素质良好。同时，主方素质也良好，在当前双方关系状态下，双方的良好素质都发挥不了作用，双方都强烈地要求改善关系，“涣汗其大号”。“王居”指客方素质。客方良好素质发挥不了作用，主方不应当受到怪罪。

〔结构分析〕第五爻位置是阳位。这条爻是阳爻，阳爻在阳位，当位，然而与二阳不有应。当位表明客方良好素质是主方得益的好机会，是潜在的对主方有利因素；不有应表示主方素质也良好，主方需要以自己的良好素质谋取发展，而不是依靠客方，这潜在因素没有成为真实的对主方有利因素。主方依靠自己的良好素质是正确的，“无咎”。

六阳，涣其血，去逖出，无咎。

〔译文〕 洪水把血冲走了，人被冲到很远的地方才出来，无所怪罪。

〔解说〕 第六爻是客卦上爻，代表客方态度，阳，客方态度强硬。在当前的双方关系状态下，强硬态度解决不了关键问题，反而使得双方都遭受严重损失，“涣其血，去逖出”。“血”指关键问题。“去逖出”指损失。主方态度随和，顺从于客方，主方不应当受到怪罪。“逖”（tì），远。

〔结构分析〕 第六爻位置是阴位。这条爻是阳爻，阳爻在阴位，不当位，并且与三阴有应。不当位表明客方态度强硬，有可能制约主方，是潜在的对主方不利因素；有应表明主方态度随和，接受客方制约，这潜在因素成了真实的对主方不利因素。第六爻是对第五爻的补充，这两条爻都是阳爻，表示客方实力非常强大，主方弱于客方，不得不接受客方制约，“无咎”。关键是，主方要扭转消极被动状态，“用拯马壮”。

1:3 卦，渐（在周易中，第 53 卦）

渐是 1:3 卦的卦名，1:3 是渐卦的代号。“渐”（jiàn），慢慢地，一点一点地：逐渐。1:3 卦的主卦是艮卦，卦象是山，特性是被动和阻止；客卦是巽卦，卦象是风，特性是顺从。主方像山一样静止不动，阻止游移不定的客方，而客方则顺从形势，逐渐变化状态。

结构和卦爻辞

如下图渐卦中，下部的三条爻是主卦，代表主方，上部的三条爻是客卦，代表客方。

主卦下爻是阴爻，白色表示这条爻不当位，也就是说，阴爻在阳位，不当位。

主卦下爻代表主方的行动，阳代表天的属性，天运动不息，主方应当像天一样运动不息，这样才能够开拓进取，创造利益，所以第一条爻的位置是阳位。现在这条爻是阴爻而不是阳爻，阴代表地的属性，按古人的感受，地是静止不动的，阴爻代表主方消极被动，这就不能开拓进取，不能创造利益。所以，阴爻在阳位不当位。不过，不能创造利益并不等于一定遭受损失，不是有利并不等于不利。不当位只是一个潜在的对主方不利因素，是不是真的对主方不利，还要看客方的行动。如果客方积极主动，主方可能遭受损失，这潜在因素就变成了真实的对主方不利因素。现在，客方也是消极被动，因此，这条阴爻只是一个潜在的对主方不利因素。

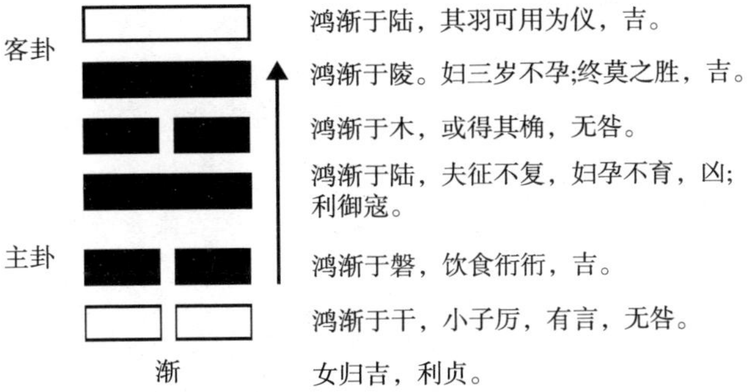

图 3-12-8　渐卦的结构与卦爻辞

主卦中爻也是阴爻，然而，是黑色而不是白色，第二爻的位置是阴位，阴爻在阴位，当位。主卦中爻代表主方素质，阳代表天的属性，天给予地光和热，是施主，而阴代表地的属性，地接收天的光和热，是受者。阴代表地，有可能受惠于客方，所以，第二爻的位置是阴位。因此，阴爻在阴位，当位，是潜在的对主方有利因素。说是“潜在的”，因为如果没有施主，受者无从受惠。卦的右边有一个箭头，从第二爻指向第五爻，表示这两条爻之间有和谐关系，对应于第二爻，第五爻是阳爻，这意味着正好主方可以从客方受惠，那潜在的有利因素成了一个真实的对主方有利因素。也就是说，当位而有应是对主方有利因素。

主卦上爻是阳爻，黑色，这是一条当位的爻。因为上爻代表态度，天至高无上，像天一样，以强硬态度对待客方，有利于抑制客方，所以第三爻的位置是阳位。因此，阳爻在阳位，当位，是潜在的对主方有利因素。

在客卦方面，三条爻的位置是阴还是阳，其情况完全与主卦的三条爻的位置相反。这是因为，卦是从主方的角度分析形势，对客方有利就是对主方不利，反之，对客方不利就是对主方有利。

综合起来，从渐卦的结构看，主方应当扭转被动状态，坚持对客方的强硬态度，伺机从客方获取利益。

图的右边是渐卦的卦爻辞，爻辞与卦的爻一一对应。

渐卦的爻辞中有“夫”与“妇”、“妇”是呆在家中的妻子，应当是主方，因为主卦卦象是山，山是不动的；“夫”是当兵的丈夫，应当是客方，因为客卦卦象是风，风游移不定。每条爻辞都有“鸿”，大雁，对照第三爻的爻辞，可以看出，这大雁是客方的象征。爻辞以大雁形象地比喻客方，描述夫妇双方从恋爱到结婚，到丈夫随军出征不归，妻子孤苦守待三年，丈夫像大雁一样逐渐回到家乡。爻辞形象地说明在各种情况下主方的处境，六条爻辞就是一首完整的围绕主题“渐”的散文诗，下面是其译文。

大雁落在河边，危险的小伙子来了，有流言蜚语，无所怪罪。

大雁落于山石上，（与他）和适自得地吃饭，吉利。

大雁落在大陆上，丈夫出征不复归，妻子怀孕不能养育，应当抵御（他）这个盗匪。

大雁落在树上，有时找到平直的树枝，（他像只大雁到处飞）无所怪罪。

大雁落于山陵，夫人三年没有怀孕；终于不能取得对她的胜利，（他回来了）吉利。

大雁落于大陆，它的羽毛可以用作装饰，（共享和谐安乐）吉利。

卦辞阐述在这种双方关系中主方应当做的事。下面逐条说明卦爻辞。

卦辞

女归吉，利贞。

〔译文〕女子出嫁吉利。利于坚持下去。

〔解说〕在这个别卦中，中爻是唯一的一对有应的爻，而且第二爻是阴爻，第五爻是阳爻，表明主方是受惠着，客方是给予者，在双方关系中，主方受益于客方，“女归吉”。“归”，古代称女子出嫁。卦辞以女子出嫁比喻当前的双方关系，女子出嫁是比喻，实际上，双方关系不一定指婚姻关系。由于客方游移不定，主方需要耐心等待客方，“利贞”。

爻辞

一阴，鸿渐于干，小子厉，有言，无咎。

〔译文〕 大雁落在河边，小伙子危险，有流言，无所怪罪。

〔解说〕 第一爻是主卦下爻，代表主方的行动，阴，表示主方消极被动，比如说，防守、退却、不想冒险、不想探索或开辟新的发展领域、只求保持现状，等等。主方像是一条静静的小河，客方像是一只大雁，落到河边。双方都是消极被动的，有冲突，主方担心客方不可靠，有流言蜚语。这是自然的，无所怪罪。“鸿”，大雁：鸿雁。“干”（gān），涯岸，水边：“河之干兮”。

〔结构分析〕 第一爻位置是阳位。这条爻是阴爻，阴爻在阳位，不当位，和四阴不有应。不当位表明主方消极被动是潜在的对主方不利因素；不有应表明客方也消极被动，这潜在因素没有成为真实的对主方不利因素，所以爻辞说，“无咎”。主方应当尽快扭转被动为主动，趁客方被动之机，发展自己。反之，如果继续消极被动，等待客方主动起来，情况就会对主方不利。

二阴，鸿渐于磐，饮食衎衎，吉。

〔译文〕 大雁落于山石上，和适自得地吃饭，吉利。

〔解说〕 第二爻是主卦中爻，代表主方素质，阴，表示主方素质不佳，比如说，资金缺乏、地位低下、实力薄弱、教育程度低，等等。而同时，第五爻是阳爻，两条爻相应，主客双方共享资源，“鸿渐于磐，饮食衎衎”，就如同这位妇女与这男子结婚了，共享和乐生活，这对于主方吉利。“磐”（pán），大石，纡回层叠的山石：磐石。“衎”（kàn），快乐，安定，和适自得的样子。“衎衎”，和乐貌，刚直从容貌。

〔结构分析〕 第二爻位置是阴位。这条爻是阴爻，阴爻在阴位，当位，又与五阳有应。当位表明主方素质不佳，有可能从客方受惠，是潜在的对主方有利因素；有应表明客方素质良好，正好可以让主方受惠，这潜在因素成了真实的对主方有利因素，所以，爻辞说“吉”。

三阳，鸿渐于陆，夫征不复，妇孕不育，凶；利御寇。

〔译文〕大雁落在大陆上，丈夫出征不复归，妻子怀孕不能养育，凶险，利于抵御盗匪。

〔解说〕第三爻是主卦上爻，代表主方态度，阳，表示主方态度强硬，同时，第六爻也是阳爻，客方态度也强硬，双方有冲突，对主方不利。“鸿渐于陆”，大雁落在广阔的大地上，可能在很远的地方。“夫征不复，妇孕不育”，形象地比喻双方不协调状态。这种状态对主方不利，“凶”；主方应当保护自己，“利御寇”。“陆”（lù），高出水面的土地：陆地。“寇”（kòu），盗匪，侵略者，亦指敌人：盗寇。

〔结构分析〕第三爻位置是阳位。这条爻是阳爻，阳爻在阳位，当位，然而与六阳不有应。当位表明主方强硬态度可能有利于保护主方利益，是潜在的对主方有利因素；不有应表明客方态度也强硬，与主方有冲突。因为客方态度强硬，所以爻辞说“凶”。这条爻是当位的，主方不应当屈服，而应当坚持强硬态度与客方斗争，“利御寇”。

四阴，鸿渐于木，或得其桷，无咎。

〔译文〕大雁落在树上，有时找到平直的树枝，无所怪罪。

〔解说〕第四爻是客卦下爻，代表客方的行动，阴，表示客方消极被动，比如说，防守、退却、不想冒险、不想探索或开辟新的发展领域、只求保持现状，等等，这与主方的消极被动冲突。“鸿渐于木，或得其桷”形象地比喻一种很不舒适的状态，大雁有蹼，它们的脚与一般的鸟不同，很难停在树枝上。这种状态由不得主方，对于主方无所怪罪。“桷”（jué），方形的椽子，指平直如桷的树枝。

〔结构分析〕第四爻位置是阴位。这条爻是阴爻，阴爻在阴位，当位，然而与一阴不有应。当位表明客方消极被动有可能是主方发展的好机会，是潜在的对主方有利因素；不有应表明主方也消极被动，不能利用这个好机会，这潜在因素没有成为真实的对主方有利因素。扭转被动局面需要一定的力量，而主方力量薄弱，很难扭转被动局面，“无咎”。

五阳，鸿渐于陵，妇三岁不孕；终莫之胜，吉。

〔译文〕大雁落于山陵，夫人三年没有怀孕；终于不能取得对她的胜利，吉利。

〔解说〕第五爻是客卦中爻，代表客方素质，阳，表示客方素质良好。“鸿渐于陵”，形象地比喻客方离主方很远。第二爻是阴爻，代表主方素质不佳，主方需要客方帮助，“妇三岁不孕”。“终莫之胜”中的“之”指三年不孕的“妇”，最终这男子没有胜过这位妇人，要回来了。这对于主方吉利，“吉”。“陵”（líng），大土山：山陵。

〔结构分析〕第五爻位置是阳位。这条爻是阳爻，阳爻在阳位，当位，并且和二阴有应。当位表明客方良好素质有可能让主方受益，是潜在的对主方有利因素；有应表明主方素质不佳，需要客方帮助，这潜在因素成了真实的对主方有利因素，所以爻辞说，“吉”。

六阳，鸿渐于陆，其羽可用为仪，吉。

〔译文〕大雁落于大陆，它的羽毛可以用作装饰，吉利。

〔解说〕第六爻是客卦上爻，代表客方态度，阳，表示客方态度强硬。同时，主方态度也强硬，双方有冲突。爻辞从双方关系总体上指出结果对主方是有利的，大雁又落在大陆上，飞回来了，定居不走了，落下来许多羽毛。“其羽可用为仪”，大雁留下的羽毛可以作装饰，指其妇人将享受安乐。“仪”（yí），人的外表或举动：仪态。

〔结构分析〕第六爻位置是阴位。这条爻是阳爻，阳爻在阴位，不当位，和三阳不有应。不当位表明客方强硬态度是潜在的对主方不利因素；不有应表明主方态度也强硬，主方抗衡客方的强硬态度，保护主方利益，这潜在因素并没有成为真实的对主方不利因素，所以，爻辞说“吉”。就是说，主方应当坚持强硬态度，不要屈服于客方压力，其结果对主方吉利。

0:3 卦，观（在周易中，第 20 卦）

观是 0:3 卦的卦名，0:3 是观卦的代号。观（guān）看，走马观花。观卦的主卦是坤卦，卦象是地，阳数是 0，特性是适应；客卦是巽卦，阳数是 3，卦象是风，特性是被动和阻止。主方是观者，客方是被观者。主方观察客方，察言观色，见风使舵，不过对客方要观察得仔细，要看到客方的本质而不限于表象，以避免因观察失误，行动错误而遭受损失。

结构和卦爻辞

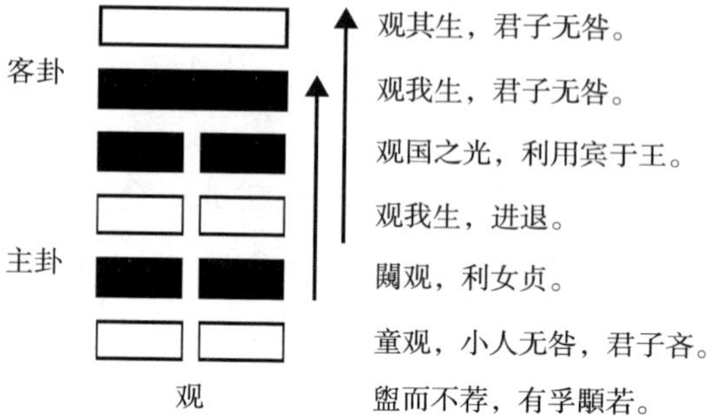

图 3-12-9　观卦的结构与卦爻辞

观卦的结构和卦爻辞中有两个方向相同的箭头，都表示主客双方对应的方面阴阳和谐，但是，这两个箭头的两端的爻的颜色不同，一组是黑色，表示当位，当位而有应是对主方有利因素；另一组是白色，表示不当位，不当位而有应是对主方不利因素。为什么一组有利，而另一组不利呢？这要从爻的意义说起。

第一个箭头的两端是主卦和客卦中爻，中爻代表素质。客卦中爻是阳，表示客方素质良好，阳代表天的属性，天发光发热，是能源的施主；主卦中爻是阴，表示主方素质不佳，阴代表地的属性，地接受天的光和热，是受惠者。在这个和谐状态下，主方受惠于客方，所以和谐是对主方有利因素。

第二个箭头的两端是主卦和客卦上爻，上爻代表态度。客卦上爻是阳，阳是天的属性，天至高无上，上爻是阳表示态度强硬。主卦上爻是阴，阴代表地的属性，地的地位低下，上爻是阴表示态度随和。态度随和的主方受到态度强硬的客方制约，所以这种和谐状态是对主方不利因素。

余下的两条爻之间没有箭头，这是主卦和客卦下爻，代表双方的行动，在这方面，双方有矛盾而不和谐。这两条爻都是阴爻，但是对双方的影响有所不同，主卦下爻是白色，白色表示不当位，因为阴爻表示主方像地一样静止不动地消极被动，难于创造和维护利益，甚至有可能受到客方攻击而损失利益，这是潜在的对主方不利因素。客卦下爻是黑色，表示客方也是像地一样静止不动地消极被动，客方不进攻主方，主方的利益不受损失，甚至，如果主方主动，主方有可能从客方得利，所以，这是潜在的对主方有利因素。总之，这两方面都是潜在因素，关键看主方如何处理。

综合来看，主方应当扭转消极被动为主动，但是，需要很大的勇气与积累，很不容易做到，当前比较现实的做法是冷静地观察客方变化，忍受被制约，在可能情况下，接受客方的帮助。

由于客方像风一样变化无常，主方必须仔细观察，才能适应客方，六条爻辞中，每一条都有"观"。"童观"与"闚观"是两种不正确的观察方式；第三条的"观我生"与第五条的"观我生"的含义不一样，前者指从主方的角度观察自己的所作所为，后者是观察客方对自己的影响；第四条的"观国之光"是客观地观察主客双方关系，而第六条的"观其生"则是观察客方的行为。如果删去判断词，就可以看出六条爻辞是一首围绕主题"观"的散文诗，下面是其译文。

像儿童般观望，小人这样还可以，君子这样不适宜。
隐蔽观察，可以像女子一般坚持下去。
观察我的一生，反思是否进退得当。
观国之风光，宜于作国王的宾客（客观，置身事外）。
观察我的一生，他是君子，应当接受（他帮助）。
观察他（她）的一生，他（她）应当是君子。

卦辞则是综合地阐述在当前形势下，主方应当做的事。下面逐条说明卦爻辞。

卦辞

盥而不荐，有孚顒若。

〔译文〕观盥洗而不观上供，有诚意就是尊敬。

〔解说〕"盥"（guàn）洗：盥洗室。"荐"介绍：举荐。"孚"叫人信任：深孚众望。"顒"（yóng）仰慕：顒望。"若"好像：旁若无人。观是这个卦的卦名，也是这个卦的主题，卦辞中没有"观"，可以认为是省略。"盥而不荐"并不是指一种只盥洗而不上供的过程，而是说观察的两个部分，一部分是盥洗，一部分是上供，只需要观察盥洗，而不需要观察上供。这里的"盥"和"荐"可能是指古代的宗庙祭祀。有人说"盥"是指祭祀开始时用香酒浇灌地面以降神之礼，"荐"是指向神献飨之礼；有人说"盥"是将祭而洁手之礼。说法不一。不过，祭祀只是一个比喻，不必严格推敲是否可以简单地理解“盥”是盥洗，“荐”是供献牲口、食物等上供祭品。“盥”虽简单，但显示虔诚，“荐”虽繁杂壮丽，但多形式表现。观“盥”可知虔诚，观“荐”徒看表演，“盥而不荐”看本质而不限于现象。“有孚”是有诚意。“颙若”像仰慕的样子。“有孚颙若”，有诚意就是尊敬，进一步解释了“盥而不荐”，强调本质比现象更重要。“盥”表现了诚意，也就表现了敬慕。

爻辞

一阴，童观，小人无咎，君子吝。

〔译文〕儿童式的观望，小人没有罪责，君子太吝啬。

〔解说〕这是观卦第一爻爻辞，阴，表示主方消极被动，比如说，防守、退却、不想冒险、不想探索或开辟新的发展领域、只求保持现状，等等。“咎”，罪责：咎由自取；责备：既往不咎。“吝”过分爱惜：吝啬。主方素质不佳，相当于爻辞中说的小人。第一爻反映出主方消极被动的潜在不利因素，主方本应当积极努力改善素质，然而满足现状，不求进取，对自己的处境负有责任。另一方面，客方素质良好，相当于爻辞中说的君子。如果把两方面结合起来，说小人有罪责，君子不适当，那么就观察到了事情的本质，看到问题所在。不过，主方可能看不到这点，而认为消极被动是应当的，如果与客方关系不好，是因为客方吝啬，这是一种简单的、片面的看法。卦辞把这种错误的看法比作儿童式的天真幼稚的观察事物的方法，即“童观”。

〔结构分析〕第一爻位置是阳位。这条爻是阴爻，阴爻在阳位，不当位，与四阴不有应。不当位表明主方消极被动是潜在的对主方不利因素，不过，扭转这种消极被动状态很不容易，需要很大勇气与积累，不能简单地怪罪主方，所以“无咎”；不有应表明客方也是消极被动，客方素质良好，但不愿主动地帮助主方，因此说，“君子吝”。

二阴，闚观，利女贞。

〔译文〕隐蔽观察，利于女子坚持下去。

〔解说〕第二爻是阴爻，代表主方素质是阴。“闚”(kuī)从隐蔽处偷看：闚测。“贞”(zhēn)对自己的信仰十分忠诚：坚贞不屈。“闚观”是小心翼翼地掩盖自己观察客方。

这条爻辞的意思是：隐蔽观察，利于像细心的女子那样坚持下去。

〔结构分析〕第二爻位置是阴位。这条爻是阴爻，阴爻在阴位，当位，并且与五阳有应。当位表示素质不佳的主方有可能接受客方惠赠，是潜在的对主方有利因素；有应表明客方素质良好，有可能赠予主方，这潜在因素成了真实的对主方有利因素。不过，因为客方消极被动，不主动地帮助主方，主方必须小心地观察客方，并且耐心地等待客方的帮助，所以，爻辞说，“闚观，利女贞”。

三阴，观我生，进退。

〔译文〕观察我的一生，前进与后退。

〔解说〕这条爻代表主方态度，阴，表示主方态度随和。同时，第三爻是对第二条的补充，第二条是阴，第三条也是阴，表示主方素质很差。“生”指主方的生活经历，也就是主方的过去和现在。“观我生”，观察主方的过去的经历和现在的状态。主方的未来还没有成为事实，无法观察。由于素质很差，不得不采取和顺谦虚的态度；另一方面，由于和顺谦虚，不顶撞客方，而可能得到客方帮助，这反映在这条爻的有应上。不过，不顶撞客方有可能受益，也有可能受损。主方需要反思自己的行为，吸取经验教训，以做到进退得当。这条爻辞的意思是：观察我的一生，反思是否进退得当。

〔结构分析〕第三爻的位置是阳位。这条爻是阴爻，阴爻在阳位，不当位，与六阳有应。不当位表明主方态度随和，有可能受到客方制约，是潜在的对主方不利因素；有应表明客方态度强硬，态度随和的主方遭受客方制约，这潜在因素成了真实的对主方不利因素。在此不利情况下，主方保持随和的态度，能进则进，能退则退，所以，爻辞说“进退”。

四阴，观国之光，利用宾于王。

〔译文〕观国之风光，宜于作国王的宾客。

〔解说〕这是观卦第四爻爻辞，阴，表示客方消极被动，比如说，防守、退却、不想冒险、不想探索或开辟新的发展领域、只求保持现状，等等。为什么要“作国王的宾客”而不作服务于“国王”的“臣”？“国”指什么？“宾”指谁？“王”指谁？在这个主客双方关系中，观者是主方，被观者是客方，“国”指相互关系，“王”

指客方，“宾”指主方。观察必须接近事物而不能远离事物，观光必须在“国”内；观察必须客观，要置身事外，不牵涉个人利益，只作“宾”而不作“臣”。这条爻辞告诉主方要观察主客双方关系的情况和变化，分析要客观，分析要避免从个人利益出发。

〔结构分析〕第四爻位置是阴位。这条爻是阴爻，阴爻在阴位，当位，与一阴不有应。当位表明客方消极被动有利于主方发展，是潜在的对主方有利因素；不有应表明主方也消极被动，主方不能利用客方的消极被动为自己谋利益，这潜在因素没有成为真实的对主方有利因素，主方仅仅是个“宾”，所以爻辞说“利用宾于王”。

五阳，观我生，君子无咎。

〔译文〕观察我的一生，他是君子，我不应当受到怪罪。

〔解说〕这是观卦第五爻爻辞，阳，表示客方素质良好。“咎”，常用于“既往不咎”，指怪罪。“我”指主方，“君子”是指客方，客方素质良好，是“君子”。这条爻辞的意思是：主方观察自己的一生的时候，如果有什么不良境遇，应当意识到那是客方素质良好而我自己素质不佳造成的，我不应当受到怪罪。“无咎”是判断词，判断词总是对主方说的。

〔结构分析〕第五爻位置是阳位。这条爻是阳爻，阳爻在阳位，当位，又与二阴有应。当位表明客方素质良好，有可能帮助主方，这是潜在的对主方有利因素；有应表明主方素质不佳，需要客方帮助，那种潜在因素成了真实的对主方有利因素。主方接受客方的帮助是应当的，所以爻辞说，“无咎”。

六阳，观其生，君子无咎。

〔译文〕观察他（她）的一生，他（她）是君子，我无所怪罪。

〔解说〕第六爻是客卦上爻，代表客方态度，阳，客方态度强硬。“其”是代词，他、她或它：出其不意。“生”指生命，活的。“观其生”不一定要理解为“观察他（她）的一生”，而可以理解为“观察他（她）的现况”。这里的“他”（她）指客方，“君子”也是指客方。这条爻辞的意思是：观察他（她）的现况，他（她）是君子，主方无所怪罪。

〔结构分析〕第六爻位置是阴位。这条爻是阳爻，阳爻在阴位，不当位，与四阴有应。不当位表明客方态度强硬，有可能制约主方，是潜在的对主方不利因素；有应表明主方态度随和，正好接受客方的制约，那不利因素成了真实的对主方不利因素。第六爻是对第五爻的补充，表示客方实力极强；第三爻是对第二爻的补充，表示主方实力极弱。客方制约主方是极大的实力对比造成的，主方不应当受到怪罪，所以爻辞说“无咎”。

第十三章　坎

这一章，以坎卦为客卦，包括八个卦，它们的代号是4:2、5:2、6:2、7:2、3:2、2:2、1:2和0:2。坎卦的下爻是阴，中爻是阳，上爻是阴，卦象是水，特性是困难和危险。事物自身的发展按螺旋形规律变化，八卦表示螺旋形变化的一周，过了巽卦就是坎卦。这八个卦表示客方已经处于衰落过程中，从顶峰时期的乾卦，衰落到巽卦，再衰落到坎卦，客方已经陷于困境。

客卦

图 3-13-1　客卦是坎卦

上图是从主方角度看客方状态，客卦的三条爻都是黑色，黑色表示当位，客卦的三条爻都当位，都是对主方潜在的有利因素。不过潜在因素还不是真实因素，是否真地对主方有利，要看主方的现况和主方的策略。

4:2 卦，屯（在周易中，第 3 卦）

屯是4:2卦的卦名，4:2是屯卦的代号。“屯”，囤聚。屯卦的主卦是震卦，客卦是坎卦。震卦的卦象是雷，“春雷一声惊万物”，震卦代表新生，代表新的起点，在八卦图中，震卦标志阳开始上升；一方面，一阵雷鸣以后一般不造成什么实际损失，雷声大而短暂，实力薄弱，这也是新生事物幼嫩的特点。坎卦的卦象是水，水总是往下流，在八卦图中，从乾卦，经过巽卦到坎卦，坎卦表示事物处于衰落阶段；另一方面，水可以淹死人，水可以浮起大船，水可以冲走巨石，水可以泛滥成灾，水有巨大的力量。屯卦表示客方日益衰落的状态是主方兴起的良机，同时显示主方有很大的困难。客方力量仍然强大，主方的积极行动不一定取得好结果，主方应当耐心地囤聚力量。

结构和卦爻辞

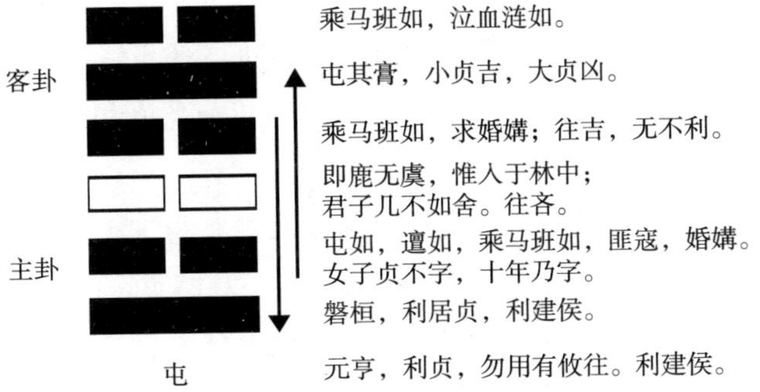

图 3-13-2　屯卦的结构与卦爻辞

在屯卦结构与卦爻辞图中，你可以看到一条白色爻，这是一条不当位爻，其余的爻都是黑色的爻，当位爻都是黑色。不当位的意思是这条阴爻在这个位置上不妥当，因为这是主卦上爻，代表主方态度，如果主方态度像天一样的至高无上、不可冒犯，就有可能阻止客方损害主方利益，因此这条爻应当是阳爻，所以，这条爻的位置是阳位；现在，阴爻来了，占了阳的位置，所以说，不当位。其结果是主方态度随和，有可能受到客方制约，从而使自己的利益受到损失，这是一个潜在的对主方不利因素。是不是真的对主方不利，还得视客方态度而定，如果客方态度强硬，主方确实受到客方制约，那么这潜在因素就成了真实的对主方不利因素。然而，现在客方态度也随和，这潜在因素没有成为真实的对主方不利因素。既然，主卦上爻是潜在的对主方不利因素，是否可以改变它呢？是不是主方立即对客方强硬起来就行了？

不那么简单。主卦上爻是对主卦中爻的补充，主卦中爻和上爻都是阴，表明主方素质非常差，这随和态度是由极差的素质决定的，要改变对客方态度，首先要增强自己的素质。可怎么增强呢？客方比主方强，一旦客方发现主方企图增强素质，可能对客方不利，客方就会打击主方。

所以，主方需要悄悄地增强素质，装出一副对客方百依百顺的样子，这恰恰是屯卦的卦爻辞所说的。六条爻辞是一首完整的围绕主题“屯”的散文诗，下面是其译文。

像磐石和桓表那样坚定不移，坚持下去，抓紧建立内部机构（力量薄弱，不要采取进攻性行动）。

有时驻守，有时难行不进，有时又乘马调动。（让他相信）不是盗匪，而是求婚者。（他不相信）女子坚持不嫁，（以后就相信了）到十年就嫁。

追鹿没有准备，进入林中；你不如放弃，前进不恰当。

有时又乘马调动，（让他相信）是来求婚。（如果他相信）往前进就吉利，没有不利的事。

屯聚油脂（积蓄力量），短期坚持吉利，长期坚持下去（他一旦发现真正意图）有凶险。

往复调动军马，流泪出血，痛哭不止。（既要建军，又要让他相信是出于善意，不得不忍受屈辱和刁难。）

当前形势是好的，但是主方态度优柔寡断，过分随和，往前发展很难，总是徘徊不前，“屯如”，或“屯其膏”。尽管主方的主观愿望很好，但是，不被客方理解。卦辞指出在当前的好形势下，主方应当加强自身建设。下面逐条说明卦爻辞。

卦辞

元亨，利贞，勿用有攸往。利建侯。

〔译文〕很顺利，利于坚持下去，不要往前走。利于建立侯国。

〔解说〕“元”是第一。“亨”，顺利。“贞”，坚持。“利贞”指利于坚持当前状态，不应当改变当前状态。“攸”（yōu），助词，相当于“所”：性命攸关。当前形势很顺利，应当坚持现有状态，不宜往前发展。当前形势有利于健全内部组织。

客方有可能帮助主方，然而，主方需要努力取得客方信任，改善自己的素质。

爻辞

一阳，磐桓，利居贞，利建侯。

〔译文〕磐石桓表，利于安定坚持下去，利于建立侯国。

〔解说〕这是第一爻爻辞。这条爻是阳爻，表示主方采取了积极行动，积极主动地谋取和扩大自己的利益，比如说，创新、创业、投资、进攻、求职、示爱，等等。“磐”，大石：磐石。“桓”古代立在城郭、宫殿、官署、陵墓或驿站路边的木柱：桓表。这条爻辞的意思是，像坚石和桓表一样驻守原地，有利于坚持安居，有利于健全内部建设。

〔结构分析〕第一爻位置是阳位。这条爻是阳爻，阳爻在阳位，当位，并且与四阴有应。当位表明主方积极主动，有可能利用客方的被动发展自己，这是潜在的对主方有利因素；有应表明客方的行动与主方的行动和谐，主方可以利用客方消极被动发展自己，这潜在因素成了真实的对主方有利因素，主方应当雷厉风行地采取行动。然而，由于主方素质极差，力量很弱，主方不能急躁，不能盲目行动，因此，爻辞说不要盲动，“磐桓”。主方应当首先从加强自身建设开始，所以爻辞说“利居贞，利建侯”。

二阴，屯如，邅如，乘马班如。匪寇，婚媾。女子贞不字，十年乃字。

〔译文〕有时驻守，有时不进，有时又乘马调动。不是来掠夺的盗匪，而是来求婚。女子坚持不嫁，到十年就嫁。

〔解说〕这是第二爻爻辞，阴性，表示主方素质不佳，比如说，资金缺乏、地位低下、实力薄弱、教育程度低，等等。“邅”（zhān），难行不进。“班”，调回或调动（军队）：班师。“字”，旧时称女子出嫁：待字闺中。由于主方素质不佳，不能轻举妄动，所以爻辞说，“屯如，邅如，乘马班如”。主方需要向客方出示善意，“匪寇，婚媾”。由于主方出示了善意，逐渐地客方会改变态度，“女子贞不字，十年乃字”。

〔结构分析〕第二爻位置是阴位。这条爻是阴爻，阴爻在阴位，当位，并且与第五爻有应。当位又有应，是对主方的有利因素，所以爻辞说“女子贞不字，十年乃字”。

三阴，即鹿无虞，惟入于林中；君子几不如舍。往吝。

〔译文〕追鹿没有准备，进入林中；你不如放弃，往前太过分。

〔解说〕这是第三爻爻辞，阴性，表示主方态度是阴，态度随和。“虞”（yú），准备，防范。“惟”，文言助词。“几”，接近，达到。“吝”，过分爱惜：吝啬鬼。爻辞以追鹿为比喻，说明主方应当对客方采取强硬态度，但是目前还不具备条件，不能太性急。

〔结构分析〕第三爻位置是阳位。这条爻是阴爻，阴爻在阳位，不当位，与六阴不有应。不当位表明主方态度随和，有可能受到客方制约，是潜在的对主方不利因素；不当位表明客方态度也随和，没有制约主方的意图，这潜在因素没有成为对主方的真正不利因素。如果主方改变态度，强硬起来，有可能反过来制约客方，然而主方素质太差，如果盲目前进，可能很困难，所以，爻辞说“往吝”。

四阴，乘马班如，求婚媾；往吉，无不利。

〔译文〕乘马徘徊，求婚配；往前吉利，没有不利。

〔解说〕这是第四爻爻辞，阴，表示客方被动。客方消极被动给主方的积极主动提供了机会，主方应当抓住机遇，果断前进。

〔结构分析〕第四爻位置是阴位。这条爻是阴爻，阴爻在阴位，当位，又和一阳有应。当位表明客方消极被动，为主方发展提供了机会，这是潜在的对主方有利因素；有应表明主方积极主动，正好可以利用客方被动的机会，这潜在因素成了真实的对主方有利因素。所以，爻辞说“往吉，无不利”。

五阳，屯其膏，小贞吉，大贞凶。

〔译文〕囤聚油脂，短期坚持吉利，长期坚持有凶险。

〔解说〕这是第五爻爻辞，阳，表示客方素质良好。“膏”（gāo）脂油：春雨如膏。辞义是：充分利用客方的良好素质，短暂保持现有关系对主方有好处，“小贞吉”。因为主方是受惠于客方，这种情况不会维持很久，主方应当着力于改善自己的素质，“大贞凶”。

〔结构分析〕第五爻位置是阳位。这条爻是阳爻，阳爻在阳位，当位，又与二阴有应。当位表明客方素质良好，有可能帮助主方，是潜在的对主方有利因素；有应表明主方素质不佳，需要客方帮助，这潜在因素成了真实的对主方有利因素，主方应当抓住这有利机遇，尽快地从客方的良好素质得益。所以爻辞说，“小贞吉”。这机会来自客方，如果主方行动迟缓，可能失去良机，对主方不利，所以爻辞说“大贞凶”。

六阴，乘马班如，泣血涟如。

〔译文〕乘马盘桓不进，哭泣不止。

〔解说〕这是第六爻爻辞，阴，表示客方态度随和。“班如”（bān rú），盘桓不进貌。“涟”，泪流不断的样子。辞义是：往复调动军马，流泪出血，痛哭不止。

〔结构分析〕第六爻位置是阴位。这条爻是阴爻，阴爻在阴位，当位，不过与三阴不有应。当位表示客方态度随和，有可能为主方发展提供方便，是潜在的对主方有利因素；不有应表明主方态度也随和，不能利用客方随和态度获益，这潜在因素没有能够成为真实的对主方有利因素，错失良机。所以爻辞说“泣血涟如”。

5:2 卦，既济卦（在周易中，第 63 卦）

既济卦展示形势恰好时各种变化的可能性。既济卦的代号是 5:2，主卦是离卦，卦象是火，阳数是 5；客卦是坎卦，卦象是水，阳数是 2。既济的本义是已经渡河，有正好，条件合适的意思，主方应当顺应自然，充分利用这种大好形势。

如下图，三个箭头中，有两个向下，一个向上，方向不一致。因为当位与否决定于爻的位置和爻的阴阳属性，而爻的位置又与爻的含义有关。第一爻是主卦下爻，如果是阳，则表示主方积极主动，有利于创造和维护主方利益，这个位置被称作阳位，是对主方潜在的有利因素。第一爻是阳爻，阳爻在阳位，既当位又有应，这潜在因素成了真实的对主方有利因素。第三爻是主卦上爻，如果主方态度强硬，有利于制约客方，为主方谋取利益，也是阳位，阳爻在阳位，既当位又有应是对主方有利因素。第二爻的情况与这两条爻相反，主方素质不佳时有可能取得客方帮助，所以，这是阴位，阴爻在阴位，也当位，当位而又有应，也是对主方有利因素。

结构与卦爻辞

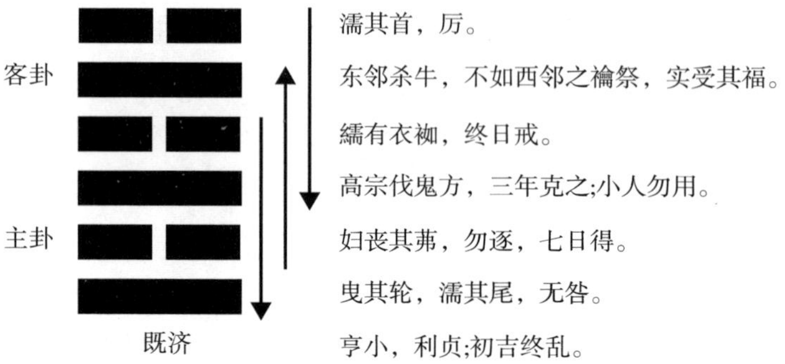

图 3-13-3　既济卦的结构与卦爻辞

箭头两端的极性相反，是否当位的情况相同，这是由于从主方的角度看，客方的利益正好与主方相反，也就是说，是阳位还是阴位，客卦的情况正好与主卦相反。主卦下爻是阳位，客卦下爻是阴位；主卦中爻是阴位，客卦中爻是阳位；主卦上爻是阳位，客卦上爻是阴位。客卦在主卦之上，因此，就有常说的，卦的一、三、五位是阳位，二、四、六位是阴位，或者说奇数位是阳，偶数位是阴。

既济卦中主客双方三个要素全部和谐，主方应当充分利用这种大好形势，顺应自然，否则，好事会变成坏事。

卦名既济表示已经过河，“曳其轮，濡其尾”说明过河的是一个拉着车的有尾巴动物，“濡其首”说明该动物在拉车过河时弄湿了头，爻辞用了一只小狐狸拉车过了一条将要枯干的河的寓言比喻主客双方关系，这是一个主方获得成功的难得机会。但是，拉车过河并不容易，并且有严峻的时候．“濡其首”。其余四条爻辞撇开了这个寓言，直接评述主方在处理双方关系中应当注意的事，要顺从自然，“勿逐”；要谨慎处人，“小人勿用”；要谨慎处事，“终日戒”；并且要讲究实效，“实受其福”。如果删去判断词，六条爻辞就是一首完整的围绕主题“既济”的散文诗，下面是其译文。

（像只小狐狸）拉车轮子（过河），沾湿了尾巴，尽力（而为）。

（像）一位妇女丢了车门帘，不用找，七日就重新得到（顺其自然）。

（像）高宗讨伐鬼方国，三年征服了鬼方国；不要任用不称职的人（要善用人）。

（像）船有渗漏时，用破布一类东西塞，终日戒备。

（像）东邻杀牛，不如西邻之禴祭，实受其福（要诚恳）。

（警惕，像那只小狐狸）把头弄湿了，很不适宜。

从卦的结构看，这是一个完美无缺的卦，形势对主方非常有利，然而，事物总是变化的，这种完美无缺的形势只能是短暂的，所以卦辞告诫主方要注意未来发展，“初吉终乱”。下面逐条说明卦爻辞。

卦辞

亨，小利贞；初吉终乱。

〔译文〕顺利，坚持下去利益小；初始吉利终了乱。

〔解说〕这是既济卦的卦辞，概括地说明主客双方形势。“亨”，通达，顺利，“万事亨通”。“贞”，坚持，“坚贞不屈”。“利贞”，应当坚持下去。古时候，《易》的卦爻辞没有标点符号，加上标点符号，“亨小利贞”这四个字的用法可以有“亨，小利贞”与“亨小，利贞”两种形式，对这二种形式可以做出完全不同的解释。到底是“亨，小利贞”还是“亨小，利贞”？查看《易》的六十四卦的卦爻辞中“亨”与“贞”的用法，“元亨”10次，“亨”33次，“光亨”1次，“利贞”20次，“小利贞”2次。既济卦的六条爻全部既当位又有应，表明形势对主方有利，具体地说，主方利用客方被动等有利条件，主动对客方施压，进展是顺利的，因此卦辞说的应当是“亨”，而不是“亨小”。主方应当果断地利用当前有利形势改变目前处境，应当变而不应当坚持不变，因此卦辞说的是“小利贞”，而不是“利贞”，也就是说，坚持下去利益很小，不是很有利，应当改变目前处境，而不是坚持保留目前处境。“初吉终乱”四个字是对“亨，小利贞”的补充和对事态发展的说明。“初吉”，开始阶段吉利，“亨”也是指开始阶段，因为主方采取了主动行动，而客方被动，从而主方能够顺利地达到自己的目的。可一旦主方行动以后，客方必然有所反应，随之主客双方陷入混乱，卦辞说“终乱”。“乱”不一定不吉，“乱”是事态的必然发展，不乱几乎是不可能的，主方需要在乱中掌握主动，掌握事态的发展。

爻辞

一阳，曳其轮，濡其尾，无咎。

〔译文〕拉那个轮子，沾湿了尾巴，无所怪罪。

〔解说〕“曳”（yè），拉、牵引，“曳光弹”。“濡”（rú），沾湿，润泽。“濡其尾”表明“曳其轮”的是一个有尾巴的动物，而不是人。能够沾湿尾巴，表明这个有尾巴的动物是在泥泞的路上，或即将枯干的河流底部拉这车子。很多人认为这是一段关于小狐狸拉车过河的寓言。这是既济卦第一爻爻辞，代表主方的行动，阳爻，表示主方积极主动地谋取和扩大自己的利益，比如说，创新、创业、投资、进攻、求职、示爱，等等。这条爻既当位又有应，是对主方有利因素，为了发挥这个有利因素的作用，主方必须努力奋斗，就像一个小狐狸尽全力拉一个车的轮子渡过一条接近枯干的河流。由于客方被动，有时可能给主方的主动行动带来困难，“濡其尾”。小狐狸虽然沾湿了尾巴，但是尽力而为，无所怪罪。

〔结构分析〕第一爻位置是阳位。这条爻是阳爻，阳爻在阳位，当位，又与四阴有应。既当位又有应，是对主方有利因素，主方充分利用这个有利因素，尽管“濡其尾”，也“曳其轮”，主方应当如此，“无咎”。

二阴，妇丧其茀，勿逐，七日得。

〔译文〕一位妇女丢了车门的门帘，不用找，七日就重新得到了。

〔解说〕“茀”（fú），古时妇女乘车时车门的门帘。“逐”，追赶，“逐鹿”。这是既济卦第二爻爻辞，代表主方素质，阴，表示主方素质不佳，爻辞说“妇丧其茀”。这条爻既当位又有应，表示主方能够从主客双方关系中得到利益，是对主方的有利因素。“勿逐，七日得”，告诉主方不要担心，仔细观察形势变化，顺从自然，就可以避免损失。

〔结构分析〕第二爻位置是阴位。这条爻是阴爻，阴爻在阴位，当位，又与五阳有应，这是对主方有利因素。有了这样的有利因素，主方应当顺其自然，“勿逐”，即使有些损失，也会弥补过来，“七日得”。

三阳，高宗伐鬼方，三年克之；小人勿用。

〔译文〕 高宗讨伐鬼方国，三年征服了鬼方国；不要任用不称职的人。

〔解说〕 “高宗”，商朝第23位帝王，名武丁，在位时期约公元前1250年—公元前1192年。“鬼方”是商的邻国，武丁在位时期，曾攻打鬼方，并任用贤臣傅说为相，其妻子妇好为将军，商朝再度强盛，史称“武丁中兴”。这是既济卦第三爻爻辞，阳，表示主方态度强硬。这条爻既当位又有应，是对主方有利因素，告诉主方，坚持下去就是胜利，不过要有耐心，如“高宗伐鬼方”，攻打了三年，最终胜利。“小人”是指行为轻率的人，不能轻率处事。

〔结构分析〕 第三爻位置是阳位。这条爻是阳爻，阳爻在阳位，当位，又与六阴有应，这是对主方有利因素。尽管条件有利，态度也得强硬适度，不能过分，“小人勿用”。

四阴，繻有衣袽，终日戒。

〔译文〕 船有渗漏时，用破布一类的东西塞，终日戒备。

〔解说〕 这是既济卦第四爻爻辞，第四爻是阴爻在阴位，当位。同时，第一爻是阳爻，第四爻与第一爻有应。第四爻既当位又有应，是对主方有利因素。第四爻是阴爻，表示客方被动防守。客方的被动防守，为主方主动进取提供了机会，有利于主方；另一方面，客方虽然是被动防守，但是不能排除其中有诈。爻辞提醒主方要有戒备。“繻”（rú），应当是濡，渗漏。“袽”（rú），旧絮，破布一类的东西。这条爻辞，从字面上看，是说船上的人应当终日戒备航行中沉船的危险，如果船有渗漏，立即用破布一类东西堵塞。就当前主客双方关系来说，主方应当有对意外事件的应急措施。这里的“终日戒”是指主方终日戒备，而不是指客方终日戒备。虽然处于被动防守状态的客方也会“终日戒”，不过爻辞是从主方角度说的，“终日戒”是主方终日戒备自己预计不周可能遭受客方攻击，也要戒备客方在防守中反扑。

〔结构分析〕 第四爻位置是阴位。这条爻是阴爻，阴爻在阴位，当位，又和一阳有应。既当位又有应，是对主方有利因素，然而，事物总是变化的，客方的行动决定于客方自己，不是主方所能决定的，主方应当警惕客方可能有变化，“终日戒”。

五阳，东邻杀牛，不如西邻之禴祭，实受其福。

〔译文〕东邻杀牛的祭祀，不如西邻俭朴的祭祀，实实在在地受到福佑。

〔解说〕这是既济卦第五爻爻辞。第五爻是客卦中爻，代表客方素质，阳爻表示客方素质良好。爻辞中的“禴”（yuè），禴祭，一种春季进行的祭祀，祭品菲薄，但心很诚。爻辞以祭祀为比喻，说东邻杀牛的丰盛祭祀，不如西邻的俭朴而意诚的祭祀，能够实实在在地受到神与鬼的福佑。在这个祭祀比喻中“实受其福”中的“其”指神和鬼。运用于双方关系，“其”是指客方，“实受其福”指主方实实在在地受到来自客方的福佑。这里强调实际效果而不重形式。

〔结构分析〕第五爻位置是阳位。这条爻是阳爻，阳爻在阳位，当位，又与二阴有应。当位表明客方素质良好，是潜在的对主方有利因素，主方有可能得到客方帮助；有应表明主方素质不佳，需要客方帮助，这潜在因素成了真实的对主方有利因素。尽管存在这样的有利因素，是否主方可能得到客方帮助，还要看主方如何对待客方。爻辞建议主方实实在在地尊重客方，从而能够得到客方帮助，“实受其福”。

六阴，濡其首，厉。

〔译文〕把它的头弄湿了，严厉。

〔解说〕这是既济卦第六爻爻辞。爻辞中“濡其首”显然又是关于小狐狸过河的寓言，说是小狐狸把头弄湿了。“厉”，凶猛，“厉害”、“严厉”。爻辞字面意思是：把头弄湿了，形势就将变得严厉。这条爻代表客方态度，阴爻表示客方态度随和，本来客方的随和态度有利于主方采取强硬措施，然而主方必须有度，不可对客方过于粗暴。爻辞警告主方，要注意不要强硬过度了，不要“濡其首”。

有的时候，机会看来很好，但是实际上是“初吉终乱”，需要有应付“乱”的准备。要看到事物的发展和活动的限度，注意不要行为过度以致“濡其首”。“濡其首”则“厉”。

〔结构分析〕第六爻位置是阴位。这条爻是阴爻，阴爻在阴位，当位，又与三阳有应。当位表明客方态度随和是潜在的对主方有利因素，主方有可能按自己的需要采取强硬措施；有应表明主方态度强硬，的确采取了强硬措施扩大自己的利益，这潜在因素成了真实的对主方有利因素。不过，尽管客方态度随和，主方应当考虑到客方的实力仍然比主方强大，如果主方态度强硬过度，对客方不尊重，则后果将很严峻，爻辞说“厉”。

6:2 卦，节（在周易中，第 60 卦）

节是 6:2 卦卦名，6:2 是节卦代号。“节”，竹子或草木茎分枝长叶的部分，竹节。6:2 卦的主卦是 6 卦兑卦，卦象是泽，特性是愉快；客卦是 2 卦坎卦，卦象是水，特性是危险和困难。主方在享受成功的愉快，而客方则处于困难之中，主方是应当帮助客方渡过困难时期，还是趁客方困难之机扩张，主方必须慎重考虑，要有适当节制，不然，会有损失。

结构和卦爻辞

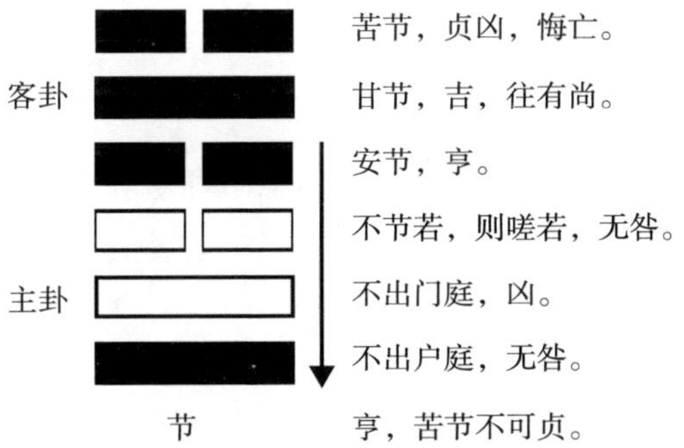

图 3-13-4　节卦的结构与卦爻辞

节卦结构和卦爻辞图中有一个箭头，从第四爻指向第一爻，这两条爻代表客方和主方的行动，客方的行动是阴，主方的行动是阳，呈阴阳和谐状态，而且，主方主动，客方被动，主方可以利用客方被动的机会发展自己，是一个对主方有利因素。

虽然存在这个有利因素，主方并不能无所顾忌地扩展，因为，主方不能不考虑主方与客方之间的力量对比。主卦中爻和上爻是一条阳爻和一条阴爻，客卦中爻和上爻也是一条阳爻一条阴爻，二者完全相同，表示双方力量相当，主方不能轻而易举地战胜客方。从图上还可以看出，客卦的三条爻全是黑色，表示这三条爻都当位，客方的情况可能完全对主方有利，相比之下，主卦中爻和上爻全是白色，表示这两条爻都不当位，情况有可能对主方不利，既可能不利于接受客方帮助，也不利于制约客方。所以，主方必须从自己的素质和态度方面考虑作适当变化。

节卦第五爻爻辞说，“甘节，吉”，主方应当对自己的行为有所节制，这种节制应当是对主方有益的，甜蜜的。卦辞与第六爻的爻辞都指出不要“苦节”，不要痛苦地节制自己，从而失去良好机遇。节制是需要的，“不出户庭”、“不出门庭”，还要保持安定的环境，在安定环境下节制，“安节”。但是，不可不节制，“不节若，则嗟若”。如果删去一些判断词，六条爻辞就是一首完整的围绕主题“节”的散文诗，下面是其译文：

节制自己（的行为），不出家门，应当如此，
节制自己，不出门（交往），有凶险。
如若不节制，则可能要叹惜，应当节制。
安宁状态下节制，一切顺利，
甘甜的节制，很吉利，往前发展前景高尚，
痛苦的节制，坚持下去有凶险。

卦辞强调“苦节”不可坚持。下面逐条说明卦爻辞。

卦辞

亨，苦节不可贞。

〔译文〕 顺利，苦的节制，不可坚持。

〔解说〕 主方素质良好，积极主动地发展自己，对客方态度随和，而客方处于困难之中，消极被动。主方应当趁此机会，接近客方，与客方交往，一切会进展顺利，“亨”。如果主方节制自己和客方交往，这种节制是痛苦的，不应当坚持。

爻辞

一阳，不出户庭，无咎。

〔译文〕 节制自己不出家门，无所怪罪。

〔解说〕第一爻是主卦下爻，代表主方的行动，阳，表示主方积极主动地谋取和扩大自己的利益，比如说，创新、创业、投资、进攻、求职、示爱，等等。这种积极主动行动应当有所节制，不要超越了界限，使自己受到损失。尤其，客方的行动是消极被动，这种环境，容易使主方主动过分。所以，适当节制，不应当受到怪罪。

〔结构分析〕第一爻位置是阳位。这条爻是阳爻，阳爻在阳位，当位，又与四阴有应。当位表明主方积极主动有可能从双方关系中获益，是潜在的有利因素；有应表明客方消极被动，主方的积极主动不受阻碍，这潜在因素成了真实的对主方有利因素。所以，爻辞说，“无咎”。也就是说，主方应当保持积极主动。

二阳，不出门庭，凶。

〔译文〕节制自己不出门，有凶险。

〔解说〕第二爻是主卦中爻，代表主方素质，阳，表示主方素质良好，比如说，主方有资金、有地位、有权力、有实力、有技术，等等。尽管主方素质良好，主方如果不继续与外界联系交往，而把自己限制在门内，则不能有发展，这对于主方来说是危险的，可能失去良好机遇。

〔结构分析〕第二爻位置是阴位。这条爻是阳爻，阳爻在阴位，不当位，与五阳不有应。不当位表明主方的良好素质有可能在与客方交往中受损失，是潜在的对主方不利因素；不有应表明客方素质也良好，客方不需要损害主方利益，这潜在因素不是真实的对主方不利因素。尽管，这潜在因素不是真实的对主方不利因素，但是主方遭受损失的可能性还是存在的，所以，爻辞说“凶”。主方应当低姿态，不要炫耀自己的良好素质，兢兢业业地谋取发展。

三阴，不节若，则嗟若，无咎。

〔译文〕如若不节制，则可能要叹惜，节制无所怪罪。

〔解说〕第三爻是主卦上爻，代表主方态度，阴，表示主方态度随和。过分随和，则可能没有原则，没有纪律，疲沓，甚至散漫。如若不节制，则可能造成损失，可能叹惜。所以，节制自己，无所怪罪。

〔结构分析〕 第三爻位置是阳位。这条爻是阴爻，阴爻在阳位，不当位，和六阴不有应。不当位表明主方的随和态度有可能被客方利用于制约主方，是潜在的对主方不利因素；不有应表明客方态度也随和，这潜在因素没有成为真实的对主方不利因素。是否主方应当保持随和的态度呢？还是采取对客方强硬的态度？第三爻是对第二爻的补充，第二爻是阳爻，第三爻是阴爻，表示主方素质虽然良好，但不是很好，实力不是非常强，同时，客方也没有采取对主方强硬态度，主方可以保持随和态度，不宜对客方过于强硬，所以爻辞说“无咎”。

四阴，安节，亨。

〔译文〕 安宁状态下节制，顺利。

〔解说〕 第四爻是客卦下爻，代表客方的行动，阴，表示客方消极被动，比如说，防守、退却、不想冒险、不想探索或开辟新的发展领域、只求保持现状，等等。这种情况正好方便主方积极主动。主方可以在安宁环境下节制自己的行动，可以顺利发展自己的事务。

〔结构分析〕 第六爻位置是阴位。这条爻是阴爻，阴爻在阴位，当位，又与一阳有应。当位表明客方消极被动，有可能方便主方发展，是潜在的对主方有利因素；有应表明主方积极主动，正好趁客方消极被动之机发展自己，这潜在因素成了真实的对主方有利因素，所以爻辞说，“亨”。

五阳，甘节，吉，往有尚。

〔译文〕 甘甜的节制，吉利，往前发展有高尚的情景。

〔解说〕 第五爻是客卦中爻，代表客方素质，阳，表示客方素质良好，而客方的行动却消极被动，主方可以趁此机会，从客方获取利益。主方在与客方的联系上节制自己，这种节制是甜蜜的，“甘节，吉”。主方继续保持和客方联系，则对主方更有利，“往有尚”。

〔结构分析〕 第五爻位置是阳位。这条爻是阳爻，阳爻在阳位，当位，然而与二阳不有应。当位表明客方素质良好，有可能让主方从中受益，所以爻辞说

“吉”；不有应表明主方素质也良好，主方可以依靠自己的良好素质发展，不需要利用客方的良好素质。可是，目前客方消极被动，而主方积极主动，正是主方从客方获利的机会，主方积极往前发展，将对主方有益，如爻辞所说“往有尚”。

六阴，苦节，贞凶，悔亡。

〔译文〕痛苦的节制，坚持下去有凶险，悔恨消亡。

〔解说〕第六爻是客卦上爻，代表客方态度，阴，表示客方态度随和。在这种情况下，主方应当态度明朗而坚定地与客方保持联系，然而，主方也随和，过于节制自己，从而与客方的交往受到限制。这种节制是痛苦的节制，这么做下去有凶险，“苦节，贞凶”。不要过分节制，让悔恨消亡。

〔结构分析〕第六爻位置是阴位。这条爻是阴爻，阴爻在阴位，当位，然而与三阴不有应。当位表明客方对主方态度随和，是主方按自己的意图行动的好机会，是潜在的对主方有利因素；不有应表明主方态度也随和，不能利用这个良机，这潜在因素并没有成为真实的对主方有利因素，这状态保持下去对主方不利，“贞凶”。如果主方态度变化成强硬，利用客方的随和态度和消极被动，将有利于主方发展，“悔亡”。

7:2 卦，需（在周易中，第 5 卦）

需卦展示在“需”的形势下各种变化的可能性，“需”的意思是等待。需卦代表的形势是：主方积极主动，实力非常强大，态度强硬；而客方消极被动，处境困难，但是素质仍然良好，仍有相当实力，态度随和。如果主方强行从客方谋取利益，双方都可能遭受损失，所以主方应当耐心等待时机，取得客方信任，从而能够从客方良好素质中受益。

需卦的代号是7:2。需卦下部是主卦，代表主方，是乾卦，阳数是7，卦象是天，天运转不息，具有无穷威力；需卦上部是客卦，代表客方，是坎卦，阳数是2，卦象是水，水总是往下流，有力，可以浮舟，也可以沉舟。

结构与卦爻辞

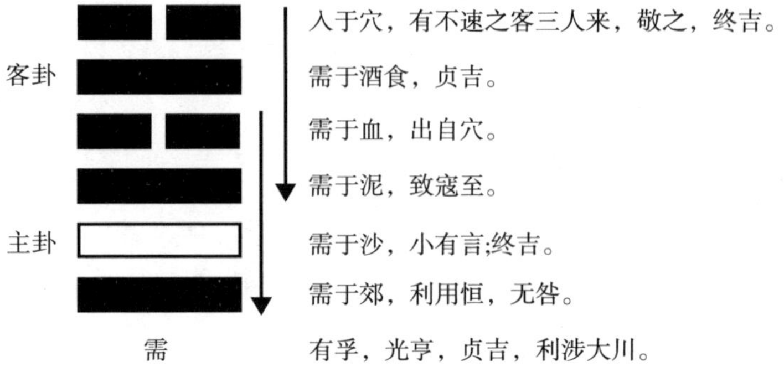

图 3-13-5　需卦的结构与卦爻辞

在需卦的结构和卦爻辞图中，只有第二爻不当位，以白色表示，这是需要变化的爻。其他的五条爻都当位，以黑色表示。两个箭头表示有两对爻有应。当位而又有应是对主方有利因素，当位而不有应是潜在的对主方有利因素。只有第二爻，既不当位也不有应，是潜在的对主方不利因素。可以说，当前形势对于主方来说非常好，不过需要考虑如何运用主方的实力。

第二爻是潜在的对主方不利因素，并不等于是对主方不利因素，关键是看主方如何处理。第二爻代表主方素质，比如说，主方的健康状态，经济实力，技术水平，等等，也可以说代表主方利益，增强第二爻就是增加主方利益。与此相对应的第五爻代表客方素质，也可以说代表客方利益。用易制定策略，归根结底是维护和增加主方利益。由于，第三爻是对第二爻的补充，这两条爻都是阳爻，表示主方素质非常好，实力非常强大。也就是说主方已经发展到了顶峰，利益不可能再增加了，“不需要”再从客方获取利益了。如此，主方就不能利用对自己有利的，或者潜在有利的各种因素扩充自己的利益，而事实上，客方仍然具有一定实力，尽管处于困境，仍然是主方的一个强劲对手。为了维护主方利益，维持对主方有利的大好形势，主方必须变“不需”获取客方利益为“需要”获取客方利益，需要保持积极主动和强硬态度从客方获益。然而，尽管客方处于困境，要完全制服这个对手并不容易，因为客方实力仍然不可忽视，主方需要耐心等待。“需要”和“等待”就是这个卦的主题。

需卦的爻辞中有五个“需”，分别指主方的等待状态，“需于郊”、“需于沙”、“需于泥”，甚至“需于血”。等待应当是随时随地，“需于酒食”。还要主动积极地接近客方，“入于穴”。耐心等待，结果会有利于主方，“终吉”。

如果删去一些判断词，六条爻辞就是一首完整的围绕主题“需”的散文诗，下面是其译文：

在郊野等待（尚未接触），应当有恒心等待。

在沙滩上等待，（接触以后）少许有些不同意见，终了吉利。

（无法摆脱纠纷）在泥沼中等待，以致于（第三者）强盗来了。

（做出牺牲）在流血的情况下等待，（终于）从洞穴中出来了。

喝酒吃饭（时时）等待，坚持下去吉利。

（主动）深入洞穴，有三位没有意料到的客人来了（并不孤单），尊敬他们，终了吉利。

六条爻辞既详细解释了“需”的含义，也向主方提供了一个具体可行的策略，同时，又分别结合各条爻，解释完全抽象的爻所包含的信息。卦辞指出等待必须对客方诚恳，“有孚”。下面逐条说明卦爻辞。

卦辞

有孚，光亨，贞吉，利涉大川。

〔译文〕有了信任，光明而顺利，坚持下去吉利，利于涉越大江大河。

〔解说〕客方消极被动，方便了主方的积极主动行动，客方的随和态度适应了主方强硬态度，这些都是对主方有利条件，只是客方的良好素质与主方的良好素质之间有问题。如果主方处理得好，取得客方信任，客方的良好素质就有利于主方，反之，则不利于主方。所以，最重要的是取得客方信任，“有孚”是先决条件。有了信任，双方关系就有光明前景，进展就顺利，把这种状态坚持下去，对主方就吉利，并且主方还可以往前发展，“利涉大川”。“有孚”是条件，“有孚”需要等待，不能盲动，不能粗暴。

爻辞

一阳，需于郊，利用恒，无咎。

〔译文〕 在郊野等待，应当有恒心等待，无所怪罪。

〔解说〕 第一爻是主卦下爻，代表主方的行动，阳，主方积极主动地谋取和扩大自己的利益，比如说，创新、创业、投资、进攻、求职、示爱，等等。而客方消极被动，主方不能急噪。“需于郊”在出发的起点等待，从行动一开始就等待，要有等待客方的恒心。如果主方有恒心等待，主方就无所怪罪。

〔结构分析〕 第一爻位置是阳位。这条爻是阳爻，阳爻在阳位，当位，并且和四阴有应。当位表明主方的积极主动有可能有益于维护和扩充自己的利益，是潜在的对主方有利因素；有应表明客方消极被动，是主方积极主动开拓发展的良机，这潜在因素成了真实的对主方有利因素。在此有利形势下，主方采取积极主动的行动是应当的，“无咎”。主方应当继续积极主动。

二阳，需于沙，小有言；终吉。

〔译文〕 在沙滩上等待，少许有些不同意见，终了吉利。

〔解说〕 第二爻是主卦中爻，代表主方素质，阳，表示主方素质良好，比如说，主方有资金、有地位、有权力、有实力、有技术，等等。积极主动的主方在比较远的沙滩上等待消极被动的客方。由于客方素质也良好，为了维护各自利益，主方与客方有些分歧，客方有些不同意见，“小有言”。“终”，是等待的终了，等待到客方与主方协同合作，于是，对于主方吉利。“吉”，是“终”的“吉”，爻辞仍然强调主方要耐心等待。

〔结构分析〕 第二爻位置是阴位。这条爻是阳爻，阳爻在阴位，不当位，与五阳不有应。不当位表明主方素质良好，有可能不利于再从客方获取利益，是潜在的对主方不利因素；不有应表明客方素质也良好，与主方的良好素质矛盾，爻辞说“小有言”。如果主方采取低姿态，不以自己的良好素质为满足，继续积极主动，就可能从客方的良好素质得益，“终吉”。

三阳，需于泥，致寇至。

〔译文〕 在泥沼中等待，以致于强盗来了。

〔解说〕 第三爻是主卦上爻，代表主方态度，阳，表示主方态度强硬。另一方面，客方态度随和。主方的傲慢，粗暴的态度，可能纠缠在与客方的某些问题上，而无法摆脱，“需于泥”，其结果是主方的利益受到损失，“致寇至”。爻辞强调了主方态度不宜过分强硬。“寇”指第三方，主客双方纠缠之时，第三方趁机得利。

〔结构分析〕第三爻位置是阳位。这条爻是阳爻，阳爻在阳位，当位，并且和六阴有应。第三爻既当位而又有应，是对主方有利因素，主方应当保持对客方强硬的态度。然而，第三爻是对第二爻的补充，第二爻是阳，第三爻也是阳，这表示主方素质很好，实力非常强大，面对态度随和的客方，可能表现出自满和傲慢，从而对客方粗暴，引起麻烦，如爻辞所说，“致寇至”。

四阴，需于血，出自穴。

〔译文〕在流血的情况下等待，从洞穴中出来。

〔解说〕第四爻是客卦下爻，代表客方的行动，阴，表示客方消极被动，主方耐心地长久地等待客方，直至等得流血了，等客方从深藏的洞穴中出来。“需于血”的是主方，主方积极主动地等待。“出自穴”的是客方，客方被动地藏在洞穴中。

〔结构分析〕第四爻位置是阴位。这条爻是阴爻，阴爻在阴位，当位，并且和一阳有应。当位表明客方消极被动有可能对主方发展有利，是潜在的对主方有利因素；有应表明主方积极主动，正好可以利用客方的消极被动，这潜在因素成了真实的对主方有利因素。尽管形势对主方有利，客方仍然有一定实力，主方需要非常耐心地等待，“需于血”，客方良好素质才能够逐渐地被主方获得，“出自穴”。

五阳，需于酒食，贞吉。

〔译文〕喝酒吃饭等待，坚持下去吉利。

〔解说〕第五爻是客卦中爻，代表客方素质，阳，客方素质良好。主方素质也良好，主方等待客方合作，并不着急，“需于酒食”。坚持下去，等得客方的协同，可以取益于客方良好素质，“贞吉”。

〔结构分析〕第五爻位置是阳位。这条爻是阳爻，阳爻在阳位，当位，然而与二阳不有应。当位表明客方的良好素质有可能被主方吸收，是潜在的对主方有利因素；不有应表明主方素质也良好，主方已经饱了，不能把客方良好素质都吸收了，这潜在因素并没有成为真实的对主方有利因素。不过，主方可以像饮酒吃饭一样地逐渐吸收客方良好素质，坚持下去，有可能从客方良好素质受益，“贞吉”。

六阴，入于穴，有不速之客三人来，敬之，终吉。

〔译文〕进入洞穴，有三位没有意料到的客人来了，尊敬他们，终了吉利。

〔解说〕第六爻是客卦上爻，代表客方态度，阴，客方态度随和。而主方态度强硬，主方以积极主动的行动和强硬的态度，在等待了很久以后，进入了客方躲藏的洞穴，在洞穴中遇到了三位没有意料到的客人。在穴中的是消极被动的客方。三人，表示客方不孤单，有力量。主方应当尊敬客方，从而取得客方信任，得益于客方协同合作，“终吉”。“终吉”是以“敬之”为条件，主方不可太傲慢，不可太粗暴。

〔结构分析〕第六爻位置是阴位。这条爻是阴爻，阴爻在阴位，当位，并且和三阳有应。第六爻既当位又有应，是对主方有利因素。不过，尽管存在此有利因素，仔细观察主方状态，主方仍然需要谨慎。与第六爻对应的第三爻，不仅表示主方态度强硬，而且，表示主方实力非常强大，已经达到发展的顶峰，很可能会态度强硬过度，主方必须谨慎。如果主方态度不强硬过度，尊敬客方，最终结果对主方吉利，“终吉”。

3:2 卦，井（在周易中，第 48 卦）

井卦展示在像“井”的形势下各种变化的可能性。井卦的代号是 3:2，表示主卦是巽卦，卦象是风，阳数是 3；客卦是坎卦，卦象是水，阳数是 2。风可挡可避，力量巨大，寒风刺骨，象征主方消极被动，实力非常强大，态度强硬；水往低处流，可挡可容，能浮舟也能沉舟，象征客方消极被动，实力也强，态度随和。客方受主方制约，由于双方都被动，关系稳定，如同位置固定的井，然而，尽管井的位置不变，可也需要精心维护，才能有甘美的井水饮用。主方必须采取主动，与客方共同维护双方关系，多做对双方都有利的事。

一般，从卦的结构图可以看出在当前形势下，主方应当改变哪些因素，保留哪些因素，期待哪些变化。

结构和卦爻辞

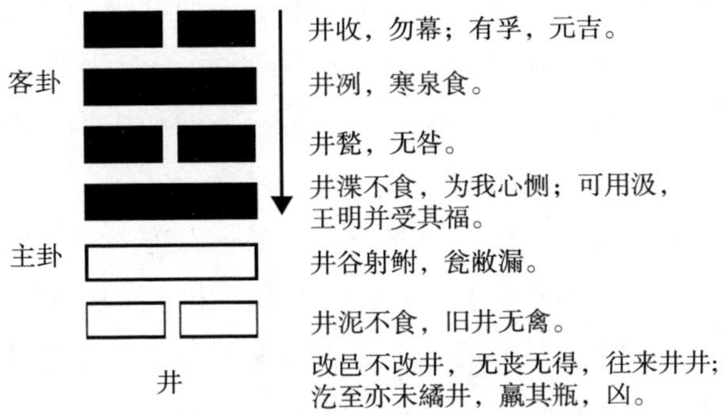

图 3-13-6　井卦的结构与卦爻辞

应当改变的因素，只能在主卦里面，因为主卦代表主方自己，客卦代表客方。客方的因素，有利的或者不利的，潜在的或者真实的，主方只能期待它变化，或者适应它，而不能改变它。

主方的因素有三个：行动、素质和态度。主卦下爻代表行动，中爻代表素质，上爻代表态度。

第一爻是主卦下爻，这是阴爻，表示主方消极被动，这有可能导致主方利益受到损失，所以说，不当位，在图中以白色表示，这是一个潜在的对主方不利因素，主方应当改变这个因素，用积极行动维护和扩大自己的利益。

第二爻是主卦中爻，代表主方素质，这是阳爻，表示主方素质良好，比如说，很富有。在图中，这条爻也是白色，也是不当位，就是说，这也是潜在的对主方不利因素。这是潜在因素，并不是真实的不利因素。富有并不是坏事，为什么成了潜在的对主方不利因素呢？这有两点考虑，其一，财富有可能被对方窃取；其二，自己富有了，就不想去谋取更多利益，好比是，吃饱了，不想再吃了。这仅仅是一种潜在因素，如果客方不窃取主方利益，主方不一定受损失，如果主方积极维护和扩张自己的利益，自己的利益仍然可以再增加。所以，这一个潜在的不利因素，不需要直接去改变它，而是需要主方更积极主动维护和扩张自己的利益。

第三爻是主卦上爻，这是阳爻，表示主方态度强硬。这强硬态度有利于维护和扩张自己的利益，是潜在的对主方有利因素，主方应当保持它，而不是改变它。

至于客卦中的三条爻，全部都是黑色，表示客方的三个因素都是对主方有利的。那个在第六爻与第三爻之间的箭头，表示客方的随和态度是真实的对主方有利因素。所以，客方三个因素中，没有对主方不利的；主卦中，只有主卦下爻才是主方应当改变的，也就是说，主方应当极力扭转消极被动状态。然而，从乾卦到巽卦，主方已经发生了从积极主动到消极被动的质变，要完全恢复到当初雷霆万钧时的状态去创新和开拓或者制服客方是很难的，主方应当做的是阴中有阳，在消极被动状态下，采取适当积极措施，与客方沟通和协调，改善双方关系，做到互利双赢。

井卦的卦爻辞中，每一条都有“井”，井象征双方关系。到井口汲水的人象征主方，主方必须精心维护保养井，才能从井中汲出清凉甘美的井水。爻辞指出，主方过于消极被动，使得双方关系不善，“井泥不食”；主方的良好素质不能发挥作用，“井谷射鲋”；如果主方态度过于强硬，即使关系得到改善，主方也不能从中受益，“井渫不食”；客方消极被动，可能跟随主方改善双方关系，“井甃”；主方可以从客方良好素质中受益，“井洌”；客方的随和态度有助于把良好的双方关系保持下去，“井收”。六条爻辞是一首完整的围绕主题“井”的散文诗，形象地描述了一个井的维护过程，以井为喻，阐述如何维护良好的双方关系。下面是其译文：

井内积淤泥，井水不可饮；井老旧了，没有鸟来饮水。

井底砸虾和青蛙，瓦罐又旧又漏。

井淘去了污泥而不饮用井水，让我心痛；汲水饮用，国王贤明，受到国王的福佑。

以砖修井，无所怪罪。

井中寒凉，（可以）饮用清凉的泉水了。

（维护）井有收益，不要关闭（井）；有了诚信，就很吉利。

卦辞指出尽管当前关系对主方没有损害，“无丧无得”，如果不改善双方关系，则可能出现不良后果，“汔至亦未繘井，羸其瓶”。下面逐条说明卦爻辞。

卦辞

改邑不改井，无丧无得，往来井井；汔至亦未繘井，羸其瓶，凶。

〔译文〕城镇改变了而井的位置没有改变，水没有减少，也没有增加，汲水者往来井井有序；井快要干涸，不能用绳子汲取井水了，汲水的瓶子吊起来了，有凶险。

〔解说〕主方像风，风顺势而动，当双方关系状态稳定时，维持双方关系，如同日常去井边汲水，“改邑不改井，无丧无得，往来井井”。客方像水，像聚积在井中的水，一旦水位低，近于干汔，汲水困难，这时主方遇到汲水不成的凶险，“汔至亦未繘井，羸其瓶，凶”。要避免凶险，必须维护双方关系，让井不干汔。“井井”，形容整齐，有条理。“汔”（qì），水涸。“繘（jú）井”，用绳汲取井水。“羸”（léi）缠绕，困住。

爻辞

一阴，井泥不食，旧井无禽。

〔译文〕井内积淤泥，井水不可饮；井老旧了，没有鸟来饮水。

〔解说〕第一爻是主卦下爻，代表主方的行动，阴，表示主方消极被动，比如说，防守、退却、不想冒险、不想探索或开辟新的发展领域、只求保持现状，等等。由于主方消极被动，主方与客方缺少沟通，双方联系少，主方不能从双方关系获益，出现“井泥不食，旧井无禽”状态。

〔结构分析〕第一爻位置是阳位。这条爻是阴爻，阴爻在阳位，不当位，与四阴不有应。不当位表明主方消极被动，有可能让主方的利益蒙受损失，这是潜在的对主方不利因素；不有应表明客方也消极被动，主方的利益没有受到侵害，这潜在因素没有成为真实的对主方不利因素，所以爻辞中没有判断词，只是描述“井泥不食”的现象，建议主方采取积极行动。

二阳，井谷射鲋，瓮敝漏。

〔译文〕井底砸虾和青蛙，瓦罐又旧又漏。

〔解说〕第二爻是主卦中爻，代表主方素质，阳，表示素质良好，比如说，主方有资金、有地位、有权力、有实力、有技术，等等。同时，第五爻也是阳爻，客方素质也良好，主方的良好素质难以在双方关系中发挥作用。双方关系仍然保持着，不过主方的收益不多，“井谷射鲋，瓮敝漏”，这是现实情况，主方难以改变。在爻辞中只有形象比喻，没有具体建议，没有判断词。“鲋”（fù），虾蟆。“蟆”（mò），蛙类动物。“瓮”，一种盛水或酒等的陶器：水瓮。“敝”，破旧，坏：敝旧。

〔结构分析〕第二爻位置是阴位。这条爻是阳爻，阳爻在阴位，不当位，和五阳不有应。不当位表明主方的良好素质有可能遭受客方侵害，是潜在的对主方不利因素；不有应表明客方素质也良好，客方不需要窃取主方利益，这潜在因素没有成为真实的对主方不利因素。所以，爻辞中没有判断词。主方的阳的素质对主方少许不利。

三阳，井渫不食，为我心恻；可用汲，王明并受其福。

〔译文〕井淘去了污泥而不饮用井水，让我心痛；可汲水饮用，国王贤明，受到国王的福佑。

〔解说〕第三爻是主卦上爻，代表主方态度，阳，表示主方态度强硬。同时，第三爻是对第二爻的补充，第二爻是阳，第三爻也是阳，这表示主方素质很好。而第六爻是阴爻，表示客方态度随和。客方随和主方的强硬态度，双方关系有好的发展，“井渫”。如果主方态度过于强硬，则有可能不利双方关系的发展，从而失去此良机，“井渫不食”，这是痛心的。“王”比喻客方，由于客方随和的态度，使得主方能够收益，这是客方明智，主方受福于客方的明智。“渫”（xiè），除去，淘去污泥。“恻”（cè），悲痛：恻隐。

〔结构分析〕第三爻位置是阳位。这条爻是阳爻，当位，又与六阴有应。当位而又有应，表明主方的强硬态度对主方有利。

四阴，井甃，无咎。

〔译文〕以砖修井，无所怪罪。

〔解说〕第四爻是客卦下爻，代表客方的行动，阴，表示客方消极被动，比如说，防守、退却、不想冒险、不想探索或开辟新的发展领域、只求保持现状，等等。如果主方采取积极主动改进双方关系，主方就不应当受到怪罪。这里，客方是消极被动的，跟随主方，修井的人是主方和客方。“甃”（zhòu），以砖修井。

〔结构分析〕第四爻位置是阴位。这条爻是阴爻，阴爻在阴位，当位，然而与一阴不有应。当位表明客方消极被动有可能被积极主动的主方利用，是潜在的对主方有利因素；不有应表明主方也消极被动，主方不能利用客方消极被动的机会获利，这潜在因素没有成为真实的对主方有利因素。由于客方的行动决定于客方自己，不能怪罪主方，“无咎”。

五阳，井洌，寒泉食。

〔译文〕 井中寒凉，饮用清凉的泉水。

〔解说〕 第五爻是客卦中爻，代表客方素质，阳，表示客方素质良好，主方可以从客方的良好素质获益。联系以上各条爻辞可知，主方必须做出一定努力，才能获益。“洌”（liè），寒冷：凛冽。

〔结构分析〕 第五爻位置是阳位。这条爻是阳爻，阳爻在阳位，当位，然而与二阳不有应。当位表明客方的良好素质有可能让主方获益，这是一个潜在的对主方有利因素，爻辞以“井洌，寒泉食”描述这种潜在的有利因素；不有应表明主方素质也良好，不需要从客方的良好素质获益，这潜在因素没有成为真实的对主方有利因素，爻辞中没有判断词。

六阴，井收，勿幕；有孚，元吉。

〔译文〕 井有收益，不要关闭；有诚信，很吉利。

〔解说〕 第六爻是客卦上爻，代表客方态度，阴，表示客方态度随和。客方随和的态度，使得双方关系改善，应当保持这种状态，“井收，勿幕”。达到这种状态必须是主方态度真诚，取得客方信任，“有孚”。有了客方对主方的信任，双方关系才对主方很吉利，“有孚，元吉”。

〔结构分析〕 第六爻位置是阴位。这条爻是阴爻，阴爻在阴位，当位，又与三阳有应。当位表明客方的随和态度有可能方便主方，是潜在的对主方有利因素；有应表明主方态度强硬，恰好遇到客方态度随和，主方可以按照自己的意图行事，所以爻辞说，“元吉”。不过主方不能强硬过度，不能对客方傲慢和粗暴，需要尊重客方，因此在“元吉”前加了“有孚”。

2:2 卦，坎（在周易中，第 29 卦）

坎卦展示在“坎”的形势下各种变化的可能性。“坎”(kǎn)，低陷不平的地方，坑穴。坎卦的代号是 2:2，表示主卦和客卦都是坎卦，卦象是水，阳数是 2。两滴水在一起，还是水，双方的危险和困难合在一起，还是危险和困难。主方应当谨慎行事，诚恳地维持与客方联系，做到互利双赢，共同克服困难。

结构和卦爻辞

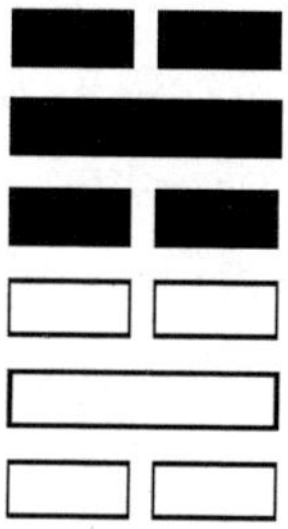

客卦

系用徽纆，寘于丛棘，三岁不得，凶。

坎不盈，祇既平，无咎。

樽酒，簋贰，用缶，纳约自牖，终无咎。

主卦

来之坎坎，险且枕，入于坎窞，勿用。

坎有险，求小得。

习坎，入于坎窞，凶。

坎

有孚维心，亨，行有尚。

图 3-13-7　坎卦的结构与卦爻辞

在坎卦的结构与卦爻辞中，主卦和客卦对应的三条爻完全相同，但是它们的颜色不同，客卦的三条爻全是黑色，主卦的三条爻全是白色，这是由于卦中内涵的有利和不利因素都是从主方角度说的，角度不同，对利益的看法不同。按目前的形势，客方状态可能完全对主方有利，所以都是黑色，就是说，客卦的三条爻全部当位；而主方的状态可能完全对主方不利，所以都是白色，也就是说，主卦的三条爻都不当位。

主卦与客卦对应的爻完全相同，说明双方的各个因素之间全部对立，没有和谐。对立不等于冲突，双方的行动都是消极被动，态度都是随和，不可能有冲突。素质本身是静止的，也不可能有冲突，所以在目前形势下，双方都是自扫门前雪，在困难中挣扎。

不过，卦的结构已经显示出主方的三条爻不当位，主方可以采取些措施改善目前处境。最主要的措施是改变第一爻，由被动改为主动，这不是说像创业，革命那样的积极主动，因为主方已经处于衰落状态，冰冻三尺非一日之寒，要完全积极主动是很难的，只能阴中有阳，在消极被动的情况下，采取一些主动，改善与客方关系，做到互利双赢。在素质方面，要阳中有阴，在良好素质中，要看到自己的不足，从双方关系中寻求对自己有益的东西。在态度方面，也有阴中有阳，在对客方随和的时候，要表现出明确坚定，要求客方配合自己的行动，共同克服当前困难。

坎卦的六条爻中，四条有“坎”，爻辞描述的坎是一座囚禁犯人的深坑，上面有窗，自窗口定时向犯人递送食品，深坑的四周围有荆棘丛，防止犯人逃跑。爻辞以被囚犯人的处境形象地比拟主方面对的形势。如果删去判断词，六条爻辞就是一首完整的围绕主题“坎”的散文诗，下面是其译文：

常常有的坎坑，进入深深的坎坑，有凶险。
坎坑有危险，只求小得。
来到坎坑接坎坑的地方，枕于现实；入于坎坑，不要采取行动。
两篮饮料与食品，用缶盛酒，有人定时从窗口送入，维持到终了。
坎坑没有盈满，恭敬而又平静。
用绳索捆绑着，囚禁在荆棘丛中，三年不能出去。

卦辞则阐述在这种形势下主方应当采取的做法。下面逐条说明卦爻辞。

卦辞

有孚维心，亨，行有尚。

〔译文〕 依靠诚信把心维系在一起，顺利，采取行动有高尚的意义。

〔解说〕 危险和困难处境是双方的消极被动和优柔寡断造成的，双方都有良好的素质，为了克服困难，应当依靠诚信把双方的心维系在一起，共同协力，做事就会顺利，行动起来有利于双方，是高尚的。“维”，系，连结：维系。

爻辞

一阴，习坎，入于坎窞，凶。

〔译文〕 常常有的坎坑，进入深深的坎坑，凶险。

〔解说〕 第一爻是主卦下爻，代表主方的行动，阴，表示主方消极被动。比如说，防守、退却、不想冒险、不想探索或开辟新的发展领域、只求保持现状，等等。主方消极被动往往造成困难，“习坎”。这是造成困难的主要因素，其后果是凶险的，主方应当改变消极被动状态。“习”，经常，常常。“坎窞”，坑穴，喻险境。“窞”（dàn），深坑。

〔结构分析〕 第一爻位置是阳位。这条爻是阴爻，阴爻在阳位，不当位，和四阴不有应。不当位表明主方消极被动有可能使自己的良好素质遭受损失，是潜在的对主方不利因素；不有应表明客方也消极被动，这潜在因素没有成为真实的对主方不利因素。是有利还是不利，关键在于主方如何处理，如果主方继续消极被动，则不能改善当前状况，所以，爻辞说“凶”。主方必须改变消极被动，要阴中有阳，采取积极措施，与客方沟通。

二阳，坎有险，求小得。

〔译文〕 坎坑有危险，只求小得。

〔解说〕 第二爻是主卦中爻，代表主方素质，阳，表示主方素质良好。比如说，主方有资金、有地位、有权力、有实力、有技术，等等。在当前困境中，主方在素质方面的优势难以发挥，做事不当有危险，只能求微小的收获。要注意保护自己免受损失。

〔结构分析〕 第二爻位置是阴位。这条爻是阳爻，阳爻在阴位，不当位，与五阳不有应。不当位表明主方素质良好，有可能在双方交往中受到损失，是潜在的对主方不利因素；不有应表明客方素质也良好，客方不需要损伤主方利益，这潜在因素没有成为真实的对主方不利因素。在这种情况下，主方应当做的是阳中有阴，从良好素质中，看到自己的不足，在双方交往中，寻求弥补，所以，爻辞说，“求小得”。

三阴，来之坎坎，险且枕，入于坎窞，勿用。

〔译文〕 来到坎坑接坎坑的地方，危险，并且枕于现实。入于坎坑，不要行动。

〔解说〕 第三爻是主卦上爻，代表主方态度，阴，表示主方态度随和。这种随和态度使得困难重重，“来之坎坎”。这种困境对于主方来说是危险的，然而，要正视现实，把头枕在困难上，“险且枕”。进入了坎坑，不要轻举妄动。

〔结构分析〕第三爻位置是阳位。这条爻是阴爻，阴爻在阳位，不当位，和六阴不有应。不当位表明主方态度随和，有可能受到客方制约，是潜在的对主方不利因素；不有应表明客方态度也随和，主方没有受到制约，这潜在因素没有成为真实的对主方不利因素。主方应当改变自己的态度，利用客方的随和态度，使双方关系朝有利于主方的方向发展，主方应当阴中有阳，在保持随和态度的同时，应当表现明确而坚定。根据目前困难形势，双方不宜有所行动，所以爻辞说，“勿用”。

四阴，樽酒，簋贰，用缶，纳约自牖，终无咎。

〔译文〕饮料与食品，二簋。用缶盛酒，定时从窗口送入。终了无所怪罪。

〔解说〕第四爻是客卦下爻，代表客方的行动，阴，表示客方消极被动。比如说，防守、退却、不想冒险、不想探索或开辟新的发展领域、只求保持现状，等等。客方按时按量地伺候主方，二簋的饮食，定时从坎坑的窗口送给犯人。到终了，主方尽了最大耐心忍受困难，无所怪罪。“樽酒”（zūn jiǔ），代指酒食。“簋”（guǐ）古代盛食物器具，圆口，双耳。“簋贰”（guǐ èr），二簋之食。“缶”（fǒu），古代一种大肚子小口儿的盛酒瓦器。“牖”（yǒu），窗户：牖户。

〔结构分析〕第四爻位置是阴位。这条爻是阴爻，阴爻在阴位，当位，与一阴不有应。当位表明客方的消极被动有可能为主方的扩张提供方便，是潜在的对主方有利因素；不有应表明主方也消极被动，主方不想扩张，这潜在因素没有成为真实的对主方有利因素。尽管客方消极被动，但是，应当阴中有阳，在消极被动的情况下，也可能主动地作一些有利于双方关系的事，主方消极被动地耐心等待这样的事情发生，这样的事情终究会有的，爻辞说，“终无咎”。

五阳，坎不盈，祗既平，无咎。

〔译文〕坎坑没有盈满，恭敬而又平静，无所怪罪。

〔解说〕第五爻是客卦中爻，代表客方素质，阳，表示客方素质良好。客方的良好素质解决不了主方面前的困难，“坎不盈”。主方应当对客方恭敬，同时保持平静的心情，这样，就无所怪罪。“祗”（zhī），敬，恭敬。

〔结构分析〕第五爻位置是阳位。这条爻是阳爻，阳爻在阳位，当位，然而与二阳不有应。当位表明客方的良好素质有可能使主方得益，是潜在的对主方有利因素；不有应表明主方素质也良好，不需要从客方获益，这潜在因素没有成为真实的对主方有利因素。如果主方能够阳中有阴，看到自己的不足，从客方吸取补充，主方就不应当受到怪罪，“无咎”。

六阴，系用徽纆，寘于丛棘，三岁不得，凶。

〔译文〕 用绳索捆绑着，囚禁在荆棘丛中，三年不能出去，有凶险。

〔解说〕 第六爻是客卦上爻，代表客方态度，阴，表示客方态度随和。主客双方的优柔寡断的态度是造成当前困局的一个原因，主方受到客方束缚，难于解脱。“系用徽纆，寘于丛棘，三岁不得”描述当前主方的处境。“凶”也是指主方面临的凶险。“徽纆”（huī mò），绳索，古时常特指拘系罪人者。“寘”（zhì），安排，放置。“丛棘”（cóng jí），古时囚禁犯人的地方，四周用荆棘堵塞，以防犯人逃跑。

〔结构分析〕 第六爻位置是阴位。这条爻是阴爻，阴爻在阴位，当位，然而与三阴不有应。当位表明客方的随和态度有可能被主方利用，让主方按自己的意愿行事，是潜在的对主方有利因素；不有应表明主方态度也随和，不能够利用眼前的机会，主方的困境很难摆脱，所以，爻辞说“凶”。主方应当阴中有阳，采取适当主动，以适当强硬的态度处理双方关系，这样可能对主方有利，不至于“凶”。

1:2 卦，蹇（在周易中，第 39 卦）

蹇卦展示“蹇”形势下各种变化的可能性。蹇是跛的意思。蹇卦的代号是 1:2，主卦是艮卦，卦象是山，阳数是 1，特性是被动和阻止；客卦是坎卦，卦象是水，阳数是 2，特性是困难和危险。主客双方都消极被动，主方稍弱于客方，主方应当采取适当主动，与客方沟通，有可能获得某些利益。

在蹇卦的结构图中，第一爻是白色，是唯一的一条不当位的爻，是唯一的一个主方需要考虑变化的因素，其他的爻都是当位的爻，黑色，都是潜在的或者真实的对主方有利因素，主方不需要改变这些因素。

结构和卦爻辞

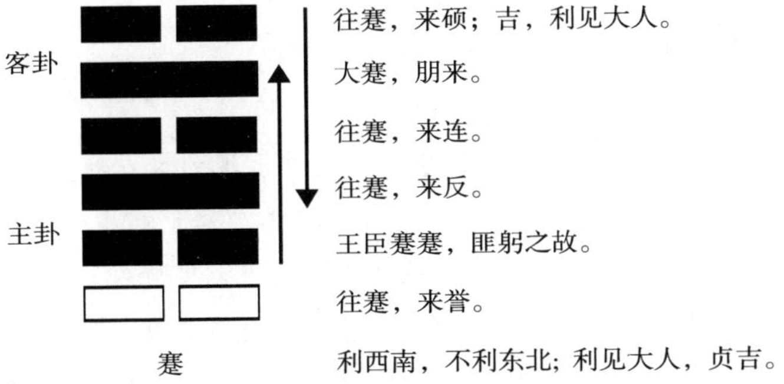

图 3-13-8 蹇卦的结构与卦爻辞

第一条爻不当位，这是主方当前的问题所在，这是阴爻，表明主方消极被动。如果结合整个主卦来看，可以看出，主卦是艮卦，在八卦图中，艮卦位于一次螺旋形变化的快要终了的阶段，是主方非常衰落的表现，是从上升到衰落的质变的后果，要扭转消极被动，回复到当初的积极主动状态，可以说是不可能的。然而，阴阳变化中，除了相互转换以外，还有阴中有阳和阳中有阴的状态，主方的行动可以是阴中有阳，在消极被动的情况下，采取适当主动，与客方沟通，有可能获得某些利益。这是“蹇卦”的“蹇”的用意。

蹇卦的爻辞中，条条有“蹇”，四条爻有“往蹇”，五条爻有“来”，说明往前进有困难，而回来是可以考虑的选择。六条爻辞具体阐述了往前与回来之间的比较，“来誉”、“来反”、“来连”、“朋来”，并且“来硕”。如果删去判断词，六条爻辞就是一首完整的围绕主题“蹇”的散文诗，下面是其译文：

往前跛行，回来有荣誉。
王与臣之间困难重重，这不是我（臣）的缘故。
往前发展困难，回来则情况反转。
往前困难，回来连在一起。
大困难，朋友来了。
往前困难，回来硕大；利于表现为大人物。

卦辞则总结性地说明在当前形势下主方应当做的事。下面逐条说明卦爻辞。

卦辞

利西南，不利东北；利见大人，贞吉。

〔译文〕利于往西南，不利于往东北；利于表现为大人物，坚持下去吉利。

〔解说〕蹇卦主卦和客卦中有两对爻有应。主方素质是阴，客方素质是阳，主方受惠于客方。第三爻是阳爻，第六爻是阴爻，主方态度强硬，客方态度随和，表明主方制约客方。在周文王时代，西南方是周国，东北方是商纣王的地方，“利西南，不利东北”。主客双方关系中只能是单方面受益，而客卦的特性是危险和困难，主方只能坚持原来立场，而不能前进，“利见大人，贞吉”。“见”（xiàn），古同“现”，出现，显露。

爻辞

一阴，往蹇，来誉。

〔译文〕往前跛行，回来有荣誉。

〔解说〕第一爻是主卦下爻，代表主方的行动，阴，主方消极被动；同时，第四爻也是阴爻，客方也消极被动。双方有矛盾，主方往前发展困难，“往蹇”。主方应当回来，回来是对的，应当受到赞誉，“来誉”。

〔结构分析〕第一爻位置是阳位。这条爻是阴爻，阴爻在阳位，不当位，和四阴不有应。不当位表明主方消极被动，有可能难以谋取利益，是潜在的对主方不利要素，所以爻辞说“往蹇”；不有应表明客方也消极被动，客方并不谋求从主方获益，那潜在要素没有成为真实的对主方不利要素，主方仍然可以继续保持消极被动，爻辞说“来誉”。

二阴，王臣蹇蹇，匪躬之故。

〔译文〕王与臣之间困难重重，这不是我的缘故。

〔解说〕第二爻是主卦中爻，代表主方素质，阴，表示主方素质不佳，比如说，资金缺乏、地位低下、实力薄弱、教育程度低，等等；同时，第五爻是阳爻，表示客方素质良好。“王”指客方，“臣”指主方。“躬”也是指主方。客方给予，主方受惠，这本来是很好的事。然而，双方都消极被动，主客之间有很多困难，这些问题是客观存在的，主方无能为力，这不是主方的缘故。

〔结构分析〕第二爻位置是阴位。这条爻是阴爻，阴爻在阴位，当位，又与五阳有应。当位表明主方素质不佳，需要从客方谋取利益，是潜在的对主方有利因素；有应表明客方素质良好，正好可以满足主方需要，这潜在因素成了真实的对主方有利因素。尽管存在这样的有利因素，由于主方消极被动，不能利用这种有利因素，这不是因为这个因素本身不好，所以爻辞说，“匪躬之故”。按卦的结构分析，“躬”指这个因素，也就是指主方素质。主方不能利用这个有利因素，不是因为主方素质不佳，而是另有原因。

三阳，往蹇，来反。

〔译文〕往前发展困难，回来则情况反转。

〔解说〕第三爻是主卦上爻，代表主方态度，阳，表示主方态度强硬；同时，第六爻是阴爻，客方态度随和，客方受主方制约。如果主方改变自己态度，变得像客方一样地随和，则双方有矛盾，主方将很困难，“往蹇”。转回来，保持原状，则没有困难，“来反”。

〔结构分析〕第三爻位置是阳位。这条爻是阳爻，阳爻在阳位，当位，又与六阴有应。当位表明主方的强硬态度有可能制约客方，是潜在的对主方有利因素；有应表明客方态度随和，可以接受主方的强硬态度，这潜在因素成了真实的对主方有利因素。主方不需要改变态度，如果变得随和起来，反而不好，所以爻辞说“往蹇”。保持原状，反而好，所以有“来反”。

四阴，往蹇，来连。

〔译文〕往前困难，回来连在一起。

〔解说〕第四爻是客卦下爻，代表客方的行动，阴，表示客方消极被动，比如说，防守、退却、不想冒险、不想探索或开辟新的发展领域、只求保持现状，等等。同时，主方也消极被动，双方有矛盾，“往蹇”。如果主方不往前发展，回到原处，客方与主方状态相同，共同行动，相互连在一起。

〔结构分析〕第四爻位置是阴位。这条爻是阴爻，阴爻在阴位，当位，与一阴不有应。当位表明客方消极被动，有可能是主方发展的好机会，是潜在的对主方有利因素；不有应表明主方也消极被动，不能利用这个潜在的有利因素，这潜在因素没有能够成为真实的对主方有利因素，所以爻辞说“往蹇”。不过，主方可以在保持消极被动的状态下，采取适当措施与客方沟通，爻辞说“来连”。

五阳，大蹇，朋来。

〔译文〕大困难，朋友来。

〔解说〕第五爻是客卦中爻，代表客方素质，阳，表示客方素质良好。而同时，第二爻是阴爻，主方素质不佳，主方需要客方帮助。“朋”指客方。在主方困难严重的时候，客方来帮助主方，“大蹇，朋来”。

〔结构分析〕第五爻位置是阳位。这条爻是阳爻，阳爻在阳位，当位，又与二阴有应。当位表明客方的良好素质有可能帮助主方，是潜在的对主方有利因素；有应表明主方素质不佳，是“大蹇”。主方的确需要客方帮助，这潜在因素成了真实的对主方有利因素，“朋来”。

六阴，往蹇，来硕；吉，利见大人。

〔译文〕往前困难，回来硕大；吉利，利于表现为大人物。

〔解说〕第六爻是客卦上爻，代表客方态度，阴表示客方态度随和。而同时，第三爻是阳爻，主方态度强硬。如果主方改变态度，变得也随和，则事情很难发展，“往蹇”。如果主方回来，保持明确而坚定的强硬态度，则客方将顺从主方，主方将显得硕大，“来硕”。客方顺从主方，对主方吉利，“吉”。主方将主导双方关系发展，主方应当表现得像个大人物，“利见大人”。“硕”，大：硕老。

〔结构分析〕第六爻位置是阴位。这条爻是阴爻，阴爻在阴位，当位，又与三阳有应。当位表明客方对主方的随和态度有可能有利于主方发展，是潜在的对主方有利因素；有应表明主方态度强硬，正好可以引导客方让双方关系朝有利于主方的方向发展。这情况对于主方“吉”。

0:2 卦，比（在周易中，第 8 卦）

比卦展示“比”的形势下各种变化的可能性。“比”指比较。比卦的代号是0:2，主卦是坤卦，卦象是地，阳数是0；客卦是坎卦，卦象是水，阳数是2。主卦和客卦下爻和上爻都相同，中爻是一阴一阳，主方素质不佳，客方素质良好。在休闲状态下，主方比较一下自己和客方，适当采取一些主动，可能对主方有益。

结构和卦爻辞

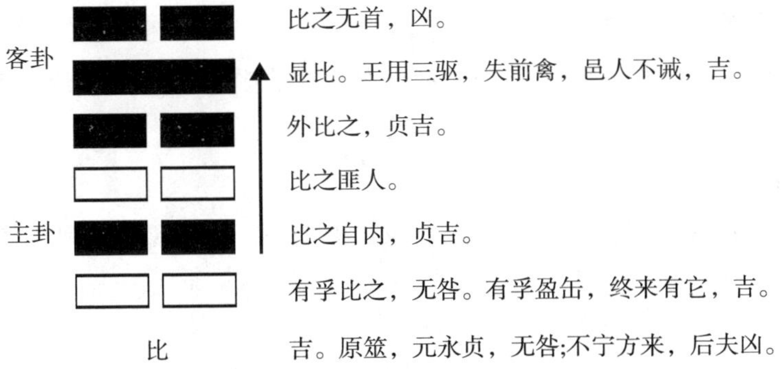

图 3-13-9　比卦的结构与卦爻辞

在比卦的结构与卦爻辞的图中，有一个箭头，从第二爻指向第五爻，这两条爻代表主方和客方素质，箭头的起点是阴爻，代表素质不佳；箭头的终点是阳爻，代表素质良好。素质不佳的主方可以受益于素质良好的客方，这是一个对主方有利因素，也是唯一的一个对主方有利因素。

既然有这样的有利因素，主方就应当充分利用这个因素，然而，看第一爻与第三爻，这是主卦下爻和上爻，代表主方的行动和态度，主方消极被动，态度随和，不能去利用这有利因素。在客卦方面，第四爻和第六爻代表客方的行动和态度，客方也是消极被动，态度随和。客方的行动和态度也是有利于主方，问题就在于主方自己。

主方是一种完全休闲状态，尽管素质不佳，也不想去改善；尽管客方对自己随和，也不想凌驾于客方之上，只想轻松自如，自由自在地休闲。但是，结构图中，主卦有两条爻不当位，这提醒主方不能安于休闲，而应当在行动上与态度上有所变化。虽然彻底变化很难，主方不可能去做，但是至少应当阴中有阳，在休闲状态下，比较一下自己和客方，采取一些适当措施，可能对主方更有益。

比卦的六条爻辞中，条条有“比”。前三条是比主方，后三条是比客方。从主方来说，比较必须诚恳，“有孚比之”；从自己内部比较，“比之自内”；与客方良好素质比较，“比之匪人”。从客方来说，比较客方的外部表现，“外比之”；显示过去经验，“显比”；比较时不能丢失客方意图，“比之无首”。 如果删去判断词，六条爻辞就是一首完整的围绕主题“比”的散文诗，下面是其译文：

诚恳地（与它）比较一下，诚恳地盛满酒缸（欢迎它），它终于来了。
（先）从自己内部比较，
与强人作比较。
（再）与外部作比较，
显示（过去）比较：王从三面驱赶野兽，失去前面的野兽，诸侯不惊恐。
比较时没有头脑，凶险。

卦辞则综合阐述在当前形势下主方应当做的事。下面逐条说明卦爻辞。

卦辞

吉。原筮，元永贞，无咎；不宁方来，后夫凶。

〔译文〕吉利，原来用蓍草占卦，如果从开始永远坚持现在的状态，无所怪罪；不宁的人来到，反应迟缓的人有凶险。

〔解说〕这是比卦卦辞，综合地说明当前主客双方关系。“吉”是对当前情况的判断，情况对主方有利，不过在这种客强主弱情况下，对主方可能有利的条件来自客方。从比卦的结构图可以看出，代表客方的三条爻都是当位的爻，都可能对主方有利，也就是说，客方的被动行动与随和态度，给了主方获利机会，而客方良好素质可以转化为主方的资源。然而，事物本身存在不确定性，主方可能受到客方干扰。“不宁方来，后夫凶”中的“不宁方来”是指客方来干扰。“后夫凶”中的“夫”指主方。如果在客方干扰主方的时候，主方反应迟缓，则是凶险。主方必须充分注意客方动向，利用其优处，而避免其干扰。“筮”，古代用蓍草占卦：“龟为卜，策为筮”。在这里，“筮”只是一种比喻，用“原筮”说明“元永贞”，意思是说，本来命运就该是从开始永远坚持现在状态，不要改变。

爻辞

一阴，有孚比之，无咎。有孚盈缶，终来有它，吉。

〔译文〕诚恳地比较一下，无所怪罪。诚恳地盛满酒缸，它终于来了，吉利。

〔解说〕这是比卦第一爻爻辞，表示主方的行动，阴，象征主方消极被动。“孚”是信用，是为人所信赖的意思，“深孚众望”。“有孚比之，无咎”，如果诚恳地把主客双方行动比较一下，认清形势，就无所怪罪。当前双方都被动，很少接触，主方为了获得利益，应当把客方引来。“有孚盈缶”，诚恳地盛满酒缸，它，客方终于会被引来，那时就可以利用客方良好素质，“吉”。

〔结构分析〕第一爻位置是阳位。这条爻是阴爻，阴爻在阳位，不当位，和四阴不有应。不当位表明主方消极被动有可能不利于从客方良好素质获益，是潜在的对主方不利因素，主方应当认真地审视这一点，“有孚比之”；不有应表明客方也消极被动，这潜在因素并没有成为真实的对主方不利因素。如果主方采取适当主动，阴中有阳，则可以利用客方的消极被动，从客方获益，所以爻辞说，“有孚盈缶，终来有它，吉”。

二阴，比之自内，贞吉。

〔译文〕从自己内部起比较，坚持下去吉利。

〔解说〕这是比卦第二爻爻辞。第二爻是主卦中爻，代表主方素质，阴，表示主方素质不佳，比如说，资金缺乏、地位低下、实力薄弱、教育程度低，等等。“比之自内”，从主方自己内部起比较主客双方素质。“贞吉”，坚持下去吉利。主方素质不佳，应当慎重地保护自己，避免受客方损害；客方素质良好，可以变成主方补充和壮大自己的资源。

〔结构分析〕第二爻位置是阴位。这条爻是阴爻，阴爻在阴位，当位，并且和五阳有应。当位表明主方素质不佳，有从客方获利的需要，是潜在的对主方有利因素；有应表明客方素质良好，正好可以满足主方需要，所以爻辞说，“贞吉”。

三阴，比之匪人。

〔译文〕 与强人作比较。

〔解说〕 这是比卦第三爻爻辞，阴爻，表示主方态度随和。“匪人”指实力雄厚的客方。力量薄弱的主方和力量强大的客方作比较，在强大的客方之前，主方态度随和，只能屈从，而不能取胜。态度随和是个潜在不利因素，尽管爻辞中没有任何判断词，但是短短的“比之匪人”四个字提醒主方，不能对客方太随和了。

〔结构分析〕 第三爻位置是阳位。这条爻是阴爻，阴爻在阳位，不当位，和六阴不有应。不当位表明主方随和态度有可能被客方利用，是潜在的对主方不利因素。同时，第三爻是对第二条的补充，第二条是阴，第三条也是阴，这表示主方素质很差，主方随和态度是素质不佳的表现。不有应表明客方态度也随和，这潜在因素没有成为真实的对主方不利因素。所以爻辞只是指出“比之匪人”这种状态，没有加具体的判断词。

四阴，外比之，贞吉。

〔译文〕 与外部作比较，坚持下去吉利。

〔解说〕 这是比卦第四爻爻辞。第四爻表示客方的行动，阴，客方消极被动。“外比之”，比较客方的行动，客方被动，对主方威胁小，主方从客方获利机会多，这是一种有利状态，坚持这种状态，对主方有利，“贞吉”。事物总是不停地变化，如果忽视客方被动状态，可能错失良机。爻辞虽然没有提到这点，但是，从爻的无应状态，主方应当高度重视。这个不利因素是在于主方的行动被动，而不在于客方。主方完全可以通过自己的努力，改变被动状态，积极行动，不失良机。

〔结构分析〕 第四爻位置是阴位。这条爻是阴爻，阴爻在阴位，当位，然而与一阴不有应。当位表明客方消极被动有可能是主方发展的好机会，是潜在的对主方有利因素，所以爻辞说，“贞吉”；不有应表明主方也消极被动，这潜在因素没有成为真实的对主方有利因素。主方应当阴中有阳，在休闲状态下，采取适当主动，利用客方消极被动的机会，与客方沟通，有可能从客方获益。

五阳，显比。王用三驱，失前禽，邑人不诫，吉。

〔译文〕显示比较。王从三面驱赶野兽，失去前面的野兽，诸侯不惊恐，吉利。

〔解说〕这是比卦第五爻爻辞。“显”，露在外面或对比分明、容易看见的：显而易见。“邑”，指诸侯国。“诫”，劝人警惕：告诫。这条爻辞用了一个历史故事做比喻。史记有一段商朝成汤王在推翻夏桀前取得诸侯信任的记载：汤出，见野张网四面。祝曰。自天下四方，皆入吾网。汤曰，嘻，尽之矣。乃去其三面。祝曰，欲左左，欲右右。不用命，乃入吾网。诸侯闻之，曰，汤德至矣，及禽兽。

在当前的主客双方关系中，这条爻辞中的“王”指主方，“禽”指客方良好素质，“邑人”指客方。在与客方相处的时候，给客方留有足够余地，对主方有利。爻辞指出了“吉”是有条件的，“吉”必须“邑人不诫”。毕竟当前状态是客强主弱，只有在“邑人不诫”的情况下，主方才能获利。

〔结构分析〕第五爻位置是阳位。这条爻是阳爻，阳爻在阳位，当位，并且与二阴有应。当位表明客方的良好素质有可能让主方受益，是潜在的对主方有利因素；有应表明素质不佳的主方需要从客方受益，这潜在因素成了真实的对主方有利因素，所以爻辞说“吉”。

六阴，比之无首，凶。

〔译文〕比较时没有头脑，凶险。

〔解说〕这是比卦第六爻爻辞，第六爻表示客方态度，阴，表示客方态度随和。“首”指头，脑袋。“比之无首”，比较客方态度的时候，找不到客方脑袋。客方态度随和，随和就多变，就不明显，主方有可能对客方的行动无知，所以凶险，“凶”。

〔结构分析〕第六爻位置是阴位。这条爻是阴爻，阴爻在阴位，当位，与三阴不有应。当位表明客方的随和态度有可能让主方按自己意图行事，是潜在的对主方有利因素；不有应表明主方态度也随和，主方不能利用客方态度随和的潜在有利因素，这潜在因素没有能够成为真实的对主方有利因素。由于不能利用这潜在的有利因素，主方不能主导事态发展，所以爻辞说“凶”。

第十四章　艮

事物自身按螺旋形规律发展变化，八卦表示螺旋形变化的一周，过了坎卦就是艮卦。艮卦的下爻是阴，中爻也是阴，上爻是阳。下爻是阴，表示消极被动，只想保持现状，不求发展。中爻阴，表示素质不佳，比如说资金缺乏，体弱多病，等等。上爻阳，表示态度强硬，尽管实力非常虚弱，甚至濒临崩溃边缘，仍然负隅顽抗。艮卦的卦象是山，山又高又硬，屹立在原野上，挡风阻路，阻挡向着它来的一切，然而，只要绕过了它，它什么也干不了。艮卦的特性是阻止和静止。

这一章，以艮卦为客卦，包括八个卦，它们的代号是 4:1、5:1、6:1、7:1、3:1、2:1、1:1 和 0:1。从主方角度看客卦，下爻当位，中爻和上爻不当位。

客卦

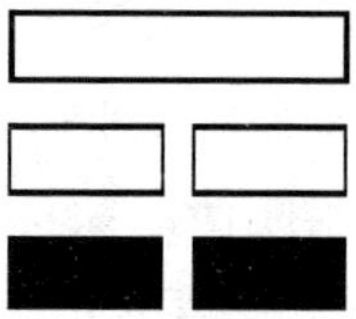

图 3-14-1　客卦是艮卦

客卦下爻当位表示客方消极被动是主方发展的机会，可能对主方有利，如果主方积极主动，就能够利用这机会取得利益。中爻不当位表示客方素质不佳，没有多少实际利益可以给主方，不过，这也表示客方实力薄弱，缺少对客方强硬态度的有力支撑。上爻不当位表示客方态度强硬，有可能制约主方，对主方发展不利，然而由于缺少良好素质支撑，对主方威胁并不严重。对于主方来说，客卦的爻，当位或者不当位，都是潜在因素，有可能潜在因素会成为真实因素，也可能只是潜在因素，决定于主方如何处理。

4:1 卦，颐（在周易中，第 27 卦）

颐卦展示在像“颐”的形势下各种变化的可能性。“颐”指面颊，腮。颐卦的代号是 4:1，表示主卦是震卦，卦象是雷，阳数是 4；客卦是艮卦，卦象是山，阳数是 1。春雷一声，唤醒沉睡大地，震撼之后，一切恢复平静，象征主方积极主动，实力薄弱，态度随和；山高大而静止不移，象征客方消极被动，实力薄弱，态度强硬。客方的消极被动给了主方积极发展的机会，客方像是耸立在原野上的高山，只要不触及客方利益，主方就可以在广阔原野上尽情发展，不过，主方也不能指望从客方得到什么，主方必须着力于“自求口实”。

结构和卦爻辞

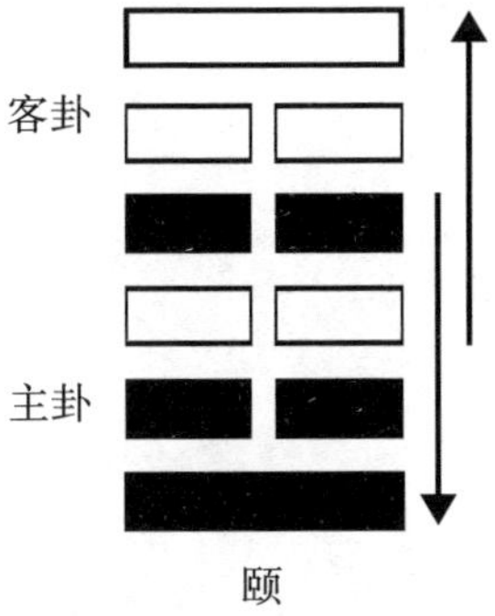

由颐，厉吉，利涉大川。
拂经，居贞吉，不可涉大川。
颠颐，吉。虎视眈眈，其欲逐逐，无咎。
拂颐，贞凶，十年勿用，无攸利。
颠颐，拂经于丘颐，征凶。
舍尔灵龟，观我朵颐，凶。
贞吉，观颐，自求口实。

图 3-14-2　颐卦的结构与卦爻辞

颐卦的结构和卦爻辞图中，有两个箭头。一个是从第四爻指向第一爻，第四爻代表客方的行动，阴，表示客方消极被动；第一爻代表主方的行动，阳，表示主方积极主动。这个箭头表示客方消极被动正好方便于主方的积极主动，是一种阴阳和谐状态，有利于主方发展，这两条爻都是黑色，表示当位，既当位又有应，是对主方有利因素。另一个箭头，从第三爻指向第六爻，这两条爻表示主方和客方态度也是阴阳和谐，但是，这两条爻是白色，表示不当位，不当位而有应，这种和谐对主方不利，这是对主方不利因素，表示态度随和的主方受态度强硬的客方制约。余下两条爻是主卦和客卦中爻，代表主方和客方素质，都是阴爻，表示双方素质都不佳。第二爻是黑色，表示主方素质不佳，有增强的需要，是潜在的对主方有利因素。第五爻是白色，表示客方素质不佳，难以让主方获益，是潜在的对主方不利因素。

主卦中两条当位的爻，标明了当前主方应当做的是发扬这两个当位的因素，以积极行动，大力寻求发展，增强素质。而对于客方的强硬态度，则可以置之不理，以柔克刚。

卦爻辞与卦的结构对应，卦辞对应卦名，爻辞对应爻，爻的顺序由下而上。如果忽略爻辞中的判断词，就可以比较清楚地看出六条爻辞是一首围绕“颐”这个主题展开的散文诗，可以译成下文：

丢舍下你的神灵的龟，观看着我的两朵腮帮子。
颠一颠腮帮子，用手绢拂拭（我的鼓得）像山丘一样的腮帮子。
拂拭（我的）腮帮子。
颠一颠（我的）腮帮子。（看你馋得）虎视眈眈，其欲逐逐。
用手绢拂拭（一下我的嘴，该停下来了）。
听从（客方的反映，鼓动我的）腮帮子。

下面逐条解说卦爻辞。

卦辞

贞吉，观颐，自求口实。

〔译文〕坚持下去吉利，观看腮帮子，自己寻求口中实惠。

〔解说〕这是4:1卦的卦辞。主方在积极行动，客方消极被动，这对主方有利，“贞吉”。主客双方的素质都不佳，主方不能指望从客方得到什么利益，只能依靠自己，让客方看着主方的腮帮子，主方自己寻求口中实惠。

爻辞

一阳，舍尔灵龟，观我朵颐，凶。

〔译文〕 丢弃你的算命用的龟，观看我鼓起的（两朵）腮帮子，有凶险。

〔解说〕 这是第一爻爻辞，阳，表示主方积极主动地谋取和扩大自己的利益，比如说，创新、创业、投资、进攻、求职、示爱，等等。“尔”，你，在这里指客方。灵龟，古时候龟占算命所用的龟。“我”，指主方。“朵”，一朵云。“朵颐”，指鼓起来的腮帮子。爻辞警告主方应当集中精力于自己的事务，不要让客方干涉，客方应当在原处寻求占卜，不要干涉主方。客方干涉对于主方来说，有凶险。这里的“凶”并不是主方积极行动有凶险，而是客方干涉可能带来凶险。

〔结构分析〕 第一爻位置是阳位。这条爻是阳爻，阳爻在阳位，当位，又与四阴有应。当位表明主方积极主动有可能有利于谋取利益，是潜在的对主方有利因素；有应表明客方消极被动，使得主方的积极主动不受阻挠，这潜在因素成了真实的对主方有利因素。然而，从全局看，客方态度强硬，有可能干扰主方的行动，所以爻辞警告主方说“凶”。

二阴，颠颐，拂经于丘颐，征凶。

〔译文〕 颠一颠腮帮子，用手绢拂拭鼓得像山丘一样的腮帮子，往前有凶险。

〔解说〕 这是第二爻爻辞，阴，表示主方素质不佳，比如说，资金缺乏、地位低下、实力薄弱、教育程度低，等等。“颠”，颠一颠。“拂”，拭，掸去：拂拭。“经”，织物的纵向纱线。“拂经”，相当于用手绢拂拭。主方素质不佳，积极努力改善素质，做得很多，像嘴中食物太多，堆积如山，在嘴中翻来覆去。嘴中咀嚼的食物太多，继续下去，有凶险。爻辞警告主方，吸取收益要适当，太贪婪有凶险。

〔结构分析〕 第二爻位置是阴位。这条爻是阴爻，阴爻在阴位，当位，然而与五阴不有应。当位表明主方素质不佳，需要从外界吸取补益，有可能对主方发展有利，是潜在的对主方有利因素；不有应表明客方素质也不佳，不可能让主方得到太多好处，这潜在因素没有能够成为真实的对主方有利因素，主方发展不可以过度，爻辞说“征凶”。

三阴，拂颐，贞凶，十年勿用，无攸利。

〔译文〕 拂拭腮帮子，坚持下去有凶险，十年不要这样做，没有一点好处。

〔解说〕这是第三爻爻辞，阴，表示主方态度随和。“拂”（fú），拭，掸去：拂拭。主方态度随和，积极行动取得一定收益以后就停止，“拂颐”。如果坚持下去，态度强硬，触犯客方利益，有凶险，“贞凶”。一定要态度谦让，永远不要太过分，“十年勿用”。太过分没有一点好处，“无攸利”。

〔结构分析〕第三爻位置是阳位。这条爻是阴爻，阴爻在阴位，不当位，然而与六阳有应。不当位表明主方态度随和，有可能受客方制约，是潜在的对主方不利因素；有应表明客方态度强硬，制约了主方，这潜在因素成了真实的对主方不利因素，所以爻辞说，“贞凶，十年勿用，无攸利”。

四阴，颠颐，吉。虎视眈眈，其欲逐逐，无咎。

〔译文〕颠一颠腮帮子，吉利，像老虎一样注视着，急于满足自己的欲望，无所怪罪。

〔解说〕这是第四爻爻辞，阴，表示客方消极被动，比如说，防守、退却、不想冒险、不想探索或开辟新的发展领域、只求保持现状，等等。“颠”，颠一颠。“眈眈”，注视的样子。“虎视眈眈”，像老虎那样凶狠地盯着，形容心怀不善，伺机攫取。“虎”，指客方。“其”指客方。“逐逐”，奔忙貌，匆忙貌。客方消极被动的行动大大方便了主方，主方积极主动，获得很多利益，“颠颐”。这对于主方很有利，“吉”。客方对主方发展“虎视眈眈，其欲逐逐”，对于主方来说，无所怪罪。

〔结构分析〕第四爻位置是阴位。这条爻是阴爻，阴爻在阴位，当位，又与一阳有应。当位表明客方消极被动，有可能让主方的积极主动不受阻碍，是潜在的对主方有利因素；有应表明主方积极主动，正好利用了客方消极被动的机会，这潜在因素成了真实的对主方有利因素，所以，爻辞说“吉”。然而，从全局看，由于客方态度强硬，主方需要保持警惕。如果主方保持警惕，看到客方正“虎视眈眈，其欲逐逐”，主方就不应当受到怪罪，“无咎”。

五阴，拂经，居贞吉，不可涉大川。

〔译文〕拂拭手绢，安居不动，坚持下去吉利，不可以涉越大江大河。

〔解说〕这是第五爻爻辞，阴，表示客方素质不佳，比如说，资金缺乏、地位低下、实力薄弱、教育程度低，等等。“拂经”（fú jīng），拂拭织物的经纱，相当于用手绢拂拭。“居”（jū），居住、安居、居心叵测。尽管客方素质不佳，然而态度强硬，主方应当适可而止，安心坚持现状，这样就吉利。不可以急躁冒进，不可以追求从客方获得太多利益。

〔结构分析〕第五爻位置是阳位。这条爻是阴爻，阴爻在阳位，不当位，和二阴不有应。不当位表明客方素质不佳，主方可能难以从客方获益，是潜在的对主方不利因素；不有应表明主方素质也不佳，主方需要从客方获益，不存在对主方有利因素，所以爻辞说“居贞吉，不可涉大川”。

六阳，由颐，厉吉，利涉大川。

〔译文〕听从（客方的）腮帮子，严厉而吉利，利于涉越大江大河。

〔解说〕这是第六爻爻辞，阳，表示客方态度强硬。“由”（yóu），听任，顺随，听从，归属。“厉”（lì）严肃：雷厉风行。主方为了自己的利益，面对态度强硬的客方，应当听从客方，“由颐”。客方的强硬态度对于主方来说是个困难，但是，主方对客方随和，情况是吉利的。主方应当坚定地探索和发展，“利涉大川”。

〔结构分析〕第六爻位置是阴位。这条爻是阳爻，阳爻在阴位，不当位，并且与三阴有应。不当位表明客方的强硬态度有可能使主方受到制约，是潜在的对主方不利因素；有应表明主方态度随和，接受客方制约，这潜在因素成了真实的对主方不利因素。由于受制约，所以爻辞说“厉”。因为处于阴阳和谐状态，主方应当以柔克刚，在受到制约情况下，适当发展，爻辞说“厉吉，利涉大川”。

5:1 卦，贲（在周易中，第 22 卦）

贲卦展示“贲”的形势下各种变化的可能性。“贲”的意思是装饰得很好。贲卦的代号是 5:1，表示主卦是离卦，卦象是火，阳数是 5；客卦是艮卦，卦象是山，阳数是 1。主卦和客卦中爻和上爻都是相同，表明双方素质都不佳，态度都强硬；主卦下爻阳，客卦下爻阴，主方利用客方消极被动之机积极发展。主方应当避免冲突，把自己的不佳素质和强硬态度掩饰得很好，表现出对客方的善意。

结构和卦爻辞

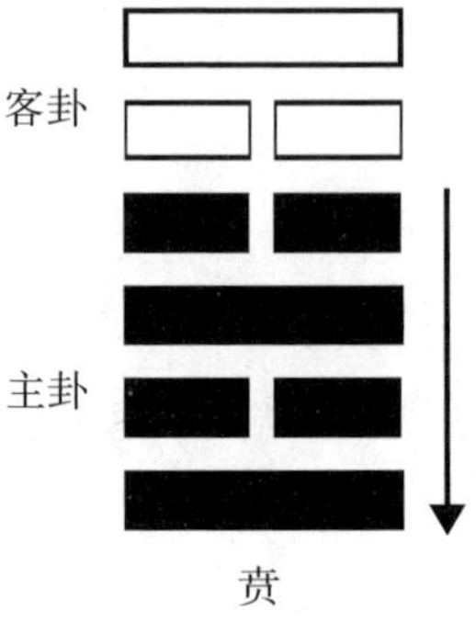

白贲，无咎。

贲于丘园，束帛戋戋;吝，终吉。

贲如，皤如，白马翰如;匪寇，婚媾。

贲如，濡如，永贞吉。

贲其须。

贲其趾，舍车而徒。

亨，小利有攸往。

图 3-14-3　贲卦的结构与卦爻辞

贲卦的结构与卦爻辞图的六条爻中，有四条爻当位，以黑色表示；不当位的爻只有两条，以白色表示。四条当位的爻中，有三条在主卦中，主卦的爻全部当位，这就是说，主方各个要素没有对主方不利的，主方都应当坚持下去，坚持积极主动，坚持低姿态，多看自己的不足之处，并且坚持强硬态度。那一个箭头，从第四爻指向第一爻，表明主方的积极行动既当位又有应，是对主方有利要素，主方一定要继续采取积极主动。再比较客卦与主卦，二者的唯一差别就在下爻，中爻和上爻完全相同，就是说。主客双方实力都不强，实力相当，所以要避免对抗。对抗只能是两败俱伤。不对抗，然而有矛盾。如何解决矛盾呢？首先，第五爻不当位，表明客方的不佳素质有可能使主方受损失，而第二爻也是阴爻，主方素质也不佳，没有什么可以损失的，这只是潜在的对主方不利因素，而不是真实的对主方不利因素。然而从全局看，为了化解主客双方矛盾，主方应当阴中有阳，尽力而为，做出一些对客方善意的表示，让客方得到一些实惠。再看第六爻，也是不当位的爻，表明客方态度强硬，想要制约主方，而第三爻也是阳爻，主方态度也强硬，这样，双方可能有冲突，为了避免冲突，化解矛盾，主方应当阳中有阴，对客方表现出善意，态度随和一些。这就是说，主方应当把自己的不佳素质和强硬态度少许藏匿一些，装饰一下自己，表现出对客方的善意。卦名“贲”就是这个意思。

如果从爻辞中删去判断词，实际上六条爻辞就是一首围绕主题“贲”的散文诗:

装饰脚趾，弃车而步行。

装饰须发。

装饰得很洁净，如同水洗过一样。

装饰成一片雪白，匹匹白马；不是来抢劫，而是来求婚。

装饰了整个山丘庄园，再送上一戋戋布帛。

白装饰了。

尽管主方费尽心机讨好客方，还是难改客方强硬的态度。因为客方态度决定于客方自己，主方只能尽力而为。

下面逐条说明卦爻辞。

卦辞

亨，小利有攸往。

〔译文〕 顺利，往前走有一些利益。

〔解说〕 这是5:1卦卦辞，意思是：顺利，少许有利于前进。主方积极主动地谋求自己的利益，客方消极被动，是主方发展的好机会，“亨”；然而，主方和客方素质都不佳，而且，双方态度都强硬，可能会有冲突，所以，只能是“小利有攸往”。

爻辞

一阳，贲其趾，舍车而徒。

〔译文〕 装饰了脚趾，丢弃车辆而步行。

〔解说〕 这是第一爻爻辞，代表主方的行动，阳，表示主方积极主动谋取和扩大自己的利益。比如说，创新、创业、投资、进攻、求职、示爱，等等。“其”，指主方自己。为了谋求利益，为了表达对客方的尊敬，主方装饰了自己的脚，“舍车而徒”，丢弃车辆而步行。爻辞并没有说对主方是有利还是不利。

〔结构分析〕 第一爻位置是阳位。这条爻是阳爻，阳爻在阳位，当位，又与四阴有应。当位表明主方的积极主动可能有利于主方发展，是潜在的对主方有利因素；有应表明客方消极被动，是主方积极主动寻求发展的好机会，主方应当坚持积极主动。爻辞中为了向客方表示善意，“舍车”，仍然是在前进，“而徒”。

二阴，贲其须。

〔译文〕装饰他的须发。

〔解说〕这是第二爻爻辞，阴，表示主方素质不佳。比如说，资金缺乏、地位低下、实力薄弱、教育程度低，等等。为了掩饰不佳素质，主方装饰了须发。爻辞没有说对于主方是有利或者是不利。

〔结构分析〕第二爻位置是阴位。这条爻是阴爻，阴爻在阴位，当位，然而与五阴不有应；当位表明主方素质不佳，存在着谋取利益的需要，并且，没有什么可以损失，是潜在的对主方有利因素；不有应表明客方素质也不佳，主方不可能从客方获益，这潜在因素没有成为真实的对主方有利因素。为了主方发展，为了化解与客方的矛盾，主方应当阴中有阳，尽力而为地给客方一些实惠，把自己的不佳素质装饰一下，“贲其须”。

三阳，贲如，濡如，永贞吉。

〔译文〕像是装饰了，像是沾湿了，永远坚持下去吉利。

〔解说〕这是第三爻爻辞，阳，表示主方态度强硬。“濡”（rú），沾湿，润泽。为了向客方显示善意，主方把自己装饰一新，像是刚刚洗涤过一样，掩饰了强硬态度。如果主方态度改变得灵活些，柔和些，对主方有利，爻辞说，“永贞吉。”“吉”的前提是“永贞”，是永远保持灵活柔和的态度，不是装饰一时，而是永远坚持改善了的态度。

〔结构分析〕第三爻位置是阳位。这条爻是阳爻，阳爻在阳位，当位，然而与六阳不有应。当位表明主方的强硬态度有可能制约客方，从而按主方的意图行事，是潜在的对主方有利因素；不有应表明客方态度也强硬，这潜在因素没有成为真实的对主方有利因素。相反，为了化解矛盾，主方应当阳中有阴，把强硬的态度彻底地藏匿起来，“贲如，濡如”，这样有利于主方发展，所以爻辞说“永贞吉”。

四阴，贲如，皤如，白马翰如；匪寇，婚媾。

〔译文〕都装饰了，装饰成白色，装饰成白马；不是强盗，是来求婚的。

〔解说〕这是第四爻爻辞，代表客方的行动，阴，表示客方消极被动。“皤”（pó），形容白色：白发皤然。“翰”（hàn），白马：乘翰，乘白马。由于客方消极被动，对主方表示出的善意不理不睬，主方为了谋取利益，更进一步地粉饰自己，不仅自己完全装饰了，而且，把马也装饰成白马，竭力向客方显示，不是来抢劫的土匪，而是来求婚。

〔结构分析〕第四爻位置是阴位。这条爻是阴爻，阴爻在阴位，当位，又与一阳有应。当位表明客方消极被动，是主方发展的好机会，是潜在的对主方有利因素；有应表明主方积极主动，正好可以利用这样的机会，这潜在因素成了真实的对主方有利因素。爻辞没有判断词。

五阴，贲于丘园，束帛戋戋；吝，终吉。

〔译文〕装饰了乡村，馈赠了一束丝帛，有些舍不得，最终吉利。

〔解说〕这是第五爻爻辞，阴，表示客方素质不佳，比如说，资金缺乏、地位低下、实力薄弱、教育程度低，等等。“丘园”，家园，乡村。“束”（shù）捆住，系：束缚。“帛”（bó）丝织品的总称：布帛。“束帛”，捆为一束的五匹帛，古代用为聘问、馈赠的礼物。“吝”（lìn），过分爱惜：舍不得，吝啬。主方本身素质也不佳，拿出这样的厚礼给客方，有些舍不得。由于客方素质不佳，需要主方实实在在给予的利益，当有了“束帛戋戋”以后，对于主方来说，情况有所好转，“终吉。”

〔结构分析〕第五爻位置是阳位。这条爻是阴爻，阴爻在阳位，不当位，和二阴不有应。不当位表明客方的不佳素质有可能让主方受到损失，这是潜在的对主方不利因素，所以爻辞说“吝”；不有应表明主方素质也不佳，难以给予客方太多好处。然而，从策略需要，主方是阴中有阳，仍然给予了客方“束帛戋戋”，这样做最终对主方有利，“终吉”。

六阳，白贲，无咎。

〔译文〕白装饰了，无所怪罪。

〔解说〕这是第六爻爻辞，阳，表示客方态度强硬。毕竟客方态度强硬决定于客方自己，主方用各种装饰表示善意，都没有用。主方这么做是为了自己的利益，无所怪罪。白，没有成就的，没有效果的：白忙，白说。

〔结构分析〕 第六爻位置是阴位。这条爻是阳爻，阳爻在阴位，不当位，和三阳不有应。不当位表明客方的强硬态度有可能制约主方，是潜在的对主方不利因素；不有应表明主方态度也强硬，不受客方制约，这潜在因素没有成为真实的对主方不利因素。主方不需要改变强硬态度，只是要注意阳中有阴，不要强硬过度，爻辞说，“无咎”。

6:1 卦，损（在周易中，第 41 卦）

损卦展示“损”的形势下各种变化的可能性。损卦的代号是 6:1，表示主卦是兑卦，卦象是泽，阳数是 6；客卦是艮卦，卦象是山，阳数是 1。主卦和客卦的阳数比是 6 比 1，主方占绝对优势，然而客方态度强硬，主方应恰当地以自己的损失为诱饵，从双方关系获取更多利益。

结构和卦爻辞

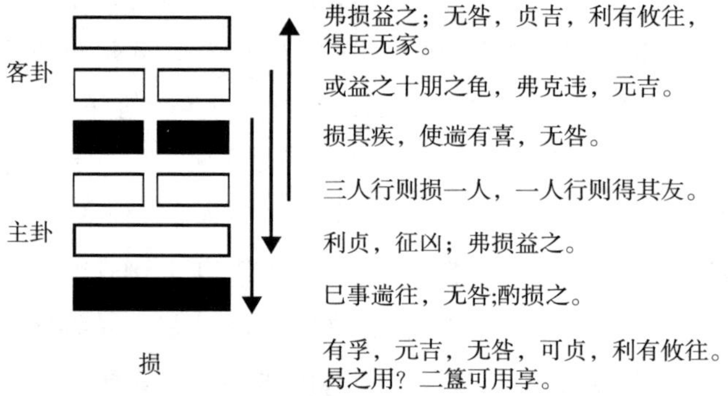

图 3-14-4　损卦的结构与卦爻辞

损卦的结构和卦爻辞的图中有三个箭头，表示主客之间存在三种和谐关系。第一个箭头，从第四爻指向第一爻，表示行动方面的和谐关系，这两条爻都当位，既当位又有应，是对主方有利因素，主方可以利用客方消极被动的机会，积极主动地大力扩张自己的利益。第二个箭头从第五爻指向第二爻，这两条爻都不当位，不当位而又有应，是对主方不利因素，表明，主方可能遭受损失。如果换一种思维，主方是否能够以自己的暂时损失换取更多利益呢？因为存在前一个有利因素，主方可以做到如此，也就是说，以自己的损失为诱饵，从双方关系获取更多利益，这恰恰是此卦的主题思想。第三个箭头从第三爻指向第六爻，表示在态度方面存在主客之间的和谐，这两条爻都不当位，既不当位而又有应，是对主方不利因素，是主方受到客方制约。而换一个角度考虑，主方可以以柔克刚，加之以利为诱，主方有可能获得更多利益。

卦爻辞进一步说明损卦的主题。“损”在爻辞中都是用作动词，而且，其后都有“之”或“其”，可见，“损”的意思是损伤客方，而不是损伤自己。然而，损伤客方必须适当，“酌损之”，并且要适时，“损其疾”，甚至，不损伤客方，反而给客方利益，“弗损益之”，甚至，给予很多利益，“或益之十朋之龟”。也要注意不要让第三方干扰主客双方关系，“三人行则损一人”。如果从爻辞中删去判断词，再省略爻的代号，六条爻辞就是一首完整的围绕主题“损”的散文诗：

快去对付他们，适当地让他们受些损失。
不要再让他们受损失，给他们一些好处。
三人同行则有一人受损，一人行则得到朋友。
趁他们有麻烦的时候，让他们受些损失，越快越好。
有时可以馈赠他们极昂贵的灵龟，让他们难以推脱。
不要再让他们受损失，给他们一些好处，让他们放弃自己的家乡前来臣服。

卦辞避开谈对客方造成损失，而是强调给予客方的利益要适当，关键是真诚，“有孚，元吉”。卦辞说“二簋可用享”，向祖先献上最简单的享祀，就能够得到祖先的佑护，用祭祀祖先比喻以适当奉献获取客方帮助。下面逐条说明卦爻辞。

卦辞

有孚，元吉，无咎，可贞，利有攸往。曷之用？二簋可用享。

〔译文〕有了信任，非常吉利，无所怪罪，可以坚持下去，有利于有所往前发展。怎么作享祀？用二簋食物即可作享祀。

〔解说〕这是损卦的卦辞，综合说明当前形势。“孚”是信用，是为人所信赖的意思，“深孚众望”。在双方关系中，可以理解为谨慎处理客方关系。损卦有二个爻当位，有四个爻不当位，卦辞说“有孚”，强调谨慎对待客方。六个爻全部有应，总的形势有利，卦辞说“元吉”。如果谨慎对待，则无可怪罪，“无咎”。主方实力强大，可以坚持下去，“可贞”，主强客弱，“利有攸往”。言外之意，如果不谨慎对待，则不一定“利有攸往”。“曷”(hé)，古代疑问词，怎么，何时。“簋”(guǐ)，古代盛食物的器具，圆口，两耳。“享”，享受，享用。这里指享祀，享祀之礼。享祀之礼，最多的用八簋，一般的用四簋，最少的用二簋。“曷之用？二簋可用享”意思是，怎么作享祀？用二簋食物即可作享祀。结合双方关系解释，作享祀的是主方，享受祀祭的是客方。“曷之用？二簋可用享”是卦名“损”的真正含义。也就是说，在谨慎对待客方的时候，“利有攸往”，如何往呢？可以恰当地“诱之以利”。

爻辞

一阳，巳事遄往，无咎；酌损之。

〔译文〕上午9点到11点的事情，迅速去办，无所怪罪；酌情给客方造成损失。

〔解说〕这是损卦第一爻爻辞。第一爻是主卦下爻，代表主方的行动，阳，表示主方积极主动地谋取和扩大自己的利益，比如说，创新、创业、投资、进攻、求职、示爱，等等。第一爻位置是阳位，阳爻在阳位，当位；同时，它与第四爻有应，既当位又有应，是有利因素。但是，从总体上看，爻辞更强调策略。“巳”(sì)，地支的第六位。巳时，指上午9点到11点。“遄”(chuán)，快，迅速。“巳事遄往”，上午9点到11点的事情，迅速去办。“酌”，斟酌，估量，酌情办理。“之”，指示代词，“这”、“那”。“损之”是给客方造成损失。“酌损之”是说酌情给客方造成损失。

〔结构分析〕第一爻位置是阳位。这条爻是阳爻，阳爻在阳位，当位，又与四阴有应。当位表明主方积极主动，有可能从双方关系获益，是潜在的对主方有利因素；有应表明客方消极被动，给了主方积极主动谋利的机会，这潜在因素成了真实的对主方有利因素，所以爻辞说“酌损之”。这里强调“酌”，是从全局考虑。

二阳，利贞，征凶；弗损益之。

〔译文〕利于坚持下去，征伐有凶险；不要损伤他，给他以利益。

〔解说〕这是损卦第二爻爻辞。第二爻是主卦中爻，代表主方素质，阳，表示主方素质良好，比如说，主方有资金、有地位、有权力、有实力、有技术，等等。主方应当慎重使用力量，以免被客方利用，应当保持当前有利状态，“利贞”。盲目行动有风险，“征凶”。为了能够给客方造成损失，主方应当设法给客方以利诱，“弗损益之”。

〔结构分析〕第二爻位置是阴位。这条爻是阳爻，阳爻在阴位，不当位，并且与五阴有应。不当位表明主方的良好素质有可能遭受损失，是潜在的对主方不利因素；有应表明客方素质不佳，希望从主方获益，这潜在因素成了真实的对主方不利因素，爻辞说“利贞，征凶”。换一个角度思维，为了最终从客方获益，主方可以用自己的良好素质作诱饵，制服客方，所以，爻辞又说“弗损益之”。

三阴，三人行则损一人，一人行则得其友。

〔译文〕三人同行则损失一人，一人独行则得到朋友。

〔解说〕这是损卦第三爻爻辞。第三爻是主卦上爻，代表主方态度，阴，表示主方态度随和。“三人行”指除了主客双方以外，再有第三方卷入当前关系，这样的话，有一方将受到损害，对于主方是不利的。如果主方态度强硬，就有可能与态度强硬的客方冲突，导致第三者插入，这对双方都不利。如果主方保持随和态度，则可能与客方和谐相处，得到客方做朋友。主方应当保持随和的态度。

〔结构分析〕第三爻位置是阳位。这条爻是阴爻，阴爻在阳位，不当位，并且与六阳有应。不当位表明主方态度随和，有可能受客方制约，是潜在的对主方不利因素；有应表明客方态度强硬，可能制约主方，这潜在因素成了真实的对主方不利因素。从全局看，尽管存在这样的不利因素，主方应当保持与客方的和谐关系，这样有助于主方获得更多利益，所以爻辞说，“一人行则得其友”。

四阴，损其疾，使遄有喜，无咎。

〔译文〕损伤那个正有病的人，快速行动，将有喜讯，无所怪罪。

〔解说〕这是损卦第四爻爻辞。第四爻是客卦下爻，代表客方的行动，阴，表示客方被动。“疾”，病，身体不舒适。“使”，派遣，差遣，支使。“遄”，快，迅速。趁客方消极被动，使客方受到损失，“损其疾”。抓住机遇，迅速行动，会有收获，“使遄有喜”。如果这么做，就对了，“无咎”。

〔结构分析〕第四爻位置是阴位。这条爻是阴爻，阴爻在阴位，当位，又与一阳有应。当位表明，客方消极被动有可能是主方发展的机遇，是潜在的对主方有利因素；有应表明主方积极主动，正好可以利用客方的消极被动获取利益，这潜在因素成了真实的对主方有利因素，主方利用客方消极被动的机会是应当的，所以爻辞说“无咎”。

五阴，或益之十朋之龟，弗克违，元吉。

〔译文〕或者给予他很多利益，以致他不能推脱，这非常吉利。

〔解说〕这是损卦第五爻爻辞。第五爻是客卦中爻，代表客方素质，阴，表示客方素质不佳，比如说，资金缺乏、地位低下、实力薄弱、教育程度低，等等。“或”，连词，表示选择关系，或多或少。“朋”，古时货币。“龟”，古时用龟于占卜。“十朋之龟”表示非常珍贵的礼物。“违”，背离，不依从；违背，违约，阳奉阴违。主方素质良好，可以给予客方一些利益，引诱客方，这样对主方非常吉利。

〔结构分析〕第五爻位置是阳位。这条爻是阴爻，阴爻在阳位，不当位，并且与二阳有应。不当位表明客方素质不佳，有可能向主方索取利益，是潜在的对主方不利因素；有应表明主方素质良好，正好可以满足客方需要，这潜在因素成了真实的对主方不利因素。然而，从总体看，主方正可以依靠自己实力上的优势，给予客方足够实惠，以从客方谋取更多利益，所以爻辞说，“元吉”。

六阳，弗损益之；无咎，贞吉，利有攸往，得臣无家。

〔译文〕不要损伤，以利益引诱；无所怪罪，坚持下去吉利，利于有所前进，客方降服为臣，放弃原来立场。

〔解说〕这是损卦第六爻爻辞。第六爻是客卦上爻，代表客方态度，阳，表示客方态度强硬。客方虽然素质不佳，但是态度强硬，而主方态度随和，阴阳有应，在这种情况下，应当不损伤客方而以利诱之，“弗损益之”、“无咎”。坚持下去吉利，“贞吉”。这有利于主方向前推进，“利有攸往”。“得臣”，客方降服为臣。“无家”，放弃原来立场。结果，客方降服而放弃原来立场，“得臣无家”。

〔结构分析〕第六爻位置是阴位。这条爻是阳爻，阳爻在阴位，不当位，并且与三阴有应。不当位表明客方态度强硬，有可能制约主方，是潜在的对主方不利因素；有应表明主方态度随和，正好受到客方制约，这潜在因素成了真实的对主方不利因素。尽管存在这种不利因素，从全局看，如果主方保持随和态度，与客方维持和谐关系，最后，客方有可能摒弃原来立场，臣服于主方，这样，主方最终获得更多利益。客方立场的改变取决于客方自己，主方不能强求，但是，主方对客方所做的各项优惠措施，将促使客方转化，事物自身总是遵循螺旋形变化规律，客方自己也会变化的，从艮卦变成坤卦，顺从主方，当然，主方必须有耐心，谋求“元吉”发生。

7:1 卦，大畜（在周易中，第 26 卦）

大畜卦展示在“大畜”形势下各种变化的可能性。大畜卦的代号是 7:1，主卦是乾卦，卦象是天，阳数是 7；客卦是艮卦，卦象是山，阳数是 1。主卦和客卦的阳数比是 7:1。主方应当把客方像动物畜养起来，驯服它，但不是消灭它。

结构和卦爻辞

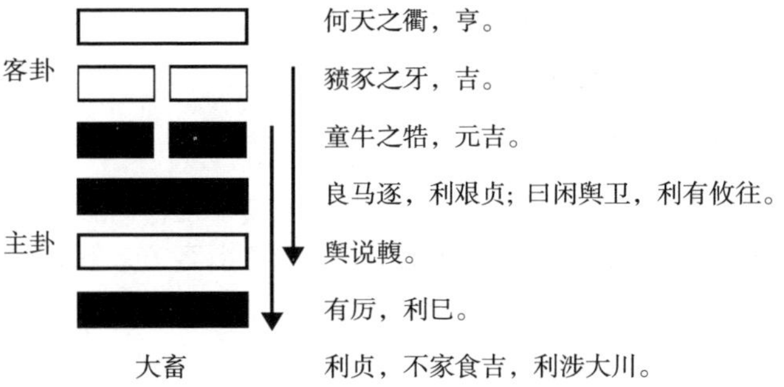

图 3-14-5　大畜卦的结构与卦爻辞

大畜卦的结构和卦爻辞图中有两个箭头。第一个箭头从第四爻指向第一爻，这两条爻都是当位的爻，黑色，既当位又有应，是对主方有利因素，表明客方消极被动正好是主方积极主动谋取发展的好机会。第二个箭头从第五爻指向第二爻，这两条爻都是不当位的爻，白色，有应而不当位，是对主方不利因素，这个不利因素是指主方利益可以受到客方伤害，然而，由于第一个有利因素，主方积极主动地开拓发展，实力雄厚，可以依靠实力，给予客方一些实惠，从而达到更有利于主方的效果，而客方的消极被动和不佳素质，正是主方达到这种效果的机会。所以，这两个因素结合在一起看，这两对爻列出了一幅对主方非常有利的图景。

至于第三对爻，第三爻和第六爻，都是阳爻，都表示态度强硬，双方处于矛盾之中。主方态度强硬是实力雄厚的表现，是应当坚持的，是潜在的对主方有利因素，主方有可能制约客方。客方的强硬是脆弱的表现，没有强力素质支撑，虽然是潜在的对主方不利因素，然而，主方完全可以压倒客方，直接消灭客方。可是，由于实力差别极端悬殊，主方有很多途径可以尽量避免损失，达到最佳效果。

主卦的三条爻辞中，“利已”、“舆说輹”和“良马逐”，指主方应当积蓄力量，不要急于采取进攻性行动。客卦的三条爻辞指出对客方进行制约，设定“童牛之牿”和“豮豕之牙”，这有利于主方达到“何天之衢”。卦爻辞中，三次提到“吉”，没有“凶”，这表明，由于主强客弱的巨大差别，当前的情况有利于主方。二个“吉”出现在客卦的爻辞中，表明，吉利来自对客方的制约。如果删去判断词，就可以看出爻辞以散文诗的形式描述了这种策略：

晚些时候行动，
卸去车下的横木，
让良马相互追逐，让兵卫好好休闲。
（看那）小牛的头上绑着一根横木，
（看那）阉割了的猪的牙，
向天堂的道路啊，四通八达。

卦辞中有“不家食吉”、“家”指主方，“不家”指客方。下面逐条说明卦爻辞。

卦辞
利贞，不家食吉，利涉大川。

〔译文〕利于坚持下去，不食用家里的粮食吉利，利于涉越大江大河。

〔解说〕这是大畜卦卦辞，综合说明主客双方关系。当前形势有利于主方保持现状，“利贞”。“贞”是坚持下去的意思，但不一定有利于改变现状。“不家食吉”，意思是不吃家里的食物，就吉利；“家”指主方，“不家”指客方，也就是说，吃客方的吉利。客方态度强硬，顽强抵抗主方的行动，主方应当不消耗自己的实力，而用客方资源。“利涉大川”，在“不家食”的条件下“涉大川”是有利的。到底“涉大川”是什么意思？就主客双方关系而言，在不消耗主方实力的情况下，“涉大川”

就是多方面突破。“涉大川”不是指冒险行动，而是指不消耗实力地推进当前有利形势。

爻辞

一阳，有厉，利巳。

〔译文〕 有困难，利于晚行动。

〔解说〕 这是大畜卦第一爻爻辞。第一爻是主卦下爻，代表主方的行动，阳，表示主方积极主动地谋取和扩大自己的利益，比如说，创新、创业、投资、进攻、求职、示爱，等等。“厉”，凶猛，厉害；这老虎很厉害。“巳”，地支的第六位；巳时，指上午的9点到11点。爻辞告诉主方尽管客方素质不佳，但是如果主方进攻，可能遇到很厉害的抵抗，“有厉”。爻辞又告诉主方，应当谨慎，应当晚行动，“利巳”。

〔结构分析〕 第一爻位置是阳位。这条爻是阳爻，阳爻在阳位，当位。第一爻和第四爻有应。当位表明主方积极主动有可能创造更多利益，是潜在的对主方有利因素；有应表明客方消极被动，是主方积极主动谋取利益的好机会，这潜在因素成了真实的对主方有利因素，主方应当保持积极主动。然而，从全局考虑，由于客方态度强硬，为了避免损失，主方应当晚些行动，所以爻辞说，“利巳”。

二阳，舆说輹。

〔译文〕 把车下横木卸下来。

〔解说〕 这是大畜卦第二爻爻辞，阳，表示主方素质良好，比如说，主方有资金、有地位、有权力、有实力、有技术，等等。“舆”（yú），车中装载东西的地方。“輹”（fù），车下横木，装上轮子车可以运行。“说”是脱开的意思。这里，“舆”中装载的东西是指主方的军力、财力、物力或身体的力量，“舆说輹”，把主方良好素质积蓄起来，不要施用。

〔结构分析〕 第二爻位置是阴位。这条爻是阳爻，阳爻在阴位，不当位，与五阴有应。不当位表明主方的良好素质有可能遭受损失，是潜在的对主方不利因素；有应表明客方素质不佳，需要从主方获得利益，这潜在因素成了真实的对主方不利因素。由于存在这种不利因素，主方应当避免损失，不要轻易施用自己的良好素质，所以爻辞说，“舆说輹”。

三阳，良马逐，利艰贞；曰闲舆卫，利有攸往。

〔译文〕良马相互追逐，利于艰苦地坚持下去；让兵卫休闲，利于有所前进。

〔解说〕这是大畜卦第三爻爻辞，代表主方态度，阳，表示主方态度强硬。“逐”（zhú），追赶：逐鹿。“舆卫”，车舆与卫士，泛指兵卫。爻辞建议主方积蓄力量，不要施用自己的良好素质，让良马松开而相互追逐，让兵卫休闲。如果做到如此，就可以避免在客方的顽强抵抗中遭受损失，而能够有所前进，“利有攸往”。

〔结构分析〕第三爻位置是阳位。这条爻是阳爻，阳爻在阳位，当位，然而与六阳不有应。当位表明主方的强硬态度有可能制约客方，是潜在的对主方有利因素；不有应表明客方态度也强硬，不受主方制约，这潜在因素没有成为真实的对主方有利因素。由于不存在这种有利因素，所以爻辞说“利艰贞”，在“曰闲舆卫”的情况下，“利有攸往”。

四阴，童牛之牿，元吉。

〔译文〕小牛头上的横木，很吉利。

〔解说〕这是大畜卦第四爻爻辞。第四爻是客卦下爻，代表客方的行动，阴，表示客方的行动是被动防守。“童牛”是指幼小的牛。童牛还没有长角，不能够用角顶人，对人没有威胁。爻辞用童牛比喻客方，说明客方的被动行动对主方没有威胁。尽管客方的被动状态不威胁主方，主方也提前防范其威胁。“牿”（gù）是绑在牛角上使牛不得顶人的横木。在童牛头上绑上横木，不仅童牛现在不能顶人，即使以后，角长出来了也不能顶人，这么做就对主方非常有利。所以，爻辞说“童牛之牿，元吉”。

〔结构分析〕第四爻位置是阴位。阴爻在阴位，当位，是潜在的对主方有利因素。这条爻又与第一爻是一阴一阳，有应，这潜在因素成了真实的对主方有利因素，所以爻辞说，“元吉”。

五阴，豮豕之牙，吉。

〔译文〕 阉割了的猪的牙，吉利。

〔解说〕 这是大畜卦第五爻爻辞。第五爻是客卦中爻，代表客方素质，阴爻，表示客方素质不佳，比如说，资金缺乏、地位低下、实力薄弱、教育程度低，等等。“豮”（fén），阉割猪。“豕”（shǐ），猪。“豮豕”比喻客方，客方很虚弱，就好比被阉割了的猪。客方的力量就好比被阉割了的猪的牙齿。而对比之下，主方素质良好。显然，客方的豮豕之牙伤害不了主方，但是，尽管那豮豕之牙伤害不了主方，主方仍然防备它，形势对主方有利，所以，爻辞说“吉”。

〔结构分析〕 第五爻位置是阳位。这条爻是阴爻，阴爻在阳位，不当位，与二阳有应。不当位表明客方素质不佳需要从主方获得弥补；有应表明主方的良好素质正好可以弥补客方的不足，那潜在不利因素成了真实的对主方不利因素。然而从总体上考虑，客方需要主方弥补其不足，是对主方的依赖，主方可以依靠自己的良好素质，制服客方，例如用经济手段向客方施压，所以爻辞说“吉”。

六阳，何天之衢，亨。

〔译文〕 向天堂的道路四通八达，顺利。

〔解说〕 这是大畜卦第六爻爻辞，它表示客方强硬态度。“何”，感叹词。“衢”（qú），四通八达的道路。“亨”，通达，顺利；如，万事亨通。爻辞直接向主方指出：向天堂的道路四通八达，道路何其多啊，事物进展顺利。言外之意，硬拼并不是通向天堂的唯一捷径，可以对客方的强硬态度置之不理。

〔结构分析〕 第六爻位置是阴位。这条爻是阳爻，阳爻在阴位，不当位，和三阳不有应。不当位表明客方的强硬态度可能制约主方，是潜在的对主方不利因素；不有应表明主方态度也强硬，这潜在因素没有成为真实的对主方不利因素。在态度方面，主客双方处于矛盾之中。第六爻是对第五爻的补充，第六爻阳，第五爻阴，表示客方仅仅有很微小的实力，这种强硬态度是外强中干的表现；另一方面，第三爻是对第二爻的补充，这两条爻都是阳，表明主方实力非常强大，主方的强硬态度是实力非常强大的表现。相比之下，客方的强硬态度很脆弱，主方可以用多种不同的方法制服客方，所以爻辞说“亨”。

3:1 卦，蛊（在周易中，第 18 卦）

蛊卦展示“蛊”的形势下各种变化的可能性，“蛊”的意思是蛊惑。蛊卦代号是 3:1。主卦是巽卦，卦象是风，阳数是 3；客卦是艮卦，卦象是山，阳数是 1。主方应当保存实力，避免受客方蛊惑。

结构和卦爻辞

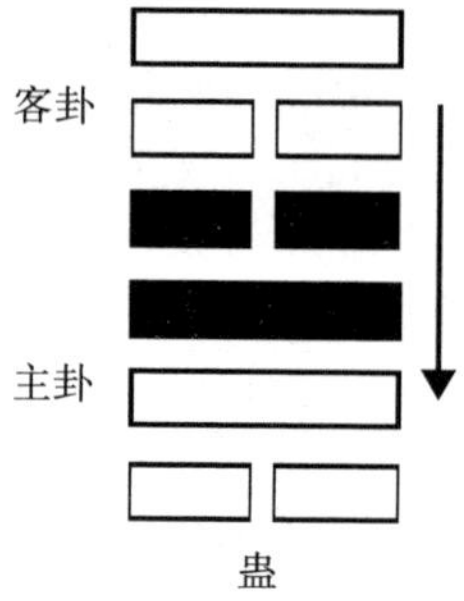

不事王侯，高尚其事。
干父之蛊，用誉。
裕父之蛊，往见吝。
干父之蛊，小有悔，无大咎。
干母之蛊，不可贞。
干父之蛊，有子考，无咎，厉终吉。
元亨，利涉大川；先甲三日，后甲三日。

图 3-14-6　蛊卦的结构与卦爻辞

在蛊卦中，主卦与客卦下爻都是阴爻，双方都消极被动，处于矛盾之中。主卦下爻不当位，以白色表示，阴爻在阳位，是潜在的对主方不利因素。主卦与客卦上爻都是阳爻，双方态度都强硬，双方有冲突。主卦上爻是阳爻在阳位，当位，是潜在的对主方有利因素，但是，由于客方态度也强硬，这潜在因素并没有成为真实的对主方有利因素。主卦与客卦中爻是唯一的一对有应的爻，图中有一个箭头从第五爻指向第二爻，表示客方素质不佳，正好可以从主方的良好素质吸取补益，这种和谐关系对主方并不有利。总的来看，在当前形势下，主方没有什么可以做的事，如果强力扭转被动为主动，这当然对主方有好处，但是，巽卦表示主方已经从乾卦衰变到巽卦，已经发生了从上升到衰落的质变，要恢复积极主动，很不容易。所以，比较现实的做法是保存实力，避免客方干扰，也就是避免那个箭头所表示的和谐关系中蒙受更多损失。卦名为“蛊”，主方需要避免受客方的蛊惑。

卦辞与爻辞是一个整体，结合卦辞中的“先甲三日，后甲三日”，就比较容易理解爻辞中的五个“蛊”。“先”指往前，“后”指后退，“甲”指第一。“先甲三日，后甲三日”指往前开始了前进三天，再往后开始后退三天，反复探索。“蛊”，指“蛊惑”，指难于处理，需要反复探索的麻烦事。爻辞中三次提到“干父之蛊”，一次提到“干母之蛊”，表明其中有父母和子女的关系。客方态度强硬，像座高山，可以理解为父母；主方态度随和，可以理解为子女。主方受到客方蛊惑，尽管为客方做了各种各样的事，甚至让客方生活得更充裕，都没有用。主方应当不受客方蛊惑，不为客方做事，“不事王侯”，这样才能维护自己的利益。

如果删去爻辞中的判断词，再略去爻的代号，可以看出六条爻辞是一首围绕主题“蛊”的完整的散文诗。

干被父亲蛊惑的（业务上的）事，如同儿子对待死去的父亲，
干被母亲蛊惑的（家务中的）事，
干被父亲蛊惑的（业务上的）事，
受父亲的蛊惑，让他（生活得）更充裕。
干被父亲蛊惑的（业务上的）事，
不为王公侯爵（所谓的父母）做事，就是做高尚的事。

下面逐条说明卦爻辞。

卦辞

元亨，利涉大川；先甲三日，后甲三日。

〔译文〕很顺利，有利于涉越大河大川；往前开始了前进三天，再往后开始后退三天。

〔解说〕主客双方都消极被动，没有一方作主导；同时，双方又都是态度强硬，有发生冲突的可能。主方素质良好，客方素质不佳，主方既可能依靠良好素质获利，也可能遭受损失，这是一种被“蛊惑”的状态。由于主方素质优于客方，主方有可能进展很顺利，主方可以取得长足进展，“元亨，利涉大川”。然而，处于这种被“蛊惑”的状态，须要谨慎，反复探索，“先甲三日，后甲三日”。主方既要有坚定的态度，也要灵活行动。

爻辞

一阴，干父之蛊，有子考，无咎，厉终吉。

〔译文〕做被父亲蛊惑的事，有了儿子作死去的父亲的事，无所怪罪，严厉，最终吉利。

〔解说〕第一爻是主卦下爻，代表主方的行动，阴，表示主方消极被动，比如说，防守、退却、不想冒险、不想探索或开辟新的发展领域、只求保持现状，等等。“父”指客方，“子”指主方。父死称“考”，母死称“妣”。“父之蛊”指来自男性方面使人被蛊惑的事务，如工作、经营中的疑难，等等。爻辞建议主方主动地处理来自客方的，感到疑难的，工作或经营中的问题。如果以儿子对待已故父亲的态度诚恳地处理疑难问题，主方则不应当受到怪罪，开始时有困难，最终对主方吉利。

〔结构分析〕第一爻位置是阳位。这条爻是阴爻，阴爻在阳位，不当位，和四阴不有应。不当位表明主方消极被动，有可能难以维护自己的利益，是潜在的对主方不利因素，爻辞说“厉”；不有应表明客方也消极被动，客方不一定损伤主方利益，这潜在因素没有成为真实的对主方不利因素，而且，主方可以阴中有阳，采取积极行动，利用客方的消极被动，扩充自己的利益，爻辞说“终吉”。

二阳，干母之蛊，不可贞。

〔译文〕做被母亲蛊惑的事，不可坚持。

〔解说〕第二爻是主卦中爻，代表主方素质，阳，表示主方素质良好，比如说，主方有资金、有地位、有权力、有实力、有技术，等等。“母”指客方，“子”指主方。“母之蛊”指来自女性方面的疑难事务，如家务中的问题。主方素质良好，而客方素质不佳，主方有能力帮助客方，有能力解决客方带来的疑难问题，主方应当运用自己的优势，迅速解决问题，不可久拖，“不可贞”。

〔结构分析〕第二爻位置是阴位。这条爻是阳爻，阳爻在阴位，不当位，并且与五阴有应。不当位表明主方良好素质有可能受到损失，是潜在的对主方不利因素；有应表明客方素质不佳，正好可以从主方的良好素质得到补足，这潜在因素成了真实的对主方不利因素，所以爻辞说，“不可贞”。

三阳，干父之蛊，小有悔，无大咎。

〔译文〕做被父亲蛊惑的事，少许有些悔恨，没有大的怪罪。

〔解说〕第三爻是主卦上爻，代表主方态度，阳，表示主方态度强硬。父指客方，子指主方。主方态度强硬，客方态度也强硬，主方不需要改变强硬态度，但是要诚恳，像儿子对待父亲一样，解决客方带来的疑惑问题。可能有些问题处理不当，“小有悔”，不致有大的错误，“无大咎”。

〔结构分析〕第三爻位置是阳位。这条爻是阳爻，阳爻在阳位，当位，然而与六阳不有应。当位表明主方的强硬态度有可能制约客方，是潜在的对主方有利因素，同时，第三爻是对第二爻的补充，第二爻是阳，第三爻也是阳，这表示主方素质很好，实力很强大，所以，爻辞说“小有悔”；不有应表明客方态度也强硬，客方不接受主方制约，这潜在因素没有成为真实的对主方有利因素。不过主方还是应当坚持强硬的态度，这一方面可以不受客方制约，另一方面，因为，主方实力远大于客方实力，有机会时仍然可能制约客方，所以爻辞说“无大咎”。

四阴，裕父之蛊，往见吝。

〔译文〕被父亲蛊惑的事，让他生活得更充裕，往前发展，显得过分。

〔解说〕第四爻是客卦下爻，代表客方的行动，阴，表示客方消极被动，比如说，防守、退却、不想冒险、不想探索或开辟新的发展领域、只求保持现状，等等。“裕”指宽裕，富裕，充裕。“父”指客方。“父之蛊”在工作、经营等业务方面被客方蛊惑。由于客方消极被动，主方企图把双方关系中有关事情推向前进有些困难。

〔结构分析〕第四爻位置是阴位。这条爻是阴爻，阴爻在阴位，当位，然而与一阴不有应。当位表明客方消极被动有可能是主方发展的好机会，是潜在的对主方有利因素；不有应表明主方也消极被动，不能利用客方消极被动的机会，这潜在因素没有成为真实的对主方有利因素，所以爻辞说“往见吝”。

五阴，干父之蛊，用誉。

〔译文〕做被父亲蛊惑的事，受到赞誉。

〔解说〕 第五爻是客卦中爻，代表客方素质，阴，表示客方素质不佳，例如，健康状况不佳，贫困，文化水平低，等等。主方素质良好，用自己的良好素质帮助客方，应当受到赞誉。这里只是从道德方面说，应当受到赞誉，并没有说是否对主方实际有利。

〔结构分析〕 第五爻位置是阳位。这条爻是阴爻，阴爻在阳位，不当位，并且与二阳有应。不当位表明客方素质不佳，有可能需要从主方取得补益，是潜在的对主方不利因素；有应表明主方素质良好，正好可以补足客方需要，这潜在因素成了真实的对主方不利因素。爻辞说“用誉”，这是因为主方为客方做出贡献，应当受到称赞，但不等于说对主方有利，实际上主方受到损失。

六阳，不事王侯，高尚其事。

〔译文〕 不服务于王公侯爵，使得他的事业高尚。

〔解说〕 第六爻是客卦上爻，代表客方态度，阳，表示客方态度强硬，例如，傲慢，骄横等。主方不屈服于客方，保持自尊，使得主方所从事的事业具有高尚的品质。爻辞肯定了主方强硬态度，这条爻辞总结了前五条爻辞，没有必要为客方做事，应当作自己本分的事。

〔结构分析〕 第六爻位置是阴位。这条爻是阳爻，阳爻在阴位，不当位，和三阳不有应。不当位表明客方强硬态度有可能使主方受制约，是潜在的对主方不利因素；不有应表明主方态度也强硬，这潜在因素没有成为真实的对主方不利因素。主方应当不受客方制约，保持自己的独立和自尊。爻辞没有加判断词，只是说“不事王侯，高尚其事”，这是对主方的具体建议。

2:1 卦，蒙（在周易中，第 4 卦）

蒙卦展示“蒙”的形势下各种变化的可能性。“蒙”（méng），进行启蒙教育的意思。蒙卦的代号是 2:1，主卦是坎卦，卦象是水，特性是危险和困难，阳数是 2；客卦是艮卦，卦象是山，特性是被动和阻止，阳数是 1。水流到山前，被山阻止。水拍打山石，就像是老师谆谆教导学生。主方应当按客方需要做些对客方有利的事，在条件可能的情况下，做些对自己有益的事。

结构和卦爻辞

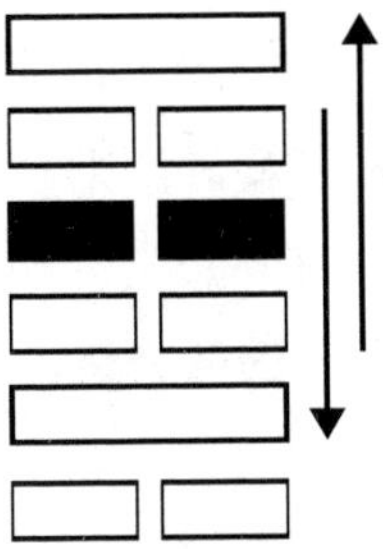

图 3-14-7　蒙卦的结构与卦爻辞

在蒙卦中，有五条爻不当位（白色），都是潜在的或者真实的对主方不利因素，只有一条当位的爻（黑色），那是第四爻，表示客方消极被动，是潜在的对主方有利因素。主卦中的三条爻全部不当位，要改善目前形势，应当从主方着手考虑。需要考虑的是第一条，这是阴爻，表示主方消极被动，是潜在的对主方不利因素，对于主方来说最好是扭转消极被动状态，改为积极主动。但是，完全扭转消极被动状态很困难，因为主方早已经进入衰落过程，要重新返回上升过程，需要有很大的勇气与决心，彻底改变自己的状态，就是说必须有一场彻底的改革，或者革命。比较现实的做法是阴中有阳，在消极被动情况下，采取一些可行的积极主动措施，如果能够这样，正好客方消极被动，是主方行动的好机会。不过，这种阴中有阳的可能性也是有限的，只能是局部地、暂时地取得一些效果，从长远来看，还是避免不了消极被动。

主卦中爻，也就是第二爻，代表主方素质，阳爻表示素质良好，比如说很富有，或者很健壮。这条爻不当位而有应，是对主方不利因素，这是说由于客方素质不佳，客方有可能掠取主方利益，而不是说主方应当放弃良好素质，主方不可能在这方面作些改变。

主卦上爻，也就是第三爻，代表主方态度，阴爻表示态度随和。这条爻也是不当位而有应，是对主方不利因素，这是说由于客方态度强硬，正好制约主方，不利于主方维护和扩充自己的利益。主方的随和态度是出于实力不足，不得不随和，而客方态度强硬是外强中干，勉强支撑，不得不如此。可见，在这方面主方也不能作什么改变。

总的来看，主方应当做的是，按客方需要，做些对客方有利的事，在条件可能的情况下，做些对自己有益的事。

蒙卦的卦辞以老师对待无知学童为比喻，说明在当前形势下，主方把自己的知识传授给学童，以自己的良好素质让客方受惠，“匪我求童蒙，童蒙求我”，有时则阴中有阳，维护自己的利益，“初筮告，再三渎，渎则不告”。

蒙卦爻辞中，除了第三爻以外，每条爻辞中都有“蒙”，如果删去判断词，再略去爻的代号，六条爻辞就是一首围绕主题“蒙”的散文诗：

教育开发，就像是给受刑的人解开手铐与脚镣。
教育包容，接纳妇女，生育子女，治理家，
不要娶那样的女子，她看见有金钱的男人就不顾自己。
教育脱困，
教育儿童。
教育击技，不要当匪寇，应当抵御匪寇。

下面逐条说明卦爻辞。

卦辞

亨，匪我求童蒙，童蒙求我。初筮告，再三渎，渎则不告。利贞。

〔译文〕 顺利，不是我求学童，是学童求我。初次筮问时，告诉他，再三筮问就不恭敬，不恭敬则不告。有利于坚持。

〔解说〕 第二爻是阳爻，表示主方素质良好；第五爻是阴爻，表示客方素质不佳。主方以良好素质帮助素质不佳的客方，客方需要主方帮助，主方顺利，“亨”。主方帮助客方，就如同老师根据蒙童要求教育蒙童，“匪我求童蒙，童蒙求我”。第三爻是阴爻，表示主方态度随和；而第六爻是阳爻，表示客方态度强硬。随和的主方受到态度强硬的客方的刁难。主方不能对客方太随和，“初筮告，再三渎，渎则不告”。帮助客方，就像是老师坚持教育蒙童，“利贞”。“筮”，古代用蓍草占卦：“龟为卜，策为筮”。“渎”，轻慢，对人不恭敬：亵渎。因为卜筮是以随机数联系求卜筮的人的提问和答文，答文不可能重复，所以如果多次提问，就得不到一致的答文，“初筮告，再三渎，渎则不告”。在编撰这条卦辞的时候，社会上有卜筮形象，编撰者依此做比喻，说明如果学生再三提问，表现出对老师不尊敬，老师就应当拒绝解答。

爻辞

一阴，发蒙，利用刑人，用说桎梏；以往吝。

〔译文〕启蒙教育，教育学生，教师用受刑之人做榜样，给犯人脱去手铐脚镣。往前走有困难。

〔解说〕第一爻是主卦下爻，代表主方的行动，阴，表示主方消极被动，比如说，防守、退却、不想冒险、不想探索或开辟新的发展领域、只求保持现状，等等。在变消极被动状态下，主方应当根据客方要求帮助客方，就像是教师帮助蒙昧学童，引导学童前进，这好比给受刑的犯人脱去手铐脚镣，让学童能够自由发展。不过不能求之过急，不能对客方指望过多，“以往吝”。“发”，发愤，开发。“刑人”，受刑之人，古代多以刑人充服劳役的奴隶。“桎梏”，脚镣和手铐。

〔结构分析〕第一爻位置是阳位。这条爻是阴爻，阴爻在阳位，不当位，和四阴不有应。不当位表明主方消极被动不利于维护和扩张主方利益，是潜在的对主方不利因素；不有应表明客方也消极被动，这潜在因素没有成为真实的对主方不利因素，所以爻辞说“以往吝”。“吝”是舍不得，不等于有凶险。

二阳，包蒙，吉；纳妇，吉；子克家。

〔译文〕教育包容，吉利；接纳妇女，吉利；有儿女治理家。

〔解说〕第二爻是主卦中爻，代表主方素质，阳，表示主方素质良好，比如说，主方有资金、有地位、有权力、有实力、有技术，等等。“包”，包容。“纳”，接受：采纳。“克”，能够：克勤克俭。主方教育客方包容，这样做是吉利的。紧密联系客方，“纳妇，吉”。客方可能做有益于双方的事，“子克家”。

〔结构分析〕第二爻位置是阴位。这条爻是阳爻，阳爻在阴位，不当位，这条爻与五阴有应。不当位而有应，是对主方不利因素，主方有可能损失利益，然而在主客双方都消极被动情况下，主方基本利益不至于遭受损失，相反，主方可以用自己的良好素质为客方服务，满足客方需要，从而改善双方关系，这对双方都有好处，所以爻辞说，“吉”。

三阴，勿用取女，见金夫，不有躬，无攸利。

〔译文〕不要娶那样的女人，她见到有金钱男人就不顾自己，没有一点好处。

〔解说〕第三爻是主卦上爻，代表主方态度，阴，表示主方态度随和。“女”指客方。第六爻是阳爻，表示客方态度强硬。对于态度强硬的客方，主方不能过于迁就，对态度强硬的客方过于迁就，没有一点好处。“金夫”，刚夫，指刚强的男子，一说指多金的男子。

〔结构分析〕第三爻位置是阳位。这条爻是阴爻，阴爻在阳位，不当位，并且与六阳有应。不当位而有应，是对主方不利因素，所以爻辞说，“无攸利”。

四阴，困蒙，吝。

〔译文〕教育脱困，太可惜。

〔解说〕第四爻是客卦下爻，代表客方的行动，阴，表示客方消极被动，比如说，防守、退却、不想冒险、不想探索或开辟新的发展领域、只求保持现状，等等。“困”，困境，困窘。客方像是一个困窘的学童，主方引导教育这样的学童如何摆脱困窘。但是由于客方消极被动，要这样的学童能够摆脱困窘，很不容易。

〔结构分析〕第四爻位置是阴位。这条爻是阴爻，阴爻在阴位，当位。这是蒙卦中仅有的当位的爻，然而与一阴不有应。当位表明客方消极被动是主方发展的好机会，是潜在的对主方有利因素；不有应表明主方也消极被动，不能够利用这样的机会，这潜在因素没有成为真实的对主方有利因素，所以爻辞说，“吝”。

五阴，童蒙，吉。

〔译文〕教育少年儿童，吉利。

〔解说〕第五爻是客卦中爻，代表客方素质，阴，表示客方素质不佳，比如说贫穷、病弱、教育程度低，等等。“童”（tóng），小孩子：儿童。主方像是教育儿童一样，用自己的良好素质帮助素质不佳的客方，这有助于改善双方关系，主方自己也受益，这是吉利的。

〔结构分析〕第五爻位置是阳位。这条爻是阴爻，阴爻在阳位，不当位。这条爻与二阳有应。不当位而有应，是对主方不利因素，不过由于双方都消极被动，这种不利因素给主方带来的损失有限。相反地，主方可以根据客方需要用自己的良好素质帮助客方，如同教师教育学生，这对双方关系有益，同时也对主方有益，所以爻辞说“吉”。

六阳，击蒙，不利为寇，利御寇。

〔译文〕教育击打，不应当作匪寇，而要抵御匪寇。

〔解说〕第六爻是客卦上爻，代表客方态度，阳，表示客方态度强硬，傲慢。“击”，击打。“御”，抵挡：防御。“寇”，盗匪，盗寇。客方有可能态度强硬，可能喜爱击打，主方教育客方击打，引导客方，不要当匪寇，而应当用学到的击技去抵御匪寇。

〔结构分析〕第六爻位置是阴位。这条爻是阳爻，阳爻在阴位，不当位，并且与三阴有应。不当位而有应是对主方不利因素，爻辞中没有判断词，只是描述应当引导客方向正确的方向发展。

1:1 卦，艮（在周易中，第 52 卦）

艮卦展示“艮”形势下各种变化的可能性。“艮”（gěn），指食物不易咬动或嚼烂。艮卦的代号是 1:1，主卦和客卦都是艮卦，卦象是山，阳数是 1。两座山不可能合并成一座山，但是，主客双方在一起相处，不能不相互影响，不能不相互往来。主方应当在可能的情况下采取适当主动措施改善双方关系，同时保持强硬态度，耐心地等待客方变化。

结构和卦爻辞

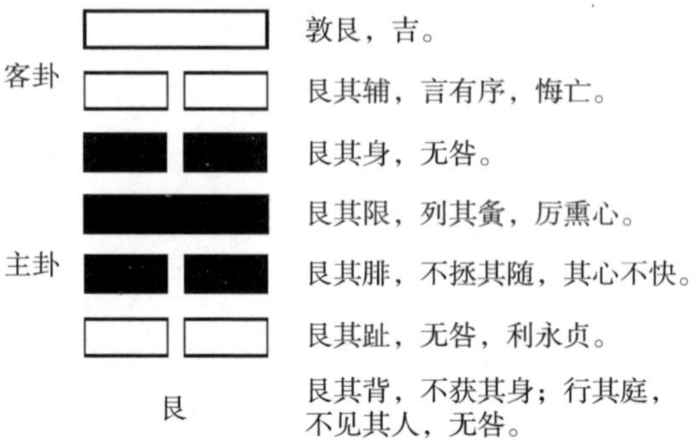

图 3-14-8　艮卦的结构与卦爻辞

艮卦中的主卦与客卦相同，相应的爻也相同，因此没有阴阳和谐，只有矛盾。矛盾有二种，一种是阴爻对阴爻，因为双方都是阴爻，没有进攻性，只有对立，没有冲突，如主卦和客卦下爻和中爻。另一种是阳爻对阳爻，双方都有进攻性，不仅对立，而且冲突，如主卦和客卦上爻。

六条爻中，有当位的，也有不当位的。当位的以黑色表示，是潜在的对主方有利因素；不当位的以白色表示，是潜在的对主方不利因素。由于没有有应的爻，这六条爻代表的都是潜在因素，没有真实的对主方有利或者不利因素。所以，当前状态对于主方来说，不需要做大的改变，即使改变了，也不一定会有好效果。

如果要改变，在主卦方面，可以考虑改变第一爻，这条爻不当位，代表主方消极被动。这消极被动状态是主方衰落的结果，衰落到艮卦这个程度，已经很难恢复到往日积极上升的状态，不过可以阴中有阳，在可能范围内，采取一些主动措施。如果主方积极主动，正好可以利用客方的消极被动，改进主客双方关系，从而自己也有所收益。

第二爻与第三爻都是当位的爻，主方应当保持，而不是改变这两个因素，特别是应当保持强硬态度，否则，形势对于主方来说将更不利。

至于客卦的情况，主方是不可能改变的，只有期待客方发生变化，特别是期待客方态度发生变化，如果客方态度由强硬变得随和，则对主方有利。这种变化可能是客方自己做出的，也可能是自然发生的。经卦从艮卦到坤卦是一种常规变化，很可能自然发生，只是主方要有耐心等待。

总起来说，主方应当在可能情况下采取适当的主动措施改善双方关系，同时保持强硬态度，耐心等待客方变化。

卦辞和六条爻辞全部有“艮”，除第六爻以外，“艮”后都有“其”、“艮”当动词用。“艮”的本来意思是“食物不易咬动或嚼烂”，也可以指“止，静止”，如今作动词用，其意思就是“使止”，对于身体的各个部位来说，应当是“抱住”、“抓住”，或者“握住”。卦辞和爻辞分别讲述握住客方身体的各个部位，这些都是形象比喻。如果删去判断词，再略去爻的代号，可见卦爻辞形象地完整地讲述了当前主方关系的状态：

抱住他的背部，得不到他的身体；行走在他的庭院里，见不到他这个人（双方关系的现状）

抓住他的脚趾，

抓住他的腿肚子，他不能随意活动，他的心中不愉快。

抱着他的腰，撕裂了他的夹脊肉，疼痛像火烧心。

抱住他的身体。

摁住了他的面颊，言谈有序。（上面的强行都没有效果，还是交谈沟通重要）

诚恳地阻止他走开。（诚恳才是最重要的）

下面逐条说明卦爻辞。

卦辞

艮其背，不获其身；行其庭，不见其人，无咎。

〔译文〕抱住他的背部，得不到他的身体；行走在他的庭院里，见不到他这个人，无所怪罪。

〔解说〕卦的六条爻中没有有应，表示在当前状态下即使主方主动地与客方联系，也得不到客方响应。不过，主方还是应当主动联系客方，如果主方主动联系客方，尽可能地改善双方关系，主方不应当受到怪罪；反之，主方则应当受到怪罪。

爻辞

一阴，艮其趾，无咎，利永贞。

〔译文〕抓住他的脚趾，无所怪罪，利于永久坚持。

〔解说〕第一爻是主卦下爻，代表主方的行动，阴，表示主方消极被动，比如说，防守、退却、不想冒险、不想探索或开辟新的发展领域、只求保持现状，等等。爻辞建议主方采取主动，“艮其趾”。脚趾只是身体的一小部分，抓住脚趾并不能阻止客方的行动，不过，这是尝试，主方这么做无所怪罪，利于永远采取主动，“利永贞”。

〔结构分析〕第一爻位置是阳位。这条爻是阴爻，阴爻在阳位，不当位，并且和四阴不有应。不当位表明主方消极被动有可能受到客方攻击而遭受损失，这是潜在的对主方不利因素；不有应表明客方也是消极被动，这潜在因素没有成为真实的对主方不利因素。主方消极被动是长期衰落的结果，不是主方目前的不当造成的，所以说“无咎”。这种情况继续下去对主方没有危害，可以保持下去，爻辞说“利永贞”。

二阴，艮其腓，不拯其随，其心不快。

〔译文〕抓住他的腿肚子，他不能随意活动，他的心中不愉快。

〔解说〕第二爻是主卦中爻，代表主方素质，阴，表示主方素质不佳，比如说，资金缺乏、地位低下、实力薄弱、教育程度低，等等。同时，第五爻也是阴爻，表示客方素质也不佳。双方素质都不佳，都不能指望从对方得到什么好处。所以，尽管主方采取了主动，但是，主方的主动是有限的，当主方试图拉动客方时，客方觉得没有能够按自己的意愿行动，反而感到不愉快。“腓”（féi），腓肠肌，胫骨后的肉，俗称“腿肚子。“拯”，援救，救助：拯救。

〔结构分析〕第二爻位置是阴位。这条爻是阴爻，阴爻在阴位，当位，然而与五阴不有应。当位表明主方素质不佳，有可能从客方得到补益，是潜在的对主方有利因素；不有应表明客方素质也不佳，这潜在因素没有成为真实的对主方有利因素。所以爻辞中没有加判断词。

三阳，艮其限，列其夤，厉熏心。

〔译文〕抱着他的腰，撕裂了他的夹脊肉，疼痛像火烧心。

〔解说〕第三爻是主卦上爻，代表主方态度，阳，表示主方态度强硬。同时，第六爻也是阳爻，客方态度也强硬，双方严重冲突。主方不让客方离开，“艮其限”。客方坚持不依，“列其夤”。剧烈的疼痛使得客方感到很难受，“厉熏心”。“限”，指定的范围：期限。这里应当是指腰。“夤”（yín），通“瞚”，夹脊肉。

〔结构分析〕第三爻位置是阳位。这条爻是阳爻，阳爻在阳位，当位，然而与六阳不有应。当位表明主方强硬态度有可能制约客方，保护主方利益，是潜在的对主方有利因素；不有应表明客方态度也强硬，这潜在因素没有成为真实的对主方有利因素，所以爻辞没有加判断词。由于第三爻和第六爻都是阳爻，双方有激烈冲突，爻辞形容为“列其夤，厉熏心”。

四阴，艮其身，无咎。

〔译文〕抱住他的身体，无所怪罪。

〔解说〕第四爻是客卦下爻，代表客方的行动，阴，表示客方消极被动，比如说，防守、退却、不想冒险、不想探索或开辟新的发展领域、只求保持现状，等等。主方采取了积极行动，阻止客方离开，为了维护双方关系，避免双方之间的关系进一步恶化。主方尽了力，无所怪罪。

〔结构分析〕第四爻位置是阴位。这条爻是阴爻，阴爻在阴位，当位，然而与一阴不有应。当位表明客方消极被动有可能是主方发展的好机会，是潜在的对主方有利因素；不有应表明主方也消极被动，这潜在因素没有成为真实的对主方有利因素。这是双方长期衰落的结果，不是主方此时的过失，所以爻辞说“无咎”。

五阴，艮其辅，言有序，悔亡。

〔译文〕摁住了他的面颊，言谈有序，悔恨消失。

〔解说〕第五爻是客卦中爻，代表客方素质，阴，表示客方素质不佳，比如说，资金缺乏、地位低下、实力薄弱、教育程度低，等等。客方需要主方帮助，在主方采取主动与客方沟通的时候，双方能够把问题谈开、主方做到如此程度，没有悔恨了。“辅”，人的颊骨：辅车相依（“车”，指牙床，喻互相依存）。

〔结构分析〕第五爻位置是阳位。这条爻是阴爻，阴爻在阳位，不当位，并且和二阴不有应。不当位表明客方素质不佳，客方有可能从主方谋取利益，是潜在的对主方不利因素；不有应表明主方素质也不佳，没有可能让客方得益，这潜在因素没有成为真实的对主方不利因素，所以爻辞说“悔亡”。

六阳，敦艮，吉。

〔译文〕 诚恳地阻止他走开，吉利。

〔解说〕 第六爻是客卦上爻，代表客方态度，阳，表示客方态度强硬。主方诚恳地阻止双方关系进一步恶化，对于主方是吉利的。这吉利是有条件的，主方必须诚恳地采取主动，“敦艮”中包含了诚恳与主动的意思。

〔结构分析〕 第六爻位置是阴位。这条爻是阳爻，阳爻在阴位，不当位，并且和三阳不有应。不当位表明客方的强硬态度有可能使主方受到制约，是潜在的对主方不利因素；不有应表明主方态度也强硬，主方不接受客方制约，这潜在因素没有成为真实的对主方不利因素。爻辞说“吉”，这吉利不是说客方的强硬态度对主方吉利，而是说如果主方诚恳地对待客方，着力改善双方关系，“敦艮”，这样做对于主方来说，是吉利的。

0:1 卦，剥（在周易中，第 23 卦）

剥卦展示“剥”形势下各种变化的可能性。“剥”的意思是剥落。剥卦的代号是 0:1。主卦是坤卦，卦象是地，阳数是 0；客卦是艮卦，卦象是山，阳数是 1。主方应当阴中有阳，恰当采取主动措施，改变目前状况，否则只得忍受客方制约。

结构和卦爻辞

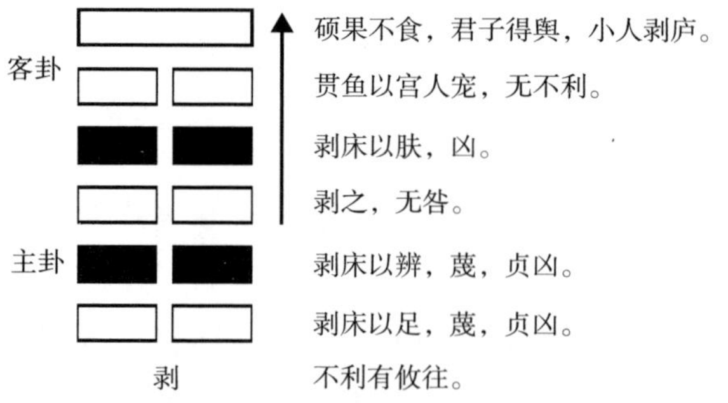

图 3-14-9　剥卦的结构与卦爻辞

在剥卦的结构和卦爻辞图中，有一个箭头，从第三爻指向第六爻，表示主客双方在态度方面和谐，主方的随和态度适应客方的强硬态度，这两条爻都不当位，并且有应，不当位而又有应，是对主方不利因素，主方受到客方制约。因为阴阳趋向和谐是自然规律，在这种和谐状态下，主方很难摆脱，只得忍受客方制约。

至于剥卦的其他四条爻，都是不有应的爻，都是潜在因素，主方不需要去改变这些因素，而且也难于改变这些因素。第一爻是阴爻，表示主方消极被动，是不当位的爻，这种消极被动是长期衰落的结果，很难扭转。第二爻也是阴爻，表示主方素质不佳，这是当位的爻，主方有可能从客方吸取补益，但是这条爻不有应，客方素质也不佳，没有可以补益主方的。

所以，在当前形势下，主方只好忍受客方制约。卦辞说，“不利有攸往”，主方不宜做些什么，换句话说，什么都不做就什么都做了。因此爻辞以受剥落的床为形象比喻，说明当前主方的不幸处境。如果删去爻辞中的判断词，再略去爻的代号，六条爻辞就可以译成一首完整的围绕主题“剥”的散文诗：

床腿剥落了，剥落得净光。

床上标记剥落了，剥落得净光。

剥落吧，（我受着剥落）。

床（从外表剥落）肤表剥落了。

（我只好随其自然，如同）宫女们习惯像鱼一样地成串尾随。

硕大的果实没有人吃，君子装上大车推走了，小人（我）让果实落下来剥落茅庐（我受剥落，因为我渺小）。

下面逐条说明卦爻辞。

卦辞

不利有攸往。

〔译文〕不利有所前进。

〔解说〕“攸”，助词，相当于“所”：性命攸关。这条卦辞通俗易懂，没有深奥的话，建议主方逆来顺受，忍受恶劣环境。

爻辞

一阴，剥床以足，蔑；贞凶。

〔译文〕床从足开始剥落，直至剥落完；坚持下去有凶险。

〔解说〕这条爻是主卦下爻，代表主方的行动，主方的行动是阴，消极被动。这是剥卦第一爻爻辞。“蔑”，无，没有：蔑以复加。“床”指主方利益。在这条爻辞中，“剥”指主方的消极行动，主方的消极行动使主方利益受到损失。“足”是床站立部分。“剥床以足”，主方的消极行动使主方的基本利益受到损失。“蔑”，主方的基本利益全损失了。“贞凶”，又包含两部分，“凶”是判断，“贞”是条件。贞才凶，不贞则不凶。坚持消极，不改变被动，则有凶险；改消极为积极，则不一定有凶险。

〔结构分析〕第一爻位置是阳位。这条爻是阴爻，阴爻在阳位，不当位，与四阴不有应。不当位表明主方消极被动有可能使主方利益受损失，是潜在的对主方不利因素；不有应表明客方也消极被动，客方没有掠夺主方利益，这潜在因素没有成为真实的对主方不利因素。尽管如此，主方应当阴中有阳，采取一定的主动措施，改变目前状况，否则，继续目前状态对主方不利，所以爻辞说“贞凶”。

二阴，剥床以辨，蔑；贞凶。

〔译文〕床上的辨别记号剥落，直至剥落完；坚持下去有凶险。

〔解说〕第二爻是主卦中爻。这是第二爻爻辞，阴，表示主方素质是阴，素质不佳，比如说，资金缺乏、地位低下、实力薄弱、教育程度低，等等。“辨”，区别，分析：明辨是非。“蔑”，无，没有：蔑以复加。“贞”，对自己的信仰十分忠诚：坚贞不屈。可以想象古时候没有纸和笔，人们在床上刻些记号记事。床剥落了，刻的记号辨认不出来了。“剥床以辨”说明剥落比较严重。“贞凶”是判断词，与剥卦第一爻的判断词相同。“凶”是判断，“贞”是条件。贞才凶，不贞则不凶。

〔结构分析〕第二爻位置是阴位。这条爻是阴爻，阴爻在阴位，当位，然而与五阴不有应。当位表明主方素质不佳有可能从客方吸取补益，是潜在的对主方有利因素；不有应表明客方素质也不佳，主方不能从客方得到补益，这潜在因素没有成为真实的对主方有利因素。主方不能指望从客方得到利益，就应当着手改善自己的素质。如果保持现在状态不作改变，素质将继续不佳，所以爻辞说“贞凶”。

三阴，剥之，无咎。

〔译文〕剥落，无所怪罪。

〔解说〕这个爻代表主方态度，主方态度是阴，表示主方态度随和。“咎”，的意思是“怪罪”，“无咎”是“不应当怪罪”。这条爻辞中没有“床”字，可能是省略，“剥之”仍然指主方受到客方的制约。

〔结构分析〕第三爻是主卦上爻，其位置是阳位。这条爻是阴爻，不当位，并且与六阳有应。不当位表明主方态度随和，有可能受到客方制约，是潜在的对主方不利因素；有应表明客方态度强硬，正好可以制约态度随和的主方，这潜在因素成了真实的对主方不利因素。第三爻是对第二条的补充，第二条是阴，第三条也是阴，表示主方素质很差，主方的随和态度是素质极差的表现，不得不如此，所以爻辞说“无咎”。

四阴，剥床以肤，凶。

〔译文〕床的表皮剥落了，有凶险。

〔解说〕这是剥卦第四爻爻辞，阴，表示客方被动。“肤”，指身体的表皮：皮肤。“剥床以肤”表示剥落是从外表发生的，是受外界影响。

〔结构分析〕第四爻是客卦下爻，其位置是阴位。这条爻是阴爻，阴爻在阴位，当位，然而于一阴不有应。当位表明客方消极被动有可能是主方发展的好机会，是潜在的对主方有利因素；不有应表明主方也消极被动，不能利用客方消极被动的机会，这潜在因素没有成为真正有利因素。如果主方想利用客方被动的机会取得发展，主方应当阴中有阳，采取一些主动措施。然而，由于第三爻和第六爻之间的和谐状态，主方被制约，如果主方采取主动措施，必然受到客方压制，所以爻辞说“凶”。

五阴，贯鱼以宫人宠，无不利。

〔译文〕 宫殿里的人喜欢像鱼一样地成串尾随，没有不利。

〔解说〕 这是剥卦第五爻爻辞，阴，表示客方素质不佳，比如说，资金缺乏、地位低下、实力薄弱、教育程度低，等等。“宫”，封建时代的帝王或某些国家元首的住所。“宠”，娇爱，偏爱：受宠若惊。无不利，就是无不利，不能理解为有利，也不能理解为吉利。即使无不利，也是有条件的。无不利的条件是“贯鱼以宫人宠”。字的顺序很重要，“宫人宠”不能理解为”宠宫人”，也不能理解为“宫人受宠”。“宫人”指宫殿中伺候皇帝的人，那么多的人伺候一个皇帝，闲得无事，不知道该干什么，但是又不敢怠慢皇帝，只好像成串的鱼那样相互尾随。这句话说得通俗一些就是“随大溜”。如果主方“随大溜”，则“无不利”。如果不“随大溜”就不一定“无不利”。

〔结构分析〕 第五爻是客卦中爻，其位置是阳位。这条爻是阴爻，阴爻在阳位，不当位，和二阴不有应。不当位表明客方素质不佳，有可能向主方索取利益，是潜在的对主方不利因素；不有应表明主方也是素质不佳，客方不可能从主方获得利益，这潜在因素没有成为真实的对主方不利因素，所以爻辞说，“无不利”。

六阳，硕果不食，君子得舆，小人剥庐。

〔译文〕 大的果实不吃，君子得到车，小人的简陋的小屋被剥夺了。

〔解说〕 这是剥卦第六爻爻辞，阳，表示客方态度强硬。“硕”，大，硕果累累。硕果，大的果实。“舆”（yú），车：舍舆登舟。“庐”（lú），简陋的小屋：茅庐。“君子”指客方，“小人”指主方。客卦阳数是1，主卦阳数是0，客方强于主方，客方是君子，主方是小人。易的卦爻辞中有大人、君子和小人共三种对人的划分。“乾乾君子”中的君子是一般的勤勤恳恳的人，“利见大人”中的大人比君子高，而小人则比君子低。大人、君子和小人只是就行动、素质和态度三个方面情况的综合比较而言，没有尊卑的意思，没有善恶的意思。这个卦中，君子指客方，并不是说客方尊贵，也不是说客方善良，而只是说客方较强；小人指主方，并不是说主方卑贱，并不是说主方邪恶，而只是说综合情况的比较较弱。“硕果不食”是一个不完全句子。谁不食？不愿食、不能食还是不让食？应当是客方不让主方食。

〔结构分析〕第六爻是客卦上爻，其位置是阴位。这条爻是阳爻，阳爻在阴位，不当位，并且与三阴有应。不当位表明客方的强硬态度有可能制约主方，不利主方发展，是潜在的对主方不利因素；有应表明主方态度随和，接受客方制约，那潜在的不利因素成了真实的对主方不利因素。虽然爻辞中没有判断词，但是爻辞用“小人剥庐”形象地描述了当前对主方不利的形势。

第十五章　坤

这一章是八个以坤卦为客卦的别卦，这八个别卦的代号是 4:0、5:0、6:0、7:0、3:0、2:0、1:0 和 0:0。它们的客卦都是坤卦，卦象是地，特性是静止而广大。这意味着客方支持主方，不过客方没有实力，就像是广阔的大地、支持抚育万物，但是它本身不发光不发热。

客卦

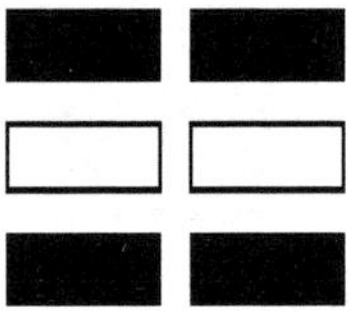

图 3-15-1　客卦是坤卦

从主方角度看客卦，客卦的下爻和上爻都当位，以黑色表示，是潜在的对主方有利因素；中爻不当位，是潜在的对主方不利因素。

客卦下爻是阴爻，表示客方消极被动，不影响主方的发展和开拓，只要主方积极主动，就有充足的发展空间。

客卦中爻是阴爻，表示客方素质不佳，不能赋予主方利益，只能接受主方给予的利益；但是由于客方消极被动，不主动掠取和损害主方利益，这潜在的对主方不利因素不是很不利，相反，如果主方以自己的良好素质帮助客方，客方将乐于接受，并且顺从主方，支持和协助主方发展。

客卦上爻是阴爻，表示客方对主方态度随和，主方可以制约客方，让双方关系按主方的意愿发展。

主方面临的环境是海阔凭鱼跃，天高任鸟飞，就看主方如何作为。

4:0 卦，复（在周易中，第 24 卦）

复卦展示“复”形势下各种变化的可能性，“复”（fù），反复。复卦的代号是 4:0，主卦是震卦，卦象是雷，阳数是 4；客卦是坤卦，卦象是地，阳数是 0。主方面临发展的好机会，应当坚韧不拔反复探索，摸索经验，寻求正确方向。

结构和卦爻辞

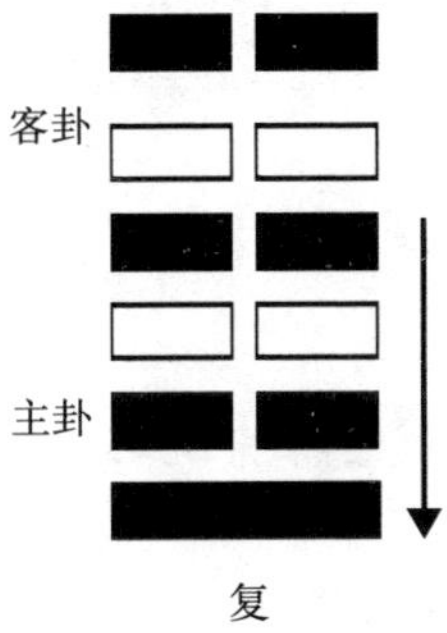

迷复，凶，有灾眚。用行师，终有大败；以其国君凶，至于十年不克征。
敦复，无悔。
中行独复。
频复，厉无咎。
休复，吉。
不远复，无祇悔，元吉。
亨，出入无疾，朋来无咎；反复其道，七日来复。利有攸往。

图 3-15-2　复卦的结构与卦爻辞

在复卦的结构和卦爻辞图中，有一个箭头，从第四爻指向第一爻，箭头表示有应。黑色表示当位的爻，这两条爻都是黑色。既当位又有应，是对主方有利因素，客方的消极被动是主方积极发展的好机会。其他的四条爻都没有有应关系，对于主方来说都是潜在因素，其中，第二爻和第六爻是潜在的有利因素，主方素质不佳是谋求发展的动力，客方的随和态度有可能便于实现主方意图。有二个潜在不利因素，一个是第三爻，主方态度随和；一个是第五爻，客方素质不佳。第三爻是对第二爻的补充，这两条爻都是阴爻，表示主方素质极差，力量极薄弱，缺乏发展实力。第五条是阴爻，表示客方素质不佳，加之第六爻也是阴爻，客方素质也极差，客方极贫乏，没有可以补益主方的东西。在这种情况下，主方只有积极性是不够的，必须反复探索，摸索经验，寻求发展方向。

卦辞说“反复其道，七日来复”，强调主方需要反复探索。

如果删去爻辞中的判断词，就可以看出六条爻辞是一首完整的关于反复探索的散文诗：

（在前进的道路上）走不远就回头。

休整以后再反复前进。

频频地反复探索。

不左不右，在路的中间行走，独自反复探索。

敦厚地反复探索。

（小心啊！）迷失返回道路就有灾祸。行军中迷失道路，终有大败，对于一国君主十分凶险，以致出征十年不能取胜。

下面逐条说明卦爻辞。

卦辞

亨，出入无疾，朋来无咎；反复其道，七日来复。利有攸往。

〔译文〕顺利，出入没有障碍，朋友来无所怪罪；反复探索道路，七日来回。利于有所前进。

〔解说〕这是复卦卦辞。“亨”，顺利：万事亨通。“疾”（jí）病：疾病。“咎”，罪责：引咎自责。“攸”（yōu）助词，相当于“所”：性命攸关。这个卦有四个爻当位，一爻与四爻有应。一爻代表主方的积极行动，四爻是阴爻，客方对主方顺从，所以“顺利”。客卦的三条爻中，四爻有应，六爻当位，综合来看，客方没有对主方不利因素，所以“出入无疾”。“朋”指客方，四爻应一爻，“朋来”。一爻当位有应，“无咎”。“亨。出入无疾，朋来无咎”概括当前主方所处形势。“出入无疾”，客方对主方没有明确要求和压力。主方向什么方向走？需要反复探索，“反复其道”。“七日”是个比喻，描述一个周期。可能古时候有7天一次的集市，“七日来复”补充“反复其道”的意思。“反复其道，七日来复”建议主方耐心坚韧不拔地反复试探。“利有攸往”是判断词。在顺利形势下，如果主方坚韧不拔反复试探，则利于有所前进。暗示尽管形势顺利，如果主方不耐心，不坚韧不拔地反复试探，则不利于有所前进。重要的是要坚韧不拔地反复试探。

爻辞

一阳，不远复，无祇悔，元吉。

〔译文〕行不远就返回，没有严重悔恨，很吉利。

〔解说〕这是复卦第一爻爻辞，阳，表示主方积极主动地谋取和扩大自己的利益，比如说，创新、创业、投资、进攻、求职、示爱，等等。“祗”（zhī）恭敬有礼的样子：祗仰。“元”为首的：元帅。爻辞不仅考虑这条爻的状态，还考虑整个形势。因此，爻辞建议主方“不远复”，行不多远，就返回来。这样多次反复，稳扎稳打，步步为营，就“无祗悔”，没有严重的悔恨，就“元吉”，很吉利。“无祗悔”指不至于在某些事情上犯严重错误，“元吉”指在总的进程上很吉利。“不远复”是“无祗悔”和“元吉”的条件。如果急躁冒进，就有可能犯严重错误而“有祗悔”，甚至不“吉”。

〔结构分析〕第一爻是主卦下爻，其位置是阳位。这条爻是阳爻，阳爻在阳位，当位，并且与四阴有应。当位表明主方积极主动有可能利于主方开拓发展，是潜在的对主方有利因素；有应表明客方消极被动，正好是主方积极主动谋求发展的好机会，所以爻辞说“元吉”。

二阴，休复，吉。

〔译文〕休止而反复，吉利。

〔解说〕这是复卦第二爻爻辞，阴，表示主方素质不佳，比如说，资金缺乏、地位低下、实力薄弱、教育程度低，等等。“休”（xiū）歇息：休息。爻辞告诉主方在反复试探过程中，要休止下来，冷静反思，吸取经验教训，而后回过头来，再反复试探，逐渐前进。“吉”是判断词。“休复”是条件。先休止再重复，才吉利。如果只是重复而没有休止，则不一定吉利。

〔结构分析〕第二爻是主卦中爻，其位置是阴位。这条爻是阴爻，阴爻在阴位，当位，不过与五阴不有应。当位表明主方素质不佳，有谋求发展的积极性，是潜在的对主方有利因素；不有应表明客方素质也不佳，主方很难从客方获益，这潜在因素没有成为真实的对主方有利因素。尽管这有利因素是潜在的，由于主方行动积极，而客方消极被动，主方很可能取得发展，所以爻辞说“吉”。

三阴，频复，厉无咎。

〔译文〕屡次反复，艰苦但无所怪罪。

〔解说〕这是复卦第三爻爻辞，阴，表示主方态度随和。“频”，屡次：捷报频传。“厉”，严肃：雷厉风行。由于主方素质过差，不得不随和，在遇到困难的时候，很可能态度不坚定，虽有积极行动，未必能持久。这是主方的主要缺点，是对主方可能不利因素。但是，爻辞极简练，避免不必要评论而直接给主方指出努力方向，“频复”，告诉主方要经得住困难考验，屡次反复，一次不成功，再试一次，屡试不停，直到取得明显成绩为止。“厉”，告诉主方屡次重复试探是辛苦的，尤其客方态度也是阴，客方过于宽松，对主方没有明确要求，使主方对客方态度捉摸不定，行动困难。“无咎”，对主方无所怪罪。“厉无咎”是判断词，“频复”是条件。如果主方屡次反复试探，尽管辛苦，但是对主方无可怪罪。爻辞暗示，如果不“频复”，在困难面前动摇，主方就要引咎自责。

〔结构分析〕第三爻是主卦上爻，其位置是阳位。这条爻是阴爻，阴爻在阳位，不当位，与六阴不有应。不当位表明主方的随和态度有可能使主方受到客方制约，是潜在的对主方不利因素；不有应表明客方态度也随和，客方不求制约主方，这潜在因素没有成为真实的对主方不利因素，所以卦爻辞说“厉无咎”。而且，第三爻是对第二条的补充，第二条是阴，第三条也是阴，这表示主方素质很差，主方的随和态度是素质过差的必然结果，也不能怪罪主方。

四阴，中行独复。

〔译文〕中间走，独自反复。

〔解说〕这是复卦第四爻爻辞，阴，表示客方消极被动，比如说，防守、退却、不想冒险、不想探索或开辟新的发展领域、只求保持现状，等等。爻辞中既没有“有利”也没有“不利”之类判断词，而是直接给出对主方的建议。主方需要耐心谨慎走中间，不靠右也不靠左。走在河边上，不要紧贴边沿，要走中间。走在崎岖道路上，走中间。留心脚下，看清左右。由于没有客方强力支持，主方不能指望客方同行，不能指望客方协助。主方必须依靠自己的信念和决心，独自反复探索。

〔结构分析〕第四爻是客卦下爻，其位置是阴位。这条爻是阴爻，阴爻在阴位，当位，并且与一阳有应。当位表明客方消极被动有可能是主方发展的好机会，是潜在的对主方有利因素；有应表明客方消极被动正好便于主方积极主动地谋求发展，这潜在因素成了真实的对主方有利因素。尽管存在这种有利因素，由于主方素质极差，同时客方既被动素质又极差，主方不可能依靠客方，只能自己谨慎探索，所以爻辞只是建议主方“中行独复”，没有加判断词。

五阴，敦复，无悔。

〔译文〕敦厚地反复探索，没有悔恨。

〔解说〕这是复卦第五爻爻辞，阴，表示客方素质不佳，比如说，资金缺乏、地位低下、实力薄弱、教育程度低，等等。“敦”，诚实：敦厚；诚恳：敦请。基于主客双方形势，主方在积极行动的时候，需要反复探索，不可冒进。根据客方素质，第五爻爻辞指出，主方在反复探索的时候，对客方要敦厚。只有对客方敦厚，在反复中才不至于悔恨，否则，会悔恨的。

〔结构分析〕第五爻是客卦中爻，其位置是阳位。这条爻是阴爻，阴爻在阳位，不当位，与二阴不有应。不当位表明客方素质不佳，有可能向主方索取补益，是潜在的对主方不利因素；不有应表明主方素质也不佳，不可能给予客方好处，这潜在因素没有成为真实的对主方不利因素。爻辞说“无悔”，在双方素质都不佳的情况下，主方既没有损失，也没有收益，只是没有悔恨。

六阴，迷复，凶，有灾眚。用行师，终有大败；以其国君凶，至于十年不克征。

〔译文〕迷失方向反复探索，凶，有灾祸，用于行军打仗，终有大败；对于他的国君凶，以至于征战十年不能攻克对方。

〔解说〕这是复卦第六爻爻辞，阴，表示客方态度随和。“眚”（shěng）眼睛长白翳；灾祸。这条爻辞虽长，但没有生奥的字，不过句子很简练，不完全。谁迷？谁行师？谁是国君。迷是主方迷。虽然这条爻属于客卦，代表客方态度，但是，这是整个卦的一部分，卦爻辞是以主方为基点，所以“迷”指主方。复，指主方反复探索，而不是指客方反复探索。迷，指主方在反复过程中迷失方向。导致迷失方向的客观因素是客方态度，客方态度是阴，太随和，不明朗，难以捉摸。导致迷失方向的主观因素是主方态度，主方态度是阴，很谦让，很随和，容易被误导。行师是主方行师。行师是个比喻，说明主方积极行动，不一定指具体战争。“用行师，终有大败”形象地说明由于迷失方向，主方的积极行动必将失败。国君是主方，主方迷失了方向，所以爻辞说“以其国君凶”。“至于十年不克征”形象地说明由于主方迷失方向，以至导致长期不成功，长期浪费时间，没有效果。爻辞的针对性很强，给主方提出了建议和警告。

〔结构分析〕第六爻是客卦上爻，其位置是阴位。这条爻是阴爻，阴爻在阴位，当位，不过与三阴不有应。当位表明客方态度随和，有可能让主方按自己的意愿办事，是潜在的对主方有利因素；不有应表明主方态度也随和，并不要求客方接受主方意愿，这潜在因素没有成为真实的对主方有利因素。由于主方积极主动谋求发展，而客方消极被动，是主方发展的好机会，但是，主方态度不坚强，不能利用当前的好形势，错过发展良机，所以爻辞说“凶”。

5:0 卦，明夷（在周易中，第 36 卦）

明夷卦表示明夷形势下各种变化的可能性，“夷”（yí），弄平：夷为平地。“明夷”是失意的意思，光明被夷平了。明夷卦的代号是 5:0，主卦是离卦，卦象是火，阳数是 5；客卦是坤卦，卦象是地，阳数是 0。主方应当保持目前状态，积极主动，态度强硬地谋求发展和开拓，逐渐地，情况会向更有利于主方的方面变化。

结构和卦爻辞

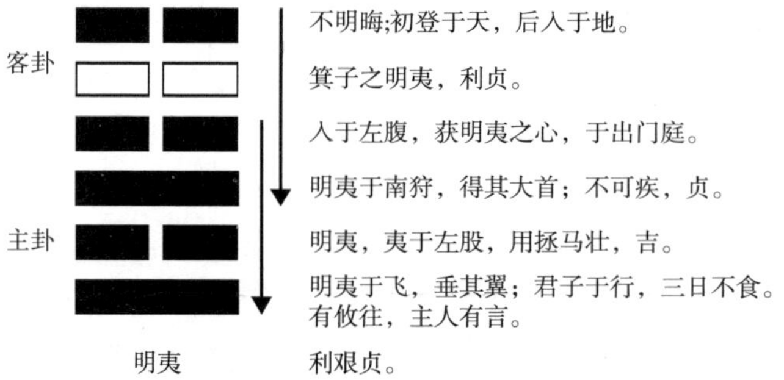

图 3-15-3 明夷卦的结构与卦爻辞

明夷卦结构和卦爻辞图中，六条爻有五条是黑色，是当位的爻；一条爻是白色，是不当位的爻。不当位的爻只有一条，即第五爻，这是客卦中爻，代表客方素质，阴表示客方素质不佳，不可能让主方得到益处，是潜在的对主方不利因素。这条爻属于客卦，只有客方才能改变它，主方不可能改变它，主方不可能为改善自己的处境在这方面做些什么。其他的爻都是当位的爻，都是对主方有利的潜在因素或者真实的有利因素，主方都不需要改变。可以说，主方只好无可奈何地接受现实，耐心等待客方变化或者主客双方都可能发生的常规变化。

客方的常规变化将是从坤卦变到震卦，这种变化需要经过一个从量变到质变的关键点，阳数从 0 增加到 4，这个过程很难，在短期内发生的可能性很小。

主方的常规变化，将是从离卦变到兑卦，这是一个上升过程的量变，实现的可能性很大，因此，主方应当保持目前状态，积极主动，态度强硬地谋求发展和开拓，逐渐地，情况会向更有利于主方的方向变化。

明夷卦的卦辞，“利艰贞”，指出了主方应当坚持下去，尽管情况艰苦，还是应当坚持下去。

如果删去明夷卦爻辞中判断词，六条爻辞就是一首完整的关于失意的散文诗：

像是在飞行中失意的鸟，垂下了翅膀；它整天飞行，三天都没有进食，主人还有意见。

失意啊，像是伤了左腿，（不能动弹）只好指望有匹强壮的马来拯救。

在南方猎狩失意啊，射中一头大兽，却不能够迅速去获取。

进入（失意者）的心腹，获知失意者的心，（失意）发生在走出门庭（进入社会实践之时）。

（这是像）箕子一样的失意啊。

（失意者感觉空间）既不明亮也不晦暗，起初（怀着那明亮的希望）登上蓝天，后来（遇到现实）又坠入于地下。

下面逐条说明卦爻辞。

卦辞

利艰贞。

〔译文〕利于艰苦坚持下去。

〔解说〕客方消极被动适应于主方的积极主动，客方的随和态度适应于主方的强硬态度，这些都是有利于主方的因素。然而，客方素质不佳，不能给予主方所需要的东西，主方不能指望从客方得到什么，主方有一段艰难时期，主方应当坚持下去。坚持下去，情况会逐渐得到改善，“利艰贞”。

爻辞

一阳，明夷于飞，垂其翼；君子于行，三日不食；有攸往，主人有言。

〔译文〕 在飞行中失意，垂下了翅膀；君子在行走，三天没有吃东西；往前有所进展，主人有言语。

〔解说〕 这是第一爻爻辞，阳，表示主方积极主动地谋取和扩大自己的利益，比如说，创新、创业、投资、进攻、求职、示爱，等等。这里，飞行中的鸟和君子都是指主方，主人指客方。主方在积极主动行动过程中，由于得不到有力支持，感到失意，像飞行中的鸟，垂下了翅膀；像行走的人，三天没有吃东西。主方的行动有些效果，“有攸往”。不过，客方并没有完全支持主方行为，对于主方的行动有意见，“主人有言”。

〔结构分析〕 第一爻是主卦下爻，其位置是阳位。这条爻是阳爻，阳爻在阳位，当位，又与四阴有应。当位表明主方积极主动有可能从客方获得利益，是潜在的对主方有利因素；有应表明客方消极被动，方便主方的积极主动，这潜在因素成了真实的对主方有利因素，所以爻辞说“有攸往”。

二阴，明夷，夷于左股，用拯马壮，吉。

〔译文〕 失意，左大腿受伤，希望有强壮的马来救助。吉利。

〔解说〕 这是第二爻爻辞，阴，表示主方素质不佳，比如说，资金缺乏、地位低下、实力薄弱、教育程度低，等等。拯，援救，救助：拯救。主方素质不佳，需要客方帮助，然而，客方素质也不佳，主方得不到所需帮助，“明夷，夷于左股”。如果有强有力的支持，情况就对主方吉利。这里的马，指客方，希望客方能够帮助主方。如果客方能够帮助主方，情况就吉利。

〔结构分析〕 第二爻是主卦中爻，其位置是阴位。这条爻是阴爻，阴爻在阴位，当位，然而与五阴不有应。当位表明主方素质不佳，有向外谋求发展的要求，是潜在的对主方有利因素；不有应表明客方素质也不佳，主方不能从客方得到帮助，这潜在因素没有成为真实的对主方有利因素。尽管这有利因素是潜在的，主方还是应当坚持下去，一旦客方情况变化，补益主方的机会出现，主方就能够得益，所以爻辞说“吉”。

三阳，明夷于南狩，得其大首；不可疾，贞。

〔译文〕在南方打猎失意，得到了大的野兽；不能快速取得，坚持下去。

〔解说〕这是第三爻爻辞，阳，表示主方态度强硬。“狩”（shòu），打猎，古代指冬天打猎：狩猎。“疾”（jí），快，迅速：疾步。主方持强硬态度，而客方态度随和，然而，主方不能从客方得到什么，主方感到失意。“得其大首”中，“大首”是指受到伤害的大的野兽，联系上下文，爻辞解释了失意的原因，大的野兽打着了。但是，主方得不到。“贞”指主方强硬态度应当坚持下去。

〔结构分析〕第三爻是主卦上爻，其位置是阳位。这条爻是阳爻，阳爻在阳位，当位，又与六阴有应。当位表明主方有可能制约客方，让客方按自己的意图行事，是潜在的对主方有利因素；有应表明客方态度随和，接受主方的强硬态度，这潜在因素成了真实的对主方有利因素。然而，由于客方素质不佳，主方并不能从客方得到收益，所以爻辞说“贞”，坚持目前的强硬态度。

四阴，入于左腹，获明夷之心，于出门庭。

〔译文〕入于（失意者的）心腹，获得失意者的心，失意发生在走出家门的时候。

〔解说〕这是第四爻爻辞，阴，表示客方消极被动，比如说，防守、退却、不想冒险、不想探索或开辟新的发展领域、只求保持现状，等等。“门庭”，家门，门户。客方消极被动，方便了积极主动的主方，主方能够走出门庭，但是，客方没有什么可以给主方的，主方走出门庭就失意了，这是失意的真正原因，是“明夷之心”。

〔结构分析〕第四爻是客卦下爻，其位置是阴位。这条爻是阴爻，阴爻在阴位，当位，又与一阳有应。当位表明客方消极被动是主方发展的好机会，是潜在的对主方有利因素；有应表明主方积极主动，正好可以利用这样的好机会，这潜在因素成了真实的对主方有利因素。然而，由于客方素质极差，主方从客方得不到什么，所以爻辞没有加判断词。

五阴，箕子之明夷，利贞。

〔译文〕 箕子的失意，利于坚持下去。

〔解说〕 这是第五爻爻辞，阴，表示客方素质不佳，比如说，资金缺乏、地位低下、实力薄弱、教育程度低，等等。“箕子”是纣的叔父，据考证，商纣王时，王朝腐败，箕子佯狂而独自一人隐居在箕山，闲暇时候借乐曲《箕子操》抒发自己郁郁不得志的苦闷心情。爻辞以箕子作形象比喻，说明主方失意的情况。这条爻辞是否在周文王之后有所修改，须要考证，然而，这里用“箕子”形象地描绘失意者是适当的。主方不可能立即改变目前状况，然而，应当坚持下去，时间长了，情况会自有改变。

〔结构分析〕 第五爻是客卦中爻，其位置是阳位。这条爻是阴爻，阴爻在阳位，不当位，和二阴不有应。不当位表明客方素质不佳，有可能向主方索取收益，是潜在的对主方不利因素；不有应表明主方素质也不佳，主方不能够给予客方有益的东西，这潜在因素没有成为真实的对主方不利因素，所以爻辞说“利贞”，应当坚持目前的状态。

六阴，不明晦；初登于天，后入于地。

〔译文〕 不明不暗，起初登上天空，后又坠入地下。

〔解说〕 这是第六爻爻辞，阴，表示客方态度随和。“明晦”，明暗。客方态度随和，随同主方。主方在积极主动地探索，客方跟随主方，变化无常。爻辞只是陈述了主方失意的状态，“初登于天，后入于地”。

〔结构分析〕 第六爻是客卦上爻，其位置是阴位。这条爻是阴爻，阴爻在阴位，当位，又与三阳有应。当位表明客方态度随和有可能接受主方制约，是潜在的对主方有利因素；有应表明主方态度强硬，制约客方，便于开拓发展，这潜在因素成了真实的对主方有利因素。同时，第六爻是对第五条的补充，第五条是阴，第六条也是阴，这表示客方素质很差，主方实际上不能从客方得到什么有益的东西，所以爻辞中没有判断词。

6:0 卦，临（在周易中，第 19 卦）

临卦展示“临”形势下各种变化的可能性，“临”指“面临”。临卦的代号是 6:0，主卦是兑卦，卦象是泽，阳数是 6；客卦是坤卦，卦象是地，阳数是 0。富饶的河泽伸展向广阔的大地。形势有利于主方，主方应当紧紧抓住良好机遇果断地决策，积极行动，切不要错失良机。

结构和卦爻辞

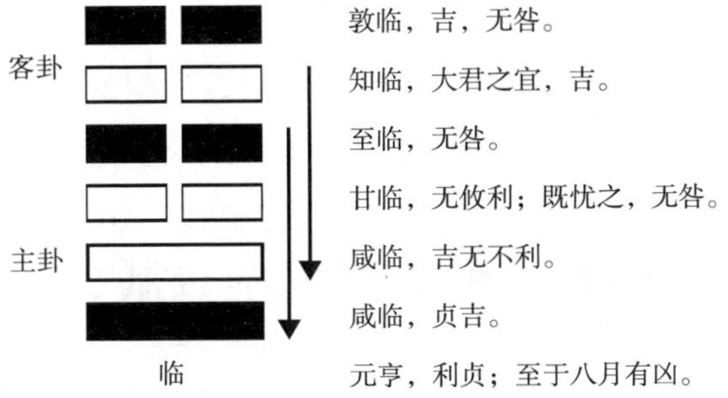

图 3-15-4　临卦的结构与卦爻辞

临卦结构和卦爻辞图中有两个箭头，表示两种和谐关系。第一个箭头从第四爻指向第一爻，这两条爻分别代表主方的行动和客方的行动。第一爻是阳爻，代表主方积极主动，可能有利于主方发展和开拓；第四爻是阴爻，代表客方消极被动，正好是主方积极发展的好机会。这是一种对主方有利的和谐关系，图中这两条爻都是黑色，表示都是当位的爻。第二个箭头从第五爻指向第二爻，这两条爻分别代表主方素质和客方素质，第二爻是阳爻，表示主方素质良好，比如说，主方很富有，有可能受到客方掠夺，是潜在的对主方不利因素；第五爻是阴爻，表示客方素质不佳，比如说，很贫困，正想掠夺主方的利益。这种和谐关系对主方不利，图中，这两条爻都是白色，表示都不当位，也就是说这两条爻都对主方不利。然而，综合考虑这两种和谐关系，在主方积极谋求发展的时候，可以利用自己的良好素质，满足客方需要，从而可以让客方为自己服务，以获取更多利益，这是对主方很有利的形势，所以临卦的卦辞中说，“元亨，利贞”，非常顺利，利于坚持下去。

余下的一对爻，第三爻和第六爻，都是阴爻，分别代表主方态度和客方态度，代表双方都是态度随和，有对立，没有和谐，也没有冲突。第三爻是白色，表示这是潜在的对主方不利因素，主方有可能受到客方制约；第六爻是黑色，表示这是当位的爻，是潜在的对主方有利因素，主方有可能制约客方。这种对立关系，表示主方既没有制约客方，也没有受客方制约。然而，事物总是在变化中，客方的变化并不决定于主方，而是决定于客方，如果客方阴中有阳，采取一些强硬措施，则对主方不利，主方应当有应对这种不利状态的准备，所以卦辞又说，“至于八月有凶”。除此之外，也要估计到第四爻可能发生变化，客方由消极被动转变成积极主动，这将使整个形势向对主方不利的方向变化，不过这种可能性比较小，因为这是从坤卦到震卦的变化，必须越过一个从量变到质变的关键点，客卦的阳数从 0 猛增到 4。

临卦的结构和卦爻辞图的右边是爻辞，爻辞是说明爻的，与爻一一对应，卦中爻的顺序由下到上，图中爻辞的顺序也是由下到上。正如卦中的六条爻是一个整体一样，六条爻辞也是一个整体。如果删去判断词，可以看出实际上六条爻辞就是一首围绕如何面对即将到来的事物的散文诗，下面是其译文：

即将来临的东西（也许是）咸的。
即将来临的东西（也许很）咸。
即将来临的东西（也许是）甜的。
即将来临的东西（已经）到了。
（应当）知道来临的东西（到底是什么味道），这是决策者应当做的事。
（应当）敦厚地（实事求是地）对待来临的东西。

上面已经说明卦辞中的判断词，“元亨，利贞”，反映了卦的结构，同样道理，爻辞中的判断词也是反映爻在卦的结构中的状态。下面逐条说明卦爻辞。

卦辞

元亨，利贞；至于八月有凶。

〔译文〕进展很顺利，利于坚持下去，八月以后可能有凶险。

〔解说〕这是临卦的卦辞，它综合地说明当前主客双方的状态。“元亨”，事情进展很顺利。“利贞”，利于坚持下去。当前主客力量对比悬殊，非常有利于主方，主方进展很顺利。这种有利形势应当坚持下去。主方的积极行动正好利用客方的被动。所以卦辞说“元亨，利贞”。

然而，这种有利主方的情况并不是永恒不变的。临卦的客卦是 0 卦，坤卦，表示客方素质不佳，被动而又顺从。不过，这种状态不一定持久。目前客方态度随和，然而，客方也可能采取一些强硬措施，这样形势将会变化。而且事物自身的变化循八卦图所表示的螺旋形规律，在积蓄充分能量以后，客方会自然地由0卦坤卦的状态变化到4卦震卦的状态。到那个时候，主方的有利时机将成为过去，所以卦辞说“至于八月有凶”。“八月”形象地表示一个比较长而又不很长的时间，不是八月份，也不是指从现在起的第八个月。《易》用形象的语言警告主方在可以预见的不久未来，这有利形势将会变化。主方应当紧紧抓住良好机遇果断地决策，积极行动，切不要错失良机。

爻辞

一阳，咸临，贞吉。

〔译文〕即将来临的东西也许是咸的，坚持下去吉利。

〔解说〕这是临卦第一爻爻辞，说明主方的行动。阳爻，表示主方的行动是阳。第一爻是阳爻，表示主方积极主动地谋取和扩大自己的利益，比如说，创新、创业、投资、进攻、求职、示爱，等等。“咸”，是盐的味道，如咸菜、咸鱼、不咸不淡，等等。爻辞肯定了主方的积极主动行为，建议用主动促进胜利的到来，坚持主动。

〔结构分析〕第一爻是主卦下爻，其位置是阳位。这条爻是阳爻，阳爻在阳位，当位，又与四阴有应。当位表示主方积极主动有可能利于获取更多利益，是潜在的对主方有利因素；有应表明客方消极被动，是主方积极发展的好机会，这潜在因素成了真实的对主方有利因素，主方应当坚持积极主动，这样对主方有利，所以爻辞说“贞吉”。

二阳，咸临，吉无不利。

〔译文〕即将来临的东西也许很咸，吉利，没有不利的事情。

〔解说〕这是临卦第二爻爻辞，阳爻，说明主方素质良好，比如说，主方有资金、有地位、有权力、有实力、有技术，等等。另一方面，代表客方素质的第五爻是阴爻，第二爻与第五爻是一阴一阳，有应，是有利因素。这表示主方占有实力上的巨大优势，这优势是主方取得胜利的保证。由于实力对比的优越，主方向客方主动，“吉无不利”。“咸临”，与第一爻爻辞中的“咸临”同样的意思，是对即将来临的事物的推测，用味道形象地说明事物的性质。

〔结构分析〕第二爻是主卦中爻，其位置是阴位。这条爻是阳爻，阳爻在阴位，不当位，与五阴有应。不当位表明主方素质良好，有可能在与客方交往中遭受损失，是潜在的对主方不利因素；有应表明客方素质不佳，需要从主方得到补足，这潜在因素成了真实的对主方不利因素。然而，由于存在主方主动客方被动的有利因素，主方有可能依靠自己的良好素质使客方屈服。综合起来看，主方的良好素质实际上是对主方很有利，所以爻辞说“吉无不利”。

三阴，甘临，无攸利；既忧之，无咎。

〔译文〕即将来临的东西也许是甜的，没有什么有利的事；既然担忧不利之事，无所怪罪。

〔解说〕这是临卦第三爻爻辞，阴爻，表示主方态度随和。“甘”（gān）是甜的意思。从字面上解释，“甘临”，即将来临的东西也许是甜的。这种情况下，就有可能对未来抱有幻想。爻辞指出这种幻想对夺取胜利和巩固胜利没有任何好处，“甘临，无攸利”。如果认识到这点，为可能发生的问题而担忧，就无可怪罪，“既忧之，无咎”。在用词方面，第一爻与第二爻爻辞中的“咸”和这条爻辞中的“甘”是二种味道，是生活语言，没有玄奥的地方。

〔结构分析〕第三爻是主卦上爻，其位置是阳位。这条爻是阴爻，阴爻在阳位，不当位，并且与六阴不有应。不当位表明主方态度随和，有可能受到客方制约，是潜在的对主方不利因素；不有应表明客方态度也随和，这不利因素没有成为真实的不利因素。由于存在这种不利的潜在因素，所以爻辞说“无攸利”。由于这只是潜在因素，不是真实的对主方不利因素，所以爻辞说“既忧之，无咎”。第三爻又是对第二爻的补充，这种随和态度是素质不够好的反映，是实力不足的表现，不能强求态度强硬。主方可以保持现状，通过积极主动地发展，继续改善素质。

四阴，至临，无咎。

〔译文〕即将来临的东西已经到了，无所怪罪。

〔解说〕这是临卦第四爻爻辞，阴爻，表示客方处于消极被动状态。“至临”，达到了面临的状态，就是说，主动的主方利用客方的被动而取得了胜利。主方正确地利用了客方被动的有利时机，无所怪罪。

〔结构分析〕第四爻是客卦下爻，其位置是阴位。这条爻是阴爻，阴爻在阴位，当位，又与一阳有应。当位表明客方的消极被动有可能是主方发展的好机会，是潜在的对主方有利因素；有应表明主方积极主动，正好可以利用客方消极被动的好机会，这潜在因素成了真实的对主方有利因素。不过，客方的行动决定于客方，主方不可能控制，主方应当有情况变化的准备，所以爻辞只是说“无咎”。对比之下，第一爻有“贞吉”，同是有应的爻，第一爻与此爻不同，这是因为第一爻由主方决定。

五阴，知临，大君之宜，吉。

〔译文〕知道已经来临的东西的味道，这是领导人的适当做法，吉利。

〔解说〕这是临卦第五爻爻辞。这条爻表示客方素质，阴，说明素质不佳，比如说，资金缺乏、地位低下、实力薄弱、教育程度低，等等。“知临”指对面临的现实作深刻了解，既看到有利方面，也要注意到潜在危险。“大君之宜”中的“大君”与师卦第六爻爻辞中的“大君有命”中的“大君”是一个意思，都指国家领袖。“知临”是国家领袖适当的做法，“大君之宜”。如此，则对主方有利，“吉”。言外之意，如果不“知临”，对面临的现实没有清醒认识，则不一定吉利。

〔结构分析〕第五爻是客卦中爻，其位置是阳位。这条爻是阴爻，阴爻在阳位，不当位，与二阳有应。不当位表明客方素质不佳，有可能掠夺主方的利益，是潜在的对主方不利因素；有应表明主方素质良好，很有可能受到客方损害，这潜在因素成了真实的对主方不利因素。然而，由于主方积极主动谋求发展，客方消极被动适应主方需要，主方可以依靠良好素质制服客方，或者让客方做对于主方有益的事，这对主方来说吉利，所以爻辞说“吉”。

六阴，敦临，吉，无咎。

〔译文〕敦厚地对待来临的事物，吉利，无所怪罪。

〔解说〕“敦”，诚恳；诚心诚意：敦请，敦促，敦聘。这是临卦第六爻爻辞。第六爻表示客方态度，阴爻表示客方态度随和。“敦临”，诚恳地对待来临的事物，不是犹豫不决，不是模棱两可，而是诚恳地对待客方，以阳对阴，明确地要求客方服从和遵循主方的指示、规定和法规。如果这样做，就对主方有利，“吉”；无所怪罪，“无咎”。言外之意，如果不是诚恳地对待客方和处理面临的各种事务，就不一定对主方有利，就应当有所怪罪。

〔结构分析〕第六爻是客卦上爻，其位置是阴位。这条爻是阴爻，阴爻在阴位，当位，然而与三阴不有应。当位表明客方态度随和，有可能接受主方制约，是潜在的对主方有利因素；不有应表明主方态度也随和，不能制约客方，这潜在因素没有成为真实的对主方有利因素。同时，第六爻是对第五爻的补充，这两条爻都是阴爻，表示客方素质极差，客方的随和态度是素质极差的反映。由于主方积极主动，并且有良好素质，而客方消极被动，素质极差，主方有可能阴中有阳，采取适当的强硬措施制约客方，所以爻辞说“吉，无咎”。

7:0 卦，泰（在周易中，第 11 卦）

泰卦展示“泰”形势下各种变化的可能性。“泰”是安定的意思。泰卦的代号是 7:0，主卦是乾卦，卦象是天，阳数是 7；客卦是坤卦，卦象是地，阳数是 0。整个形势像是天与地形成一个和谐世界，主方应当利用当前全面和谐的好形势，给予客方实惠，从而取得更多利益。

结构和卦爻辞

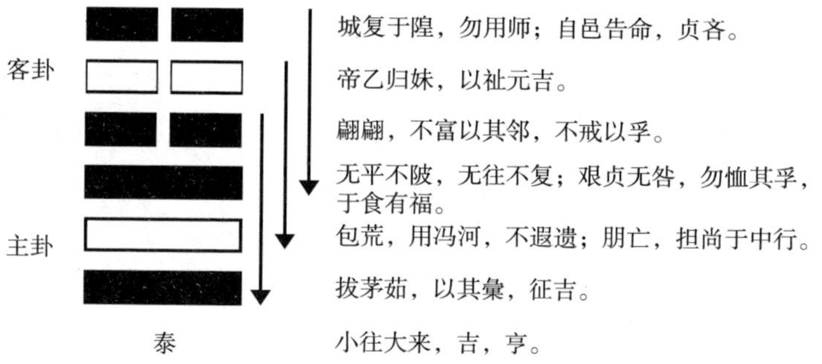

图 3-15-5　泰卦的结构与卦爻辞

如下图 3-15-5，泰卦下面的三条爻是主卦，代表主方的状态；上面的三条爻是客卦，代表客方的情况。图中，黑色的爻表示当位的爻，就是说，从主方的角度考虑，阴阳属性对主方可能有利；白色的爻表示不当位的爻，就是说，该爻的阴阳属性对主方可能不利。图中的箭头表示爻之间的有应关系，有应表示主卦与客卦的相应一对爻是一阴一阳，阴阳和谐；不然，不有应，不和谐。图的左边是爻辞，爻辞是说明爻的，与爻一一对应，顺序是由下到上。图的下边，泰是卦名，其后是卦辞。卦辞是从总体上说明卦的含义。

图中有三个箭头，表示主卦和客卦的三对爻全部和谐，其中，两对爻的起端和终端都是当位的爻，当位而又有应，是对主方有利因素，主方应当坚持下去。有一个箭头的起端和终端是不当位的爻，不当位而有应是对主方不利因素。

这对不当位而有应的爻是主卦和客卦中爻，代表主方和客方素质。主卦中爻是阳爻，表示主方素质良好，有可能在与客方的交往中受到损失；客卦中爻是阴爻，表示客方素质不佳，需要从主方取得补益。正好主方良好素质满足客方需要，主方将不可避免地在与客方交往中受到损失，所以说这是对主方不利因素。

然而，从总体上考虑，由于主方积极进取，客方消极被动，主方态度强硬，客方态度随和，主方可以依靠良好素质，在满足客方需要的同时，逼使客方按主方意图行事，从而主方可以得到更多利益，所以卦辞说“小往大来”。给予客方一些利益，这是“小往”；取得更多利益，这是“大来”。其结果对主方非常有利，“吉”。主方的进展可以很顺利，“亨”。

泰卦的爻辞具体地说明主方如何可以做到“小往大来”。如果删去判断词，六条爻辞就是一首完整的关于如何做到“小往大来”的大纲。下面是其译文：

像是拔柔软的小草，将草叶汇聚在一起。（维持统一）

包括荒凉的原野，越过河川，不遗漏遥远地方，广阔无与伦比，公正的行为得到尊崇。（处事公正）

没有平坦而无斜坡的地方，没有往前而无反复的路，不用担忧他们的信任，给予食物就有福气。（给予基本福利）

轻快地行事，不以取得邻居的利益而富裕，以诚恳取得信任，他们不再戒备。（取信于民）

像帝乙出嫁妹妹，以此得到他们的福佑。（亲密沟通）

他们的城墙倒复在城壕中，不需用兵，他们来报告国情。（以上是小往，现在是大来）

下面逐条说明卦爻辞。

卦辞

小往大来，吉，亨。

〔译文〕付出小，收益大，吉祥，顺利。

〔解说〕这是泰卦卦辞，综合说明当前形势。主卦的卦象是天，天有无穷威力；客卦卦象是地，地对天无限顺从。因此，整个形势对主方有利。“小往大来”，交往中主方付出小，收益大。“吉”，形势对主方吉利。“亨”，进展顺利。

爻辞

一阳，拔茅茹，以其彚，征吉。

〔译文〕拔柔软小草的时候，将草叶会合在一起拔；出征吉利。

〔解说〕这是泰卦第一爻爻辞，代表主方的行动，阳，表示主方积极主动地谋取和扩大自己的利益，比如说，创新、创业、投资、进攻、求职、示爱，等等。“茅”，草本植物。“茹”（rú），柔软：柔茹而寡断。“彚”（huì），会合。主方与客方的利益像草一样缠合在一起。第四爻是阴爻，客方被动，因此，客方依附于主方。如果主方主动，吉利。在主方采取积极主动的时候，需要考虑客方利益，并且协同客方一起行动，“拔茅茹，以其彚”。爻辞没有说不主动就不吉利的意思。“出征”，可以更广义地解释为对客方采取主动行动，不一定非得要采取战争形式。

〔结构分析〕第一爻是主卦上爻，其位置是阳位。这条爻是阳爻，阳爻在阳位，当位，并且与四阴有应。当位表明主方积极主动，可能有利于发展，从而取得更多利益，是潜在的对主方有利因素；有应表明客方消极被动，是主方发展的好机会，这潜在因素成了真实的对主方有利因素，所以爻辞说“征吉”。

二阳，包荒，用冯河，不遐遗；朋亡，得尚于中行。

〔译文〕包括荒凉的原野，越过河川，不遗漏遥远地方，广阔无与伦比，公正的行动得到尊崇。

〔解说〕这是泰卦第二爻爻辞，这是阳爻，表示主方素质是阳，比如说，主方有资金、有地位、有权力、有实力、有技术，等等。“包荒”中“包”，指包括，无所不包。“荒”，荒野，落荒而逃。“冯”，指涉水。“遐”（xiá）是远，遐方。“朋”，比，伦比，硕大无朋。“尚”（shàng）是尊崇，高尚。主方良好素质是对积极主动行动的有力支持，主方应当充分发挥自己力量，用自己的力量强化主客双方关系，“包荒，用冯河”。“中行”，不左不右地走中间。在广泛的范围内，主方处事不偏不向，公正公平，取得客方尊重。

〔结构分析〕第二爻是主卦中爻，其位置是阴位。这条爻是阳爻，阳爻在阴位，不当位，并且和五阴有应。不当位表明主方良好素质有可能在与客方交往中遭受损失；有应表明客方素质不佳，需要从主方取得补益，这潜在因素成了真实的对主方不利因素。然而，由于主方积极主动，客方消极被动，以及主方态度强硬，客方态度随和，主方有可能依靠良好素质逼使客方按自己的意图行事，这实际上对主方有利。不过主方应当处事公平，取得客方尊重，这样主方的良好素质才能真正发挥作用，所以爻辞强调“得尚于中行”。

三阳，无平不陂，无往不复；艰贞无咎，勿恤其孚，于食有福。

〔译文〕没有平坦而无斜坡的地方，没有往前而无反复的路，艰苦坚持就无所怪罪，不用担忧他们的信任，给予食物就有福气。

〔解说〕这是泰卦第三爻爻辞，阳爻，表示主方态度强硬。“恤”，忧虑。在与客方交往中，可能会有许多问题，许多反复，主方态度不宜过分强硬，应当比较灵活而柔和地处理双方关系中的各种问题，要认识到，“无平不陂，无往不复”，如果艰苦地坚持下去，就无所怪罪。不用担心客方是否信任主方，如果主方为客方做些实事，主方就有福气，“于食有福”。

〔结构分析〕第三爻是主卦上爻，其位置是阳位。这条爻是阳爻，阳爻在阳位，当位，又与六阴有应。当位表明主方强硬态度可能有助于主方制约客方，是潜在的对主方有利因素；有应表明客方态度随和，接受主方制约，这潜在因素成了真实的对主方有利因素。不过，第三爻是对第二爻的补充，这两条爻都是阳爻，表明主方素质非常好，实力极强，这样就可能对客方过于强硬，从而引起客方不信任。为了取得客方信任，主方态度应当强硬适当，不能过度，还要以自己良好素质为客方做实事，所以爻辞强调“艰贞无咎”，“于食有福”。

四阴，翩翩，不富以其邻，不戒以孚。

〔译文〕轻快地行事，不以取得邻居的利益而富裕，以诚恳取得信任，他们不再戒备。

〔解说〕这是泰卦第四爻爻辞，阴性。“翩”，很快地飞，翩翩，轻快地飞舞。这条爻表示客方行动被动，客方顺从主方，为主方的积极行动创造了良好条件。结合主客形势，这条爻辞的意思是：主方轻快地进入客方利益领域；主方不损伤客方利益，诚意对待客方，使客方不加戒备。主方不宜依仗自己的实力损害客方利益，“翩翩，不富以其邻”，而应当与客方协同，在协同合作中，以诚信取得客方信任，通过发展与开拓，取得自己的利益。

〔结构分析〕第四爻是客卦下爻，其位置是阴位。这条爻是阴爻，阴爻在阴位，当位，并且和一阳有应。当位表明客方消极被动有可能为主方发展提供方便，是潜在的对主方有利因素；有应表明主方积极主动，正好利用客方提供的机会，这潜在因素成了真实的对主方有利因素。不过，主方应当尊重客方利益，取得客方信任，才有利于主方发展，所以爻辞强调“不戒以孚”。

五阴，帝乙归妹，以祉元吉。

〔译文〕像帝乙出嫁妹妹，以此得到他们的福佑，非常吉利。

〔解说〕这是泰卦第五爻爻辞，阴，表示客方素质不佳，比如说，资金缺乏、地位低下、实力薄弱、教育程度低，等等。“祉”（zhǐ），福。“帝乙归妹”是历史典故，这里用历史典故说明主方与客方建立亲善关系。“妹”指少女，“归妹”指嫁女。主方素质良好，主方以自己良好素质帮助客方，像帝乙归妹那样，主方与客方建立亲善关系，以此主方受益，非常吉利。

〔结构分析〕第五爻是客卦中爻，其位置是阳位。这条爻是阴爻，阴爻在阳位，不当位，并且与二阳有应。不当位表明客方素质不佳，有可能向主方索取利益，是潜在的对主方不利因素；有应表明主方素质良好，有可能满足客方需要，这潜在因素成了真实的对主方不利因素。然而，由于主方积极主动，客方消极被动，以及主方制约客方，主方有可能给予客方实惠而同时获得更多利益，这种情况对主方非常有利，所以爻辞说“元吉”。

六阴，城复于隍，勿用师；自邑告命，贞吝。

〔译文〕他们的城墙倒复在城壕中，不需用兵，他们来报告国情，坚持下去就过分。

〔解说〕这是泰卦第六爻爻辞，阴，表示客方态度随和。“复”（fù），翻倒。“隍”（huáng），没有水的城壕。“邑”（yì），都城，古时指诸侯国国家。这里，“邑”指客方。“告命”，报告情况。《左传》有段说：“宋不告命，故不书。”意思是：宋国没有报告情况，所以不写入春秋。“城复于隍”形象地指客方态度随和，“勿用师”指主方不需要对客方采取强硬措施。“自邑告命”，从这个诸侯国有使者来报告情况了，以此为比喻，说明客方服从主方了。

〔结构分析〕第六爻是客卦上爻，其位置是阴位。这条爻是阴爻，阴爻在阴位，当位，又与三阳有应。当位表明客方态度随和，可能有利于主方按自己的意图行事，是潜在的对主方有利因素；有应表明主方态度强硬，正好可以利用客方的随和态度按自己的意图办事，这潜在因素成了真实的对主方有利因素。然而，第六爻是对第五爻的补充，这两条爻都是阴爻，表示客方素质很差，力量极薄弱，而相比之下，主方实力极强，主方有可能对客方过于粗暴和傲慢，这种情况对主方不利，所以爻辞强调“贞吝。”主方态度不宜过分强硬。

3:0 卦，升（在周易中，第 47 卦）

升卦展示“升”形势下各种变化的可能性。“升”指提升。升卦的代号是 3:0，主卦是巽卦，卦象是风，阳数是 3，特性是有力而顺从；客卦是坤卦，卦象是地，阳数是 0，特性是广大而适应。主方像风一样轻松地飘过宽广的原野，刮得尘土飞扬，从地面升起。主方在消极被动状态下，应当阴中有阳，适时采取主动，利用客方对自己的依赖，更强地控制客方，维护和增加自己的利益。

结构和卦爻辞

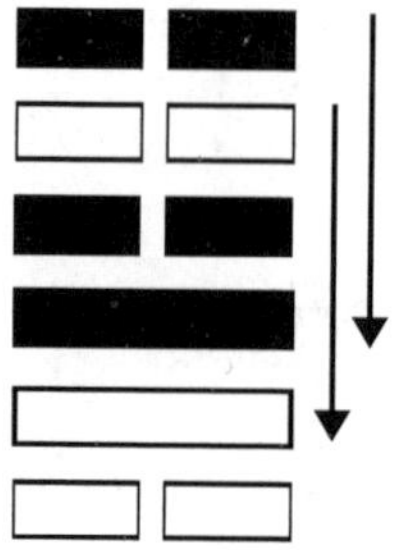

图 3-15-6 升卦的结构与卦爻辞

升卦下面的三条爻是主卦，代表主方；上面的三条爻是客卦，代表客方。六条爻中有白色的，有黑色的。白色表示该爻不当位，也就是说，位置不恰当，对主方可能不利，主方应当考虑改变该爻所代表的要素的情况；黑色表示该爻当位，也就是说位置恰当，对主方可能有利，主方应当考虑保持该爻所代表的要素的情况。图中有两个箭头，表示和谐关系。一个箭头从第五爻指向第二爻，这两条爻分别代表主方素质和客方素质，箭头表示在素质方面，主客双方是和谐的，这种和谐状态下，素质不佳的客方从素质良好的主方取得补益，对客方有利，对主方不利。尽管对主方不利，主方可以为客方做贡献，维持和谐稳定的双方关系，从而取得更多利益。另一个箭头从第六爻指向第三爻，这两条爻分别代表客方态度和主方态度，客方态度随和，主方态度强硬，主方可以制约客方，逼使客方按主方意图办事，对主方有利，主方应当努力维持这种和谐状态，主方可以利用这个有利要素，依靠素质上的优势，提升自己的地位，所以卦名为升，卦辞说“元亨”，非常顺利，“用见大人”，利用良好的素质表现为大人物。剩下的两条爻是不有应的爻，都是阴爻，不和谐而对立。第一爻代表主方的行动，阴爻，表示主方消极被动，有可能不能保护自己的利益免受损失，是潜在的对主方不利因素。第四爻表示客方消极被动，客方并不想损害主方利益，反而是主方谋求发展的好机会，这潜在因素没有成为真实的对主方不利因素，所以卦辞说，“勿恤”。第一爻是关键，主方应当努力改变第一爻，然而，要完全扭转消极被动为积极主动很难，主方已经发生了从成长到衰落的质变，从乾卦到巽卦是一个量变到质变的关键点，主方已经不知不觉地越过了这个关键点，要变回去很难。不过，主方可以阴中有阳，在消极被动状态下，适时采取一些积极主动的措施，这对主方有益，所以卦辞说“南征吉”。

图右是爻辞，爻辞与爻一一对应，给完全抽象的爻作少许具体的说明。就像卦是一个整体一样，六条爻辞也是一个整体，阐述“升”这个主题，同时针对爻在卦中的地位，加了判断词。如果删去判断词，就可以看出六条爻辞是一首完整的围绕“升”这个主题的散文诗，下面是其译文：

允许上升了，（上升需要允许）
用祭祀表示诚意吧。
在空虚的城邑上升起来了，（上升是空虚的）
国王到岐山来亨祭祖先。
踏着阶梯上升啊，（逐步上升）
糊里糊涂地上升！（上升是愚昧的）

爻辞也表明当前情况对主方不是很有利，主方可以上升，但是必须得到客方允许，而且，没有什么利益可得，是空虚的上升，甚至是糊里糊涂的上升。之所以如此，一方面是主方已经从成长转变为衰落，由积极主动转变为消极被动；另一方面，客方素质太差，没有什么主方能够获取的东西。所以，卦辞只是说“元亨”，即使有个“吉”，也是“南征吉”，不向南出征就不一定吉利。

下面逐条解说卦爻辞。

卦辞

元亨，用见大人，勿恤，南征吉。

〔译文〕很顺利，用于表现为大人物，不要担忧，向南方出征吉利。

〔解说〕客方适应于主方，主方的事情可以进展得很顺利。客方素质不佳，而主方素质良好，主方应当利用当前的好形势表现得像大人物。主方也有弱点，不要担心，只要方向对头，往前发展就吉利。古时候，南方比较温暖，不发达，向南方发展是正确的方向。

爻辞

一阴，允升，大吉。

〔译文〕 允许升起，大为吉利。

〔解说〕 第一爻代表主方的行动，阴，表示主方消极被动，比如说，防守、退却、不想冒险、不想探索或开辟新的发展领域、只求保持现状，等等。主方顺应客观形势而动。客方适应于主方，允许主方发展，主方顺应这种好形势，对主方很吉利。

〔结构分析〕 第一爻是主卦下爻，其位置是阳位。这条爻是阴爻，阴爻在阳位，不当位，和四阴不有应。不当位表明主方消极被动，有可能受到客方攻击而遭受损失，是潜在的对主方不利因素；不有应表明客方也消极被动，不想攻击主方，这潜在因素没有成为真实的对主方不利因素。如果主方阴中有阳，在条件允许的情况下采取一些主动措施，主方有可能利用客方被动的机会取得发展，所以爻辞说“大吉”。这个“大吉”的判断词是以“允升”为条件的，主方必须有效地利用客方消极被动的机会才“大吉”。

二阳，孚乃利用禴，无咎。

〔译文〕 诚恳，乃利用简单的祭祀，无所怪罪。

〔解说〕 第二爻代表主方素质，阳，表示主方素质良好，比如说，主方有资金、有地位、有权力、有实力、有技术，等等。主方利用自己的良好素质对客方做贡献，表现出诚信，这是应当的，无所怪罪。“禴”（yuè），古同“礿”，祭名，中国夏商两代在春天举行，周代在夏天举行。这里，“禴”是一种形象比喻，建议主方对待客方像对待鬼神一样作祭祀，以表达诚意。

〔结构分析〕 第二爻是主卦中爻，其位置是阴位。这条爻是阳爻，阳爻在阴位，不当位，并且与五阴有应。不当位表明主方的良好素质有可能在与客方交往中受到损失，是潜在的对主方不利因素；有应表明客方素质不佳，需要从主方获益，这潜在因素成了真实的对主方不利因素。由于存在这种不利因素，主方应当为客方做出贡献，这是当前的客观情况，主方不应当受到怪罪，所以爻辞说“无咎”。

三阳，升虚邑。

〔译文〕 在空虚的城邑上升起。

〔解说〕 第三爻代表主方态度，阳，表示主方态度强硬。客方态度随和，可以适应主方，主方的强硬态度并不妨碍主方取得成功。不过，客方素质不佳，主方不能得到什么利益。主方在这个城邑上升起了，然而，这个城邑是空虚的。“邑”（yì），城市，都城，城邑，古时候有时指诸侯国。

〔结构分析〕 第三爻是主卦上爻，其位置是阳位。这条爻是阳爻，阳爻在阳位，当位，又与六阴有应。当位表明主方态度强硬，有可能制约客方，是潜在的对主方有利因素；有应表明客方态度随和，接受主方制约，这潜在因素成了真实的对主方有利因素。由于客方素质极差，尽管存在此有利因素，主方并不能得到实际利益，所以，爻辞中没有判断词。

四阴，王用亨于岐山，吉，无咎。

〔译文〕 王在岐山献祭品，吉利，无所怪罪。

〔解说〕 第四爻代表客方的行动，阴，表示客方消极被动，比如说，防守、退却、不想冒险、不想探索或开辟新的发展领域、只求保持现状，等等。“王”指周文王，在这里代表主方，主方应当对客方有所贡献，“用亨于岐山”，得到客方支持，从而取得自己的发展，形势对主方吉利。主方对客方作奉献，有利于主方发展，是应当的，无所怪罪。“亨”，献。古时候，“岐山”在周国，是周文王平常作祭祀的地方。

〔结构分析〕 第四爻是客卦下爻，其位置是阴位。这条爻是阴爻，阴爻在阴位，当位，然而与一阴不有应。当位表明客方消极被动，有可能是主方发展的好机会，是潜在的对主方有利因素；不有应表明主方也消极被动，不能利用这样的好机会，这潜在因素没有成为真实的对主方有利因素。由于这只是潜在的有利因素，主方必须对客方有所贡献，才可能实际上做些有利主方的事，所以爻辞说“王用亨于岐山，吉”。对客方做些贡献是应当的，所以“无咎”。

五阴，贞吉，升阶。

〔译文〕坚持下去吉利，沿着阶梯上升。

〔解说〕第五爻代表客方素质，阴，表示客方素质不佳，比如说，资金缺乏、地位低下、实力薄弱、教育程度低，等等。而与此相反，主方素质良好，主方可以利用此机会，帮助客方，从而取得自身发展，这样坚持下去，是吉利的。主方可以像登台阶一样，一步一步地上升。

〔结构分析〕第五爻是客卦中爻，其位置是阳位。这条爻是阴爻，阴爻在阳位，不当位，并且与二阳有应。不当位表明客方素质不佳，有可能损害主方利益，是潜在的对主方不利因素；有应表明客方素质良好，正好可以满足客方需要，这潜在因素成了真实的对主方不利因素，这是一种对主方不利的和谐。尽管这是个不利因素，由于主方制约客方，主方的损失是有限的，并且主方可以利用客方对自己的依赖，更强地控制客方，有利于维护主方的利益，所以，实际上这里的和谐对主方有利，主方应当坚持下去。如果主方坚持下去，对客方作适当贡献，其结果对主方吉利，所以爻辞说“贞吉”。

六阴，冥升，利于不息之贞。

〔译文〕糊里糊涂地上升，有利于不停息地坚持。

〔解说〕第六爻代表客方态度，阴，表示客方态度随和。客方可以适应主方的强硬态度，受主方制约，可是客方素质极差，主方不仅不能从客方获取利益，反而要为客方做贡献，损失利益。形势如此，主方不得不如此，主方上升了，例如，地位提高了、名誉更高了，等等，而实际效果不显，所以说，这种上升是“冥升”，是糊里糊涂地上升。坚持不懈地做下去，还是有利的。“冥”（míng），昏暗，糊涂，愚昧：冥顽不灵。

〔结构分析〕第六爻是客卦上爻，其位置是阴位。这条爻是阴爻，阴爻在阴位，当位，又与三阳有应。当位表明客方态度随和，有可能受到主方制约，是潜在的对主方有利因素；有应表明主方态度强硬，正好可以制约客方，这潜在因素成了真实的对主方有利因素，所以爻辞说“利于不息之贞”。第六爻是对第五爻的补充，这两条爻都是阴爻，表示客方素质极差，实力非常薄弱，主方不能从客方得到利益，反而要为客方做贡献，所以爻辞没有用“吉”之类的对主方更有利的判断词。

2:0 卦，师（在周易中，第 7 卦）

师卦展示像师的形势下各种变化的可能性。“师”指用兵。师卦的代号是 2:0，主卦是坎卦，卦象是水，阳数是 2；客卦是坤卦，卦象是地，阳数是 0。不要以为师卦是专讲军事的，易是哲学，反映事物的普遍性，易的卦具有普遍性。由于卦是绝对抽象的，有了卦名，卦名给出一个比较形象的表述，便于理解卦所代表的情况。师卦不是专用于敌我关系，也可以用于朋友关系、夫妻关系、商务关系等各种各样的双方关系。师卦的主卦的卦象是水，客卦的卦象是地，按说，水可以在地上自由流动，然而事实并非如此，水往低处流，水本身的问题阻碍了它自己在地上扩张。地是温和而顺从的，然而水本身的困难阻碍了水在地上完全畅行无阻。孙子说：“凡兵有走者、有驰者、有陷者、有崩者、有乱者、有北者。凡此六者，非天地之灾，将之过也”，“将弱不严，教道不明，吏卒无常，陈兵纵横，曰乱。”师卦卦爻辞所描述的师，实际上是一种“乱”兵，师卦以此形象比喻建议主方如何运用恰当时机，采取主动行动和强硬态度，摆脱自己造成的困境。

结构和卦爻辞

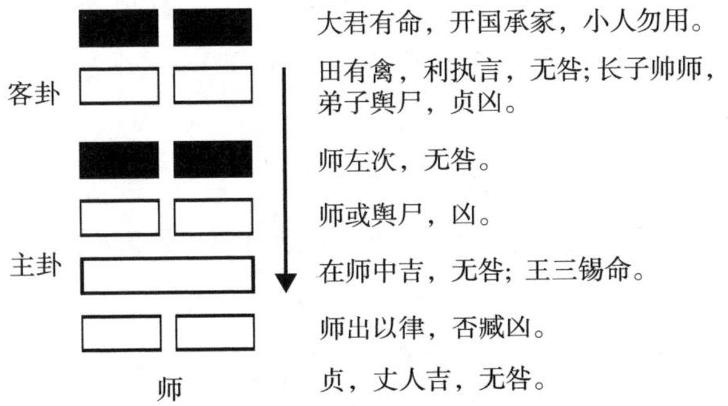

图 3-15-7 师卦的结构与卦爻辞

师卦下部三条爻是主卦，代表主方；上部三条爻是客卦，代表客方。黑色的爻表示当位的爻，就是说，爻的阴阳属性的位置恰当，可能对主方有利；白色的爻是不当位的爻，就是说，爻的阴阳属性的位置不恰当，可能对主方不利。图中显示，主卦的三条爻全部不当位，这说明主方当前困难完全是主方自己造成的。客卦中只有中爻不当位，并且从这条爻有一个箭头指向主卦中爻。这两条爻代表客方和主方素质，箭头表示有应，表示这两条爻和谐，素质不佳的客方从主方的良好素质中得到补益。仅仅从客方在素质方面得益而主方损失利益来看，例如，客方得到主方的资助，这对主方不利，但是换一个角度考虑，主方可以依靠自己的良好素质得到客方信任和支持，实际上对主方是有利的。因此需要考虑改变的是主方的下爻和上爻，就是说需要改变主方的行动和态度，而不需要改变主卦中爻。

不过这两个方面可以改变的程度是有限的。主方消极被动是长期衰落的结果，在成长和衰落的过程中，主方已经经历了从成长到衰落的质变，越过了量变到质变的关键点，要完全扭转被动状态很难，所以卦辞说“贞”，保持现在状态。可以阴中有阳，主方应当在恰当时机采取主动措施，利用客方的消极被动维护和增加自己的利益。

主卦上爻是阴爻，表示主方态度随和。而且第三爻是对第二爻的补充，这随和态度表示主方素质虽然良好但不是很好，主方实力不是非常强，不得不表现得随和。在这方面也是阴中有阳，主方应当恰当地采取强硬态度，维护自己的利益。

主方需要有在恰当时机采取主动行动和强硬态度的智慧，所以卦辞说“丈人吉”。

图的右边是师卦的爻辞，与爻一一对应，按由下到上的顺序排列。如果删去判断词，六条爻辞就是一首以“乱”师为主题，向主方提出建议的散文诗，下面是其译文：

出师前严明纪律，否则包藏凶险。（将弱不严，教道不明）

部队在驻扎中，国王再三授予使命（吏卒无常）。

出师后时或用大车运送尸体。

部队又败退。

田野有野禽，应当明确说清各自的任务；长子率领部队，兄弟用大车运尸（陈兵纵横）。

大君指示说，“开国承家，不能用不称职的人。”（将弱）

下面逐条说明卦爻辞。

卦辞

贞，丈人吉，无咎。

〔译文〕坚持下去，老人是吉利的，无所怪罪。

〔解说〕这是师卦的卦辞。“贞”，坚定，有节操；忠贞，坚贞不屈。“丈人”，平常指岳父，这里指岁数大的人，有经验的成熟的人。“咎”，罪怪，处分：既往不咎。“凶”，不吉利的，不幸的，有危险的：凶兆。卦辞的意思是：主方素质优于客方，这种良好形势应当坚持下去，如果有具备成熟经验的老人作指导，是吉利的，无所怪罪。卦辞中的吉利是有条件的，隐含一个警告：如果指导者不成熟，缺乏经验，就不一定吉利。

爻辞

一阴，师出以律，否臧凶。

〔译文〕出师一开始就强调纪律，否则隐藏凶险。

〔解说〕这是师卦第一爻爻辞。这是一条阴爻，表示主方的行动是阴。主方消极被动，可能出现纪律松弛，主方必须振作起来，严格要求自己，否则隐伏导致失败的危险。

〔结构分析〕第一爻是主卦下爻，其位置是阳位。这条爻是阴爻，阴爻在阳位，不当位，与四阴不有应。不当位表明主方消极被动，有可能不利于保护主方利益，是潜在的对主方不利因素；不有应表明客方也消极被动，客方不想损害主方利益，这潜在因素没有成为真实的对主方不利因素。但是，这潜在因素是存在的，主方应当采取恰当主动措施以防止不利情况发生，所以爻辞说“否臧凶”。

二阳，在师中，吉，无咎；王三锡命。

〔译文〕在战斗中吉利，无所怪罪；国王三次下达命令。

〔解说〕这是师卦第二爻爻辞，这条爻是阳爻，表示主方素质良好，比如说，主方有资金、有地位、有权力、有实力、有技术，等等。这种良好素质是主方的现状，是主方固有的，所以爻辞说，“在师中，吉，无咎”。由于主方消极被动，不能让这种良好素质发挥作用，于是国王再三赋予主方（部队）战胜客方的使命。

〔结构分析〕第二爻是主卦中爻，其位置是阴位。这条爻是阳爻，阳爻在阴位，不当位，又与五阴有应。不当位表明主方的良好素质有可能在相互交往中遭受损失，是潜在的对主方不利因素；有应表明客方素质不佳，正好需要从主方获得补益，这潜在因素成了真实的对主方不利因素。换个角度看，主方给予客方一定的利益，可以取得客方信任，得到客方支持，这对主方很有利。真正有利的情况是现实，打仗就是如此，所以爻辞说“在师中，吉，无咎”。

三阴，师或舆尸，凶。

〔译文〕 战争中有时用大车载运尸体，凶险。

〔解说〕 这是师卦第三爻爻辞，阴爻，表示主方态度随和。由于态度随和，当遇到客方态度强硬的时候，主方可能受到客方制约，从而使主方利益受到损失，在战斗中可能造成本来可以避免的人员伤亡，有时要用大车载运尸体，“师或舆尸”。这种可能不利情况对主方是凶险的，爻辞中有个判断词“凶”。

〔结构分析〕 第三爻是主卦上爻，其位置是阳位。这条爻是阴爻，阴爻在阳位，不当位，与六阴不有应。不当位表明主方态度随和，有可能受到客方制约，是潜在的对主方不利因素；不有应表明客方态度也随和，并没有制约主方，这潜在因素没有成为真实的对主方不利因素，所以爻辞说“或”和“凶”。

四阴，师左次，无咎。

〔译文〕 战争中部队后撤，无所怪罪。

〔解说〕 这是师卦第四爻爻辞。第四爻是客卦下爻，代表客方的行动，阴爻表示客方行动被动。“师左次”是部队后撤的意思，虽然客方的被动提供了主方挺进的机会，但是，鉴于主方的实际情况，不仅不向前推进，反而后撤，这无所怪罪，“无咎”。

〔结构分析〕 第四爻是客卦下爻，其位置是阴位。这条爻是阴爻，阴爻在阴位，当位，然而与一阴不有应。当位表明客方消极被动是主方发展的好机会，是潜在的对主方有利因素；不有应表明主方也消极被动，不能利用这样的好机会，这潜在因素没有成为真实的对主方有利因素，所以爻辞没有说“吉”，而是仅仅说“无咎”。

五阴，田有禽，利执言，无咎；长子帅师，弟子舆尸，贞凶。

〔译文〕 田野有野禽，利于坦率地发表意见，无所怪罪。长子指挥部队，弟子运输尸体，坚持下去有凶险。

〔解说〕 这是师卦第五爻爻辞。第五爻表示客方素质，阴爻，表示客方素质不佳，比如说，资金缺乏、地位低下、实力薄弱、教育程度低，等等。客方力量微弱，提供了主方取胜的机会，如同在田野里有野禽，是捕猎的好机会。这时应当严肃纪律，协调行动，以避免不必要的损失。"执"指坚持意见，如，固执己见，执迷不悟，固执，争执，等等。"田有禽，利执言，无咎"，面对当前大好形势，应当坦率地发表意见，如此，则无所怪罪。"贞"是"坚持"的意思。"长子帅师，弟子舆尸"形象地说明互不通气、各行其是的不协调状态，如果坚持这种不协调状态，前景是危险的，"贞凶"。

〔结构分析〕 第五爻是客卦中爻，其位置是阳位。这条爻是阴爻，阴爻在阳位，不当位，并且与二阳有应。不当位表明客方素质不佳，有可能谋求从主方得到补益，是潜在的对主方不利因素；有应表明主方素质良好，正好可以满足客方需要，这潜在因素成了真实的对主方不利因素。由于主客双方的素质对比情况是现实存在的，不能怪罪主方，所以爻辞说"无咎"。主方消极被动，态度随和，不能保护自己的利益，如果继续下去，主方可能遭受较大损失，所以爻辞说"贞凶"。

六阴，大君有命，开国承家，小人勿用。

〔译文〕 国家领袖发布命令，在开国承家中，不要任用不称职的人。

〔解说〕 这是师卦第六爻爻辞。第六爻是客卦上爻，代表客方态度，态度阴，表示客方态度随和。"大君有命"指国家领袖发布命令。"开国承家"指重要事务。"小人"指能力低下的人。爻辞的意思是领袖发布命令，在开国承家这样的重要事务中，不要任用不称职的人。"大君有命"强调指示的重要性，在实际生活中，不一定非得由领袖发布命令。"开国承家"指重要事务，不一定限于"开国"，也不一定限于"承家"，更不限于"军事"。在重要事务中，不要任用不称职的人，这是一条普遍性原则。如果不称职的人已经承担了重要事务，怎么办？应当在实践中努力学习、锻炼、提高自己的水平，尽快成为称职的人，否则会造成损失。

〔结构分析〕 第六爻是客卦上爻，其位置是阴位。这条爻是阴爻，阴爻在阴位，当位，然而与三阴不有应。当位表明客方态度随和，有可能接受主方制约，按主方意图办事，是潜在的对主方有利因素；不有应表明主方态度也随和，主方不能利用这样的好机会制约客方，这潜在因素没有成为真实的对主方有利因素。因此，爻辞中没有判断词，既没有说对主方有利，也没有说对主方不利。

1:0 卦，谦（在周易中，第 15 卦）

谦卦展示“谦”的形势下各种变化的可能性。“谦”指谦让。谦卦的代号是 1:0，主卦是艮卦，卦象是山，阳数是 1，特性是被动和阻止；客卦是坤卦，卦象是地，阳数是 0， 特性是广大和适应。主卦与客卦的阳数比是 1:0，主卦的阳数高于客卦的阳数。主方像座高山屹立在广阔原野上，谦卦用山塑造了一个谦的形象：谦的人像山一样，从来不贬低自己，也从来不拔高自己，从来不炫耀自己的秀丽，也从来不掩饰自己的秃石和断崖，它总是诚恳地对待周围的一切，也诚恳地对待比它低矮得多的大地，谦是中国人喜爱的品德。由于主客双方都消极被动，素质不佳，主方不得不采取谦让态度，但是，主方应当灵活地采取主动，利用客方的消极被动，并且坚持强硬态度，着力改善素质。

结构和卦爻辞

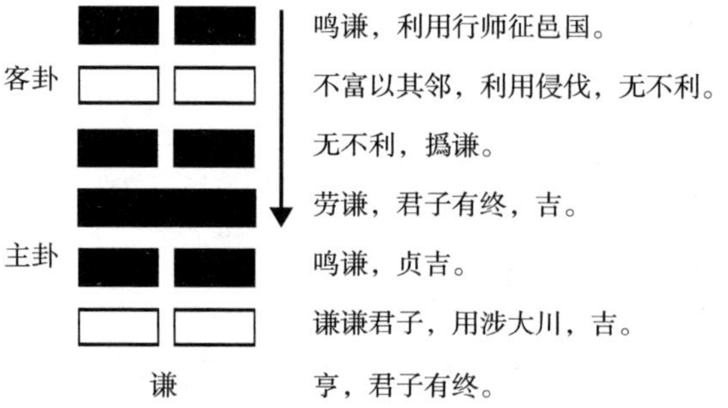

图 3-15-8　谦卦的结构与卦爻辞

谦卦下部三条爻是主卦，代表主方：其下爻是不当位的爻，以白色表示，代表主方消极被动，与客卦下爻不有应，是潜在的对主方不利因素；中爻是当位的爻，以黑色表示，代表主方素质不佳，与客卦中爻不有应，是潜在的对主方有利因素；上爻也是当位的爻，以黑色表示，代表主方态度强硬，与客卦上爻有应，是真实的对主方有利因素。由于存在两个潜在因素和一个真实的对主方有利因素，所以卦辞说“亨”，进展顺利。

客卦下爻与上爻都是当位的爻，是对主方潜在的有利因素和真实的对主方有利因素；中爻是不当位的爻，是潜在的对主方不利因素。客卦方面对主方没有不利因素，主方不须多考虑。

就主卦下爻而言，尽管这是一个潜在因素，然而，由于和它相对应的客卦下爻也是阴爻，这潜在因素没有变为真实的对主方不利因素。如果主方阴中有阳，灵活地采取主动措施，就可以利用客方的消极被动，就有可能取得进展，并且由于坚持强硬态度，主方素质就有可能得到改善，所以卦辞说“君子有终”。

图的右边是爻辞，与爻一一对应，对抽象的爻作比较具体的说明，其顺序和爻的顺序一样，都是从下往上数。如果删去判断词，就可以看出六条爻辞是一首完整的围绕主题“谦”的散文诗，下面是其译文：

谦虚的先生们，可以信赖他们去跨越大江大河。
（他们的）言语谦虚，
（他们在）劳动中谦虚，他们将有良好的终了。
（他们在）交往中谦虚，
（他们）不以损害邻居而使自己富裕，应当重用（他们）去侵略和征伐。
（他们的）言语谦虚，应当重用（他们）行军打仗，征服诸侯王国。

下面逐条说明卦爻辞。

卦辞

亨，君子有终。

〔译文〕顺利，君子有好的终了。

〔解说〕主客双方都是消极被动，互不侵犯对方利益；主客双方素质都不佳，需要互相帮助；主方态度坚定、明朗而坦率；客方态度随和，客方随和地对待主方。所以，事情发展顺利，主方有好的终了。“君子”指谦虚的人。

爻辞

一阴，谦谦君子，用涉大川，吉。

〔译文〕谦虚的人，可以任用于像涉越大江大河这样的重要事务，吉利。

〔解说〕第一爻代表主方的行动，阴，表示主方消极被动，比如说，防守、退却、不想冒险、不想探索或开辟新的发展领域、只求保持现状，等等。主方不干涉客方事务，不侵犯客方利益，行动谦虚。谦虚是君子的品德，谦虚的人可以委以像涉越大江大河这样的重任，这对于主方吉利。

〔结构分析〕这条爻是主卦下爻，其位置是阳位。这是一条阴爻，阴爻在阳位，不当位，和四阴不有应。不当位表明主方消极被动，不利于增加和维护主方利益，有可能让主方利益受到损失，是潜在的对主方不利因素；不有应表明客方也消极被动，不想损伤主方利益，这潜在因素没有成为真实的对主方不利因素。在这种情况下，主方可以阴中有阳，在恰当的时候采取主动，利用客方的消极被动改善自己素质，所以爻辞说“吉”。

二阴，鸣谦，贞吉。

〔译文〕言谈谦虚，坚持下去吉利。

〔解说〕第二爻代表主方素质，阴，表示主方素质不佳，例如，贫穷、体弱、缺乏经验，等等。主方言谈时不掩饰自己的不足，不夸耀自己，坚持下去吉利。

〔结构分析〕这条爻是主卦中爻，其位置是阴位。这是阴爻，阴爻在阴位，当位，然而与五阴不有应。当位表明主方有可能向客方寻取利益，是潜在的对主方有利因素；不有应表明客方素质不佳，不可能让主方获取利益，这潜在因素只是潜在而已，没有成为真实的对主方有利因素。由于存在这种对主方有利的潜在因素，主方应当坚持下去，在主方采取恰当主动措施的时候，主方有可能获益，所以爻辞说“贞吉”。

三阳，劳谦，君子有终，吉。

〔译文〕劳动时谦虚，君子有好的终了，吉利。

〔解说〕第三爻代表主方态度，阳，表示主方态度强硬，例如，态度明朗、坦率以及坚定，等等。在劳动的时候偷懒、态度疲沓、虚伪，等等，都不是谦虚；在劳动时埋头苦干，任劳任怨，在态度上实事求是，明朗、坦率而又坚定，这是谦虚的表现。君子是谦虚的人，最终有好的结局，对于主方吉利。

〔结构分析〕这条爻是主卦上爻，其位置是阳位。这是阳爻，阳爻在阳位，当位，又与六阴有应。当位表明主方态度强硬，有利于制约客方，有可能避免主方的利益受损害，是潜在的对主方有利因素；有应表明客方态度随和，接受主方制约，这潜在因素成了真实的对主方有利因素，所以爻辞说“吉”。

四阴，无不利，撝谦。

〔译文〕没有不利，在辅佐时谦虚。

〔解说〕第四爻代表客方的行动，阴，表示客方消极被动，比如说，防守、退却、不想冒险、不想探索或开辟新的发展领域、只求保持现状，等等。客方需要主方辅佐，主方在与客方合作的时候，不干涉客方事务，没有不利的地方。“撝”（wéi），辅佐。

〔结构分析〕这条爻是客卦下爻，其位置是阴位。这是阴爻，阴爻在阴位，当位，然而与一阴不有应。当位表明客方消极被动，有可能是主方谋求发展的好机会，是潜在的对主方有利因素；不有应表明主方也消极被动，不能利用这个好机会，这潜在因素没有成为真实的对主方有利因素。由于存在这潜在的有利因素，爻辞鼓励主方应当利用这个机会，所以爻辞说“无不利”。

五阴，不富以其邻，利用侵伐，无不利。

〔译文〕不依靠邻居而富裕，利用这样的人去侵略征伐，没有不利。

〔解说〕第五爻代表客方素质，阴，表示客方素质不佳，比如说，资金缺乏、地位低下、实力薄弱、教育程度低，等等。客方需要主方帮助，主方在帮助客方的时候诚心诚意，不从客方谋取自己的利益，这样就能够获得客方信任。客方委任主方以类似侵略和征伐这样的重任，对于主方来说，没有不利的地方。

〔结构分析〕这条爻是客卦中爻，其位置是阳位。这是阴爻，阴爻在阳位，不当位，和二阴不有应。不当位表明客方素质不佳，有可能企图从主方窃取利益，是潜在的对主方不利因素；不有应表明主方素质也不佳，客方不可能从主方窃取利益，这潜在因素没有成为真实的对主方不利因素。不仅如此，由于客方素质不佳，主方有可能满足客方一些需要，取得客方信任，为自己的发展取得方便，所以爻辞说“无不利”。

六阴，鸣谦，利用行师征邑国。

〔译文〕 言谈时谦虚，有利于被委任出兵征伐大夫、诸侯的封地。

〔解说〕 第六爻代表客方态度，阴，表示客方态度随和。客方信任主方明朗、坦率而又坚定的态度，客方尊重而又对主方随和，可以委主方以重任，出兵征伐大夫、诸侯的封地等。“邑国”（yìguó），古代大夫、诸侯的封地。

〔结构分析〕 这条爻是客卦上爻，其位置是阴位。这是阴爻，阴爻在阴位，当位，又与三阳有应。当位表明客方态度随和，有可能受主方制约，是潜在的对主方有利因素；有应表明主方态度强硬，正好可以制约态度随和的客方，便于按主方意图办事，这潜在因素成了真实的对主方有利因素。由于存在这样的对主方有利因素，虽然爻辞中没有“吉”这样的判断词，但是用“利用行师征邑国”这样的描述说明对主方有利。

0:0 卦，坤（在周易中，第 2 卦）

坤卦展示像“坤”的形势下各种变化的可能性。“坤”指地。坤卦的代号是0:0。这个卦用地的形象说明当前主客关系状态。相对于我们所在位置来说，地是静止的，坤卦代表当前关系是静止状态，变化较少；地是广大的，地上万物生长，象征当前关系比较宽松而悠闲。坤卦的主卦和客卦都是经卦坤卦，阳数都是0。静止而广大的两方面，组合在一起，形成一种比较稳定而宽松的关系。主方应当珍视这种关系，顺应形势，努力维持目前状态。不过要注意，静止是暂时的，主方应当作应对变化的准备。

结构和卦爻辞

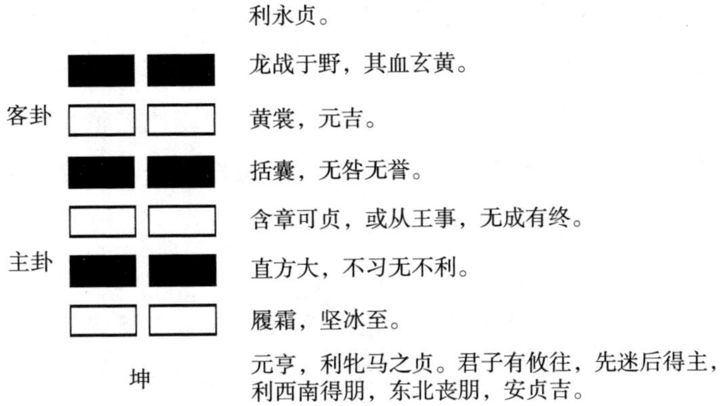

图 3-15-9 坤卦的结构与卦爻辞

坤卦下部三条爻是主卦，代表主方；上部三条爻是客卦，代表客方。主卦与客卦的爻全是阴爻，全部不有应，没有阴阳和谐关系，不过，也没有冲突，只有对立。这六条爻全部都是潜在因素，潜在的对于主方有利因素，或者潜在的对主方不利因素。图中用了两种颜色表示爻：黑色表示当位的爻，阴爻在阴位，是潜在的对主方有利因素；白色表示不当位的爻，阴爻在阳位，是潜在的对主方不利因素。

先看主卦，主卦中的因素是主方可以改变的。上爻和下爻不当位：下爻代表主方的行动，阴爻，表示主方消极被动，主方可以阴中有阳，适当地采取一些主动措施，利用客方消极被动的机会谋取利益；上爻代表主方态度，阴爻表示主方态度随和，主方也可以阴中有阳，适当采取强硬态度制约客方，保护和增加主方利益。不过，这两种阴中有阳的措施都是暂时的，很难维持长久，因为，主方素质非常差，极端虚弱，没有足够力量长期维持主动和强硬态度。比较现实的办法是随其自然，主方什么都不特意去做。由于事物本身的变化符合螺旋形发展规律，过了坤卦就是震卦，主方可能自然地向震卦所代表的状态发展。需要说明，这种变化很不容易发生，就像是十月怀胎一样，要经历一段艰苦的孕育时期，才能有婴儿新生，也就是说需要经过一个量变到质变的关键点，阳数从 0 增加到 4，主方才能从 0 卦坤卦所代表的状态转变成 4 卦震卦所代表的状态。

至于客卦方面，上爻和下爻都是当位的爻，只有中爻不当位，但是中爻代表客方素质，表示客方素质比较差，力量很弱，有可能是主方发展的好机会。总之，主方不必考虑客卦方面的因素。

根据当前形势，主方应当随其自然，顺应客方，顺应一切，耐心等待情况自然地向有利于主方的方向发展。

图的下方是卦辞，卦辞比较形象地告诉主方应当随其自然，“元亨，利牝马之贞”，“安贞吉”。

图的右边是六条爻辞和用阴。爻辞与爻一一对应，比较形象地说明完全抽象的爻包含的信息。如果删去爻辞中的判断词，就可以看出六条爻辞实际上是一首完整的围绕“坤”这个主题的散文诗，下面是其译文：

（如今的状态像是）踩踏在霜上行走，坚硬的寒冰季节即将到来。

（像地一样地）平直方正而广大，不作任何活动没有不利的事。

包含美丽内涵的状态可以坚持下去，即使为朝廷服务，没有成功，也有好的终了，

（即使）缄口不言，

（也能得到）黄裳赏赐。

（可不要像好斗的）龙，战于野郊，留下玄黑的血迹洒落黄沙。

下面逐条说明卦爻辞。

卦辞

元亨，利牝马之贞。君子有攸往，先迷后得主，利西南得朋，东北丧朋，安贞吉。

〔译文〕很顺利，应当像牝马一样地坚持下去。君子应当有所作为，先迷惑后得到主导，有利；西南方向得到朋友，东北方向丧失朋友。安定地坚持下去吉利。

〔解说〕“元亨”，别卦坤卦由二个经卦坤卦组成，双方关系稳定而休闲，没有什么麻烦，很“通顺”。“利牝马之贞”中的“牝马”是雌性的马，马是温顺的动物，雌性的马更温顺。“贞”是坚持的意思。“利”是有利于主方，强调主方应当做的事。“利牝马之贞”是说主方应当顺应客方以尽量维持目前关系。“君子有攸往”中的君子指主方，封建社会中有君子小人之分，现在不应当这么提了，这里君子就是指一般人、

正常人或聪明人。稳定而宽松的关系是暂时的，在尽量维持现状的同时，主方应当有所作为。“先迷后得主，利”中的“先”指目前，“迷”指满足现状的状态。“后”指主方采取比较主动的行动以后，客方更了解主方，主方将得到客方的更多信任，情况对主方有利。“西南得朋，东北丧朋”，西南与东北是二个截然相反的方向，如果主方有所行动，必须有正确行动方向。方向正确，可能得到帮助；方向不正确，可能失去帮助。在周文王时候，周在商的西南，商在周的东北，西南是家乡，东北是异地，在家乡得朋友，去异地将失去家乡的朋友。主方应当努力改善素质，不然有可能失去别人的帮助。“安贞吉”强调吉利是有条件的，必须是又“安”又“贞”，安于当前双方关系，努力维持这个关系，这样就吉利。如果不这样就不吉利。

爻辞

一阴，履霜，坚冰至。

〔译文〕踩踏在霜上，坚硬的冰到来。

〔解说〕这是坤卦第一爻爻辞。第一爻代表主方的行动，这一条爻是阴爻，表示主方的行动是阴。“履霜”中的“履”是指用脚踩踏行走。履的人是主方。“履霜”形容当前关系冷淡，主方感到如同脚踏被霜覆盖的原野。“坚冰至”是指到处是冻冰的季节即将来临，如果主方不改变消极被动，关系可能发展得更差。“坚冰”形容那种更冷的关系像是冻得坚硬的冰。关系向更冷淡的方向发展，不利于主方，主方应当积极主动些，扭转这种不利趋势。

〔结构分析〕第一爻是主卦下爻，其位置是阳位。阴爻在阳位，不当位。而且，第一爻和第四爻之间没有有应的关系，表示二者不协调。不当位表明主方消极被动有可能让主方利益受到损失，这是潜在的对主方不利因素；不有应表明客方也消极被动，客方不企求损伤主方利益，这潜在因素没有成为真实的对主方不利因素。因为这只是潜在因素，爻辞没有加判断词。

二阴，直方大，不习无不利。

〔译文〕平直方正而广阔，不学习、不实习，也没有不利。

〔解说〕这是坤卦第二爻的爻辞。第二爻代表主方素质，阴性表示主方素质较差。

“直方大”是地的形象，古人认为地是平面的，不是球形的，是方的，很广大。这里用地形象描述主方素质，因为第二爻是主卦中爻，“直方大”主要是反映主方的平凡而不佳的素质。“不习无不利”中的“无不利”是判断词，即使不学习、不实习，也没有不利的后果。为什么？因为当前主客双方关系提供了主方发展的空间。但是，“无不利”不等于“有利”，没有不利后果不等于后果有利。“无不利”这个判断词是中性的。

〔结构分析〕这条爻是主卦中爻，在别卦的第二个爻的位置上，别卦中第二、四、六爻的位置是阴位，这条爻是阴爻在阴位，当位，但是不有应。当位表明主方素质不佳，这有可能驱使主方去开拓进取，谋取利益，是潜在的对主方有利因素；不有应表明客方素质也不佳，主方不能从客方获取利益，这潜在因素没有成为真实的对主方有利因素，所以爻辞只是说“无不利”，而没有说“利”。

三阴，含章可贞，或从王事，无成有终。

〔译文〕包含优美内涵，可以坚持下去，有时顺从王意做事，没有成功，有终了。

〔解说〕这是坤卦第三爻爻辞。第三爻代表主方态度，这条爻是阴爻，表示主方态度是阴，主方态度随和。“含章可贞”中的“含章”指包含美质，地滋养万物，具有优美内涵。“或从王事”中的“或”指有时，“从”指顺从、服从，“王”指客方，“事”指办事，主方有时顺从客方意思办事。“无成有终”，“成”指成功、成就或成绩，“终”指终了，终点。虽然没有成就，但是对主方来说，总会受到适当对待。爻辞还有一层暗示的意思，这条爻的爻辞中说“或从王事，无成有终”，由于“或”是“有时”的意思，这句话就暗示有时“不从王事，无成无终”。就是说，有时候，主方做的不是客方希望的，既不成功，也得不到适当对待。

〔结构分析〕第三爻是主卦上爻，其位置是阳位。这条爻是阴爻，阴爻在阳位，不当位，与第六爻不有应。不当位表明主方态度随和，有可能受到客方制约，是潜在的对主方不利因素；不有应表明客方也是态度随和，不求制约主方，这潜在因素没有成为真实的对主方不利因素。所以爻辞用“无成有终”描述当前状态。

四阴，括囊，无咎无誉。

〔译文〕包扎在袋子里，既不必怪罪，也不必赞誉。

〔解说〕这是坤卦第四爻爻辞。第四爻代表客方的行动。这条爻是阴爻，表示客方消极被动。是谁“括囊”呢？是主方还是客方？如果理解为客方，也能解释得通，但是，卦是从主方角度分析当前形势，“括囊”应当是对主方的比较形象的建议，建议主方缄口不言。即使主方缄口不言，也“无咎无誉”。“无咎无誉”，既不必怪罪也不必赞誉。

〔结构分析〕第四爻是客卦下爻，其位置是阴位。这条爻是阴爻，阴爻在阴位，当位，与第一爻不有应。当位表明客方消极被动有可能是主方发展的好机会，是潜在的对主方有利因素；不有应表明主方也消极被动，不能利用这个有利于主方的好机会，这潜在因素没有成为真实的对主方有利因素，所以爻辞只是说“无咎无誉”。

五阴，黄裳，元吉。

〔译文〕黄色裙裳，很吉利。

〔解说〕这是坤卦第五爻爻辞。第五爻代表客方素质，客方素质是阴，素质不佳。“黄裳”指黄色裙裳，古时服装上衣下裳，皇帝上朝时穿黄袍，可见黄色服装与尊贵和吉利有关，这里，“黄裳”比喻客方素质对主方的影响。客方素质欠佳，为主方创造了有利条件，像是“黄裳”。“元吉”，很吉利。这里所说的“元吉”仅仅是针对客方素质对主方的有利方面而言，而与其他事情无关。

〔结构分析〕坤卦第五爻是客卦中爻，阴爻在阳位，不当位，与第二爻不有应。不当位表明客方素质比较差，有可能企图窃取主方利益，是潜在的对主方不利因素；不有应表明主方素质也不佳，不可能让客方窃取利益，这潜在因素没有成为真实的对主方不利因素。换一个角度看，由于这条爻代表客方素质，素质不佳意味着资金缺乏、身体衰弱、实力微薄，等等，这就可能形成对主方的依赖，主方有可能利用客方依赖，加之以积极主动的开发措施，就可能获得更多利益，这不仅不是不利因素，而是对主方很有利因素，所以爻辞说“元吉”。如果结合全卦考虑，也可以理解这个“元吉”的判断词是就整个随其自然的建议说的。

六阴，龙战于野，其血玄黄。

〔译文〕龙战于荒野，它们的血黑而黄。

〔解说〕这是第六爻爻辞。第六爻代表客方态度，阴爻，表示客方态度随和。“龙战于野”中的“龙”象征主方与客方，“野”指双方关系，主方和客方相互之间为自己的利益而争斗，龙战于野。但是，在现在关系中，这里的龙已经不同于乾卦中所描述的充满生气的强健的龙，而是精疲力竭的受伤的龙，或者死龙。客方对主方随和，双方几乎没有争执。“其血玄黄”的“玄”指黑色，表示主客双方的争斗已经是过去的事，“龙”的血已经变成黑色，并且和黄沙混在一起。

〔结构分析〕第六爻是客卦上爻，其位置是阴位。这条爻是阴爻，阴爻在阴位，当位，与第三爻不有应。当位表明客方态度随和，有可能受主方制约，是潜在的对主方有利因素；不有应表明主方态度也随和，主方不想制约客方，这潜在因素没有成为真实的对主方有利因素。所以爻辞中没有判断词。

用阴

利永贞。

〔译文〕 利于永远坚持下去。

〔解说〕 在坤卦的六条爻的爻辞之后，附有用阴，特意说明如何运用阴，概括地说明在六十四卦中阴的一般用法。“利永贞”的意思是“利于永远坚持不变”。阳象征变化，阴象征静止。但是，实际上事物总是在变化，客方造成的环境在变化，主方自己也在变化，即使主方努力保持不变，静止也只是暂时的，主方应当耐心地等待时机，让事情朝有利于主方的方向发展。

第四篇　易经运用

不用蓍草，也不用硬币，这里只用事实；没有神灵，也没有运气，这里只有你。只有你自己，实事求是，客观评估事实，才能够知己知彼，借助易经制定最佳策略。下面结合现代生活中的例子，系统地介绍易的基本理论和运用。

第十六章　阴阳

当孙长路对他的妻子蔡云春发脾气的时候，她很镇静，一声不响。他的雷霆一过去，他对他的妻子说："对不起，我发脾气了。"

直到此时，蔡云春才问孙长路："你为什么那样？"

尽管蔡云春从没有学过易，她自然而然地运用易的阴阳和谐规律保持她的婚姻关系稳定。当她的丈夫粗言粗语的时候，她保持平静，她用阴对付阳。当孙长路向她道歉的时候，她的丈夫处于撤退防御的状态，这时，蔡云春采取了阳的行动，责问她的丈夫，为什么他如此愤怒，这样，她使得他们的关系得到改善。

阴阳的体现

理解阴和阳是理解和运用易的关键。如果你理解了阴阳，你将发现我们这个复杂的世界其实很简单。

在西方语言中，没有准确的与阴和阳相应的词。这两个字必须直接由中文输出到其他语言，否则，在其他语言的译文中就会失去阴和阳的真正的抽象而又普遍的含义。

我们中国人都理解阴阳，并且运用阴阳于日常生活。山的向阳部分叫作"山阳"，其背阴部分叫作"山阴"。公历叫作"阳历"，农历叫作"阴历"。内向的人往往被说成"很阴"，外向的人被认为"阳"。

阴和阳曾经被理解成黑暗与光明、顺从与强硬、软与硬、女性与男性、邪恶与善良，等等。这是不全面的。黑暗、柔软、女性，以及邪恶等是阴的具体体现，而不是它的全部内涵。光明、坚硬、男性，以及善良，等等，是阳的具体体现，而不是阳的同义词。

有人想用矛盾解释阴阳：夜晚与白天、寒冬与酷暑、冷与热、女与男、防守与进攻、柔软与坚硬、保守与创新、下与上、恶与善、闭与开、内与外、负与正、后与前、断与通、否与是、减与加，等等。这些都是阴阳的具体例子，但是它们相反的性质往往使人误解。矛盾双方的性质相互冲突，而阴阳双方的性质是相互补充。

以一个家庭为例，丈夫是阳，妻子是阴。如果他们是矛盾的双方，整天相互冲突，他们怎么能够愉快地生活在一起呢？

阴阳是自然地相互补充

阴可以代表一张白纸，阳可以代表纸上的黑字，它们在一起相互补充才能够显示出文章。当你洗澡的时候，热水是阳，凉水是阴，你调整水龙头，使得水温适当，洗得很舒服。在教室中，老师是阳，学生是阴，师生之间授予和接受的相互补充，才使得教学过程顺利进行。

你可能听说过，阳是正面的，阴是负面的，这也不全面。谦虚、柔和，以及灵活等，都是正面的品质，然而，它们是阴的个例。而当我们提到傲慢、粗暴、顽固等，这些负面的品质，它们都是阳的个例。

大多数人都兼有阴的品质和阳的品质。当你录用新雇员的时候，你必须在好多申请工作的人中作选择。比如说，第一个申请者工作经验很少，然而很谦虚并且愿意学习。工作经验很少是缺点，可以表示为阴；谦虚是优点，也可以表示为阴。第二个申请者工作经验丰富，然而很骄傲。工作经验丰富是优点，是阳；骄傲是缺点，也是阳。这种情况下，阴或阳的选择，应当录用谁，则取决于工作岗位对雇员的具体需要情况。

有人以为阴的意思是女性，阳的意思是男性，这种理解也不全面，是一种比较普遍的对阴和阳的误解。只是在一些特定环境下，这种理解才是正确的。当一位女子生育和抚养孩子的时候，她的状态可以用阴代表；但是，当一位女警察逮住一位酒后驾驶的男司机的时候，你就不能够说那位男司机是阳，而那位女警察是阴。在这种场合，阴阳的表征意义正好相反：那位女警察是阳，因为她有权威，而那位男司机是阴，他必须服从那位女警察的命令。

阴阳定义

在全世界所有关于我们人类社会的哲学中，只有易，明确地归纳出了阴和阳的概念，并且用卦表示阴阳之间的各种中间状态。圣经一开头就提到了天和地，表明西方人也意识到天和地是他们生活中的世界的基础，但是没有归纳出阴和阳的概念。后来，西方的思想家们，从柏拉图到黑格尔，谈到了“存在”与“不存在”。他们也提到了这二者之间的中间状态“正开始存在”。“开始存在”与“开始不存在”但是概念非常模糊。只有易，清晰地表示了变化的中间状态，我们正是生活在这些中间状态中。

古代的人们认识到在夏天与冬天之间，在黑夜与白天之间，有着意义重大的中间状态：春与秋，早晨与黄昏。从阴和阳的组合，古人得到了表示这些中间状态的形式，这就是易的八卦。

断线表示阴，实线表示阳。

阴由 0 卦定义，代表地的性质。（0 表示这个卦中没有阳。）这个卦是一个纯阴卦，由三条阴爻（卦中的线叫爻）组成。这个卦的卦名叫坤，卦象是地。我们可以理解，阴是一个普遍性的抽象概念，代表地的性质。由于母亲养育孩子，正如同地球养育一切生物，所以女性是阴。

0:0 卦由二个 0 卦组成，卦名是坤。坤卦的卦辞是：“利牝马之贞。”这个温顺的母马的形象有助于我们记住阴的性质：像地球一样养育万物，像慈爱的母亲一样养育孩子。

阳由 7 卦定义，代表天的性质。7 卦由三条阳爻组成（7 表示三画卦中可能有的最高的阳的数量）。这个卦的卦名是乾，卦象是天。乾也是 7:7 卦的卦名。7:7 卦由两个纯阳的三画卦乾卦组成。

在 7:7 卦，乾卦的爻辞中，“乾”字重复出现，“君子终日乾乾”，意思是说，君子整天像天绕着地一样不息地持续运转。并且爻辞反复地用龙的形象刻画阳的性质：“潜龙”、“见龙在田”，然后“或跃在渊”，又“飞龙在天”。在你理解纯阳代表天的性质的时候，可以想象一条威力巨大而又具有活力的龙的形象。

阴阳的性质

你可能已经意识到，阴和阳的互补概念代表了自然平衡。这就是古人所看到的天与地的永恒的相互作用。这种巨大的力量，有时创造，有时毁灭，与他们的生存密切相关，由此他们归纳出阴和阳，以表达这种促成和谐、成就与和平的最基本的元素。以至今日，最明确的表示阴和阳的含义的办法是用地和天的形象。

古代的中国人曾经探讨表达世界变化的方法。用日晷，他们观察过日照时间的增长与缩短，也观察过一年之中季节的循环变化。在研究这些恒久的天和地的相互作用过程中，他们总结出，阳代表天的性质，阴代表地的性质。他们明确了，天奉献能量、运动、并且主动。地接受能量，抚育万物，温顺、被动和静止。

这些关于阴和阳的概念，可以运用于一切方面，从自然现象到人类的生活。例如，白天是阳，因为天发出光；夜晚是阴，因为地不发光。富有是阳，贫穷是阴，因为天有丰富的能量，而地只能吸收天的能量。骄傲是阳，谦虚是阴，因为，在古人看来，天在最高处，而地在低处。

天对于人来说是重要的，因为天供给阳光、雨水和空气。地也是同样重要，地是一切营养的来源。天和地是人类生存的根本条件。通过观察和生活实践，古人发现了天和地在运行中是对应的，并且不停地变化。

通过观察日月星辰的升起和降落，他们看到天是绕地运行的。基于天和地的关系，他们认识到，天的性质是运动，而地的性质是静止。由于天发射出光和热，而地接受光和热，所以，天的性质是给予，而地的性质是接受。阳是主动的，阴是被动的。

你在日常生活中注意到了阴阳的反差吗？当然，试图建立或发展友谊是阳，试图疏远关系或淡化友谊是阴。主动联系是阳，孤立是阴。创造性的态度是阳，保守的态度是阴。冒险是阳，谨慎是阴。革命是阳，守旧是阴。询问和研究是阳，回答与等待是阴。

阴和阳另一个重要的区别因素是位置。向天看，人的感觉是天在上，地在下。因此，社会地位高的是阳，职位低的是阴。领导是阳，下级是阴。数量高是阳，数量低是阴。高傲是阳，谦虚是阴。强硬是阳，灵活是阴。统治是阳，顺从是阴。头是阳，脚是阴。

还有一个天和地的基本区别可以帮助你确定生活中事项的阴和阳。对于古人来说，天是神秘的，阳光、云彩、广阔天空、太阳、月亮和星星，都很遥远，不可触及，不可丈量；而地则很具体，高山、湖泊、原野、河流、森林和花草动物，所有这些地上的一切，都可以直接感触它们或测量它们。因此，阳代表生活中的抽象事宜，而阴则代表具体的。情感、思想和理想，等等，是阳；接触、交谈和体验，等等，是阴。看飞鸟横空是阳，一只黄雀落在你的手指上，这是阴。

阴阳和谐规律

以上，你知道了阴阳定义，可是，你知道在你的日常生活中，阴和阳起到什么作用吗？这里有一个关键，可以帮助你理解本书以下的内容。一旦你掌握了如何鉴别阴阳，你就可以用易达到和谐境界。这里有些例子。

当香蕉卖三元一斤的时候，王秀英一下子买了五斤；现在香蕉是六元一斤，她一次只买一斤。香蕉的价格下降是阴，上涨是阳。王秀英在香蕉价格低时多买（阳的行动），价格高时少买（阴的行动），这样就省了钱。她以阴对付阳，以阳对付阴，与她所在环境的变化取得和谐。

当听众都静悄悄地坐着听（阴的行动）陈峰老师讲演的时候，陈峰老师讲述他的论点；当有人举手提问（阳的行动）的时候，他停止了讲述，认真地听取问题。阴和阳的相互作用使演讲者与听众之间达到了和谐。

长久以来，阴阳一直被想象成一种神秘的力量，甚至被描绘成一对决定命运的超越现实的力量。的确，阴阳的力量非常巨大，然而，它们却体现在我们细微的日常生活中。它们的巨大力量在于它们总是有趋向于和谐的趋势。阴阳平衡达到和谐。和谐带来幸福，不和谐导致灾难。

在《道德经》中，老子说：

天下莫柔弱于水，而攻坚强者莫之能胜也，以其无以易之也。柔之胜刚，弱之胜强，天下莫弗知也，而莫能行也。

以柔胜刚，以弱胜强，实际上就是利用阴阳趋于和谐的力量。

我们都是有意或无意地运用（或者没有运用）这种阴阳和谐的规律于我们生活的各个方面。当老师向学生布置家庭作业时（阳），学生很聪明地耐心听取老师的话并且服从老师的指导做作业（阴）。一位雇员在被解雇以后立即寻找新的工作，这就是用寻找工作这个积极的行动对付失业这个阴的状态。

在《孙子兵法》中，孙子说：

兵者，诡道也。故能而示之不能，用而示之不用，近而示之远，远而示之近。利而诱之，乱而取之，实而备之，强而避之，怒而挠之，卑而骄之，佚而劳之，亲而离之，攻其无备，出其不意。

这段话意思是：用兵的道理，是诡诈的道理。因此，能而显示出不能，采取行动而显示不采取行动，靠近彼方而显示离彼方很远，离彼方很远而显示离彼方很近。彼方求利，就引诱他们；彼方混乱，就攻下他们；彼方实力充足，就防备他们；彼方强大，就避开他们；彼方恼怒，就骚扰他们；彼方卑贱，就让他们骄傲；彼方安逸，就让他们疲劳；彼方亲和，就离间他们。攻他们没有防备的地方，出乎他们的意料。这一系列诡诈的道理，就是运用阴阳和谐规律。

阴阳概念，以及阴阳和谐规律，适用于生活的一切方面，从战争到婚恋，从办公室到家庭。对于人事间的关系，必须充分理解关系的双方，努力使双方保持阴阳和谐。这就是创造和谐。易是和谐创造者的指南。

做一名和谐创造者

即使阴阳双方同处在一个和谐环境中，情况也未必完全对你有利。你必须主动地创造和谐。成功地创造和谐，你可以得到和平的生活环境；而破坏和谐，你将遇到麻烦，你的情况注定越来越糟。这是易的宗旨。易告诉你，在复杂的情况中如何做和谐的创造者，而不要做麻烦的制造者。

你知道，当一个家庭或者一个团队表现最出色的时候，这个家庭，或者团队，一定是和谐的，是阴阳平衡的。在现实生活中，在设法化解这个家庭或者团队的问题的时候，你一般是其中的一个成员，而不是局外人。作为一名和谐创造者，你应当在这个集体内部施用阴阳和谐规律，以阳对付阴，并且，以阴对付阳。

在一种关系的双方之中，一方，或者双方，可能是和谐创造者，或者恢复和谐。在不可能双赢的场合，阴阳和谐规律有利于和谐创造者。蔡云春是一位和谐创造者，她的丈夫孙长路承认了自己的错误行为，并且向她道了歉。

孙长路的情况不明朗。他自己可能希望，也可能并不希望，与蔡云春恢复和谐的婚姻状态。孙长路是否可能与蔡云春争吵是为了找借口，掩饰他的婚外恋呢？

如果是那样，他实际上就是一个麻烦创造者，蔡云春的努力使得他的企图失败。

当现实生活中遇到狂风暴雨的时候，并不是人人都能够像蔡云春那样自然地做一位和谐创造者。以下的章节将会向你说明如何理解普遍性的变化规律，易的卦反映这些规律。它就可能帮助你，甚至在激烈的变化中你也可能做一位和谐创造者。

请记住，作为一位和谐创造者需要做到：

用阳对付阴，并且，用阴对付阳。

第十七章　八卦

当我们第一次见到曹成章的时候，他没有工作，他原来所在的电子技术开发公司破产，他失业了。后来，他在 AFR 软件公司找到了工作。他工作得很出色，受到了提拔。然而，10 年以后，他辞退了 AFR 的工作，又成了失业者。这个过程是常规变化，可以用八卦代表。

原始日晷

“卦”字形象地表示一个原始日晷。其左边是一堆土，右边是一根竹竿和日影。

古人用原始日晷观察日影的变化。通过观察他们可以知道一年之内白天的长短变化。他们认识到其变化是可以预知的、循环的，到夏天逐渐增长，到冬天逐渐缩短。他们创造了八卦以反映这种变化规律。

八卦的卦象

第二章介绍了如何通过考虑卦象来选择卦。这八个卦象，每一个都有自己的特性，按它们的特性逐个说明如下。

雷

雷的特性是运动。所谓运动，不是特指跑、跳、飞、抛等某项具体的运动，而是指运动本身的冲击：启动、开展、发起或者确定某种行动的目标，等等。雷这个卦象强调震动对其他事物的冲击；同时也暗示事物本身的软弱，例如，新生婴儿、新生事物，等等。雷一般都来得突然，响亮，很吓人，如同威力巨大的爆炸，使人为之震撼，它又往往带来狂风骤雨。即使是夏天远方低沉的闷雷，也打破平静，预报风雨即将来临。雷冲击生物，但是它本身往往很少造成损失，并不直接导致严重后果。

火

火的特性是明亮和依赖。其正面特性包括聪明、光耀和成功，等等；其负面特性包括粗糙、急躁、不沉着，等等。火明亮而炎热。古人用火烧熟食物，照亮他们黑暗的洞穴，夜晚照亮道路，寒天取暖，驱赶猛兽，自卫，以及通信。有时，野火也烧毁树林和伤人。火的外表明亮而内心则较冷和暗淡。它依赖于可燃物，并且消耗氧。它总是向上。

泽

泽的特性是愉快。这不是指一般感觉上的愉快，而是指一种经历一场风险、完成一项使命、获得某个项目的成功以后的喜悦，以及一种优美的、灵活和谦虚的态度。泽指河湖交错的地区，我们可以想象古人经过险峻的山路，来到平坦的水草茂盛的湖边河畔捕捉鱼虾野兔等小动物、采集果实、饮水、洗涤等愉快的情景。湖泽吸引人群，给人以愉快。

天

天的特性是强健，这不仅仅是指力量强大，而是指创造性、前瞻、进取、扩展和行动性，也指一种躁动、粗暴和傲慢的态度。天是奉献者，它奉献能量、光、热和雨水给地。它威力无穷而不可控制。天高于一切，在顶上，不可攀及，不可触摸。

风

风的特性是顺从。这可以意味着适应和愿意服从，也可能给予一个强而有力的冲击。风到处吹，它可以通过向它敞开的一切，甚至非常微细的小孔。如果有什么阻碍了它的道路，它可以从下面、上面或者旁边绕过去。风具有实实在在的威力，给予凉爽或者寒冷的感受，有时它可能造成严重灾害。

水

水的特性是危险和困难。这既可以是某人遇到的危险和困难，也可以是某人赋予他人的危险和困难。水存在于全世界，也存在于生物体内。在古代，江河是交通的巨大障碍。水灾是巨大灾害，人落入水中可能被淹死。水只能向下流，没有外来力量，它从来不能往上流。它可以被蓄存在湖泊中，限制在河堤外，挡在堤坝前，甚至保存在小瓶子中。

山

山的特性是被动和阻止。高山阻挡向着它来的一切。山是稳定的，从不改变它的位置。山区景致往往很秀丽，不过，爬起来很费力。山很高大，然而除了火山喷发、山体滑坡、泥石流等灾害情况以外，山并不显示出巨大的威力以造成对人们生活的危害。

地

地的特性是适应。这意味着对外界反应不抗拒、不粗暴，而是顺从、温柔与平和。地是静止的。古人相信地是不动的。地是受惠者，它接受天给予的能量、光、热以及雨水。地上生存的万物都适应天的变化。地抚育万物，如同母亲养育子女。地处于低下的位置。如果设想天在上面，地则在下面。

深刻理解八个卦象的性质有助于选择最适合真实情况的卦，也有助于理解卦的含义。借助卦象，你可以鉴别你所选择的卦，或者逐爻建立的卦是否准确地反映了现实情况。

卦的数值

孔子和他的学生们曾经描述过八卦的形成过程："是故《易》有大极（太极），太极生两仪，两仪生四象，四象生八卦。"基于这种描述，邵雍（1011—1077 ）作了一个图（见图 4-17-1），在用断线和实线代表阴阳以前，八卦曾经用数字表示，双数代表阴，单数代表阳。0 是双数，1 是单数。如果我们用 0 代表阴，用 1 代表阳，八卦就成了八个数字。

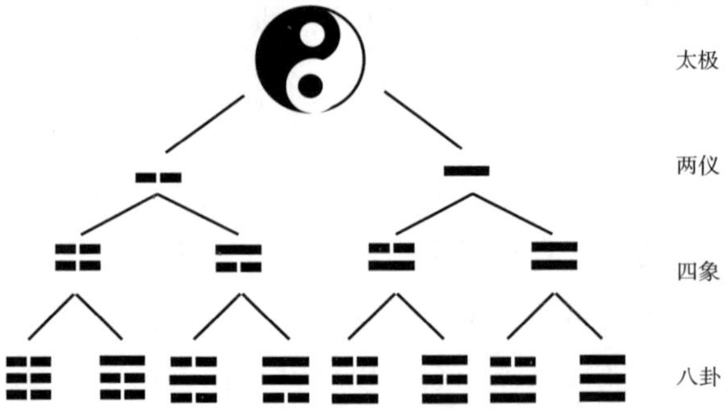

图 4-17-1 太极到八卦

一个数字系统只用 0 和 1 两个数字符号，这个数字系统叫作二进制数字系统。当今，二进制数字系统非常广泛地用于科学和技术领域，例如，开灯和关灯，这二个状态，可以表示为 1 和 0。

因此，第一步，太极变成两仪，阴和阳。用数字表示是 0 和 1。演化成二进制数字分支：

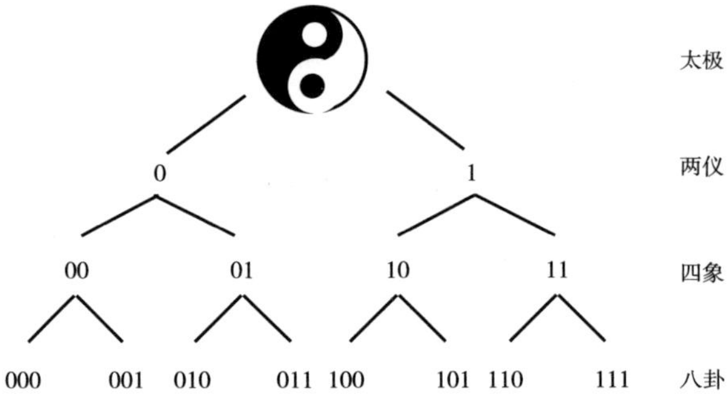

图 4-17-2 0 和 1 表示阴阳

以前，你看到的八卦是围成一圈的，如果你把这八个卦放在一条直线上，纯阴在左端，纯阳在右端，这八个卦就成为下面的序列：

图 4-17-3 八卦在一条直线上

你可以看到，不论从哪一头往中间移，从纯阴的一头，或者从纯阳的一头，到中间都是二个相互颠倒的卦。（比较坤和乾、艮和兑、坎和离以及巽和震。）从两端往中间，上面的线阴阳相间变化，中间的线二个一组阴阳交替变化，二个阴、二个阳，或者，二个阳、二个阴，而底部的线保持不变，要么阴，要么阳。

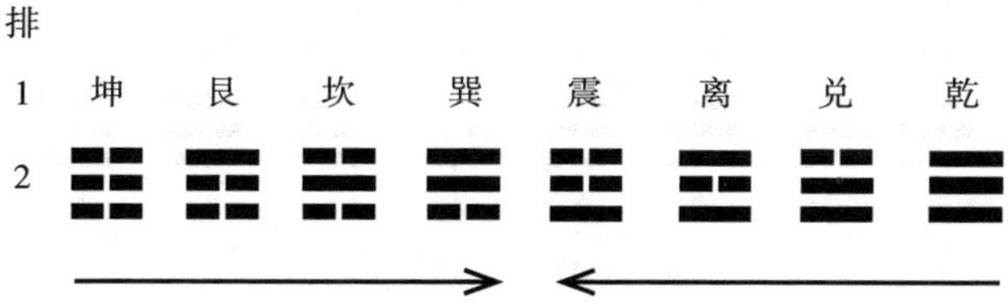

图 4-17-4　八卦往中间移

现在把八个卦顺时针方向转 90 度，排列于第三排：

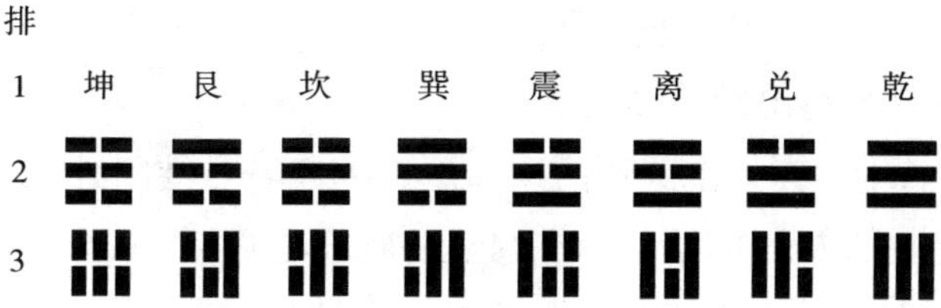

图 4-17-5　八卦顺时针方向转 90 度

用 0 代替阴爻，用 1 代替阳爻，你得到一列二进制数：

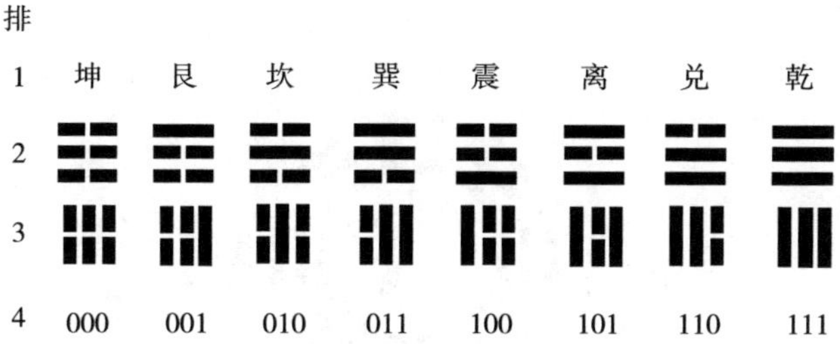

图 4-17-6　用 0 代替阴爻，用 1 代替阳爻

如果 0 和 1 使你感到不习惯，不用着急。你可以把二进制数转换成我们常见的阿拉伯数字，如第五排所示，由 0 开始，从左到右，逐个加 1。

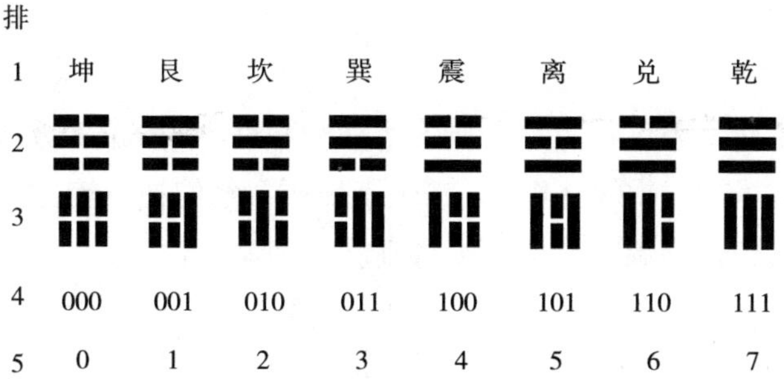

图 4-17-7　二进制数转换成十进制数

这些数值，从 0 到 7，是各个卦所特有的，可以用作卦的代号。下面是每一

个卦的代号和二进制数。

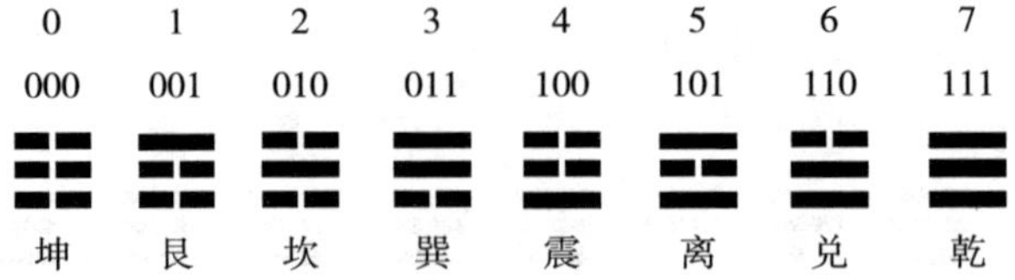

图 4-17-8 卦的代号

你能够由卦的代号想出卦的形状吗？要想出 4 卦的形状，先想出数值 4 对应的二进制数，这是 1，0，0 或者一、零、零。卦的爻是从下往上数，因为 1 对应阳爻，0 对应阴爻，4 卦的三条爻是阳爻、阴爻、阴爻。你可以用同样的方法由八卦中各个卦的代号得出卦的形状。

看八卦与季节图。在这个圆环的顶部是 7 卦。7 卦是纯阳卦，三条爻都是阳爻，它代表夏天，是白天最长的季节。在圆环的底部是 0 卦。0 卦是纯阴卦，三条爻都是阴爻，代表冬天，是白天最短的季节。左边的三个卦，4 卦、5 卦和 6 卦代表从冬天到夏天，白天逐渐增长。右边的三个卦，3 卦、2 卦和 1 卦代表从夏天到冬天，白天逐渐缩短。

图 4-17-9 卦象与季节

季节循环

经历数千年对太阳、月亮和星辰的运动的观察，古人的经验代代传承，到黄帝时代（前 2717 年—前 2599 年），产生了日历。他们把一年化分成二十四节气，粗略地相应于从新月到满月，再从满月到新月的循环过程。

下面是中国传统日历中二十四节气表：在节气名称之后，是现代日历的日期。

立春，在 2 月 3 日－2 月 5 日

雨水，在 2 月 18 日—2 月 20 日

惊蛰，在 3 月 5 日—3 月 7 日
春分，在 3 月 20 日—3 月 21 日
清明，在 4 月 4 日—4 月 6 日
谷雨，在 4 月 19 日—4 月 21 日
立夏，在 5 月 5 日—5 月 7 日
小满，在 5 月 20 日—5 月 22 日
芒种，在 6 月 5 日—6 月 7 日
夏至，在 6 月 21 日—6 月 22 日
小暑，在 7 月 6 日—7 月 8 日
大暑，在 7 月 22 日—7 月 24 日
立秋，在 8 月 7 日—8 月 9 日
处暑，在 8 月 22 日—8 月 24 日
白露，在 9 月 7 日—9 月 9 日
秋分，在 9 月 22 日—9 月 24 日
寒露，在 10 月 8 日—10 月 9 日
霜降，在 10 月 23 日—10 月 24 日
立冬，在 11 月 7 日—11 月 8 日
小雪，在 11 月 22 日—11 月 23 日
大雪，在 12 月 6 日—12 月 8 日
冬至，在 12 月 21 日—12 月 23 日
小寒，在 1 月 5 日—1 月 7 日
大寒，在 1 月 20 日—1 月 21 日

基于对日和季节的观察，易明确了事物本身变化过程的四个阶段，即四象。在一切事物的变化过程中，你都可以看到这四个阶段，所有一年生植物的生、长、收、藏；所有动物的生、长、发育成熟和衰老死亡；一切事务的启动、发展、昌盛和衰落。以这种方式，世界上一切事物本身都是沿螺旋形规律变化。

因此，八卦代表螺旋线变化的一圈，从 4 卦开始，经过 5 卦、6 卦、7 卦、3 卦、2 卦、1 卦，最后以 0 卦告终。每一个卦对应于三个节气。

这里有两个关键点。一个关键点在 0 卦和 4 卦之间，卦的数值从 0 跃升到 4，代表事物的新生。另一个关键点在 7 卦和 3 卦之间，卦的数值从 7 突降到 3，这

代表事物在发展到顶峰以后的衰落。

现实中的节气变化

为了明白这种节气变化如何与我们生活中的自然阶段相适应，让我们来看一下曹成章的职业变化过程。

当曹成章首次失去工作的时候，他的生活就像是冬至，白天最短，他的生活最没有乐趣。0 卦，坤卦对应于这个阶段的三个节气。

小雪，在 11 月 22 日—11 月 23 日
大雪，在 12 月 6 日—12 月 8 日
冬至，在 12 月 21 日—12 月 23 日

在一次成功的面试以后，曹成章在 AFR 软件公司找到了工作，开始了他的职业循环的新的一圈。这时他的状态可以用 4 卦，震卦代表，就如同从冬天转入到春天，进入二十四节气的新的开始：

小寒，在 1 月 5 日—1 月 7 日
大寒，在 1 月 20 日—1 月 21 日
立春，在 2 月 3 日日－ 2 月 5 日

曹成章在新单位工作了几个星期以后，开始适应了工作环境，就如同花草得到了初春的雨水。他被工作所吸引、所激动，就像是惊蛰时节春蚕脱茧而出。

当他明白公司对他的期望是什么，并且与同事们协同配合完成工作任务的时候，他的上司和同事们都发现了他的才能，这时，就像是春分时节，在广阔的原野上树枝吐出嫩绿的新芽。这时的状态可以用 5 卦，离卦表示：

雨水，在 2 月 18 日—2 月 20 日
惊蛰，在 3 月 5 日—3 月 7 日
春分，在 3 月 20 日—3 月 21 日

曹成章熟悉了工作以后的良好表现可以与清明节气相应，他相信 AFR 是一个适宜他工作的地方。他受到赏识，就如同草木受到雨水浇灌而茁壮成长，这种情况相应于谷雨节气。

工作了数年以后，他受到奖励和提升，开始管理一个软件研制组。这时，他的状态就如同立夏节气，天气温暖而舒适。这种状态可以用 6 卦，兑卦表示。

清明，在 4 月 4 日—4 月 6 日

谷雨，在 4 月 19 日—4 月 21 日

立夏，在 5 月 5 日—5 月 7 日

曹成章当了软件研制组负责人以后，业绩很出色，就像是小麦结出丰满的麦粒，相应于小满。赞誉他的成就的话传遍公司，他工作得更加有劲，就如同进入了芒种节气。

他又晋升为产品开发部主任，取代了他原来与他面谈时考核他的人，成了公司一个部门的领导，就如同进入了夏至节气，这时的白天最长，可以用 7 卦，乾卦表示：

小满，在 5 月 20 日—5 月 22 日

芒种，在 6 月 5 日—6 月 7 日

夏至，在 6 月 21 日—6 月 22 日

曹成章担负的责任越来越大，成为公司关注的重点，他开始感到不舒服了，就如同进入了小暑节气。他发现自己并不是一个当管理的料，不善于和社会打交道，不喜欢冒险，而喜欢安安静静地做研究搞设计。当他所领导的部门承受越来越大的压力的时候，他的情况犹如进入了大暑节气，真有点热得受不了，想找块荫凉的地方避一避暑。他明白，一旦工作中出了差错，他都要承受指责和追究，因为他是一位公司的部门领导，扮演了一个太重要的角色。他开始降低自己的调子，工作也比较少出力了，这就像是进入了立秋节气，气温开始降低，草木减缓了生长速度。这时的状态可以用 3 卦，巽卦表示：

小暑，在 7 月 6 日—7 月 8 日

大暑，在 7 月 22 日—7 月 24 日

立秋，在 8 月 7 日—8 月 9 日

曹成章开始感到工作有些厌倦，就像是到了处暑节气。他开始不满。从家到办公室的漫长交通路程使他疲倦，并且与其他公司相比，AFR 的福利也差得多。这就像是到了白露节气，早晨的草地上洒满了露水，行走起来有些路滑。他仍然在工作，不过已经开始考虑离开 AFR。

他开始意识到他目前的工作已经不能激励他，不能使他满足，就像是到了秋分节气，白天与夜晚同样地长。他的工作热情逐渐冷却的状态可以用 2 卦，坎卦代表:

处暑，在 8 月 22 日—8 月 24 日

白露，在 9 月 7 日—9 月 9 日

秋分，在 9 月 22 日—9 月 24 日

曹成章工作的劲头开始减少，就像是草地上覆盖了一层寒露。他递交了辞职报告，他的平坦道路已经成了过去，前面的道路上覆盖了白霜，就像是到了霜降节气。

当他与公司商谈辞职事宜的时候，全公司的职工都知道了他即将离开。有些同事对他深深地叹上一口气。这就像是到了立冬节气，世界开始变冷，这时的状态可以用 1 卦，艮卦代表：

寒露，在 10 月 8 日—10 月 9 日

霜降，在 10 月 23 日—10 月 24 日

立冬，在 11 月 7 日—11 月 8 日

曹成章在 AFR 公司的最后一些日子就像是小雪节气，所有的门和窗户都关起来了。他离开了该公司，就像是到了大雪节气，天空飘着雪花，能见度很低，开车很艰难。当他待在家里，没有工作，他再次进入了冬至节气，这时，白天最短，黑夜漫长。他的状态可以用 0 卦，坤卦表示：

小雪，在 11 月 22 日—11 月 23 日

大雪，在 12 月 6 日—12 月 8 日
冬至，在 12 月 21 日—12 月 23 日

也许曹成章感到他的生活突然停顿了，而实际上他是在自觉或不自觉地沿着一条事物发展的自然过程前进。

选卦

选卦以适应生活中的具体情况，这是一种最简便的运用易的方法。当主方和客方的情况都处于自然发展过程中的一个阶段，这种方法更适用。例如，在恋爱过程中，最初的约会可以用 4 卦，震卦表示，而关系出现冷却迹象的时候，可以用 3 卦，巽卦表示。

对于一种具体情况来说，比如曹成章在 AFR 公司工作的情况，只有一个卦可以代表变化过程中的一个特定阶段。为了确定哪一个卦最适合，你必须考虑事物发展的整个过程，然后确定最能够反映整个过程中一个特定阶段的情况的卦。

建议你把你自己的工作经历与曹成章的职业作个比较，这样，你可以熟悉运用这种选卦的方法。哪一个卦最能够反映出你现在的处境？如果你正在接受一项新的工作，或者开创一项事业，是不是感到了立春的感觉？如果你已经被提升过好多次，你是否开始感到有些清凉？前一种情况可以用 4 卦，震卦表示，后一种情况可以用 3 卦，巽卦表示。

例如，曹成章在一个单位工作了很长一段时间，由于他有了经验，他的表现是适当的，他不想再有什么改变，在这种情况下，哪一个卦最能够代表他呢？由于他的经验，他能够把工作做得很好，但是，他只是做别人要求他做的事，只是顺应变化而不是想主动地做出改变，这时，最能够突现他的实际情况的卦是巽卦。

巽卦的代号是 3，相应于立秋节气。所以，你可以看出，一种选卦的方法可以用来验证另一种选择的结果。

你的职业生涯怎样？上升还是下落？前景如何？记住，你可以用下面的方法评估你的当前处境：

与八个卦象比较，看哪个最与你当前处境的特点接近。
与节气变化过程比较，看你当前处于事物自然变化过程中的哪一个阶段。

第十八章　爻的含义

杨玲想知道如何正确对待徐义光。杨玲是一位刚毕业的年轻女学生，在 CPW 公司找到了工作。徐义光是一位已婚男人，是 CPW 公司的经理，对杨玲有好感，总想多接近杨玲。为了解决杨玲的问题，首先，她需要确定一个卦代表她当前的状态，再确定用一个卦代表徐义光的状态。

在易的基本概念中，卦的每一条爻（线）都有一种特定的含义，与你的生活的某一个具体方面有联系。

下爻：行动

根据前面提到的卦与节气的关系，我们来分析卦中每一条爻的含义。我们先把八卦图按逆时针方向转半个卦的位置，再把直线弯曲成弧线，用黑色表示阳爻，灰色表示阴爻，我们得到下面的图：

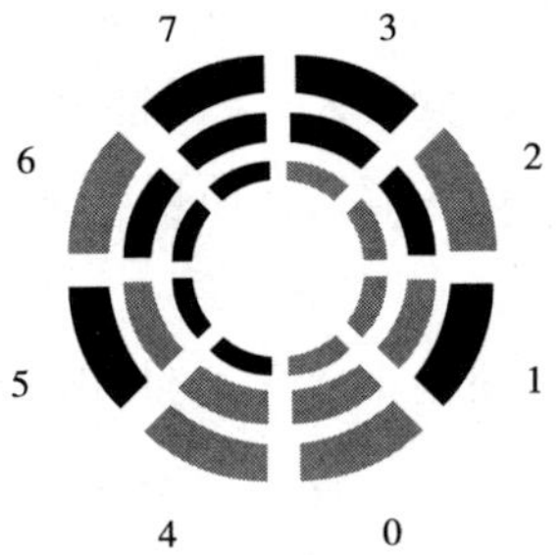

图 4-18-1　用弧线表示爻

这样，我们来看卦中季节变化的顺序。这个圆的内圈是卦的下爻。我们暂时先集中注意力于下爻。可以看出，左边的四条爻全是阳爻，右边的四条爻全是阴爻。

由古代中国人创造的原始日晷，思考下面的图，可以看出图的左边的阳爻代表日影增长，右边的阴爻代表日影缩短。这些卦的下爻并不表示日影如何长，或者如何短，却表示日影的变化趋势：日影在增长，或者缩短。

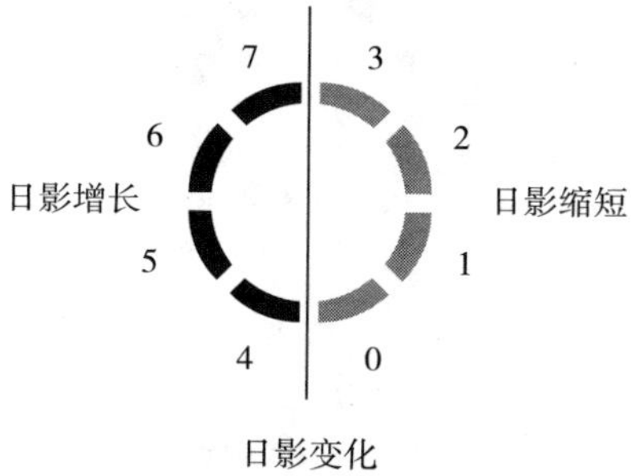

图 4-18-2　下爻

卦的下爻表示运动。因为天给予地以能量，并且，按照古人的理解，天绕着地运转，阳爻的性质应当是主动、积极、进取、活跃、扩展；因为地接受天给予的能量，并且，古人相信地是静止的，阴爻的性质应当是被动、消极、保守、收敛、停止或撤退。

就人际关系来说，阳的行动指建立、发展或者改进相互关系；阴的行动指保持、等待、犹豫或者疏远相互关系。在第十七章中谈到的曹成章在 AFR 工作过程中，他在 AFR 公司就职，改进他的工作，他的行动是阳；后来，他对在 AFR 公司工作的兴趣逐渐减弱，辞职，以致离开 AFR 公司，他的行动是阴。

中爻：素质

现在，我们集中注意力于中爻，八个卦的中爻组成八卦图的中间一圈：

在图 4-18-3 中，垂直中线的左右二边是映像相对，而在水平中线的上下二边是阴阳相反。6 卦、7 卦、3 卦和 2 卦的中爻都是阳爻，表示在一年之中这些季节的日影都长。1 卦、0 卦，4 卦和 5 卦的中爻都是阴爻，表示在一年之中这些季节里，日影都短。所以，在用卦表示日影长度的时候，如果中爻是阳，就表示日影长；如果中爻是阴，就表示日影短。

、

日影长

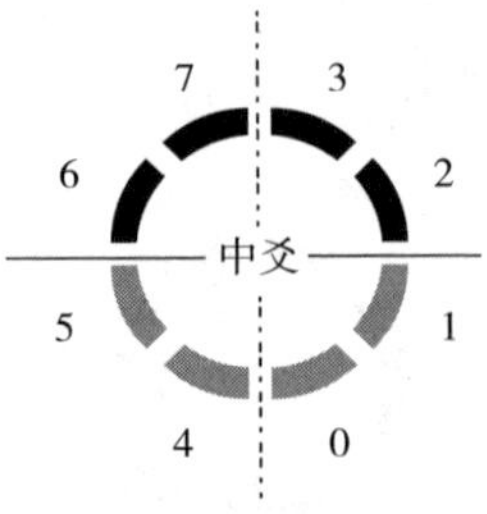

日影短

日影的变化

图 4-18-3　中爻

卦的中爻代表一个人或者事物的最本质的性质，即素质。阳爻代表天的素质，因为天有巨大的能量和威力，所以，阳的素质代表力量和权威；与天相比，地缺乏能量和威力，然而，地提供了把天发送的能量转化为提供粮食的环境，抚育了万物生长，阴爻代表了地的特性，这不像天的特性那样有能量和威力，但是体现了适应环境而具有支持和抚育其他事物的潜力。

在人际关系中，阳的素质指优良的品德、健康、富有、受到良好教育、有智慧、有经验、有技术，等等；阴的素质指没有得到发展的潜在因素：体弱、穷困、缺乏经验，等等。注意，一般地说，必须结合具体情况理解中爻所代表的素质的含义，而不是指特定的个人。良好的个人特性，例如，很健康、很富有，等等，在某种关系中可能是阳的素质，而在另一种关系中，则不是很重要的因素。在一种关系中，阳的素质一般指该人处于强势地位，而阴的素质指处于弱势地位。因此，如果一个非常出色的运动员并不被他所喜爱的女子看好，尽管他很健康，在事业上也很成功，而在与这位女子的关系中，他的素质是阴，而不是阳。

我们来考虑一下曹成章在 AFR 软件公司的情况。在 6 卦、7 卦、3 卦和 2 卦所代表的时段中，他努力工作，他受到同事和上级的重视，并且被提拔，在这些情况下，他的素质是阳。在 1 卦、0 卦、4 卦和 5 卦所代表的时段中，他要么失业，要么在新岗位上没有经验，或者对自己的旧工作厌倦了。经历了这些，他依旧是曹成章：聪颖，教育良好和能力强。但是这些性格特征是潜在能力，不是能够显现的，看出的，在这些阶段里他的素质是阴。

上爻：态度

最后我们着力于八卦的外圈，它由八卦的上爻组成。

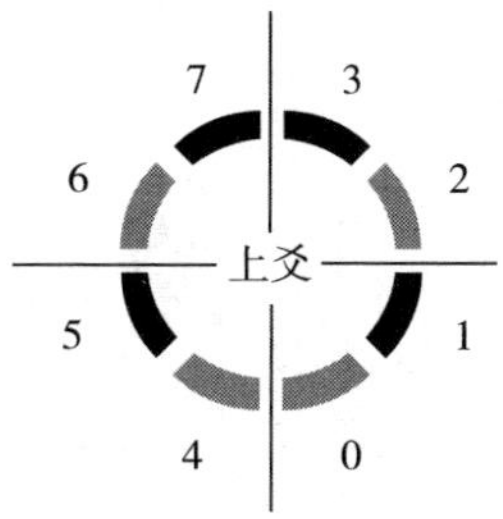

图 4–18–4　上爻

你可以从上爻的状态看出，垂直中线的左右二边是映像相对的；而在水平中线的上下二边是阴阳相反。这个与中爻的布局相似，但是上爻阴阳每四分之一圈阴阳更换。

每个卦的中爻代表着日影的长与短，上爻将信息更加具体化 ，它传达着哪个季节日影是最长，或是最短，或者是一般。

当日影长的时候，一条阳性中爻，一条阳性上爻标志着日影最长的季节，而一条位于顶部的阴爻说明日影长，但不是最长。当日影短的时候，表示为一条阴性中爻，如果是第二条阴爻位于最上面就是日影最短，而一条阳性上爻表明日影短但不是最短。

卦的上爻体现的不是本质特征，而是一些更详尽、更独特的特质。当用卦来表示人际关系中的一员时，上爻代表他 / 她的态度。

阳的态度体现了天的特性：发射热和光，遥远，无法触及、无法预测而且很神秘。阴的态度体现了地的特性：稳定、温和、优雅、可触及、友善、并且顺从。

就人际关系而言，阳的态度代表坚韧、果断、傲慢、鲁莽、苛求、专横以及固执，等等，而阴的态度代表妥协、卑微、保守、优雅、内向、安静、友善、开放以及具有灵活性，等等。

再次提醒一下，态度的选择必须参考特定的关系。一个人在某一关系下是居高临下的，但在另一情境下态度是低声下气的。你也许通常是一位有进取心的人，但是在一些情境下你对自己不是很明确，你的态度是阴。

卦中三条爻的含义可以归纳为下表：

表 4-18-1　八卦中三条爻的含义

爻	阳或阴	含义	
下爻	阳	行动	积极主动
	阴		消极被动
中爻	阳	素质	素质良好
	阴		素质不佳
上爻	阳	态度	态度强硬
	阴		态度随和

我们已经纵观了曹成章在 AFR 的工作经历。在对应于春分的 5 卦离卦时，曹成章展现了他的才能和文化素养；在 7 卦乾卦时，他因身处高位；而当处于 3 卦巽卦时，因傲慢自满而不主动寻求改进，并且以主管的身份来评估自己，自满于自己的成功；到了 1 卦艮卦时，他很坚定地从 AFR 辞职了。在这四个不同阶段，他的态度都是阳。

现在来看看曹成章在 AFR 的其他时间段：第 4、6、2 和 0 卦的上爻都是阴。在 4 卦震卦时，他刚刚着手该工作，而且对自己将来的表现没有把握；到了 6 卦兑卦时，他荣幸晋职且谦虚谨慎地竭力做到最好；到了 2 卦坎卦时，他对工作失去兴趣；从而回到 0 卦，他再一次变得谦卑，且尝试寻求新的工作。在这四个阶段他的态度都是阴性。

现实中的代表个人的卦

用卦来代表一个人时，它的三条爻代表了三个方面：行动，素质和态度。卦的三条爻是从下往上数，用阴或阳表示一个人的这三个方面。

你得知道，在你咨询易的时候，这三个方面要参照具体的人际关系：行动是指他在为该关系在做什么，素质描述了他 / 她在这个关系范围内是怎样一个人，态度就是指他 / 她是如何对待他人。

在制定卦的时候，你必须依事实评估这三个方面中的每一个方面。一旦你准确判断情况之后，你就可用阴阳爻画三条爻，这样卦就做出来了。

当杨玲意识到徐义光关注她的时候，她也希望徐义光能够在事业上助她一臂之力，于是她就主动找徐义光求助。她的行动是阳，因而杨玲卦的下爻是阳爻。

由于她刚刚步入职场，与徐义光的绝对自信相比，她社会经验很少；徐义光的权力稳固而杨玲在该公司没有任何话语权。因此她的素质是阴，代表她的卦的中爻是阴。

当杨玲接近徐义光时，她万分小心，尽量表现得礼貌、尊重他。她知道徐义光会帮她，但他也很可能误解或者充分利用她的直率得寸进尺。因此她的态度是踌躇、谨慎的，以阴爻来表示上爻。

综上所述，杨玲的情况可以表示为 4 卦震卦。

接下来我们来考虑该人际关系中的另一方面，徐义光的角色。既然喜欢杨玲，且展现了自己的爱慕之情，他的行动是阳；他是杨玲工作单位的领导，且因高位而有权，故他的素质是阳；当杨玲找他帮忙时，她发现他是苛刻、傲慢的，该态度毫无疑问是阳。这就得知徐义光的情况一定是 7 卦乾卦。

在第二十一章一变化中，我们会发现与徐义光的这种关系对杨玲是否有利。到这里，我们须知，我们评估、建立的卦是基于杨玲和徐义光的工作场所。他们在其他地方遇到，比如说在沙滩上，杨玲自信地穿着泳衣，而徐义光正和妻儿一起，显得老态龙钟——与他们现在的关系是截然不同的。针对沙滩的情境，我们必须相应地重新评估他们的行动、素质和态度，这时就对应着截然不同的卦。

合理地建立一个卦，关键在于能够恰当地评估当事人，不夹杂夸大和个人情感。记住，一个卦的准确度基于你评估的客观性。记住在人际关系中三条爻扮演的角色：

下爻代表着行动；
中爻代表着素质；
上爻代表着态度。

第十九章　别卦

萧燕迷上了同事韩硕，萧燕是一位聪颖、教育良好的女士，待人友善。对她的同事来说与其共事是一件愉快的事情。她的情况最适合 6 卦兑卦。

韩硕是一个工作强人，待人谦虚，但是怯于与萧燕恋爱，似乎感觉到两人一起会有不安和困难。他的情形可以用 2 卦坎卦来表示。

这两卦可组成两个别卦：6:2 卦和 2:6 卦。这二者区别在何处？

主卦和客卦

为了清楚地认识你所在的相互关系，你需要制定两个经卦：一个经卦代表主方，即直接咨询易的人，也就是你。另一个经卦代表相互关系中的另一个方面，也就是客方。代表主方的经卦称为主卦，代表客方的经卦称为客卦。这两个经卦结合在一起，成为六画卦，称为别卦。

主卦代表着向易寻求参考意见的一方，所以你的别卦由下面的主卦和上面的客卦组成，就像在句子“我爱你”中，主语“我”位于宾语“你”的前面。别卦的代号是由两个经卦代号组成。例如，如果主卦是 3，客卦是 2，那么别卦的代号就是 3:2，如下图所示：

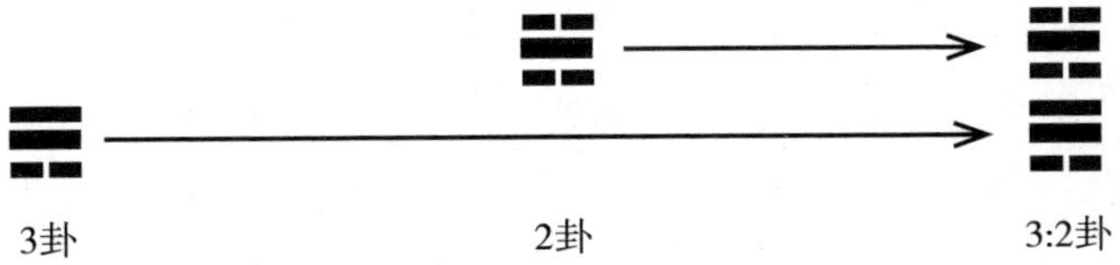

图 4-19-1　别卦的代号是由两个经卦代号组成

在别卦里主卦必须位于底部，客卦位于顶部。

卦中的爻是由下往上数的，按照第十八章说明的卦（经卦）爻的含义，别卦中爻的含义可以归纳为下表：

表 4-19-1　别卦中六条爻的含义

主卦与客卦	爻的位置	阳或阴	含义	
客卦	六	阳	态度	态度强硬
		阴		态度随和
	五	阳	素质	素质良好
		阴		素质不佳
	四	阳	行动	积极主动
		阴		消极被动
主卦	三	阳	态度	态度强硬
		阴		态度随和
	二	阳	素质	素质良好
		阴		素质不佳
	一	阳	行动	积极主动
		阴		消极被动

别卦 3:2 是从萧燕的角度来观察两人关系的卦。解读别卦 3:2 时，我们必须明白在这种关系和情形下，良好的判断就是这仅对主方萧燕有利，而对于客方韩硕未必有利。

当萧燕制造一个别卦来代表与韩硕的关系时，她用对她来说显而易见的事实来评估韩硕的行动、素质和态度：当邀他去参加聚会时，他拒绝了；当正巧同路时，他绕道而行。所以她认为他的行动是阴。

对于韩硕的素质她用阳性中爻来表示，因为他高大、强壮，同时又是一家大商场的经理。他从不自夸，善于倾听，所以对他的态度描述是阴。因此从萧燕角度制作的别卦都是基于她所遇到的一些事情。

这种以主方作为考虑问题的出发点是建构别卦的重要基础。你是否还记得第十八章中职场新手杨玲和已婚主管徐义光的事例吗？在那一例里，杨玲想知道如何应付这个有权力、对她有好感的男人。在杨玲建构的别卦中，她是主方，徐义光是客方。评估她自己的行动、素质和态度之后再评估徐义光的这些方面，杨玲建成了如下图所示的 4:7 卦，代表着在她意识里现阶段他们的关系。

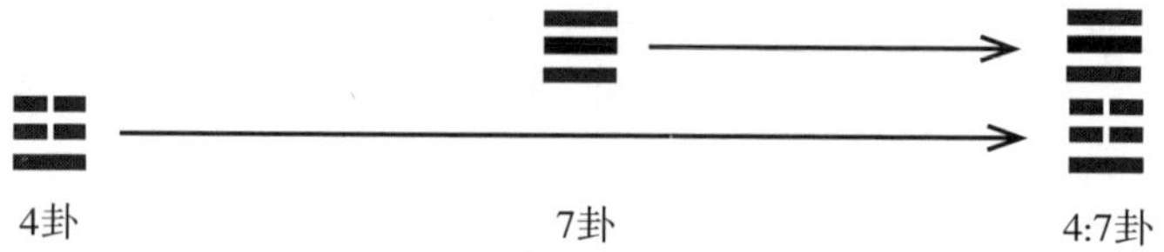

图 4-19-2　从杨玲角度看与徐义光的关系

但要是徐义光也想建构一个别卦来寻求应付这个漂亮的女性下属的方法呢？这样的话，他就是主方，杨玲是客方。假想他的评估与杨玲的评估相同，那么他做出的别卦就和她的相反，如下图：

图 4-19-3　从徐义光角度看与杨玲的关系

事实上，当事人双方的考虑的主观想法难以趋于相同，因而当事人双方选择两个同样的卦是非常罕见的。但是这足以显示出主客卦位置的重要性。

4:7 卦的结构和意义，杨玲眼中他们的关系可以用无妄卦代表，是清白无辜的，见下图：

图 4-19-4　无妄卦代表杨玲与徐义光的关系

卦 7:4 的结构和意义，徐义光眼中他们的行为关系可以用大壮卦代表，意思是鲁莽的：

大壮卦（从徐义光角度看双方关系）

7:4卦

图 4-19-5　大壮卦代表徐义光与杨玲的关系

通过别卦的卦名你可以快速了解当前双方关系的状态及其发展趋势，从卦名“无妄”和“大壮”中你也不难看出，同一情境下，不同人的观点是截然不同的。在杨玲的例子中，无妄暗示着由于经验缺乏可能犯的错误。而在徐义光的例子中，别卦的卦名警示着他可能因滥用权力、粗鲁做事会给单方或者双方造成大的损失。

别卦的卦名

在你将你的别卦建立起来之后，着重考虑它的独一无二的卦名的意义。下图列出了六十四卦的卦名：

表 4-19-2　六十四卦的卦名

代号 卦名	代号 卦名	代号 卦名	代号 卦名
0:0 坤	0:1 剥	0:2 比	0:3 观
0:4 豫	0:5 晋	0:6 萃	0:7 否
1:0 谦	1:1 艮	1:2 蹇	1:3 渐
1:4 小过	1:5 旅	1:6 咸	1:7 遯
2:0 师	2:1 蒙	2:2 坎	2:3 涣
2:4 解	2:5 未济	2:6 困	2:7 讼
3:0 升	3:1 蛊	3:2 井	3:3 巽
3:4 恒	3:5 鼎	3:6 大过	3:7 姤
4:0 复	4:1 颐	4:2 屯	4:3 益

续表

代号 卦名	代号 卦名	代号 卦名	代号 卦名
4:4 震	4:5 噬嗑	4:6 随	4:7 无妄
5:0 明夷	5:1 贲	5:2 既济	5:3 家人
5:4 丰	5:5 离	5:6 革	5:7 同人
6:0 临	6:1 损	6:2 节	6:3 中孚
6:4 归妹	6:5 睽	6:6 兑	6:7 履
7:0 泰	7:1 小畜	7:2 需	7:3 积聚
7:4 大壮	7:5 大有	7:6 夬	7:7 乾

别卦的代号的意义

为什么主卦与客卦的相对位置对于准确解读和正确决策如此重要呢？原因在于，正如经卦由数字组成一样，别卦同样也是，而易更是规划人类生存状况和自然法则的数学系统。你可以看一下，将 6:4 卦顺时针旋转至水平位置（如下图所示）：

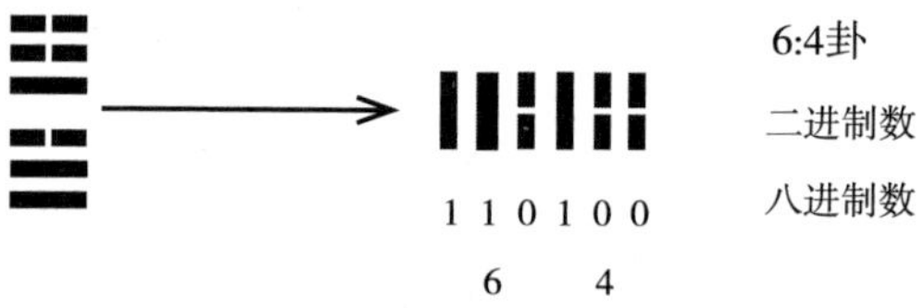

图 4-19-6　别卦的代号是卦本身的八进制数值

易的别卦的代号是卦本身的八进制数值。我们平常所用的数字系统是十进制数，计数原则是逢十进一。别卦的两个经卦是两组三位二进制数，6:4 卦中 6 卦是主卦，二进制数是 110；4 卦是客卦，二进制数是 100。因为三位二进制数能够表达的数值范围是 0 到 7，没有 8；两组三位二进制数联在一起，按逢 8 进 1 的原则进位，所以，110 和 100 联在一起是 6 和 4 联在一起。别卦中间用“:”隔开表示这不是十进制数 64。（按十进制数，对应二进制数 110100 的十进制数值是 52）。别卦代号能够准确识别别卦的两个卦的组成部分，如 6:4 卦。按这种表示方法，6:4 卦就表示这个别卦的主卦是 6 卦，客卦是 4 卦，而不是表示 64 个卦或者第 64 个卦。

从别卦的代号到其在周易中序列号的转换

下图所示是从别卦的代号到其在周易中序列号的转换。在别卦方阵图中，左侧第一列是主卦的代号，顶部第一行是客卦的代号，在每个别卦下面的括号中的是该别卦在周易中的序号。

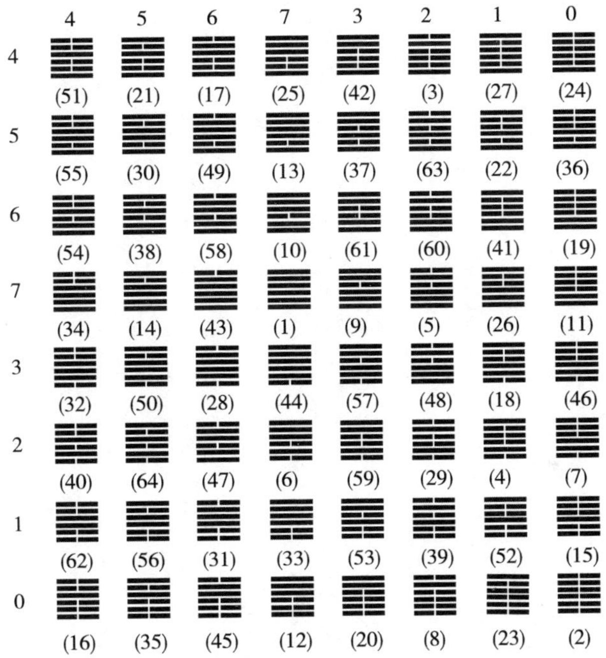

图 4-19-7 别卦的代号与周易中序列号的转换

你可以通过以上的别卦方阵图找出别卦的卦形，以及在周易中的序号。例如，如果你想了解 6:4 卦，对应主卦的代号是 6，客卦的代号是 4。即在 6 行 4 列的 6:4 卦，在周易中的序号就是 54。又如别卦 4:6，就寻找 4 行 6 列，其周易中序为 17。

如果你在某出版物上看到一个别卦，你就可以在本书中找到其对应的代号。如周易中的最后一卦 64，主卦代号是 2，客卦代号是 5，两个代号拼在一起就是 2:5，所以周易序号 64 的别卦就是 2:5 卦。“2:5”表示由 2 卦和 5 卦组成，而“64”

是在周易别卦顺序中所处的位置。

六十四卦的别卦方阵同样也适用于本书第三篇。

现在你知道如何建构别卦来代表你的现状。记住：

主卦位于底部，
客卦位于顶部。

第二十章　别卦的结构分析

你现在已经知道如何建一个别卦代表你的现况，你又会想知道从别卦如何判断当前情况对你是否有利、是否不利或是不好不坏的中性。

实际情况是，六十四卦与生活中的多数事情一样，都是中性的，是好与坏的综合体。但有些也是例外的：有四个别卦是对主方有利的，它由两个和谐互补的经卦组成，但是和谐的别卦不一定都是有利的。

在易中，就像在实际生活中一样，一切都是倾向于和谐。在别卦的结构中，和谐体现在三个方面：

双方有应，即一方阴，一方阳。

双方相互作用。

主方是主动促进和谐的一方，也就是第十六章说的和谐创造者。

你还记得第十六章所说的女警官和男醉驾司机吗？我们先从女警官的角度考虑，此时她是主方，醉驾司机是客方，你可以看出该和谐情形的这三个方面：

他俩是互补的角色，交警是阳，代表着权力；而司机是阴，只能表现出内疚和服从。

他们相互影响，如果他们从不同的高速路上走过，这种情况就不会发生。

主方是和谐创造者，因为她认出并制止了酒驾司机的行动。警官因任务的完成而受益。

现在让我们从酒驾司机的角度来解析该情形，这样他就是主方、女警官是客方。

角色仍是互补的，他是阴和警官是阳。

双方相互影响。

主方不是和谐创造者，他是被动的，是那位女警官发现了他。

这情况对于酒驾司机来说不利，他可能受到处罚。但是，即使对于他，和谐仍然是重要的，他必须服从警官，维持与警官之间的和谐状态，不然，如果与警官对抗，他的下场会更糟。

六十四卦用抽象的方式代表实际生活中的千千万万状态，阴阳和谐规律反映在别卦的主卦和客卦之间，更具体地说，反映在主卦和客卦的爻之间。判断别卦吉凶的主要原则有两个，一是有应，一是当位。

有应

为了帮助你了解和谐的重要作用，我们来看看由下面八卦图中四对角线上的卦组成的特殊的别卦：

图 4-20-1　四对角线上的特殊别卦

八个特殊的别卦的代号分别是 5:2 和 2:5，6:1 和 1:6，7:0 和 0:7，以及 4:3 和 3:4。不难看出，它们的两个经卦的代号的和都是 7。

5:2 卦，以及 2:5 卦

下图的左边是 5:2 卦—既济卦。

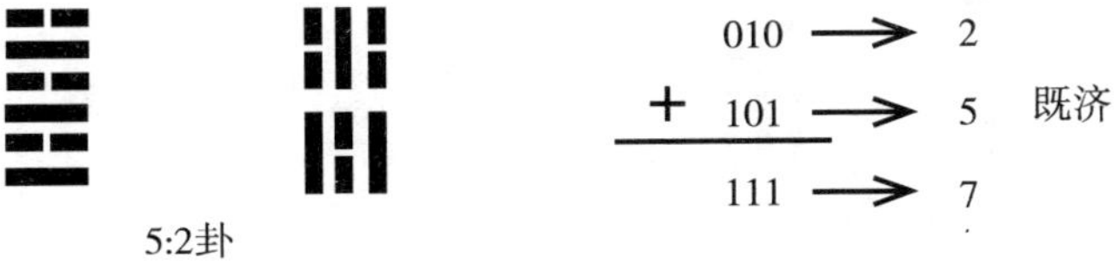

图 4-20-2 既济卦

既济卦的下边是 5 卦离卦，是主卦；上部分是 2 卦坎卦，是客卦。你可以看出，如果将其顺时针旋转至垂直位置，三对爻线都是相互对应的一成对的阴与阳或是阳与阴。例如，左半边的爻，左上方的是断线，左下方的就是实线。这同样适用于右半边的爻。中间的爻也是互补的：顶部是实线，底线是断线。

现在再来看下双方的相互作用。当火靠近水箱时，水会变热，就会产生蒸汽，产生能量。主方一火，加热客方一水，它是和谐创造者。因而 5:2 卦一既济，处于和谐状态，对主方有益，将热能转换成动能。

和它对称的卦是 2:5 卦，未济，见下图：

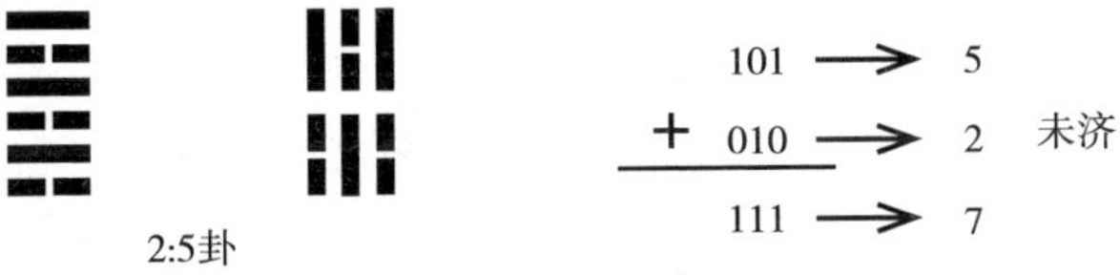

图 4-20-3 未济卦

这时，在别卦 2:5 中，水是主方，它不能引起相互作用。如果将水泼到火上，要么火灭，要么水蒸发。因而别卦 2:5 也处于和谐状态，但是对主方不利。

7:0 卦，以及 0:7 卦

7:0 卦，泰卦。将 7 卦乾卦和 0 卦坤卦结合起来：

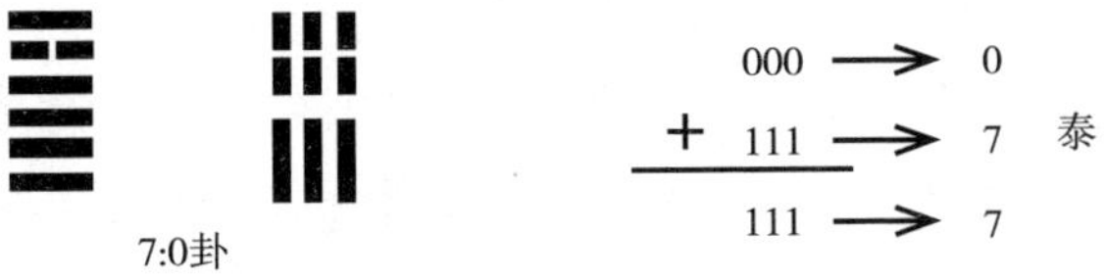

图 4-20-4 泰卦

天一主方，通过给大地提供光和热来引起互动。因而 7:0 卦，泰卦，是和谐的，它对于主方是有利的。

让我们再看一下其反面情况 0:7 卦，否卦：

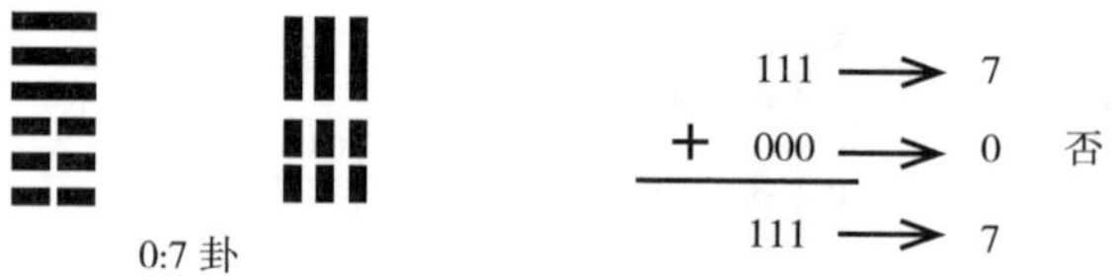

图 4-20-5　否卦

地是主方时，它是被动接受能量，不能主动与天引起相互作用。该别卦不是对主方有利的，即使两者是相互和谐。

1:6 卦，以及 6:1 卦

1:6 卦咸卦，将经卦 1 卦艮卦与经卦 6 卦兑卦结合了起来：

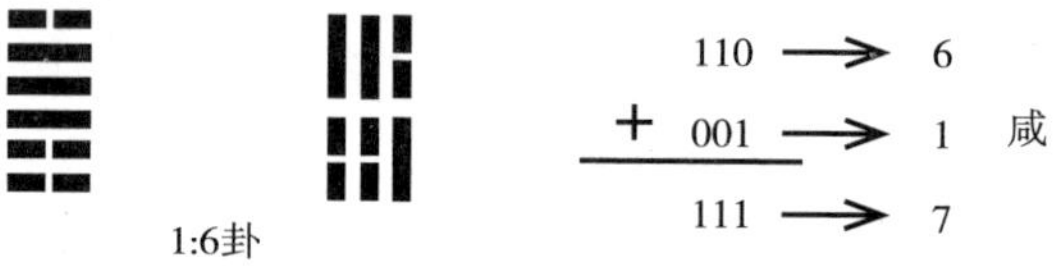

图 4-20-6　咸卦

山是水源地或是水的障碍，然而它又维持着湖中水平面的稳定，因而象征山的艮卦与象征河泽的兑卦结合在一起形成表示和谐而又美好的咸卦。

然而和 6:1 卦损卦相比，水无法与山主动交流：

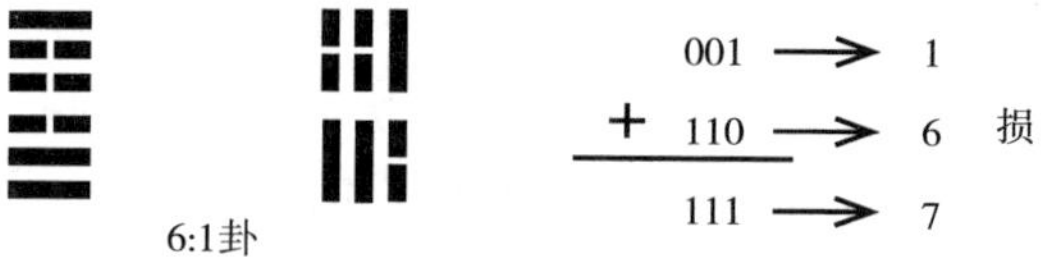

图 4-20-7　损卦

损卦的主卦与客卦也是阴爻和谐，然而对主方不很有利。

4:3 卦，以及 3:4 卦

4:3 卦益卦，将经卦 4 卦震卦与经卦 3 卦巽卦结合在一起形成益卦。益卦对主方有利是因为古人对此有经验，震卦的卦象是雷，雷预示着风暴的来临，并会引起大风。

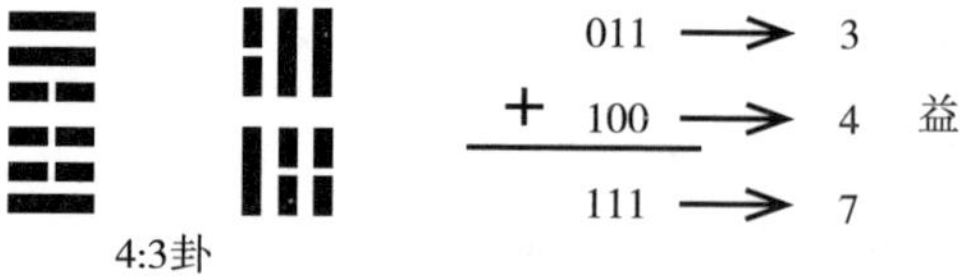

图 4-20-8　益卦

最后的特殊一卦是 3:4，恒卦，这里不管风有多大，会刮多久，它对雷都不会有任何影响：

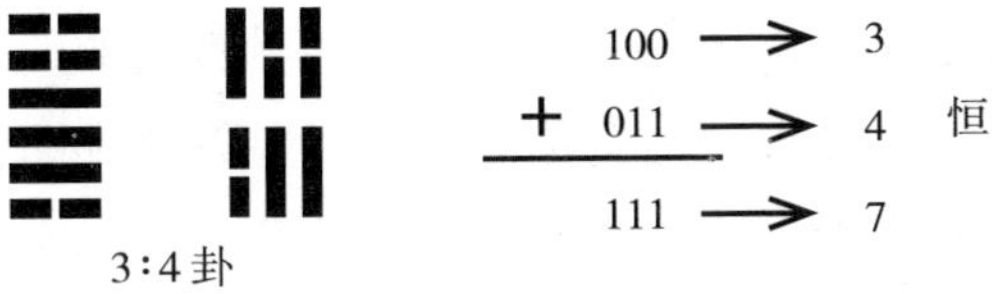

图 4-20-9　恒卦

恒卦的主卦和客卦也是阴阳和谐，然而对主方不是很有利。正如其卦名“恒”，有时坚持是无用而且浪费的，但更多的还是明智的。

在上述的八个别卦中，一半的卦都因其处于和谐状态下，对于主方有益，而另一半虽然也是处于和谐状态，但是它们是对主方不一定很有利。八个特殊的别卦内部二个经卦相互之间的影响比较容易辨别出来，而其他的五十六个别卦则需要逐一分析它们的各条爻之间的相互关系。这些关系中，一个重要的状态是有应。

如果别卦的两个经卦对应的爻是阴阳或者阳阴，这相互对应的二条爻是有应，如果对应的爻都是阳爻，或者都是阴爻，它们不是有应。通常来讲，有应的爻的状态比较稳定。至于是否对主方有利，还要看其他情况。

当位

在一个别卦中，从下往上数，第一、第三、第五的爻的位置是阳性位置，第二、第四、第六是阴的位置。如果一条阳爻位于阳的位置，或者阴爻位于阴的位置，那就是当位；然而如果一条阳爻位于阴的位置，或者是阴爻位于阳的位置，那就不当位。

5:2 卦既济卦是前面提到的八个特殊别卦中一个对主方有利的卦，它体现了爻之间完美的和谐，我们就将它来作为爻正确位置的样例。

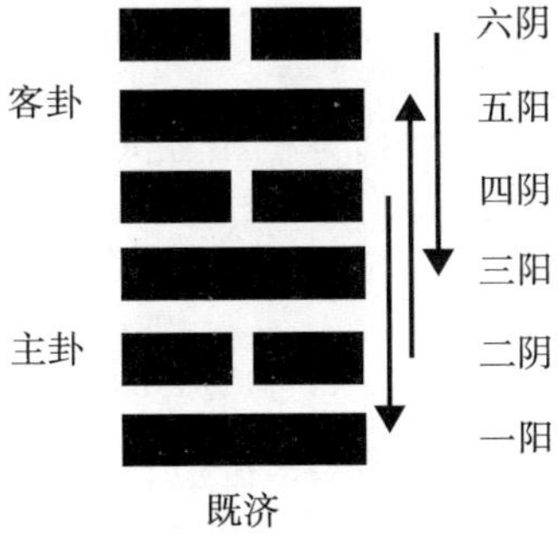

图 4-20-10　全部当位

图中，既济卦的六条爻全部是黑色，黑色表示当位的爻。第一、三、五爻是阳位，都是阳爻，阳爻在阳位是当位；第二、四、六爻的位置是阴位，这三条爻都是阴爻，阴爻在阴位，当位。当位是潜在的对主方有利因素，既济卦的六条爻都是对主方潜在的有利因素。图中有三个箭头，箭头表示有应。箭头从阴爻指向阳爻。三个箭头表示主卦和客卦的三对爻完全有应。有应使得潜在的对主方有利因素成为真实的对主方有利因素。也就是说，既当位又有应是对主方有利因素。既济卦的六条爻都是既当位又有应，都是对主方有利的因素。图右的一阳、二阴等是爻的代号，由爻的位置与爻的阴阳性质合成。

相反，别卦 2:5 的全部爻线位置都是不当位的，如下图所示。

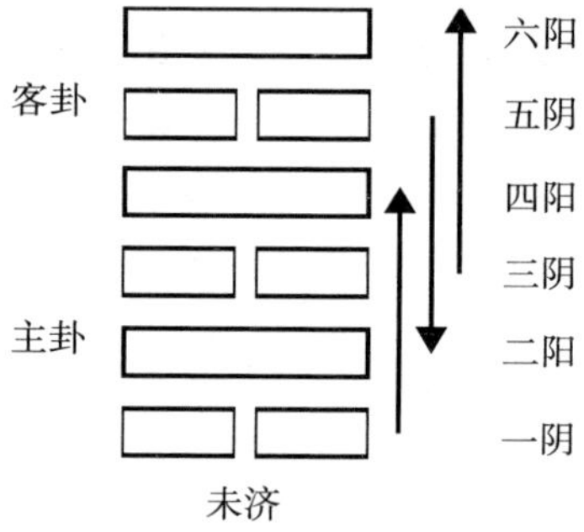

图 4-20-11　全部不当位

图中，白色表示不当位，未济卦的六条爻全部不当位。第一、三、五爻的位置是阳位，然而这三条爻都是阴爻，阴爻在阳位，不当位，不当位是潜在的对主方不利因素；第二、四、六条爻的位置是阴位，然而这三条爻都是阳爻，阳爻在阴位不当位，这三条爻都不当位，都是潜在的对主方不利因素。图中也有三个箭头，表示主卦与客卦的三对爻全部有应。有应使得潜在的对主方不利因素成为真实的对主方不利因素，由此未济卦的六条爻都是真实的对主方不利因素。也就是说，既不当位又有应是对主方的不利因素。图右的一阴、二阳等是爻的代号，由爻的位置与爻的阴阳性质合成。

既然你知道了在一个别卦中如何分析相互关联的爻的状况，那你应该能够为解答杨玲与徐义光的问题了。

实例分析

你应该还记得杨玲和徐义光的关系，在她看来，就像是别卦 4:7 卦，无妄卦：

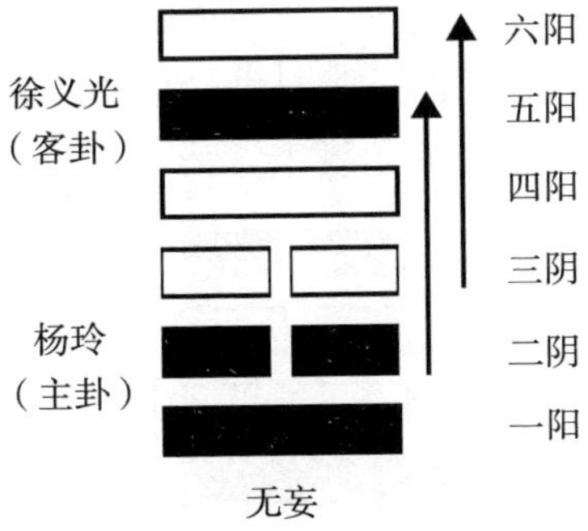

图 4-20-12　无妄卦

当你看这个卦的大体结构时，你会发现两对上爻与中爻都是相互有应的。也有三条爻当位：一阳（第一爻阳性）、二阴（第二爻阴性）和五阳（第五爻阳性）。一阳当位而不有应，是潜在的对杨玲有利因素。二阴和五阳，既当位又有应，是真实的对杨玲有利因素。

有三条爻不当位，三阴，四阳和六阳。三阴和六阳有应，这两条爻既不当位又有应，是真实的对杨玲不利因素。四阳不当位也不有应，是潜在的对杨玲不利因素。

你能够看出这种潜在的办公室挑逗是和谐与不协调的混合体，与我们这章刚开始讲的清晰的特殊的别卦是有天壤之别的？

那我们现在来一一审析 4:7 卦。一阳当位，暗示着杨玲找徐义光是作为一名新员工向他求助的，她这样做是正确的。然而这条爻线与徐义光的行动，四阳是冲突的，暗示着如果杨玲表现得有攻击性的，问题将会因此产生。

二阴暗示着杨玲的经验不足。它是中爻，当位又与五阳有应。这表明徐义光的比较性的权威，并且丰富经验对杨玲是有帮助的。

三阴与六阳有应，然而位置不正确，按暗示杨玲的态度必须礼貌并且很是尊敬，但不是一味地服从。杨玲已经看出她应该把握好这之间的微妙的平衡，既不要太具有防御性，也不能表现出过人的魅力。

在徐义光的卦中，四阳位置也是不正确的，并且和杨玲的一阳冲突。因为他是已婚男人，徐义光关注她不是她最感兴趣的。五阳是中爻，当位，又与二阴有应，暗示徐义光的经验或是职权对杨玲有益。六阳与三阴有应，然而位置也不正确，暗示着徐义光过于粗暴会对杨玲造成威胁。

杨玲与徐义光关系的卦的结构分析清晰地表明她的好处，依赖于年长男子的经验，就像是她的导师一样，能够决定她未来职业生涯的方向。然而，她必须平衡利弊，避免受到任何潜在、浪漫的干涉危险，否则她将很明显处于不利地位。要是她能够使得他们之间的友谊是清晰且严格的事务化的话，她会很成功。

现在想想 7:4 卦，从徐义光的角度来说情形是完全一致的。

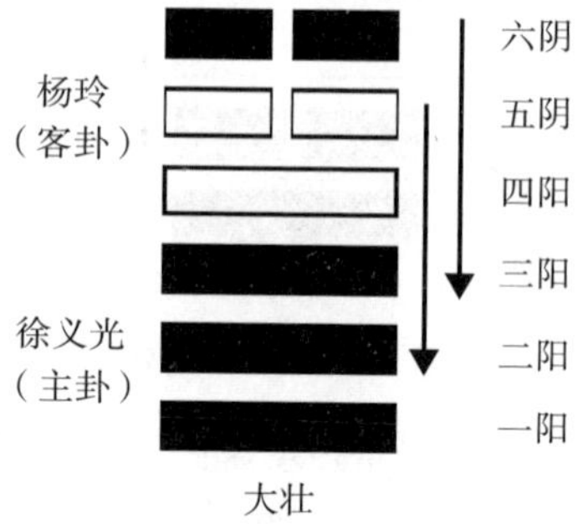

图 4-20-13　大壮卦

我们可以看到两对有应的爻，和三条当位的爻，一阳、三阳和六阴。当前情况对徐义光并不是不利的，然而如果他不顾一切地处理该关系，麻烦就会产生。

一阳当位，但与四阳冲突，暗示着徐义光关注杨玲是正确的，但不能涉及感情中去。二阳与五阴有应，然而不当位：徐义光的经验与职权可能对杨玲有助，但对他有不利影响。三阳与六阴是有应的，并且当位；他的严格态度会有助他带好这位职业新手。在徐义光与杨玲的关系中，杨玲的主动，四阳是不当位，并且和一阳冲突，她的主动询问可能占用徐义光的时间对他来说是不利的。五阴与二阳有应，然而位置不当，暗示着杨玲的学习可能耗费他的精力，对他来说是不利的。六阴与三阳互补且适当的，表明如果杨玲举止适当，他们的交流将会是双赢的。也许杨玲会被认为是一名聪颖的学生，且是公司不可或缺的一员。她的成功会影响类似于导师的徐义光。

这些别卦的结构分析表明杨玲能从徐义光那边获得经验和职业晋升，而徐义光会期待杨玲的尊敬与感激。然而他的粗鲁或者杨玲的冒犯会使得徐义光侵犯她的青春与无经验，这对他们俩都是灾难性的。

从上面的例子可以看出，当事人和谐的处事方法在人际关系中的重要性。谨记，如果你要知道别卦是否对主方有利、你必须核实：

对应的爻是否有应。

爻是否当位。

第二十一章　变化

如果你想在这样一个千变万化的世界里了解接下来会发生什么，你应当为自己制定一个适当的生活策略。上一章节讲述了如何看一个别卦，以及当前状态对主方是有利、还是不利。这一章将告知你哪些变化是可控的，哪些变化是要顺应自然规律的。

每一个别卦的六条爻的变化都会变成一个新的别卦，这意味着状况的变化。

例如，我们再看下 4:7 卦无妄卦，这样一个代表杨玲与徐义光关系的别卦。如果她的职业雄心催使她武断地去找徐义光的帮助，并且徐义光将自己定位为导师会是怎样的呢？如果杨玲由于她的自信从而态度从阴变成阳，同时徐义光由于杨玲的主动将自己的行动和态度都变成阴，且举止绅士、得当，这将是别卦 5:2—既济卦，如下图所示：

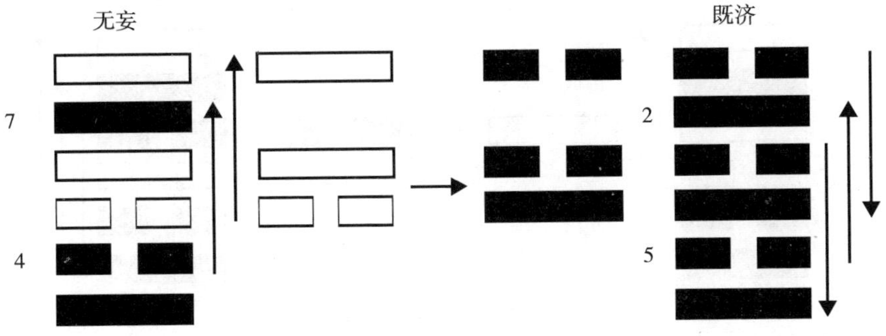

图 4-21-1　无妄卦变既济卦

4:7 卦中的三阴，指代着杨玲的态度，转变为别卦 5:2 中的三阳。别卦 4:7

中的四阳和六阳，代表着徐义光现在的行为和态度，变成了卦 5:2 中的四阴和六阴。

在诠释关于易的别卦时谨记这样一个重要的事实：任何一卦可以变成六十三卦中任何一卦无数次；这个变化次数是不受任何限制的。不管之前既成的行为是怎样的，主方往往乐于选择有益的变化，避免不利因素。易是了解当前状态的指南，它也会让人通过较好的变化成为善于调节的人士。让我们来看看有利变化、可控变化以及自然变化。

有利变化

正如第二十章讨论的，5:2 卦是八个特殊卦中的一个，它是对主方有利的，相反，别卦 2:5，未济卦是不利于主方的。很显然，从 4:7 卦变成 5:2 卦，是一个好的变化。在杨玲与徐义光的关系中，如果双方能够忽略杨玲的年轻貌美与徐义光的渴求感的话，那将是一个较好的情形。他们应该关注新人的事业雄心以及有权有势的公司主管角色上。

如果杨玲能够克服对徐义光高职的敬畏，使用自己诚实、直接的咨询方式，结局也许不会是挑逗，这样也会提示徐义光在回应她的问题时以一种事务、礼貌的方式。

当你在研究一个别卦如何往好的方向变化时，首先看那些不当位或是不有应的爻。比如说，在 4:7 卦中，白色的不当位爻，三阴，四阳和六阳。改变它们可以变成极度有益的既济卦 5:2。相反，一阳，二阴，和五阳都是当位的爻，显示为黑色。改变他们会形成不利的未济卦 2:5。

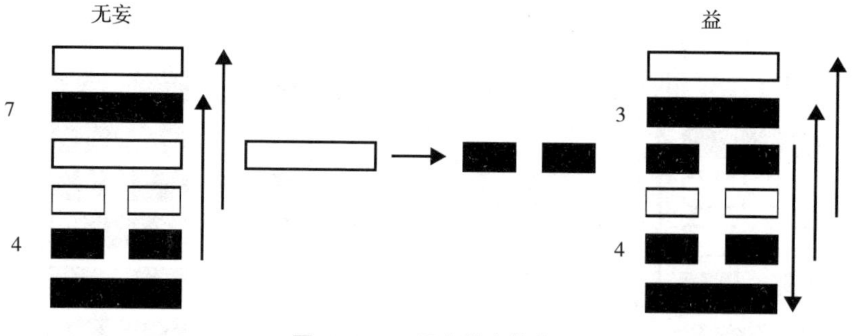

图 4-21-2　无妄卦变益卦

然而，与此同时，往往追求完美的这些人际关系方面的变化也许是不现实的。

在追求好的结果时最好的方式就是渐进式的变化。在 4:7 卦中，四阳不当位，并且与一阳不有应。如果这个爻由阳换成阴，如果徐义光克制自己，并等待杨玲接近他，这就是益卦 4:3，如图 4-21-2 所示。

这是在第二十章特别强调的另外一卦，其标题也暗示着，杨玲会受益于这样的变化。

我们必须特别留意那些会恶化关系的变化。不妨假设杨玲坚信徐义光的渴望会促使他主动接近她，并且她决定等待，行为越来越表现为阴性。如果杨玲能够分析出在她的卦中会有这样的变化，且在别卦中她会知道这个策略会是错的。在 4:7 卦中，一阳与四阳虽然当位，但他们本身是冲突的。由于杨玲不会主动寻求徐义光的帮助，即第一爻变成阴爻，就是别卦 0:7，否卦，见下图。

图 4-21-3　无妄卦变否卦

你可以看出在别卦否卦中，所有的爻线都是相互有应的，然而这个卦不利于过分被动的一方，在这里就是指杨玲。由于她的天真与无经验，如果杨玲一味地敬畏于徐义光，并且不能果断行动，他将会在此关系中拥有绝对权力。她将都是阴，而徐义光都是阳，形成一个严重失衡的关系情境。

可控变化

我们能够理解杨玲想改变自己的现状；在人际关系里改变自己远远比改变别人容易。这就是可控变化的精髓所在，并且说明任何变化都是由主方引起的。在 4:7 卦例子中，杨玲可以按照自己的意愿任意改变自己的情形。例如，如果她担心与一个已婚男子有太多接触，她会停止与徐义光交流。然而正如我们刚刚说的，这将会造成不利的结果，0:7 卦否卦，这将是一个错误。

有幸的是杨玲有选择的余地。从她现在的主卦，4 卦震卦来说，她可以改变她的行动、素质或是态度来获得其他的七个卦：卦 0、1、2、3、5、6 和 7。

对于杨玲来说，我们可以看出她要是被动等待徐义光的话将是一个错误。要是从另外一方面，她处于本能变成更加有经验，且在接近徐义光之前工作很出色又会是怎样的呢？让我们看看 4:7 卦，二阴与五阳是有应的，并且当位。要是杨玲将自己素质由阴转变为阳，努力工作，不断提高自己技能，结果就会是别卦6:7，履，如下所示：

图 4-21-4　无妄卦变履卦

如你所见，这个变化让两个中间的爻不再有应，并且杨玲日渐增长的技能与地位在公司里会给徐义光的地位造成威胁。该变化也会增加不当位爻的数目。正如卦的标题所示，履，这将会造成一个停滞不前的处境。这对杨玲是不利的。

现在我们来分析一下杨玲的态度。在 4:7 卦中，三阴与六阳是有应的，但是不当位。当我们第一次见到杨玲的时候和徐义光的时候，在第十八章介绍的，她的态度是阴，因为她举止得当，对徐义光很是尊敬，正如一般新员工对待公司高职的主管一样。然而如果杨玲决定将自己的年轻人干劲儿和热情与徐义光的经验、权力置于同一水平之上，且回应自信，坚信作为一个同事能为他提供不少有价值的帮助呢？如果杨玲能够将其态度由阴转变为阳，即意味着三阴转变成三阳，这个变化将会形成 5:7 卦同人卦，见图 4-21-5。

此卦不是很完美，但它是相对有利的。主方的三条爻都当位，并且两条中爻有应。该变化对主方杨玲有利，因为她和徐义光的关系会更加稳定、公平——一个综合体，如果她自己的自信的态度能够迎合徐义光的话。

从整个杨玲和徐义光的故事中我们可以看出，年长、有权有势的男人善于缓解人际关系。如果他不再追求杨玲，并且允许她接近自己，结果将会是极为有益的 4:3 卦，益卦。如果双方都着手变化，最终形成别卦 5:2，既济卦，杨玲将会因指导受益匪浅。

图 4-21-5　无妄卦变同人卦

然而因为徐义光是客方，他的行动、素质和态度不在可控变化范围之内。杨玲，作为主方，可以期望、等待或是尝试让徐义光发生改变，然而事实情况是她自己不能掌控双方。

自然变化

通常情况下最可能的变化就是自然地变化。第十七章提到，世界上一切事物本身都是沿螺旋形规律变化，这是常规变化。尽管不能确切肯定变化的下一个阶段什么时候发生，但是其趋势可以肯定。

如果允许从一个状态自然地转变成下一个状态的话，别卦主客双方的变化都自然地遵循常规变化规律，如下图所示：

图 4-21-6　常规变化

4 卦震卦，代表着杨玲的现状。按顺序接下来就是 5 卦离卦。因而她的从 4

卦到 5 卦的变化是一个自然变化，很有可能发生。随着时间的推移，杨玲将渐渐成熟，且在对待徐义光方面会更加自信，她的态度将会由阴转变为阳，这样，他们的卦象就成了 5:7 卦同人卦。

其他两个可控变化是我们假定杨玲做出自己的决定，行为上更加被动或者在她的骨子里更加有经验，这有些不自然。当主方的卦有由 4 卦震卦转变为 0 卦坤卦时，别卦 0:7，否卦就会出现，这会有悖于常规的变化规律。当主方的卦又由 5 卦离卦一下子转变为 6 卦兑卦时，6:7 卦就会出现。基于自然走向的变化规律，该变化不会很快发生，因为这涉及杨玲的素质由阴到阳的变化。这种变化可能性是有的，但是要时间磨合，并且杨玲不得不非常努力地去工作来提升自己的专业技能，维系好与同事、朋友的关系。那样的话，徐义光的帮助与支持显得稍有逊色。

那要是徐义光在杨玲这样做之前打破变化规律会是怎样的呢？他现在的行为表现为 7 卦乾卦，他可以掌握各种层面的事情。对他来说，接下来的自然变化将是 3 卦，巽卦：他本来就是长者且较明智，他会深知追求一个漂亮的女同事的不良后果。这样他的行动就成为阴性被动。

如我们已经探讨的，4:3 卦益卦，徐义光也希望这样的自然变化。即使杨玲了解到对于自己的处境她不能改变什么，她仅仅会避免错误，并且耐心等待徐义光对于她的自然淡定而渐渐产生变化，因而行动由阳变为阴。

然而自然变化的另一种可能性就是别卦 5:3 卦，家人卦，这是基于杨玲和徐义光一起变化的结果。当杨玲态度更加坚定的时候，徐义光对她的渴求会有所抑制：

在 5:3 卦中，有五条爻当位，两条上爻不有应。这个别卦的卦名暗示着杨玲就像是女家长一样，她在这个关系中处于重要位置。

尽管这三种自然变化都有可能发生，杨玲变化在先，徐义光变化在先，或者两者同时变化，然而第一种可能性最大。因为杨玲年轻且经验的缺乏，促使她比专业且生活优越的徐义光更易于发生改变。

但你也许不知道易是怎么灵活地捕捉从无知到经验丰富的逻辑性变化的。在自然变化的循环中，更加易于向上变化而不是向下变化，那就是说，由 0 卦到 4、5 卦最后到 6 卦、7 卦可能性更大。

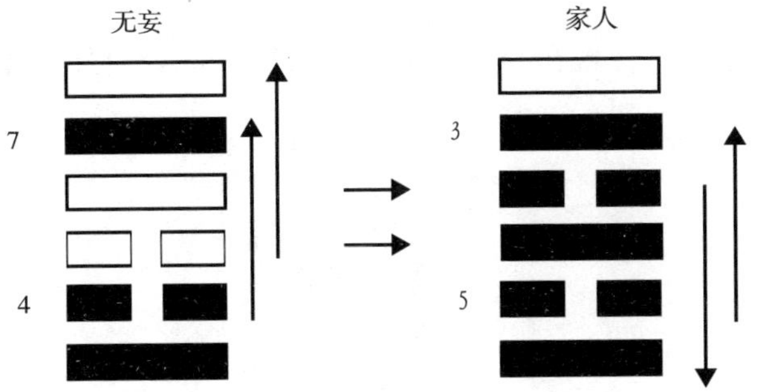

图 4-21-7 无妄卦变家人卦

所以在代表杨玲和徐义光的三个可能的自然变化中，即卦5:7卦、4:3卦和5:3卦，别卦5:7同人卦代表着该顺序，很有可能是因为卦7和卦3处于下降的变化趋势中。这又意味着什么呢？徐义光不太可能放弃追求杨玲，并且杨玲很有可能会因在徐义光身边而更加自信，从而变得有防御性而不是一味地害羞或是毕恭毕敬。

我们讨论的其他两种可能性变化不是因自然变化而造成的，但它们仍会发生。我们人类往往不会循规蹈矩，常常会违背我们自己的意愿做一些事情。我们甚至会表现为自然下降的另一个极端。

对于杨玲来说，她的现状以4:7卦为代表，这是不错的，并且她也没有必要进行任何戏剧性的变化来改善和徐义光的关系。事实上，根据她自己的理解，许多努力会产生反作用。如果她谨慎行事，避免与徐义光之间的不当行为，并且耐心学习经验，她的状况自然而然地会变得更好。这就是我们熟知的顺其自然。

合理的策略

顺其自然也许是杨玲最好的选择，然而一切顺其自然未必都是好事。你应该还记得第十七章中阐述的曹成章在AFR公司职场上的大起大落。

那一章阐述了自然变化的一个周期，并且将曹成章不断变化的经卦（三画卦）视为他在公司状况变化的一个反映。既然我们已经知道如何建卦、分析卦，我们也可以就他与AFR的关系洞悉他的职业状况。

假想AFR是一个刚刚起步的公司，经营顺利但不完全成熟。这样的企业是果断、创新的，但不是完美的，因而我们以5卦离卦来表示。假如曹成章刚刚步入职场高峰期，并且进入“立秋”季节，以3卦巽卦表示。那时他做事低调，但工作不再百分百尽力。

对于曹成章来说，他现在与 AFR 的关系就如 3:5 卦鼎卦，像鼎一样：

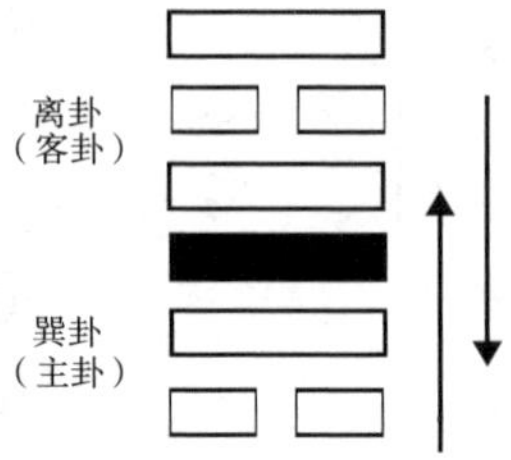

图 4-21-8　鼎卦

你可以看出，曹成章的境况不是很理想：唯一的当位的爻就是三阳。两对不当位而有应的爻，两条下爻和两条中爻，表明他工作被动和经验丰富对他来说在这个发展初期、不稳定的公司是不利的。

在八卦顺序中，紧随卦 3 卦巽卦的是 2 卦坎卦。根据 3:5 卦鼎卦，曹成章的自然变化会导致未济卦的状态：

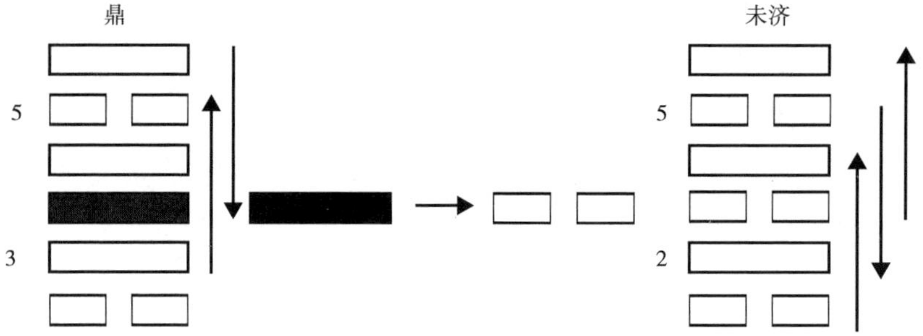

图 4-21-9　鼎卦变未济卦

正如你知道的，别卦 2:5 卦，未济卦，是少数不利于主方的卦之一，所以要是曹成章再顺其发展的话情形会更不利。因为 AFR 是一个新兴企业，卦很快会变成 6 卦兑卦，并且作为一个企业实体变得更加稳固，曹成章面临的结果要么会是别卦 3:6 卦大过卦，或者如果曹成章与 AFR 都顺其发展的话，将会变成别卦 2:6 卦，困卦。两者都对主方曹成章不利。

如果曹成章想改变他在 AFR 的状况，他不能顺其自然。在八卦中，7 卦乾卦在 3 卦巽卦之前。如果曹成章在工作上由阴转变为阳来改变自己的状况，将自己重新定位为有活力的追求更新层次的新人，这样的结果将会是别卦 7:5 卦大有卦：

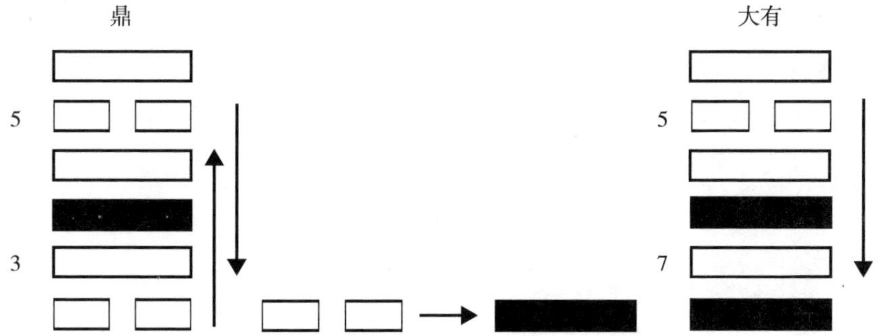

图 4-21-10　鼎卦变大有卦

在这样的变化之下，当位的爻变为两条，同时两条中爻仍然有应；状况比现在状况有所改善。所以对于曹成章来说，要么选择接受自己与公司日益淡化的自然变化关系，要么就为改善自己工作状况进行良好的变化。

依上述分析，你也许会做出以下良好的生活规划：

辨识哪个变化是有益的，

进行合理的可控变化来改善自己的状况，

处事耐心，等待良好的变化。

第二十二章　卦爻辞

患有老年痴呆症的冯士杰的岳父徐天广要求他做自己的护理人员，一起与病魔抗争。冯士杰深知该角色比较困难。我们可以将此情形用 2 卦坎卦来表示。

像徐天广这样寻求别人帮助的人，就如同是大地从天上吸取能量一样，他的状况就像是 0 卦，坤卦。

对冯士杰来说，这两个卦代表着他与徐天广的关系，并且组合而成的卦是 2:0，师卦。冯士杰就像是士兵——徐天广的军官。他们是跟老年痴呆症的病魔抗争的军队。那冯士杰应该采取怎样的独特策略来赢得这场战斗呢？

尽管卦的结构能够展示当前状态对于主方是否有利，但这不能给你确切的行动方案。与卦相联系的卦爻辞会帮助你将易准确地运用到生活中去。

每个别卦的卦爻辞都包含三个部分：卦名、卦辞和六条爻的爻辞。

卦名

卦名反映着别卦相关内容的主题。卦辞阐述着当前主客双方关系的基本状况。六条爻的爻辞解说联系着特定爻的意义。

“师”是反映 2:0 卦所有内涵的主题，如图 4-22-1 所示：

卦名“师”暗示着冯士杰就是军官，而徐天广就是士兵。他们一起与老年痴呆症的病魔抗争。

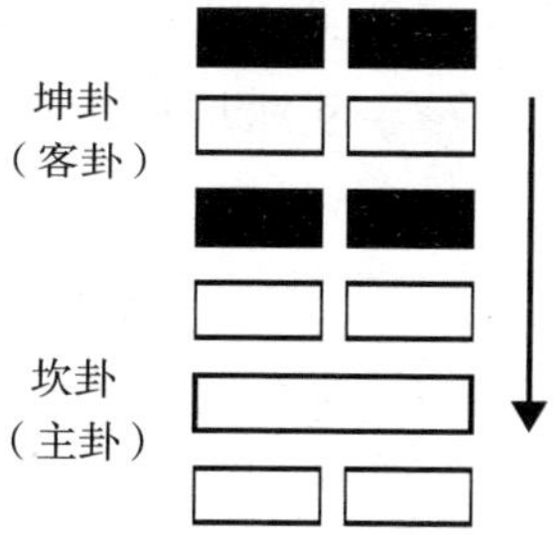

图 4-22-1　师卦

卦辞

贞，丈人吉，无咎。

卦辞描述当前状态的一般情形，并且提供给主方相关处理建议。在这个案例中，“丈人”指主方冯士杰，而不是徐天广。卦爻辞比别卦的六条爻更加具体、形象，但仍是抽象的，并且比散文更诗意化。所以这里的“丈人”不应该简单地理解为年长的人徐天广。更有意思的是，汉字“丈人”，就是岳父。如果我们受限于狭义解释且将“丈人吉”翻译为“这对主方的岳父徐天广有利”就是错误的。

我们的理解必须建立在卦的结构上。句子“贞，丈人吉，无咎”不应该被简单地理解为“当前状态，对主方有利”。图 4-22-1 是别卦 2:0 的结构图：图中主卦代表主方冯士杰，客卦代表客方徐天广。在这个别卦中，只有两条爻，四阴和六阴当位。其他的爻都不当位。两条中爻是不当位而有应，两条下爻和两条上爻都是不有应。这个别卦的结构暗示当前状态对冯士杰是不利的。

总的来说，与年轻人相比，年长者一般都比较富有经验、谨慎、深思熟虑、理性，且能够控制自己的情绪。此前状况，主方（冯士杰）——表示为“丈人”，应该能够专业、谨慎、理性地处理问题。如果冯士杰在治疗老年痴呆症方面不是很专业，然而在这个特殊时刻，他需要学习相关知识以胜任这份职责——充当卦辞中的“丈人”。

爻辞

一阴，师出以律，否臧凶。

在第十九章我们探讨过一爻是表示主方的行动的爻。一阴表示冯士杰的行动是阴。他倦怠于照顾徐天广。这条爻不当位，并且和四阴不有应，暗示着冯士杰阴的行动可能不利于他自己，应当克服这种倦怠感以及内心的不情愿："师出以律。"

二阳，在师中吉，无咎；王三锡命。

二阳的文本是冯士杰内心想法的体现。冯士杰的素质是阳。他扮演着重要的角色，并且要花费很大的精力照顾徐天广。这条爻是中爻，不当位又有应于五阴，表明冯士杰的阳性素质对他自己并不有利。但是，照顾徐天广是他应当做的，爻辞建议冯士杰尽自己应尽的义务，国王三次下旨。

三阴，师或舆尸，凶。

阴的爻辞是冯士杰态度的一个反映。冯士杰的态度是阴。他是略卑微、和蔼、友善的，且他爱徐天广。通常情况下这个态度是好的，然而在此情形下，并不完全合适，因为徐天广的行为非同寻常。那要是冯士杰友善，且为徐天广做任何事情，包括徐天广自己可以做的力所能及的事情，结果又会是怎样的呢？也许他的岳父会感到自己已经无用了。那要是冯士杰耐心，且一遍又一遍地教徐天广做什么事情，结果又会是怎样的呢？这样他的岳父会伤心，感觉自己太不行了。这条爻不当位，并且和六阴不有应：有时候士兵尸体非常多，都用大车拉走了。暗示着冯士杰阴的态度不利于冯士杰。

记住第四、五、六爻指客方——徐天广，代表他的行动，素质和态度。

四阴，师左次，无咎。

四阴表示徐天广的行动是阴性，病人被动地接收帮助。有时他也许是易冲动或者咄咄逼人，然而那些行为仅仅是疾病的征兆，而不是因选择而做出的行动。这条爻当位，然而与一阴不有应，"军队败退，无所怪罪"，暗示着徐天广的行动是潜在因素，对冯士杰可能有利。

五阴，田有禽，利执言，无咎；长子帅师，弟子舆尸，贞凶。

五阴表明徐天广的素质是阴性的，他生病了。这条爻不当位且与二阳有应，表明徐天广的病态对于冯士杰不利。徐天广短期记忆力缺失，能力欠乏且无法顺畅地运用语言，沟通成为他们之间的最大障碍。当徐天广漫不经心地乱走的时候，冯士杰应当想到岳父是厌倦了还是在寻找一杯水或是浴室设施。如果徐天广向来访者喊叫，冯士杰应当会猜测到岳父是不是因不能记住游客的名字而沮丧。冯士杰必须竭力明白什么信息与徐天广的行为反应相匹配："当长子领军作战时，次子却驱车移尸。"这两兄弟似乎是象征性的缺乏交流，维持现状对于主方有凶险。

六阴，大君有命，开国承家，小人勿用。

六阴表明徐天广的态度是阴性的。由于大脑功能的丧失，他的态度有点漠不关心。这条爻当位，却与三阴不有应，是潜在因素，对冯士杰可能有利。既然照顾一个老年痴呆症的病人是非常棘手的，冯士杰不得不寻求专业人士的帮助，正如爻辞中所说的："不称职者不可用。"

可能发生的变化

冯士杰无法掌控徐天广的行动、素质和态度。即使该种状况是比较难处理的，冯士杰还是可以有一些可控性变化。他没必要改变自己的素质，但他可以改变他的行动和态度，这两个可控的而又不利的潜在因素。

如果他的行动从阴转变成阳性，结果是 6:0 卦临卦，见下图：

图 4-22-2　师卦变临卦

该变化使得第一条爻变成阳性的，当位且与四阴有应。别卦的卦名表明今后会呈现一个良好的发展态势。该别卦的卦辞为：

元亨，利贞；至于八月有凶。

该卦比别卦 2:0 更有益，但它也提及了“八月后会有一个艰难时期”。最后徐天广的病情会进入晚期。现状为“事情会发展得很顺利”，并且冯士杰应该“维持现状。”

假想冯士杰不改变自己的做法，冯士杰的态度由阴性转为阳性。该结果是别卦 3:0，升卦，如下图所示。

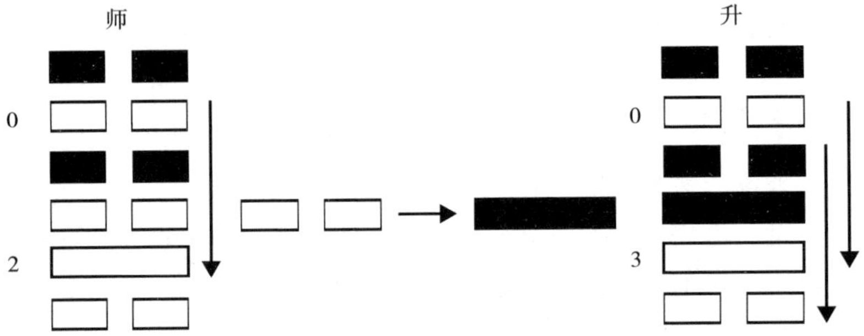

图 4-22-3　师卦变升卦

该变化使得第三条爻对主方是有益的，当位，又与六阴有应。3:0 卦的卦辞描述道：

元亨，用见大人，勿恤，南征吉。

卦辞说道，“事情发展顺利”，并且建议冯士杰像个专业人士一样妥善照顾徐天广。

如果冯士杰将他的行动和态度都由阴性改为阳性，结果是 7:0 卦，这我们在前面的章节里面探讨过了。这个别卦泰卦是非常有益的，是乾卦与坤卦的和谐结合。

所有可能性的变化——他的行为、态度或者是两者——可能带来良好的变化。冯士杰应该有能力改变自己的状况，尽管他自己感到是多么的无助。此案例说明了卦爻辞能够帮助现在处于困境的我们着眼于未来的发展，同时帮助我们综合分析状况，包括分析所有的可能性或者积极性的变化。

第二十三章　利弊

付力英在一家餐馆上班，但是她想进大学进修。她认为这将是一个明智的决定，她的大多数朋友都在大学念书，但她又不想如此大地改变自己的生活，她应该到大学进修吗？

到大学深造

长久以来，人们在咨询易时，都会以提问题的方式寻求答案。在这种情况下，你没有必要去分析付力英职业周期状况，以及在与他人关系中的行动、素质以及态度，或者是在八个卦图中选择代表双方的卦象。相反，你只要简单分析一下利和弊。

事实上，正如我们知悉的，别卦就是数字组成的。第十七章介绍过八卦的数值，表 4-23-1 归纳出八个经卦的数值以及各条爻的含义：

卦的代号也就是卦的阳数，表示阳的相对数量。乾卦是纯阳卦，阳数最高，是 7，代号也是 7；坤卦是纯阴卦，没有阳，阳数是 0，代号是 0。卦本身就是三位二进制数，阳表现为 1，阴表现为 0。对照二进制数与十进制数，可以看出，下爻是二进制数的高位，二进制数的 1 相当于十进制数的 4；中爻是二进制数的中位，二进制数的 1 相当于十进制数的 2；上爻是二进制数的低位，二进制数的 1 相当于十进制数的 1。卦应当理解为程度数字，而不是数量数字。阳数越高，表示程度越高；阳数越低，表示程度越低。

表 4-23-1 八个经卦的数值以及各条爻的含义

卦名	代号（阳数）	二进制数			十进制数		
		下爻	中爻	上爻	下爻	中爻	上爻
震	4	1	0	0	4	0	0
离	5	1	0	1	4	0	1
兑	6	1	1	0	4	2	0
乾	7	1	1	1	4	2	1
巽	3	0	1	1	0	2	1
坎	2	0	1	0	0	2	0
艮	1	0	0	1	0	0	1
坤	0	0	0	0	0	0	0

别卦由两个经卦组成，也可以看作是由两组数字组成。主卦代表主方，阳数代表主方的利益，阳数越高，对主方有益的程度越高，也就是说，可以看作代表利的程度；客卦代表客方，在主客双方利益博弈中，对客方有利的事是对主方不利的事，因此客卦阳数的多少代表对主方不利的程度，也就是弊的严重程度。所以，在处理利弊问题的时候，别卦代表主方询问事项中的利弊状态，我们可以直接用易作利弊分析，制定生活中各种各样的行动策略。

让我们再回到付力英的问题上。她应该去大学吗？她要在 0 至 7 中衡量利弊，0 表示利或弊的程度最低，而 7 表示利或弊的程度最高。

就利的方面来说，一个好的文凭是一个好的工作的敲门砖，但是她不确定专业对她自己的重要性是怎样的。她将利的程度估计为 4。

接下来她就要考虑考虑进大学深造的阻力因素了。她高中成绩平平，如果能够顺利进入大学念书，她必须努力学习，这样就没有太多的时间来陪男朋友了。她就需要学业贷款，这需要很长的时间来偿清，这就抵消了一个更好的工作的优势。她给弊的程度的估计为 6 分。

这些简单的数字反映了付力英现在所知悉的情况：在她看来，弊比利多。但是她并不能如此简单地就按两个数字作决定。她想通过咨询易经来求得答案：卦

4 代表利，而卦 6 代表弊，这样一起就形成了别卦 4:6，随。

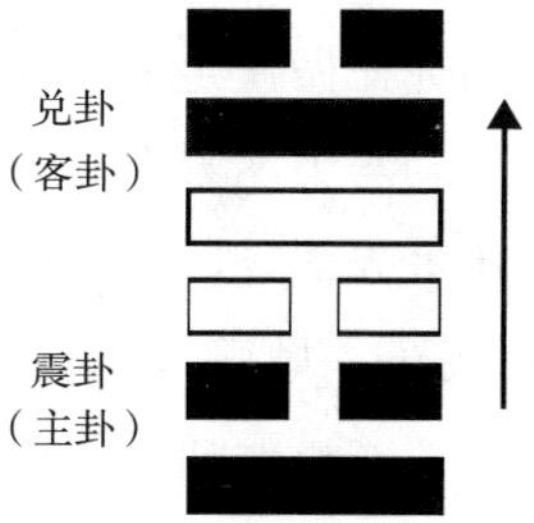

图 4-23-1　随卦的结构

这是随卦的卦辞：

元亨，利贞，无咎。

关于付力英的问题“我应该去大学深造吗？”别卦 4:6 的卦名告诉她应该跟着形势走：如果大多数人都去大学念书，她也应该去。其大意告诉她即使进入大学有诸如学习或其他方面的障碍，一切都会迎刃而解。她会获得毕业证书，更好的工作，同时也可能有更好的人际关系处理能力。走进校园、进入课堂对她来说是有益的。她也许会失去一些，比如和男朋友共处的时间，但是这一切都是值得的：“无咎。”

虽然平时衡量正反意见是常见作决定的过程，但是将两方面状况用数据来量化，同时组成别卦并参照易的精华，这会给你一个更丰富、有效的观点，因为它都是与生活息息相关的。

买车

当你遇到犹豫不定的困难时，使用易的数值特征进行抉择是非常有效的。第一步就是将问题更加清晰化，而不是局限于像“我怎样才高兴？”这样空泛的问题，而是以一个更具体的问题开始，比如说“我该买辆新车吗？”或是“我们是否该搬家？”“我该换工作吗？”“我们该结婚吗？”抑或是“我应该把握这个机会吗？”

针对特定的话题，固有的利弊都存在。当你在思索如何做出决定时，列举出利与弊的各种因素。

为了帮助你更为详尽地估算，在附录我们列举出五十二个话题的利弊。每个话题的利弊都超过十二条。这为你在做决定的时候提供有效的参考。但你没必要来估算每一条利弊。你可以选择利与弊两方面三条以内最为重要的因素。如果你只着迷于其中一个方面，那就着手去估算，不要在意其他的方面。

比如说，苏珊想买一辆面包车。她赖以工作的且已陪伴她十二年的上班工具——沃尔沃，行程里数也够多了，最近却需要不断地维修。现在她在考虑也许一辆小面包车会有更宽敞的空间，这也许会给她和丈夫以及渐渐长大的儿子和女儿带来更多的户外活动乐趣。在银行借款利率较低的时候，她认为这是一个较好的借钱买车的时机。

但是她有一个疑虑：费用。一辆在两侧带有中门的加长版的小面包车费用超过 2 万美元。相反，一辆像样的二手车只需花费一半的费用。

从附录中，她选择了一个话题“买车”，如下表：

表 4-23-2　买车的利弊

利	弊
有资金	花费太多
旧交通工具危险	不是很需求车
我的现有工具不引人注目	没有好的车位
会提升我的形象	我不得不开得更加小心
它会更加安全	更容易被偷
它会带来乐趣	没有合理的选择理由
它的里程数更佳	不实用
更加方便	耗油量增加
更加舒适	更加危险
它有着更佳的音效系统	没有足够的空间
有着越野功能	局限了相关行程线路
更迎合我的需求	不受关注
维修费用趋少	更难于驾驶
其他	维修费用更高
	卖家不可信
	其他

在这个话题里有十四条利。她将它们缩减成三个：“更迎合我的需求”，“更加方便”，“有资金”。苏珊将这几点置于对她最重要的位置。

在这个话题里有十六条弊。可是仅仅有一个对她来说是重要的：“花费太多”。

在列举利弊后，苏珊按照从一到十的刻度值对它们进行重要性对比，如下图所示：

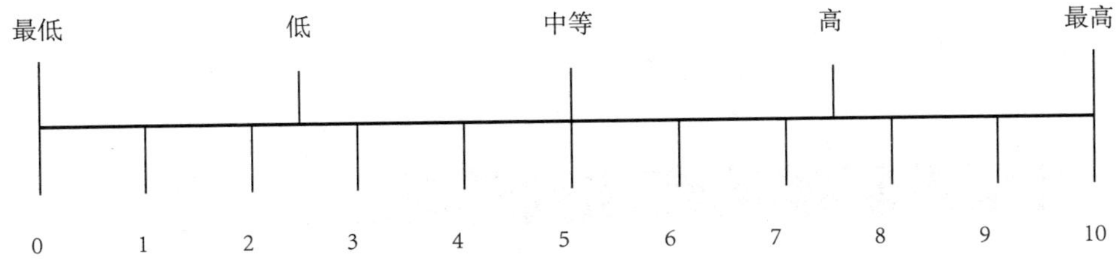

图 4-23-2　1 到 10 的刻度值

在刻度值最左边 0，对应最低数量。第一个刻度 1 意味着数目少，是最不重要的。刻度值中间 5，意味着中等数量。在最后边的 10，意味着是最高数量。

对于“买车”这个话题，苏珊作了估计。

表 4-23-3　买车的利弊估计

利		弊	
内容	估计	内容	估计
更迎合我的需求	5	花费太多	6
更加方便	4		
有资金	4		

像这样的利弊问题，你也可以不按上面的估算办法，而按 0 到 7 的范围估算，由估算结果，直接得到两个经卦，一个代表利，是主卦；另一个代表弊是客卦。重客卦于主卦之上得到别卦，其过程如例子“付力英应该到大学深造吗？”下面的方法比较烦琐，如果你有兴趣，可以参考。

苏珊接着把利的三项结合在一起。对于她来说，第一项最重要，第二项次之，第三项更次之。

第一项的估计数是 5，她就在刻度上取 5，如图 4-23-3：

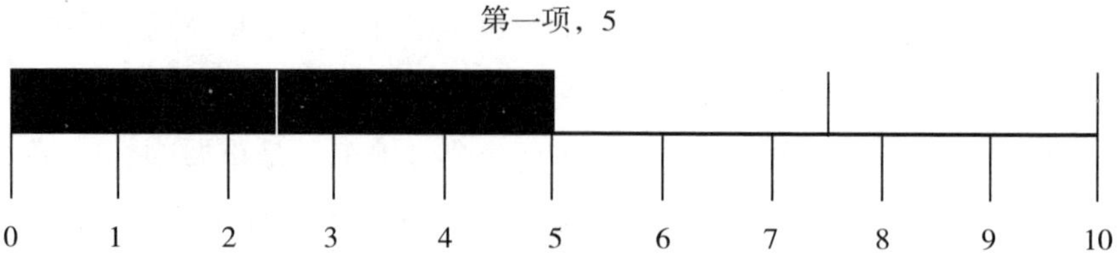

图 4-23-3　第一项的估计值是 5

第二项没有第一项重要，第二项的估计值不是直接加到第一项的估计值上，而是在余下的部分，再按 0 到 10 的范围，取出 4：

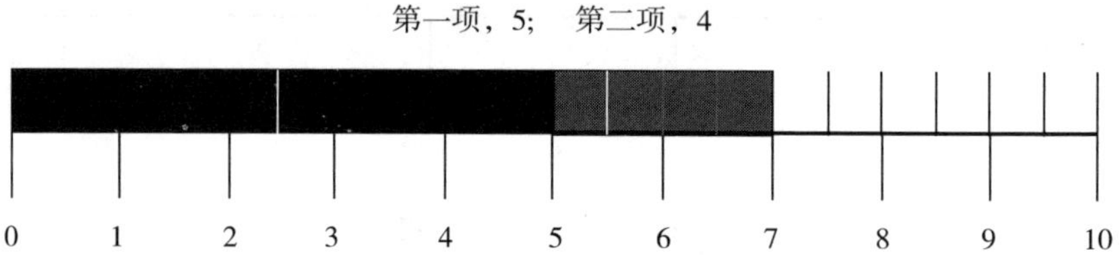

图 4-23-4　第二项的估计值是 4

第三项更次要，她在余下部分中，再按 0 到 10 的范围取出 4，如下图：

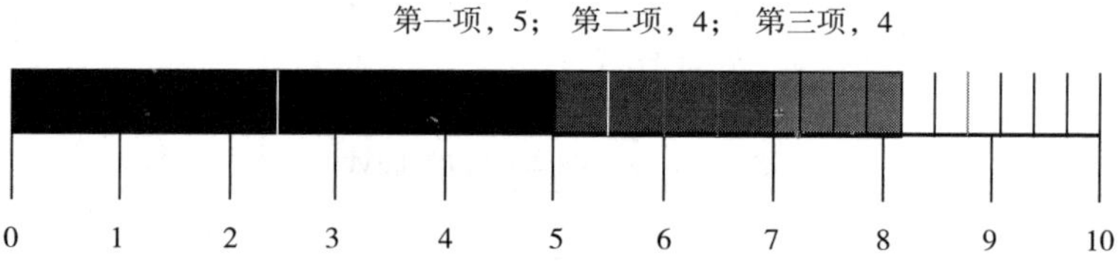

图 4-23-5　第三项的估计值是 4

由刻度可以看出，利的三项总估计值是 8.2。

弊只有一项，弊的总估计值就是 6。

接下来苏珊就将利和弊的总估计值转换为经卦代号。下面是从 0 到 10 范围的估计值转化为经卦代号的表格，经卦代号范围为 0 到 7。

表 4-23-4　利弊估计值转换为经卦代号

估值值	卦的代号
0 ～ 1.25	0
1.26 ～ 2.50	1
2.51 ～ 3.75	2
3.76 ～ 5.00	3
5.01 ～ 6.25	4
6.26 ～ 7.50	5

续表

7.51 ～ 8.75	6
8.76 ～ 10.00	7

依照这个表格，苏珊的事例中利的估计值为 8.2，这就对应于 6 卦，兑卦。同时弊的估计值为 6，对应 4 卦震卦。现在她就要将两个卦放在一起组成 6:4 卦归妹卦。

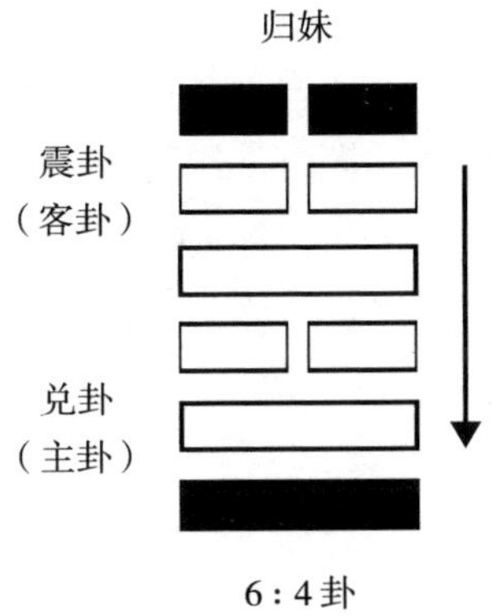

图 4-23-6　归妹卦的结构

请留意，在进行数值决策时，你必须估量你询问的事情的利和弊。在这种情况下得到的别卦中爻的含义与以前说的代表双方关系形势的别卦中的爻的含义不同。这里经卦中的爻的含义是：

下爻指代最重要的因素，
中爻指代次要因素，
上爻指代更次要因素。

考虑一下苏珊的案例，她想买一辆面包车。在对自己买车决定进行评估以及优先考虑事宜之后，她以 6 卦兑卦代表利，4 卦震卦代表弊。这就组成了别卦 6:4，归妹卦。

6:4 卦的卦名是“归妹”，在这个案例中，卦名与苏珊现实中的婚姻是无关的，但与她对新车未来的期望值是息息相关的。它指代着决定的重要性，且暗示着一辆新小面包车会给他们带来幸福与乐趣，但与此同时也会随之而来一些问题。

下面逐条解读归妹卦的卦爻辞：

卦辞

征凶，无攸利。

〔译文〕往前发展有凶险，没有什么有利之处。

〔解说〕这是6:4卦的卦辞，说明所问事项的一般状况。“征凶”，这里的“凶”前面有个“征”，强调“征”则“凶”，不“征”则不一定“凶”。“征”指苏珊买了车，只管享用，并不认真还债，甚至继续借债买其他东西。如果这样，就有凶险。但是，如果买车后，苏珊就极力还债，并且不买其他昂贵物品，不“征”，也就不一定“凶”。“无攸利”指没有什么有利之处，并不指一定有害。所以卦辞的意思是说在买车这件事上，苏珊应当特别小心，而且要非常重视此事之弊，买车之后，应当努力还债。

爻辞

一阳，归妹以娣，跛能履，征吉。

〔译文〕嫁女为妾，跛脚也能够行走，征伐吉利。

〔解说〕这是第一爻的爻辞，阳，利的方面是重要的。“娣”（dì），古代诸妾中的年幼者。“跛”（bǒ），腿或脚有病，走路时身体不平衡，瘸：跛脚，跛子。尽管苏珊感受到经济压力，买了这辆车迎合自己的需要，“归妹以娣”。买车以后，受到经济压力，但仍可维持，“跛能履”。但是继续下去有好处，“征吉”。这里的“征吉”仅仅是指“更迎合我的需求”而言，肯定买车可以满足苏珊的需要，并没有指当前整个形势对苏珊吉利。

〔结构分析〕这条爻是阳爻在阳位，当位，与四阳不有应。当位表明这项利的因素是潜在的对主方有利因素；不有应表明由于弊的方面也重要，买车并没有真正对主方有利。由于这种潜在因素的存在，加之主方感到新车方便，应当继续使用，所以爻辞说“征吉”。

二阳，眇能视，利幽人之贞。

〔译文〕一只眼也能够看东西，利于隐士的坚持。

〔解说〕这是第二爻爻辞，阳，表示买车方便主方。“眇”（miǎo），瞎了一只眼。“幽人”（yōurén），幽隐之人，隐士。主方应当把新车方便的感觉隐藏起来，努力筹备还债。

〔结构分析〕这条爻是阳爻在阴位，不当位，与五阴有应。不当位表明主方贪图方便而忽视困难，是潜在的对主方不利因素；有应表明数量较大的债需要还，这潜在因素成了真实的对主方不利因素。因此，主方应当把新车方便的感觉隐藏起来，着力还债，“利幽人之贞”。

三阴，归妹以须，反归以娣。

〔译文〕嫁女为補妻，反嫁作为妾。

〔解说〕这是第三爻的爻辞，阴，表示利的方面不足。“须”（xū），必得，应当，须次（官吏依次候补官缺）。结合爻辞的上下文，这里的须指男人缺少的女人，妻。第三爻代表最次要的利的因素，由于利的方面不是很充足。“归妹以须”，又“反归以娣”。

〔结构分析〕这条爻阴爻在阳位，不当位，与六阴不有应。不当位表明利的方面不充足，是潜在的对主方不利因素；不有应表明弊的方面也不很充足，这潜在因素没有成为真实的对主方不利因素，所以爻辞中没有判断词。

四阳，归妹愆期，迟归有时。

〔译文〕嫁女的时间误了期，推迟出嫁有了合适时间。

〔解说〕这是第四爻爻辞，阳，表示弊的方面很重要。由于弊的方面很重要，推迟买车，也许好些。

〔结构分析〕这条爻是阳爻在阴位，不当位，并且和一阳不有应。不当位表明弊的方面很重要，有可能损害主方利益，是潜在的对主方不利因素；不有应表明利的方面也重要，主方利益不会受到过多损害，这潜在因素没有成为真实的对主方不利因素。所以爻辞中没有判断词。

五阴，帝乙归妹，其君之袂，不如其娣之袂良；月几望，吉。

〔译文〕帝乙嫁女，她的服饰不如其妾的服饰好；月亮几乎是满月了，吉利。

〔解说〕这是第五爻爻辞，阴，表示弊的方面不是非常重要。“帝乙”，商朝第30代国王，在位时期为前1101～前1076年。“袂”（mèi），衣袖，袖口：张袂（张开衣袖）。帝乙指主方。由于主方有买车的需要，买了车，“帝乙归妹”。但是财力不足，买车后要还债，“其君之袂，不如其娣之袂良”。新车能够满足主方需要，已经算不错了，“月几望”。继续努力下去，对主方有好处，“吉”。

〔结构分析〕这条爻是阴爻在阳位，不当位，与二阳有应。不当位表明弊的因素不是很重要，可能被主方忽略，是潜在的对主方不利因素；有应指新车让主方感到方便，有可能真地忽视困难，这潜在因素成了真实的对主方不利因素。换一个角度考虑，由于弊的因素不是很重要，主方可以利用新车的方便，逐渐克服困难，这对主方很有利，所以爻辞说“吉”。

六阴，女承筐，无实；士刲羊，无血；无攸利。

〔译文〕女士托着筐子，没有果实；男士刺羊，没有血。没有什么好处。

〔解说〕这是第六爻爻辞，阴，表示弊方面因素不是很重要。“承”（chéng），在下面接受，托着：承重。“刲”（kuī），刺杀。双方相互周旋，没有诚意，“女承筐，无实；士刲羊，无血”，由于有利有弊，考虑弊过多没有好处。这里的“无攸利”是就弊不是很重要这点说的，而不是指整个买车的决定。

〔结构分析〕这条爻是阴爻在阴位，当位，与三阴不有应。当位表明弊方面不是很重要，是潜在的对主方有利因素；不有应表明利方面也不是很重要，这潜在因素没有成为真实的对主方有利因素。因此爻辞说“无攸利”。

卦辞比较明确地告诉苏珊在买车这件事上，应当特别小心，而且，要非常重视此事之弊，买车之后，应当努力还债。六条爻辞可以帮助她比较详细地思考买车的决定。这可能是有帮助的。

如果对比第八章中对于归妹卦的解说，你会发现与这里的解说不一样。在第二篇第七章介绍周文王演易时说明过，易经是周文王被商纣王拘于羑里的发奋之作，意在制定兴周灭商的方略，易经卦爻辞是针对双方关系形势撰写的，第八章对于归妹卦的解读与周文王作易经时的情景比较符合。而这里是针对具体询问的解答，解读自然不一样。不过由于易反映普遍规律，而且别卦本身就是数字，不是人为加上去的，所以，就询问解答的解读也能够说得通。

由于第三篇中六十四卦卦爻辞的解读是对应于双方关系的，你在解读询问解答的时候，应当根据具体事项做出适当解读。附录一是六十四卦的卦爻辞，你用的时候可能方便些。

易经不是卜筮之书

长久以来，易经被用于卜筮，卜筮也是用易经卦爻辞解读询问解答。你如果看到过别人用易经卜筮，或者你自己作过卜筮，那对比上面两个例子，你会发现上面介绍的解读询问解答的方法与卜筮根本不是一回事。

卜筮的最主要特点是用随机数起卦，因此所得到的别卦与事实毫无联系，它没有事实根据，因此说它是迷信，不科学，不应当继续搞下去。与此相反，这里介绍的解读询问解答的方法，别卦产生于对事实的利弊分析，一步一步，从事实出发，客观地分析，不掺杂个人因素，是科学的。平常，任何人对任何事作比较认真的决定时都是要作利弊分析的，尽量把有利因素和不利因素都罗列出来，再经过思考分析，最后作抉择。这一章介绍的方法与我们平常所用的利弊分析方法一样，只是多了一个工具，一个非常有用的思维工具，易经作为思维工具帮助我们制定更适当的策略。

卜筮的另一个特点是肢解易经卦爻辞，断章取义。因为它是用随机数起卦，要让人相信超然的力量存在，或者说相信神的存在，询问解答必须是不可重复的，必须有无穷多个可以选用的筮辞，为此，卜筮者利用随机数选读卦爻辞的一条或者若干条，而不是一个别卦的整个卦爻辞。而事实上，易经是说明六十四卦的，卦辞对应整个卦所代表的形势，爻辞对应每一条爻，卦、卦辞和爻辞是一个不可分割的整体。卜筮者肢解卦爻辞，而这里介绍的方法把卦爻辞看作一个整体，所以说，从解读卦爻辞的方式上也说明易经本来就不是卜筮之书，这里介绍的易经在询问解答方面的运用不是卜筮。

第五篇　哲学内涵

“不识庐山真面目，只缘身在此山中”， 如果想全面认识易的真面貌，就要走出中国文化环境，从世界文化范围看易。易有阴阳、八卦、易经与五行，西方哲学有形而上学、辩证法、一般系统论和过程哲学，如果将易与西方哲学作一番比较，就能够看清这座哲学范畴里的“庐山”。

第二十四章　中华文化源自本土

中国人起源何方是近20多年来学术界争论的问题。一种观念认为中国人源自本土，北京猿人、蓝田猿人等是现代中国人的祖先；另一种观点是“非洲起源说”，认为现代中国人源自非洲，北京猿人等的后代已经绝迹。

非洲起源的假说

1987年，威尔逊（Allan.C.Wilson）等在《自然》杂志上发表了《线粒体DNA与人类进化》[12]，他取了147个近代人的线粒体DNA样品作分析，其中包括20个非洲人的样品，结果得出一个“遗传树”，说“全部线粒体DNA分析的焦点都集中于一个非洲女人，她大概生活于14万—29万年以前”。接着，这种假说在西方广泛传开，这位非洲女人有了个名字叫“夏娃”，与基督教《圣经》上说的上帝创造的女人同名。

真有这样一位妇女吗？

非洲起源说在没有任何14万年前的古DNA样品的情况下，却做出了14万年前存在这样一位妇女的结论，这是没有实验根据的推测。

这种推测基于两个假设，一是假设线粒体DNA严格按母系遗传，一是存在分子生物钟。现在这两种假设都受到越来越多的质疑。实际上，人类线粒体DNA中有重组现象，线粒体DNA严格按母系遗传的假设是不可靠的[13]；并且，分子生物钟也不可靠，由分子生物钟得到的年代与化石年代相差达一倍，不同的估算方法差别可达 20 倍[14]。

现在有了古 DNA 分析技术。2013 年 1 月 21 日，美国科学院院刊（PNAS）发表了一篇论文《对出自中国田园洞的早期现代人所做的 DNA 分析》[15]，介绍了对该洞穴出土的生活在 4 万年前的一个人类个体所做的 DNA 提取与分析结果。该文的基本结论是：这具人骨携带着少量古老型人类——尼安德特人（曾经生活在欧洲的古人类）和丹尼索瓦人（曾经生活在西伯利亚一带的古人类）的 DNA，但更多表现的是早期现代人的基因特征，且与当今亚洲人和美洲土著人（蒙古人种）有着密切的血缘关系，而与现代欧洲人（欧罗巴人种）的祖先在遗传上已经分开，分属不同的人群。这里，看不出与非洲人有什么联系。从分子生物方面证明了非洲起源说的观点不可靠。

非洲起源说受到强烈的宗教影响，《圣经》说上帝创造了人，就想办法说现代人类有一对共同祖先。其实，计算机程序是人编的，总包含编程者的主观性，后来，有大量的程序可以作 DNA 分析，最后归结于树枝形的独一树根。在一些 DNA 运用技术方面，用这样的程序是合理的，但是，追溯现代人类起源运用这样的程序是不适当的。按这种方法，总会得到现代人类只有一对共同祖先，以此类推，马、牛、羊，等等任何动物都有一对共同祖先，所有的生物都有一个共同祖先，所有的有机分子都是源于第一个有机分子……一大堆米，生了蛀虫，如果按这种方法作 DNA 分析，所有的蛀虫必定是由第一个蛀虫繁殖出来的，这显然不会是事实。

中国人源自本土的观点

树华古人类馆（在中国科学院古脊椎动物与人类研究所的古人类馆内）有很多古人类化石，还有北京猿人头骨和山顶洞人头骨复原的头像。参观了树华古人类馆，即使是我们这样的普通中国人，也会认为北京猿人可能是我们的祖先，再想想我们看到过的非洲人和西方人，我们自然而然地会相信我们的祖先源自中华本土，而不是来自非洲。

从猿人到现代人的演化是逐渐发生的。从大脑的发展看，蓝田猿人的脑量约为 780 毫升，北京猿人的脑量约为 1088 毫升，山顶洞人的脑量为 1300 ～ 1500 毫升，可见在演化过程中，人的智力逐渐增强，大脑逐渐发达；从语言的发展看，在演化到猿人的初期，猿人不具备说话能力，28.2 万年前北京猿人的脑膜上语言区部位隆起，表示那时的北京猿人已经有说话能力，进而，山顶洞人有了成熟的语言能力，可见在演化过程中人类说话的能力也是逐渐发展的；就用火而言，在元谋猿人遗址上发现了大量炭屑，1 毫米以上的炭屑达 16 粒之多，在蓝田人遗址的公主岭含化石层里发现了三四处灰烬和灰屑，散布范围均不大，在北京猿人遗址，发现了灰烬层厚达 6 米多，而山顶洞人掌握了人工取火技术，可见，在演化过程中人类的用火能力也是逐渐发展的。考古资料证明从猿人发展到现代人的过程是逐渐的，而不是突然发生的，没有明显的分水岭，不存在最早的第一位现代人祖母，也不存在最早的第一位现代人祖父。

从猿人到现代人的演化是多样的，不是单一的。即使在中华土地上，人类也不是单线演化的。在北京周口店的北京人遗址，发现了 20 万－70 万年前北京猿人、10 万－20 万年前新洞人、1 万－3 万年前山顶洞人；在河南省许昌的许昌人遗址，发现了 8 万－10 万年前的许昌人，又发现了 1.3 万年前的钻孔的鸵鸟蛋壳和鹿角雕刻的微型鸟雕，还在郑州发现了 4 万年前古人类居住遗址；在湖北清江流域发现了 215 万 -195 万年前的“建始人”， 20 万年前的“长阳人”， 考古专家又在“长阳人”化石发现点的清江两岸，发现了距今 9 万－12 万年的鲢鱼山遗址和距今 13 万年左右的伴峡小洞遗址，还发现了距今 2.7 万年的旧石器晚期文化遗址。这些考古发现都证明了人类从猿人到现代人的演化过程的多样性，不是仅仅一条单线演化。

中国人源自本土的观点不断得到更多的科学发现支持。曾经有人认为 5 万－10 万年前的一段时期正是第四纪冰川期，天气异常寒冷，绝大多数生物种类难以存活，北京猿人的后代已经绝灭。但是，这种论断被一连串的科学发现所否定。2007 年 12 月 17 日，河南省考古队在许昌灵井旧石器时代遗址，发现了距今 7.5 万－12.8 万年古人类顶骨、枕骨、颞骨的断片共计 16 块，复原后可成为一较完整的人类头盖骨化石。2007 年 1 月，内蒙古自治区鄂尔多斯博物馆发布消息：中国学术界确定，内蒙古鄂尔多斯“河套人”的生存年代距今 7 万年至 14 万年间。2004 年，王頠等在《第四纪研究》发表论文，《柳江现代智人化石地点的地层及年代》[16]，说明 “柳江人”化石的年代都不会晚于 7 万－15 万年前。这些考古发现证明了 5 万年到 10 万年前这段时间里，在中华土地上的人类活动并没有消失；这些考古新发现证明了在中华土地上从猿人到现代人的演化过程是连续的，不存在断层。

从易的哲学观看中国人的起源

易的八卦反映了事物多样性，易认为世界上的一切事物都是多样的，五颜六色，层次交迭，而不是只有黑白之分，更不是单一的。由于事物具有多样性，应当是在世界各地区都有猿人在不同时期演化成现代人，而不是只有非洲才有从猿人到现代人的演化，更不存在全人类最早的祖母，或者最早的祖父。

螺旋形变化规律是易对事物变化的基本认识。世界上的变化有常规变化、非常规变化和突发变化三种。生物演化是常规变化，虽然有量变到质变的转变，但是其外界表现是逐渐变化，而不是突然变化，猿人与现代人之间没有突然的分界线，不可能出现一位最早的现代人妇女，而她的母亲是一个猿人。

所以，按易的哲学观，中国人源自本土，非洲起源假说是靠不住的。

易之一脉传承

易的形成过程本身也说明了中国人源自本土。为什么西方没有易呢？为什么西方没有阴阳呢？恩格斯说过："深入大众意识的辩证法有一个古老的命题：两极相联。"西方人也一直注意到了两极相联现象，提出了矛盾（opposites）的概念，但就是没有能够再进一步分别给出相联两极的性质从而得到阴阳概念。为什么呢？因为阴阳概念不是个人的智慧所能够归纳出的，它是在人类从猿人到现代人类的 200 多万年的演化中，在为了生存和繁衍后代而作的长期艰苦奋斗中，在语言发展过程中，逐渐归纳出的代表人类对世界最普遍的最根本性质的认识；进入新石器时期以后，在阴阳的基础上，又认识到事物的多样性和螺旋形变化的规律，归纳出了八卦，而后又在劳动中得到启发，在八卦的基础上，产生了六十四卦和五行。由于中国人源自本土，一脉传承而有了易，因此在全世界唯有中国人有易。

第二十五章　阴阳本体论

本体论在西方叫“ontology”，研究一切实在最终本性，回答“是什么”的问题。例如，“什么是股市？”回答“股市是已经发行的股票转让、买卖和流通的场所”，这是很具体的答案，但是没有回答股市的“最终本性”。

下面从《道德经》开始，探讨本体论。

有和无

老子在《道德经》第十一章中说：

三十辐同一毂，当其无，有车之用也；埏埴为器，当其无，有埴器之用也；凿户牖，当其无，有室之用也。故有之以为利，无之以为用。

老子说的车包括两部分。一是“有”，指三十根轮辐和一个轮毂，这些都可以触摸到；一是“无”，指轮辐和轮毂之间的相对状态，轮辐分布在轮毂周围，并且以某种方式牢固地结合在一起。这两部分缺一不可，没有“无”，只是一堆木质和金属素材；没有“有”，无从谈“无”，没有轮辐和轮毂，无从谈论轮毂的分布与结合方式。

老子说的器皿也包括两部分：一是“有”，是经过制作成型的干燥了的黏土，或者还经过了烧结处理；一是“无”，这干燥了的黏土必须呈一定的结构形状，例如能够盛某些物品。这二者必须结合一起，任何一方都不可缺少，如果缺少黏土，就无从讨论器皿的存在；如果没有一定的结构形态，比如说，没有底，不能盛物品，那将仅仅是一堆干土，而不是器皿。

老子说的室也包括两部分：一是“有”，是墙壁，屋顶与地面； 一是“无”，是窗户，能够透空气。“有”和“无”也是缺一不可，如果没有窗户，不透气，不能住人，就不能是室；如果没有墙壁、屋顶与地面，就无从谈室。

车是行路工具，器皿是生活用品，室是住的，这三个例子涵盖了古时人们行、用和住三个方面，代表了世界上一切物质。

老子的三个例子说明世界万物都具有“有”与“无”二重性，都是客观存在。“有”是客观存在，“无”也是客观存在，而且“有”和“无”相辅相成，“有”是存在的条件，“无”使得存在发挥作用。“有”是具体的，“无”是抽象的。

道是认识

老子在《道德经》第一章中说：

道，可道也，非恒道也。名，可名也，非恒名也。无名，万物之始也；有名，万物之母也。故恒无欲也，以观其妙；恒有欲也，以观其所徼。两者同出，异名同谓，玄之又玄，众妙之门。

“可道也”三个字把道理分成二种，一是恒道，一是非恒道。恒道是自然事物本身具有的道理，也就是自然规律，例如，水的生存、运动和变化有自己的规律。水不讲述，水不可能把它的道理讲述给人，只有靠人去观察，去认识其中的道理。非恒道是人们讲述的道理，例如，仁义。“故大道废，案有仁义；智慧出，案有大伪”（第十八章），仁义的道理是在“大道废”的情况下才出现的，不是恒久的。老子论述的道理与其他道理的不同之处在于效法自然，例如，效法水。道不讨论科学（现代的物理学、化学等）中研究的水的自然规律，而是通过微细观察，从中发现可以引伸到人的行为道德方面的道理，例如，“上善似水，水善利万物而有静，居众人之所恶”，通过观察，道揭示出水的“善利万物”，“有静”，“居众人之所恶”的道理，并且建议人们效法水，做到“上善似水”。而且，老子说，“前识者，道之华也，而愚之首也”（第三十八章），在事物还没有发生的时候，没有超前认识，没有可以讲述的道理，只有事物发生了，才能够效法自然，可以讲述如何应对现实。

《道德经》第十一章中的“故有之以为利，无之以为用”也是通过观察而发现的道理，“有”是具体的，人人都知道的，是“恒道”；“无”是通过“观其妙”和“观其所徼”得到的认识。很多人不承认“无”的存在，认为“没有”的东西是不可能存在的，而老子却由现实中存在的万物认识到世界万物都有“无”的部分，“无”也是客观存在，属“非恒道”。

阴阳是世界万物属性

老子在《道德经》第四十一章中还说：

道生一，一生二，二生三，三生万物。万物负阴而抱阳，冲气以为和。

对照《道德经》第十一章可以看出，“道生一”中的“一”指“无之以为用”中的“无”。“道生一”中的“生”不是指“生育”的“生”，而是指由认识而“产生”的“生”。“道生一”意思是通过对物的仔细观察，认识到了“无”的存在，产生了“一”的概念。古代，“一”是最少的数，由“一”可以产生其他任何数，《道德经》用“一”代表自然状态。老子说，“载营魂抱一，能毋离乎”（第十章），“是以圣人执一，以为天下牧”（第二十三章），又说，“昔之得一者，天得一以清，地得一以宁，神得一以灵，谷得一以盈，侯王得一而以为天下正”（第三十九章），“抱一”、“执一”和“得一”的意思都接近，都是用“一”代表事物的自然状态。“道生一”中的“一”是指“无”的没有经过进一步思维加工的自然状态。从现代文化环境思考“无”，“无”包括物的结构、制作的思想与经验、工艺以及性能，这些综合一起是物的属性。比如说，一个手机，它的有机材料和无机材料是“有”；它的结构设计、制造工艺、尺寸、软件、速度、存储量、网络链接、摄像，以及可以打电话、视频通话、打游戏，等等功能是“无”，是“道生一”中的“一”。

“一生二”中的“生”也不是指“生育”的“生”，而是指认识的进一步深化，由作为“一”的“无”认识到物的属性可以分为两种，一是阳，一是阴。老子说，“无名，万物之始也；有名，万物之母也。故恒无欲也，以观其妙；恒有欲也，以观其所徼。两者同出，异名同谓，玄之又玄，众妙之门”、“无名”和

“有名”，“无欲”和“有欲”，《道德经》从第一章开始就分析阴阳；“有无之相生也，难易之相成也，长短之相形也，高下之相盈也，音声之相和也，先后之相随也，恒也”（第二章），指出事物的阴阳是恒久存在的；“道汎呵，其可左右也”（第三十四章）；第三十六章列举了一系列“其可左右也”的策略，“将欲歙之，必固张之；将欲弱之，必固强之；将欲去之，必固举之；将欲夺之，必固予之”；第四十一章又进一步归纳出“反也者，道之动；弱也者，道之用也”。“一生二”就是从原始的“一”经过进一步思维加工而产生出阴阳。

“二生三”中的“三”代表多数，由阴阳进一步思维加工，认识到事物的多样性。事物属性不只是一阴一阳，而是“阴”和“阳”的多种组合。例如，除了黑与白以外，还有不同程度的灰色，还有五颜六色。

“三生万物”中的“生”也不是指“生育”的“生”，“万物”是指“万物”的属性，阴阳组合是世界万物的属性。

“万物负阴而抱阳”中既有“万物”也有“阴”和“阳”，对照“故有之以为利，无之以为用”，可以看出“万物”指“有”；“负阴而抱阳”指“无”，是对万物的属性的形象描述。

“冲气以为和”，阴阳二气相互冲合以达到和谐。例如，到洗手池洗手，水是“万物”中的“物”。有两个水龙头，一个控制凉水，一个控制热水。冷和热是水的属性。从不同角度看，水的属性不同，与手的温度相比，凉水管的水显出阴的属性，热水管的水显出阳的属性。打开热水龙头，也打开凉水龙头，热水与凉水“冲”在一起，成了温和适宜的水，好洗手。“冲气以为和”中的“气”指属性，因为属性是抽象的，在老子那个时代的文化环境下，在那种语境中，用了“气”，而在现代文化环境下，我们可以把那种语境下的“气”理解为属性。

将《道德经》作为一个整体，把各章的内容联系在一起，前后对比，可以理解老子在《道德经》中提出了世界万物具有“有”和“无”二重性，“无”是物的属性，是抽象的，是阴阳组合。阴阳是物的属性。

在《道德经》中，只有第四十一章提到了阴阳，其他章只举出了“难易”、“长短”、“高下”、“歙”和“张”、“弱”和“强”等等阴阳具体化以后的特性。

阴阳的定义

八卦中的爻就是代表阴阳的符号，可见阴阳概念在我国的运用远远早于老子生活时期。

八卦有八个卦象，将八个卦象比较一下五行。为什么五行中有“金”，而卦象中没有“金”？这可能证明八卦形成于青铜期以前，而五行形成于黄帝以后的青铜期。为什么五行中有“土”和“木”，而卦象中只有“地”和“山”？这可能证明八卦形成于旧石器时代或者新石器时代早期，那时还没有农业栽培，“土”和“木”不是那么重要，相反，由于人类以穴居为主，“地”和“山”更重要。天、地、水、火、山、泽、风、雷，这八个卦象正是旧石器时期人类面对的自然环境，是跟人类生活关系最密切的事物。由于那时没有文字，即使有语言，语言也不丰富，很难用叙述说明世界万物的属性，就用形象代替语言描述，说明人类生活的世界和朝夕相处的世间万物。

八卦中有一个纯阳卦，乾卦，其卦象是天，人类用天的形象代表一切与天的属性接近的事物属性，并且把这种属性定义为阳，这就是阳的定义。

八卦中有一个纯阴卦，坤卦，其卦象是地，人类用地的形象代表一切与地的属性接近的事物的属性，并且把这种属性定义为阴，这就是阴的定义。

就是说，八卦给出了阴阳定义，阳代表与天的属性接近的事物的属性，阴代表与地的属性接近的事物的属性。

同时，八卦的另六个卦象代表与这六个卦象接近的事物的属性。

这样，八卦代表了世界，八卦是八种阴阳组合，代表世间万物。反过来说，世间万物都是阴阳系统，可以用八卦表示。世界万物是多样的，反映在八种阴阳组合中；世间万物是变化的，反映在八卦中的阴阳消长。

周易对阴阳定义的解说

《周易》形成于西周时期，已经有条件给阴阳的定义作比较具体、比较详细的文字说明，六十四卦中的乾卦与坤卦正是如此。六十四卦都有六条爻辞，可是，乾卦与坤卦很特殊，除了各有六条爻辞以外，乾卦另有一条用阳，坤卦另有一条用阴，这样就特别表明这两个别卦除了说明特定的双方关系以外，还说明阴阳的定义。

下面是乾卦的卦爻辞：

元亨利贞。

一阳，潜龙，勿用。

二阳，见龙在田，利见大人。

三阳，君子终日乾乾，夕惕若，厉无咎。

四阳，或跃在渊，无咎。

五阳，飞龙在天，利见大人。

六阳，亢龙，有悔。

用阳，见群龙无首，吉。

这卦爻辞中有什么呢？只有对龙和君子的描述，再加上判断词，没有其他内容。爻辞描述了一条龙，从“潜龙”到“见龙在田”，“或跃在渊”到“飞龙在天”，龙是运动的，向上的，并且有飞翔在天空的能力，然而有“亢”的缺点。爻辞中还给出“君子”的形象，“君子终日乾乾，夕惕若”。“君子”在白天总是像天一样充满活力，运转不息，到晚间还保持警惕，准备战斗。“龙”和“君子”给阳的定义加了很形象的说明。

乾卦的用阳中说：

见群龙无首，吉。

主客双方关系中，如果主方具有龙的有威力而又运动的特点，又克服了“亢”的缺点，能够与客方在一起共处；如果客方也如此，就出现“群龙无首”的局面。这种局面对于主方来说是吉利的。用阳的时候，要注意“亢”的缺点，努力避免“亢”。

就是说，阳具有天的性质，可以体现出运动、向上、有力量、充满活力、富于斗争精神等特征，同时也有高傲的弱点。

坤卦的卦爻辞：

元亨，利牝马之贞。君子有攸往，先迷后得主，利；西南得朋，东北丧朋，安贞吉。

一阴，履霜，坚冰至。

二阴，直方大，不习无不利。

三阴，含章可贞，或从王事，无成有终。

四阴，括囊，无咎无誉。

五阴，黄裳，元吉。

六阴，龙战于野，其血玄黄。

用阴，利永贞。

坤卦的卦辞用“牝马”形象地说明阴的温顺的性质。马本是温顺的家畜，“牝马”是母马，比雄马更温顺。

坤卦的六条爻辞从多方面描述了阴的性质，“履霜，坚冰至”，对外界是冷淡的；“直方大，不习无不利”，地是直、方而且广大，行动消极；“含章可贞，或从王事，无成有终”，把华丽包含在内部，内向，对外界顺从；“括囊”，态度封闭，不开放；“黄裳”，黄裳是皇帝赐予大臣的朝服，阴代表受惠者；“龙战于野，其血玄黄”，龙战留下凄惨的战场，阴代表不争斗。

坤卦的用阴中说：

利永贞。

“利永贞”意思是“利于永远坚持下去”。在不利于前进，而有利于永远坚持现有状态的情况下，用阴爻。

也就是说，阴具有地的性质，温顺、蕴藏潜能，但行动消极、内向、外表冷淡、受惠、不喜争斗。

同时，别卦代表阴阳系统之间的相互作用。每一个别卦都包含两个经卦，一个经卦是一个阴阳系统，代表世间万物八个类别的一种，一个别卦代表两个阴阳系统的相互作用，六十四卦代表整个世界范围内错综复杂的世界万物之间的相互作用，这种相互作用的基础是阴阳趋于和谐的规律。阴阳和谐的趋势，促使系统之间以及系统内部随时随地变化。由系统元素的性质及阴阳属性状态，可以判断变化的利害，从而有可能运用阴阳本体论于现实生活。比如说，股市是一个阴阳系统，如果你是投资者，你也是一个阴阳系统，你与股市这两个阴阳系统相互作用，你需要根据股市状态，制定你的投资策略。

继承和传扬

阴阳本体论认为一切实在最终本性是阴阳，世间万物都是阴阳系统。阴阳是物的属性，阳代表与天的性质接近的物的属性，阴代表与地的属性接近的物的属性。阴阳系统是多样的，运动的，八卦反映系统的多样性和运动；六十四卦反映系统之间的相互作用，系统之间的相互作用产生变化，阴阳和谐趋势是变化的动力，由系统元素的阴阳属性可以判断变化的可能性与利害。

八卦的卦象形成于旧石器时代，可以说，在 200 多万年的人类漫长演化过程中，在为了生存和延续种族的艰苦奋斗过程中，人类认识了世界的最终本性，从经验积累中，逐渐地自然而然地形成了阴阳本体论。尽管在那时没有“本体论”这个词，但这并不妨碍生活在现代文化环境下的我们承认和认识阴阳本体论这个事实。

第二十六章　唯物二重世界观

文化的形成

“有之以为利，无之以为用”，“用”是指人用，没有人就没有“用”，“无”之中包含了人的智慧与经验。因为人是有记忆能力的，并且能够使用语言、文字等手段把经验积累起来，相互传递，世代传承，于是，各种各样的事物的“无”汇集在一起，并且逐渐积累丰富，从而形成人类所特有的“无”的世界。一般动物只有自然的世界，而人类的世界有二重，一重是自然的世界，一重是“无”的世界。

老子在《道德经》中详细地论述了“无”的世界。

视之而弗见，名之曰微；听之而弗闻，名之曰希；捪之而弗得，名之曰夷。三者不可致诘，故混而为一。一者，其上不皎，其下不昧，寻寻兮不可名也，复归于无物。是谓无状之状，无物之象，是谓惚恍。随而不见其后，迎而不见其首。执今之道，以御今之有，以知古始。是谓道纪。

“无”指看了而看不见的物质，老子把这样的物质叫作“微”。“微”本是细微的意思，不过，实际上，“视之而弗见”，不是指物质过于微小，而是说这种物质是看不到的，然而，又是实际存在的。例如，思想意识、经验、知识、风俗习惯、信仰，等等，都是实际存在，然而是看不到的。

“无”也指听了而听不到的物质，老子叫作“希”。“希”本是少的意思，老子说，“大音希声”（《道德经》第四十章），大的声音很稀少。不过，实际上，“听之而弗闻”，不是指其物质过于稀少，而是指这种物质有声音，但是又听不到其声音，尽管听不到其声音，然而，它是实际存在的。例如，乐谱记载着曲调，它本身是听不到的，只有唱出或者演奏出才能听到其声音。

“无”又指触摸了而触摸不到的物质，叫作“夷”。“捪”（mín）是用手抚摸，“之”是被抚摸的东西。用手抚摸了，没有接触到这种东西，老子叫作“夷”。“夷”本是平的意思，老子说，“大道甚夷”（《道德经》第五十三章）。不过，实际上，“捪之而弗得”，不是指物质过于平滑，而是指其是实实在在的抽象存在，例如，一切历史上发生的事情都是过去，不能再触摸它们，而它们仍然作为触摸不到的存在，影响现时人的生活。

“三者不可致诘，故混而为一”，如果孤立地看这三者，此三者不便于精细探讨，故混而为一。“微”、“希”和“夷”这三者是通过视、听和接触三种感觉而得到的对事物的“无”的了解，分开了不便于精细探讨，因此，把它们混合在一起。混而为一，也是这些抽象事物存在的实际状况，它们不是孤立的，而是混而为一的抽象的整体。

老子进一步阐述这种混而为一的整体，“一者，其上不皎，其下不昧，寻寻兮不可名也，复归于无物”，这个混而为一的东西，它的上面不明亮，它的下面不昏暗，它无边无际，不可以命名，复归属于无形物质。“其上不皎，其下不昧”，它既不反射光线，又不阻碍光线，阳光下看不出它的形状。“是谓无状之状，无物之象，是谓惚恍”，因此说，它是没有状态的状态，没有物体的形象，因此称为“惚恍”。

“惚恍”也是物质，它是抽象的，它也有状态，也有形象，然而，既看不见，也听不到，又摸不着。老子把这种客观存在叫作惚恍。

这里老子说的“惚恍”不仅包含了看不到、听不到又触摸不到的抽象事物，而且非常巨大，显然，这不是指像《道德经》第十一章列举到的车轮、器皿和住屋等个体，而是一个巨大的混合体，是说人们的思想、智慧、技术、经验、情感和意识等抽象事物都凝聚在一起的整体。

老子又接着说：“随而不见其后，迎而不见其首。”“惚恍”随人类历史绵延，从前面迎，不见其首，跟随其后，又不见其末尾。“惚恍”随人类历史而丰富，现在还不是它的末尾，以后还将继续；结绳时代并不是它的开始，它的开始在远远不可见的从前，“吾不知其谁之子也，象帝之先”（《道德经》第四章）。

就是说，这一个混合成的抽象的整体，随着人类社会的演化而承传绵延。

用现代语言来说，这“惚恍”就是“文化”。

按老子这段话的意思，世界是二重的，一重是具体的物质世界，另一重是人类创造的抽象世界。这抽象世界就是文化。

因此说，世界也是阴阳系统，分二重。一重是阳，是抽象世界，这就是文化，这是人类特有的；一重是阴，是具体世界，包括我们生活和生产所用的各种资源，这是自然世界，人类与其他动物共享这具体世界。

老子又说：“执今之道，以御今之有，以知古始。”这句话中有三个字需要仔细体会，“今”、“道”和“有”。“有”还是“有之以为利，无之以为用”中的“有”，指自然世界中的所有资源，其中包括人，人也是“有”的一部分，“无”使得“有”发挥作用，也就是说，文化使得人类发挥作用，这就是“社会”。“今”就是指在当今文化下的社会，“执今之道”是指文化执掌着当今时代的发展，“以御今之有”是指文化驾驭当今社会的资源利用，换句话说，文化驾驭着当今社会的生产。“以知古始”，依据文化的发展状态就可以知道古代社会是如何开始形成的。

最后老子归结“是谓道纪”，以上对世界二重性的论述叫作道纪，是道的基本观点。

社会多样性

尽管文化是混合而成的“惚恍”，但是社会并不是杂乱无章，而是一个系统，系统中又有一层一层的子系统。世界是一个大系统，国家是其子系统。国家中有省、市、县、区、街村、户等一层一层的子系统。系统中各元素呈现出多样性，国家有领袖和人民，在领袖与人民之间有各种各样的管理部门，这些元素可以按其性质归纳成八类，用八卦表示。家庭这个子系统中，各家庭成员呈现出多样性，有父母子女，男女老幼等不同元素，这些元素也可以按性质归纳成八类，用八卦表示。

可以说，社会中的任何事物都是一个系统，系统的各个元素呈现出多样性，五颜六色，按性质，都可以用八卦表示。例如，人的道德品质，这也是一个系统。

一方面，人是动物，为了生存和繁衍后代，与其他动物一样，都需要维护自己的利益和子女的利益，往往突出个人利益和家庭利益，表现出自私。自私是一种本能，但是自私过度会损坏他人利益，甚至犯罪。

另一方面，人有文化，又不同于其他动物。其他动物从自然世界可以获得成长所需要的全部营养，而人除了要从自然世界吸取营养，还需要从人类文化中吸收营养，才能够成长。很难想象一个人从出生之时起，不学习任何知识能够成长，吃的、穿的、用的，没有一样不是人类文化发展的成果。因此，人是社会的人，人有社会性，受益于社会，有义务为社会负责，这是公。必要时可以牺牲个人私利，为公献身。中国人都知道“天下兴亡，匹夫有责”这句话，这句话就反映了人的社会性。文天祥说过：“人生自古谁无死，留取丹心照汗青。”这句话强烈地表达了他对社会负责的坚定信念。

按道德品质的公与私的程度，人可以归纳为八类，下面比较详细地说明一下。

就公私而言，人的道德品质可以有八种情况：

一，完全大公无私；

二，很大公无私；

三，为公；

四，基本上为公；

五，基本上自私；

六，自私；

七，很自私；

八，完全自私。

上面按公私程度排成八类，一、二、三、四、五、六、七、八是归类序号。号越大，为私的程度越大。

可以用另一种方法表示归类序号：

7，完全大公无私；

6，很大公无私；

5，为公；

4，基本上为公；

3，基本上自私；

2，自私；

1，很自私；

0，完全自私。

在这个序列中，7、6、5、4、3、2、1、0 表示为公的程度。7 表示完全为公，没有私；0 表示完全为私，没有公。其他六个数字表示中间状态。

公私是一对阴阳。公是阳，阳具有天的属性，奉献光和热。私是阴，阴具有地的属性，地受惠光和热。

从阴阳性质考虑，7、6、5、4、3、2、1、0 代表阳的相对量。7 代表阳的相对量最高，0 代表阳的相对量最低。7 代表全是阳，0 代表没有阳。

阴阳是抽象概念，其表现方式可以多种多样，结绳、数字、直线、阴阳鱼、＋－、是否，以及二进制的 1 和 0。二进制在科技方面用得很普遍，计算机、互联网都是用二进制数。

用二进制数，7、6、5、4、3、2、1、0 表示成 111、110、101、100、011、010、001、000。

公私类别可以表示成：

7，111，完全大公无私；

6，110，很大公无私；

5，101，为公；

4，100，基本上为公；

3，011，基本上自私；

2，010，自私；

1，001，很自私；

0，000，完全自私。

二进制数是从左往右读，110 中，第一位是高位，1。第二位是中位，1。第三位是低位，0。110 的数值是 6。

如果把二进制数 110 中的 1 换成阳爻，0 换成阴爻，公私类别可以变换成八个卦。

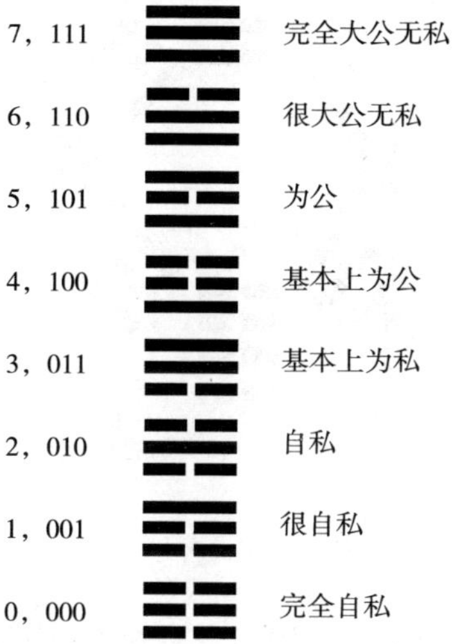

公私类别

图 5-26-1 公私类别变换成八卦

把上面的公私的八个类别分成两组，如下图。

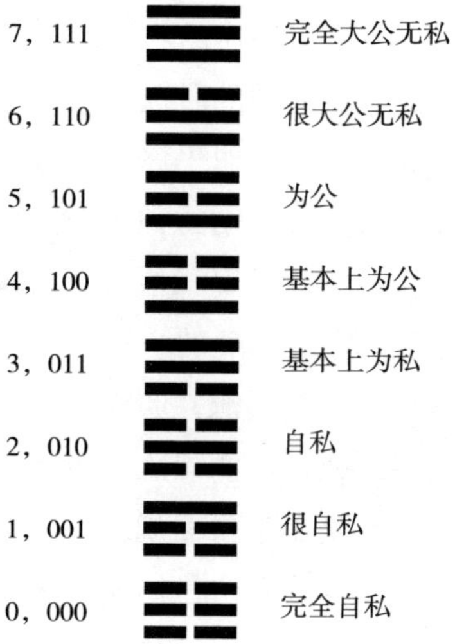

公私类别

图 5-26-2 公私的八个类别

图中，一组是以公为主，另一组是以私为主。

如果把二组的底部和顶部联起来，把八个卦排列在圆周上，这就是八卦图。

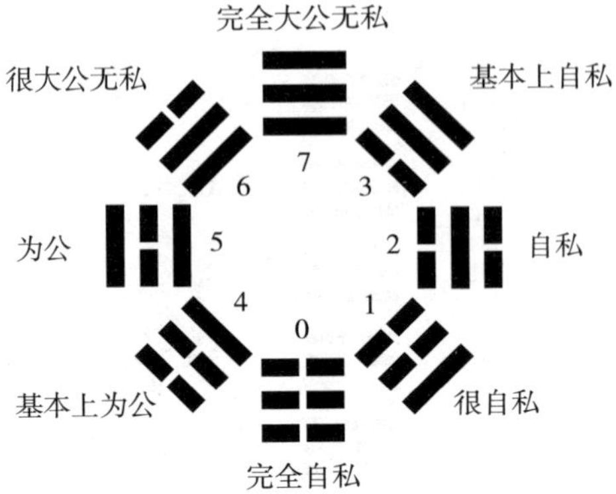

图 5-26-3　公私类别的八卦图

社会事物的常规变化

常规变化是指事物本身的发展变化，这种变化遵循螺旋形规律，其趋势可以预料。

老子在《道德经》中详细说明过事物的常规变化，“致虚极也，守静笃也，万物并作，吾以观其复也。夫物芸芸，各复归于其根，归根曰静。静，是谓复命。复命常也，知常明也；不知常，妄，妄作凶。”

这段话的意思是：万物达到极虚弱的时候，完完全全守于静的状态。例如，农作物结了种子，枝叶枯干，生长活动似乎停止，显得极虚弱，容易折断，处于完全静的状态。然后，春天来临，农作物的种子由完全静的状态一并发作，破土出芽。然后，万物复苏又芸芸众生，呈现一片繁荣昌盛景象，然后，又各自复归于其根源，回到当初“致虚极，守静笃”的状态。

老子又强调说明，万物复归于其根源，叫作“静”。“静”就是回复生命，既不是没有生命的静止，也不是死亡似的静止，更不是生命的终止，而是生命返复，等待“万物并作”的时机。复命是自然规律，知道这个自然规律就是聪明。不知道这个自然规律的人，是狂妄的人，他们胡作非为，有凶险。

老子这段话阐述了自然事物的螺旋形变化规律，社会事物的发展变化也是遵循螺旋形规律。

下面以八卦图表示机械产品的生产中资金的周转过程。

最初，货币形式积蓄着，还没有投入生产，可谓“致虚极也，守静笃也”，这时的状态以 0 卦坤卦表示；经过一段时间，资金和技术积累到足够的程度，越过了第一个量变到质变的关键点，开始了生产准备，“万物并作”，同时，开始了支付水电等费用和工资，货币开始消耗，状态以 4 卦震卦表示；随后，生产出产品的零部件，同时，消耗了更多的水电费用，设备折损费用和工资，货币数量减少，呈现 5 卦离卦状态；零部件生产齐备以后，开始了产品装配，开始出现成品，同时，消耗了更多的水电、设备折损费用和工资，货币数量继续减少，呈现 6 卦兑卦状态；装配出的产品，经过包装，“夫物芸芸”，完成了从货币到商品的转换，货币存储量达到最低点，商品库存量达到最大点，其状态以 7 卦乾卦表示。接着，通过广告宣传、展销等各种手段获得订单，通过第二个量变到质变的关键点，从商品生产过程转到销售过程，按订货单运送出大量商品，商品存库量迅速减少，货币存储量开始增加，这个阶段的状态可以用 3 卦巽卦表示；接着，通过直销店等销售网点，大量商品零售出去，商品库存量继续减少，货币存储量增加，同时，通过售后服务，收集到反馈信息，这时的状态可以用 2 卦坎卦表示；再经过清仓处理，把最后库存的商品转换成货币，这时的状态可以用 1 卦艮卦表示；最后，商品转换为货币的过程结束，“各复归于其根，归根曰静”。这时的货币量已经不是原先的货币存储量，而是有了增值。然后，这包含了增值的货币量，又开始资金周转过程，“静，是谓复命”。

以上极简化地用八卦表述了商品生产中资金周转的过程，尽管实际情况可能复杂得多，但资金周转过程都遵循螺旋形变化规律。

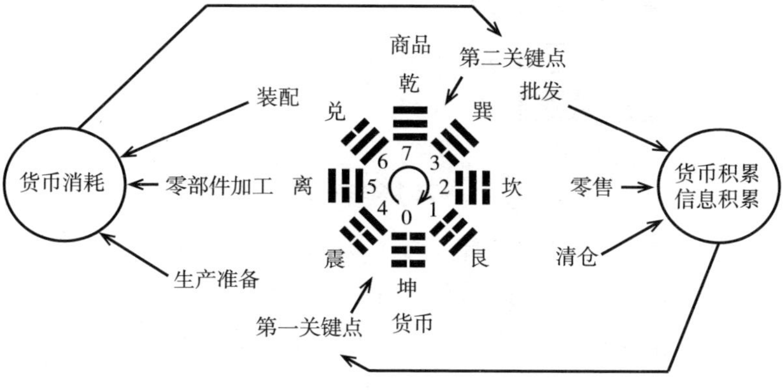

图 5-26-4　资金周转的八卦图

社会事物的非常规变化

社会中，系统之间有相互作用，由系统之间相互作用而产生的变化是非常规变化，这类变化的结果不能预测。人只能分析出各种各样的变化可能，说明变化的可能性，而不能说明变化的必然性；只能避开对自己不利的变化，促进对自己有利的变化，但不能确定在某时某地某种变化一定发生。比如说，大家都知道的美国前总统克林顿的性丑闻，这一性丑闻令克林顿声名扫地，险些被弹劾掉，莱温斯基也一直无法摆脱丑闻影响，难以找到工作。1995 年 7 月 10 日，莱温斯基到白宫当实习生，4 个月以后发生了这样的变化，这是非常规变化，事先不能预测。本来到白宫当实习生不是坏事，这种不正当关系的发生在当时只是可能性，而不是必然性，是完全可以避免的。

易的六十四卦表述了系统之间相互关系的 64 种状态，显示了在各种关系中各种变化发生的可能性，帮助用易者制定对自己最佳的策略。美国前总统克林顿有权力，对莱温斯基主动接近，他的状态可以用 7 卦乾卦表示；莱温斯基刚刚参加工作，步入社会，缺少经验，主动接近克林顿，她的状态可以用 4 卦震卦表示。

从克林顿的角度看，双方关系可以用 7:4 卦大壮卦表示：

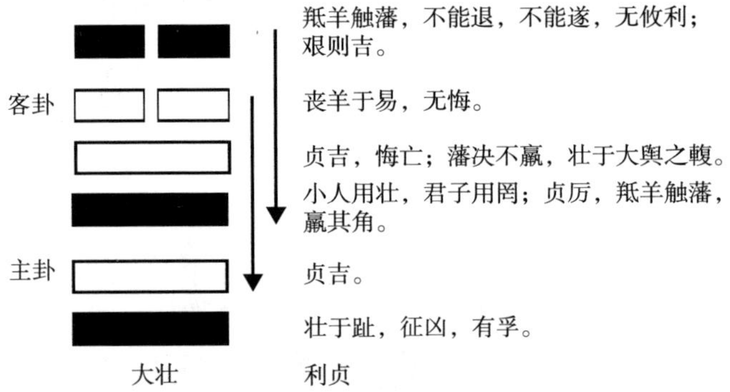

图 5-26-5　从克林顿的角度看双方关系

从卦的结构上看，当位的爻有三条，有应的爻有两对，情况并不差，只是第四爻不当位，与第一爻无应，是潜在的对主方不利因素，主方应当避免与客方过于接近。卦名“大壮”强调主方不要过分使用权力，爻辞六阴“羝羊触藩，不能退，不能遂，无攸利；艰则吉”的意思是，公羊触篱笆，不能退后，不能如意往前走，没有什么利益；艰难坚持则吉利。这些都是指出过分使用权力，造成“羝羊触藩，不能退，不能遂”的可能性，这些对主方没有什么利益，主方应当坚持正常对待客方，不要有越轨行为，如果坚持如此，就吉利。这些都指出变化可能性。

再从莱温斯基的角度看双方关系，这时的状态可以用 4:7 卦无妄卦表示：

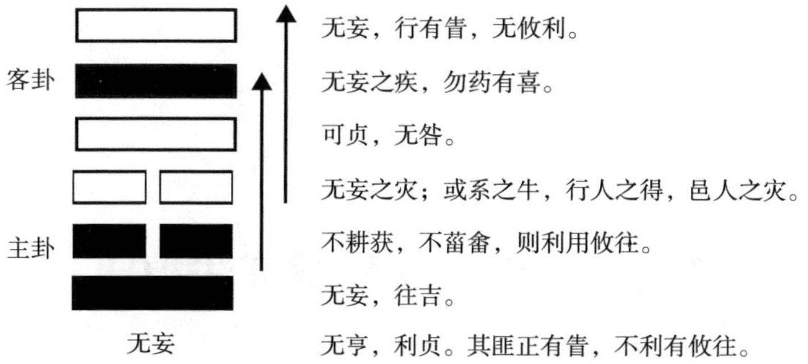

图 5-26-6 从莱温斯基的角度看双方关系

这个卦也有三条爻当位，二对爻有应，一个有利因素，一个不利因素，只有第四爻既不当位也不有应，是潜在的对主方不利元素，主方应当警惕客方的主动行为，避免与客方过于接近。卦名“无妄”提示主方，如果不谨慎，可能遭受无妄之灾，爻辞三阴说“无妄之灾；或系之牛，行人之得，邑人之灾”。意思是，意想不到的灾祸，就像是一条系着的牛，被行路人牵走了，对于村里人来说，是一场灾祸。本来这种无妄之灾是可以避免的，只要主方警惕，避免与客方过于接近，只是保持正常工作关系，就不会卷入后来的丑闻。

克林顿与莱温斯基丑闻是一个典型事件，如何处理工作新手与异性领导人之间的关系是普遍问题，这种关系对于双方本来是不坏的机遇，关键是要正确处理，避免不利的非常规变化发生。

第二十七章　易与辩证法相比

20 世纪辩证法从西方传入我国，由于矛盾与阴阳很相似，辩证法很快被我国人民所接受，得到广泛应用和发展，常常听到人说“一分为二”，“抓主要矛盾”，“化解矛盾”等。辩证法与阴阳到底是什么关系呢？

一般比较

辩证法是西方哲学中的方法论，阴阳是中国哲学中的本体论，二者源于不同文化，相似也相异。阴阳与矛盾简单比较列于下表：

表 5-27-1　阴阳与矛盾简单比较

	阴阳	矛盾
历史	百万年	三千年
对立	性质相反	相反
统一体	共存	共存
性质	明确	不明确
冲突	阳对阳	双方
对立	阳对阳，阴对阴	双方
和谐	阳对阴，阴对阳	无
复合	有	无
中间状态	有	不明确

续表

	阴阳	矛盾
系统	母子	母子
常规变化分析	八卦	三个规律
量变与质变	有	有
非常规变化分析	六十四卦	普遍联系
变化动力	阴阳趋于和谐	矛盾对立面的斗争

矛盾和阴阳的基本性质

辩证法最初是论战技艺，公元前600年左右以古希腊的芝诺为代表的辩论者们常用这种技艺。后来柏拉图（前427年一前347年）在他的《理想国》中以其老师苏格拉底（前469年—前399年）名义阐述了辩证法概念，辩证法开始成为哲学的方法论。

柏拉图用了“opposites”这个词，本意是“反对者”，被翻译成“矛盾”，或者“对立面”。

根据辩证法，光和影，正和负，生和死，得和失，等等，都是既相互对立、又相互统一的矛盾。

阴阳，光和影，正和负，生和死，得和失，等等也是阴阳，它们相辅相成，只有和谐，没有冲突。阳代表天的特性，凡性质与天接近的都是阳；阴代表地的特性，凡性质与地接近的都是阴。

光和影。光是阳，因为天发光；影是阴，因为地不发光，光和影是和谐的，它们没有冲突。

正和负。正是阳，因为天产生能量；负是阴，因为地消耗能量。电池有正负极，正与负是和谐的，没有冲突。

生与死。生是阳，因为有了天的光与热，生物才能生存；死是阴，因为地不产生光和热，生物没有光和热就死。生与死是和谐的，有生有死才有生物的世代延续。

得和失。得是阴，因为地接受天的光和热，是受者；失是阳，因为天发出光和热，是施者。得和失是和谐的，有得就有失，要买东西就得花钱。

重要的是，阴阳不仅用于事物自身，更多的是用于事物之间的相互作用。权衡得失，得失有多有少，多是阳，因为天的能量多；少是阴，因为地的能量少。

续表

得与失，多与少，这两对阴阳相互作用，得与多是一阴一阳，是一种和谐状态；失与少又是一阳一阴，也是一种和谐状态。如此，得到的最多，失去的最少，就是和谐状态。和谐状态是稳定状态，因此，我们做事应当力求最多的得和最少的失。

性质相反的事物都可以表示为阴阳，这两种性质相反的方面自然地倾向于和谐共处，而不是相互争斗。

“对立”只说明双方是统一体中的两个方面，并没有明确双方相互态度。“对立”有三层意思：一是双方冲突，例如球赛中的两个球队，拼打输赢；一是没有冲突，例如两个懒和尚一起，谁也不去挑水，结果没水喝；一是相互协同，例如左右手。辩证法中的“对立”指第一种情况，双方都想否定对方。

“统一”只说明双方共同存在于一个系统中，并不包含更多意思。比如说，两个人同乘一次电梯，统一在电梯中，而这两个人是什么关系，相互持什么态度，并不明确。“统一”这个词并没有表明这“统一”在电梯中的两个人，是朋友，是仇人，还是陌生人。

阴阳有明确的性质差异。按阴阳概念，统一体中双方可能有四种状态：

这二种是阳对阴和阴对阳。

图 5-27-1　阳对阴

图 5-27-2 阴对阳

这二种是阳对阳和阴对阴。

图 5-27-3　阳对阳

图 5-27-4　阴对阴

而在矛盾的双方中，只能含糊地说矛盾的这一方和那一方，没有办法能够表达出双方各自的特征。

韩非子（约前 280 年—前 233 年），有一个关于矛盾的寓言：

人有鬻矛与盾者，誉其盾之坚，物莫能陷也。俄而又誉其矛曰：“吾矛之利，物无不陷也。”人应之曰：“以子之矛，陷子之盾，何如？”其人弗能应也。以不可陷之盾与无不陷之矛，为名不可两立也。

翻译家很巧妙地把“opposites”翻译成“矛盾”。“矛盾”这个词很容易被中国人接受。不过仔细想想，矛与盾本来是一攻一守，性质相反，而在韩非子的寓言中，“以子之矛，陷子之盾，何如”，是指矛与盾双方共同的性质，矛也锋利不可挡，盾也坚硬不可穿，这二者的性质相同，“为名不可两立也”。按阴阳观念，它们都是阳，是阳对阳，而不是一阴一阳。

中间状态

由于阴阳的性质不同，因此可以组成阴阳复合体。八卦是八种阴阳复合体，六十四卦是六十四种阴阳复合体，易详细地阐明了这些阴阳复合体。矛盾不能形成矛盾复合体，尽管现实中矛盾错综复杂，也只能分清主次，逐个解决。

由于阴阳可以形成复合体，就能够表达分类的中间状态，避免处理问题极端，避免片面性。例如，除了南北两个方向以外，还有东西、东南、东北、西南、西北，等等；人除了有大公无私的人和绝对自私自利的人，还有介于这二者之间的各种各样的人。矛盾则不能表达中间状态，做人要么就是大公无私，要么就是自私自利，因此曾经有过“破私立公”的提法，实际上，私没有破得了，公也没有立起来。

系统性

阴阳与矛盾都可以组成母子系统。八卦代表八个类别，每一个类别有三个要素，也就是三条爻，每一条爻可以再分阴阳。矛盾也可以组成母子系统，一分为二以后，对各方面再一分为二。一个认识范畴可以看成阴阳系统，也可以看成矛盾系统。然而，由于矛盾双方缺乏明确的性质界定，矛盾系统难于分析，相比之下，阴阳系统更接近于实际。

量变与质变

按辩证法，事物有质和也有量，存在质量互变规律，量变积累达到一定程度就会导致质变，经过质变，在新质基础上又开始新的量变，如此循环往复。

由于阴阳各有特性，各有其质。阴阳可以形成阴阳复合体。事物本身总是处于阴阳更迭变化中，从纯阴状态开始阳的积聚，当阳积聚到足够量的时候，产生第一次质的突变，开始有了少量的阳；在阳的基础上，经历一个量变过程，阳数逐渐增加，阴逐渐减少，达到阳数最大时，呈纯阳状态；然后，出现一个量变到质变的关键点，产生质的突变，阳数突减，从没有阴的状态突变到有少量的阴；随之，在阴的基础上，又经历一个量变的过程，阳数逐渐较少，阴逐渐增多，达到阳数最低时，呈纯阴状态。由此，出现了量变到质变的另一个关键点。随后，阳数开始增加，阳数积累到一定程度，又产生质的突变，从没有阳到有少量的阳，再以阳为基础，继续新的一轮变化。阴阳也有量变到质变的规律，而且对这个规律的表达更清楚。1.3年前的有孔鸵鸟蛋化石就表明那时的人已经有量变到质变的认识。

变化动力

按辩证法，事物的发展过程循否定之否定规律，经过两次否定，三个阶段，完成螺旋形变化的一个周期。事物的发展是事物内部矛盾斗争推动的，矛盾的一方否定另一方，随之，原来的一方也被否定，从而产生新的矛盾。

阴阳也反映事物自身发展的螺旋形变化规律，阴阳趋于和谐是变化的动力，阳少时，事物自身变化趋向于增加阳、减少阴，以与阴达到和谐状态；阳增加得过多时，事物自身变化趋向于增加阴、减少阳，以达到阴阳和谐状态。由此阴阳更迭，事物沿螺旋形规律发展。阴阳复合体显现出这个变化过程的中间状态，反映了事物的多样性，避免片面，避免极端。

变化形式

事物自身的发展变化是常规变化，有一定规律，基本趋势可以预测；社会中的变化，例如战场变化、市场变化、国际关系变化、赛场变化、家庭关系变化、职业变化，等等，没有规律可循，难于预测其发展趋势，属于非常规变化。

按辩证法，世界是普遍联系的，世界就是矛盾的集合体，在处理各种矛盾时，需要考虑五对基本范畴：现象和本质、内容和形式、原因和结果、可能性和现实性、偶然性和必然性，还要抓主要矛盾和矛盾的主要方面。

按阴阳，世界是阴阳复合体，阴阳之间同性相斥、异性相吸是变化的动力。八卦是代表事物的阴阳复合体，既反映了事物在阴阳更迭的螺旋形发展规律中的状态，也反映了事物的本质。六十四卦是代表事物之间关系的阴阳复合体，反映了辩证法所说的普遍联系。

相对于辩证法，六十四卦有三个特点：

第一，更突出社会中的相互关系，例如敌我关系、朋友关系、竞争关系、伙伴关系，等等。把整个社会各种各样的关系状态归结为六十四个类别，一个卦代表一个类别，称为“别卦”。

第二，有明确的立足点：主方（我，己）。从主方的角度分析关系的状态和变化。

第三，有明确的评估。首先，从主方利益出发，把关系双方的各个因素（以爻表示）分成二类：一类是潜在的对主方有利因素，这类因素称为“当位”；另一类是潜在的对主方不利因素，这类因素称为不当位。其次，按双方对应因素的阴阳状态分析，一阴一阳，呈和谐状态，称为“有应”，有应是稳定状态，不容易改变；否则，不有应，不有应是不稳定状态，变化的可能性大。有应使得潜在因素成为实际因素。当位而有应，是对主方有利因素；不当位而有应，是对主方不利因素。不有应，潜在因素仍然为潜在因素，状态不容易保持，变化的可能性大。

因此，按阴阳，通过对事物表现出的现象的分析，得到代表事物本质的经卦，由代表关系双方的经卦得到代表双方关系形势的别卦，通过对别卦的结构分析，可以知道对主方有利和不利的潜在因素和实际因素，明白变化的各种可能性。通过策略运筹，延缓或者避免不利于主方的变化，促进有利于主方的变化，并且，有可能扭转不利于主方的变化，让形势朝有利于主方的方向发展。

东方与西方文化差异

东方与西方是一个世界，同一个世界变化的规律是一样的，只是表达方式不同。从本质上说，阴阳与辩证法都反映了世界变化，只是观察角度不同，表达方式不同。起先，由于中华文化在二百多万年的人类演化过程中一脉相承，保持和发展了阴阳本体论，而西方民族迁徙较频繁，在三千年前才归纳出矛盾概念，只有对立和统一，没有特性界定。其后，由于中国数千年的封建制度，科学不发达，阴阳概念被神秘化，甚至被迷信活动所利用，而辩证法随着科学文明发展，更切合实际，对社会发展起到作用，为社会所了解、接受和使用。实际上，如果我们用现代文明重新认识阴阳，就会发现，阴阳并不是仅仅包含朴素的辩证法，而且，阴阳与辩证法相辅相成，阴阳中有不少辩证法中没有的东西。

第二十八章　探寻马列主义中国化的起点

毛泽东的《中国社会各阶级的分析》短小精练，是《毛泽东选集》第一卷的第一篇，作于1925年21月1日，标志马列主义中国化的起点。如果我们将这篇文章和八卦联系起来，就能看到一条线索，顺着这条线索，就可以探寻马列主义是如何开始中国化的。

八卦像水，像江河海湖中的水、桃梨瓜果中的水、云层里的水、血液中的水。世界上到处有水，中华文化中到处有八卦。不限于几本书，不限于某家学说，八卦融合于中华文化之中，形成中国人特有的思维方式，人们在生活中、事务中，自觉或不自觉地用八卦，“百姓日用而不知”。

下面举毛泽东的《中国社会各阶级的分析》为例。通过探讨，一方面可以发现马列主义中国化是如何开始的，另一方面可以发现毛泽东如何在不知不觉中用了八卦。

当时，中国有五个阶级。但是，辩证法的核心是矛盾，矛盾只能表示性质相反的二个方面，一方面是地主阶级和买办阶级，另一方面是无产阶级，它不能表示在二者之间的若干阶级，而在这二者之间的阶级，占中国人口的绝大多数。这些阶级不能用辩证法表示，但是可以用八卦表示。

八卦将世界上的事物归为八类，看成八个阴阳复合体，它们又是八个二进制数，数值是0到7。如果把当时各个阶级和阶层对革命的态度的差别对应这八个数值，就可以一一对照各个卦的卦名、卦象和相应的阶级状态。对照如下：

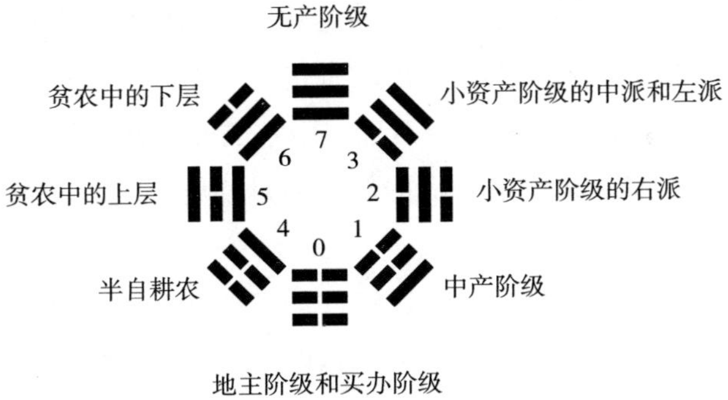

图 5-28-1　阶级和阶层用八卦表示

坤卦，000，卦象是地。地是静止的、广大的。与这个卦相应的是地主阶级和买办阶级，他们和中国革命的目的完全不相容，是革命的对象，一个静止的靶子。他们是统治者，控制着广大的国土，具有静止而广大的性质。

艮卦，001，卦象是山。山是高的、静止的，挡风，也阻止交通。与这个卦相应的是中产阶级，他们追求自己的独立，既不满地主阶级和买办阶级的统治，又不愿革命，像孤立的高山。

坎卦，010，卦象是水。水受河道或容器的限制，有困难；涉水有危险，江河可能泛滥成灾。与这个卦相应的是小资产阶级的右派，他们怕官，也怕革命，对革命持怀疑态度，他们感到处境困难，又惧怕风险。

巽卦，011，卦象是风。风吹草动，风扫落叶；有时要避风，有时要用风，好舵手能用八面风。与这个卦相应的是小资产阶级的中派和左派，在革命潮流高涨，可以看得见胜利的曙光时，他们都可能参加革命，左派比中派更积极。争取他们对革命的支持，如同舵手使帆。

震卦，100，卦象是雷。雷声轰鸣，震撼千里，但是，不持久，通常不造成严重后果。与这个卦相应的是半无产阶级中的半自耕农，他们是农村中很大一部分群众，其粮食每年大约有一半不够，他们对革命要求的呼声，像春雷一样，但是他们的生活比贫农要好些，其革命性不及贫农。

离卦，101，卦象是火。火焰炽热而明亮，不过，中心温度较低，并且依附于氧气供给。与这个卦相应的是贫农中的一部分以及小手工业者，是贫农中的上层，他们是农村中另一部分数量很大的群众，他们没有土地，对革命的要求像火一样炽热而明亮，他们生活困难，不过可以勉强维持，其革命性不及另一部分贫农。

兑卦，110，卦象是泽。古时候，河泽地带是渔猎和采集水果的好地方，充满愉快、和顺、和希望。与这个卦相应的是贫农中的极艰苦者以及店员、小贩，是贫农中的下层，他们极容易接受革命的宣传，而愉快地顺从革命。

乾卦，111，卦象是天。天运转不息，用它的光和热，给宇宙以生机。与这个卦相应的是无产阶级，他们是革命的领导力量，用他们的思想和品德，鼓舞、组织、和指导革命。

从总体看，乾卦 111、兑卦 110、离卦 101、和震卦 100，这四个卦的高位数都是 1，卦形的下爻（下面的线）都是阳爻，表示这四个卦所代表的阶级对革命的态度都是主动的，是革命的领导力量和依靠力量。巽卦 011 和坎卦 010 的高位数是 0，下爻是阴爻，所代表的阶级对革命的态度是被动的；但是这二个卦的中位是 1，中爻是阳爻，表示他们是争取的对象，有可能成为朋友。艮卦 001 的高位和中位都是 0，下爻和中爻都是阴爻；只有低位是 1，上爻是阳爻，表明所代表的阶级对革命的要求很少，他们可能是革命的朋友，也可能是革命的敌人。坤卦 000 的三位数都是 0，三条爻全是阴爻，与代表无产阶级的乾卦 111 没有一点共同之处，它所代表的地主阶级和买办阶级是无产阶级的真正敌人，是革命的对象。

与八卦的总体相应的是文章的结论。毛泽东在文章的最后总结出：

综上所说，可知一切勾结帝国主义的军阀、官僚、买办阶级、大地主阶级以及附属于他们的反动知识界，是我们的敌人。工业无产阶级是我们革命的领导力量。一切半无产阶级、小资产阶级，是我们最接近的朋友。那动摇不定的中产阶级，其右翼可能是我们的敌人，其左翼可能是我们的朋友——但我们要时常提防他们，不要让他们扰乱了我们的阵线。

以上对照表明，八卦蕴含的意思和毛泽东的分析契合无间，这不是偶然的。再从头检查一下对照过程，0 到 7 的二进制数值和卦象是八卦本身固有的，各个阶级的状况和对革命的态度是毛泽东分析出来的，按对革命的态度，一一对应卦的数值，再将各个阶级的状况和对革命的态度对照卦象，没有一点牵强附会。解释这种契合的理由只有一种，没有其他，这就是说，八卦具有高度的抽象性和普遍性，是古代中华民族数千年的生产实践和社会实践经验的积累，是智慧的结晶。

虽然，以上对照，并不说明毛泽东有意识地运用了八卦，但是他生活在中国文化环境中，除了受到马列主义影响以外，还受到中华文化影响，以致在运用马列主义基本原理的时候，在坚持无产阶级立场和唯物主义观点的前提下，为了实事求是地结合中国社会的具体实际，自觉或不自觉地按照中国人所特有的思维方式考虑和处理问题，从而用八卦补充了辩证法的不足，充实和发展了马列主义的方法论。

第二十九章　五行

唐代大医学家孙思邈说过："不知《易》，不足以言太医。" 明朝医学家张景岳也说："医易相通，理无二致。"从中医起源开始，医易都是相通的，中医的理论基础是阴阳五行，我们不妨从中医的源头探讨五行的起源与性质。

最早的中草药

中草药的起源可以追溯到 3 万年前的山顶洞人时期。北京猿人的平均寿命为 15 岁，由于食物简陋，半饥半饱，加之自然灾害，酷暑严寒，毒蛇猛兽的侵害，以及疾病、传染病的肆虐，大多数人在 14 岁之前就夭亡了。而山顶洞人的寿命则长得多，在山顶洞人遗址发现了八个个体，包括男女壮年和超过 60 岁的老人。山顶洞人与北京猿人的生活环境几乎是一样的，其寿命显著延长的主要原因可能是山顶洞人发现和利用了草药治病防病。

在山顶洞人遗址内发现了不少赤铁矿粉末撒在尸体周围，在有些穿孔小石珠上也涂了赤铁矿粉末。有些赤铁矿呈块状，称为赭石。按《神农草本经》，赭石味苦、寒。赭石入肝、胃、心包经。在许昌人遗址，考古人员在距今约 1.5 万年前的地层中也发现了赭石，出土了 20 余块赭石。

在贾湖遗址出土的 8000 多年前的陶器残片上，发现有残留物，经分析，残留物的化学成分与现代稻米、米酒、葡萄酒、蜂蜡、葡萄丹宁酸以及一些草药相同，还包含山楂的化学成分。山楂味酸、甘，微温，归脾、胃、肝经，有消食化积，活血散瘀的功效。按《神农本草经》，蜂蜜主心腹邪气，诸惊痫，安五脏诸不足，益气补中，止痛解毒，和百药。

很可能从旧石器晚期起赭石就是先民们常用的草药中的一种，到新石器时期中草药的运用更广泛。有药就有医，中医的源头也可以追溯到旧石器晚期。

世界上不仅仅是中华民族的先民有草药和运用草药的医生，其他古老民族，例如印度、埃及、秘鲁的印加民族和美洲的印地安人都有自己民族的草药和草药医生，然而只有中华民族从原始的古老的民族传统医学中总结归纳出系统的理论。这又是为什么呢？因为中华传统医学的发展有得天独厚的文化土壤，这土壤就是易。

从八卦到五行

3 万年前的山顶洞人的发声器官已经比较发达，大脑也具备了控制发声器官的能力，言语逐渐成熟，很可能他们已经认识到事物的多样性，自然而然地用天、地、水、火、山、泽、风、雷这八个形象代表世界上的八类事物，他们有了归类思维方法，把世界万物归纳为几类，这就是后来的八个卦象。同时他们也认识到了事物自身发展变化的螺旋形规律，在山顶洞人遗址出土了可以组成一圈的 12 个兔头骨环，代表一年 12 个月的变化。1.7 万年前的许昌人遗址出土了有孔鸵鸟蛋化石，显示阳从无到有，再逐渐增加，又衰落到无的螺旋形变化，这个时期，八卦开始萌芽，后来发展成为八卦。由于八卦起始在旧石器时期，在人类文化成熟以前，称为先天八卦。它反映出先民们对世界的认识，也反映出在八卦形成的初期，先民们的生活还完全依赖于自然。这个时期，先民们很可能已经试探用八卦的思维方法摸索用草药治病机理。

到了新石器时期，先民们开始农作生产和畜养家畜，除了能够按照生产和生活需要制作更精细的石器以外，还掌握了制陶技术，先民们需要更注意生活中各种事物的相互关系和变化规律，尤其是需要摸索出指导草药运用的理论。在这个阶段，先民们重新安排了八个卦象的顺序，如图 5-29-1 所示，后来发展为另一种八卦图，称为后天八卦图。

在这个图中，地在天之上，没有天尊地界的意思，万物各类都是平等关系，反映了社会成员之间的平等，显然这种图不属于青铜器时期以后的帝王时代的作品，而应当是新石器时代的创作。

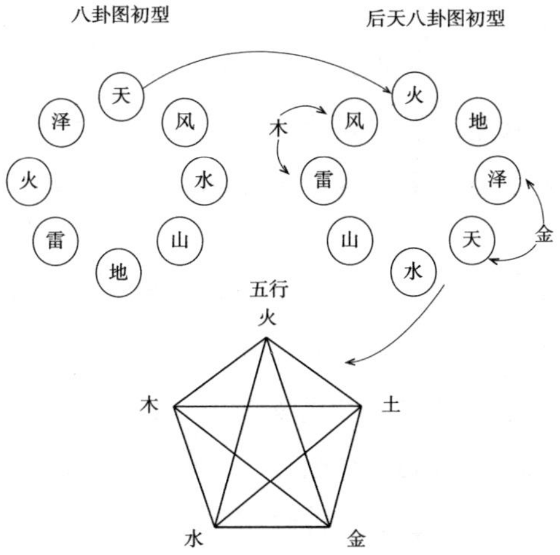

图 5-29-1　八卦到五行

图 5-29-1 的下方是五行图。对照后天八卦的初型与五行图可以看出，把后天八卦的八个卦象中的雷与风换成木，泽与天换成金，地换成土，再忽略卦象山，就是五行图。

由此可以看出，五行源于八卦，后天八卦是从先天八卦到五行的过渡阶段。木代替雷与风，表明这一步发展是在新石器时期以后，先民们的生活以农业生产为主，“木”成了先民们现实生活世界的重要一部分；金代替泽与天，表明这一步发展是在新石器时期以后的青铜器时期，这时青铜器工具取代了石器，金成了先民们现实生活世界的又一类重要事物（也可能五行出现在新石器时期，如果是那样，那么那时在五行中的不是金而是陶，后来再由金替换）；土取代地，显示农业生产中土的突出作用；山被忽略了，因为新石器时期以后先民们已经不再穴居山洞了，对于先民们的现实生活来说，山已经不很重要。

《黄帝内经》引用了五行，黄帝时期已经有了青铜冶炼技术，应当相信在黄帝时期可能已经有了五行。

八卦与五行的出现表明先民们很早以前就有了系统思维方法，不是孤立地看待一事一物，而是从总体上看待相关事物的整体，分析事物之间的相互关系和系统之间的相互作用。

五行的性质

五行代表一种能够自我调整内部平衡、维持长期稳定运转不息的系统，系统内部有五个元素，其性质以木、火、土、金、水五个形象表征，元素之间有相生相克的关系。相生指一个元素促进另一个元素的增长，木生火、火生土、土生金、金生水、水生木，图中以黑色箭头表示相生关系；相克指一个元素克制另一个元素的增长，木克土、火克金、土克水、金克木、水克火，图中以白色箭头表示相克关系。

五行可以看作一种反馈系统，然而是一种很复杂的反馈系统，每一个元素都可以是信息源，对另外两个元素分别发出相生与相克信息，同时接受两种反馈信息，一种是被生反馈信息，一种是被克反馈信息。这种很强的负反馈系统自动地维持系统平衡，保持系统长期生存和运作。这是自然存在的有机系统，宇宙是这种有机系统，人体和社会组织也是这种有机系统。

如果只是为了表征系统具有自动维持平衡的功能，用五个元素和相生相克关系就行了，没有必要与木、火、土、金、水五个形象联系在一起。五行与这五个形象联系在一起说明各种有机系统之间存在共同规律，都可以用这五个形象代表系统中各个元素的特征，这五个形象把各种有机系统联系起来，可以通过与这五个形象相应的元素的相生相克关系相互作用。因此，五行不仅表示了系统内部元素之间的相互关系，而且反映了系统之间的相互作用。五行是一般系统论，并且具有实用性。

五行是一种系统分析方法。所谓系统是指把相互性质有关联的事物联系为一个整体，从整体上分析其结构与功能。五行只是一种特殊的系统分析方法，不能代替所有的系统分析方法，不能对任何系统都强行找出五种元素，再分析其中的相生相克关系。所以，五行是先民留给我们的重要文化遗产，但是，正确地运用它并不容易，在当今社会生活方面，有许多运用五行的课题有待我们深入研究。研究好了、运用好了五行，肯定会对我们的社会和生活有很大的促进作用。

中医是运用五行的典范

先民们从生活实践中归纳出五行，又运用五行于生活实践，中医是运用五行的典范。我们看中医如何运用五行。

中医范畴是一个大系统，这个系统中有三个子系统：人体、生活环境和草本药物。

人体，是中医关注的核心；

生活环境，人的生活环境直接影响到人体健康，其中包括各种致病因素；

草本药物，治疗时可以利用的外界资源。

以上是中医系统第一个层次，在这一个层次上，只是用了普通的系统分类方法，人体、生活环境和草本药物都属于中医范畴，因此是中医系统的子系统。在这个层次上并没有找出五个元素而是只有三个元素，一个元素是一个子系统；也没有找这三个元素之间的相生相克关系。

这三个子系统中，最容易分析的是生活环境。生活环境包括5个子系统，这是中医系统第二个层次：

季节，这是生活的时间方面的；

地区，这是生活的空间方面的；

饮食，这是日常生活必需；

致病外因，这是环境中不正常因素；

致病内因，这是在环境影响下引起的情感上的不正常因素。

这一个层次也是普通的系统分析。中医在下一个层次上运用了五行。

季节有春夏秋冬，这四个季节很可能在旧石器时期先民们就已经认识到。本来四个季度的时间应当是基本相同的，都是三个月，然而在这里，为了运用五行先民们在夏与秋之间加了个长夏。长夏指夏季最后一个月份，按照太阳高度计算，即7月7日至8月6日。这样就对应上五行：

春为木、夏为火、长夏为土、秋为金、冬为水。

地区本来有东南西北，在这里，为了运用五行先民们加了个中。于是，对应五行有：

东为木、南为火、中为土、西为金、北为水。

为什么五方与五行如此联系？有解释说这是估计古时候中华民族所处地区而

定的。东面农业发达，为木；南方炎热，为火；中央多黄土高原，为土；西方多沙漠，干燥，为金；北方多冰冻，为水。

饮食归结为酸、苦、甘、辛、咸，联系到五行：

酸为木、苦为火、甘为土、辛为金、咸为水。

致病外因有六淫，指风、寒、暑、湿、燥、火。本来这是指六种气候，如果气候异常，则成为致病因素，称为六淫。结合五行，暑与火合在一起：

风为木、暑（火）为火、湿为土、燥为金、寒为水。

致病内因有七情。七情指喜、怒、忧、思、悲、恐、惊七种情志变化。本来这是人体对外界客观事物的不同反映，是生命活动的正常现象，但在突然、强烈或长期性的情志刺激下，就成为致病因素。结合五行：

怒为木、喜为火、思为土、忧和悲为金、恐和惊为水。

归总起来，生活环境可以用下表表示：

表 5-29-1　生活环境与五行

五行	季节	方位	五味	六淫	七情
木	春	东	酸	风	怒
火	夏	南	苦	暑（火）	喜
土	长夏	中	甘	湿	思
金	秋	西	辛	燥	悲（忧）
水	冬	北	咸	寒	恐（惊）

以上是生活环境子系统第三个层次。

草本药物方面运用五行的方法少许复杂些，有四气五味。四气指寒、热、温、凉；五味指酸、苦、甘、辛、咸。草本药物是一个系统，按五味，分为五个子系统：

酸为木、苦为火、甘为土、辛为金、咸为水。

草本药物的每一个子系统又按四气分为四类。

人体的系统分析最复杂。人体是一个系统，其下按五行分为肝、心、脾、肺、肾五个子系统，按五行属性：

肝为木、心为火、脾为土、肺为金、肾为水。

这是中医系统第二个层次。每一个子系统内，诸多元素按功能关系联系在一起。

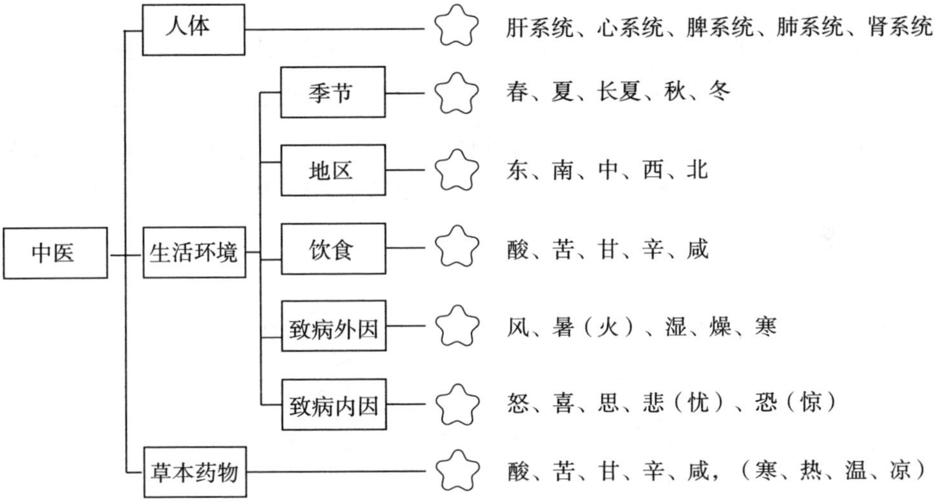

图 5-29-2 中医的五行运用

肝系统，为木。肝主筋，肝与胆相为表里，其华在爪，其充在筋，开窍于目。

心系统，为火。心主脉，心与小肠相为表里，其华在面，其充在血脉，开窍于舌。

脾系统，为土。脾主肉，脾与胃相为表里，其华在唇，其充在肌，开窍于口。

肺系统，为金。肺主皮，肺与大肠相为表里，其华在毛，其充在皮，开窍于鼻。

肾系统，为水。肾主骨，肾与膀胱相为表里， 其华在发，其充在骨，开窍于耳和二阴。

正常情况下，这五个系统处于平衡状态，如果其中任何一个系统或者多个系统偏离正常状态，就是病态。中医又用阴阳、表里、虚实、寒热等分析各个系统的状态。

在整个中医范畴，根据木、火、土、金、水这五种属性，各个层次联系为一个整体。

以上只是极粗略地介绍了中医的五行运用，中医理论非常丰富，请参阅中医文献。

稳定与发展

五行是一般系统论，反映系统内元素之间的相互关系以及系统之间相互作用，然而，它本身并不反映系统本身的发展变化。系统元素之间的相生相克以自动维持系统稳定，这种稳定是指事物发展过程中的一个特定阶段下的稳定。事物发展过程可以用八卦表示，五行反映的稳定状态相当于八卦中一个经卦所代表的特定状态。

《上古天真论》说到男子的成长过程：

丈夫八岁，肾气实，发长齿更；
二八，肾气盛，天癸至，精气溢泻，阴阳和，故能有子；
三八，肾气平均，筋骨劲强，故真牙生而长极；
四八，筋骨隆盛，肌肉满壮；
五八，肾气衰，发堕齿槁；
六八，阳气衰竭于上，面焦，发鬓颁白；
七八，肝气衰，筋不能动；
八八，天癸竭，精少，肾脏衰，形体皆极则齿发去。

这八个阶段可以用八卦表示，八岁相当于 4 卦震卦，四八相当于乾卦，八八相当于坤卦，见图 5-29-3。

《上古天真论》又说到女子的成长过程：

女子七岁，肾气盛，齿更发长；
二七，而天癸至，任脉通，太冲脉盛，月事以时下，故有子；
三七，肾气平均，故真牙生而长极；

四七，筋骨坚，发长极，身体盛壮；

五七，阳明脉衰，面始焦，发始堕；

六七，三阳脉衰于上，面皆焦，发始白；

七七，任脉虚，太冲脉衰少，天癸竭，地道不通，故形坏而无子也。

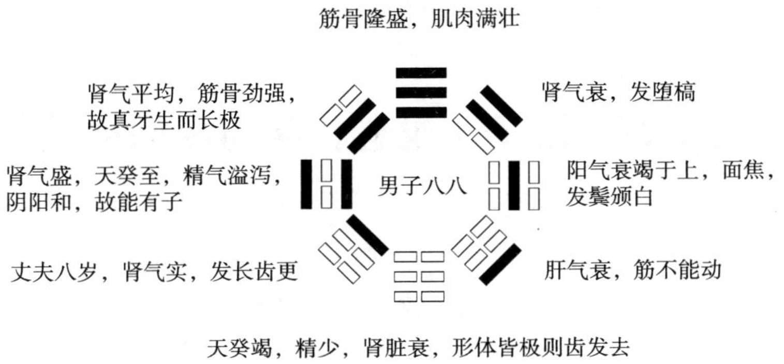

图 5-29-3　男子的成长过程

虽然这里是七个阶段，但其发展过程也可以用八卦表示，“七岁，肾气盛，齿更发长”相当于 4 卦震卦；“四七，筋骨坚，发长极，身体盛壮”相当于 7 卦乾卦，“七七，任脉虚，太冲脉衰少，天癸竭，地道不通，故形坏而无子也”相当于 0 卦坤卦。

自然事物的发展过程也符合八卦所示的螺旋形规律。

由此可见，五行与八卦相辅相成，二者一起共同反映事物的发展变化与各个发展阶段的稳定状态。

第三十章　饺子（过程哲学与易的比较）

桌上有一碗刚出锅的饺子。这一碗饺子，谁看都是饺子，中国人看是饺子，西方人看也是饺子，但是在哲学家眼中，对饺子的看法则各有不同。

过程哲学看饺子

形而上学有很多流派，过程形而上学是其中之一。与其他流派不同，过程形而上学认为事物是变化的和相互联系的。过程哲学是 20 世纪出现的一种过程形而上学，其代表作品是英国数学家、逻辑学家怀特海（Whiteheaded A. N. 1861，1974）写的《过程与实在》，出版于 1927 年。[17] 这本书不仅很抽象，而且造了很多专业词汇，很难读。为了比较，尽量通俗地介绍其主要观点。

下面是《过程与实在》中的一段话：

现实世界是一个过程，过程就是现实实有的生成。因此，现实实有是创造物；它们也叫作“现实机缘”。[18]

饺子、碗以及周围的空气都是“现实实有”（actual entity）。它们在现实和潜在之间不停地转化，一旦成为现实，就随即消失，开始一个合生过程（process of concrescence），再由潜在变为现实。

一个饺子有温度、湿度、大小、硬度、咸淡、味道等状况，这些是一组信息（data），按过程哲学观点，一个现实实有就是一组信息。现实实有在消失的时候，其信息被复制到合生过程中，成为合生过程的主体，是合生过程主体感受（feeling）到的初始信息。

饺子周围的空气也是一组信息，其中包括温度、湿度、成分等，这组信息也被感受到合生过程的主体中。其他饺子以及盛饺子的碗的信息也加入到这个新饺子的合生过程主体的初始信息中。

生物感受声音靠听觉，感受颜色靠视觉，这些都是生物的感受方式，称为主体方式（subjective form）。

合生过程主体感受到每一种信息都相应地有一种主体方式，感受到各种各样的信息，同时也就有各种各样的相应的主体方式。

上面提到的感受都属于简单的物理感受（simple physical feeling）。

此外，还有其他感受，例如好坏、喜悲、是非、目的、以及 1+1=2 那样的自然规律，等等，这些是概念感受（conceptional feeling）。

概念感受属于永恒客体（eternel object）。永恒客体从不消失，它们的信息也可以被合生过程主体感受。概念感受中，有正感受（positive prehension）和负感受（negative prehension）。还有一种目的感受，合生过程主体感受到以后，有了主体目的（subjective aim）。

按过程哲学，上帝也是一个现实实有，但是与其他现实实有不同，上帝是原初的，他支配永恒客体，引导合生过程。

于是，合生过程主体感受到很多信息，有物理感受，也有概念感受，这些都是潜在的，而不是现实的。就是说，这个合生过程中的新的饺子还没有成为现实。

合生过程主体的各种各样的感受再汇集一起成为一个新感受。正感受让某种物理感受汇集入这个新感受，负感受阻止某种物理感受汇入。最后，这个新感受汇集完成，合生过程主体的感受得到满足（satisfaction），达到主体目的，这潜在的新饺子被现实化，于是就产生了新的现实实有，新的饺子。

新的饺子成为现实，是一次创新，所以说是“创造物”。这个新饺子是经历了一段合生过程得到的，所以又叫作现实机缘。

随即，这新的现实实有又消失，又开始一个新的合生过程。

以上是按过程哲学观点看饺子。作为豹之一斑，可以看出他们离不开宗教的强烈影响，所谓的变化完全是主观臆想。

易看饺子

饺子是阴阳组合，面粉、菜、肉、盐、油等是阴，是饺子的“有”；饺皮的形状与软硬、馅料的调和，饺子的味道和口感等是阳，是饺子的“无”。“有之以为利，无之以为用”、“无”使得“有”发挥作用，成为人人爱吃的饺子。猿人不可能会包饺子，即使现代人，西方人不会包饺子，甚至有些中国南方人也不会包饺子，而绝大多数中国北方人都会包饺子。这里没有上帝，也没有永恒客体。这阳是世界二重性中抽象世界的一部分，是物质二重性中的“无”，是人类演化过程中经验的积累。

饺子从配料、包饺子、下饺子，到吃饺子，是阴阳变化，可以用八卦表示，如下图：

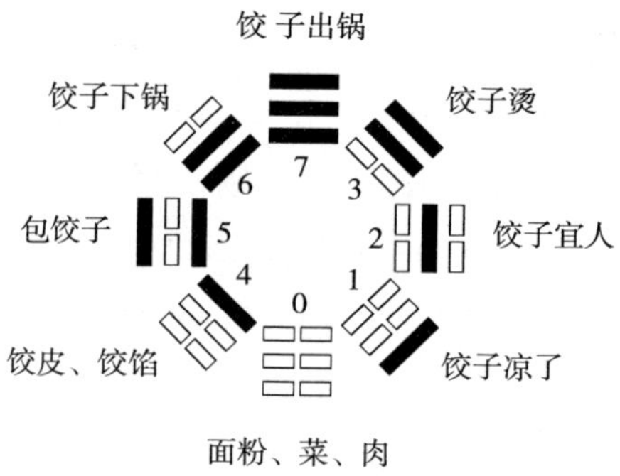

图 5-30-1　饺子的八卦图

图中黑色表示阳爻，白色表示阴爻，数字是阳数。

饺子的变化过程可以分为八个阶段。最初，只有面粉、菜、肉等包饺子的材料，以 0 卦坤卦表示；经过和面、剁馅等准备工作，开始包饺子，以 4 卦震卦表示。0 卦坤卦和 4 卦震卦之间是一个量变到质变的关键点，在准备充分以后，阳数从 0 积累到 4 以后，才可以开始包饺子。包好了饺子，饺子成型，以 5 卦离卦表示；烧开了水，把饺子下锅，以 6 卦兑卦表示；饺子出锅，以 7 卦乾卦表示，阳数达到了最大值。

饺子出锅后，又经历了一个量变到质变的关键点，饺子遇到周围的冷空气，温度急速下降，阳数从 7 急降至 3，但仍然很烫，以 3 卦巽卦表示；饺子凉一些了，温度宜人食用，以 2 卦坎卦表示；饺子凉了，坨了，以 1 卦艮卦表示；最后，饺子消失了，回到 0 卦坤卦。

如果饺子放在你面前，你想吃饺子，你与饺子之间就有联系。你与饺子之间的关系是两个阴阳复合物之间的关系，遵循阴阳和谐规律，阴阳和谐状态对你有利。具体来说，应当如何吃饺子呢？

一个三画卦代表你，是主卦；另一个三画卦代表饺子，是客卦。吃饺子应当是在饺子最宜人的时候，就是说，客卦应当是 2 卦坎卦。你吃饺子的时候应当是肚子饿的时候，就是说主卦的中爻是阴爻；你吃饺子是你的主动行动，主卦的下爻是阳爻；你吃饺子的态度应当是坚定的，主卦的上爻应当也是阳爻。合起来，主卦应当是 5 卦离卦。于是得到 5:2 卦既济卦，如下图。图中，黑色表示当位的爻，就是说，阳爻在阳位，阴爻在阴位。箭头表示有应，相应的一对爻是一阴一阳。箭头指向阳爻。

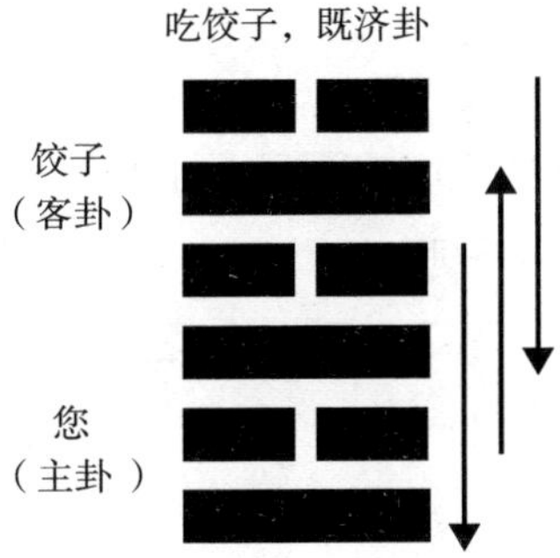

图 5-30-2　吃饺子的最佳时机

既济卦的六条爻全部既当位又有应，是一个对你非常有利的形势。

如果不是谈饺子，而是谈业务或者人事关系，或者国际关系呢？易是抽象的、普遍的，可以适用于世界上的任何事物。

从以上比较看，过程哲学是有神论哲学，研究“点滴”时空范围内实有的变化和联系。易与之相反，是唯物的，研究现实时空范围内事物的变化和相互联系。

在这片美丽富饶的中华土地上，据考古发现，二百多万年前已经有人类活动。古人类能够遗留下的化石极少，能够被考古者发现的更少，易是二百多万年演化过程中积累起来的整个人类的认识和经验，不是个人智慧所能比，即使到了当代，仍然不失其深刻透彻、完善而先进的品质，是先民们留下的极珍贵遗产。但愿这本书能够抛砖引玉，引来更多的探索和开拓，推动易融入现代文化，融入世界文化。

附 录

附录一 易经卦爻辞

4:4，震（周易第51卦）

亨，震来虩虩，笑言哑哑；震惊百里，不丧匕鬯。
一阳，震来虩虩，后笑言哑哑，吉。
二阴，震来厉，亿丧贝，跻于九陵；勿逐，七日得。
三阴，震苏苏，震行无眚。
四阳，震遂泥。
五阴，震往来厉，意无丧有事。
六阴，震索索，视矍矍，征凶；震不于其躬，于其邻，无咎；婚媾有言。

5:4，丰（周易第55卦）

亨，王假之；勿忧，宜日中。
一阳，遇其配主，虽旬无咎，往有尚。
二阴，丰其蔀，日中见斗，往得疑疾；有孚发若，吉。
三阳，丰其沛，日中见沫，折其右肱，无咎。
四阳，丰其蔀，日中见斗，遇其夷主，吉。
五阴，来章，有庆誉，吉。
六阴，丰其屋，蔀其家，闚其户，阒其无人，三岁不觌，凶。

6:4，归妹（周易第 54 卦）

征凶，无攸利。
一阳，归妹以娣，跛能履，征吉。
二阳，眇能视，利幽人之贞。
三阴，归妹以须，反归以娣。
四阳，归妹愆期，迟归有时。
五阴，帝乙归妹，其君之袂，不如其娣之袂良；月几望，吉。
六阴，女承筐，无实；士刲羊，无血；无攸利。

7:4，大壮（周易第 34 卦）

利贞。
一阳，壮于趾，征凶，有孚。
二阳，贞吉。
三阳，小人用壮，君子用罔；贞厉，羝羊触藩，羸其角。
四阳，贞吉，悔亡；藩决不羸，壮于大舆之輹。
五阴，丧羊于易，无悔。
六阴，羝羊触藩，不能退，不能遂，无攸利；艰则吉。

3:4，恒（周易第 32 卦）

亨，无咎，利贞，利有攸往。
一阴，浚恒，贞凶，无攸利。
二阳，悔亡。
三阳，不恒其德，或承之羞；贞吝。
四阳，田无禽。
五阴，恒其德，贞，妇人吉，夫子凶。
六阴，振恒，凶。

2:4，解（周易第 40 卦）

利西南；无所往，其来复吉；有攸往，夙吉。
一阴，无咎。
二阳，田获三狐，得黄矢；贞吉。
三阴，负且乘，致寇至；贞吝。
四阳，解而拇，朋至斯孚。
五阴，君子维有解，吉，有孚于小人。
六阴，公用射隼于高墉之上，获之，无不利。

1:4，小过（周易第 62 卦）

亨，利贞；可小事，不可大事；飞鸟遗之音，不宜上，宜下，大吉。
一阴，飞鸟以凶。
二阴，过其祖，遇其妣；不及其君，遇其臣，无咎。
三阳，弗过防之，从或戕之，凶。
四阳，无咎，弗过遇之；往厉必戒，勿用永贞。
五阴，密云不雨，自我西郊；公弋取彼在穴。
六阴，弗遇过之；飞鸟离之，凶，是谓灾眚。

0:4，豫（周易第 16 卦）

利建侯行师。
一阴，鸣豫，凶。
二阴，介于石，不终日，贞吉。
三阴，盱豫悔，迟有悔。
四阳，由豫，大有得，勿疑朋盍簪。
五阴，贞疾，恒不死。
六阴，冥豫，成有渝，无咎。

4:5，噬嗑（周易第 21 卦）

亨，利用狱。
一阳，屦校灭趾，无咎。
二阴，噬肤灭鼻，无咎。
三阴，噬腊肉，遇毒；小吝，无咎。
四阳，噬乾胏，得金矢，利艰贞，吉。
五阴，噬乾肉，得黄金；贞厉，无咎。
六阳，何校灭耳，凶。

5:5，离（周易第 30 卦）

利贞，亨；畜牝牛吉。
一阳，履错然，敬之，无咎。
二阴，黄离，元吉。
三阳，日昃之离，不鼓缶而歌，则大耋之嗟，凶。
四阳，突如其来如，焚如，死如，弃如。
五阴，出涕沱若，戚嗟若，吉。
六阳，王用出征，有嘉折首，获匪其丑，无咎。

6:5，睽（周易第 38 卦）

小事吉。
一阳，悔亡；丧马勿逐，自复；见恶人，无咎。
二阳，遇主于巷，无咎。
三阴，见舆曳，其牛掣；其人天且劓，无初有终。
四阳，睽孤；遇元夫，交孚，厉无咎。
五阴，悔亡，厥宗噬肤，往何咎？
六阳，睽孤，见豕负涂，载鬼一车，先张之弧，后说之弧；匪寇，婚媾；往遇雨则吉。

7:5，大有（周易第 14 卦）

元亨。
一阳，无交害，匪咎，艰则无咎。
二阳，大车以载，有攸往，无咎。
三阳，公用亨于天子，小人弗克。
四阳，匪其彭，无咎。
五阴，厥孚交如，威如，吉。
六阳，自天祐之，吉无不利。

3:5，鼎（周易第 50 卦）

元吉，亨。
一阴，鼎颠趾，利出否，得妾以其子，无咎。
二阳，鼎有实，我仇有疾，不我能即，吉。
三阳，鼎耳革，其行塞，雉膏不食；方雨亏悔，终吉。
四阳，鼎折足，覆公餗，其形渥，凶。
五阴，鼎黄耳金铉，利贞。
六阳，鼎玉铉，大吉，无不利。

2:5，未济（周易第 64 卦）

亨；小狐汔济，濡其尾，无攸利。
一阴，濡其尾，吝。
二阳，曳其轮，贞吉。
三阴，未济，征凶，利涉大川。
四阳，贞吉，悔亡；震用伐鬼方，三年有赏于大国。
五阴，贞吉，无悔；君子之光，有孚吉。
六阳，有孚于饮酒，无咎；濡其首，有孚失是。

1:5，旅（周易第 56 卦）

小亨，旅贞吉。
一阴，旅琐琐，斯其所取灾。
二阴，旅即次，怀其资，得童仆，贞。
三阳，旅焚其次，丧其童仆，贞厉。
四阳，旅于处，得其资斧，我心不快。
五阴，射雉，一矢亡，终以誉命。
六阳，鸟焚其巢，旅人先笑后号咷；丧牛于易，凶。

0:5，晋（周易第35卦）

康侯用锡马蕃庶，昼日三接。
一阴，晋如摧如，贞吉；罔孚，裕无咎。
二阴，晋如愁如，贞吉；受兹介福，于其王母。
三阴，众允，悔亡。
四阳，晋如鼫鼠，贞厉。
五阴，悔亡，失得勿恤；往吉，无不利。
六阳，晋其角，维用伐邑，厉吉，无咎；贞吝。

4:6，随（周易第17卦）

元亨，利贞，无咎。
一阳，官有渝，贞吉；出门交有功。
二阴，系小子，失丈夫。
三阴，系丈夫，失小子；随有求得，利居贞。
四阳，随有获，贞凶；有孚在道，以明何咎？
五阳，孚于嘉，吉。
六阴，拘系之，乃从维之，王用亨于西山。

5:6，革（周易第49卦）

巳日乃孚，元亨，利贞，悔亡。

一阳，巩用黄牛之革。
二阴，巳日乃革之，征吉，无咎。
三阳，征凶，贞厉；革言三就，有孚。
四阳，悔亡，有孚改命，吉。
五阳，大人虎变，未占有孚。
六阴，君子豹变，小人革面；征凶，居贞吉。

6:6，兑（周易第 58 卦）

亨，利贞。
一阳，和兑，吉。
二阳，孚兑，吉，悔亡。
三阴，来兑，凶。
四阳，商兑未宁，介疾有喜。
五阳，孚于剥，有厉。
六阴，引兑。

7:6，夬（周易第 43 卦）

扬于王庭，孚号有厉；告自邑，不利即戎；利有攸往。
一阳，壮于前趾，往不胜为咎。
二阳，惕号，莫夜有戎，勿恤。
三阳，壮于頄，有凶；君子夬夬，独行遇雨，若濡有愠，无咎。
四阳，臀无肤，其行次且；牵羊悔亡，闻言不信。
五阳，苋陆夬夬，中行无咎。
六阴，无号，终有凶。

3:6，大过（周易第 28 卦）

栋挠，利有攸往，亨。
一阴，藉用白茅，无咎。

二阳，枯杨生稊，老夫得其女妻，无不利。
三阳，栋桡，凶。
四阳，栋隆。吉；有它，吝。
五阳，枯杨生华，老妇得其士夫；无咎无誉。
六阴，过涉灭顶，凶，无咎。

2:6，困（周易第 47 卦）

亨；贞，大人吉，无咎；有言不信。
一阴，臀困于株木，入于幽谷，三岁不觌。
二阳，困于酒食，朱绂方来，利用享祀；征凶，无咎。
三阴，困于石，据于蒺藜；入于其宫，不见其妻，凶。
四阳，来徐徐，困于金车，吝，有终。
五阳，劓刖，困于赤绂；乃徐有说，利用祭祀。
六阴，困于葛藟，于臲卼；曰动悔有悔，征吉。

1:6，咸（周易第 31 卦）

亨，利贞；取女吉。
一阴，咸其拇。
二阴，咸其腓，凶，居吉。
三阳，咸其股，执其随，往吝。
四阳，贞吉，悔亡；憧憧往来，朋从尔思。
五阳，咸其脢，无悔。
六阴，咸其辅颊舌。

0:6，萃（周易第 45 卦）

亨，王假有庙，利见大人，亨，利贞；用大牲吉，利有攸往。
一阴，有孚不终，乃乱乃萃；若号，一握为笑；勿恤，往无咎。
二阴，引吉，无咎；孚乃利用禴。

三阴，萃如嗟如，无攸利；往无咎，小吝。
四阳，大吉，无咎。
五阳，萃有位，无咎，匪孚；元永贞，悔亡。
六阴，赍咨涕洟，无咎。

4:7，无妄（周易第 25 卦）

元亨，利贞。其匪正有眚，不利有攸往。
一阳，无妄，往吉。
二阴，不耕获，不菑畬，则利有攸往。
三阴，无妄之灾；或系之牛，行人之得，邑人之灾。
四阳，可贞，无咎。
五阳，无妄之疾，勿药有喜。
六阳，无妄，行有眚，无攸利。

5:7，同人（周易第 13 卦）

同人于野，亨，利涉大川，利君子贞。
一阳，同人于门，无咎。
二阴，同人于宗，吝。
三阳，伏戎于莽，升其高陵，三岁不兴。
四阳，乘其墉，弗克攻，吉。
五阳，同人，先号咷，而后笑；大师克相遇。
六阳，同人于郊，无悔。

6:7，履（周易第 10 卦）

履虎尾，不咥人，亨。
一阳，素履，往无咎。
二阳，履道坦坦，幽人贞吉。
三阴，眇能视，跛能履，履虎尾咥人，凶；武人为于大君。

四阳，履虎尾，愬愬，终吉。
五阳，夬履，贞厉。
六阳，视履考祥，其旋元吉。

7:7，乾 （周易第 1 卦）

元亨利贞。
一阳，潜龙，勿用。
二阳，见龙在田，利见大人。
三阳，君子终日乾乾，夕惕若，厉无咎。
四阳，或跃在渊，无咎。
五阳，飞龙在天，利见大人。
六阳，亢龙，有悔。
用阳，见群龙无首，吉。

3:7，姤（周易第 44 卦）

女壮，勿用取女。
一阴，系于金柅，贞吉；有攸往，见凶，羸豕孚蹢躅。
二阳，包有鱼，无咎；不利宾。
三阳，臀无肤，其行次且；厉，无大咎。
四阳，包无鱼，起凶。
五阳，以杞包瓜；含章，有陨自天。
六阳，姤其角；吝，无咎。

2:7，讼（周易第 6 卦）

有孚窒惕，中吉。终凶，利见大人，不利涉大川。
一阴，不永所事，小有言，终吉。
二阳，不克讼，归而逋，其邑人三百户。无眚。
三阴，食旧德，贞厉，终吉；或从王事，无成。

四阳，不克讼，复即命；渝，安贞吉。
五阳，讼，元吉。
六阳，或锡之鞶带，终朝三褫之。

1:7，遯（周易第 33 卦）

亨，小利贞。
一阴，遯尾，厉，勿用有攸往。
二阴，执之用黄牛之革，莫之胜说。
三阳，系遯，有疾厉；畜臣妾，吉。
四阳，好遯，君子吉，小人否。
五阳，嘉遯，贞吉。
六阳，肥遯，无不利。

0:7，否（周易第 12 卦）

否之匪人，不利君子贞；大往小来。
一阴，拔茅茹，以其彙；贞吉，亨。
二阴，包承，小人吉，大人否，亨。
三阴，包羞。
四阳，有命无咎，畴离祉。
五阳，休否，大人吉。其亡其亡，系于苞桑。
六阳，倾否，先否后喜。

4:3，益（周易第 42 卦）

利有攸往，利涉大川。
一阳，利用为大作，元吉，无咎。
二阴，或益之十朋之龟，弗克违，永贞吉；王用享于帝，吉。
三阴，益之用凶事，无咎；有孚中行，告公用圭。
四阴，中行告公从，利用为依迁国。

五阳，有孚惠心，勿问元吉；有孚惠我德。
六阳，莫益之，或击之；立心勿恒，凶。

5:3，家人（周易第37卦）

利女贞。
一阳，闲有家，悔亡。
二阴，无攸遂，在中馈，贞吉。
三阳，家人嗃嗃，悔厉，吉；妇子嘻嘻，终吝。
四阴，富家，大吉。
五阳，王假有家，勿恤，吉。
六阳，有孚威如，终吉。

6:3，中孚（周易第61卦）

豚鱼吉，利涉大川，利贞。
一阳，虞吉，有它不燕。
二阳，鸣鹤在阴，其子和之；我有好爵，吾与尔靡之。
三阴，得敌，或鼓或罢，或泣或歌。
四阴，月几望，马匹亡，无咎。
五阳，有孚挛如，无咎。
六阳，翰音登于天，贞凶。

7:3，小畜（周易第9卦）

亨，密云不雨，自我西郊。
一阳，复自道，何其咎？吉。
二阳，牵复，吉。
三阳，舆说辐，夫妻反目。
四阴，有孚，血去惕出，无咎。
五阳，有孚挛如，富以其邻。

六阳，既雨既处，尚德载，妇贞厉；月几望，君子征凶。

3:3，巽（周易第57卦）

小亨，利有攸往，利见大人。
一阴，进退，利武人之贞。
二阳，巽在床下，用史巫纷若，吉，无咎。
三阳，频巽，吝。
四阴，悔亡，田获三品。
五阳，贞吉，悔亡，无不利；无初有终；先庚三日，后庚三日，吉。
六阳，巽在床下，丧其资斧，贞凶。

2:3，涣（周易第59卦）

亨，王假有庙，利涉大川，利贞。
一阴，用拯马壮，吉。
二阳，涣奔其机，悔亡。
三阴，涣其躬，无悔。
四阴，涣其群，元吉；涣有丘，匪夷所思。
五阳，涣汗其大号，涣王居，无咎。
六阳，涣其血，去逖出，无咎。

1:3，渐（周易第53卦）

女归吉，利贞。
一阴，鸿渐于干，小子厉，有言，无咎。
二阴，鸿渐于磐，饮食衎衎，吉。
三阳，鸿渐于陆，夫征不复，妇孕不育，凶；利御寇。
四阴，鸿渐于木，或得其桷，无咎。
五阳，鸿渐于陵，妇三岁不孕；终莫之胜，吉。
六阳，鸿渐于陆，其羽可用为仪，吉。

0:3，观（周易第 20 卦）

盥而不荐，有孚顒若。
一阴，童观，小人无咎，君子吝。
二阴，闚观，利女贞。
三阴，观我生，进退。
四阴，观国之光，利用宾于王。
五阳，观我生，君子无咎。
六阳，观其生，君子无咎。

4:2，屯（周易第 3 卦）

元亨，利贞，勿用有攸往。利建侯。
一阳，磐桓，利居贞，利建侯。
二阴，屯如，邅如，乘马班如。匪寇，婚媾。女子贞不字，十年乃字。
三阴，即鹿无虞，惟入于林中；君子几不如舍。往吝。
四阴，乘马班如，求婚媾；往吉，无不利。
五阳，屯其膏，小贞吉，大贞凶。
六阴，乘马班如，泣血涟如。

5:2，既济（周易第 63 卦）

亨小，利贞；初吉终乱。
一阳，曳其轮，濡其尾，无咎。
二阴，妇丧其茀，勿逐，七日得。
三阳，高宗伐鬼方，三年克之；小人勿用。
四阴，繻有衣袽，终日戒。
五阳，东邻杀牛，不如西邻之禴祭，实受其福。
六阴，濡其首，厉。

6:2，节（周易第 60 卦）

亨，苦节不可贞。
一阳，不出户庭，无咎。
二阳，不出门庭，凶。
三阴，不节若，则嗟若，无咎。
四阴，安节，亨。
五阳，甘节，吉，往有尚。
六阴，苦节，贞凶，悔亡。

7:2，需（周易第 5 卦）

有孚，光亨，贞吉，利涉大川。
一阳，需于郊，利用恒，无咎。
二阳，需于沙，小有言；终吉。
三阳，需于泥，致寇至。
四阴，需于血，出自穴。
五阳，需于酒食，贞吉。
六阴，入于穴，有不速之客三人来，敬之，终吉。

3:2，井（周易第 48 卦）

改邑不改井，无丧无得，往来井井；汔至亦未繘井，羸其瓶。凶。
一阴，井泥不食，旧井无禽。
二阳，井谷射鲋，瓮敝漏。
三阳，井渫不食，为我心恻；可用汲。王明并受其福。
四阴，井甃，无咎。
五阳，井洌，寒泉食。
六阴，井收，勿幕；有孚，元吉。

2:2，坎（周易第 29 卦）

有孚维心，亨，行有尚。
一阴，习坎，入于坎窞，凶。
二阳，坎有险，求小得。
三阴，来之坎坎，险且枕，入于坎窞，勿用。
四阴，樽酒，簋贰，用缶，纳约自牖，终无咎。
五阳，坎不盈，祗既平，无咎。
六阴，系用徽纆，寘于丛棘，三岁不得，凶。

1:2，蹇（周易第39卦）

利西南，不利东北；利见大人，贞吉。
一阴，往蹇，来誉。
二阴，王臣蹇蹇，匪躬之故。
三阳，往蹇，来反。
四阴，往蹇，来连。
五阳，大蹇，朋来。
六阴，往蹇，来硕；吉，利见大人。

0:2，比（周易第8卦）

吉。原筮，元永贞，无咎；不宁方来，后夫凶。
一阴，有孚比之，无咎。有孚盈缶，终来有它，吉。
二阴，比之自内，贞吉。
三阴，比之匪人。
四阴，外比之，贞吉。
五阳，显比。王用三驱，失前禽，邑人不诫，吉。
六阴，比之无首，凶。

4:1，颐（周易第27卦）

贞吉；观颐，自求口实。
一阳，舍尔灵龟，观我朵颐，凶。
二阴，颠颐；拂经于丘颐，征凶。
三阴，拂颐；贞凶，十年勿用，无攸利。
四阴，颠颐，吉。虎视眈眈，其欲逐逐，无咎。
五阴，拂经；居贞吉，不可涉大川。
六阳，由颐；厉吉，利涉大川。

5:1，贲（周易第 22 卦）

亨，小利有攸往。
一阳，贲其趾，舍车而徒。
二阴，贲其须。
三阳，贲如，濡如，永贞吉。
四阴，贲如，皤如，白马翰如；匪寇，婚媾。
五阴，贲于丘园，束帛戋戋；吝，终吉。
六阳，白贲，无咎。

6:1，损（周易第 41 卦）

有孚，元吉，无咎，可贞，利有攸往。曷之用？二簋可用享。
一阳，已事遄往，无咎；酌损之。
二阳，利贞，征凶；弗损益之。
三阴，三人行则损一人，一人行则得其友。
四阴，损其疾，使遄有喜，无咎。
五阴，或益之十朋之龟，弗克违，元吉。
六阳，弗损益之；无咎，贞吉，利有攸往，得臣无家。

7:1，大畜（周易第 26 卦）

利贞，不家食吉，利涉大川。

一阳，有厉，利已。
二阳，舆说輹。
三阳，良马逐，利艰贞；曰闲舆卫，利有攸往。
四阴，童牛之牿，元吉。
五阴，豮豕之牙，吉。
六阳，何天之衢，亨。

3:1，蛊（周易第18卦）

元亨，利涉大川；先甲三日，后甲三日。
一阴，干父之蛊，有子考，无咎，厉终吉。
二阳，干母之蛊，不可贞。
三阳，干父之蛊，小有悔，无大咎。
四阴，裕父之蛊，往见吝。
五阴，干父之蛊，用誉。
六阳，不事王侯，高尚其事。

2:1，蒙（周易第4卦）

亨，匪我求童蒙，童蒙求我。初筮告，再三渎，渎则不告。利贞。
一阴，发蒙，利用刑人，用说桎梏；以往吝。
二阳，包蒙，吉；纳妇，吉；子克家。
三阴，勿用取女，见金夫，不有躬，无攸利。
四阴，困蒙，吝。
五阴，童蒙，吉。
六阳，击蒙，不利为寇，利御寇。

1:1，艮（周易第52卦）

艮其背，不获其身；行其庭，不见其人，无咎。
一阴，艮其趾，无咎，利永贞。

二阴，艮其腓，不拯其随，其心不快。
三阳，艮其限，列其夤，厉熏心。
四阴，艮其身，无咎。
五阴，艮其辅，言有序，悔亡。
六阳，敦艮，吉。

0:1，剥（周易第 23 卦）

不利有攸往。
一阴，剥床以足，蔑，贞凶。
二阴，剥床以辨，蔑，贞凶。
三阴，剥之，无咎。
四阴，剥床以肤，凶。
五阴，贯鱼以宫人宠，无不利。
六阳，硕果不食，君子得舆，小人剥庐。

4:0，复（周易第 24 卦）

亨，出入无疾，朋来无咎；反复其道，七日来复。利有攸往。
一阳，不远复，无祇悔，元吉。
二阴，休复，吉。
三阴，频复，厉无咎。
四阴，中行独复。
五阴，敦复，无悔。
六阴，迷复，凶，有灾眚。用行师，终有大败；以其国君凶，至于十年不克征。

5:0，明夷（周易第 36 卦）

利艰贞。
一阳，明夷于飞，垂其翼；君子于行，三日不食。有攸往，主人有言。

二阴，明夷，夷于左股，用拯马壮，吉。
三阳，明夷于南狩，得其大首；不可疾，贞。
四阴，入于左腹，获明夷之心，于出门庭。
五阴，箕子之明夷，利贞。
六阴，不明晦；初登于天，后入于地。

6:0，临（周易第19卦）

元亨，利贞；至于八月有凶。
一阳，咸临，贞吉。
二阳，咸临，吉无不利。
三阴，甘临，无攸利；既忧之，无咎。
四阴，至临，无咎。
五阴，知临，大君之宜，吉。
六阴，敦临，吉，无咎。

7:0，泰（周易第11卦）

小往大来，吉，亨。
一阳，拔茅茹，以其彙，征吉。
二阳，包荒，用冯河，不遐遗；朋亡，得尚于中行。
三阳，无平不陂，无往不复；艰贞无咎，勿恤其孚，于食有福。
四阴，翩翩，不富以其邻，不戒以孚。
五阴，帝乙归妹，以祉元吉。
六阴，城复于隍，勿用师；自邑告命，贞吝。

3:0，升（周易第46卦）

元亨，用见大人，勿恤，南征吉。
一阴，允升，大吉。
二阳，孚乃利用禴，无咎。

三阳，升虚邑。

四阴，王用亨于岐山，吉，无咎。

五阴，贞吉，升阶。

六阴，冥升，利于不息之贞。

2:0，师（周易第 7 卦）

贞，丈人吉，无咎。

一阴，师出以律，否臧凶。

二阳，在师中吉，无咎；王三锡命。

三阴，师或舆尸，凶。

四阴，师左次，无咎。

五阴，田有禽，利执言，无咎；长子帅师，弟子舆尸，贞凶。

六阴，大君有命，开国承家，小人勿用。

1:0，谦（周易第 15 卦）

亨，君子有终。

一阴，谦谦君子，用涉大川，吉。

二阴，鸣谦，贞吉。

三阳，劳谦，君子有终，吉。

四阴，无不利，撝谦。

五阴，不富以其邻，利用侵伐，无不利。

六阴，鸣谦，利用行师征邑国。

0:0，坤（周易第 2 卦）

元亨，利牝马之贞。君子有攸往，先迷后得主，利；西南得朋，东北丧朋，安贞吉。

一阴，履霜，坚冰至。

二阴，直方大，不习无不利。

三阴，含章可贞，或从王事，无成有终。

四阴，括囊，无咎无誉。

五阴，黄裳，元吉。

六阴，龙战于野，其血玄黄。

用阴，利永贞。

附录二 阴阳评估

本附录列举 8 种双方关系的阴阳评估供你参考。

“朋友”等五组关系中一个表可以适用于双方，其他三组关系“客户与商业服务”，“顾客与公司”以及“员工和雇主”，你必须分别查阅主客双方的不同方面。

客户与商业服务

附录 2-1 客户与商业服务关系

客户		商业服务	
行动			
阳	阴	阳	阴
寻求合格专业的服务	偿付不起服务费用	主动提供服务	寻求其他商机
与服务供应商主动协商	不看好提议的服务类型	主动与客户协商	不乐于提供服务
支持专业供应商的服务	与服务供应商共事感到不适	提供优质服务	厌倦或懒惰
引导服务供应商	不积极主动配合	抓紧时间	工作缓慢
其他阳性行为	其他阴性行为	其他阳性行为	其他阴性行为
素质			
阳	阴	阳	阴
有钱支持服务	支付困难	有强大团队	技巧缺乏
有充分服务条件	条件不足	经验丰富	材料、设备欠缺
需求明确	没时间谈论合作事宜	对此服务有着丰富的资源或设备	不实在且推脱
了解服务事项	缺乏配合能力	绩效显著	过分疲劳
其他阳性素质	其他阴性素质	其他阳性素质	其他阴性素质
态度			
阳	阴	阳	阴

续表

客户		商业服务	
干涉服务	和蔼可亲的	自大	谦和且受尊敬的
要求苛刻	友好配合的	粗暴	灵活应变的
难于协商、谈判	尊重服务者	道德败坏	合理且细心的
表示无资格服务	迟疑不决的	过度主观	犹豫且谨慎
其他阳性态度	其他阴性态度	其他阳性态度	其他阴性态度

顾客与公司

附录 2-2　顾客与公司关系

公司		顾客	
行动			
阳	阴	阳	阴
调研市场需求	忽视客户需求	购买	非情愿消费
提供需求的产品	不做广告宣传	提供商业信息反馈	承受不公价位
改善管理	管理混乱	推荐他人	不认真挑选
采用强势的销售策略	忽视信息的反馈	积极谈判	不还价
其他积极行动	其他被动行动	其他阳性行动	其他阴性行动
素质			
阳	阴	阳	阴
质量好	质量差	有钱	资金缺乏
价格低	价格高	了解商品	不了解商品
服务好	服务不好	了解公司	不信任公司
场所方便	环境恶劣	需求大	需求小
其他阳性素质	其他阴性素质	其他阳性素质	其他阴性素质
态度			
阳	阴	阳	阴
不恭敬	灵活多变	爱挑剔	耐心的
可选性不多	柔和婉转	难满足	合作愉快的
傲慢自大	耐心	难商谈	备受信任的
不接受批评	可退换	果断的	易于上当
其他阳性态度	其他阴性态度	其他阳性态度	其他阴性态度

竞争对手

附录 2-3 竞争关系

行动	
阳	阴
寻求提升机会	忽视竞争对手
监察竞争对手举动	维持现状
寻求帮助	不善于沟通
进攻对方	退缩
其他阳性行动	其他阴性行动
素质	
阳	阴
实力雄厚，技术、经验丰富	没有资金和硬件支撑
备受欢迎，声誉远扬	管理欠缺
背景雄厚	外界支持有限
制胜欲望强烈	资源利用效率低
其他阳性素质	其他阴性素质
态度	
阳	阴
傲慢自大的	灵活多变的
粗暴急躁	谦虚谨慎的
僵硬	内向
自信满满的	不善社交的
其他阳性态度	其他阴性态度

员工和雇主

附录 2-4 雇佣关系

员工		雇主	
行动			
阳	阴	阳	阴
主动求职	乐于安闲	寻求胜任的员工	易于裁员
提升资质	满足自身职场经历	提供岗位培训	与员工缺乏沟通
善于与雇主沟通	厌于工作	提供奖励待遇	组织生产停滞

续表

员工		雇主	
企求高薪	灵活于需求满足	需求极大	安于现状
其他阳性行为	其他阴性行为	其他阳性行为	其他阴性行为
素质			
阳	阴	阳	阴
背景雄厚	懒惰的	管理完善	资金不足
拥有经验、财富	缺乏自律	商业远见良好	工作环境不善
身体健壮	人际关系不佳	提供良好福利	管理欠缺
雄心满满的	谦于成就	驱使员工勤奋工作	条件灵活
其他阳性素质	其他阴性素质	其他阳性素质	其他阴性素质
态度			
阳	阴	阳	阴
粗心的	受尊敬的	制度严格	受尊敬的
艰苦的	适应性强的	员工活动受限	灵活多变的
与雇主不和	善于聆听的	主管苛刻	和蔼可亲的
需求明确	谎话连篇的	期望、需求明确	前后模糊或者矛盾
其他阳性态度	其他阴性态度	其他阳性态度	其他阴性态度

敌我关系

附录 2-5　敌我关系

行动	
阳	阴
随时备战的	行为具有防御性
采取攻击性行为	被动应对袭击
遏制对手	撤退不前的
策略夸张	躲避敌人
其他阳性行为	其他阴性行为
素质	
阳	阴
全面战争准备	对敌方不甚了解
装备精良，建制完善	软弱无能的
备受支持	被孤立的
忽视存在问题	耐心的

续表

其他阳性素质	其他阴性素质
态度	
阳	阴
傲慢自大的	灵活善变的
强势的	轻易转变策略
没有前途的	和蔼可亲的
果断勇敢的	谨慎行事的
其他阳性态度	其他阴性态度

家庭关系

附录 2-6　家庭关系

行动	
阳	阴
主动加强家庭团结	趋向于远离家庭
乐于助人	在家里引起争吵
发起 / 主导集体活动	缺乏沟通
主导着家庭成员	给予家庭成员自由
其他主动行动	其他被动行动
素质	
阳	阴
真诚的	沉迷于酒或药物
身居“要职”，比如说婴儿	生理上或是心理上受创的
经济上丰厚的	年轻或是年老的
善良	狡猾、不诚实
其他阳性素质	其他阴性素质
态度	
阳	阴
生性耿直的	恭敬的
固执己见的	灵活的
坚定不移的	和蔼可亲的
渴求于受他人取悦	逃避推脱的
其他阳性态度	其他阴性态度

朋友

附录 2-7　朋友关系

行动	
阳	阴
主动沟通	疏远他人的
帮助他人	好争论的
发动或带领集体活动	缺乏沟通的
促使他人做违背他们意愿的事	屈服他人的
其他主动行动	其他被动行动
素质	
阳	阴
忠实可靠的	欺诈虚伪的
强壮的	自私的
有着共同爱好	不公平的
蛮横的	善于聆听
其他阳性素质	其他阴性素质
态度	
阳	阴
傲慢自大的	不可靠的
势利的	自发、无意识的
坚定不移的	和蔼可亲的
乐于助人且热情的	迟疑不决的
其他阳性态度	其他阴性态度

爱情关系

附录 2-8　爱情关系

行动	
阳	阴
发起或带领共同活动	竭力分手、分隔，或是离婚
满足对方需求	拒绝帮助他人
不断地进行沟通、交流	疏远感情、停止沟通
提出要求	等待别人的暗示

续表

行动	
其他阳性行动	其他阴性行动
素质	
阳	阴
诚实可信的	沉迷于酒或是毒品
有需求的	第三者介入
发自内心的爱	恨对方
深爱的	胆怯的
其他阳性素质	其他阴性素质
态度	
阳	阴
以自我为中心的	恭敬的
辱骂的	值得信任的
苛刻的	和蔼可亲的
主观	不能信赖的
其他阳性态度	其他阴性态度

附录三　利弊评估

本附录例举 52 件事的利弊供读者参考。谨记，你没有必要评估每一个单项，选择利或者弊中最重要的一至三项即可，也许仅仅一项对于你有实际意义，就选这一项，忽略其他的无关紧要项。

把握机会

附录 3-1　把握机会的利弊

利	弊
增加自发性	也许会失去一些东西
为了潜在的收益	存在不确定性
追求成功	存在风险
保持灵活性	也许会伤害到自我
为了寻求刺激	我也许会死亡

续表

利	弊
寻求支持	我怯于结果
学习某些事情	我也许不够资格
完善自己	我也许会失望
提升意识	我可能失去身份
为了冒险	我害怕失败
证明我能够做到	我喜欢现在的生活方式
展现信任	其他
挑战自我	
其他	

搬迁

附录 3-2　搬迁的利弊

利	弊
存在风险	搬家较困难
我的工作地点改变了	费用高
为了更好的机会	家具易破碎
气候更宜人	怯于未知
我想离家人更近一点	我不得不适应新环境
我想要一个新家	我不得不交新朋友
我想重新开始	邻里关系差
社区环境良好	生活水平有别
环境更佳	私人信息保密性不佳
学校更卓越	太安静或太吵
交通更便利	我不得不找机械师、维修工之类人员
更加方便	我不得不适应新的校园生活
靠近健康中心	远离家人
生活空间更多	远离朋友
我想离朋友更近点	语言障碍问题
能够认识新人	我喜欢现居住地
远离糟糕的经历	其他
完成愿望或是梦想	
其他	

成为一名创业者

附录 3-3 成为一名创业者的利弊

利	弊
商业利益	风险太大
为了给别人留下深刻印象	启动资金太高
为了经济自由	潜在金融风险
为了涉险或是刺激	未知的凶吉结果
为了个人自由	家人的反对
为了与他人交际	思维简单
为了满足一个生活梦想	失去工作保障
为了赢得他人的尊敬	利益缺失
为了享受一个特定的生意带来的乐趣	忧于失败
为了劳有所获	不情愿要这样一个机会
为了赢得自尊	没有责任、压力迫使
为了证实什么	缺乏必要技巧与背景
为了税收优惠	对于从何做起犹豫不定
为了一次机会	艰难时期的承诺
为了探索一个机会	税收不利因素
为了能够在家工作	其他
其他	

辞职

附录 3-4 辞职的利弊

利	弊
求得更好的职位	我没收入
拥有更多的空余时间	我将会失去保险和其他福利
避免被免职	这将意味着切断了与同事的紧密联系
追求其他爱好	新的工作更具风险
为了减轻压力	公司需要我
为了组织利益考虑	我也许不能找到我满意的工作

续表

利	弊
远离我的老板	无业时很无聊
远离同事	我无法完成我感兴趣的项目
脱离不良关系	我的工作迎合我的个人兴趣
重新定居居住地	我会失去现有职业的联系
寻求更具挑战性的职位	新的工作也许需求额外的培训
赚更多的钱	我会失去资深资格
为了更好的工作环境	我会失去安全感
遵循自己的职业生涯计划	这将会对收入造成不利影响
寻求更加适合自己的	我需要每天日程的框架
为了有时间旅游	我习惯于忙碌
跟随配偶或朋友	辞职会给我一种失败的感觉
远离不益身心健康的办公区域	我很喜欢现在工作
寻求冒险	我怯于未知
逃避我的现有问题	其他
其他	

带上爱人

附录 3-5　带上爱人的利弊

利	弊
出于兴奋	也许会破坏我的现在生活状况
为了一个振奋人心的变化	某人也许会变得依赖我
为了更好的性生活	我可能失去自由
为了受到鼓舞	盘缠贵
为了探险	也许会让人沮丧
缓解孤独	爱人可能会死亡
为了友谊	我也许不能按照自己方式出行
出于安全考虑	会存在嫉妒心
感觉需要带着	我也许会失控
共享经历	责任增加
为了温暖与安慰	存在危险

续表

利	弊
共享出行乐趣	令人劳累
为了出行特殊感觉	也许会较害怕
为了报复	也许会倍感压力
出于好奇心	某人会因此受创
其他	不是正确做法
	其他

订婚

附录 3-6　订婚的利弊

利	弊
为了安全	恐于承诺
为了爱	恐于未知
源于同辈的压力	对伴侣猜疑
源于家庭的压力	尚不渴望成家
为了建立一个家庭	结婚花费高
为了满足结婚的欲望	出于责任
为了提升社会地位	渴于对抗压力
为了获得或者给一个大的钻石	现阶段的性生活较满意
为了获得或给予尊重	不愿放弃约会带来的乐趣
为了性	出于多个伙伴带来的乐趣
为了定居	渴望自由
为了不再相亲	没时间处理严肃的人际关系
为了庆祝找到了亲密伴侣	家人阻止不接受伴侣
为了取悦于对自己很重要的一个人	对方家人不接受自己
为了让独一无二的伴侣感到安全	宗教或者文化冲突
回应压力	没必要兑现承诺
避免失去伴侣	伴侣太年轻或者年纪太大
其他	其他

改变饮食

附录 3-7　改变饮食的利弊

利	弊
提升身体素质	一般我很慵懒
有可能减肥或增重	难于打破旧习惯
我会变得更加吸引人	我的饮食是合理的
我的衣服会再次合身	不方便
我会更加合意	费用高
我会食用更具营养价值的食物	会让我日常生活心烦
增加自尊心	我乐于我现有的饮食习惯
我会使用自然成分的营养品	我也许会反感
会提升我的社会意识	受到同龄人影响，保持原习惯
会增强力气与精力	我饮食挑剔，厌于新事物
提升受聘的可能性	受于身体状况限制
树立榜样	我不想吸引注意力
很好的自律	我有宗教义务
学习更多的食物知识	我不想突出
减轻过敏困扰	对于特定的食物十分渴望
延年益寿	怯于跌倒
其他	其他

给予帮助

附录 3-8　给予帮助的利弊

利	弊
感觉不错	存在风险
报答恩惠	耗时间
为了拯救某人	费用高
为了支持某人	我不得不加倍努力
享受乐趣	我想避免纠缠
为了冒险	这会滋生依赖
转移问题	也许会建立一种模式

续表

利	弊
为了保护某人	不该受益的人受益
为了自助	我也许会受伤
为了获得物质需求	存在潜在危险
见义勇为	有法律问题风险
履行道德义务	倍感压力
履行责任	我乐于履行义务
为了精神发展	也许会让我的处境危险
为了社会地位	他人会祈求同样的帮助
出于独立考虑	我很懒惰
获得物质优势	我不友善
为了交朋友	我很害羞
邻里关系帮扶	我不是出手大方的人
为了爱情	我不太在意这些
为了社会参与	我较害怕
运用我的才能与天赋	会有未知风险
其他	我不知道如何去做
	我没有经验
	其他

更多的锻炼

附录 3-9　锻炼的利弊

利	弊
加强身体代谢	花费太多时间
减轻疲劳	较无聊
我会减重	消耗精力
增强体力	花费高
提升免疫能力	痛苦的
我会更加迷人	太累了不想锻炼
抗击焦虑	自我鼓励不足

续表

利	弊
提升自我形象	比较尴尬
让我心情良好	这会加剧健康问题
增强心脏效能	找不到感兴趣的活动
更加开心	我怯于受伤
备受放松的	也许会受骗于庸医
减轻压力	我也许会花冤枉钱
我能够交朋友	我怯于失败
我能够见不少新人	其他
其他	

更多的外出

附录 3-10　外出的利弊

利	弊
便于放松	费用高
去面见别人	待在家里更方便
学习新事物	有潜在的危险
开拓我的视野	也许会较危险
去参加娱乐活动	会有停车或者交通拥堵的问题
为了保持现状	开车时间较长
取悦于我的伴侣	有些时候需要等待
共享经验	我厌于人多
出去走走	较沉闷
去探险	会有感染疾病风险
为了改变生活中的某些事情	会有相关诱惑
其他	我会迷路
	压力较大
	我的伴侣不情愿
	其他

更多地待在家里

附录 3-11　待在家里的利弊

利	弊
有更多的时间陪家人	我较懒惰
会省钱	我不想做任何事情
这会更加休闲	我会看太多电视
我能够做杂事或处理项目	我会产生空虚恐惧感
我能够做家用品维修	待在家里较无聊
我能够恢复健康	我将会失去与外界联系
我能够休息	我会错过一些机会
我能够进行最喜欢的消遣活动	我不能见我的朋友们
我能够沉思	这样会缺乏鼓舞
对抗压力较少	我会缺乏锻炼
会远离不良影响	我会不开心
这将会更加方便	我将会变得消沉
这会更加舒适	家中环境有压力
这将较舒适	家庭环境较危险
我能够招待朋友	会引起焦虑
我需要待在家里	与家人在一起的时间将会较多
其他	其他

更换伴侣

附录 3-12　更换伴侣的利弊

利	弊
我需要自由	跟新的伴侣在一起会很焦虑
考虑到我的身体安全问题	我不乐意改变
考虑到我的心理健康问题	我讨厌单身聚会
现在的伴侣是个很大的经济负担	会有疾病风险
我的伴侣太专横	将会是一个经济负担
我的现状很尴尬	我也许会失去现状的安全性
我们现有关系乏味	单身我会有紧张感
与我工作时间冲突	我会孤独
我想有更好的性生活	我不得不独自做决定
我们共同爱好不多	我也许需要搬家

续表

利	弊
我能够自主做决定	我的家人认可现任朋友
我想换居住地	我想与其保持联系
我的父母不认可新朋友	我关心、在意我的伴侣
我不太在意她 / 他的想法	我们有共同的兴趣、爱好与目标
其他	其他

花钱

附录 3-13 花钱的利弊

利	弊
较振奋人心	也许会导致破产
我喜欢购物	我必须省钱来购买大宗商品
我想更多地出去走走	会引起经济上的压力
我花钱后才知赚钱	我会失去经济保障
我想改善我的生存环境	我已经有不少的东西了
我想提升我自身形象	我债务繁重
我想提升我的生活质量	我买了太多不需要的东西
我想振兴经济	我过度消费
我想交朋友或者维系朋友关系	我需要为将来储蓄
我能够获得我想要得到的	我没必要变成社会上层人物
我能够出游	较浪费
我能够获得更高质量的商品	不如进行慈善捐助
我想享受生活	其他
我已经饱受幸福	
我想辅助别人	
其他	

换工作

附录 3-14 换工作的利弊

利	弊
有着新的挑战	薪水缩减
更高的薪水	需要迁徙

续表

利	弊
承担更多的责任	乘车时间更长
拥有更多的权利	需要承担更多责任
乘车时间缩减	带来更多的压力
压力更少	存在潜在的变化
工作环境更佳	也许不是很满意
需要迁徙	也许会厌倦
比较有趣	家庭不赞同
会是一个大的改变	我会想念之前的同事
不会再乏味	工作环境不佳
工作环境更安全	一切是未知的情况
共事的人更佳	我会丧失这边积累的资质
更加满意	我会经历自尊的丧失
更受关注与尊敬	我需要重塑我的地位
得到家庭成员许可	我需要重建信誉
提升自尊	需要再培训
其他	不再像之前一样善于接受新事物
	其他

回校深造

附录 3-15　回校深造的利弊

利	弊
为了求得更好的工作	费用高
很有可能增加收入	耗时的
增强我的信心	那是比较艰难的
提升自尊	家人不赞同
我会受到尊敬	比较枯燥
我能够学到新的知识	我怯于失败
它会开拓我的视野	对我来说，难于熟记资料
我很可能开始新的职业	我怯于考试
这是倍受挑战的	我年纪已高
我可以结交新朋友	压力太大
会创造新的机会	会干扰家人

续表

利	弊
我能够学到新的技巧	我不得不乘车往返
家人同意	效益是未知的
充满乐趣	其他
其他	

获职

附录 3-16　获职的利弊

利	弊
拥有自己的收入	工作艰难
为了自尊	无法安排自己的作息时间
会有新的挑战	我不喜欢承担压力
承担责任	我不想工作
为了享乐	我怯于失败
为了偿债	我不得不牺牲某些事情
为了亲密朋友与家人的认可	也许工作环境不是很安全
求得尊敬	我难于应付公共场合
获得独立	耗时很长
追求个人目标	我难于与他人共事
重建商务联系	我想单干做老板
为了医疗保险	家人、朋友反对
为了退休福利	没有太多的时间待在家里或照料小孩
为了规律性的工作、生活	这样会给配偶或者对自己很重要的人带来更多的压力
为了一份可靠、稳定的收入	空余时间更少
为了展现卓越的工作技能	其他
其他	

减肥

附录 3-17　减肥的利弊

利	弊
改善我的身体状况	难度大
提升我的个人形象	涉及生活方式的转变

续表

利	弊
我会更具活力	太多未知结果
我的衣服会更加合身	也许会恶化相关关系
可以更好地选择时尚配饰	食物是我生活的最大乐趣
我可以更加吸引人	会花钱买许多新的衣装
我会更加容易被接受	不能随心所欲地饮食
我给别人的第一印象会更好	我难以控制情绪
更易于求职	我不得不改变做饭习惯
我被邀请约会的几率更大	我不得不改变饮食习惯
与孩子们玩耍更自如	我不得不改变购物习惯
很有可能寿命更长	我需要锻炼
我自己就是一个不错的保险	耗时的
我会经历更少的体能限制	压力大的
我会更容易适应各地风俗	让人压抑的
易于走动	费用高的
我能够有更多选择的新衣服	不方便的
其他	我怯于失败
	其他

减慢生活节奏

附录 3-18　减慢生活节奏的利弊

利	弊
更多地享受生活	我也许会因此丧失机会
为了放松自己	我也许会失去一些东西
想安静	比较烦躁
减轻压力	我不想失去动力
形成新的观点	我想尽快结束
着眼于优先事项	我不想失去大众的关注
减少失误频率	我不想漂流生活
提升身体状况	我不想落后于别人
为了省钱	也许较危险
降低车祸风险	我不想失去现在地位
让别人赶上	我喜欢忙碌生活

续表

利	弊
为给予别人更多的帮助	我工作效率也许会降低
追求更高生活质量	我的成就会趋少
为了创造一个机会	我不想经济状况下滑
为了长寿	我会缺乏耐心
其他	其他

接受职位邀请

附录 3-19　接受职位邀请的利弊

利	弊
一个赚更多钱的机会	失去现有工作的资深身份
个人声望的提升	降职
赞成意向的可能性	更长的工作时间
良好的工作环境	更长乘车时间 / 出行不便
崭新的经历	需求新知识 / 技巧
接见新的人群	薪水削减
医疗保险	工作环境差
员工的积极态度	不方便
老板的积极态度	不配合的员工
有机会合伙用车	老板不和善
积极的氛围	该职位本身就很乏味
其他	此职位会使人身心俱疲
	其他

接受治疗

附录 3-20　接受治疗的利弊

利	弊
为了治病	费用高
建立自尊	也许会精疲力竭
为了降压	存在未知风险
打破上瘾状态	会涉及个人隐私问题
为了更好的睡眠	不是每个相关人士都愿意参加的

续表

利	弊
为了提升我的行为素质	我在情感问题上感到不适
为了更好的洞察力	很有可能是不好的建议
寻求情感上的支持	这要求改变一种生活方式
为了下定决心	难于定位合理专业
挽救一份感情	难于找到合适人选给予帮助
远离一份感情	会使得势态更糟
为了接受现状	我想自理自己的事物
开创新局面	这将是一个难以中止的结果
为了保持头脑清晰	他人不同意
为了取悦于某人	我羞于手术
其他	社会上不允许
	很有可能会影响工作
	也许会违反秘密遵守条约
	我想摆脱痛苦记忆的困扰
	其他

结婚

附录 3-21　结婚的利弊

利	弊
更加的舒心	我怯于承诺
我想履行承诺	我不想承担家庭责任
有着真挚的友谊	我已婚
我不喜欢孤独	会存在纠纷、争执
我想成为她 / 他家庭一员	我过往的经历不佳
会带来经济优势	我想一切尽在掌握中
我想建立一个家庭	家人不赞成
会解决法律或遗产问题	经济状况不好
我们相爱着	我们有着本质的不同点
会有抚恤金补贴	存在嫉妒心
我想取悦我的父母	存在法律问题
女方怀孕了	责任增加
我需要更多的安全感	我喜欢单身

续表

利	弊
我想确定下来	这会限制其他关系圈中的朋友们
我想分享成功的经历	相互不信任
我想共担责任	义务会更多
我们是知心伴侣	我的伴侣太烦
我想照料我爱的人	我们无法共享乐趣
会有税务优势	我想保持独立
生活将会更加美好	我尚未考虑
其他	我不是足够地爱她 / 他
	我的伴侣不是很爱我
	其他

戒赌

附录 3-22　戒赌的利弊

利	弊
我不会输钱	我也许会失去很多资金
能取悦某人	我享受特别待遇
我能戒除赌瘾	我喜欢娱乐
赌博太耗时	我结识了新人
戒赌能够释放压力	有着好的表演与美食
赌博倍受孤立	有着振奋人心的环境
我能重拾自尊	享受冒风险的乐趣
我能重控生活	我有着工作系统
提升我的身体状况	我感到特别
终止我的非法行为	我能识记牌
有着遇到危险、社会阴暗面的风险	赌博随处可进行
我债务累累	这是实现自我梦想的机会
我想树立良好榜样	我也许会失去朋友
其他	我享受赌博的乐趣
	这会造就我非凡的心理技巧
	这是危害较小的习惯
	其他

戒酒

附录 3-23 戒酒的利弊

利	弊
增强体质	太多的同龄压力影响
为了省钱	时机不对
为了出行安全	酒较美味
出于同龄压力	酗酒感觉较好
为了取悦某人	我有精神依赖性
为了提升自我形象	我有身体依赖性
为了个人成长	我的酗酒习惯是受文化氛围影响
为了自我约束	我会失去身份
避免灾难	我会失去认可
出于卫生考虑	也许仅仅会将我的独立性转移到其他人身上
为了避免谦卑与羞愧	我缺乏意志力
避免被发现	我的酗酒习惯没有引起问题
安全考虑	酒比其他药物好
为了提高分数	酗酒振奋人心
为了树立良好榜样	我具有叛逆心理
为了捍卫我的职位	酗酒倍感安慰
为了满足法律要求	戒酒会改变我的性格
为了保护他人	酗酒有助于释放压抑
为了提高工作效率	我喜欢换了气氛
延长寿命	酗酒促成生意
避免个人爱好的消极影响	我不喜欢受到控制
打破常规	戒酒会疏远某人
脱离于某习惯	其他
挽救一份感情	
其他	

戒烟

附录 3-24　戒烟的利弊

利	弊
出于增强体质考虑	戒烟难度大
这将会节约钱	吸烟倍受安慰
公共场所进出不受限制	尼古丁贴片不奏效
引起火灾的可能性降低	我认为吸烟危害被夸大了
吸烟的人不受欢迎	我不想戒烟
我手上、牙齿上有尼古丁烟渍	我许多朋友与同事都吸烟
我会脱离烟瘾	我的家庭成员吸烟
烟味冲人	我特别享受吸烟
我家或者车上需要清洁环境	我戒烟会增肥
我能够帮助我的配偶戒烟	尼古丁让人放松
能够树立良好榜样	吸烟让社交更方便
吸烟并不总是允许的	吸烟受到异性亲睐
这会取悦我的家人	吸烟使得食物、饮料更美味
我会被非吸烟人群接受	吸烟减轻厌倦感
我的职业不允许吸烟	不吸烟我会情绪异常
我羞于我的独立性	吸烟有助于避免情感问题
我会更自重	我的手习惯于拿烟
其他	吸烟有助于我缓解工作压力
	其他

进私人疗养院

附录 3-25　进私人疗养院的利弊

利	弊
那里有更好的护理	护理水平也许较低
更易于找到称职的护理者	费用较高
有机会见识更多的人	新的居住地较吓人
那里会有恰当的社交活动	也许会孤独
这对孩子们来讲压力更小	远离了家人
设施专为老年人或者残疾人设计	用餐多样性受限
有更多服务	会厌倦环境

续表

有现场美容师 / 美甲师	居住地也许较吵
那边每天都有梳洗服务	也许倍受压力
我的药物治疗会排入安排表	每个人都死在疗养室里
会给出营养餐建议	我也许不得不穿尿裤
会有娱乐内容	人员繁忙，也许没时间照料我
会有恰当的活动	在想要帮助时也许得不到及时的帮助
居住环境安全	在需求时也许得不到及时的帮助
可供设施完善	雇员也许不是很专业
对于梦游的人较安全	我也许会惦念家人或者相关物品
家人会减少担忧	在疗养院的人们常会丢失东西
其他	我的私人物品也许会受窃
	其他

看病

附录 3-26　看病的利弊

利	弊
减轻焦虑	我不信任医生
减轻痛苦	我怕看医生
为了身体健康	费用太高
满足他人	我没有保险
学习小护理知识	没时间
维持良好身体状况	我怯于坏消息
咨询锻炼或饮食信息	疗法不可靠
开药方	有悖于我的宗教信仰
进行二次选择	我担心治疗无效
工作单位或者学校要求	我有失败的医疗经历
避免手术	有人说我有抑郁症
满足保险业务需求	我太谦逊或害羞
为他人树立榜样	存在潜在危险
使用不可兑现的医疗基金	医疗保险受限
为了免费试验品	我害怕在办公室传染疾病
为了引起关注	我不信医生的医术水平
防止并发症	我不想浪费医生时间

续表

利	弊
其他	我不喜欢我的医疗报告
	我不想改变我的生活
	其他

控告

附录 3-27　控告的利弊

利	弊
我能够获得利益	也许会使人精疲力竭
理所当然的事	诉讼案件未必能够妥善处理
正义长存	会产生法律费用
我的律师建议我起诉	我也许会失去朋友
我的朋友建议我起诉	会让我胆战心惊
我能够教授一堂课	也许会有毁灭性
我能够立论	也许较羞耻
我能够阻止玩忽职守行为	我也许不得不从失败经历中缓解出来
我能够阻止不当商业行为	较耗时的
我的职责所在	这是不受欢迎的
我能够予以报复	我的朋友也许会一样对待我
我能集聚眼球	我也许会败诉且不得不付费
我能够以此发泄愤怒	最好是忘记与原谅
我不断受害需要帮助	其他
其他	

离婚

附录 3-28　离婚的利弊

利	弊
脱离险境	代价大
出于身体安全问题	会带来经济上的问题
为了提升我的经济状况	会带来孩子照料问题
为了自由	我有可能失去孩子
为了停止争斗	变成单身家长比较艰难

续表

为了一份工作	会有小孩抚养费问题
出于孩子安全问题	会产生法律费用
为了满足个人兴趣	重新定居困难
为了与他人结婚	我将会失去共有财产
为了减轻负担	我今后不得不独自决定
这样我可以重新定居	我也许不能关注孩子的成长
为了一个新的开始	这将会产生再婚的相关问题
为了接见别人时比较空闲	厌恶单身聚会
为了再一次外出找借口	我将会单身
为了享受单身自由的乐趣	这将会让人压抑
为了更好的性生活	这将会让人恐惧
为了情感上的稳定	我爱我的家人
为了单身而做出的选择	其他
其他	

联系某人

附录 3-29　联系某人的利弊

利	弊
我想进一步与人联系	我会遭到拒绝
我想获得一些信息	我也许会受到冷遇
我想寻求一位家庭成员	我也许会发现有害信息
我在征求建议	也许结局会让人伤心
我想透露一个秘密	也许结局会让人沮丧
我想寻求帮助	也许结局会让人痛心
存在潜在的商业机会	代价也许昂贵
我在寻求情感性的支持	也许会惊人的
我要帮助解决问题	我惧怕未知
我要帮助回答问题	存在潜在未知后果
我想重温旧事	会是情感上的压力
我想解决过去的差异	我有焦虑症状
我想报复	其他
其他	

旅游

附录 3-30　旅游的利弊

利	弊
冒险出行	费用较高
见某人	待在家里更方便
学习新事物	我害怕未知
开拓视野	我不喜欢外国人
为了娱乐	会很危险
为了取悦我的伴侣	也许会感染疾病
共享经历	会迷路
远离家乡	这也许会精疲力竭
探索新地方	也许游客很多
体验不同文化氛围	我不喜欢事先准备
尝试新食物	我讨厌旅游时带旅游箱
旅行去参加一个活动	也许这将是让人压抑的旅行
获得一手经验	存在难处
观光美景	也许会存在语言交流困难
为了购物或者旅游纪念	也许会有健康危险
为了谈谈一些事情	也许会有医疗紧急事项
逃脱我个人问题	时机不对
其他	也许会让人失望
	其他

买车

附录 3-31　买车的利弊

利	弊
有资金	花费太多
旧交通工具危险	不是很需要车
我的现有工具不引人注目	没有好的车位
会提升我的形象	我不得不开得更加小心
它会更加安全	更容易被偷

续表

利	弊
它会带来乐趣	没有合理的选择理由
它的里程数更佳	不实用
更加方便	耗油量增加
更加舒适	更加危险
它有着更佳的音效系统	没有足够的空间
有着越野功能	局限了相关行程线路
更迎合我的需求	维修费用更高
维修费用更少	更难驾驶
其他	卖家不可信
	其他

买第二套房

附录 3-32 买第二套房的利弊

利	弊
便于今后出外度假	费用昂贵
今后也许会因此收益	风险较大
将是一个不错的投资	需要维修、保养费用
现有税收优势	无法控制每一个方面
随之而来的一个地位 / 荣誉提升预期	我不得不旅行到那里
可以为其他人提供住处	也许会有自然灾害
将是一个优美环境的改变	地段不好
会带来经济优势	常有可靠性的威胁
这将会是遗产规划一部分	安全不受保障
十分便利	买房耗时
不错的奢侈消费选择	徒增额外压力
这将会改变你的选举权或市民身份	涉及搬家
它是一个不错的隐居之地	前期准备工作较大
更好的保护储蓄金的方式	伴随合法性相关繁杂事务
夹杂着不少乡愁	也许会给朋友 / 家人增加压力
完成了一生的梦想	会涉及租赁问题
有更多的生活空间	我不得不制定相关宠物领养政策

续表

利	弊
其他	我无法进行其他旅行
	其他

买房

附录 3-33　买房的利弊

利	弊
这是一个很好的投资	代价太大
会有减税利益	学校街区不好
会提升生活水平	我得搬家
更加贴近需求	我得转移财产
给予家庭成员更多的空间	我将远离朋友与家人
这会让安保更完善	工作不便
有一个不错的学校街区	交通状况欠佳
现金房贷利率低	邻里贫穷
这会提升我的生活环境	手续变更麻烦
这是生活必需	没有拓展空间
工作更方便	需要更多的生活开支
地段不错	建筑太老，缺少更新
这是一个意外交易	迁徙流动性小
迎合我的品位	这是长期投资
户型大小合适	这将是一个很大的现金投入
性能适宜	地段危险（洪水，火灾，犯罪……）
其他	其他

上大学

附录 3-34　上大学的利弊

利	弊
为了更好的机会	花费太多
受于家庭 / 同龄人的压力	不得不离开家人
为了获得个人成长	不得不迁徙

续表

利	弊
增加就业砝码	我成绩较差
为了推进我的工作	没有时间
增加收入	我要照顾家人
为了完成我的学业	我需要上班
为了寻找或者吸引异性	我可能失去现在的机会
为了出去闯闯	我讨厌宿舍生活
出于独立考虑	我会倍感压力和焦虑
为了享受学习的乐趣	我一直学业不佳
为了开拓视野	我太年轻或年长
为了赚钱	许多未知风险
为了适应	家人不赞成
为了参加社团	我必须要读必修课
享受体育锻炼	我不喜欢阅读或写论文
进行深造技能	我不喜欢导师和教授
为了和男 / 女朋友待在一起	我怯于失败
其他	我会孤独或者恋家
	其他

生孩子

附录 3-35　生孩子的利弊

利	弊
维系家庭关系	我尚未结婚
也许会生一个男孩	费用高
也许会生一个女孩	会改变我们现有的生活方式
我想当妈妈	会改变家庭气氛
我想当爸爸	我们家里没有足够的空间
我需要一个新生儿弥补失去的一个孩子	孩子护理昂贵
会有养老保险	耗时
我有家人支持	会让人精疲力竭

续表

利	弊
会稳定我们的关系	也许会改变我们现有关系
给现在孩子多个弟弟 / 妹妹	会影响母亲的身体状况
唯恐现有孩子万一有不测	我也许会迷失自我
我想增加家庭成员	责任会增加
出于宗教问题	也许会有基因 / 健康问题
我们需要继承人	生育有风险
我们要取悦父母	同伴不同意
对社会也许会有帮助	其他
其他	

省钱

附录 3-36　省钱的利弊

利	弊
出于安全考虑	我需求许多东西
帮助他人	我不能坚持省钱
为将来储蓄	我喜欢购物
为满足将来的需求	我很大方
为了家庭安全	我没有意志力
为了自律	节约很无聊
感觉良好	内心会很堵
提升自信心	我的生活开销没得多余
为了自尊	我也许会失去一个机会
出于责任	我对省钱不感兴趣
为了取悦别人	我怎样看待很重要
打下基础	我享受奢侈生活
停止浪费钱	我支出不多
追求朴素生活	我自律能力弱
为了将来安心	我想维持生意
为自己存钱	我喜欢雇用工作
避免犯错误	我趋向于当今前费
其他	生命短暂
	开销是我的感情需求

续表

利	弊
	其他

售房

附录 3-37 售房的利弊

利	弊
为了经济收入	会带来经济损失
重新定居	我想家人团聚
找一个更舒适的家	邻里关系友好
离开不友善的邻居	校区环境良好
远离钱坑	地段价位更实惠
避免税收	我怯于未知
解决房产问题	我开发了一块居住佳地
脱离债务	我想将其作为遗产
避免修房	有着历史意义
断绝关系	我想持有更多的资金
解决离婚问题	我喜欢部分邻居
远离邻居	我现居住地舒适
提升身体状况	我较恋现居住地
为了投资退休资金	我会感到失去独立性
远离痛苦记忆	我将会失去税收益处
为了改变我的生活	这是稳健的投资
其他	我的家人不赞成
	我喜欢现居住地
	其他

伺机报复

附录 3-38 伺机报复的利弊

利	弊
我会赢得平等对待	我会感到内疚
我会因此感到满足	非法
会给我的敌人一个教训	也许就是错的
为了保全脸面	我害怕报应

续表

利	弊
将会带来公平待遇	也许会引火上身
我能够证明一点	我会受伤
给某人一个教训	也许会伤害到他人
我会得以控制	也许会有宗教冲突
我能够感到放松	也许会影响我的名声
也许会拯救某人	需要消耗时间和精力
我会占据上风	开销也许很大
这是恰当的惩罚	会带负能量
是一种荣誉	是个不好的榜样
我想使对手残废	我会感到同情
其他	最好是原谅或者忘掉
	其他

投资

附录 3-39　投资的利弊

利	弊
挣更多的钱	有风险
把握机会	耗时长
检测我的能力	压力大
寻求挑战	我不得不自学相关知识
为了刺激	形同赌博
为未来省钱	我承担不起
挽救经济	这将会减少流动资金
为退休准备	不易于操作
为了支持他人	不受保障
为了个人满足感	低风险低回报
受益于他人的生产效益	难以预测的
避免过度的消费	我也许会沉迷于此，无法自拔
控制财务状况	我无法控制投资出去的资金
为了避税	会增加我的税收
其他	其他

退休

附录 3-40 退休的利弊

利	弊
我没必要工作	我收入减少
我能够睡得晚	社交圈缩小
压力减少	将会无人谈心
有充足的时间做我感兴趣的事情	将会没事做
我将会有时间陪家人	将会失去社交联系
我能够改善我的健康状况	我的职业生涯会因此而终结
我可以重新定居	这要求情感适应调节
不需要再赶车上班	也许会危害我的健康
我想做新的工作	我会失去现有权利
我想整天玩乐	我会失去特权
我能够更多地旅行	我会失去目标
我有更多的时间待在家里	我会认为不值得
我能够自行安排我的时间	我会有太多的时间陪家人
没有责任	除了工作没有我感兴趣的事情
会有少的社交	会让我感到冷落
我能享受隐居生活	我会感觉濒临死亡
我不喜欢现在工作	我喜欢现在的工作
工作难度加大	其他
我准备好改变职业计划	
其他	

休假一天

附录 3-41 休假一天的利弊

利	弊
我能够休息	会被扣工资
也许会充满乐趣	我的工作也许会因此落后于他人
我有着自由	会让老板不开心
我会享受一些事情	我可能失去客户
我能够见朋友	打乱了我的安排
我能够恢复健康	我也许会逃避自己的责任
避免危险	无人接手我的工作

续表

利	弊
我能够照料我个人生意	我也许会失去什么
我能够赶上某件事情	一些未知事情也许会发生
我想休假	我可能失去联系
我能够寻求新的工作	我可能被老板撞见
我要跟某人一起	可能失去工作
我有约会	会影响业务流程
工作不需要	我无法真正享受这一天休假
其他	其他

原谅某人

附录 3-42　原谅某人的利弊

利	弊
带来个人平和心态	此人不值得原谅
做正确的事情	行为并未改变
与某人再次沟通、联系	我们不再联系
再次建立关系	此人不受同情
承认错误	也许花费较多
接受行为举止的变化	也许会受伤害
赢得个人优势	也许会让人不寒而栗
赢得经济优势	也许是丢面子的
让事态发展	也许会很尴尬
出于宗教的问题	这将会让人痛苦
让焦虑的情感消除	总是伴随着不确定的结果
其他	我尚未准备原谅
	其他

约会

附录 3-43　约会的利弊

利	弊
我享受别人的陪伴	存在感染疾病的危险
我渴求性生活	花费很大
我在寻求商机	富有危险性

续表

我想接见他人	约会很耗时
我想外出	我较害羞
我想找个陪伴	我迫于他人的压力
出于家庭的压力	我之前经历不顺
出于社会的压力	我的道德受到非议
我乐于尝试新事物	会有宗教信仰冲突
我想向别人炫耀	此人出于某种关系之下
我想建立自尊	也许会累人
我想最后一搏	我不得不招待约会对象的朋友 / 家人
我想与对我很重要的人绝交	我想避免性接触
我想让别人妒忌	我是为了避免承诺问题
我仅仅想玩弄一下	我惧怕被捕
我想予以挑战	我讨厌约会
受他人安排	我感觉约会对象太老或太年轻
为了乐趣	我心神不定
其他	我想维护颜面
	其他

增肥

附录 3-44 增肥的利弊

利	弊
为了感觉更好	感觉不自然
为了增加体力	难度太大
为重获健康	会产生新的衣柜购买费用
为了适应社会压力	会改变我的形象
回应来自同龄人的压力	会增加压力
为了让衣服更加合身	必须要适应社会环境
为了提升形象	感觉不对劲
为了心理平衡	怯于失控

续表

利	弊
出于医疗建议	怯于未知
更好地享受美食	失去形象特质
为了寻求工作机会	也许会失去朋友
为了怀孕	我的家人不同意
家人许可	成为职场劣势
获他人赞成	乐于我的现有形象
为了强化职场优势	其他
其他	

站出维权

附录 3-45　站出维权的利弊

利	弊
维护自尊	这会让我不受欢迎
接受责任	将会有危险
赋予自己权利	我也许会失去朋友
为了自由	我也许会辞职
变得独立	我也许会失去自由
为了做正确的事情	我会变成流浪者
完成一项任务	也许我看起来较愚蠢
防止被利用	我也许会失去信誉
为了掌控自己的生活	此行为较惊人
为了保护某人	我也许会失去地位
维护财产安全	情感上使人低落
为了公正	也许会终止一段关系
停止惧怕心理	也许会带来法律诉讼费用
其他	其他

找个合作伙伴

附录 3-46　找个合作伙伴的利弊

利	弊
出于利益考虑	很可能存在诈骗阴谋
出于集资问题	责任更加重大
共享经验	压力也许很大
对方的技能完善	可能会有冲突
共担责任	我会认为是理所当然的
共担工作压力	也许是利用
拓展人脉	我也许会被歧视
提升我的状况	合作人很可能不配合
赚更多的钱	我们的意见可能对立
为了获得更多的利益	我们的价值观不同
出于朋友关系	伙伴不可靠
共同向目标奋斗	也许是个负担
相互鼓励	会出现不公平状况
为了充足的精力	也许会有太大的工作负荷
提高效率考虑	效率低下
拓展每个人的想法	其他
其他	

指控某人

附录 3-47　指控某人的利弊

利	弊
因情感伤害寻求赔偿	增加了压力
因经济损失报偿	费用支出
为了保护财产	对自身及他人存在危险
为了正义	证据不充足
为了取悦某人	潜在的友谊的丧失
为了给家庭成员或者他人带来幸福	很可能流浪
用充足的证据来证实	没有精力使其胜诉

续表

利	弊
享受来自他人帮助的乐趣	政治劣势
获得官方认可	不是很重要
来证实一个实体的存在	缺乏理由参与
证实正确性	其他
其他	

只关注自己的事

附录 3-48　只关注自己的事的利弊

利	弊
我想远离谴责	我好管闲事
我想避免闲谈	我爱惹是生非
不需要我自己亲自着手做	他人向我求助
我也许会背叛承诺	我可能会失去朋友
我不想惹麻烦	会引起家庭纠纷
我不想受牵连	我偏好其中一方
我不想遭人记恨	我被卷入其中
我不想偏袒别人	我别无选择
我喜好自由	我感到不安全
我自己正直行事	我想跟进发生的一切
不易被控告	我想关注别人的事情
我想维系朋友关系	我可能无法控制局面
我想保全我的名声	我爱好闲谈
我想保护我的隐私	我也许泄密
我继续保持中立	状况很是孤立无援
更加平和	我想伸出援助之手
不存在威胁	其他
节省时间	
我会远离困难	
其他	

质疑权威

附录 3-49　质疑权威的事的利弊

利	弊
这是应该做的	这会惹麻烦
这也许会鼓舞创新思想的迸发	这是个人风险
我对权威失去信心	也许会失去工作
我需要维护我自己的权益	也许会羞辱某人
我想尝试新事物	我心存顾忌
我很好奇	我羞于此
我想招惹麻烦	存在未知风险
我想动摇一些事情	会引起报复行为
我想倍受关注	展现了缺乏尊重
我需要承担责任	会使情形恶化
我想掌控一些事	信息不充分
我想获得知识	我也许会完全失去收入
这是道义义务	我也许会失去身份
这是有意思的	我也许会失去尊重
我想运用我的技能	我也许会失去朋友
其他	我也许会失去一次机会
	我怯于出错
	会引起骚扰
	其他

做朋友

附录 3-50　做朋友的利弊

利	弊
也许会有经济好处	耗时
我乐于交友	要求高
我喜欢有趣的交谈	我会泄露私人事宜
我们能够相互帮忙	我不太喜欢对方

续表

利	弊
也许会备受鼓舞	该友谊是单方面的
我会信任他人	我也许会被利用
我会享受陪伴的乐趣	我也许认为是理所当然的
忠诚者的陪伴是最佳选择	该关系也许是不稳固的
我们能够共享美好时光	我也许很尴尬或者卑微的
我们能够交流贸易知识	责任会更多
我们拥有共同爱好	总是我付费
我们有着共同的价值观	也会有些闲聊
我们善于相互聆听对方	会暴露一些信息
我们给予对方道德支持	我的交际圈已经很广了
我们背景相似	也许是欺诈
我们相互鼓舞	也许出于一种任务而交往
我不想孤单一人	我不确定我是信任还是喜欢此人
我想改变我的生活	其他
其他	

做生意

附录 3-51　做生意的利弊

利	弊
我能够自己当老板	时间消耗较多
我能够赚更多的钱	会存在风险
我能够自行安排时间	压力较大
这会给我带来自由	需求会很大
我提升自豪感	责任重大
我会有更多的权利	会引起与雇员的冲突
我有个较好的想法	会产生未知费用
会激发我的创造力	会有太多的政策规定
会提高效率	费用较高
我会做出实质性的变化	经验缺乏
我能够规划我自己的生活方式	我的想法也许不奏效
会给我成功的喜悦	我也许会失去所有储蓄

续表

我想把握机会	家人阻止我单干
我不喜欢现在所做的工作	我怯于未知风险
如果我不把握时机，别人将会抢占先锋	我享受现有工作
其他	现在时机不对
	其他

做一位护理者

附录 3-52 做一位护理者的利弊

利	弊
我可以以此报答爱情和善行	这将会筋骨劳累
这会夯实我的自尊	这会使心灵劳累
对于困难的人我心存爱心	偶尔会很无聊
若我不援助会内疚	使人非常伤心
这是我的职责	使人十分沮丧
我别无他选	也许会让人孤独
这将会带来经济利益	偶尔会让人厌烦
我会习得护理知识	这会很耗时
我可以系统化学习护理知识	我不能正常工作
这会备受感激与尊重	代价很大、昂贵
我可以让他待在家里边	没有回报
我有时间陪他	偶尔会让人恐惧
这样我会有时间处理先前问题	我不得不处理未知的恐惧
我会知道我已竭尽所能	我缺乏丰富的护理知识
其他	我不得不处理保险或者医疗事宜
	我对此挑战准备不充分
	其他

参考文献

[1] 邱中郎，顾玉眠，张银运，张森水．周口店新发现的北京猿人化石及遗物 [J]. 古脊椎动物与古人类，1973，11(2)：109-131.

[2] 一丁．从我国一些旧石器文化资料看早期原始社会的发展 [J]. 文物， 1975(12).

[3] 黄培华，金嗣绍，梁任义，等．北京猿人第一个头盖骨及其遗址堆积层年代的电子自旋共振测年研究 [J]. 人类学学报，1991，10(2)：65-71.

[4] 张菡．龙骨坡遗址第四次发掘发现巫山人最后的晚餐 [DB]. 光明网，2011-12-02.

[5] 黄万波．重庆奉节兴隆洞及其象牙刻划的发现 [DB]. 中国科普博览·科学新语林，2011-1.

[6] 吴小红，等．湖南道县玉蟾岩遗址早期陶器及其地层堆积的碳十四年代研究 [J]. 南方文物，2012(3):7-15.

[7] 张居中．舞阳贾湖 [M]. 北京：科学出版社，1999.

[8] 萧兴华．中国音乐文化文明九千年——试论河南舞阳贾湖骨笛的发掘及其意义 [J]. 音乐研究，2000(1):3-15.

[9] 朱琚元．中华万年文明的曙光：古彝文破译贾湖刻符、彝器辨明文物 [M]. 昆明：云南人民出版社，2003.

[10] 史有勇．林家遗址——甘肃省唯一一次发掘的马家窑遗址 [N]. 民族日报，2010-6-17.

[11] 孙淑云，韩汝扮．甘肃早期铜器的发现与冶炼、制造技术的研究 [J]. 文物，1997（7）:75-84.

[12] Rebecca L.Cann，Mark Stoneking & Allan C.Wilson. Mitochondrial DNA and human

evolution[J].Nature，1997(1)：31-34.

[13] Brad Harrub.The Demise of Mitochondrial Eve[M].Apologetics Press， Inc.2003.

[14] Mário J.F. Pulquério，Richard A. Nichols.Dates from the molecular clock: how wrong can we be?[J].Trends in Ecology & Evolution，2007,22(4)：2223-2227.

[15] 王頠，沈冠军，周春林，等．柳江现代智人化石地点的地层及年代 [J]. 第四纪研究，2004(3):272-277.

[16] Alfred North Whitehead.Process and Reality[M]. New York:Free Press,1979.

[17] [英] 怀特海．过程与实在 [M]. 李步楼译．北京：商务印书馆,2011.

[18] 赵升．山顶洞人时期化石意外现身 [N]. 京华时报，2005-12-27.

[19] 安徽省文物古研究所．安徽含山凌家滩新石器时代墓地发掘简报 [J]. 文物，1989(4)：1-9,97-98.